Die

Patentgesetzgebung

aller Länder

nebst den Gesetzen

über

Musterschutz und Markenschutz.

Systematisch und vergleichend dargestellt

von

Dr. R. Klostermann,

Geheimem Bergrath und Professor der Rechte.

Mit einem Anhang:

Die Reichsgesetze über das Urheberrecht von Mustern und Modellen vom 11. Januar 1876 und über den Markenschutz vom 30. November 1874.

Zweite umgearbeitete Auflage.

BERLIN.

Verlag von I. Guttentag (D. Collin).

1876.

Die

Patentgesetzgebung

aller Länder

nebst den Gesetzen

über

Musterschutz und Markenschutz.

Systematisch und vergleichend dargestellt

von

Dr. R. Klostermann,

Geheimem Bergrath und Professor der Rechte.

Mit einem Anhang:

Die Reichsgesetze über das Urheberrecht von Mustern und Modellen vom 11. Januar 1876 und über den Markenschutz vom 30. November 1874.

Zweite umgearbeitete Auflage.

BERLIN.

Verlag von I. Guttentag (D. Collin).

1876.

Inhalt.

Patentgesetzgebung.

Einleitung.

I. Vorbegriffe.

II. Verfahren.

VII. Die Englische Gesetzgebung.

VIII. Amerika.

XIII. Markenschutz.

Anhang.

Patentgesetzgebung.

Einleitung.

Zur Reform der Patentgesetzgebung. — Nothwendigkeit übereinstimmender Patentgesetze. — Antipatentbewegung. — Wirkungen des Patentschutzes. — Nationalbelohnungen. — Tantièmen. — Reformbestrebungen in Deutschland.

Der Ursprung des Patentschutzes fällt zusammen mit der Zerstörung des Zunftzwanges, mit der Aufhebung der Zwangs- und Bannrechte, mit der Beseitigung der Privilegien und Monopole, welche jede Art des Gewerbebetriebes von erblichen, zünftigen und käuflichen Vorrechten abhängig machten. Dieselbe Bewegung, welche die willkürlichen Schranken der freien Gewerbthätigkeit niederwarf und jeden zur ungehinderten Ausübung seiner Befähigung und seiner Kenntnisse berief, richtete zugleich die eine Schranke zu Gunsten des Erfinders auf, durch welche die ausschliessliche Benutzung einer neuen Erfindung dem Urheber derselben für eine gewisse Zeit vorbehalten wurde.

Diese Erscheinung wiederholte sich zu verschiedenen Zeiten und unter verschiedenen politischen Zuständen in England, in Frankreich und in Deutschland. Bis in die jüngste Zeit hinein galt deshalb auch der Schutz des Erfinders fast unbestritten als eine Einrichtung, welche aus dem Prinzip des gleichen Rechtes für alle, aus der Anerkennung der freien Geltung des Individuums und aus dem Rechtsbewusstsein des modernen Culturstaates hervorgegangen sei. Man beklagte die Mängel der bestehenden Patentgesetzgebung nicht wegen der Schädlichkeit, sondern wegen der Unzulänglichkeit des gewährten Schutzes. Man verlangte eine Reform im Interesse der Erfinder, welche die Erlangung des Patentschutzes erleichtern und seine Wirkung zu Gunsten der wirklich neuen Erfindungen verstärken sollte.

Seit kurzer Zeit, im Laufe des letzten Jahrzehntes, ist eine Wendung in der öffentlichen Stimmung eingetreten, in Folge deren zahlreiche und darunter einige sehr gewichtige Stimmen laut geworden sind, welche die vollständige Abschaffung der Erfindungspatente fordern. Man behauptet, das Bestehen derselben sei unverträglich mit der freien Bewegung der Gewerbthätigkeit. Es halte die Fortschritte der Industrie auf, statt dieselben zu fördern. Der Anspruch des Erfinders auf das Monopol seiner Erfindung sei rechtlich unhaltbar. Die Erfindung sei bei dem heutigen Stande der Industrie nicht das Werk eines Mannes, sondern die reife Frucht der ganzen industriellen Entwicklung. Die Belohnung dagegen, welche durch das Patent gewährt werden solle, falle demjenigen zu, welcher sich zufällig zuerst dieser Idee bemächtige, während die Männer der Wissenschaft, aus deren Arbeiten dieselbe hervorgegangen sei, unbelohnt ausgehen.

Man würde sehr fehlgreifen, wenn man diese Wendung in den Anschauungen lediglich einer vorübergehenden Strömung der Meinungen zuschreiben oder sie etwa bloss dem Erfolge einer durch ihre Neuheit bestechenden und durch ihren negativen Inhalt ansprechenden Theorie zuschreiben wollte. Wohl mag es auf Viele einen Reiz ausüben, anders zu denken, als die Jahrhunderte vor ihnen. Wohl mag auch so Mancher, der von der Nothwendigkeit und von den Schwierigkeiten einer Reform unserer Patentgesetzgebung ernstlich durchdrungen ist, ihm selbst unbewusst dazu neigen, derjenigen Auffassung Beifall zu schenken, die alle diese Noth und diese Schwierigkeit durch die einfache Abschaffung der Erfindungspatente beseitigt. Die Ursache der gegen die Patentgesetzgebung erhobenen Agitation und ihrer wachsenden Zunahme liegt dennoch in den Dingen selbst, sie beruht auf der durchgreifenden und umfassenden Umwälzung, welche unsre internationalen Verkehrsverhältnisse im Laufe der letzten Jahrzehnte durch den Freihandel, durch die Seedampfschifffahrt und durch die Eisenbahnen erfahren haben.

Vor einem Menschenalter noch war es selten, dass einem Industriestaate innerhalb seiner eigenen Grenzen durch die Industrie eines Nachbarstaates Concurrenz gemacht wurde. Es gab Staaten, welche ihren Markt in einigen oder selbst in allen Zweigen der Industrie von andern Nationen versorgen liessen. Die gewerbtreibenden Staaten aber duldeten in denjenigen Industriezweigen, welche sie selbst pflegten, bei sich zu Hause keine Concurrenz. Es war bis zur Weltausstellung von 1851 unerhört, dass ein deutscher Fabrikant Werkzeuge für den englischen Markt oder Seidenzeuge für den Absatz in Frankreich verfertigt hätte.

Der Patentschutz, welcher auf die Grenzen des einzelnen Staates beschränkt ist, war damals, von den einzelnen Fällen abgesehen, im Grossen und Ganzen ebenso begrenzt, wie das Gebiet des Industriezweiges, innerhalb dessen das Patent ertheilt wurde. Die Beschränktheit des Patentschutzes, die Verschiedenheit und die nationale Einseitigkeit der Patentgesetzgebungen waren deshalb unter den damaligen Verhältnissen zwar Uebelstände, jedoch solche, die wie andere Unvollkommenheiten der irdischen Dinge ertragen werden konnten. Es konnte, so lange die Industriestaaten nicht auf dem eigenen Markte concurrirten, ertragen werden, dass das im Inlande durch ein Patent geschützte Fabrikat im Auslande Gemeingut war. Es konnte ertragen werden, dass für eine Industrie, der im Inlande der Patentschutz versagt wurde, ausländische Patente an andere Bewerber ertheilt wurden. Dies alles ist jedoch ganz anders und geradezu unerträglich geworden, seit die Zollschranken, welche früher den Verkehr zwischen den industriellen Nationen beschränkten, so sehr erniedrigt, seit die Entfernungen, welche die verschiedenen Productionsorte trennten, so sehr verkürzt worden sind.

Der Seidenfabrikant, welcher dem Erfinder eines neuen patentirten Färbemittels einen Monopolpreis zahlt, erleidet dadurch keinen Nachtheil, so lange kein anderer Fabrikant die Vortheile der neuen Erfindung um einen geringeren Preis kaufen kann. Er leidet aber einen Schaden, wenn das im Inlande patentirte Färbemittel im Auslande frei fabrizirt werden darf und dort zu einem durch die Concurrenz herabgedrückten Preise gekauft werden kann. Und dieser Schaden wird doppelt empfindlich, wenn der im Auslande billiger gefärbte Stoff nicht bloss auf fremden Märkten, sondern auf dem eigenen inländischen Markte mit seinem Fabrikate concurrirt.

Mit andern Worten: die Beschränkung, welche das Erfindungspatent dem einheimischen Markte auferlegt, wächst in dem Masse, als der Schutz, welcher der einheimischen Industrie überhaupt durch die Zollschranken und durch die Transportkosten gegenüber der auswärtigen Concurrenz gewährt wurde, sich vermindert.

So wie die vollständige Beseitigung der Zollschranken innerhalb des deutschen Zollvereines nicht ohne eine wesentliche Umgestaltung der Patentgesetzgebung und ohne eine bedeutende Einschränkung des Patentschutzes ausführbar war (vergl. § 23), so ist auch durch den Abschluss der Handelsverträge, welche im Laufe dieses Jahrzehntes zwischen dem Zollvereine und den wichtigsten Industriestaaten (Frankreich, Grossbritannien, Belgien und Italien) vereinbart worden sind, eine Reform der Patentgesetzgebung nothwendig bedingt.

Nach den Anhängern der Antipatentbewegung müsste diese Reform in der gänzlichen Abschaffung der Erfindungspatente bestehen. Es ist indess leicht zu zeigen, dass diese Forderung weit über dasjenige Bedürfniss hinausgeht, welches sich aus den hier erörterten Uebelständen ergibt. Es dürfte nur möglich sein, dass Jeder unter gleichen Bedingungen in allen Staaten ein Erfindungspatent erlangen könnte, und die territoriale Beschränkung der Erfindungspatente wäre kein Uebelstand mehr. Zu diesem Zwecke dürften nur sämmtliche gewerbtreibende Staaten sich über gleiche Grundsätze der Patentgesetzgebung vereinigen und allen Erfindern, Inländern wie Ausländern, den gleichen Schutz zusichern. Das eigene Interesse der Erfinder würde dann bedingen, dass der Patentschutz nicht auf einen Staat beschränkt bliebe, und die Uebelstände, welche aus dieser Beschränkung gegenwärtig hervorgehen, wären nicht mehr vorhanden.

Allein selbst wenn diese Reform ebenso leicht durchzuführen wäre, als ihre Zweckmässigkeit und Nothwendigkeit bewiesen werden kann, so würde doch dadurch die einmal entstandene Antipatentbewegung voraussichtlich ebensowenig zum Stillstand gebracht werden, als ein entflogener Vogel durch die Reparatur des Bauers wieder eingefangen werden kann.

Da einmal bestritten ist, was früher für unbestritten galt, und da nicht mehr die Form des Patentschutzes allein, sondern sein Wesen und seine Berechtigung streitig geworden sind, so kann man sich der Aufgabe nicht entziehen, auf die den Grund und den Zweck der Erfindungspatente berührenden Fragen einzugehen.

Dass Erfindungen überhaupt befördert werden sollen, wird von Niemand in Abrede gestellt. Ebensowenig wird bestritten, dass der mächtigste Antrieb zur Erfindung und Verbesserung in den aus ihrer Ausführung gehofften Früchten besteht. Es ist richtig, dass diese Früchte unsichere sind, dass sie auch im günstigen Falle so spät reifen, dass zuweilen trotz des Patentschutzes der Erfinder selbst ihrer nicht mehr geniesst und nicht sich selbst, sondern nur die Mitwelt und die Nachwelt durch seine Erfindung bereichert. Allein man wird zugeben, dass jeder mit der Rechtsordnung und mit der Gewerbefreiheit verträgliche Schutz, welcher dem Erfinder den eigenen Genuss der Vortheile seiner Erfindung sichert, den Antrieb zu den Erfindungen verstärkt und dadurch für die Gesammtheit fruchtbar werden kann. Weite Landstrecken werden in dem freien Amerika, welches dem Ansiedler das Eigenthum des urbar gemachten Bodens sichert, in kürzester Frist besiedelt, während ebenso fruchtbare Landstriche in den despotischen Staaten des Orientes durch Jahrhunderte unbebaut bleiben. So ist auch dasjenige Zeitalter und dasjenige Land an Erfindungen das ärmste, in welchem der Erfinder nicht hoffen darf, die Früchte seiner Erfindung für sich selbst zu ziehen. Dies gilt nicht bloss für solche staatliche Zustände, in welchen der Arbeiter überhaupt nicht der freie Herr seiner Thätigkeit ist, nicht bloss für den Vergleich der Sclavenstaaten oder des Zeitalters der Zünftigkeit und der Hörigkeit mit den auf Freiheit der Arbeit und des Gewerbes begründeten Zuständen. Auch unter den freien Ländern ragen unbestritten diejenigen, welche seit Jahrhunderten sich eines ausgebildeten Schutzes der Erfindungen erfreuen, durch bemerkenswerthe Fortschritte in der Gewerbthätigkeit hervor; und dies gilt ausser von England auch von den Vereinigten Staaten von Nordamerika, die bei ihrer dünnen Bevölkerung und ihrem noch zum grössten Theile unangebauten Boden vorwiegend auf die Rohproduction angewiesen sind und dennoch in der eigentlichen Technik vielleicht die grössten Fortschritte unter allen Ländern aufzuweisen haben.

Dabei liegt die Auffassung fern, als ob durch die blosse Einführung eines gut geregelten Patentschutzes ein industriearmes Land zu einem gewerbreichen umgeschaffen, oder ein indolentes Volk zu einem erfindungsreichen erhoben werden könnte. Nicht die Gesetze schaffen die Bedingungen der Grösse und der Blüthe der Staaten, sondern die Sitte, welche in den Gesetzen ihren Ausdruck findet, und welche durch Gesetze zwar bewahrt aber nicht erzeugt werden kann. Daher wird stets dasjenige Volk an der Spitze des industriellen Fortschrittes einhergehen, welches seine Industrie nicht in den ausgetretenen Geleisen der Ueberlieferung oder auf der bequemen Bahn der Nachahmung ausländischer Erzeugnisse fortführt, sondern neue und eigene Wege zum Ziele aufsucht. Eine solche Nation aber wird stets die Rechte des Erfinders hochhalten und in dem Schutze derselben nicht ein Hemmniss sehen, welches den Fortschritt der Gewerbe aufhält, sondern einen Sporn, sich womöglich durch neue Erfindungen von der durch das Recht des Erfinders bedingten Beschränkung zu befreien, und jede Erfindung wird, noch ehe das ihrem Urheber gewährte Monopol erlischt, durch neuere und bessere Erfindungen abgelöst werden.

Unter den Gegnern der Patentgesetzgebung begegnet man häufig der Auffassung, dass unsre Industrie auf ihrem heutigen Standpunkte eines Spornens zur Erfindung kaum mehr bedürfe. Jede Erfindung gehe gewissermassen naturgemäss aus den vorhergegangenen Entdeckungen hervor und selbst die grössten Erfindungen seien nichts Anderes als das Facit einer Anzahl vorhergegangener wissenschaftlicher Entdeckungen und praktischer Verbesserungen, welches zur gegebenen Zeit von irgend Einem zuerst gezogen wurde, ebenso sicher aber auch ohne ihn von einem Zweiten und Dritten gefunden sein würde. Mit dem Bedürfnisse zugleich stelle sich in der Reihenfolge der Entwickelung immer auch die entsprechende Erfindung ein.

Nach dieser Ansicht wüchsen die Erfindungen wie die Blumen des Feldes wild und der erste Erfinder würde keinen andern Anspruch für seine Leistung haben, als etwa das erste Veilchen, nämlich auf den Vorzug der Neuheit und Seltenheit.

Diese gewissermassen naturhistorische Auffassung des Entwickelungsganges der Menschheit, welche die Initiative des Einzelnen und die schöpferische Kraft des Genies zurücktreten lässt und alle Fortschritte der Civilisation aus dem Zusammenwirken unpersönlicher Ursachen erklären möchte, findet sich auch auf andern Gebieten vertreten. Sie lässt Sagen und ganze Gedichte, Religionen und Staatsformen, Erfindungen und Entdeckungen aus einem Volksbewusstsein hervorgehen, dem gegenüber die Urheber jener geistigen Schöpfungen nur als die zufälligen Organe gelten, die demjenigen Ausdruck geben, was das Volksbewusstsein erkannt und erfasst hatte.

Allein diese Auffassung hat höchstens einen poetischen Werth. Sie beruht auf einem Trugschlusse, indem bei der rückschauenden Betrachtung das erreichte Ziel der Entwickelung als der Mittelpunkt angesehen wird, zu dem alle Bewegung gravitirt habe, während in Wirklichkeit die Bewegung von dem Ausgangspunkte peripherisch ihren Weg sucht, so dass tausend Versuche fehl schlagen, während Einer durch die divinatorische Kraft des Genies den Weg zum Ziele findet.

Uebrigens widerlegt die Geschichte der Erfindungen die vorerwähnte Auffassung vollständig. Fast alle grossen Entdeckungen sind unerwartet aus der Conception Einzelner hervorgegangen. Man hat sie verlacht und ihre Unmöglichkeit bewiesen, bis ihre Wirklichkeit nicht mehr abzuleugnen war[1]).

Wenn es wahr ist, dass die Noth die Mutter der Erfindung ist, so ist es ebenso gewiss, dass ihr Vater der menschliche Fleiss ist und dass keine Erfindung geboren wird, ohne die zeugende Kraft des Genies und der Arbeit. Hat nicht schon Aristoteles den Wunsch geäussert, dass die Spulen ohne Menschenhand sich drehen möchten, einen Wunsch, welcher erst nach 2000 Jahren durch Arkwrights Erfindung erfüllt wurde? Fordert nicht der Verein zur Beförderung des Gewerbfleisses jährlich unter Auslobung hoher Prämien zu einer Reihe von Erfindungen auf, zu denen sich zwar die Mutter, die Noth, aber noch immer kein Urheber gefunden hat.

Allerdings steht jeder Erfinder auf dem Boden seiner Zeit und er fusst auf dem Besitzthum, welches seine Zeit und die die Zeiten vor ihm erworben haben. Die Männer aber, welche diesen Besitz um ein Bedeutendes erweiterten, welche Jahrhunderte des Stillstandes durch ein Menschenalter grosser Entdeckungen wett machten, sind nicht bloss Handlanger, sondern Werkmeister an dem Gebäude der menschlichen Cultur. Dass

[1]) Man erinnere sich aus der neuesten Zeit der unterseeischen Telegraphenverbindung der beiden Welttheile, deren Unausführbarkeit nach dem Scheitern des ersten Versuches mit vieler Gründlichkeit von den verschiedensten Seiten nachgewiesen wurde.

die Dampfmaschine nicht schon um 1690 aus Papins Versuchen, sondern fast ein Jahrhundert später aus Watts Erfindung hervorging, ist nicht die Folge einer inzwischen gemachten wissenschaftlichen Entdeckung, sondern es bedurfte des Wattschen Genius, um aus den einzelnen, bereits bekannten, jedoch in ihrer Vereinzelung unvollkommenen Vorrichtungen der Condensation, der Kurbelübertragung etc. in Verbindung mit neuerfundenen Bestandtheilen den Motor für jede Art der Bewegung herzustellen, auf welchem heute fast unsere gesammte Gewerbthätigkeit beruht. In derselben Weise sind Gutenbergs Buchdruckerpresse, Askwrights Spinnmaschine, Sennefelders Erfindung des Steindrucks, Morses Telegraph und die ganze Reihe der Erfindungen, welche den Namen ihrer Urheber unsterblich gemacht haben, nicht das Product des Zufalls und der Entlehnung, sondern das Resultat angestrengter Forschung und genialer Beobachtung.

Man wird daher mit Recht fordern, dass den Urhebern wirklich neuer Erfindungen durch die Gesetzgebung derselbe Rechtsschutz gewährt werde, welcher den Verfassern von Werken der Wissenschaft und der Kunst gewährt wird, nämlich das Recht, für die Mittheilung ihrer Erfindung von denjenigen, welche sich solche aneignen wollen, eine angemessene Gegenleistung zu fordern.

Man hat neben den theoretischen Einwürfen auch die praktische Einwendung gegen den Patentschutz gemacht, dass derselbe die gesammte Industrie in weit grösserem Masse belästige und hemme, als er dem Erfinder selbst zu Gute komme. Es fehlt allerdings an einer ausreichenden und brauchbaren Statistik über die Resultate der bestehenden Patenteinrichtungen. Was darüber von den Vertheidigern und von den Gegnern des Patentschutzes beigebracht wird, ist meist einseitig ausgewählt und tendenziös gefärbt. Die Anhänger des Patentschutzes pflegen vereinzelte Beispiele hervorragender Erfinder anzuführen, welche entweder durch den Patentschutz eine glänzende Belohnung für ihre Verdienste erlangt haben, wie Watt und Arkwright, oder solche, die durch den Mangel des Rechtsschutzes aller Früchte ihrer Erfindung verlustig gegangen sind, wie Gutenberg, Leblanc u. A. Sie müssten indess auch diejenigen Erfinder nicht unerwähnt lassen, welche trotz des Patentschutzes aus dem

Monopol ihrer Erfindung keinen Vortheil zu ziehen vermochten, wie Fulton, der Erfinder der Dampfschifffahrt, welchem der Monopolbetrieb seiner Erfindung auf den Strömen der Vereinigten Staaten eine Schuldenlast von 100000 Dollars einbrachte. Daneben müssten die Tausende von Erfindern geringeren Ranges erwähnt werden, die durch die Verfolgung wirklich unfruchtbarer Ideen unter dem erlangten Patentschutze ihr Geld verloren.

Wollte man andrerseits den Gegnern des Patentschutzes allein Gehör geben, so fänden bei denselben nur solche Erfinder ihre Rechnung, welche das Patent als einen Fallstrick benutzen, vermöge dessen sie von andern Gewerbtreibenden für die angebliche Verletzung ihres Monopols Entschädigungen erpressen. Es gäbe nach ihren Darstellungen im Grunde nur zwei Klassen von Erfindern; thörichte, die sich selbst und gewissenlose, welche die übrige Industrie zu Grunde richten.

Die Unrichtigkeit solcher einseitigen Darstellungen leuchtet auch bei oberflächlicher Betrachtung sofort ein. Es besteht eine grosse Zahl von Patenten in allen Ländern, welche die Grundlagen werthvoller und einträglicher Gewerbe sind und welche zu hohen Preisen gekauft und verkauft werden. Die meisten Beispiele von den verkehrten Resultaten des Patentschutzes treffen überdies nicht den Grundsatz des Rechtsschutzes der Erfindungen selbst, sondern theils die Mängel der einzelnen Patentgesetzgebungen, insbesondere das ganz verwerfliche Anmeldungssystem, theils den verkehrten Gebrauch, welchen viele Erfinder von dem ihnen verliehenen Rechte machen.

Wenn der Erfinder an der Benutzung seiner eigenen Erfindung dadurch verhindert worden ist, dass Andere ihm in der Lösung eines Patentes über seine Erfindung zuvorgekommen sind, so ist dies offenbar nicht die Wirkung des Patentschutzes selbst, sondern der grundsätzlichen Verkehrtheit, dass der Schutz nicht dem wirklichen Erfinder, sondern dem ersten Anmelder zu Theil wird. Dass ferner arme Erfinder häufig genöthigt gewesen sind, die erlangten Patente weit unter dem Werthe zu veräussern, ist wieder kein Beweis gegen die Nützlichkeit des Patentschutzes. Denn nicht dieser trägt die Schuld, dass der arme Erfinder ausgebeutet wird und wenn dieser Schutz thatsächlich nicht ausreicht, um auch dem mittellosen Erfinder den angemessenen Lohn für seine Erfindung unter allen Umständen zu sichern, soll darum der Erfinder des allerdings ungenügenden Schutzes ganz beraubt und ihm auch der mögliche Lohn seiner Arbeit gänzlich entzogen werden?

Man hat vorgeschlagen, statt des unfruchtbaren Monopols den Erfindern Nationalbelohnungen zu geben und die Ausbeutung der Erfindung sofort der allgemeinen Concurrenz zu überlassen, welche am sichersten und am schnellsten die practische Ausführung des von dem Erfinder theoretisch gefundenen Gedankens gestalten werde. Es ist unzweifelhaft, dass ein solcher Weg in einzelnen Fällen mit Erfolg eingeschlagen werden kann, wie denn die französische Regierung die Erfindung Daguerres gegen eine Nationalbelohnung erworben und der allgemeinen Benutzung zugänglich gemacht hat. Ebenso unzweifelhaft ist es aber, dass dieser Weg nur in einzelnen Fällen betreten werden kann und dass Nationalbelohnungen nur für Erfindungen von unzweifelhaftem Werthe und von allgemeiner Anwendung gewährt werden können. Für die grosse und werthvolle Klasse der Erfindungen, welche bei ihrer Einführung noch um die Anerkennung ringen müssen, welche zunächst nur einzelnen Industriezweigen zu Gute kommen, würden Nationalbelohnungen vergeblich gefordert werden. Ebensowenig genügt der Vorschlag, die Belohnung der Erfinder den betheiligten Kreisen, also den grossen Verbänden der Eisenbahngesellschaften, der Bergwerksbesitzer, der Eisenproduzenten etc. zu überlassen, da er die Belohnung des Erfinders allein dem Ermessen und dem guten Willen der Betheiligten anheimgibt. Der Erfinder bedarf gleich dem Schriftsteller und dem Künstler eines Rechtsschutzes, welcher ihm den Lohn für seine Leistungen unabhängig von dem guten Willen der Betheiligten sicher stellt.

Es gibt jedoch einen Weg, welcher zugleich dem Erfinder die angemessene Gegenleistung sichert und die Ausbeutung der Erfindung der allgemeinen Mitbewerbung überlässt. Dies geschieht, wenn der Schutz der Erfindung an die Bedingung geknüpft wird, dass der Erfinder jedem Dritten die Benutzung gegen einen angemessenen Preis überlässt. Wird dieser Grundsatz — das Princip der obligatorischen Licenzertheilung angenommen, so fällt das in dem Patente gegenwärtig enthaltene Monopol fort, die patentirte Erfindung wird schon während der Patentdauer der allgemeinen Mitbewerbung zugänglich und hierdurch wird nicht nur der ungehemmte Fortschritt des Gewerbes gesichert, sondern auch das eigene Interesse des Erfinders in der Regel mehr als durch die Monopolisirung gefördert.

Es ist einer der grössten Erfolge des internationalen Patentcongresses, welcher in Wien während der letzten Weltausstellung (4.—8. August 1873) unter Theilnahme von Sachverständigen aus allen industriellen Nationen abgehalten wurde, dass dieses Licenzprincip nach angestrengter und erschöpfender Erörterung des Für und Wider zur Anerkennung gebracht und zum Beschlusse erhoben wurde und es wird die Aufgabe der künftigen Gesetzgebung zunächst in Deutschland sein, dieses Princip in zweckmässig ausgebildeten Normen und mit den durch das Interesse des Erfinders nothwendig gebotenen Beschränkungen in das Leben einzuführen.

Dass die deutsche Patentgesetzgebung einer Erneuerung bedarf, ist unbestritten. Die in den verschiedenen Staaten bestehenden Gesetze gehören ganz verschiedenen Systemen an und die Ertheilung von Erfindungspatenten für die Gebiete von Preussen, Sachsen, Baiern u. s. w., die in den übrigen Gebieten des Reiches keine Geltung haben, stört die Verkehrseinheit und macht den Patentschutz illusorisch. Hierzu kommt, dass die in dem grössten deutschen Staate bestehenden Patenteinrichtungen geradezu unhaltbar geworden sind. In Preussen urtheilt eine wenig zahlreiche Commission von Sachverständigen in erster und letzter Instanz über die Ertheilung, die Gültigkeit und die Wiederaufhebung der Patente, ohne dass durch ein geordnetes Verfahren dem Erfinder oder dem concurrirenden Gewerbtreibenden die Möglichkeit gegeben wäre, ihre Rechte und Interessen geltend zu machen. Die Behörde, welche im geheimen Untersuchungsverfahren lediglich auf Grund ihrer selbst gewonnenen Kenntniss über die Gegenstände der Erfindungen entscheidet, ist des wirksamsten Hülfsmittels zur Erforschung der Wahrheit beraubt, nämlich der Wachsamkeit der Betheiligten, welche durch ihre Kenntniss und durch ihr Interesse am meisten befähigt sind, das zur Entscheidung dienliche Material herbeizuschaffen. Welche Behörde vermöchte bei dem heutigen Stande der Technik den Anspruch zu erheben, dass sie das Material zur Beurtheilung der Neuheit einer Erfindung als ein für alle Fälle bereites Mittel der Entscheidung vollständig beherrschte.

Fehler und Irrthümer sind allerdings auch bei einem contradictorischen Verfahren und bei dem best geordneten Instanzenzuge unvermeidlich. Sie werden aber in diesem Falle mit Recht den Fehlern der Parteien und der Unvollkommenheit der menschlichen Dinge aufgebürdet, nicht der Behörde, welche auf Grund der Verhandlungen entscheidet und nicht den Anspruch erhebt, selbst alle von Anfang her gemachten Erfindungen zu kennen. Wenn die preussische Patentverwaltung mit einem so unvollkommenen Verfahren bisher dennoch schwerere Irrthümer vermieden hat, so konnte dies nur dadurch geschehen, dass die Ertheilung von Erfindungspatenten aufs Aeusserste beschränkt wurde. Allein es sind weniger die unvermeidlichen Fehler als das Verfahren selbst mit seinen fast despotischen Formen, welche das Selbstgefühl des betheiligten Publicums verletzen und dem preussischen Systeme eine Menge zum Theil ungerechter Vorwürfe eingetragen haben und noch eintragen werden, bis man davon abgeht, die entscheidende Behörde dem schutzsuchenden Erfinder gewissermassen als einzigen Gegner gegenüber zu stellen.

Ueber die Nothwendigkeit einer gesetzlichen Reform besteht daher auch in der höchsten Verwaltungsinstanz kein Zweifel. Es schien jedoch eine Zeitlang, als ob diese Reform unter der herrschenden Strömung der Antipatentbewegung in der vollständigen Abschaffung des Patentschutzes gesucht werden sollte. Der Herr Minister v. d. Heydt hatte sich bekanntlich in der Circularverfügung vom 8. Juli 1863 in diesem Sinne ausgesprochen. Auch sein Nachfolger hatte das preussische Staatsministerium im Jahre 1872 veranlasst, beim Reiche die Aufhebung des Patentschutzes als die freilich negative Lösung der im Art. 4 Nr. 5 der Reichsverfassung gestellten Aufgabe einer einheitlichen Patentgesetzgebung zu beantragen. Der gegenwärtige Herr Handelsminister Dr. Achenbach ist dagegen für die Aufrechterhaltung des Patentschutzes eingetreten, indem er zunächst beim Reiche die Anstellung einer Enquête über die verschiedenen auf dem Gebiete der Patentgesetzgebung streitigen Fragen beantragt hat. Dieser Antrag liegt zur Zeit noch dem Bundesrathe zur Erledigung vor, doch ist an seiner Annahme wohl nicht zu zweifeln.

Der Bundesrath hat ferner bereits die Vorlage eines Gesetzes an den Reichstag beschlossen, durch welchen der bisher nur in einem ganz kleinen Theile von Deutschland bekannte Musterschutz für das ganze Reich eingeführt werden soll. Auch diese Massregel ist eine Frucht der durch die letzten Weltausstellungen gereiften Erkenntniss, dass die deutsche Industrie auf der Bahn des blossen Entlehnens und Nachmachens nicht den Platz unter den Ersten behaupten kann, dass sie, um ihre gebührende Stelle einzunehmen, soviel Gerechtigkeit Stolz und Kapital besitzen muss, um die in ihrem Dienste arbeitende geistige Productionskraft aus eigenen Mitteln zu lohnen.

Der Verfasser hat früher die Einführung des Musterschutzes in Deutschland nicht befürwortet, weil derselbe nicht bleibenden geistigen Schöpfungen zu Gute kommt, sondern vielmehr einer Virtuosität, welche versteht, den wechselnden Geschmack der Mode durch immer neue Formen zu reizen, zu befriedigen und zu beherrschen. Es zeigt sich jedoch, wie auf anderen Gebieten, so auch hier, dass an sich geringfügige Dinge in ihrer Gesammtheit von grosser ökonomischer Bedeutung sein können und so will sich auch der Verfasser nicht der Ueberzeugung verschliessen, dass der Musterschutz nöthig ist, um unserer Textilindustrie und unsern tektonischen Gewerben tüchtige Musterzeichner und Modelleure zu gewinnen und zu erhalten, um den selbstthätigen Unternehmungsgeist unter unsern Fabrikanten zu fördern und den nachbetenden Schlendrian zu bannen. Er wird erfreut sein, mit der zweiten Abtheilung dieses Buches das fertige deutsche Musterschutzgesetz vorlegen zu können.

Wenn aber die gesetzgebenden Factoren dem Musterschutze zustimmen, wenn der Herr Präsident des Reichskanzleramtes von seinen früheren Bedenken weit genug zurückgekommen ist, um eine so umfassende Beschränkung der Gewerbefreiheit im Interesse jener Industrien zu befürworten, um wieviel dringender ist es dann, dass durch die Herstellung eines ausreichenden und einheitlichen Patentschutzes das höher stehende Recht des Erfinders gesichert und die viel bedeutenderen Interessen unserer Maschinenfabrikation, unserer chemischen Industrie und der übrigen erfindenden und constructiven Gewerbe geschützt werden.

Das Zustandekommen eines deutschen Patentschutzgesetzes

erfordert allerdings reifliche Vorbereitung. Noch sind viele verwickelte Fragen zu lösen, viele Meinungsverschiedenheiten zu klären und zum Austrag zu bringen.

Der Verfasser hat in der ersten Auflage dieses Buches (1869) an dieser Stelle die Grundzüge eines Aufgebotverfahrens entwickelt, welches an die Stelle des in Preussen geltenden Vorprüfungsverfahrens und des in einigen andern Staaten angenommenen französischen Anmeldungssystems treten soll. Der Ertheilung des Patentes soll ein öffentliches Aufgebot zur Ermittelung etwaiger Einsprüche gegen das Patentgesuch und eine contradictorische Verhandlung zwischen dem Patentsucher und den Widersprechenden vorhergehen. Ueber die Ansprüche des Patentsuchers und über die erhobenen Einsprüche soll der Rechtsweg vor einem besondern Patentgerichtshofe eröffnet werden, bei welchem der Patentcommissar als Kronanwalt das öffentliche Interesse wahrnimmt.

Diese Vorschläge sind demnächst von einer durch den deutschen Ingenieurverein niedergesetzten Commission weiter entwickelt und in einem ausgearbeiteten Gesetzentwurfe dem deutschen Reichstage (1871) vorgelegt worden. Die Beschlüsse des internationalen Patentcongresses in Wien (1873) brachten neue wichtige Gesichtspuncte für die Verbesserung der Patentgesetzgebung. Hieran schloss sich die Bildung des deutschen Patentschutzvereins (1874), welcher eine Commission mit der Revision des von dem deutschen Ingenieurverein abgegebenen Gesetzvorschlages beauftragte. Die Arbeiten dieser Commission, obgleich noch nicht endgültig von der Generalversammlung des Vereins angenommen, liegen in einem gedruckten Gesetzentwurfe (Berlin 1874) und in einem Revisionsberichte (1875) vor.

Während der Verfasser im Jahre 1869 der herrschenden Antipatentbewegung gegenüber auf dem Felde der Literatur ziemlich vereinzelt als Vertheidiger des Patentschutzes da stand, ist jetzt in den weitesten Kreisen, nicht blos der Erfinder, sondern namentlich der dem Erfinder lohnpflichtigen Industrie die Ueberzeugung lebendig geworden, dass die Erhaltung und die zweckmässige Gestaltung des Patentschutzes von schwer wiegender Bedeutung für das Gedeihen unsrer Industrie und für den Nationalwohlstand ist. Man hat begonnen, sich über die Grundsätze des Verfahrens und über die zweckmässigsten

Einrichtungen zur Prüfung der Gesuche und zur Entscheidung über die erhobenen Einsprüche zu verständigen. Ist auf dieser Grundlage eine sichere Basis für die Patentertheilung gewonnen, so wird die Regelung der übrigen Fragen über die Dauer und die Kosten der Patente, über die Strafen der Contravention u. dgl., deren Lösung mehr willkürlicher Natur ist, mindere Schwierigheiten machen. Die nachfolgende Zusammenstellung der bestehenden Patentgesetze bietet für jede dieser Fragen eine hinreichende Anzahl möglicher und bereits versuchter Lösungen.

Indem der Verfasser hiernach das vorliegende Werk der freundlichen Beachtung sowohl derjenigen empfiehlt, welche sich mit den bestehenden Patentgesetzen bekannt machen wollen, als auch derjenigen, welche sich die Verbesserung der Patentgesetzgebung zur Aufgabe machen, dankt derselbe zugleich allen den Personen, welche ihn in weiten Kreisen des In- und Auslandes durch gefällige Mittheilungen bei seinem schwierigen Unternehmen unterstützt haben. Er stattet diesen Dank vorzüglich dem Königl. Preussischen Handels-Ministerium ab, welches ihm in bereitwilligster Weise die Benutzung der Acten über die Patentgesetzgebung und den Schutz der Waarenbezeichnung gestattet hat, und er schliesst mit dem Wunsche, dass seine Arbeit der Kenntniss eines bisher vernachlässigten Zweiges des vaterländischen Rechtes und vielleicht auch der Verbesserung desselben in etwa förderlich sein möge.

I. Vorbegriffe.

§. 1. Zweck der Erfindungspatente.

Werth der Erfindung. — Der Erfinder und die Gesammtheit. — Collision der Interessen. — Ausgleichung durch den Patentschutz. — Folgen der Schutzlosigkeit. — Wahrung der Gewerbefreiheit. — Licenzprincip.

Die gewerblichen Erfindungen haben die Aufsuchung neuer Mittel zur Befriedigung der materiellen Lebensbedürfnisse zum Gegenstande. Sie erweitern die menschliche Herrschaft über die leblosen Dinge der Natur. Sie erreichen dieses Ziel entweder durch die Erzeugung neuer Gebrauchsgegenstände oder durch die Anwendung neuer Mittel zur vortheilhafteren Herstellung bereits bekannter Waaren. Die Thätigkeit des Erfinders unterscheidet sich von jeder andern Gewerbthätigkeit dadurch, dass sie nicht bloss eine reproduzirende körperliche Arbeit, sondern eine geistige schaffende Production darstellt. Hierauf beruht ihr Wesen. Die Erfindung hat nicht das einzelne Product des Kunstfleisses, sondern die neue Form desselben, das Erzeugniss der geistigen Arbeit zum Gegenstande und diese Form dient unabhängig von dem Stoffe, in dem sie verkörpert ist, dem Gebrauche, indem sie nachgeahmt und mit Ersparung der zu ihrer ersten Herstellung erforderlichen geistigen Arbeit, mechanisch wiederholt werden kann. Hierauf beruht zugleich der Kapitalwerth der Erfindung. Während das Erzeugniss der körperlichen Arbeit durch den Gebrauch verzehrt wird, ist die Form das Product der geistigen Thätigkeit des Erfinders unvergänglich und unzerstörbar. Auch die festeste Dampfmaschine des geschicktesten Fabrikanten wird in einem oder zwei Menschenaltern abgenutzt — die Wattsche Dampfmaschine aber bleibt unvergänglich, solange sie nicht durch die Erfindung einer ganz neuen Bewegungskraft entbehrlich gemacht wird. Die geistige Arbeit, deren Resultat jene Erfindung ist, wird seit 100 Jahren von jedem Erbauer und von jedem Betreiber einer Dampfmaschine benutzt, ja! sie ist ebenso von den nachfolgenden Erfindern benutzt worden, welche die Construction der Dampfmaschine verändert und verbessert haben.

Der Vermögenswerth einer solchen Erfindung kann ungefähr anschaulich gemacht werden an den Früchten, welche der Erfinder selbst begünstigt durch einen ausreichenden Rechtsschutz aus der ersten Anwendung seiner Erfindung ziehen konnte. James Watt konnte unter dem Schutze der englischen Patentgesetzgebung von den Bergwerksbesitzern, welche seine neue Maschine in Anwendung brachten, ein Drittel der Ersparniss als Preis bedingen, welche an Brennmaterial gegenüber der früher benutzten Newcomen'schen Maschine erzielt wurde. Diese Prämie belief sich auf einer einzigen Steinkohlengrube bei drei Maschinen auf 48000 Mark jährlich. Dennoch erscheint auch dieser Gewinn verschwindend klein gegen die unberechenbaren Vortheile, welche der Industrie und dem Gesammtreichthume aus der Erfindung der Dampfmaschine zugeflossen sind. Auch konnte dieser Gewinn nicht anders erzielt werden, als durch das dem Erfinder damals allein nach der englischen Gesetzgebung gewährte Erfindungspatent. In Frankreich erfand ungefähr um dieselbe Zeit Leblanc die Sodabereitung aus Kochsalz, allein er bereicherte dadurch nur Andere, weil in Frankreich erst später durch die constituirende Nationalversammlung das Recht der Erfinder gesetzlich geschützt wurde.

Das Erfindungspatent ist ein beschränktes Monopol in der Anwendung einer neuen Erfindung, welches die Gesetzgebung dem Erfinder verleiht. Der Zweck dieses Gebrauchsmonopols ist die Vermittelung der Interessen des Erfinders und der Gesammtheit und die Beförderung der Industrie durch eine der ersten Ausführung und Verbreitung neuer Erfindungen gewährte Aufmunterung.

Jede neue Erfindung bewirkt eine Bereicherung der menschlichen Existenz, indem sie entweder an der zur Erhaltung dieser Existenz nothwendigen Arbeit erspart, oder den Mitteln zur Befriedigung der Lebensbedürfnisse neue hinzulegt. Diese Vortheile werden zunächst dem Erfinder zu Theil. Sie können jedoch durch Mittheilung der Erfindung in demselben Masse der übrigen Mitwelt und der Nachwelt zugewendet werden. Der Erfinder hat ein persönliches Interesse an dem ausschliesslichen Besitze seiner Erfindung, um entweder die daraus entspringenden Vortheile allein zu geniessen, oder sich für die Mittheilung derselben die Vergütung des Tauschwerthes zu bedingen. Das Interesse der Gesammtheit erheischt dagegen die möglichst baldige Veröffentlichung der Erfindung, damit die Vortheile derselben nicht bloss Allen zugänglich gemacht, sondern auch durch die concurrirende Ausbeutung der Erfindung gesteigert werden; denn die von dem Genie des Einzelnen gemachte Erfindung kann erst durch die allgemeine Concurrenz in der Ausführung zu ihrer vollen Productivität und zu ihrer höchsten Entwickelung gebracht werden. Zwei verschiedene Factoren bedingen gleichmässig und in vereinter Wirkung die Steigerung der Production und des öffentlichen Wohlstandes: die Erfindung, welche neue Resultate der menschlichen Arbeit schafft, und die Concurrenz, welche durch die wetteifernde Wiederholung der bereits bekannten Arbeitsleistung ihre Bedingungen erleichtert und ihren Effect erhöht.

Gerade die grössten Erfindungen treten bei ihrer ersten practischen Ausführung in einer gleichsam hülflosen und unentwickelten Gestalt in das Leben. Die durchweg neuen Mittel, deren sich der Erfinder bedient, erfordern zu ihrer vollen Wirkung eine ganz neue Technik. Die erforderlichen Werkzeuge und Maschinentheile, die Arbeiter und die Werkführer können erst durch die Schule vieler Erfahrungen diejenige Ausbildung erlangen, welche zur Realisirung des von dem Erfinder theoretisch gefundenen Resultates unumgänglich nothwendig ist.

Deshalb waren die ersten Leistungen der Buchdruckerpresse unvollkommener als die einer fabrikmässigen Schreiberwerkstatt. Deshalb büsste Fulton bei der Ausbeutung des ihm verliehenen Monopols der Dampfschifffahrt auf den Strömen der Nordamerikanischen Union sein Vermögen ein (vergl. oben S. 9) und viele andere Erfinder gingen gleich ihm der Vortheile ihrer Erfindungen, durch welche sie die Nachwelt bereicherten, für ihre Person verlustig.

Das gemeinsame Interesse des Erfinders und der Gesammtheit macht daher eine Einrichtung wünschenswerth, vermöge deren der Erfinder die practische Ausführung und Nutzung seiner Erfindung gegen den vertragsmässig bedungenen Tauschwerth Andern überlassen kann, denn nur unter dieser Voraussetzung wird es sowohl dem Erfinder als der Gesammtheit möglich gemacht, den grössten erreichbaren Nutzen aus der Erfindung zu ziehen. Diese Einrichtung besteht darin, dass dem Erfinder durch einen Rechtssatz die ausschliessliche Ausbeutung seiner Erfindung innerhalb gewisser räumlicher und zeitlicher Grenzen gesichert wird, denn nur durch die Gewährung eines solchen ausschliesslichen Rechtes wird dem Erfinder die Möglichkeit gewährt, durch ein Rechtsgeschäft die Ausbeutung der Erfindung gegen deren Tauschwerth Andern zu überlassen. Nur unter dieser Voraussetzung wird ein Rechtsverkehr möglich, durch welchen jedem Bewerber die Ausführung der Erfindung möglich gemacht und zugleich dem Erfinder der Tauschwerth seiner Erfindung gesichert werden kann. Nur durch ein gesetzliches Monopol der Erfinder kann also deren vermögensrechtliches Interesse mit dem Interesse der Gesammtheit vereinigt werden.

Die Erfindung nimmt den Schutz des Gesetzes im Interesse des Erfinders und um des Gedeihens der Erfindung selbst willen in Anspruch. In beiden Beziehungen wird ihr Anspruch von der Freihandelsschule verneint. Der Erfinder erlangt nach den Anhängern der Anti-Patentbewegung einen genügenden Vortheil dadurch, dass er seine Erfindung selbst ausbeutet und dabei vor den Nachahmern den Vorzug der Erstigkeit oder der Vorhand hat. Dieses natürliche Monopol reicht allerdings bei solchen Erfindungen, welche geheim gehalten werden können, meist vollständig aus, so dass die Erfinder häufig den vom Staate gebotenen Patentschutz verschmähen und mehr der eigenen Sorgfalt in der Bewahrung des Fabrikgeheimnisses als der gerichtlichen und polizeilichen Hülfe gegen unbefugte Nachahmung vertrauen. Diese Fälle bilden indess die Ausnahme, da bei den meisten Erfindungen mit dem Verkaufe der verfertigten Waare auch das Geheimniss der Fabrication preisgegeben werden muss. Hierzu kommt, dass der Erfinder in der Regel nicht die Mittel und die Gelegenheit besitzt, seine Erfindung für eigene Rechnung auszuführen. Der Erfinder ist in der Regel nicht Fabrikant, sondern Ingenieur; er ist nicht Kapitalist, sondern Arbeiter; sein Reichthum besteht in seinen Talenten und Kenntnissen. Der Erfinder kann daher in den meisten Fällen die Früchte seiner Erfindung nur dadurch ziehen, dass er sie Andern zur Ausführung gegen Entgelt überlässt. Dies ist jedoch nur möglich, wenn ein Recht übertragen werden kann, d. h. wenn das Gesetz die Befugniss zur Ausführung der Erfindung von der Uebertragung durch den Erfinder abhängig macht.

Hieraus ergibt sich das dringende Interesse des Erfinders an einer gesetzlichen Einrichtung, welche es ihm möglich macht, die Benutzung seiner Erfindung als ein Rechtsobject zu übertragen und zu verwerthen. Ebenso macht aber auch erst die Möglichkeit dieser Uebertragung die Erfindung zu einem Gegenstande des allgemeinen Verkehrs und der allgemeinen Nutzung.

Die häufig gehörte Meinung, das Monopol des Erfinders schliesse die Gesammtheit von deren Benutzung aus, gehört zu den geistreichen Verkehrtheiten, denen wir auf dem Gebiete der socialen Theorie seit Rousseau so vielfach begegnen. Rousseau behauptete bekanntlich: der Erste, welcher sich vermass, ein Stück Land einzuzäunen und zu sagen: dieses Land gehört mir! sei der Urheber des menschlichen Elends gewesen. Die Menschheit sei verloren gewesen, als sie diesem Betrüger geglaubt und vergessen habe, dass die Frucht allen und das Land niemand gehört. In derselben Weise wird der Erfinder, welcher die Frucht seiner schaffenden Thätigkeit für sich haben will, als Feind der Industrie bezeichnet. Und doch, wie das Land brach liegen blieb, so lange nicht das Recht des ersten Besitznehmers anerkannt und demjenigen, welcher es bebaute, die Frucht seiner Arbeit gesichert wurde, so bleibt auch der Erfindungsgeist des Menschen brach liegen, wenn nicht dem Erfinder der Lohn seiner Thätigkeit gesichert wird. Hierzu ist allerdings der Patentschutz nicht das einzige Mittel. Es ist indess ausser Zweifel, dass ohne einen solchen gesetzlichen Schutz, welcher dem Erfinder die ungestörte Verwerthung seines Geistesproductes sichert, viele Erfindungen unausgeführt bleiben würden. So wenig wir Eisenbahnen ohne das ihnen gesetzlich verliehene Monopol haben würden, so wenig Jemand unternommen haben würde, die beiden Welttheile durch einen unterseeischen Telegraphen zu verbinden, ohne das auf beiden Küsten gewährte ausschliessliche Recht zu dieser telegraphischen Verbindung, ebensowenig würden zahlreiche gewerbliche Erfindungen, welche das Product langwieriger und kostspieliger Versuche sind, ohne den Patentschutz gemacht oder so zeitig gemacht worden sein.

Ohne den Patentschutz ist der Erfinder auf die Geheimhaltung und die Monopolisirung seiner Erfindung angewiesen und er gefährdet dadurch sowohl seinen eigenen Erfolg als den Fortschritt der Industrie.

Es kann keinem Zweifel unterliegen, dass viele Erfindungen, welche in jenen Jahrhunderten durch den Zufall oder durch den Forschungstrieb Einzelner gemacht sind, der Mitwelt und der Nachwelt dadurch verloren gingen, dass die Erfinder durch die Geheimhaltung ihrer Entdeckung sich die Früchte derselben zu sichern suchten. Der statistische Nachweis dieser Behauptung kann jedoch deshalb nicht geführt werden, weil eben jene Erfindungen verloren gegangen sind. Es mag indess erwähnt werden, dass bereits im Simplicissimus Buch 6 Kap. 13 einer Erfindung Erwähnung geschieht, das Schiesspulver vor der Explosion während der Aufbewahrung und während des Transportes durch Beimengung einer andern Substanz zu schützen, welche (durch Aussieben) sofort wieder von dem Pulver getrennt werden kann[1]). Die verwendete Substanz ist nicht ge-

---

[1]) Simplicissimus Buch 6 Kap. 13 (Seite 81 der Leipziger Ausgabe von 1848) „Pulver zuzurichten, dass es nicht brenne, wenngleich man einen glühenden Stahl hineinsteckt, welches den Festungen gar nützlich ist, die des gefährlichen Gastes eine grosse Menge beherbergen müssen.“

(Daselbst S. 84) „Ich antwortete: er sollte mir nur geschwind einen Schuss Pulver und noch einen Stoff, den ich dazu gebrauchen müsste, sammt Feuer herbeibringen, so würde er sehen dass die Kunst gerecht sei. Als solches geschehen war, liess ich ihn wie sichs gehörte verfahren und folgends das Pulver anzünden. Aber da vermochte er nicht mehr als etwa ein paar Körnlein und bloss nach und nach zu verbrennen. — Ja! sagte er zuletzt, jetzt ist aber das Pulver verdorben. Ich hingegen antwortete ihm mit dem Werke selbst und machte das Pulver ohne einige Unkosten, ehe man sechszehn zählen konnte, dass es hinbrannte, da er es mit dem Feuer kaum berührte. Ach! sagte er, hätten die Zürcher diese Kunst gewusst, so hätten sie verwichen Jahr keinen so grossen Schaden gelitten, als das Wetter in ihren Pulverthurm schlug.“

nannt. Es ist indess möglich, dass die Erfindung des englischen Ingenieurs Gale, welcher im Jahre 1865 fand, dass Schiesspulver durch Beimengung von fein gepulvertem Glase unexplodirbar und beinahe unverbrennlich gemacht werden kann[1]), schon im dreissigjährigem Kriege gemacht war. Ferner ist bekannt, dass der Phosphor nach seiner ersten Entdeckung durch Brand in Hamburg im Jahre 1669 viele Jahre lang als ein Geheimfabrikat ausgebeutet wurde und erst durch Kunkel von Löwenstern von Neuem entdeckt werden musste, um der allgemeinen Benutzung zugänglich zu werden. Aehnlich verhielt es sich mit dem chinesischen Porzellan und dem Neusilber (Pakfong). Die Gefahr einer solchen Monopolisirung durch Geheimhaltung liegt aber nicht bloss darin, dass die Erfindung durch den Tod des Erfinders für die Nachwelt verloren gehen kann, und dass ihre volle Ausbeutung durch die mangelnde Concurrenz verhindet wird, sondern vor allem auch darin, dass die Erfindung nicht auf ihrem eigenen Gebiete als die Mutter neuer Erfindungen fruchtbar werden kann. Der Patentschutz sichert zwar dem Erfinder für eine gewisse Zeit die ausschliessliche Benutzung seiner Erfindung, gleichzeitig aber der Gesammtheit die sofortige Mittheilung derselben. Der Patentschutz entbindet nicht nur den Erfinder von der Nothwendigkeit der Geheimhaltung, sondern die meisten Patentgesetzgebungen machen die sofortige Veröffentlichung der patentirten Erfindung zur Bedingung und sichern dadurch nicht nur der Gesammtheit die künftige Benutzung der Erfindung nach Ablauf der Schutzfrist, sondern auch die sofortige Verwerthung derselben auf dem Gebiete der theoretischen Forschung. Auf diese Weise wird es möglich, dass eine Erfindung noch während der Dauer des Patentschutzes von andern Erfindern zur Lösung neuer Probleme benutzt wird, während die Geheimhaltung nicht bloss die unmittelbare Benutzung, sondern auch die theoretische Verwerthung für die Gesammtheit unmöglich macht.

Die richtige Erkenntniss von der fortzeugenden Kraft der Erfindung hat schon in manchen Industriezweigen dazu Anlass gegeben, dass das System der sogenannten Fabrikgeheimnisse ganz verlassen ist und alle Verbesserungen in der Fabrikation

---

[1]) Vergl. Dinglers Polytechnisches Journal Bd. 177 S. 456.

unter den concurrirenden Fabriken gegenseitig ausgetauscht werden, zum grossen Vortheile der Fabrikanten und des kaufenden Publicums.

Wenn in einem solchen Vereine gleichartiger Fabriken jeder Produzent das Aequivalent der von ihm mitgetheilten Erfahrungen in den Erfahrungen seiner Concurrenten erhält, so ist ein solcher Tauschverkehr auf dem allgemeinen Markte der Industrie selbstredend nicht möglich.

Wohl aber kann die Erfindung zu einem Gegenstande des Rechtsverkehrs dadurch gemacht werden, dass ihre Ausbeutung innerhalb gewisser Grenzen zu einem ausschliesslichen Rechte erhoben wird, welches auf Andere übertragen und gegen Entgelt veräussert werden kann.

Nichts ist unrichtiger als die Behauptung: das Recht des Erfinders beeinträchtige die Gewerbefreiheit und den industriellen Fortschritt. Allerdings beschränkt das Erfindungspatent zunächst die übrigen Gewerbtreibenden, wenn auch in der Ausübung einer bis dahin ihnen nicht zugänglichen Industrie. Allein dieses Monopol ist nur das Mittel, durch welches die Erfindung in den Rechtsverkehr kommt, welches dem Erfinder die Möglichkeit gibt, die Benutzung seiner Erfindung allen Betheiligten gegen Entgelt zugänglich zu machen. Der Erfinder, welcher seinen Vortheil richtig versteht, wird die Erfindung weder selbst monopolisiren, noch durch Andere monopolisiren lassen, sondern Allen gegen eine angemessene Vergütung zum Gebrauche einräumen. In dieser Weise werden gerade die wichtigsten patentirten Erfindungen ausgebeutet und ich brauche nur zwei bekannte Erfindungen: den nicht patentirten Kruppschen Gussstahl und den patentirten Bessemer Stahl neben einander zu stellen, um zu zeigen, auf welcher Seite der grössere Vortheil für den industriellen Fortschritt liegt. Krupp hat ohne Patent durch ein sorgfältig durchgeführtes Fabrikgeheimniss sich das Monopol seiner Erfindung gesichert und zwar Grosses erreicht, jedoch nach vieljähriger Anstrengung und nach Ueberwindung grosser Schwierigkeiten. Bessemers patentirte Erfindung ist sogleich der allgemeinen Benutzung übergeben worden und hat in der kürzesten Frist der gesammten Eisenindustrie in allen Ländern einen gewaltigen Impuls gegeben; sie ist nicht in ihrer Heimath, sondern in den Ländern gross geworden, wo sie die besten

Bedingungen für ihr Gedeihen fand und hat nur in den Ländern Hindernisse in ihrer Entwickelung gefunden, wo wie in Preussen, dem Erfinder der Patentschutz versagt blieb. Der richtig ausgebildete Patentschutz ist der natürliche Feind des Monopols und des für die Entwickelung der Industrie so schädlichen Fabrikgeheimnisses, da unter dem Schutze des Patentes jeder die von ihm gemachten Fortschritte sofort allgemein bekannt und allgemein gegen Entgelt zugänglich machen kann, ohne sein Interesse preiszugeben.

Es fehlt allerdings nicht an Beispielen, dass patentirte Erfinder glauben, ihr Interesse dabei zu finden, dass sie alle andern Gewerbtreibenden während der Patentdauer von der Benutzung ihrer Erfindung ausschliessen und dieselbe als ein Monopol verwerthen. Selbst in diesen Fällen aber, so muss behauptet werden, wird der Fortschritt der Industrie nicht in dem Grade aufgehalten, als dies bei der Geheimhaltung der Erfindung der Fall ist. Die Erfahrung lehrt nämlich, dass selbst das den Erfindungen verliehene Monopol den Sporn für neue Erfindungen abgibt. So erfand Watt das Planetenrad, weil Wasborough's Patent ihn hinderte, die Kurbelvorrichtung auf die Dampfmaschine zu übertragen. So wurde die Erfindung der Nähmaschine, bei welcher die Herstellung der festen Nath ursprünglich durch ein bewegliches Schiffchen bewerkstelligt wurde, noch vor Ablauf des ertheilten Patentes durch andere Erfindungen abgelöst, bei welcher der gleiche Zweck durch stehende Spulen, oder durch spiralförmige Nadeln erreicht wurde. Das Patent des ersten Erfinders rief also neue Erfindungen hervor, welche ohne das Monopol vielleicht erst viel später gemacht worden wären.

Gleichwohl ist anzuerkennen, dass die Industrie dabei gewinnen würde, wenn der Rechtsschutz des Erfinders in einer solchen Form gewährt würde, welche Niemand von der sofortigen Anwendung und Benutzung der Erfindung ausschliesst. Dies würde der Fall sein, wenn nach neueren Vorschlägen dem Erfinder schon während der Patentdauer die Verpflichtung auferlegt wird, andern Gewerbtreibenden die Mitbenutzung seiner Erfindung gegen angemessene Vergütung zu gestatten, oder nach dem technischen Ausdrucke, Licenzen zur Ausübung der Erfindung gegen Entgelt zu ertheilen.

Durch dieses sogenannte Licenzprincip, welches zuerst von Ratkowsky (1870), Steinbeis und der englischen Parlaments-Commission (1872) empfohlen wurde, wird der wichtigste und am schwersten wiegende Einwand beseitigt, welcher gegen den Schutz der Erfindungen von der Freihandelspartei gemacht wird, der Einwand, dass das Erfindungspatent ein zeitweises gewerbliches Monopol schafft. Kann der Erfinder angehalten werden, die Mitbenutzung der patentirten Erfindung andern Bewerbern gegen angemessene Vergütung zu überlassen, so fällt das Monopol fort und die patentirte Erfindung wird schon während der Patentdauer der freien Mitbewerbung zugänglich, und hierdurch wird nicht nur der ungehemmte Fortschritt des Gewerbes gesichert, sondern auch das eigene Interesse des Erfinders in der Regel mehr als durch die Monopolisirung gefördert.

Bei der Ausführung einer Erfindung concurriren verschiedene Factoren, das empfangende Genie des Erfinders, das die Idee hervorbringt, die Thätigkeit des ausführenden Ingenieurs, welcher dieser Idee Körper und Gestalt gibt, endlich die Mitwirkung des Kapitals und des Kaufmanns, welcher das Product in den Verkehr bringt. Selten sind diese Factoren in einer Person vereinigt. Sehr viele Erfinder gehen zu Grunde an hoffnungslosen Versuchen, das practisch auszuführen, was ihr Geist erdacht hatte. Erst wenn das Monopol erlischt, wenn die allgemeine Mitbewerbung sich der Sache bemächtigt, wird die Erfindung fruchtbar. Im günstigsten Falle hat der eine Erfinder als Monopolist viele Jahre um den Erfolg zu ringen, während solche neuere Erfindungen, welche sofort der allgemeinen Benutzung gegen Entgelt freigegeben würden, wie der Bessemer Stahl und die Siemens'schen Regenerativöfen in kürzester Frist die Grundlage einer grossartigen Industrie geworden sind und indem sie ihren Urheber bereicherten, doch sofort zum Gemeingute aller Nationen wurden.

Die Frage, ob der Erfinder gehalten sein soll, jedermann und ohne jede Beschränkung die Mitbenutzung gegen ausreichende Vergütung und Sicherheit einzuräumen und ob dieser Licenzzwang gleich im Anfang der Patentdauer eintreten soll, oder erst nach Ablauf einiger Jahre während deren der Erfinder allein zur Ausführung berechtigt wäre, soll im weiteren Verlaufe der Darstellung erörtert werden (vergl. §. 16). Es genügt, hier festzustellen, dass es möglich ist, dem Erfinder eine Gegenleistung für die Mittheilung des Gegenstandes seiner Erfindung zu sichern, ohne dass es dazu der Schaffung eines Monopols bedarf und dass der Patentschutz in der verbesserten Gestalt, welche er theils in der neueren Gesetzgebung durch die Veröffentlichung der Patentbeschreibungen bereits erlangt hat, theils durch Einführung des Licenzprincips noch erlangen soll, sowohl die Gewerbefreiheit unberührt lässt, als auch die Industrie durch die Anregung zu neuen Erfindungen und durch die schnelle und allgemeine Verbreitung derselben mächtig zu fördern vermag.

§. 2. Das Recht des Erfinders (Begriff und Grenzen).

Gegenstand. — Möglichkeit der ausschliesslichen Benutzung, — Vermögenswerth der Erfindungen. — Zeitdauer. — Urkundliche Beschreibung. — Begriff. — Ausnahmen.

Die Nothwendigkeit eines Patentschutzes überhaupt ist im Vorigen aus dem Zwecke abgeleitet, der Arbeit des Erfinders ihren Preis und der Gesammtheit die Benutzung der Erfindung zu sichern. Allein mit der Aufstellung dieses Postulates ist die Begründung des Patentschutzes noch keineswegs gegeben. Unmöglich können alle Erfindungen ein Monopol ihres Urhebers sein und bleiben, so dass jeder das Recht zur Benutzung derselben erst von dem Urheber erwerben müsste. Dieser Grundsatz würde alle Gewerbefreiheit aufheben und die Entwickelung der Industrie noch viel gewaltsamer aufhalten als alle Kasteneinrichtungen und als der härteste Zunftzwang je vermocht hat. Es ist ja auch nicht zu läugnen, dass das Princip der freien Concurrenz in seiner Bedeutung für den menschlichen Fortschritt unendlich höher steht, als der Schutz des Erfinders, dass also da, wo beide Prinzipien sich berühren, das letztere weichen oder doch nur als die beschränkte Ausnahme gegenüber der allgemeinen Gewerbefreiheit zur Geltung kommen darf. Die Fortschritte, welche die Industrie durch die freie Concurrenz zahlreicher Gewerbtreibender macht, bestehen genau betrachtet in nichts anderem, als in einer Reihe fortgesetzter und unmerklicher Verbesserungen, welche die Erfahrung und der Erfindungsgeist der einzelnen Unternehmer der ursprünglichen Erfindung nach und nach hinzugefügt — Verbesserungen, welche ursprünglich auf den persönlichen Vortheil des einzelnen Gewerbtreibenden berechnet, sofort der Gesammtheit zu Gute kommen[1]). Wollte man also jede Nachahmung von Verbesserungen im Gewerbebetriebe verbieten, so würden nicht bloss alle Vortheile der freien Concurrenz aufgehoben, sondern der Gewerbebetrieb durch zahllose Beschränkungen in der Wahl der Hülfsmittel geradezu unmöglich gemacht werden.

Das Recht des Erfinders muss also auf solche Gegenstände beschränkt werden, welche als selbstständige neue Hülfsmittel oder Producte des Gewerbfleisses erscheinen oder doch als wesentliche Verbesserungen bereits bekannter Hülfsmittel oder Erzeugnisse anzusehen sind.

Eine weitere Begrenzung des Erfinderrechtes folgt aus der Erwägung, dass nur an solchen Objecten ein ausschliessliches Recht der Benutzung bestehen kann, welche einer ausschliesslichen vermögensrechtlichen Nutzung fähig sind.

Durch dieses Merkmal werden alle diejenigen Erfindungen ausgeschlossen, deren Ausführung entweder keinen unmittelbaren Gewinn abwirft, oder an deren Reproduction, obgleich sie einen vermögensrechtlichen Nutzen gewährt, doch niemand verhindert werden kann. In die erste Klasse gehören die wis-

---

1) Ein englischer Schriftsteller (London Journal of Arts and Sciences 1831) sagt: „Die Erfinder zerfallen in drei Klassen. Die erste sind Männer von Genie, welche ganz neue Maschinen und ganz neue Verfahrungsweisen und Methoden der Fabrikation entdecken. Diese sind sehr selten.

Die zweite Klasse umfasst Männer, welche zwar nicht ganz neue Entdeckungen machen, aber fähig sind, wesentliche Verbesserungen an bekannten Prozessen oder Maschinen anzubringen. Diese Klasse ist beträchtlich.

Die dritte Klasse besteht aus den Leuten von geringer Einbildungskraft, welche keine grosse Originalität der Ideen, aber eine gewisse Geschicklickeit besitzen, die sie auf Dinge innerhalb ihres Berufskreises anzuwenden verstehen.

Ihre Aufgabe ist die Verbesserung im Kleinen, die Ausbildung aller der einzelnen Handgriffe und Vorrichtungen, welche der Plan des grossen Erfinders einschliesst. Glücklicher Weise ist diese Klasse überaus zahlreich. Sie schliesst vom Fabrikanten und vom Werkführer bis zum letzten Arbeiter alle die practischen Menschen ein, welche verstehen, Auskunftsmittel zur Ueberwindung der Schwierigkeiten zu finden, denen sie in der Praxis begegnen.“

senschaftlichen Entdeckungen, welche keine unmittelbare practische Verwendung auf dem Gebiete der Industrie finden können, wie die theoretischen Gesetze der Physik und die meisten Entdeckungen der Chemie. Die zweite Kategorie umfasst solche Erfindungen, deren Benutzung sich der Controle entzieht und daher nicht durch gesetzlichen Zwang verhindert werden kann. So macht z. B. jeder Seefahrer von Maurys Segelrouten (*sailing directions*) Gebrauch und verwerthet die Erfindung des Segelns auf dem grössten Kreise als der kürzesten Verbindung zweier Punkte der Erdoberfläche, ohne dass er in dieser Benutzung durch ein Erfindungspatent beschränkt, oder durch irgend eine polizeiliche oder richterliche Macht verhindert werden könnte. Dasselbe gilt von Davys Sicherheitslampe, ungeachtet der von Arago ausgesprochenen entgegengesetzten Ansicht[1]). Die mit einem Drahtnetz umgebene Lampe war, wie Arago selbst bezeugt, vor Davy im allgemeinen Gebrauche. Die Entdeckung der Thatsache, dass dieses Drahtnetz die Entzündung explosiver Gasgemische durch die Lichtflamme verhindert und dass es daher möglich ist, bei dieser Lampe in schlagenden Wettern ohne Gefahr zu arbeiten, konnte niemand an der Benutzung eines bereits bekannnten Werkzeuges hindern. Wenn also Davy unterliess, auf seine Erfindung ein Patent zu nehmen, so geschah dies offenbar nicht, weil er die Vortheile desselben verschmähte, sondern weil die Verwendung einer bereits vorhandenen Lampe zur Beleuchtung nicht durch die Ertheilung eines Erfindungspatentes untersagt werden konnte.

Davys Erfindung rettet nicht nur jährlich Tausenden von Bergleuten das Leben; sie schützt auch die Grubengebäude vor Zerstörung und macht den Abbau von Steinkohlenlagern möglich, welche früher wegen ihrer gefährlichen Gasentwickelung unbenutzt bleiben mussten. Die Erfindung der Sicherheitslampe gewährte daher eine hohe vermögensrechtliche Nutzung. Allein diese Nutzung konnte keine ausschliessliche sein, weil sie sich auf den bereits bekannten Gebrauch einer vorhandenen Vorrichtung gründete. Sie war deshalb nicht Gegenstand eines Erfindungspatentes[2]).

---

[1]) Oeuvres complètes tom. 6 p. 693.

[2]) Die Sicherheitslampe ist von späteren Erfindern mehrfach verbessert worden und diese Erfindungen, welche theils die Leuchtkraft

Auch die rein wissenschaftlichen Entdeckungen, welche nicht unmittelbar practisch verwerthet werden, bringen häufig in der mittelbaren Anwendung, welche sie demnächst erlangen, der Gesammtheit die grössten materiellen Vortheile. Manche wichtige Erfindungen bestehen in der blossen Combination zweier vorhergegangenen wissenschaftlichen Entdeckungen. So erfand der Physiker Porta um 1650 die Camera obscura; dann entdeckte Davy zu Anfang dieses Jahrhunderts die chemischen Wirkungen des Lichtes und auf Grund dieser beiden Entdeckungen gelang es dann Daguerre und Niepce im Jahre 1839 die Lichtbilder in der Camera obscura zu fixiren und dadurch den Grund zu der wichtigen Erfindung der Photographie zu legen.

Volta entdeckte um 1790 die Berührungselectricität, aus welcher dann durch die Versuche von Oerstedt u. A. der Electromagnetismus abgeleitet wurde. Schon im vorigen Jahrhunderte hatte Richmann in Petersburg durch Versuche gezeigt, dass die Reibungs-Electricität durch lange Drahtleitungen fortgepflanzt, Funken von einem Ufer der Neva nach dem andern übertragen und so zu fast augenblicklichen Signalen benutzt werden könne. Erst im Jahre 1846 ging aus der Combination dieser beiden Versuchsreihen durch Steinheil und Morse der electromagnetische Telegraph hervor, durch welchen jene wissenschaftlichen Versuche zu einer gewerblichen Erfindung vom ersten Range erhoben wurden.

Im Jahre 1827 stellte Wöhler das Aluminium in der Form eines grauen Pulvers aus der reinen Thonerde dar. Ein französischer Mineraloge fand später in dem Bauxit einen reinen Thoneisenstein ohne Beimischung von Silicaten. Unter Benutzung dieses Materials und des schon früher von Davy entdeckten Natriums gelang es Deville, das Aluminium im Grossen und zu einem Preise darzustellen, der gestattete dieses Metall in der Industrie zu verwenden.

In allen diesen Fällen wurde nicht den Entdeckern der wissenschaftlichen Prämissen, sondern den Erfindern, welche ihre practische Anwendung lehrten, der Lohn der Erfindung

---

der Lampe (durch Hinzufügung eines Glascylinders) verbessern, theils das willkürliche Oeffnen der Lampe verhindern, sind mehrfach patentirt worden.

und der Patentschutz zu Theil[1]). Dennoch waren diese Erfindungen erst durch die Entdeckungen jener grossen Physiker und Chemiker möglich geworden. Ihre Entdeckungen selbst waren aber für sich allein einer vermögensrechtlichen Nutzung nicht fähig und daher nicht Objecte eines geistigen Eigenthumes.

Ebenso verhält es sich mit den grossen wissenschaftlichen Aufgaben, mit deren Lösung ein Galilei, ein Kepler und ein Newton sich beschäftigten. Es unterliegt keinem Zweifel, dass die von ihnen entdeckten Gesetze nicht bloss das Wissen des Menschen erweitern, sondern auch durch die mittelbare Anwendung, welche sie in allen Zweigen der Industrie gefunden, die materielle Production gehoben und die Herrschaft des Menschen über die Dinge der leblosen Natur wesentlich erweitert haben. Gleichwohl konnte ihnen kein Antheil an diesen materiellen Früchten ihrer Thätigkeit zuwachsen, weil ihre Entdeckungen keine unmittelbare practische Verwendung finden konnten und deshalb ihren Urhebern keine vermögensrechtliche Nutzung gewährten.

Wenn nun gegen die Begründung des Patentschutzes eingewendet wird, dass diese Einrichtung gerade die grössten Erfindungen des menschlichen Geistes unbeschützt und unbelohnt lasse, so wird dabei einfach übersehen, dass die Patentgesetzgebung einer Erfindung, die keinen Tauschwerth hat, wie die Gesetze der Schwere oder des freien Falles, auch keinen Vermögenswerth beilegen kann, und dass ihre Aufgabe nur darin besteht, der gewerbsmässigen Erfindung, welche einen vermögensrechtlichen Gewinn anstrebt, die Realisirung dieses Gewinnes möglich zu machen. Der Forscher auf dem Gebiete der Wissenschaft erleidet dadurch keinen Abbruch, dass dem gewerblichen Erfinder die Früchte seiner Arbeit gesichert werden; und will man jenen Heroen der Wissenschaft ebenfalls den materiellen Lohn ihrer Geistesarbeit mit freigebigerer Hand gewähren als bisher, so möge man ihnen jene Nationalbelohnungen zuwenden, welche man neuerdings dem gewerblichen

[1]) Bekanntlich verzichtete Daguerre auf die Lösung eines Patentes gegen eine Nationalbelohnung, welche ihm und den Erben Niepces auf den Antrag der Akademie der Wissenschaften von der französischen Regierung gewährt wurde.

Erfinder als Ersatz für den Patentschutz in Aussicht stellen möchte.

Die letzte Beschränkung des Erfinderrechtes ist die Einschränkung auf eine gewisse Zeitdauer. Es ist nach dem oben Gesagten nicht bloss unzulässig, dem Erfinder eine immerwährende ausschliessliche Nutzung an dem Gegenstande seiner Erfindung einzuräumen; sie kann ihm auch nicht einmal für seine Lebenszeit, wie bei den Schriften und Kunstwerken, zugestanden werden; vielmehr fordert das öffentliche Interesse die Begrenzung des Erfinderrechtes auf eine bestimmte Zeit, welche nach den bestehenden Patentgesetzen nur in einem Lande (Belgien) sich auf 20 Jahre beläuft, in den übrigen Ländern noch kürzer bemessen ist. Der Anfang dieser Nutzungsfrist wird ebenso wie der Gegenstand des Nutzungsrechtes durch einen besonderen Rechtsact festgestellt, nämlich entweder durch ein von der Staatsbehörde ertheiltes Patent, oder durch eine von dem Erfinder ausgehende Anmeldung bei der Staatsbehörde, welche durch das von der Behörde ertheilte Patent nur beurkundet, nicht aber abgeändert wird. Im letzteren Falle, in dem sogenannten Anmeldungsverfahren, bleibt es der nachherigen richterlichen Beurtheilung im Streitfalle überlassen, ob der Erfinder an dem beschriebenen Gegenstande ein ausschliessliches Nutzungsrecht in Anspruch nehmen kann. Im ersteren Falle, nach dem sogenannten Vorprüfungssystem, wird diese Frage vor der Patentertheilung von der Staatsbehörde untersucht und entweder definitiv oder vorbehaltlich des Rechtsweges entschieden. — In beiden Fällen wird durch die Beschreibung, welche entweder mit der Anmeldung oder mit der Patentertheilung verbunden ist, der Gegenstand des Erfinderrechtes urkundlich festgestellt. Dies ist nothwendig, weil die Erfindungen nicht wie die andern Objecte des Urheberrechtes durch einen einfachen Rechtssatz zu Gegenständen eines ausschliesslichen Rechtes und zu Objecten des Verkehrs erhoben werden könnten. Es fehlt ihnen hierzu die concrete und greifbare Gestalt, welche zu einem Gegenstande der rechtlichen Herrschaft nothwendig erforderlich ist und welche ihnen nur durch einen besonderen Prozess, durch die Patentirung gegeben werden kann. Die Schriften und die Kunstwerke besitzen bei ihrer Hervorbringung schon die concrete Gestalt, welche es möglich macht, sie von jedem andern Geistesproducte individuell zu unterscheiden und es war deshalb möglich, sie durch einen einfachen Rechtssatz zu Gegenständen eines ausschliesslichen Rechtes der Vervielfältigung zu erheben. Selbst das Waarenmuster tritt in einer unabänderlichen äusseren Gestalt in die Erscheinung, welche es möglich macht, das ausschliessliche Recht durch die blosse Hinterlegung des Musters feststellen zu lassen. Die Erfindungen dagegen gewähren die vermögensrechtliche Nutzung nicht durch eine einfache Wiederholung einer bestimmten individualisirten Form, sondern durch die Reproduction eines technischen Effectes, welcher mit denselben Mitteln unter mannigfach veränderter Form erreicht werden kann. Die Benutzung einer neu erfundenen Bewegungsvorrichtung, wie z. B. die calorische oder die Dampfmaschine kann nicht bloss in der Form erfolgen, welche der Erfinder seiner Maschine bei der ersten Ausführung gegeben hat. Die Dampfmaschine bleibt vielmehr eine Wiederholung der ursprünglichen Erfindung, auch wenn sie direct wirkend statt mit Uebertragung construirt, auch wenn sie aus einer stehenden Maschine in eine Locomobile umgewandelt wird.

Das Recht des Erfinders würde also überhaupt nicht wirksam geschützt werden können, wenn nur die Vervielfältigung der Form verboten werden sollte, in welcher er seine Erfindung ursprünglich ausgeführt hat. Das Unterscheidende der Production, auf welche sich das ausschliessliche Recht des Erfinders erstreckt, kann vielmehr nur in dem technischen Effecte gefunden werden, welchen er zuerst durch seine Erfindung erzielt hat.

Auf der andern Seite kann der Erfinder niemand verhindern, denselben Effect unabhängig von seiner Erfindung, durch ganz neue Mittel zu erreichen. Endlich kommen bei der Ausführung jeder neuen Erfindung ausser den neu erfundenen Vorrichtungen und Prozessen andere bereits bekannte und in allgemeinem Gebrauche befindliche Hülfsmittel zur Anwendung, von deren Benutzung der Erfinder niemand ausschliessen kann.

Hiernach kann also die erste körperliche Ausführung der Erfindung nicht als der concrete Gegenstand angesehen werden, auf welche sich das ausschliessliche Recht des Erfinders erstreckt. Dieser Gegenstand besteht vielmehr in den neuen technischen Hülfsmitteln, Combinationen und Regeln, welche in dieser Ausführung zuerst in Anwendung gebracht sind. Er ist auf der einen Seite enger begrenzt, als das concrete Product der ersten Ausführung, welches zugleich bekannte und gemeinfreie Bestandtheile enthält, auf der andern Seite geht er über die Grenzen der ersten concreten Auführung hinaus, indem er auch die Wiederholung in veränderter Form umfasst. Der Gegenstand des geistigen Eigenthumes besteht also bei den Erfindungen in einem Begriffe, welcher nicht wie bei den Schriften und Kunstwerken für sich allein körperlich dargestellt werden kann, sondern durch eine urkundliche Beschreibung definirt werden muss.

Hiernach begreift das Recht des Erfinders die auf bestimmte Zeit beschränkte ausschliessliche Anwendung einer Erfindung, deren Gegenstand:

1. ein neues Product oder Hülfsmittel des Gewerbfleisses oder eine wesentliche Verbesserung eines bereits bekannten Productes oder Hülfsmittels darstellt;
2. einer ausschliesslichen vermögensrechtlichen Nutzung fähig ist;
3. durch die in dem gesetzlichen Verfahren vorgesehene Beschreibung urkundlich festgestellt ist.

Weitere Beschränkungen des Patentschutzes sind zum Theil durch positive Gesetze gegeben. So sind vielfach Arzneien, Nahrungsmittel, Finanzpläne und der öffentlichen Sicherheit oder Moral gefährliche Erfindungen ausgenommen[1]). Andere Einschränkungen ergeben sich aus dem aufgestellten Begriffe, sind also in Wirklichkeit nicht als Ausnahmen zu bezeichnen. So ist die Entdeckung eines neuen nutzbaren Naturproductes wie der Tabak, die Kartoffel und dergl. kein Gegenstand des Patentschutzes, ebensowenig die Erzeugung einer neuen Spielart, z. B. der Rosenkartoffel oder des Hasenkaninchens, weil in beiden Fällen keine gewerbliche Erfindung vorliegt. Anders verhält es sich, wenn ein neues Verfahren oder neue Hülfsmittel zur Gewinnung von Naturproducten oder zur weitern Verar-

---

[1]) Sächs. Verordnung v. 20. Januar 1853 §. 1. — Oesterreich. Gesetz v. 15. August 1852 §. 2 §. 5. — Französ. Gesetz v. 5. Juli 1844 Art. 3. — Ital. Gesetz v. 30. October 1859 Art. 6. — Schwed. Gesetz v. 19. August 1856 Art. 2.

beitung derselben Gegenstand der Erfindung sind. Daher sind neue Methoden zur Verarbeitung des Guano, des Phosphorits oder der Kalisalze zu Düngmitteln patentfähig, nicht aber die Gewinnung dieser neu entdeckten Naturproducte selbst, oder ihre Benutzung für die Landwirthschaft.

Die Entdeckung eines neuen nutzbaren Naturproductes, wie der Tabak, die Kartoffel u. dergl. kann eine Wertherzeugung von grossem, ja häufig von unberechenbarem Umfange zur Folge haben. So stieg z. B. in Irland die Bevölkerung seit der Einführung des Kartoffelbaues (zwischen 1731 und 1841) von 2 auf mehr als 8 Millionen, um dann wieder seit dem Auftreten der Kartoffelkrankheit (1845) in Folge der verminderten Production auf etwa 6½ Millionen zu sinken.

Solche neue Naturproducte können sich häufig auch vorzugsweise zur Ausbeutung des Monopoles eignen, wie das z. B. beim Tabak, beim Guano und bei manchen andern Producten der Fall ist, welche wegen ihres grossen Finanzertrages zum Gegenstande eines Staatsmonopoles gemacht worden sind. Niemals hat jedoch irgend eine Gesetzgebung dem Entdecker eines neuen Naturproductes ein ausschliessliches Recht zu dessen Occupation verliehen. Erfindungen, welche die Occupation von Naturproducten zum Gegenstande haben, sind vielmehr nur dann patentfähig, wenn der Gegenstand der Erfindung in einem neuen Verfahren oder in einer neuen Vorrichtung zu deren Aneignung besteht.

Als die Entdeckung gemacht wurde, dass alles Silber goldhaltig ist, entstand eine nicht unerhebliche neue Industrie, welche sich mit der Extraction dieses Goldes aus dem gemünzten alten Silber beschäftigt. Der Entdecker dieses Goldgehaltes konnte indess kein Patent für die Extraction desselben erhalten, während für neu entdeckte Methoden zur Extraction des Goldes aus dem Silber mehrfach Patente ertheilt worden sind. Ebenso kann für neue Vorrichtungen zum Fischfange oder zum Bergbau ein Patent ertheilt werden, nicht aber für den Fang eines neu entdeckten Fisches oder für die Gewinnung eines neu entdeckten Minerales[1]).

---

[1]) Beim Bergbau ist durch das Finderrecht der deutschen Berggesetzgebungen dem Entdecker eines neuen Minerallagers die Möglichkeit gegeben, sich die ausschliessliche Benutzung desselben innerhalb

Bei den Arbeitsleistungen ist die Patentfähigkeit der neuen Erfindungen durch alle Klassen der gewerblichen Thätigkeit von der Gesetzgebung anerkannt. Sie ist nur an die Bedingung geknüpft, dass die neue Erfindung entweder in einem greifbaren Producte — einer neuen Waare oder einem neuen Werkzeuge — oder in einem Verfahren besteht, welches nach Regeln mitgetheilt oder erlernt werden kann. Daher werden alle diejenigen Erfindungen ausgeschlossen, welche nur auf einer persönlichen Virtuosität des Erfinders beruhen und deshalb nicht nach Regeln mitgetheilt und erlernt werden können. Der Quellenfinder Richard, der Pferdebändiger Rarey, der Erfinder eines Schnell-Schreibunterrichts, endlich der Decorateur, der Zuschneider, sie alle können keinen Patentschutz erlangen, weil ihre neuen Arbeitsleistungen wesentlich auf ihrer persönlichen Virtuosität beruhen, weil die Regeln und Erfahrungen, nach welchen sie arbeiten, nicht ohne Weiteres von Jedem angeeignet werden können. Sie bedürfen deshalb keines Patentschutzes und sie haben keinen Anspruch darauf, weil sie nicht durch Mittheilung ihrer Erfindung an die Gesammtheit eine Gegenleistung für die Beschränkung der freien Concurrenz bieten können. Dasselbe gilt durchgehends von allen persönlichen Dienstleistungen, welche zum unmittelbaren Gebrauche des Empfängers dienen, ohne dass sie in einer neuen Waare oder in einem neuen Werkzeuge verkörpert werden.

Diese Einschränkungen folgen aus dem Grundsatze, dass das ausschliessliche Recht des Urhebers sich stets nur auf die mechanische Wiederholung einer von dem Urheber neu hergestellten Form erstrecken kann, dass folglich das Urheberrecht da seine Grenze findet, wo die Möglichkeit der mechanischen Reproduction ausgeschlossen ist.

---

eines bestimmten Feldes durch die Erwerbung des Bergwerkseigenthumes zu sichern. Dieses Recht des ersten Finders bietet mit dem Rechte des Erfinders gewisse Analogien, da beide Einrichtungen dem Urheber einer neuen Vermögensquelle deren Benutzung innerhalb gewisser Grenzen sichern wollen. Sie unterscheiden sich jedoch wesentlich in ihren Voraussetzungen, da das bergmännische Finderrecht nicht die Entdeckung eines neuen Minerals, sondern nur einer neuen Lagerstätte zur Voraussetzung hat, und in ihren Wirkungen, da das Bergwerkseigenthum das Recht zum ausschliesslichen Gewerbebetriebe nur innerhalb eines eng begrenzten Feldes, hier aber auf ewige Zeiten gewährt.

Es erübrigt noch die Frage nach der rechtlichen Begründung des nach seinem Inhalte und seinen Grenzen bestimmten Erfinderrechtes; in Bezug auf welche die Anhänger des Patentschutzes und die Patentgesetzgebungen in zwei verschiedene Meinungen getheilt sind.

Nach der Idee der modernen auf das Anmeldungssystem basirten Patentgesetze ist das Patent ein Rechtsanspruch des Erfinders, welcher nicht vom Staate verliehen wird, sondern wie das Autorrecht des Schriftstellers lediglich von der Erfüllung der gesetzlichen Bedingungen abhängig ist. Das Urheberrecht des Schriftstellers ist aber in seinem Gegenstande wesentlich verschieden von demjenigen des Erfinders. Das Werk des Schriftstellers existirt stets nur einmal als Original; es ist schlechterdings unmöglich, dass zwei Personen unabhängig von einander dasselbe Gedicht oder dasselbe Kunstwerk hervorbrächten. Anders verhält es sich mit den Erfindungen, welche erfahrungsmässig von mehreren Personen unabhängig von einander gemacht werden können.

Auf dem Gebiete des Schrift- und des Kunsteigenthums ist ferner die Beschränkung des freien Verkehrs eine geringe, da nur ein bestimmter Gebrauch der fremden geistigen Arbeit, die Vervielfältigung zum Zwecke des Verkaufs verboten ist. Bei den Erfindungen geht diese Beschränkung viel weiter, da das Verbot der unbefugten Anwendung jeden Dritten von irgend welcher Benutzung der fremden Idee ohne die Erlaubniss des Urhebers ausschliesst. Diese tiefgreifende Beschränkung des freien Verkehrs wird jedoch gerechtfertigt durch den hohen Werth der geistigen Arbeit des Erfinders, gemildert durch die kurze Dauer und durch die oben S. 25 als nothwendig empfohlene Einführung des Licenzzwanges und aufgewogen durch die Vortheile, welche der Verkehr aus der Realisirung und der Bekanntmachung wichtiger Erfindungen zieht, die erfahrungsmässig nur unter diesem Schutze zu erwarten ist.

Das Recht des Erfinders hat also zu seiner natürlichen Grundlage nicht, wie die Anhänger der Monopoltheorie behaupten, die Persönlichkeit des Erfinders, den Anspruch auf ausschliessliche Verfügung über das Erzeugniss seines Denkens. Dasselbe beruht vielmehr — und dahin geht die zweite Meinung — auf einem Abkommen zwischen dem Erfinder und dem Staate, durch welches der Erstere seine Erfindung der allgemeinen Kenntniss und nach Ablauf der Patentdauer auch der allgemeinen Benutzung überlässt und als Gegenleistung für die Dauer des Patentes ein ausschliessliches Nutzungsrecht erhält. Diese Auffassung prägt sich in denjenigen Gesetzen aus, welche das Patent erst nach vorgängiger Prüfung durch die Staatsbehörde ertheilen lassen. Dabei ist indess keinesweges die Folgerung gegeben, dass die Ertheilung oder Versagung des Patentes ausschliesslich dem subjectiven Ermessen des Patentamtes anheimzugeben sei, wie dies in einzelnen Staaten, namentlich in Preussen nach der gegenwärtigen Gesetzgebung der Fall ist. Vielmehr kann das Gesetz selbst die Voraussetzungen feststellen, unter welchen der Patentschutz gewährt werden soll. und es kann deshalb sogar der Rechtsweg über die Ertheilung des Patentes — allerdings vor einem mit discretionairem Ermessen bekleideten und aus sach- und rechtsverständigen Mitgliedern zusammengesetzten Gerichtshofe — zugelassen werden. Muss nach dem Vorigen der Anspruch zurückgewiesen werden, dass der Erfinder ein angeborenes Recht auf die Früchte seiner Erfindung habe, dass er über das Product seines Gedankens auch nach erfolgter Mittheilung ausschliesslich zu verfügen berechtigt sei, so muss ebenso die Meinung als irrig bezeichnet werden, welche den von der Gesetzgebung dem Erfinder als Gegenleistung für die Mittheilung seiner Erfindung gewährten Schutz als ein reines Privilegium bezeichnet, welches der natürlichen Grundlage entbehre.

Die natürliche Grundlage aller Rechtsverhältnisse liegt in der gemeinsamen, auf Unterwerfung der Naturkräfte gerichteten Thätigkeit der Menschen. Alles Recht ist ursprünglich hervorgegangen aus der Theilung der Arbeit, vermöge deren der Mensch die körperliche Welt in weit grösserem Umfange beherrscht, als irgend ein anderes Wesen, und in welcher deshalb das Unterscheidende des menschlichen Daseins beruht. Aus der Theilung der Arbeit zieht der Mensch die Bedingungen einer erhöhten Existenz und die Mittel zur Befriedigung einer Reihe von gesteigerten Bedürfnissen, deren keines mit den isolirten Kräften des Einzelnen erfüllt werden könnte. Der Mensch bedarf um zu leben nicht blos der eigenen Arbeit, sondern er verzehrt zugleich die Früchte der Thätigkeit zahlreicher anderer Menschen, die ihrerseits an den Resultaten seiner Anstrengungen theilnehmen.

Auf dieser gegenseitigen Abhängigkeit von fremder Arbeit beruht das Recht. Da niemand geneigt ist, für fremde Bedürfnisse zu arbeiten, wenn er nicht dadurch die Mittel zur Erfüllung eigener Bedürfnisse erlangt, so ist die Theilung der Arbeit nicht möglich ohne die Herstellung von Regeln, welche jedem seinen Antheil an den Früchten der gemeinsamen Thätigkeit und die Gegenleistung für die Andern geleistete Arbeit sichern.

Der Inhalt des Rechtes ist diesem seinem Ursprunge gemäss. Es verfolgt den Zweck, jedem die Früchte seiner Arbeit zu sichern, sowohl dem Eigenthümer, welcher die aufgesammelten Früchte früherer Arbeit als Kapital nutzen, als auch dem Unternehmer, welcher fremde Kapitalien mit eigener Arbeit und umgekehrt durch Verträge nutzbar machen will, als auch endlich dem Arbeiter, sowohl auf dem geistigen als auf dem materiellen Gebiete, durch dessen Thätigkeit ursprünglich alle Güter hervorgebracht werden. Es verfolgt diesen Zweck nach den verschiedenen Richtungen mit verschiedenem Erfolge. Am vollkommensten wird die Rechtsidee zur Geltung gebracht in dem Eigenthum, durch welches dem Einzelnen der uneingeschränkte und ausschliessliche Genuss der Güter gesichert wird, welche er durch seine Thätigkeit mittelbar oder unmittelbar erworben hat. Minder vollkommen ist die Herrschaft des Rechtes auf dem Gebiete der Vertragsverhältnisse, deren Erfüllung ursprünglich auf Treu und Glauben basirt und erst im weiteren Verlaufe der Rechtsbildung dem vollen Rechtsschutze unterstellt wird. Die letzte reifste Frucht dieses Ganges der Rechtsbildung ist der Schutz der geistigen Arbeit, die Anerkennung eines Anspruchs auf Gegenleistung für die von dem Schriftsteller, dem Künstler und dem Erfinder geschaffenen Vermögenswerthe und die Realisirung dieses Anspruchs durch eine angemessene Gesetzgebung, wie wir solche in Deutschland für das Urheberrecht des Schriftstellers bereits erhalten haben, für das Erfinderrecht aber noch erwarten.

§. 3. Eintheilung der Erfindungen.

Rechtliche Verschiedenheiten. — Verschiedene Art der Nutzung. — Die verschiedenen Gesetzgebungen. — Bewegungskräfte. — Technische Prozesse. — Maschinen und Werkzeuge. — Fabrikationsmethoden.

Der Gegenstand der Erfindung besteht in der Aufsuchung neuer Mittel zur Befriedigung materieller Lebensbedürfnisse. Diese Aufgabe wird entweder unmittelbar durch die Production neuer Gegenstände des Gebrauchs oder des Verbrauches (Waaren), oder mittelbar durch Auffindung neuer Mittel zur Erzeugung bereits bekannter Producte erreicht; und diese Hülfsmittel können entweder in bleibenden Vorrichtungen (Maschinen) oder in neuen Regeln für die technische Darstellung des Productes (Fabrikationsmethoden) bestehen. Man unterscheidet daher drei Hauptklassen der Erfindungen: 1. Waaren, 2. Maschinen, 3. technische Prozesse und Fabrikationsmethoden. Diese drei Klassen lassen sich nun nicht mit derselben Schärfe sondern, wie etwa die Gegenstände der Architectur, der Bildhauerkunst und der Malerei. Ein Werkzeug, welches nicht zur Fabrikation verkäuflicher Waaren, sondern zum unmittelbaren Hausgebrauche dient, wie etwa eine patentirte Kochmaschine, ein Eisschrank u. dgl. kann zur ersten wie zur zweiten Klasse gezählt werden. Ein neuer technischer Prozess, wie z. B. das Pattinsoniren des Werkbleies, oder die Entsilberung durch Chlor kann häufig ebensowohl durch die eigenthümliche Construction der dabei gebrauchten Vorrichtungen als durch die angewendeten technischen Regeln von den früher bekannten Fabrikationsmethoden unterschieden werden. Endlich kann eine chemische Erfindung, wie z. B. die Darstellung der Anilinfarben, ebensowohl als ein neuer technischer Prozess, wie als eine Waare patentirt werden.

Es ist auch keineswegs nothwendig, bei jeder patentirten Erfindung zu bestimmen, welcher der drei angeführten Klassen dieselbe angehört. Die Unterscheidung ist vielmehr nur in einzelnen Fällen von rechtlicher Bedeutung. Das Recht nimmt auf die individuelle Verschiedenheit der Rechtsobjecte im Allgemeinen nicht Rücksicht. Es betrachtet die Dinge lediglich als Gegenstände der rechtlichen Herrschaft und abstrahirt von ihren natürlichen Eigenschaften. Manche natürliche Eigenschaften der

Rechtsobjecte begründen aber Unterschiede, welche auch für das Recht wichtig sind und dies gilt auch von den Gegenständen der Erfindungen. Zunächst ist die Art der vermögensrechtlichen Nutzung eine wesentlich verschiedene, je nachdem das Object der Erfindung sich als ein verkäufliches Product darstellt, oder in einem Hülfsmittel zur Production eines Gegenstandes besteht, welcher selbst nicht Gegenstand des Patentschutzes ist. In beiden Fällen kann der Patentinhaber sowohl selbst fabriziren, als auch Andern die patentirte Fabrikation gegen Entgelt gestatten. Allein das Untersagungsrecht des Erfinders richtet sich in dem einen Falle gegen jede Fabrikation des patentirten Productes und gegen jeden gewerbsmässigen Verkauf eines mit Verletzung seines Patentes angefertigten Fabrikates. Er kann die wiederrechtlich nachgemachte Waare nicht bloss bei dem Nachmacher selbst mit Beschlag belegen, sondern er kann jedem andern Gewerbtreibenden, der solche feil hält, den Verkauf des nachgemachten Fabrikates untersagen.

Hat dagegen das Patent nur ein Hülfsmittel der Fabrikation zum Gegenstande und ist das dargestellte Product selbst gemeinfrei, so richtet sich das Untersagungsrecht des Erfinders nur gegen denjenigen, welcher selbst die patentirte Erfindung unbefugt benutzt. Bei vielen Erfindungen dieser Art, insbesondere bei maschinellen Vorrichtungen und technischen Prozessen kann überdies der Erfinder den Tauschwerth seiner Erfindung nicht dadurch realisiren, dass er die Ausbeutung seiner Erfindung monopolisirt oder dieselbe einzelnen Rechtsnachfolgern zur Benutzung gegen Entgelt überlässt, sondern nur dadurch, dass er die Benutzung derselben allen Fabrikanten gegen ein gewisses Entgelt zugänglich macht.

Die Wattsche Dampfmaschine ging bekanntlich aus verschiedenen Verbesserungen der älteren Feuermaschine von Savery und Newcomen hervor, welche nacheinander patentirt wurden. Das erste dieser Patente hatte lediglich die Condensation des Dampfes ausserhalb des Cylinders zum Gegenstande. Es war unmöglich, dieses Patent so zu verwerthen, dass der Erfinder die Condensationsvorrichtung bei seinen eigenen Dampfmaschinen in Anwendung brachte, oder etwa ausschliesslich Maschinen mit dieser Vorrichtung anfertigte. Watt machte dieselbe vielmehr dadurch nutzbar, dass er die Anwendung seiner Condensationsvorrichtung jedem Bergwerksbesitzer — denn auf Bergwerken und zur Wasserhebung allein fand damals die Dampfmaschine Verwendung — gegen Vergütung eines Drittels der dadurch erzielten Brennmaterialersparniss gestattete. Erst später, als durch eine Reihe aufeinander folgender Verbesserungen aus der früheren unvollkommenen Maschine eine ganz neue Construction von vielseitiger Anwendung: die jetzige Wattsche Dampfmaschine hervorgegangen war, und als der Erfinder die Mittel zur Begründung einer eigenen Maschinenfabrik gewonnen hatte, konnte derselbe zu einer Monopolisirung seines Productes übergehen und sein Erfindungspatent durch ausschliessliche Fabrikation für eigene Rechnung ausbeuten.

Ebenso wie mit der Wattschen Condensationsvorrichtung verhielt es sich mit einer der neuesten Verbesserungen der Dampfmaschine, mit der von Giffard im Jahre 1857 erfundenen Dampfstrahlpumpe, welche in Frankreich und in England patentirt ist. Diese Vorrichtung ist trotz ihres merkwürdigen Effectes im Verhältnisse zu dem ganzen Apparate eines Dampfkessels oder einer Locomotive nur ein untergeordneter Bestandtheil der Maschine, so dass eine monopolisirte Fabrikation darauf nicht begründet werden konnte. Die Verwerthung des Erfindungspatentes war vielmehr davon abhängig, dass die patentirte Vorrichtung möglichst allgemein an den allerwärts fabrizirten Dampfkesseln angebracht wurde. Der Patentinhaber überliess daher allen Fabrikanten, welche sich zur Entrichtung einer bestimmten Vergütung für jede von ihnen fabrizirte Maschine verpflichteten, den patentirten Injector an den von ihnen construirten Kesseln anzubringen.

Dasselbe Resultat muss überall da eintreten, wo die erfundene Hülfsvorrichtung nicht als Grundlage einer besondern Industrie dienen kann, sondern nur den Betrieb einer bereits allgemein verbreiteten Gewerbethätigkeit zu erleichtern bestimmt ist.

Die angeführten Beispiele zeigen, dass gewisse Unterschiede der Erfindungen bestehen, welche eine Verschiedenheit in dem rechtlichen Inhalte des Untersagungsrechtes und in der vermögensrechtlichen Nutzung bedingen können, so dass die eine Erfindung nach andern Regeln geltend gemacht wird und unter andern Formen in den rechtlichen Verkehr tritt, als die andere.

Die hieraus abgeleitete Eintheilung der Erfindungen ist auch in den neueren Patentgesetzen durchgehends angenommen. Das nordamerikanische Statut vom 4. Juli 1836 unterschied als Objecte des Patentschutzes: neue und nützliche Gewerbe, Maschinen und Waaren (art, machine, manufacture) und diese Eintheilung ist auch in das jetzt geltende Patentgesetz der Vereinigten Staaten vom 2. Juli 1870 sect. 24. übernommen.

Für Preussen und die übrigen Staaten des Zollvereins ist die oben erläuterte Eintheilung und deren rechtliche Wirkung durch die Uebereinkunft der Zollvereinsregierungen vom 21. September 1842 (Gesetzsamml. für 1843 S. 265) anerkannt, welche bestimmt:

IV. „Dagegen bleibt es jeder Vereinsregierung überlassen, durch Ertheilung eines Patentes innerhalb ihres Gebietes dem Patentinhaber:

1. ein Recht zur ausschliesslichen Anfertigung oder Ausführung des in Rede stehenden Gegenstandes zu gewähren. Ingleichen bleibt es jeder Regierung anheim gestellt, innerhalb ihres Gebietes dem Patentinhaber:

2. das Recht zu ertheilen

a) eine neue Fabrikationsmethode oder

b) neue Maschinen oder Werkzeuge für die Fabrikation in der Art ausschliesslich anzuwenden, dass er berechtigt ist, allen denjenigen die Benutzung der patentirten Methode oder den Gebrauch des patentirten Gegenstandes zu untersagen, welche das Recht dazu nicht von ihm erworben oder den patentirten Gegenstand nicht von ihm bezogen haben."

Die Eintheilung begreift unter 1 die Waaren, welche nur Gegenstand des Fabrikations- und Handelsmonopols sind, unter 2*a* die technischen Prozesse, welche nur Gegenstand eines Gebrauchsmonopols sein können, endlich unter 2*b* die Maschinen, welche sowohl als Gegenstände der ausschliesslichen Anfertigung als auch des ausschliesslichen Gebrauches verwerthet werden können.

Auch die Oesterreichische und die Bayerische Gesetzgebung schliesst sich der Eintheilung des Nordamerikanischen Statutes unverändert an[1]).

---

[1]) Oesterreich. Gesetz v. 15. August 1852 §. 1. Ein ausschliessendes

Durch die Unterscheidung der drei Klassen: Waaren, Maschinen und technische Prozesse werden die wesentlichen Verschiedenheiten der Gegenstände der Erfindungen erschöpft. Die Italienische Gesetzgebung fügt denselben noch eine vierte Klasse hinzu, nämlich die Erfindung eines neuen Motors[1]). Allein es leuchtet ein, dass die Erfindung oder die Benutzung einer Bewegungskraft entweder der zweiten oder der dritten Klasse der Erfindungen angehören muss, da die technische Verwendung einer solchen Kraft nur durch besondere Vorrichtungen, oder doch durch Anwendung bestimmter Regeln möglich gemacht werden kann. Die Bestimmung des Italienischen Gesetzes erscheint auch nicht unbedenklich. Wenn die Entdeckung oder Anwendung einer neuen Bewegungskraft für sich allein als Gegenstand eines Erfindungspatentes bezeichnet wird, so fehlt es an der nothwendigen objectiven Begrenzung des Rechtes des Erfinders; denn die benutzte Productivkraft der Natur kann durch die vereinzelte Anwendung nicht für alle möglichen künftigen Arten der Verwendung monopolisirt werden. Es würde eine ungerechtfertigte Beschränkung des Erfindungsgeistes einschliessen, wenn jede neue Anwendung einer zuerst in einer bestimmten Form verwendeten Betriebskraft nur dem Urheber dieser ersten Verwendung gestattet würde. Das ausschliessliche Recht des Erfinders muss daher vernünftiger Weise auf diejenige Anwendung beschränkt bleiben, welche er zuerst von der neuen Bewegungskraft gemacht hat. Die Nothwendigkeit dieser Beschränkung wird durch die Geschichte der Dampfmaschine deutlich gemacht.

Watt erfand (oder vervollkommnete) zuerst das Mittel, die

Privilegium kann — auf jede neue Entdeckung, Erfindung oder Verbesserung ertheilt werden, welche

a) ein neues Erzeugniss der Industrie, oder

b) ein neues Erzeugungsmittel, oder

c) eine neue Erzeugungsmethode zum Gegenstande hat.

Bayer. Gesetz v. 10. Februar 1842 §. 1. Für Entdeckungen, Erfindungen oder Verbesserungen im Gebiete der Gewerbe, dieselben mögen nun ein neues Fabrikat, ein neues Fabrikationsmittel oder eine neue Fabrikationsmethode betreffen, können Erfindungsprivilegien (Gewerbspatente) ertheilt werden.

[1]) Gesetz vom 30. October 1859 Art. 2 Nr. 5. Un motore o l'applicazione industriale d'una forza già nota.

Spannkraft der Dämpfe durch ihre abwechselnde Condensation in eine continuirliche Bewegung umzusetzen. Hornblower und Trevithik, die Erfinder der Hochdruckmaschine, erreichten später denselben Zweck auf einem andern Wege, indem sie hochgespannte Dämpfe ohne Mithülfe der Condensation mit dem Drucke der Atmosphäre in Wechselwirkung setzten. Woolf verband hierauf die Anwendung des Hochdrucks mit der Condensation und machte dadurch noch die Expansion der hochgespannten Dämpfe nutzbar. Endlich wurde in der jüngsten Zeit das Ausströmen der gespannten Dämpfe in das Wasser unmittelbar als Mittel zur Fortbewegung von Schiffen verwendet. — Jede dieser Erfindungen hatte einen selbständigen Gegenstand und war für sich patentfähig, obgleich dieselben auf der Verwendung eines und desselben Motors beruhten. Ebenso leuchtet ein, dass die Erfindung des electrischen Telegraphen nicht die Patentirung einer electromagnetischen Kraftmaschine oder des electrischen Lichtes ausschliessen könnte.

Daher kann nicht die neuerfundene Bewegungskraft, sondern nur der ausgeführte Motor Gegenstand des Erfindungspatentes sein, d. h. die äussere Vorrichtung oder das Verfahren, durch welches die Bewegungskraft technisch nutzbar gemacht wird[1]) und die Erfindung eines Motors muss entweder der zweiten oder der dritten Klasse der Erfindungen beigezählt werden

Im Uebrigen schliesst sich die Klasseneintheilung des Italienischen Gesetzes derjenigen des Nordamerikanischen Statutes an[2]).

---

[1]) Dagegen schliesst das für einen solchen Motor ertheilte Patent nicht bloss die einfache Reproduction in unveränderter Form, sondern jede Wiederholung derselben Vorrichtung ein, auch wenn sie mit Veränderungen und Verbesserungen in der Form, jedoch ohne Veränderung des Prinzips erfolgt. Die successiven Veränderungen in der Steuerung der Dampfmaschine, in der Construction und Speisung der Kessel, in der Führung der Kolbenstange u. dgl. wurden daher zwar Gegenstand von Erfindungspatenten, allein diese Patente hatten nicht die verbesserte Dampfmaschine als Ganzes, sondern die einzelne Verbesserung zum Gegenstande.

[2]) Italien. Gesetz v. 30. October 1859 Art. 2. Una invenzione o una scoperta dicesi industriale allorchè ha direttamente per oggetto:

1. Un prodotto o un risultamento industriale;

Das Französische Patentgesetz unterscheidet nur zwei Klassen: neue Erzeugnisse und neue Hülfsmittel des Gewerbes[1]), so dass die Maschinen entweder der einen oder der andern Klasse zugezählt werden müssen, je nachdem sie von dem Patentinhaber als Gegenstände des Handelsmonopoles oder des Gebrauchsmonopoles verwerthet werden.

Die Englische und die Belgische Gesetzgebung enthalten keine Bestimmung über die Eintheilung der Erfindungen. In England, in der ursprünglichen Heimath der Erfindungspatente, wird sogar die Meinung vertheidigt, dass technische Prozesse oder neue Fabrikationsmethoden nur dann Gegenstand eines gültigen Patentes sein können, wenn sie entweder als Product eine neue Waare oder als Mittel der Fabrikation eine neue maschinelle Vorrichtung einschliessen. Nach dieser Ansicht würde das Verfahren oder die Methode der Fabrikation an sich überhaupt nicht Gegenstand eines Erfinderrechtes sein, sondern nur insofern, als sie entweder der ersten oder der zweiten Klasse der Gegenstände der Erfindungen zugezählt werden können. Diese Meinung wird allerdings vorzugsweise auf den Wortlaut des Statuts 21 Jacob I cap. 3 gestützt, welches als Gegenstand des Erfindungspatentes eine neue Verfertigung (*a new manufacture*) bezeichnet, und welches in dieser den Gegenstand der Erfindungspatente betreffenden Bestimmung noch

---

2. Uno stromento, una macchina, un ordigno, un congegno od una disposizione meccanica qualunque;
3. Un processo o methodo di produzione industriale;
4. Un motore, o l'applicazione industriale d'una forza già nota.
5. Infine l'applicazione tecnica d'un principio scientifico, purchè dia immediati risultamenti industriali.

Die ersten drei Klassen enthalten mehrfache synonyme Umschreibungen für die Begriffe der Waaren, der Maschinen und der technischen Prozesse; die vierte Klasse enthält die Motoren; die fünfte Klasse endlich, welche die gewerbliche Anwendung von wissenschaftlichen Entdeckungen umfasst, ist offenbar nur eine Unterabtheilung der dritten Klasse, welche nicht aus dem Gegenstande, sondern aus dem Requisite der Neuheit der Erfindung entnommen ist (vergl. unten §. 4).

[1]) Französ. Gesetz v. 5. Juli 1844 Art. 2. Seront considérées comme inventions ou découvertes nouvelles:

L'invention de nouveaux produits industriels: L'invention de nouveaux moyens ou l'application nouvelle de moyens connus, pour l'obtention d'un résultat ou d'un produit industriel.

jetzt in Kraft ist. Nach der Meinung der Mehrzahl der englischen Juristen soll unter der angeführten Bezeichnung nur ein greifbarer und verkäuflicher Gegenstand verstanden werden, so dass als Object des Patentes nur das körperliche Product oder das körperliche Mittel der Fabrikation, niemals aber die unkörperliche Regel des Fabrikationsverfahrens gelten könne[1]).

Ein auffallendes Beispiel für diese Rechtsanschauung bietet der Rechtsfall Boulton und Watt wider Bull, welcher einen Eingriff in das Patent für die von Watt erfundene Condensation des Dampfes ausserhalb des Cylinders zum Gegenstande hatte[2]). Das Patent war gewährt für eine „neue Methode“ zur Ersparung des Dampf- und Heizmaterialverbrauches bei Feuermaschinen, vermittelst deren die alte Maschine mit einigen Abänderungen in einer vortheilhafteren Weise als bisher bekannt, gebraucht werden könne.

Die Beschreibung besagte, die Methode sei auf gewisse Prinzipien gegründet, und schilderte die Art der Anwendung dieser Prinzipien in der gemachten Erfindung, welche durch gewisse Zuthaten zu der alten Maschine realisirt werde. Die Neuerung bestehe darin, dass der Dampfcylinder ebenso heiss erhalten werde als der eintretende Dampf, indem derselbe erstens in ein hölzernes Gehäuse oder durch andere schlechte Wärmeleiter eingehüllt, zweitens mit Dampf oder andern erhitzten Substanzen umgeben werde und drittens, indem man weder Wasser noch andere Substanzen von geringerer Temperatur als der Dampf während des Ganges der Maschine in den Cylinder oder an denselben herantreten lasse. Die Condensation des Dampfes werde in besondern Behältern ausserhalb des Dampfcylinders bewirkt. Dies sei ganz neu, da in den alten Dampf- oder Feuermaschinen das Wasser zur Condensation des Dampfes in den Cylinder eingespritzt werde.

Der Ueberrest der Beschreibung war rein speculativer Natur. Die Vorrichtungen, durch welche die beschriebenen Abänderungen der alten Feuermaschine bewirkt werden sollten, waren nicht angegeben.

---

[1]) Godson, A treatise on the law of patents for inventions p. 72—100.
[2]) Godson a. a. O. p. 92 ff.

Gegen die Gültigkeit des auf diese Beschreibung hin ertheilten Patentes — welches durch eine Parlamentsacte über die Dauer von vierzehn Jahren verlängert worden war — wurde von dem Beklagten eingewendet, dass eine blosse Methode nicht Gegenstand eines Erfindungspatentes sein könne.

Die Richter der ersten Instanz (Common Pleas) kamen zu keiner Entscheidung, da ihre Stimmen gleich getheilt waren. In dem Gerichtshofe der Kings Bench sprachen sich zwar sämmtliche Stimmen für die Gültigkeit des Patentes aus, doch wurde nur von einer Stimme, dem Richter Eyre, die Ansicht unterstützt, dass ein blosses Prinzip Gegenstand eines Patentes sein könne, während die übrigen fünf Stimmen sich dahin vereinigten, dass zwar das Wattsche Patent, insofern es für ein blosses Prinzip ertheilt sei, ungültig sein würde, dass jedoch der Inhalt der Beschreibung so zu verstehen sei, dass nicht für das entwickelte Prinzip, sondern für die zu dessen Ausführung bestimmten materiellen Vorrichtungen und Einrichtungen das Monopol verlangt sei.

Godson (a. a. O. S. 98) ist geneigt, zu glauben, dass die Richter in ihrer Entscheidung von dem Gefühle beeinflusst worden seien, dass Watt verdiene, den vollen Nutzen seiner Erfindung zu ernten. Er kann nicht umhin, zu beklagen, dass gerade Watt sein Patent für die Methode der Condensation statt für die Verbesserung der Dampfmaschine genommen habe, da sonst wohl niemals eine Controverse über die Möglichkeit der Patentirung einer blossen Methode stattgefunden hätte. Er hält auch an der Unzulässigkeit der Patentirung eines blossen Verfahrens mit solcher Entschiedenheit fest, dass er folgerichtig (a. a. O. S. 103) einen chemischen Prozess nur dann für patentfähig hält, wenn durch denselben ein neuer Stoff erzeugt wird.

Nach dieser Auffassung würden also das Leblanc'sche Verfahren der Sodafabrikation und alle die wichtigsten Erfindungen der Chemie und der Hüttenkunde, welche nicht neue Stoffe produziren, sondern die Darstellung bekannter Stoffe erleichtern und verbessern, von der Patentirung ausgeschlossen gewesen sein, sofern sich ihr Gegenstand nicht in bleibenden maschinellen Vorrichtungen verkörperte. Uebrigens zeigen die von Godson (S. 101 f.) angeführten englischen Autoritäten, dass seine Auffassung auch nach englischem Rechte keine unbestrittene ist.

Noch weniger gilt die Regel, dass Fabrikationsmethoden und technische Prozesse als solche von der Patentirung ausgenommen seien, für die übrigen Rechtsgebiete. Vielmehr werden sie in den meisten Patentgesetzen ausdrücklich zur Patentirung zugelassen, soweit sie einer gewerblichen Anwendung fähig und nicht rein theoretischer Natur sind.

Das französische Gesetz vom 5. Juli 1844 führt unter den zur Patentirung zugelassenen Erfindungen im Art. 2 namentlich die Erfindung neuer Mittel oder die neue Anwendung bekannter Mittel zur Erlangung eines industriellen Resultates oder Productes auf, und bezeichnet im Art. 30 No. 3 als ungültig nur diejenigen Patente, welche rein wissenschaftliche und theoretische Principien und Methoden betreffen, sofern deren Anwendung auf die Industrie nicht angegeben ist. Diese Bestimmungen sind in dem italienischen Gesetze vom 30. October 1859 Art. 2 u. 3 und Art. 6 No. 2 u. 3 wiedergegeben.

In Bezug auf die einzelnen Klassen der Gegenstände technischer Erfindungen sind noch folgende Regeln festzustellen:

Unter neuen Waaren im Sinne des Patentrechts können nach demjenigen, was oben (S. 34) über die Grenzen des Patentschutzes ausgeführt ist, nur neue Erzeugnisse der Fabrikation, nicht neu entdeckte Naturproducte, wie der Tabak, die Guttapercha u. dgl. verstanden werden. Eine neue Waare muss ferner, um den Gegenstand eines Erfindungspatentes auszumachen, verkäuflich sein.

Dieses Requisit folgt aus der im Begriff des geistigen Eigenthumes überhaupt enthaltenen Bedingung, dass die Reproduction des Gegenstandes ein vermögensrechtliches Interesse gewähren muss. Die Erfindung des Ozons und anderer Stoffe, die überall dargestellt, aber nicht gekauft und verkauft werden können, ist daher selbstverständlich nicht Gegenstand eines Patentes. Ebenso sind alle diejenigen Stoffe ausgeschlossen, welche wegen eines entgegenstehenden gesetzlichen Verbotes nicht verkauft werden dürfen, also namentlich die durch die sanitätspolizeilichen Verordnungen verbotenen Waaren[1]). Viele

[1]) Oesterreich. Gesetz v. 15. August 1852 §. 2. Bayer. Verordnung v. 10. Februar 1842 §. 15. Italien. Gesetz v. 30. October 1859 Art. 37 ff.

Patentgesetzgebungen schliessen ferner die Arzneien und die Nahrungsmittel ausdrücklich von der Patentirung aus[1]).

Unter den Maschinen sind im allgemeinen alle bleibenden Vorrichtungen verstanden, welche als Hülfsmittel zur gewerblichen Production dienen, also auch die blossen Werkzeuge. Gleichwohl besteht zwischen Werkzeugen und Maschinen der Unterschied, dass erstere nur durch die Arbeitskraft des Menschen in Bewegung gesetzt werden und kein anderes Resultat ergeben, als den in jeder einzelnen Manipulation von dem Arbeiter selbst berechneten und ausgeführten Effect. Die Maschine dagegen arbeitet, auch da, wo sie durch Menschenhand in Bewegung gesetzt wird, wie z. B. die Nähmaschine, selbstständig mit dem von ihrem Erfinder und Erbauer berechneten Effecte; sie bedarf nur der Leitung und Bedienung durch den Arbeiter. Auch im Rechtsverkehr erscheinen neue Werkzeuge mehr als Producte der Industrie, denn als Productionsmittel; sie müssen daher als Gegenstände von Erfindungspatenten in der Regel der Klasse der Waaren zugezählt werden. Der Erfinder eines neuen Schraubenschlüssels, eines Spatens, eines transportablen Schmiedeheerdes u. dgl. m. kann seine Erfindung nur so verwerthen, dass er den patentirten Gegenstand fabrizirt und verkauft, oder einzelnen Rechtsnachfolgern gegen Entgelt das ausschliessliche Recht der Fabrikation und des Verkaufes überträgt. Er kann nicht von den Gewerbtreibenden, welche das von ihm erfundene Werkzeug gebrauchen, Bezahlung für den Gebrauch des patentirten Werkzeuges nehmen, wie dies bei der Anwendung neuer Maschinentheile oder neuer technischer Prozesse der Fall ist, wenn der Erfinder es vorzieht, die patentirte Fabrikation nicht zu monopolisiren, sondern jedem gegen Entgelt zum Gebrauche zu überlassen.

Der Erfinder einer Maschine kann die fabrizirten Exemplare so verkaufen, dass der Ankäufer nur für seine Person berechtigt wird, die Maschine zu industriellen Zwecken zu benutzen, während der Gebrauch derselben jedem Dritten, an welchen die Maschine weiter veräussert wird, untersagt bleibt. Er kann auch, wie dies bei der Wattschen Condensationsvor-

---

[1]) Preuss. Rescript vom 20. Januar 1816. — Vergl. ferner die oben S. 33 Anm. 1. angeführten Gesetze.

richtung der Fall war, den Gewerbtreibenden gegen Entgelt das Recht einräumen, sich selbst die patentirte Vorrichtung anzuschaffen und sie für ihre Zwecke zu gebrauchen. In beiden Fällen liegt die Uebertragung eines persönlichen Gebrauchsrechtes vor und zwar im ersten Falle in Verbindung mit dem Verkaufe eines Exemplares der verkauften Maschine, so dass der gezahlte Preis theils als Kaufpreis für dieses Exemplar, theils als Miethe für den persönlichen Gebrauch erscheint.

Bei den blossen Werkzeugen ist dagegen eine solche Unterscheidung in der Regel nicht möglich. Sie können füglich nur zum allgemeinen und freien Gebrauche verkauft, nicht zum persönlichen Gebrauche vermiethet werden. Die Erfindung neuer Werkzeuge kann also nur durch den Verkauf des patentirten Gegenstandes als Waare verwerthet werden. Eben deshalb erstreckt sich auch das Untersagungsrecht des Erfinders nur auf die Fabrikation und den Verkauf des patentirten Werkzeuges. Er kann nicht den Gebrauch eines nachgemachten Exemplares, welches der Besitzer in gutem Glauben an sich gebracht hat, untersagen, während bei den Maschinen dieses Gebrauchsrecht für sich und unabhängig von dem Eigenthum der Maschine übertragen werden kann, folglich auch in diesem Falle dem Eigenthümer, der nicht auch das Gebrauchsrecht erworben hat, der unbefugte Gebrauch der Maschine untersagt werden kann.

Die technischen Prozesse unterscheiden sich von der vorhergehenden Klasse der Erfindungen dadurch, dass das neu erfundene Hülfsmittel der Production nicht in einer bleibenden Vorrichtung, sondern in einem Verfahren besteht, welches nach Regeln mitgetheilt werden kann. Auch bei den technischen Prozessen kann es mitunter zweifelhaft werden, ob die Erfindung der dritten oder der ersten Klasse zuzuzählen ist, wenn nämlich nicht bloss der Prozess, sondern auch das Product der Erfindung ein neues ist. So kann z. B. bei dem Devilleschen Verfahren der Aluminiumfabrikation entweder das in Barren und in technisch verwendbarer Form zuerst dargestellte neue Metall als der Gegenstand der Erfindung betrachtet werden, oder das Verfahren selbst. Im ersteren Falle würde das ausschliessende Recht des Erfinders sich für die Dauer des Patentes auf jede Darstellung von Aluminium in Barren erstrecken, so dass auch der Erfinder eines neuen Prozesses der Aluminiumgewinnung davon vor Ablauf der Schutzfrist keinen Gebrauch machen könnte[1]). Dagegen hätte der Erfinder nicht das Recht, die Anwendung der von ihm erfundenen Methode auf andere Metallgewinnungen, z. B. auf die Darstellung des Magnesiums, zu untersagen. Wäre dagegen der Fabrikationsprozess und die Anwendung der dabei gebrauchten Hülfsmittel ohne Rücksicht auf das erzielte Product als patentirt anzusehen, so würde auch die Anwendung derselben auf andere Metallverbindungen ohne Erlaubniss des Erfinders untersagt sein. Letzterer würde dagegen in diesem Falle nicht berechtigt sein, die Fabrikation von Aluminium auf einem neuen Wege ohne Anwendung der patentirten Hülfsmittel zu verbieten.

Derselbe Unterschied in den rechtlichen Wirkungen des Patentes zeigt sich bei einer Vergleichung der zweiten und der dritten Klasse der Erfindungen. Auch eine neue Maschine ist häufig mit einem neuen technischen Prozesse verbunden und umgekehrt lässt ein neuer technischer Prozess sich häufig ebensowohl durch die dabei angewandten bleibenden Vorrichtungen, als durch die Regeln des Verfahrens von andern Fabrikationsmethoden unterscheiden.

Aus dem Vorigen ergibt sich, dass es rechtlich nicht gleichgültig ist, ob der Gegenstand einer Erfindung als eine neue Waare, als eine Maschine oder als ein technischer Prozess anzusehen ist, dass aber manche Erfindungen je nach der Verschiedenheit der Umstände oder der Auffassung als Waare oder als Maschine, als neue Waare oder als technischer Prozess, endlich als Maschine oder als neue Verfahrungsweise angesehen werden können.

Hieraus folgt keinesweges, dass es lediglich in dem Belieben des Urhebers einer auf der Grenze zweier Klassen ste-

[1]) Nach Deville sind noch verschiedene neuere Methoden der Aluminiumgewinnung in Frankreich und England patentirt worden. Solche Patente sind namentlich von Petitjean, Corbelli und Johnson gelöst und soviel bekannt, nicht angefochten worden. Die Anwendung des Devilleschen Verfahrens auf die Darstellung des Magnesiums ist sodann erst mehrere Jahre später von St. Claire, Deville und Caron erfunden. Das Devillesche Patent scheint also in beiden oben angedeuteten Richtungen nur eine beschränktere Geltung erlangt zu haben.

henden Erfindung stände, sich diejenige Klasse zu wählen, in welche er den Gegenstand seiner Erfindung einreihen will. Vielmehr hängt die Bestimmung der Klasse, wie die weitere Untersuchung näher ergeben wird, wesentlich davon ab, in welchem Umfange und mit welchem Effecte die Erfindung von dem Erfinder intendirt und demnächst ausgeführt worden ist. Aus dem Grundsatze, dass eine neue Erfindung nur soweit ein ausschliessliches Recht für den Urheber begründen kann, als der Erfolg derselben von dem Erfinder vorgesehen und wirklich ausgeführt ist, ergibt sich von selbst, dass der Erfinder eines technischen Prozesses, welcher nur zur Darstellung eines bestimmten Productes angewendet ist, nicht das ausschliessliche Recht beanspruchen kann, die gleichen technischen Regeln auf ein ganz anderes Object anzuwenden. Die Frage also, ob der Erfinder der Aluminiumfabrikation das Recht beanspruchen könnte, das gleiche Verfahren ausschliesslich auch auf andere Erdmetalle, wie das Magnesium, anzuwenden, würde davon abhängen, ob er diese weitere Anwendung bei der Erwerbung seines Patentes vorgesehen und demnächst zur Ausführung gebracht hat. (Vergl. S. 51 Note 1.) Ebenso lässt sich aus der Intention des Erfinders und aus der Ausführung der Erfindung bemessen, ob das Object derselben in einer bestimmten bleibenden Vorrichtung oder unabhängig von derselben in einem auf blossen Regeln beruhenden technischen Verfahren besteht.

§. 4. Neue Erfindungen.

Positive Bedingung der Neuheit. — Neue Producte. — Neue Hülfsmittel. — Anwendung wissenschaftlicher Prinzipien. — Materieller Gebrauch. — Nützlichkeit der Erfindung. — Früherer Gebrauch durch den Erfinder. — Gebrauch durch einen Dritten. — Versuche. — Veröffentlichung. — Ausstellung.

Zu den Bedingungen des Patentschutzes, welche aus der Beschaffenheit des Gegenstandes der Erfindung folgen, tritt noch ein weiteres objectives Erforderniss: das der Neuheit der Erfindung hinzu. Der Patentschutz soll die Interessen des Erfinders mit denen der Gesammtheit vereinigen, indem er dem Erfinder für den Preis der Mittheilung seiner Entdeckung ein ausschliessliches Recht der Benutzung für gewisse Zeit gewährt. Der Grund des Patentschutzes fällt aber weg, wenn der Gegenstand der Erfindung bereits vor der Einlegung des Patentgesuches bekannt war. Die Ertheilung des Patentes auf einen bereits bekannten Gegenstand würde eine Beschränkung der Gewerbefreiheit enthalten, für welche der Gesammtheit kein Aequivalent geboten wird.

Die Bedingung der Neuheit der zu patentirenden Erfindung folgt auch aus den Erfordernissen des geistigen Eigenthumes überhaupt, da ein ausschliessliches Recht der Reproduction nur an solchen Gegenständen erworben werden kann, welche nicht bereits vor der Erwerbung in den freien Verkehr übergegangen oder in dem geistigen Eigenthume eines Anderen befindlich waren. Nur erlangt diese Bedingung in Bezug auf die Erfindungen eine andere und grössere Bedeutung, als bei den übrigen Gegenständen des geistigen Eigenthumes. Für die Schriften und die Kunstwerke kann das Requisit der Originalität als eine bloss negative Bedingung des Inhaltes definirt werden, dass das Werk weder die Wiederholung eines anderen Geistesproductes noch auch die bloss mechanische Reproduction eines Naturproductes sein darf. Für die Erfindung tritt dagegen das positive Erforderniss hinzu, dass die Erfindung nicht bloss original, sondern auch neu sein muss, dass der Gegenstand derselben nicht bloss eine eigenthümliche Form besitzen, sondern auch einem neuen materiellen Gebrauche dienen muss. Bei den Waaren besteht also die Bedingung der Neuheit darin, dass das Product der Erfindung sich nicht bloss durch seine Form von andern bereits bekannten Waaren unterscheidet, sondern durch seine Eigenschaften einen materiellen Nutzen gewährt, welchen die früher bekannten Producte nicht gewährten. Blosse Waarenmuster, die nur dem Geschmack und der Mode dienen, ohne einen materiellen Nutzen zu gewähren, sind Gegenstände des Musterschutzes, nicht aber eines Erfindungspatentes. Dasselbe gilt, wenn die Waare zwar zu einem neuen materiellen Gebrauche bestimmt und eingerichtet ist, aber diesen Zweck in Wirklichkeit nicht erfüllt. In dem Rechtsfalle Manton gegen Parker[1]) handelte es sich um eine patentirte Flinte mit durchbohrtem Hahn, welcher nach der Patentbeschreibung das

---

[1]) Godson. A treatise on the law of patents for inventions p. 57.

Entweichen der Luft gestatten sollte, ohne dass ein Theil des Pulvers mit weggerissen würde. Der Versuch ergab, dass das Pulver ebensowohl Durchgang fand als die Gase, und das Patent wurde für ungültig erklärt. Man könnte einwenden, dass es Niemand einfallen würde, ein Patent für unnütze Dinge zu nehmen, und dass ein solches Patent wenigstens Niemand schaden würde. Allein es ist eine gewöhnliche Erscheinung, dass gerade die Erfindungspatente als Mittel der Reclame benutzt werden, und dass das Publicum Waaren im Vertrauen auf deren patentirte Eigenschaften kauft, mögen dieselben auch noch so handgreiflich erdichtet sein. Wäre es also zulässig, Patente für Waaren zu nehmen, welche die angegebenen Eigenschaften in Wirklichkeit nicht erfüllen, und wäre es nicht zulässig, solche Patente als ungültig anzufechten, so würde die Patentertheilung dem Schwindel geradezu Vorschub leisten und zugleich die Gewerbefreiheit erheblich beeinträchtigen, weil jeder andere Fabrikant gehindert wäre, die von dem Patentinhaber monopolisirte Form der Waare in Anwendung zu bringen.

Bei den Maschinen und bei den technischen Prozessen besteht die Bedingung der Neuheit darin, dass dieselben entweder ein neues Product oder ein bereits bekanntes Product unter vortheilhafteren Bedingungen liefern. Dabei ist zu bemerken, dass die Patentfähigkeit der Maschine oder des Prozesses nicht davon abhängig ist, dass auch das Product als solches Gegenstand eines Erfindungspatentes sein kann. So ist beispielsweise neuerdings in Preussen ein Patent auf eine Maschine zur Darstellung von Geweben mit eingewebten Perlen ertheilt worden, während das Product selbst, da es keinem neuen materiellen Gebrauche dient, nicht Gegenstand eines Erfindungspatentes, sondern nur Object des in Preussen nicht bekannten Musterschutzes sein könnte. Bei den Maschinen ist ferner zu berücksichtigen, dass der Effect derselben nicht bloss in einer körperlichen, zum Verbrauche bestimmten Sache bestehen kann, sondern auch in einer Arbeitsleistung, die geeignet ist, unmittelbar körperliche Bedürfnisse zu befriedigen. Das Letztere ist der Fall bei den Ortsbewegungsmaschinen und bei den Arbeitsmaschinen, welche zum Transport von Menschen und Waaren, zum Säen und Pflügen, zur Wasserhebung u. dgl. bestimmt sind. Bei allen diesen Maschinen ist das Product der

Arbeitsleistung nicht eine verkäufliche Waare. Gleichwohl erfüllen sie in hervorragender Weise den Zweck der materiellen Nützlichkeit, indem sie entweder die Erzeugung oder den Austausch der Lebensbedürfnisse erleichtern.

Bei Maschinen und bei technischen Prozessen gilt gleichmässig die Regel, dass die Bedingung der Neuheit auch dadurch erfüllt werden kann, dass ein schon bekanntes Hülfsmittel zu einem bisher unbekannten Effecte verwendet wird.

Daher war es eine patentfähige neue Erfindung, wenn Watt das früher zu andern Zwecken construirte conische Pendel, welches auch den Namen des Centrifugalregulators führt, zur Regulirung der Dampfmaschine anwendete. Es ist jedoch wesentlich, dass entweder das Mittel oder die Anwendung desselben neu ist. Die blosse Entdeckung neuer Vortheile, welche die bereits bekannte Anwendung eines ebenfalls bekannten Mittels gewährt, ist keine neue Erfindung. Es ist bekannt, dass das von Papin an seinem Digestor angebrachte Sicherheitsventil bald nachher zur Verhütung der früher so häufigen Explosionen auch an dem Kessel der Dampfmaschine angebracht wurde[1]). Allein so wesentlich die dadurch erzielte Verbesserung war, so konnte dieselbe doch nicht patentirt werden, weil weder die Vorrichtung noch die Anwendung eine neue war. Ebenso konnte Davys Entdeckung der Sicherheitslampe nicht als eine patentfähige Erfindung gelten (oben S. 28), weil sowohl die mit einem Drahtnetze umzogene Lampe als auch deren Anwendung zur Beleuchtung bekannt waren und seine Entdeckung nur dahin ging, dass bei dieser Lampe ohne Gefahr in entzündlichen Grubenwettern gearbeitet werden kann.

Die Anwendung eines bereits bekannten Hülfsmittels kann nur insofern als eine neue Erfindung angesehen werden, als sie zu einem neuen Gebrauche dient, also wenn entweder die Anwendung ein bisher nicht bekanntes technisches Resultat gibt, oder wenn das früher bereits bekannte Resultat durch die neue Anwendung zuerst gewerblich verwerthet wird. Das letztere ist der Fall, wenn wissenschaftliche Entdeckungen in der Industrie angewendet werden. Die Patentfähigkeit einer solchen gewerblichen Anwendung wissenschaftlicher Versuche ist in der

---

[1]) Arago, Oeuvres complètes tom. 5 p. 75.

Oesterreichischen und in der Italienischen Gesetzgebung ausdrücklich anerkannt[1]). Auch in Frankreich gilt nach dem Gesetze vom 5. Juli 1844 dieselbe Regel, wie sich aus der Verbindung der Artikel 2 und 30 ergibt. Während nämlich im Art. 2 die neue Anwendung eines bekannten Mittels zur Erlangung eines gewerblichen „Resultates" oder Productes als ein Gegenstand des Patentschutzes bezeichnet wird, werden im Art. 30 Nr. 3 die rein wissenschaftlichen Prinzipien und Entdeckungen ausgenommen, „sofern nicht deren gewerbliche Anwendung gezeigt worden ist." In dem Entwurfe des Gesetzes fehlten in beiden Artikeln die hervorgehobenen Worte — doch wurde im Artikel 2 das Wort: Resultat auf den Antrag des Marquis von Barthélemy in der Pairskammer und im Art. 30 Nr. 3 der vorhin angeführte Zusatz auf das Amendement von Arago in der Deputirtenkammer hinzugefügt. Diese Anträge hatten, wie insbesondere aus den Ausführungen Aragos hervorgeht, den Zweck, den Patentschutz auch denjenigen Erfindungen zu sichern, deren Gegenstand nicht in einem bisher unbekannten Producte, noch auch in neuen Vorrichtungen oder Prozessen besteht, welche vielmehr sich als neue Erfindungen dadurch characterisiren, dass sie einen wissenschaftlich erkannten Erfahrungssatz in einer technischen Anwendung gewerblich nutzbar machen. Auch die Französische Praxis hat im Anschluss an diese Motive der Gesetzgebung die Patentfähigkeit solcher auf das gewerbliche Gebiet übertragenen wissenschaftlichen Entdeckungen in verschiedenen Beispielen anerkannt, wie die oben S. 50 ff. erwähnten Patente von Deville und Verguin beweisen. In dem von Renouard[2]) mitgetheilten Urtheile des Pariser Cassationshofes vom 13. August 1845 werden ferner die Einwendungen gegen die Gültigkeit des Elkingtonschen Patentes über Anwendung einer alkalischen Goldlösung zur Vergoldung aus folgenden Gründen verworfen: „Wenn auch nach der thatsächlichen Feststellung des Appellationsgerichtshofes die alkalische Goldlösung, wie sie Elkington anwendet, seit langer Zeit bekannt und beschrieben war, so war doch die Entdeckung eine rein wissenschaftliche geblieben;

---

[1]) Oesterreich. Gesetz v. 15. August 1852 §. 5. — Italien. Gesetz v. 30. October 1859 Art. 2 Nr. 5.

[2]) Traité des brevets d'invention p. 277.

und Elkington hat sie zuerst wirklich auf das Gewerbe der Vergoldung angewendet. Elkington bezeichnet überdiess in seiner Patentbeschreibung als Gegenstand seiner Erfindung die Anwendung des kohlensauren Kalis oder Natrons in Verbindung mit einer Goldlösung zum Zwecke der technischen Vergoldung und diese Anwendung ist es eben, welche in dem angefochtenen Urtheile als neu bezeichnet wird. Jede neue gewerbliche Anwendung auch eines bereits bekannten Prozesses bereichert aber die Gesellschaft durch einen Gewerbszweig, welchen sie früher nicht besass und ist deshalb patentfähig; und derjenige, welcher aus einer früheren Entdeckung neue practische Anwendungen zieht, die vor ihm nicht gemacht waren und welche der Gesammtheit als ein neuer Besitz zugewendet werden können, ist wirklich Erfinder und hat Anspruch auf die Vortheile, welche das Gesetz denjenigen zusichert, die durch ihren Geist und durch ihre Arbeit das Gebiet der Gewerbthätigkeit erweitern."

Die practische Anwendung der oben entwickelten Regeln über die Neuheit der Erfindung hängt von einer richtigen Würdigung der thatsächlichen Verhältnisse ab. Es ist unmöglich, äussere Merkmale für das Requisit der Neuheit aufzustellen[1]), da in der That Erfindungen von der grössten Tragweite häufig durch sehr unscheinbare Veränderungen der früher angewendeten Vorrichtungen und Regeln zu Stande kommen.

Auf der andern Seite können aus der unendlichen Mannichfaltigkeit der möglichen Abänderungen, deren der Gewerbebetrieb fähig ist, nur diejenigen als neue Erfindungen auf den Patentschutz Anspruch machen, welche sich nicht bloss durch willkürliche Formen, sondern durch den materiellen Gebrauch von den bisher bekannten Producten, Vorrichtungen und Verfahrungsweisen unterscheiden. So ist z. B. die Zahl der Mischungsverhältnisse, in welcher das Aluminium mit dem Kupfer legirt werden kann, unendlich gross. Eine von diesen Mischungen indess mit einem Aluminiumgehalte von $7^1/_2$ Prozent zeigt besondere Eigenschaften, welche weder die beiden einfachen

---

[1]) Vergl. Renouard, Traité des brevets d'invention p. 239: „Réclamer du législateur des règles précises et complètes sur la nouveauté des inventions, ce serait exiger, qu'il classât à l'avance l'infinie variété des faits individuels: on ne plante pas des bornes sur l'Océan."

Metalle noch die übrigen Legirungen besitzen, da sie federhart und elastisch ist. Ebenso zeichnet sich unter der unendlichen Zahl der Silberlegirungen die in der Französischen Münze angewendete von 88,3 Prozent Silbergehalt vor allen übrigen Legirungen durch ihre grosse Härte und ihre geringe Abnutzung aus. Die Entdeckung einer solchen Mischung, sofern sie früher nicht bekannt oder gebraucht war, hat als eine neue Erfindung Anspruch auf den Patentschutz. Dagegen würde es durchaus unzulässig sein, wenn jemand auf irgend welche willkürliche Legirungen des Aluminiums, des Magnesiums oder eines andern neu entdeckten Metalles ein Patent lösen wollte bloss auf die Behauptung hin, dass er diese Mischung zuerst angewendet habe.

Ebenso können Linsen für Fernröhre und für Mikroskope aus jeder Art von Glas hergestellt werden und sind zu verschiedenen Zwecken aus verschiedenem Materiale gefertigt worden. Ein Patent ist dagegen nur für die Erfindung Dollands ertheilt worden, welcher durch die Verbindung verschieden brechbarer Medien die Farbenzerstreuung aufhob, welche alle einfachen Linsen verursachen.

Die Praxis, welche jede beliebige Veränderung in dem Materiale oder in der Form einer bereits bekannten Waare oder eines Werkzeuges als eine neue Erfindung ansieht, welche von ihrem Urheber monopolisirt werden kann, lässt sich weder mit dem Wortlaute noch mit dem Geiste der Patentgesetze vereinigen. Sie ist überdies geeignet, den Patentschutz in eine gemeinschädliche Belästigung des Verkehrs zu verwandeln und sie ist in den Ländern des reinen Anmeldungssystems vielfach in dieser Richtung ausgebeutet worden, indem sogenannte Erfinder Patente auf beliebige neue Constructionen von Dampfkesseln, Anordnungen von Maschinentheilen u. dgl. lösten, lediglich in der Absicht, um von denjenigen Fabrikanten, welche zufällig oder aus örtlichen Veranlassungen dieselbe Construction zur Anwendung bringen, eine Entschädigung für den Eingriff in ihr Patentrecht zu erlangen.

Nicht alles was neu ist, ist zugleich eine Erfindung. In dem Rechtsfalle Walter v. Congreve[1]), welcher ein Patent für

[1]) Godson, A Treatise on the law of patents p. 56.

den Pulvertransport in Messingcylindern betraf, erklärte sich der Vicekanzler Sir J. Leach gegen die Gültigkeit des Patentes, indem er ausführte: „Nicht jedes neue Ding sei eine patentwürdige Erfindung, noch könne jeder Urheber eines neu gestalteten Werkzeuges ein Erfinder genannt werden. Es müsse ein neues Prinzip gefunden sein und Fleiss und Scharfsinn müsse verwendet sein, um den Erfinder zum Patentschutze zu berechtigen. Die Herstellung eines alten Geräthes aus neuem Material könne an sich nicht für eine Erfindung gelten und der Kläger könne für sein Pulverfass, dessen einziger Werth darin bestehe, dass es von Messing statt von Holz gemacht sei, ebensowenig den Patentschutz beanspruchen, als etwa der Verfertiger des ersten silbernen Theetopfs seine Mitbürger, die bis dahin nur irdene Theegeschirre gebraucht hatten, von dem Gebrauche silberner Theetöpfe ausser den bei ihm gekauften hätte ausschliessen können.“

Der gelehrte englische Jurist hätte hinzusetzen können, dass dagegen eine Veränderung des Materiales, insofern sie einen neuen materiellen Gebrauch bedingt, allerdings als eine patentfähige Erfindung gilt, und dass z. B. die Erfindungen des Porzellans und des Neusilbers, welche gestatteten, die silbernen Geschirre durch ein bei weitem wohlfeileres Material zu ersetzen, unter den Erfindungen vom ersten Range zählen.

Diese Feststellung des Begriffes der Neuheit einer Erfindung enthält auch zugleich die Lösung der Frage, ob die Nützlichkeit der Erfindung Bedingung des Patentschutzes ist. Wird unter der Nützlichkeit der Erfindung das Erforderniss verstanden, dass der Gegenstand durch seine neuen Eigenschaften oder Resultate dem materiellen Gebrauche diene, so muss die gestellte Frage bejaht werden. Begreift man dagegen unter der Nützlichkeit der Erfindung die Rentabilität des zu patentirenden Gewerbes, so kann kein Zweifel darüber bestehen, dass der Patentschutz nicht durch den Nachweis derselben bedingt ist. Viele wichtige Erfindungen haben sich erst nach langjährigen Versuchen und nach Aufwendung eines beträchtlichen Kapitales bezahlt gemacht. Das Fultonsche Dampfschiff, die Ericsonsche calorische Maschine waren bei der ersten Ausführung durch die Erfinder geradezu unrentabel. Erst durch die allmälige Ausbildung der Betriebsmittel und der Betriebsmethode gelang es, die erste Erfindung zu einem Gewerbszweige von ungeheurer Ausdehnung und von reichem Ertrage, die andere zu der haushälterischen Triebkraft der kleinen Werkstätten zu gestalten. Manche Erfindungen von offenbar genialer Conception sind niemals rentabel geworden. Man darf nur an die atmosphärische Eisenbahn, an die Schiessbaumwolle, an die Gewinnung der Soda aus dem Chilisalpeter, endlich an die electromagnetische Kraftmaschine erinnern. Gleichwohl bleibt auch hier die Möglichkeit offen, dass die eine oder die andere dieser Erfindungen durch eine verbesserte Betriebsmethode oder durch eine Veränderung in den Handelsconjuncturen zu einem gewinnreichen Betriebszweige erhoben wird. Es ist deshalb nicht zulässig, einer Erfindung den Patentschutz deshalb zu versagen, weil sie zur Zeit noch keinen Gewinn abwirft. Dagegen muss die Patentfähigkeit allen solchen Erzeugnissen versagt werden, welche nicht einer neuen materiellen Verwendung fähig, sondern blosse willkürliche Formveränderungen bereits bekannter Producte und Vorrichtungen sind.

In diesem Sinne muss besonders die Vorschrift des Nordamerikanischen Statutes vom 8. Juli 1870 sect. 24. verstanden werden, welche als Gegenstand eines Erfindungspatentes eine neue und nützliche Waare, Maschine oder Verfahrungsweise (any new and useful art, machine, manufacture, or composition of matter) erfordert. Auch für das Englische Recht ist diese Bedingung durch eine Anzahl von Entscheidungen anerkannt, durch welche Patente für ungültig erklärt wurden, weil der Gegenstand keinem neuen materiellen Gebrauche diente[1]).

Wenn gleichwohl nach dem Englischen Patentverfahren sowohl als dem Französischen beim Mangel einer Vorprüfung eine Ueberzahl von ganz gleichgültigen Erzeugnissen zur Patentirung gelangen, welche die Bedingungen einer wirklich neuen Erfindung keineswegs erfüllen und nur als Mittel der Reclame Verwendung finden, so ist dies ein Mangel, welcher mit dem

---

[1]) Vergl. die oben mitgetheilten Rechtsfälle Manton v. Parker (S. 53) und Walter v. Congreve (S. 58). Das Belgische Gesetz v. 24. Mai 1854 macht das Recht des Erfinders im Art. 1 davon abhängig, dass die Erfindung als Gegenstand des Gewerbes oder des Handels ausgebeutet werden kann.

Systeme dieser Patentgesetzgebungen unzertrennlich verbunden ist. Allein wenn das Verfahren in diesen Staaten nicht gestattet, Gegenstände, welche die Bedingungen einer neuen Erfindung in Wirklichkeit nicht erfüllen, von der Patentirung auszuschliessen, so gilt doch auch für das Englische und ebenso für das Französische Recht die Regel, dass die Gültigkeit des Patentes von der Erfüllung dieser Bedingung abhängt, dass also der Patentschutz nur solchen Erfindungen zu Theil werden darf, welche einem materiell neuen Gebrauche dienen.

Das Requisit der Neuheit der Erfindung hat neben dem bereits entwickelten positiven Inhalte auch noch eine negative Bedeutung, nämlich die, dass die Erfindung zur Zeit der Anmeldung weder im Gebrauch gewesen, noch veröffentlicht sein darf.

Die einzelnen Patentgesetze weichen jedoch bei der Anwendung dieses Grundsatzes in ihren Bestimmungen mehrfach von einander ab.

Man muss unterscheiden:

1. den eigenen Gebrauch, welchen der Erfinder vor der Anmeldung von seiner Erfindung gemacht hat;
2. den vorherigen Gebrauch durch Dritte;
3. die Veröffentlichung.

1. Der eigene Gebrauch durch den Erfinder kann so beschaffen sein, dass durch denselben die Erfindung allgemein bekannt geworden ist. In diesem Falle steht er jeder andern Veröffentlichung gleich und schliesst die spätere Patentirung oder die Gültigkeit des später nachgesuchten Patentes nach allen bestehenden Patentgesetzen aus. Was dagegen den Gebrauch mit Geheimhaltung betrifft, so hat nur das Nordamerikanische Patentgesetz vom 8. Juli 1872 sect. 2. denselben als Ausschliessungsgrund erwähnt und zwar nur unter der Voraussetzung, dass der Gebrauch schon 2 Jahre vor der Beantragung des Patents stattgefunden hat. Das Englische Statut von 1653 erwähnt ausdrücklich nur den Gebrauch durch Andere (which others at the time of making such letters patent and grants shall not use). Die Praxis sieht jedoch auch den eigenen vorherigen Gebrauch durch den Erfinder als einen Grund der Ungültigkeit des ertheilten Patentes an.

In dem Rechtsfalle Wood v. Timmer[1]) handelte es sich um ein neues Präparat von Kupfergrün, unter dem Namen: *British Imperial Verdigris.* Es wurde festgestellt, dass der Erfinder dieses Fabrikat schon während vier Monaten vor der Patentirung in grosser Ausdehnung verkauft hatte, und deshalb das Patent für ungültig erklärt. Dieselbe Entscheidung traf der Oberste Gerichtshof der Vereinigten Staaten in Nordamerika in der Prozesssache Pennock & Sellers v. Dialogue[2]), nachdem festgestellt war, dass der Erfinder die patentirte Waare sieben Jahre als ein Geheimfabrikat verkauft hatte, bevor er ein Patent nachsuchte. Der Gerichtshof führte in den Entscheidungsgründen aus:

„Würde dem Erfinder gestattet, seine Entdeckung geheim zu halten; lange Jahre hindurch das factische Monopol zu bewahren; seine Waare zu verkaufen und den Nutzen daraus zu beziehen, lediglich gestützt auf seine ausschliessliche und vorzugsweise Kenntniss ihrer Fabrikation; demnächst aber, wenn ihm endlich die Gefahr der Concurrenz droht, ein Patent zu lösen, welches ihm das ausschliessliche Recht der Fabrikation sichert, so würde das Patent keinen andern Zweck haben, als für weitere 14 Jahre das einseitige Interesse des Fabrikanten zu sichern. Ein solches Verfahren würde den Fortschritt des Wissens und der Gewerbe erheblich beeinträchtigen und denen zum Gewinn gereichen, welche am längsten mit der Mittheilung ihrer Entdeckungen zögern."

Im Gegensatze zu dieser Auffassung erklärt Merlin (Répertoire; Brevet d'invention no. 6) jeden Gebrauch, welcher vor der Patentirung stattfindet, ohne dass das Geheimniss der Erfindung verrathen wird, für unschädlich. Er führt aus:

„Es steht nirgend geschrieben, dass der Erfinder durch den Gebrauch, welchen er von seinem Verfahren für seine eigene Rechnung und mit Geheimhaltung während beliebiger Zeit macht, den Anspruch auf die ausschliessliche Nutzung verwirkt. So lange er die Erfindung geheim hält, so lange er sie gebraucht, ohne dass das Publicum in ihren Zusammenhang eindringt, bleibt sein Eigenthum unversehrt und es steht ihm

---

[1]) Godson l. c. p. 50.
[2]) Godson l. c. p. 51.

jederzeit frei, die gesetzlichen Mittel zu gebrauchen, um zu verhüten, dass sie in den öffentlichen Gebrauch übergeht."

Die continentalen Gesetzgebungen schliessen sich auch dem oben erläuterten Grundsatze des Englischen Patentrechtes nur zum Theil an. Dies ist der Fall in Oesterreich, wo nach der unten (S. 65 Note 1) angeführten Gesetzesstelle zum Begriff der Neuheit erfordert wird, dass die Erfindung im Inlande „nicht in Ausübung steht." Die übrigen Gesetzgebungen, namentlich die Preussische und die Französische, betrachten den Gebrauch seitens des Erfinders nur als eine Art der Mittheilung und lassen folglich den unter Geheimhaltung der Erfindung erfolgten Gebrauch unberücksichtigt.

2. Der frühere Gebrauch der Erfindung durch einen Dritten schliesst nach Englischem Rechte die Patentirung ebenfalls aus, jedoch nur sofern ein Gebrauch zu gewerblichen Zwecken stattgefunden hat. Wenn daher ein Anderer dieselbe Erfindung gemacht hat, ohne dieselbe in Gebrauch zu setzen oder zur Patentirung anzumelden, so bedingt diese Thatsache der gleichzeitigen Erfindung durch einen Andern keinesweges die Ungültigkeit des Patentes; vielmehr gilt nach dem oben Gesagten derjenige als der erste Erfinder im Sinne des Gesetzes, welcher seine Erfindung zuerst unter dem Schutze des Patentes ausgeführt und veröffentlicht hat. Deshalb wurde Dollands Patent für Anfertigung achromatischer Linsen als gültig anerkannt, obgleich nachgewiesen war, dass Dr. Hall vor der Ertheilung des Patentes dieselbe Erfindung gemacht hatte, ohne indess von derselben Gebrauch zu machen[1]). Dagegen wurde Tennants Patent für ein Bleichwasser für ungültig erklärt, weil bewiesen wurde, dass ein Bleicher dasselbe Mittel mehrere Jahre vor dem Datum des Patentes angewendet hatte. Eine frühere Veröffentlichung war in diesem Falle nicht erfolgt, da der Bleicher das Mittel streng geheimgehalten und nur seinen zwei Gehülfen mitgetheilt hatte[2]).

Blosse Versuche zur Ausführung der Erfindung, welche nicht zu einer vollständigen Lösung des Problemes führen, stehen auch nach Englischem Rechte der späteren Patentirung nicht

[1]) Godson, A Treatise etc. p. 3, p. 40.

[2]) Davis, A Collection of cases respecting patents of invention p. 429.

im Wege, ebensowenig die von dem Erfinder angestellten Proben, wie dies von den Englischen Gerichtshöfen in zwei Rechtsfällen angenommen ist[1]):

In Bezug auf die von dem Erfinder selbst angestellten Versuche wurde im Jahre 1849 im Englischen Parlamente eine Bill eingebracht, welche deren Unschädlichkeit ausdrücklich anerkannte. Sie ist jedoch nicht zur zweiten Lesung gelangt.

In Belgien ist nach der unten angeführten Gesetzesstelle das Patent ungültig, wenn die Erfindung vor der Anmeldung von einem Dritten im Inlande zu gewerblichen Zwecken angewendet wurde. Dasselbe gilt in Oesterreich. Nach allen übrigen Gesetzgebungen kommt der Gebrauch durch einen Dritten entweder nur als ein Modus der Veröffentlichung in Betracht, oder als ein Grund, aus welchem der Dritte das Erfinderrecht für sich in Anspruch nehmen kann, also nicht als ein Grund der Nichtigkeit des Patentes, sondern vielmehr als ein Evictionsgrund (Vergl. §. 5).

3. Die Veröffentlichuug der Erfindung vor der Patentirung schliesst den Patentschutz nach allen Gesetzgebungen unbedingt aus, da eine bereits veröffentlichte Entdeckung nicht mehr als eine neue Erfindung gelten kann. Die Veröffentlichung kann entweder durch öffentlichen Gebrauch, durch Mittheilung einer

---

[1]) Godson l. c. p. 46 f. In der Sache Morgan v. Seward wurde festgestellt, dass der Erfinder vor der Patentirung zwei Räder von der später patentirten Art hatte anfertigen lassen, jedoch unter der Bedingung der Geheimhaltung, welche dann zum Probegebrauche an eine ausländische Gesellschaft versendet waren. Der Gerichtshof nahm an, dass dieser Gebrauch der Neuheit der patentirten Erfindung keinen Eintrag thue.

In dem Rechtsfalle Jones v. Pearce handelte es sich um ein Patent für Wagenräder mit aufgehängter Nabe. (Die Speichen waren in der Nabe mit einem gewissen Spielraum befestigt, so dass die senkrecht unter der Nabe befindliche Speiche etwas hineingedrückt wurde, während die jedesmal über der horizontalen befindlichen Speichen die Last des Wagens trugen und auf die halbe Peripherie der Rades vertheilten.) Es wurde bewiesen, dass ein Dilettant im Maschinenbau H. Strutt sich früher mit der Construction gleicher Räder beschäftigt und mehrere Wagen nach diesem Principe gebaut hatte, welche, da der Versuch nicht gelungen war, unbenutzt stehen blieben. — Auch hier nahm der Gerichtshof an, dass das ungelöste Problem des früheren Entdeckers der Neuheit der wirklich gelösten Erfindung keinen Eintrag thue.

Beschreibung oder durch die öffentliche Ausstellung der ausgeführten Erfindung selbst erfolgen.

Die Mittheilung einer Beschreibung des Gegenstandes der Erfindung kann durch die Presse oder durch öffentliche Vorträge bewirkt werden. Die Erfindung gilt als veröffentlicht, wenn die Beschreibung so beschaffen ist, dass nach Anleitung derselben die Erfindung von Andern ausgeführt werden kann. Es ist dabei gleichgültig, ob die Erfindung von dem Patentsucher selbst vorher veröffentlicht ist, oder ob derselbe eine anderweit veröffentlichte Erfindung reproduzirt hat. Dies ist in der Mehrzahl der Patentgesetze ausdrücklich bestimmt[1]).

Dieselben Regeln ergeben sich jedoch auch für die übrigen Rechtsgebiete aus dem Begriffe und dem Zwecke des Patentschutzes.

---

1) Französ. Gesetz vom 5. Juli 1844 Art. 31. Ne sera réputée nouvelle toute découverte, invention ou application qui en France ou à l'étranger et antérieurement à la date du dépôt de la demande aura reçu une publicité suffisante pour pouvoir être exécutée.

Erläuterungen zum Preuss. Publicandum v. 14. October 1815. Zu §. 2. Als bekannt mithin nicht patentfähig gilt alles das, was in öffentlich erschienenen Werken des In- oder Auslandes, mögen sie in deutscher Sprache oder in einer andern geschrieben sein, bereits sei es durch Beschreibung oder Zeichnung angegeben, oder im Inlande in Modellen schon vorhanden ist. Auch kann alles das nicht Gegenstand eines Patentes werden, was der Erfinder selbst schon durch Beschreibung, Zeichnung oder Ausführung zur Kenntniss des Publicums gebracht hat.

Oesterreich. Gesetz v. 15. August 1852 §. 1. Als neu wird irgend eine Entdeckung, Erfindung oder Verbesserung betrachtet, wenn sie bis zur Zeit des angesuchten Privilegiums im Inlande weder in der Ausübung steht, noch durch ein veröffentlichtes Druckwerk bekannt ist.

Belg. Gesetz v. 24. Mai 1854 Art. 24. Le brevet sera déclaré nul par les tribunaux pour les causes suivantes: a, lorsqu'il sera prouvé, que l'objet breveté a été employé, mis en oeuvre ou exploité par un tiers dans le royaume dans un but commercial avant la date légale de l'invention: — c, lorsqu'il sera prouvé, que la spécification complète et les dessins exacts de l'objet breveté ont été produit antérieurement à la date du dépôt dans un ouvrage ou recueil imprimé et publié.

Italien. Gesetz v. 30. October 1859 Art. 3. Considerasi come nuova un' invenzione o una scoperta industriale, quando non fu mai prima conosciuta, o quanda anche avendosene una qualche notizia, ignoravansi i particolari necessarii alla sua attuazione.

Eine gedruckte Beschreibung gilt nur dann als veröffentlicht, wenn die Druckschrift verbreitet worden ist, wie dies in dem Oesterreichischen und in dem Belgischen Gesetze hervorgehoben ist. Ist aber die Verbreitung erfolgt, so kommt es auf den Umfang derselben nicht an. Daher gilt als veröffentlicht auch dasjenige, was in einem vergessenen oder wenig gelesenen Buche mitgetheilt ist. Ebenso gilt es gleich, in welcher Sprache die Beschreibung verfasst ist, wie dies in der Preussischen Verordnung und in dem Französischen Patentgesetze (vergl. S. 65 Note 1) ausdrücklich hervorgehoben ist. Die Art der Beschreibung, welche zum Thatbestande der Veröffentlichung gehört, ist lediglich nach den Requisiten der Vollständigkeit und der Deutlichkeit zu beurtheilen. Sie kann, wie die Preussische Verordnung hervorhebt, sowohl durch Worte, als durch Zeichnungen, oder (im Falle der öffentlichen Ausstellung) durch Modelle erfolgen. Auch die unten angeführte Bestimmung des Belgischen Gesetzes kann nicht so verstanden werden, dass in allen Fällen die wörtliche Beschreibung mit einer Zeichnung verbunden sein müsste, da manche Erfindungen überhaupt nicht durch Zeichnung dargestellt werden können. Jedenfalls gelten die Regeln, welche für die mit der Anmeldung des Patentgesuchs einzureichende Beschreibung in den verschiedenen Gesetzen gegeben sind, nicht für den Thatbestand der Veröffentlichung. Dies ist auch von den Französischen Gerichtshöfen angenommen. Der Gerichtshof von Douay führt zur Begründung dieser Ansicht in einer Entscheidung vom 27. November 1841 Folgendes aus[1]):

„Das Gesetz erfordert ohne Zweifel zum Thatbestande der Veröffentlichung nicht bloss, dass die Erfindung einem gedruckten und veröffentlichten Werke einverleibt sei, sondern auch dass sie darin beschrieben sei. Aber es trifft keinerlei Bestimmung über die Beschaffenheit, welche diese Beschreibung haben muss. Es sagt nirgend, dass diese Beschaffenheit übereinstimmen müsse mit derjenigen der Specification, welche nach Art. 4 das Patentgesuch begleiten muss. Der Art. 16 verweist im §. 3 weder ausdrücklich noch stillschweigend auf den Artikel 4. Er könnte auch nicht darauf verweisen, wenn man die

1) Renouard, Traité des brevets d'invention p. 243.

Gründe, welche die gesetzlichen Vorschriften über die Specification bedingt haben und den Inhalt dieser Vorschriften selbst in Betracht zieht. Es genügt also, dass die Veröffentlichung, welche der Patentertheilung vorhergegangen ist, so beschaffen ist, dass nicht bloss der Gegenstand der Erfindung, sondern auch die Art der Ausführung, also die Mittel und das Verfahren zur gewerblichen Verwendung der Erfindung, angegeben sind. Die neue Erfindung, welche auf diese Art für jeden verwendbar gemacht ist, fällt in den öffentlichen Gebrauch und kann nicht wieder daraus zurückgezogen werden, um in das Privateigenthum des Erfinders oder eines Andern zurückzufallen [1]).“

Auf der anderen Seite kann kein Zweifel darüber bestehen, dass zum Thatbestand der Veröffentlichung eine vollständige und deutliche Beschreibung gehört, welche den sachverständigen Leser in den Stand setzt, ohne Weiteres die Erfindung zu reproduziren, wie dies in den angeführten Bestimmungen des Französischen und des Italienischen Gesetzes ausdrücklich ausgesprochen ist.

Es bedarf nicht der Ausführung, dass eine Mittheilung, bei welcher ein wesentliches Mittel der Ausführung verschwiegen wird, wie z. B. in dem oben S. 21 mitgetheilten Falle, nicht den Thatbestand der Veröffentlichung enthält. Dasselbe gilt indess, wenn zwar die angewendeten Mittel bekannt und veröffentlicht waren, allein die Anwendung, welche den Gegenstand der Erfindung ausmacht, noch unbekannt geblieben ist.

Es war längst bekannt und in den chemischen Handbüchern mitgetheilt, dass das Nitroglycerin (das sogenannte Nobelsche Sprengöl) in Wasser unlöslich, dagegen in Alkohol und Aether löslich ist. Ebenso war die Löslichkeit der verschiedenen Aetherarten in Wasser bekannt. Allein die Verwendung

---

[1]) Die angeführten Vorschriften gehören dem seitdem aufgehobenen Französischen Patentgesetze vom 7. Januar 1791 an. Derselbe Gerichtshof wiederholt in einer späteren Entscheidung vom 18. Dezember 1841 den ausgesprochenen Grundsatz, indem er ausführt: „Attendu que la loi n'exige rien autre chose que la description et ne prescrit pas des termes sacramentels pour la faire connaître, qu'il suffit donc que le juge affirme que la description existe pour qu'il ait lieu de prononcer la déchéance.“ (Renouard l. c. p. 244.)

dieses verschiedenen Verhaltens der drei genannten Stoffe zu dem besonderen Zwecke das Sprengöl unexplodirbar zu machen, indem es mit der wohlfeisten Aetherart, dem bei der Brennerei gewonnenen Fuselöl, gemischt wird und die Ausscheidung des Sprengöls aus dieser Lösung durch die Beimischung von Wasser war eine neue Erfindung, für welche der Urheber sowohl in Preussen als anderwärts den Patentschutz erlangt hat.

Ebenso verhält es sich mit der in Frankreich patentirten Erfindung Sorels, das Eisen durch den schon vor hundert Jahren veröffentlichten Prozess der Verzinkung vor dem Roste zu schützen[1]).

Auch die Englische Praxis hat in mehreren Fällen anerkannt, dass die frühere Veröffentlichung der angewendeten Mittel, sofern der Zweck ihrer Anwendung nicht erkannt war, den Patentschutz nicht ausschliesst. In dem Rechtsfalle Hare v. Harford & Taylor handelte es sich um ein Verfahren bei der Bierbrauerei, das Wasser so zu kochen, dass die Verflüchtigung des Hopfenöls vermieden wurde. Dieselbe Methode des Kochens war bereits beschrieben, ohne dass man den dabei zu erzielenden Vortheil erkannt hatte. Das Patent wurde für gültig erklärt[2]).

Anders verhält es sich dagegen, wenn das Mittel sowohl als die Anwendung veröffentlicht ist und die Entdeckung nur neue Vortheile betrifft, welche aus der bereits bekannten Anwendung gezogen werden können. Es ist bereits oben (S. 28) in Bezug auf die Entdeckung Davys ausgeführt worden, dass die blosse Thatsache der Gefahrlosigkeit der in ein Drahtnetz eingeschlossenen Lichtflamme bei Anwesenheit explodirbarer Gase (schlagender Wetter) nicht Gegenstand einer patentfähigen Anwendung sein konnte, weil die Construction der Lampe und ihre Anwendung zur Beleuchtung schon bekannt war.

Dieselbe Unterscheidung wurde von einem Englischen Gerichtshofe in dem Rechtsfalle Minter v. Mover aufgestellt, welcher zu dem so eben angeführten Falle Hare v. Harford & Taylor in einem bemerkenswerthen Gegensatze steht[3]).

Minter erhielt ein Patent auf einen stellbaren Stuhl mit

---

[1]) Arago, Oeuvres complètes tom. 6 p. 693.

[2]) Godson, A Treatise etc. p. 39.

[3]) Godson l. c. p. 157 f.

selbstwirkender Stellvorrichtung, bei welchem der Druck der sitzenden Person auf die Rücklehne mit dem auf den Sitz wirkenden Gewichte so in Gleichgewicht gebracht ist, dass dem Stuhle durch einen Druck gegen die Rücklehne jede beliebige Neigung gegeben werden kann, ohne dass es einer Vorrichtung bedarf, ihn in dieser Lage festzuhalten. Es wurde erwiesen, dass dieselbe Construction eines stellbaren Stuhles früher von Browne erfunden und veröffentlicht war, ohne dass indess der Erfinder die selbstwirkende Thätigkeit seiner Vorrichtung erkannt hatte. Er hatte dieselbe vielmehr mit einer ganz entbehrlichen Vorrichtung verbunden, welche die Bewegung der Rücklehne verhinderte, so lange dieselbe nicht durch den Druck auf eine Feder gelöst wurde. Die Jury hatte ihr Verdict für die Neuheit der Minterschen Erfindung gegeben, indem sie fand, dass Browne zwar das Prinzip der fraglichen Construction erfunden und veröffentlicht habe, nicht aber den practischen Nutzen entdeckt habe, zu welchem die Erfindung Minters dieselbe verwendet habe. Der Gerichtshof erkannte indess auf Abweisung, indem er ausführte: „Minter sei ohne Zweifel berechtigt gewesen, ein Verbesserungspatent zu lösen, dessen Gegenstand die Weglassung der überflüssigen Vorrichtung an Brownes Stuhl betroffen hätte, da er jedoch ein Patent auf den bereits in allen seinen Theilen beschriebenen und veröffentlichten stellbaren Stuhl selbst genommen habe, so sei das Patent ungültig, weil dasselbe offenbahr den Erfinder Browne verhindern würde, den von ihm construirten Stuhl weiter zu fabriziren."

Der Thatbestand der Veröffentlichung allein genügt, um das Requisit der Neuheit der Erfindung auszuschliessen. Es kommt also nicht darauf an, von wem die Veröffentlichung ausgegangen ist, welche Personen von derselben Kenntniss genommen haben, oder zu welchem Zwecke dieselbe stattgefunden hat. Daher bleibt der Patentschutz auch in dem Falle ausgeschlossen, wenn eine von dem Erfinder geheim gehaltene Erfindung ohne sein Vorwissen von einem Unberechtigten publicirt wird. Auch wenn die Mittheilung durch einen Betrug oder durch ein anderes Vergehen bewirkt worden ist, wenn z. B. die Arbeiter des Erfinders bestochen oder seine Pläne und Zeichnungen entwendet sind, so behält doch die Thatsache der erfolgten Veröffentlichung die Wirkung, dass die Erfindung nicht mehr patentirt werden kann[1]).

Es kommt ferner nicht darauf an, ob derjenige, welcher die Gültigkeit des Patentes anficht, selbst vor der Anmeldung des Patentgesuches von der veröffentlichten Erfindung Kenntniss erlangt hatte. Das Erkenntniss des Pariser Cassationshofes vom 19. März 1821[2]) bemerkt hierüber zutreffend:

„Der Einwand, dass die Erfindung nicht neu sei, ist ein in der Natur der Sache begründeter. Das Gesetz verlangt nicht, dass derjenige, welcher der Klage des Patentinhabers die Einwendung entgegensetzt, dass das Verfahren schon vor der Patentirung bekannt gewesen sei, auch beweise, dass er persönlich vor der Patentirung von diesem Verfahren Kenntniss gehabt habe."

Auch die Zahl der Personen, welche von dem veröffentlichten Verfahren Kenntniss erhalten haben, ist für den Thatbestand der Veröffentlichung gleichgültig. Um eine Erfindung zum Gemeingute zu machen, ist es keineswegs erforderlich, dass eine grössere Anzahl von Individuen von derselben Kenntniss erlangt habe. Es wäre, wie Renouard (a. a. O. S. 244) bemerkt, widersinnig, zu verlangen, dass die Veröffentlichung zur Kenntniss aller der Individuen gelangt wäre, aus denen sich die Gesammtheit zusammensetzt. Andrerseits bildet auch der grösste Leserkreis des verbreitetsten Buches nur einen verschwindenden Bruchtheil der Gesammtheit. Es genügt daher, wenn die Veröffentlichung Jedem die Möglichkeit gewährt, von der Erfindung Kenntniss zu erlangen.

Durch diese Begrenzung wird aber zugleich von dem Thatbestande der Veröffentlichung eine solche Mittheilung ausgenommen, welche nur an einzelne mit dem Erfinder zu einem bestimmten gewerblichen Zwecke verbundene Personen geschieht. So lange diese Personen, welche contractlich zur Geheimhaltung verpflichtet sind, die Erfindung wirklich geheim halten, liegt der Thatbestand einer Veröffentlichung nicht vor. Die Mittheilung der Erfindung an solche Gehülfen, welche zum Zustandekommen und zur Ausführung der Erfindung nothwendig

---

[1]) Renouard, Traité des brevets d'invention p. 249.

[2]) Renouard, l. c. p. 248.

sind, thut der Neuheit der Erfindung keinen Eintrag und schliesst dieselbe von dem Patentschutz nicht aus. Der Pariser Appellationsgerichtshof spricht dies in einem Urtheile vom 13. August 1842[1]) wie folgt aus:

„Es ist nirgend festgestellt, dass die patentirte Maschine in England vor der Patentirung veröffentlicht oder in Gebrauch gesetzt ist, vielmehr geht aus allen Beweisstücken hervor, dass Claudet das Geheimniss seiner Erfindung beständig bewahrt hat. Wenn er versucht hat, den Nutzen und die Vortheile seiner Entdeckung zu erproben, so geschah dies mit aller der Vorsicht und mit allen den Vorkehrungen und Massnahmen, welche geeignet waren, ihm für seine Person den ausschliesslichen Besitz der von ihm gemachten und ausgeführten Erfindung zu sichern. Man kann weder vernünftiger Weise noch im Sinne des Gesetzes annehmen, dass ein Erfinder die von ihm entdeckte und erbaute Maschine gebraucht und veröffentlicht habe, wenn er blosse Versuche im Geheimen angestellt hat, die nur bezweckten, in Gemeinschaft mit wenigen Personen die Vortheile oder die Mängel seiner Entdeckung zu erproben. Es ist offenbar, dass dies Versuche sind, welche bei jeder Art der Erfindung und der Entdeckung nothwendig sind. Wollte man an diese Versuche den Verlust des Patentschutzes knüpfen, so würde man in vielen Fällen den Erfinder in die Unmöglichkeit versetzen, seine Erfindung zu realisiren und das Genie verhindern, auf dem Wege der gemachten Entdeckung vorzuschreiten."

Wie also blosse Versuche nach dem oben (S. 64) Gesagten keinen gewerblichen Gebrauch der Erfindung darstellen, so enthalten sie auch keine Veröffentlichung derselben, selbst wenn sie mit fremden Gehülfen vorgenommen werden, sofern von diesen das Geheimniss der Erfindung gewahrt wird.

So lange die Mittheilung nur an solche Personen erfolgt ist, welche zur Geheimhaltung verpflichtet sind, so lange ist auch der rechtliche Wille des Erfinders vermögend, jeden Andern von der Kenntniss oder der Benutzung seiner Entdeckung auszuschliessen. Sobald indess einer der Gehülfen, wenn auch betrüglicher Weise und mit Verletzung der übernommenen Verpflichtung die Erfindung weiter mitgetheilt hat, hört diese

---

[1]) Renouard, Traité des brevets d'invention p. 260.

Möglichkeit auf und mit der Ausschliesslichkeit des Besitzes geht auch der Anspruch auf den Patentschutz für die Erfindung verloren.

Eine singulaire Ausnahme von der Ausschliessung des Patentschutzes durch die vorherige Veröffentlichung ist in der Englischen und Französischen Gesetzgebung in Bezug auf die Allgemeinen Weltausstellungen von London (1851 und 1862) von Paris (1855 und 1867) und von Wien (1873) gemacht worden. Bei der Eröffnung der ersten Weltausstellung in London im Jahre 1851 war der Zustand der Englischen Patentgesetzgebung so beschaffen, dass Patente nur mit grossen Kosten und nach langen Weiterungen erlangt werden konnten, während deren der Patentsucher keinen Schutz genoss. Es wurde daher, um die Ausstellung neuer Waaren und Maschinen zu begünstigen, am 11. April 1851 ein transitorisches Gesetz erlassen, durch welches den Erfindern gestattet wurde, ihre Producte während der Dauer der Weltausstellung von 1851 unbeschadet des Rechtes auf den Patentschutz und auf den Musterschutz öffentlich auszustellen, sofern sie eine Beschreibung ihrer Erfindung zur vorläufigen Eintragung in das Register der Waarenmuster anmeldeten. Für die im Ausstellungs-Gebäude selbst ausgestellten Producte konnte die Anmeldung auch noch nach erfolgter Ausstellung stattfinden[1]). Der vorläufige Schutz wurde ursprünglich für die Dauer des Jahres 1851 gewährt, später aber durch das Gesetz vom 20. April 1852 bis zum 1. Februar 1853 verlängert, weil die Verbesserung der Patentgesetzgebung, welche ebenfalls im Jahre 1851 in Angriff genommen war, in diesem Jahre nicht zum Abschlusse gelangte.

Es ist ersichtlich, dass die zu Gunsten der Londoner Weltausstellung gemachte Ausnahme nur eine veränderte und erleichterte Form des Patentschutzes betrifft, so dass der Grundsatz der Neuheit der Erfindung von derselben nur insofern berührt wird, als die unter dem Schutze der Weltausstellung öffentlich ausgestellten Producte auch bei späterer Anmeldung als nicht vorher veröffentlicht gelten sollten. Dasselbe gilt von dem Französischen Gesetze vom 2. Mai 1855, welches für die Pariser Weltausstellung von 1855 den Ausstellern für ihre Pro-

---

[1]) The Protection of inventions Act (14 Victoria cap. 8).

ducte den vorläufigen Patent- und Musterschutz bis zum 1. Mai 1856 gewährte, unter der Bedingung, dass sie von der kaiserlichen Ausstellungscommission eine Beschreibung des ausgestellten Gegenstandes während des ersten Monates der Ausstellung attestiren liessen. Diese Vorschrift ist für die zweite Pariser Weltausstellung durch das Gesetz vom 3. April 1867 wiederholt und die vorläufige Schutzfrist bis zum 1. April 1868 erstreckt worden. Das österreichisch-ungarische Gesetz vom 28. November 1872 gewährte einen gleichen vorläufigen Schutz für die auf der Wiener Weltausstellung von 1873 ausgestellten Erfindungen für die ganze Dauer des Jahres 1873.

§. 5. Die Person des Erfinders.

Originalität. — Rechtsvermuthung. — Juristische Personen. — Priorität. — Indigenat. — Preussische Gesetzgebung. — Pflichten ausländischer Patentinhaber.

Das Recht des Erfinders wird durch die Hervorbringung eines geeigneten Gegenstandes unter den im §. 4 erörterten Bedingungen begründet. Da jedoch über die rein innerliche Thatsache des Erfindens ein Beweis schwer zu führen ist, so haben die Patentgesetze diesen Beweis übereinstimmend durch eine Rechtsvermuthung zu Gunsten desjenigen ersetzt, welcher die Erfindung zuerst zur Patentirung anmeldet. Diese Vermuthung schliesst nach Preussischem, Englischem und Nordamerikanischem Rechte den Beweis des Gegentheils nicht aus. Das Preussische Publicandum vom 14. October 1815 nennt als Gegenstand der Patentirung im Eingange „eine neue selbsterfundene Sache". Das englische Statut von 1623 bestimmt in sect. 6, dass Patente nur an den ersten und wahren Erfinder ertheilt werden dürfen. Nach dem Nordamerikanischen Gesetze vom 8. Juli 1870 sect. 30 soll der Patensucher einen Eid ablegen, dass er wirklich glaubt, der erste und ursprüngliche Erfinder zu sein. Jedermann ist in England und in den Vereinigten Staaten ermächtigt, ein Patent als ungültig anzufechten, wenn er nachweist, dass der patentirte Gegenstand nicht von dem Patentsucher selbst zuerst erfunden ist[1]).

---

[1]) Godson, A treatise on the law of patents p. 26 sq. — Vergl. das Statut vom 1. Juli 1852 (15 und 16 Victoria cap. 83) sect. 10. — Webster, The new patent law p. 109 a.

Selbst der Käufer einer fremden Erfindung ist nicht berechtigt ein Patent darüber auf seinen eigenen Namen nachzusuchen[1]). Nach dem Amerikanischen Patentgesetze vom 8. Juli 1870 sect. 33 kann zwar das Patent auf den Namen des Cessionars ausgestellt werden, jedoch muss der Cedent selbst vor dem Patentamte beschwören, dass er sich für den ersten Erfinder hält. Ist der Erfinder vor der Ausstellung des Patentes gestorben, so können die Erben auf Grund eines von ihnen abgeleisteten Glaubenseides nach sect. 34 ein Patent auf ihren Namen erlangen.

Juristische Personen können zwar Erfindungspatente erwerben, jedoch nur als Rechtsnachfolger einer physischen Person, da nur von einer solchen eine Erfindung ursprünglich gemacht werden kann. Nur der wirkliche Erfinder kann nach diesen Gesetzen ein ursprüngliches Urheberrecht an der Erfindung erwerben. Jeder Dritte, welcher durch Cession oder von Todeswegen das Recht des Erfinders erwirbt, hat nur ein abgeleitetes Recht und die Bedingungen seiner Entstehung werden stets nach der Person des Erfinders allein beurtheilt.

Anders verhält es sich in den Ländern, in welchen das reine Anmeldungssystem nach Französischem Muster in die Patentgesetzgebung Eingang gefunden hat. Nach dem französischen Rechte gilt als Urheber der Erfindung derjenige, welcher sie zuerst zur Patentirung angemeldet hat. Wenn zwei Patente über dieselbe Erfindung nachgesucht sind, so ist das zuerst angemeldete Patent das allein gültige. Wenn daher dem Erfinder ein Anderer mit dem Patentgesuche zuvorgekommen ist, so kann Jener die Gültigkeit des Patentes nicht unter der Behauptung anfechten, dass er der wahre Erfinder sei. Es bleibt ihm nur die Entschädigungsklage offen gegen denjenigen, welcher ihm etwa durch Anwendung unerlaubter Mittel (durch Bruch des Vertrauens oder durch Bestechung von Arbeitern etc.) das Geheimniss und die Frucht seiner Erfindung entzogen hat[2]). Dieselben Regeln gelten in Bayern[3]), Würtemberg[4]),

---

[1]) Godson l. c. p. 34.

[2]) Renouard, Traité des brevets d'invention p. 312 f.

[3]) Gesetz v. 10. Februar 1842 §. 29.

[4]) Gewerbeordnung v. 5. August 1836 Art. 144.

Oesterreich[1]), Italien[2]), Belgien[3]), Spanien[4]) und Schweden[5]).

In diesen Ländern besteht also nicht eine blosse Rechtsvermuthung, sondern eine Fiction, gegen welche jeder Gegenbeweis ausgeschlossen ist, dass der Anmelder des Patentes der Erfinder sei. Hier kann also auch eine juristische Person ein Erfindungspatent unmittelbar nachsuchen, ohne sich als Rechtsnachfolger des wirklichen Erfinders zu legitimiren[6]). Wenn zwei Patentinhaber um das Vorrecht streiten, so entscheidet lediglich die Priorität der Anmeldung, ohne dass es auf die Thatsache der eigenen Erfindung ankommt. Noch weniger kann ein Dritter, gegen welchen das gehörig angemeldete Patent geltend gemacht wird, dasselbe aus dem Grunde anfechten, dass der Patentinhaber nicht der Erfinder sei, sofern nicht die Gültigkeit des Patentes aus objectiven Gründen wegen des Mangels der Neuheit der Erfindung angefochten werden kann.

Ausser der Originalität kann bei Erfindungen unter Umständen auch die Priorität unter mehreren Urhebern in Frage kommen. Während Schriften und Kunstwerke nur einen Urheber haben können, kann eine Erfindung von verschiedenen Personen unabhängig von einander gemacht werden, so dass der eine Urheber von der gleichzeitigen oder vorherigen Erfindung des Andern keine Kenntniss hatte. So setzte de Romas im Jahre 1753 in Frankreich einen Blitzableiter in Thätigkeit ohne von den im Jahre 1752 in Nordamerika durch Franklin angestellten und veröffentlichten Versuchen Kenntniss zu haben. So wurde die Schiessbaumwolle ungefähr gleichzeitig von Schönbein in Basel und von Böttcher in Frankfurt erfunden, ohne dass sich die Priorität der Entdeckung mit Sicherheit feststellen liess. Solche Fälle können häufiger vorkommen, denn überall, wo zwei Personen dieselbe Erfindung unabhängig von einander und ungefähr gleichzeitig machen, wird die Unter-

---

1) Gesetz v. 15. August 1852 §. 13.
2) Gesetz v. 30. October 1859 Art. 29—36.
3) Gesetz v. 24. Mai 1854 Art. 17. 18.
4) Gesetz v. 27. März 1826 Art. 16.
5) Gesetz v. 19. August 1856 §. 8.
6) Renouard l. c. p. 367.

suchung über die Priorität, weil sie auf die rein innerliche Thatsache des Erfindens gerichtet ist, kein sicheres Resultat ergeben. Für einen solchen Fall würde sich als die rationale Lösung die Gemeinschaft des Erfinderrechtes ergeben, so dass beide Erfinder sich in die ausschliessliche Nutzung der Erfindung zu theilen hätten. Diese Lösung ist jedoch in den Patentgesetzen nicht angenommen, vielmehr entscheidet auch nach dem Englischen Rechte die Priorität des Patentgesuches in jedem Falle, wenn zwei Patentinhaber unabhängig von einander dieselbe Erfindung gemacht haben. Als Grund für diese Regel wird angeführt, dass dadurch die frühzeitige Realisirung der Erfindungen begünstigt werde[1]). Man könnte hinzufügen, dass in einem solchen Falle die Anmeldung des Patentgesuches in der Regel die erste äussere Handlung ist, durch welche die Priorität der Erfindung mit Zuverlässigkeit documentirt wird.

In einem Falle gewährt das Englische Recht sogar einen fingirten Erfinder den Patentschutz, nämlich für die Einführung ausländischer Erfindungen. Die Einführungspatente werden nach Gewohnheitsrecht Jedem gewährt, welcher eine ausländische Erfindung zuerst in Grossbritanien einführt oder bekannt macht und ihre Rechtsgültigkeit ist nicht dadurch bedingt, dass der Patentinhaber selbst Urheber der Erfindung ist. (Vergl. unten §. 7.)

Das Indigenat des Urhebers ist nur nach dem Preussischen Patentrechte Bedingung der Erwerbung des Erfinderrechtes und auch hier ist die practische Geltung dieser Bedingung durch neuere Gesetze erheblich eingeschränkt. Das Publicandum vom 14. October 1815 bestimmt im

> Art. 1. Von der Fähigkeit ein Patent zu erlangen, ist Niemand ausgeschlossen, der irgend wo im Staate Bürger oder stimmfähiges Mitglied der Gemeinde ist.

Ueber das Gemeindebürgerrecht ist in der Praxis niemals ein Nachweis verlangt worden. Die Praxis des Handelsministeriums lässt ferner auch Ausländer zur Bewerbung um Erfindungspatente unter der Bedingung zu, dass sie entweder in dem Patentgesuche oder, wenn dies unterblieben ist, auf ergangene Aufforderung binnen sechs Wochen einen qualifizirten

---

[1]) Godson l. c. p. 30.

Inländer namhaft machen, auf dessen Namen das Patent lauten soll[1]).

Durch die bestehenden Zoll- und Handelsverträge sind jedoch die Bürger des Deutschen Reiches, des Grossherzogthums Luxemburg, ferner die Franzosen, Belgier, Engländer und Italiener den Inländern in Bezug auf die Erlangung von Erfindungspatenten gleichgestellt worden. Zuerst wurde nämlich durch Art. V der Uebereinkunft der zum Zoll- und Handelsvereine verbundenen Regierungen wegen Ertheilung von Erfindungspatenten vom 21. September 1842 bestimmt, dass in jedem Vereinsstaate die Unterthanen der übrigen Vereinsstaaten in Betreff der Verleihung von Patenten den eigenen Unterthanen gleich behandelt werden sollten.

Diese Uebereinkunft wurde bei der Erneuerung des Zollvereines durch den Vertrag vom 16. Mai 1865 im Art. 8 aufrecht erhalten. Durch Art. 3 der Reichsverfassung wurde dann ein gemeinsames Indigenat für ganz Deutschland mit der Wirkung begründet, dass der Angehörige eines jeden Bundesstaates in jedem andern Bundesstaate als Inländer zu behandeln ist. Ferner wurden durch Art. 25 Ab. 3 und 4 des Handelsvertrages mit Frankreich vom 2. August 1862, durch Art. 6 des Handelsvertrages mit Belgien vom 22. Mai 1865, durch Art. 6 des Handelsvertrages mit Grossbritannien vom 30. Mai 1865 und durch Art. 6 des Italienischen Handelsvertrages vom 31. Dezember 1865 die Bürger dieser Staaten denjenigen des meistbegünstigten Staates gleichgestellt. Erfindungspatente können daher von denselben ebenso wie von den Bürgern der früheren Zollvereinsstaaten, von denen Luxemburg allein ausserhalb des deutschen Reiches verblieben ist, auf ihren eigenen Namen nachgesucht werden. Die Verordnung vom 24. Juni 1867, welche das Preussische Patentrecht in die neu erworbenen Provinzen einführt, bestimmt daher im §. 2, dass ausser den Unterthanen von Preussen, Lauenburg und den Zollvereinsstaaten, jeder Unterthan eines Staates, welchem für seine Angehörigen in Bezug auf Handel und Gewerbe die Rechte der Preussen durch Vertrag zugesichert sind, fähig ist, ein Patent zu erhalten.

---

[1]) Rescript des Finanzministers an Dr. S. in Berlin vom 9. November 1842.

In den Vereinigten Staaten sind nach sect. 40 des Patentgesetzes vom 8. Juli 1870 die Inländer zwar nicht in Bezug auf die Erlangung von Patenten überhaupt, wohl aber in Bezug auf die vorläufige Anmeldung (Caveat) einer noch nicht vollendeten Erfindung privilegirt. Fremde sind zu einem solchen Caveat nur dann berechtigt, wenn sie ein Jahr vor der vorläufigen Anzeige in den Vereinigten Staaten gewohnt und geschworen haben, dass sie Bürger werden wollen. In Canada können selbst Briten ein Patent erst erlangen, wenn sie 12 Monate in der Colonie gewohnt haben.

Den übrigen Patentgesetzen ist jede Unterscheidung zwischen Inländern und Ausländern fremd. Einige Gesetze stellen ausdrücklich[1]), die übrigen stillschweigend in Bezug auf den Patentschutz die Inländer den Ausländern gleich.

In der Ertheilung von Erfindungspatenten an ausländische Gewerbtreibende liegt eine gewisse Gefahr für die inländische Industrie, indem der ausländische Erfinder das erlangte Patent dazu benutzen kann, die Anwendung seiner Erfindung im Inlande zu verhindern, ohne selbst den Betrieb derselben in das Inland einzuführen. Dieser Gefahr suchen die meisten Patentgesetze dadurch zu begegnen, dass sie jeden Patentinhaber verpflichten, die Erfindung binnen einer bestimmten Frist im Inlande zur Ausführung zu bringen und bei Verlust seines Rechtes im Betriebe zu erhalten. (Vergl. unten §. 14.) Dem Englischen Rechte ist diese Bestimmung fremd, in Nordamerika fand sie früher gegen Ausländer Anwendung, ist aber durch das neue Patentgesetz vom 8. Juli 1870 aufgehoben. In Frankreich ist die fragliche Bestimmung noch dadurch verschärft, dass nach Art. 32 Nr. 3. des Gesetzes vom 5. Juli 1844 der Patentinhaber sein Recht verliert, wenn er selbst Erzeugnisse seiner patentirten Erfindung vom Auslande einführt.

Der Zwang zur Ausführung der Erfindung erscheint einerseits als eine dem Erfinder sehr lästige und gefährliche Bedingung; andrerseits als durchaus ungenügend zum Schutze der einheimischen Industrie. In vielen Fällen gelingt es dem Erfinder nicht, innerhalb der gesetzlichen Frist einen Unter-

---

[1]) Französ. Gesetz v. 5. Juli 1844 Art. 27. — Oesterreich. Gesetz v. 15. August 1852 §. 1. — Span. Gesetz v. 27. März 1826 Art. 1. — Schwed. Gesetz v. 19. August 1856 §. 4.

nehmer zur practischen Ausführung seiner Erfindung zu bestimmen oder die dazu nöthigen Anstalten zu vollenden und er geht seines Rechtes verlustig. In den meisten Fällen gestaltet sich der Nachweis der erfolgten Ausführung andrerseits zu einem conventionellen Schaugericht, indem vor irgend einer obrigkeitlichen Person das Experiment der Erfindung ausgeführt wird, während ein eigentlicher gewerblicher Betrieb derselben noch gar nicht stattfindet. Deshalb kann dieser Nachweis auch keinen Schutz gegen die Gefahr gewähren, dass der ausländische Patentinhaber das Inland mit ausländischen Erzeugnissen seiner Erfindung überschwemmt und den inländischen Markt auf Kosten der durch sein Monopol gefesselten einheimischen Industrie ausbeutet.

Mit Rücksicht auf die Nachtheile, welche der in den meisten Patentgesetzen angenommene Zwang zur Ausführung innerhalb einer bestimmten Frist dem Erfinder bringt und auf die ungenügende Wirkung, welche dieser Zwang als Schutzwehr des einheimischen Gewerbfleisses gegenüber ausländischen Patentinhabern bewahrt, fasste der Wiener internationale Patentcongress folgende Resolution:

> Die Nichtausübung einer Erfindung in einem Lande soll das Erlöschen des Patentes nicht nach sich ziehen, wenn die patentirte Erfindung überhaupt einmal ausgeführt worden und es den Angehörigen des betreffenden Landes ermöglicht ist, die Erfindung zu erwerben und anzuwenden.

An die Stelle des Zwanges zum eigenen Betriebe soll nach dieser Resolution der Zwang zur Licenzertheilung treten. Der ausländische Erfinder soll sein Recht, auch ohne dass er selbst die Erfindung im Inlande ausführt, behalten, falls er auf die Monopolisirung der Erfindung verzichtet und dieselbe inländischen Gewerbtreibenden zugänglich macht. Er soll zugleich von der Verpflichtung entbunden werden, die von ihm erfundene Industrie, für welche er in möglichst vielen Staaten den Patentschutz zu erlangen sucht, nur auch in allen diesen Staaten zu betreiben. Das Zweckmässige eines solchen Vorschlages springt sofort in die Augen und derselbe kann nicht dringend genug insbesondre für Deutschland empfohlen werden, welches im Begriff steht, sich eine neue Patentgesetzgebung zu geben.

Wenn der bestehende Zustand, welcher den Patentschutz nur einem kleinen Bruchtheil meist unbedeutender Erfindungen gewährte, verlassen wird, wenn den Angehörigen anderer Nationen, deren Industrie unter einem zweckmässigen Patentschutze gross geworden ist, die freie Bahn eröffnet wird, auch in Deutschland für ihre Erfindungen Patente zu erwerben, dann würde der Deutsche jetzt thatsächlich ganz unbeschützte Gewerbfleiss wehrlos dastehen gegenüber den tausenden von Patenten, welche Amerikanische und Englische Erfinder bei uns einführen werden. Es würden zahlreiche Monopole zu Gunsten der ausländischen Industrie geschaffen werden, denen der deutsche Markt mit Ausschliessung des einheimischen Gewerbes preisgegeben würde, ohne dass in dem Zwange zur Ausführung der Erfindung im Inlande eine irgend genügende Schutzwehr erkannt werden könnte.

Nur in dem Zwange zur Licenzertheilung in dem Grundsatze, dass der Patentinhaber jedem seine Erfindung zur Benutzung gegen Entgelt zugänglich machen muss, liegt ein wirksamer Schutz der einheimischen Industrie und deshalb ist nur auf dieser Grundlage für Deutschland eine gedeihliche Regelung der Patentgesetzgebung möglich.

§. 6. Verbesserungspatente.

Allmälige Ausbildung der Erfindungen. — Entstehung der Dampfmaschine. — Savery's und Newcomen's Patent. — Watt's Verbesserungen. — Definition. — Collision der Rechte. — Englisches Recht. — Französische Gesetzgebung. — Andere Gesetzgebungen.

Jede Erfindung kann in gewissem Sinne als die Verbesserung einer vorhergehenden betrachtet werden, denn jedes neue Erzeugniss und jedes neue Hülfsmittel der Industrie ist bestimmt, andere vorhandene Producte und andere Hülfsmittel zu ersetzen und der Fortschritt des Gewerbfleisses geht so von statten, dass in stufenweiser Folge die ersten unvollkommenen Erzeugnisse durch verbesserte Formen ersetzt werden, bis zuletzt ein in allen seinen Theilen verbessertes Ganzes als eine durchweg neue Erfindung hervortritt. Untersucht man aber den Ursprung selbst der am meisten bahnbrechenden Erfindungen, die wie die Dampfmaschine oder die Boussole uns heute als ein abgeschlossenes Ganzes gleich einer Offenbarung des Menschengeistes gegenübertreten, so zeigt sich, dass sie sich schrittweise im Laufe von Menschenaltern aus längst Bekanntem entwickelt haben.

Der Streit der europäischen Nationen über den ersten Erfinder der Dampfmaschine[1]) ist ebenso berühmt, als der Streit der Ionischen Städte über den Geburtsort Homers. Von den zahlreichen Schriften über diese Streitfrage sind in England allein, nach Aragos Mittheilung[2]) binnen wenigen Jahren mehr als 100,000 Exemplare abgesetzt worden. Allein Arago selbst, trotz seiner beredten Vertheidigung der Ansprüche des französischen Erfinders, gibt zu, dass weder de Caus noch Worcester mit den Kenntnissen ihrer Zeit vor die Wattsche Dampfmaschine gestellt, nur irgend eine Ahnung davon haben würden, dass diese Maschine durch Dampf getrieben werde. In der That unterschied sich das, was de Caus und Worcester erfanden, wenig von dem, was schon das Alterthum wusste, und was die tägliche Erfahrung an jedem Wasserkessel lehrte, dass Flüssigkeiten durch den Druck gespannter Dämpfe aus einer unter ihrem Niveau mündenden Röhre mit grosser Gewalt in die Höhe getrieben werden. Savery, welcher die erste Dampfmaschine zum practischen Gebrauche construirte und sich patentiren liess, blieb bei dieser gegebenen Form insofern stehen, als er die in dem Dampfkessel entwickelten Dämpfe unmittelbar auf das in geschlossenen Gefässen befindliche Wasser drücken liess, um dasselbe durch ein Steigrohr in die Höhe zu treiben. Er fügte indess die Condensation der an Stelle des verdrängten Wassers eingetretenen Dämpfe durch Abkühlung hinzu, wobei durch ein abwärts führendes Saugrohr neues Wasser in die entleerten Behälter aufgesogen wurde. Er machte es so möglich, durch die abwechselnde Anspannung und Condensation der Dämpfe in dem Cylinder das Wasser in zwei Absätzen zuerst aufzusaugen und dann in die Höhe zu pressen, und stellte durch die Trennung der Cylinder von dem Dampfkessel und durch

[1]) Es concurriren dabei bekanntlich für England der Marquis von Worcester (1663), für Frankreich Salomon de Caus (1615), für Deutschland Dionysius Papin (1695), für Spanien Blasco de Garay (1543) und für Italien Giovanni Bianca (1629).

[2]) Oeuvres complètes tom. 5 p. 2.

die angebrachten Sperrvorrichtungen zuerst eine continuirlich wirkende Dampfmaschine her.

Newcomens Erfindung, welche noch während der Dauer des Saveryschen Patentes (1705) zur Ausführung kam, substituirte dem Wasser in dem Cylinder einen luftdicht schliessenden Kolben, welcher durch die unter demselben bald angespannten bald condensirten Dämpfe auf und ab bewegt wurde, und verband die Kolbenstange durch den Balancier mit einem Pumpengestänge. Er erreichte also den Zweck der Saveryschen Maschine mit neuen Hülfsmitteln auf eine vollkommenere Weise, indem das Wasser mit geringerer Dampfspannung auf eine beliebig grosse Höhe gehoben werden konnte. Allein gegen das von Newcomen nachgesuchte Patent erhob Savery Einspruch, weil dasselbe wesentliche Theile seiner eigenen Erfindung umfasste und beide Erfinder vereinigten sich zur gemeinschaftlichen Ausbeutung der verbesserten Maschine, welche nach beiden Erfindern benannt wird und zugleich unter dem Namen der atmosphärischen Maschine bekannt ist.

Auch James Watt, welcher berufen war, während eines bis an die äussersten Grenzen des menschlichen Daseins verlängerten Lebens voll rastloser Thätigkeit die Dampfmaschine durch eine Reihe glänzender Entdeckungen weiter zu fördern, als jemals ein Gewerbszweig vor oder nach ihm durch die Thätigkeit eines Einzelnen gefördert worden ist — selbst James Watt erreichte dieses Ziel erst durch viele aufeinanderfolgende Verbesserungen, von denen jede die Entdeckungen seiner Vorgänger und die eigenen früher gewonnenen Resultate zur Voraussetzung hatte.

Es ist bekannt, dass die Verwandlung der auf- und niedergehenden Bewegung der Kolbenstange in die rotirende des Schwungrades in Watts ursprünglicher Maschine durch ein System von Zahnrädern und gezähnten Stangen vermittelt wurde. Die Kurbel, welche längst an dem Spinnrade und an dem Rade des Scheerenschleifers angebracht war, wurde auf das Schwungrad der Dampfmaschine erst von einem andern Erfinder: Washbrough (1778) übertragen, welcher darauf noch während der Dauer des Wattschen Patentes ein Verbesserungspatent erlangte. Ebenso sind andere wesentliche Theile der Wattschen Condensationsmaschine entweder von früheren Erfindern übernommen, wie das Papinsche Sicherheitsventil (1682), das von Fitzgerald (1750) erfundene Schwungrad, oder von andern gleichzeitigen Erfindern hinzugefügt, wie das Schieberventil von Murray (1801).

Es ereignet sich zuweilen, dass das Genie grosser Entdecker neben der unmittelbaren practischen Anwendung ihrer Erfindung auch die weiter möglichen Anwendungen voraus erkennt. So ist nicht zu leugnen, dass Papin nicht bloss die Auf- und Niederbewegung des Kolbens im Cylinder durch abwechselnde Spannung und Condensation der Dämpfe durch den Versuch dargethan, sondern auch die Uebersetzung dieser Bewegung in die Rotation, die Anwendung derselben sowohl zum Wasserheben, als zur Bewegung von Schiffen durch Schaufelräder beschrieben hat — alles dieses vor Savery, Watt und Fulton. Gleichwohl blieb die Ausführung seiner Erfindung bei einem blossen ersten Versuche und zwar bei einem sehr unvollkommenen Versuche stehen, indem er nicht einmal bis zur Trennung des Dampfentwicklers von dem Bewegungsapparat gelangte, vielmehr das Feuer unter dem Cylinder selbst anzündete.

Auch James Watt zeichnete schon in der Beschreibung seines ersten Patentes, welches die Condensation des Dampfes ausserhalb des Cylinders betraf, sowohl die Verwendung des Dampfes ohne Condensation, als auch die Benutzung der Expansion des Dampfes vor. Gleichwohl blieb die practische Ausführung der Hochdruckmaschine und der Expansionsmaschine andern Erfindern und späteren Zeiten vorbehalten.

Vom juristischen Standpunkte und auch wohl vom historischen Gesichtspuncte gilt aber nur der als Erfinder, welcher nicht bloss die Möglichkeit des Problems erkannt, sondern dasselbe verwirklicht hat. Deshalb darf von den verschiedenen Prätendenten auf die Erfindung des Dampfschiffes von Blasco de Garay bis auf Fulton nur der letztere als der wirkliche Erfinder gelten, weil er der erste ist, welcher ein Dampfschiff nicht bloss zu betreiben versucht, sondern wirklich zum gewerblichen Betriebe verwendet hat [1]).

---

[1]) Wäre die blosse Vorahnung einer Erfindung der wirklichen Erfindung gleichzusetzen, so müssten wir die Erfindung der electrischen Telegraphie auf Schiller zurück datiren, der in einer der schönsten

Die vorstehenden Bruchstücke aus der Geschichte der Dampfmaschine sind angeführt, um an einem allgemein gekannten Beispiele zu zeigen, wie das Recht der ausschliesslichen Nutzung einer Erfindung seinem Gegenstande nach vielfach beschränkt und bedingt wird durch die vorhergehenden und nachfolgenden Entdeckungen, welche von andern Erfindern auf demselben Gebiete gemacht werden. Der Patentschutz kann und darf nicht die Wirkung haben, dass der Erfindungsgeist der Menschheit für die Dauer des verliehenen Patentes auf der von dem Erfinder erreichten Stufe inne halten müsste. Er muss so geregelt sein, dass ein neuer Erfinder, welcher den von dem Patentinhaber gewonnenen neuen Resultaten etwas Neues hinzufügt, an dieser Verbesserung ein ausschliessliches Nutzungsrecht erlangt, welches mit dem Rechte des früheren Erfinders in Wechselwirkung tritt.

Eine solche Collision der Rechte tritt übrigens nur in dem Falle ein, wenn es sich um die Verbesserung einer patentirten Erfindung während der Dauer des Patentschutzes handelt. Wenn also nach dem im Eingange Gesagten alle Erfindungen in gewissem Sinne als Verbesserungen bezeichnet werden können, so dürfen doch im juristischen Sinne nur solche Erfindungen als Gegenstand eines Verbesserungspatentes gelten, welche die theilweise Abänderung einer noch patentirten Erfindung zum Gegenstande haben.

Ist die Erfindung, um deren Verbesserung es sich handelt, in den freien Gebrauch übergegangen, so findet eine Collision der Rechte nicht statt, und das Recht des Patentinhabers er-

---

Stellen des Wallenstein (Die Piccolomini Act 1 Scene 3) den Butler sagen lässt:

Und wie des Blitzes Funke sicher, schnell
Geleitet von der Wetterstange läuft,
Herrscht sein Befehl vom letzten fernen Posten
Der an die Dünen brausen hört den Belt,
Der in der Etsch fruchtbare Thäler sieht
Bis zu der Wache, die ihr Schilderhaus
Hat aufgerichtet an des Kaisers Burg.

Dennoch verdient der Dichter wegen seiner prophetischen Verherrlichung der electrischen Fernsprache ebensosehr unsere Bewunderung, als er wegen der anachronistischen Erwähnung des Blitzableiters durch einen Zeitgenossen Wallensteins kleinlichen Tadel gefunden hat.

scheint nur insofern beschränkt, als er niemand an der Benutzung der bereits bekannten Theile seiner Erfindung hindern kann. Der Patentschutz wird also nur für die eingeführten Verbesserungen erlangt. Im Uebrigen bietet jedoch das Recht des Patentinhabers keine Besonderheiten dar.

Anders verhält es sich bei der Verbesserung einzelner Theile einer patentirten Erfindung. Hier erleidet das Recht des neueren Erfinders die Beschränkung, dass er die in der ausschliesslichen Benutzung des älteren Erfinders befindlichen Theile ohne Erlaubniss des letzteren nicht zur Anwendung bringen darf. Handelt es sich also um eine Erfindung, die nur einen Bestandtheil der älteren Erfindung verändert und ohne deren übrige Bestandtheile nicht ausgeführt werden kann, so ist die Benutzung der verbesserten Erfindung überhaupt von der Erlaubniss des älteren Erfinders abhängig. Andrerseits darf der ältere Erfinder die Verbesserung seines Nachfolgers nicht ohne dessen Erlaubniss anwenden. Er wird also ebenfalls in dem Gebrauche seiner Erfindung beschränkt, indem er nicht mehr diejenigen Verbesserungen anbringen kann, welche er vielleicht selbst gefunden und angewendet haben würde, falls ihm nicht ein Anderer mit der Entdeckung und Patentirung zuvorgekommen wäre.

Die Regel, dass der Erfinder der Verbesserung kein Recht auf die Benutzung der früher patentirten Erfindung erlangt und dass der ältere Erfinder nicht zur Benutzung der patentirten Verbesserung berechtigt ist, findet sich in der Französischen und Belgischen Gesetzgebung ausdrücklich ausgesprochen[1]). Sie ergibt sich indess auch für die übrigen Rechtsgebiete als eine nothwendige Folge des Verhältnisses, in welchem die Gegenstände beider Erfindungen zu einander stehen und der dadurch bedingten Collision der Rechte.

Die Wirkungen dieser Collision können unter Umständen

---

[1]) Französ. Gesetz v. 5. Juli 1844 Art. 19. — Belg. Gesetz v. 24. Mai 1854 Art. 15. — Vergl. Uebereinkunft der Zollvereinsregierungen v. 21. September 1842 Art. II. — Oesterreich. Gesetz v. 15. August 1852 §. 4. — Bayer. Gesetz v. 10. Februar 1842 §. 25. — Sächs. Verordnung v. 20. Januar 1853 §. 2. — Würtemberg. Allg. Gewerbeordnung v. 5. August 1836 Art. 154. — Russ. Ukas v. 22. November 1833 §§. 145. 146.

einer vollständigen Aufhebung gleich kommen. Es ist oben (S. 82) erwähnt, dass Washbrough im Jahre 1778 ein Patent auf die Verbindung der Treibstange mit dem Schwungrade der Dampfmaschine durch die Kurbel erlangte. Da Watt sich mit Jenem über den Preis der Benutzung dieser Verbesserung nicht einigen konnte, so verzichtete er für die Dauer des ertheilten Verbesserungspatentes auf deren Anwendung und half sich mit einer Verbesserung der von ihm construirten Räderverbindung[1]). Die Anwendung der Erfindung Washbroughs blieb also durch die zwischen den Rechten beider Erfinder bestehende Collision für die Dauer des ertheilten Verbesserungspatentes ausgeschlossen, da der eine Erfinder nicht berechtigt war, Dampfmaschinen zu bauen, während der andere nicht befugt war, die Kurbelvorrichtung anzuwenden.

In mehreren Patentgesetzgebungen hat man versucht, diesen Uebelständen durch besondere Vorschriften über die Verbesserungspatente zu begegnen.

In dem älteren Englischen Patentrechte diente die Einrichtung der Caveats dazu, den Erfinder gegen die Beschränkung im Gebrauche seiner Erfindung durch künftige Verbesserungspatente zu sichern. Durch ein solches Caveat wurde die Absicht ausgesprochen, auf eine noch nicht ausgeführte Erfindung ein Patent nachzusuchen, mit dem Antrage, von jedem auf denselben Gegenstand bezüglichen Patentgesuche dem Antragsteller Nachricht zu geben und vor der Ertheilung des nachgesuchten Patentes über die concurrirenden Ansprüche zu entscheiden. Der Inhaber des Caveats erlangte, wenn er zur Zeit der Anmeldung des fremden Patentgesuches ebenfalls in der Lage war, seine vorläufig angemeldete Erfindung zu spezifiziren, mit dem Concurrenten gleiche Rechte. Dieses Mittel konnte von den Patentinhabern mit gutem Erfolge angewendet werden, um sich das Recht auf künftige Verbesserungen zu sichern, deren Möglichkeit vorauszusehen war, während die Mittel zu ihrer Realisirung noch nicht gefunden waren. Allein die Caveats gegen künftige Patentgesuche sind wegen der damit unvermeidlich verbundenen Missbräuche durch die neuere Englische Gesetzgebung ganz abgeschafft und es fehlt

---

[1]) Arago, Oeuvres complètes p. 70.

im Englischen Patentrechte, ebenso wie im Preussischen, ganz an besonderen Bestimmungen über die Verbesserungspatente[1]).

Das Französische Patentgesetz vom 5. Juli 1844 hat dagegen die Interessen des früheren Erfinders dadurch zu schützen gesucht, dass es ein Vorrecht auf die Ertheilung von Verbesserungspatenten zu seiner patentirten Erfindung für die Dauer eines Jahres gegeben hat. Es bestimmt:

Art. 18. Niemand ausser dem Patentinhaber und seinen Rechtsnachfolgern kann in der vorbezeichneten Weise binnen Jahresfrist ein gültiges Patent auf Abänderungen, Vervollkommnungen oder auf Zusätze zu der Erfindung erlangen, welche den Gegenstand des früheren Patentes ausmacht.

Gleichwohl ist es Jedermann, welcher ein Patent auf Veränderungen, Zusätze oder Verbesserungen einer bereits patentirten Erfindung zu erwerben wünscht, gestattet, im Verlaufe des gedachten Jahres seine Eingabe zu deponiren, welche sodann bei dem Ministerium für Ackerbau und Handel unter Siegel bleibt.

Nach Ablauf des Jahres wird das Siegel gelöst und das Patent ertheilt.

Jedoch ist dem ursprünglichen Patentinhaber der Vorzug eingeräumt, für die Veränderungen, Verbesserungen und Zusätze, für welche er während dieses Jahres ein Zusatzcertificat oder ein Patent gelöst hat.

Diese Bestimmung ist in das Italienische Gesetz vom 30. October 1859 Art. 26 mit der Einschränkung der Schutzfrist auf 6 Monate übernommen. Sie ist den übrigen Patentgesetzgebungen fremd und ihre Zweckmässigkeit ist auch in Frankreich nicht unbestritten. Bei den Kammerberathungen über den Entwurf des Patentgesetzes, welcher nur den ersten der oben angeführten Sätze als Art. 18 enthielt, erklärten sich Gay Lussac, Arago und Marie auf das Bestimmteste gegen eine solche Ausdehnung der Rechte des Erfinders. Der Erstere bemerkte:

„Das Gesetz verleiht dem Erfinder ein beschränktes Mo-

---

[1]) Unter dem Namen Caveat wird in dem neuesten Patentgesetze der Vereinigten Staaten die vorläufige Anmeldung einer noch nicht fertigen Erfindung verstanden (Gesetz v. 8. Juli 1870 sect. 40). Das alte Caveat des Englischen Rechts findet auch in Nordamerika nicht mehr Anwendung.

nopol für die unter den Patentschutz gestellte Erfindung. Allein es ist niemals seine Absicht gewesen, den einen Erfinder durch Beraubung des andern zu schützen und dem Patentinhaber auch die künftig möglichen Anwendungen seiner Erfindung vorzubehalten unter dem Vorwande, dass er sie später gefunden haben würde, wenn ihm nicht ein Anderer zuvorgekommen wäre. Gewiss! dadurch würde dem ersten Erfinder ein mächtiger Schutz gewährt. Er hat nicht vermocht, seine Entdeckung zu vollenden, aber alle Gewerbtreibenden werden für ihn arbeiten, wie Leibeigene ihres neuen Herrn. Die Frucht ihrer Intelligenz, ihrer Anstrengungen und ihrer Auslagen, alles wird zum Vortheile des glücklichen Patentinhabers confiscirt. Und das nennt man Schutz? Ich würde als gewerblicher Erfinder dessen nicht begehren, ich würde ihn als eine offene und schreiende Beraubung anderer verschmähen[1])"

Diesen Einwendungen im Interesse der concurrirenden Erfinder fügte Marie vom Gesichtspuncte des gewerblichen Fortschrittes noch folgende Bemerkungen hinzu:

„Die Folge des Artikels wird sein, dass dem Erfinder nicht bloss das Monopol für die gemachte Erfindung, sondern auch für alle während eines Jahres zu machenden Verbesserungen gewährt wird. Das wird zur Folge haben, dass alle Gewerbtreibenden, welche sich mit der weiteren Entwickelung und Verbesserung der Erfindung beschäftigen könnten, nichts besseres zu thun haben, als während eines ganzen Jahres ruhig die Arme zu kreuzen. Hat sich Talent und Genie des Erfinders nicht an seiner ersten Leistung erschöpft, so wird er ohne Zweifel zu einem Fortschritt, zu einer neuen Verbesserung gelangen. Hat er sich dagegen erschöpft, nun, so wird die Industrie während eines ganzen Jahres an dem erreichten Puncte stehen bleiben[2])."

Man hat dieser Einwendung durch die im Interesse der concurrirenden Erfinder hinzugefügten folgenden Sätze des Art. 18 Rechnung getragen. Man hat sie jedoch auch hierdurch keinesweges vollständig beseitigt.

---

[1]) Renouard, Traité des brevets d'invention p. 290.

[2]) Renouard, l. c. p. 294.

Eine andere Lösung des Conflictes zwischen dem Rechte des ursprünglichen Patentinhabers und des Urhebers der verbessernden Erfindung ist in England vorgeschlagen. Man verlangte, dass dem ersten Patentinhaber ein Recht auf Benutzung der später patentirten Verbesserung gegen Entschädigung eingeräumt werde. Gegen diese einseitige Begünstigung des ersten Patentinhabers haben sich bei der parlamentarischen Untersuchung von 1871—1872 alle vernommenen Sachverständigen erklärt[1]). Sie erinnern mit Recht, dass der Erfinder der Verbesserung denselben Anspruch auf die ausschliessliche Nutzung seiner Entdeckung hat, als der ursprüngliche Erfinder der von Jenem verbesserten Gegenstandes; eine gegenseitige Mitbenutzung könne daher nur auf Grund freier Vereinigung stattfinden. Das Ungerechte des gemachten Vorschlages wird jedoch gehoben, wenn nicht bloss dem ursprünglichen Erfinder gegenüber dem Verbesserer, sondern auch dem Letzteren gegen Jenen ein Recht zur Mitbenutzung gegen Entschädigung eingeräumt, wenn endlich dem Patentinhaber überhaupt die Verpflichtung auferlegt wird, jedem Gewerbtreibenden die Mitbenutzung seiner Erfindung gegen angemessene Entschädigung und Sicherheit zu gestatten.

Deshalb enthält das Licenzprinzip die einzig befriedigende Lösung für das so schwierige Problem der Verbesserungspatente, wie dies von den Vertheidigern jenes Prinzips auf dem Wiener internationalen Congresse eingehend geltend gemacht wurde[2]).

Die sonstigen besondern Vorschriften der Patentgesetze über die Verbesserungspatente haben ebenfalls das Interesse des ursprünglichen Erfinders im Auge, indem sie ihm die Lösung eines zusätzlichen Patentes zu seinem früheren Erfindungspatente erleichtern.

Schon das Nordamerikanische Gesetz vom 4. Juli 1836 sect. 13 bestimmte, dass der Patentinhaber eine neue Verbesserung seiner Erfindung durch einen Zusatz am Rande seines Patentes nachträglich mit der Wirkung in dasselbe aufnehmen

---

[1]) Engl. Blaubuch von 1871 Frage 2438—42 (Nasmyth), Blaubuch von 1872 Frage 596—98 (Siemens) 1012—14 (Howard) 1475 (Woodcroft).

[2]) Amtlicher Bericht über den internationalen Patentcongress S. 149 (André) S. 164 (Klostermann).

lassen kann, als ob der Zusatz schon in dem ursprünglichen Patente enthalten gewesen wäre.

Auch die Französische, Belgische und Italienische Gesetzgebung gestattet dem Patentinhaber ein Zusatzcertificat über Verbesserungen für die noch übrige Dauer seines Patentes zu lösen, welches von den gewöhnlichen Patenttaxen befreit ist[1]).

Dem Patentinhaber bleibt unbenommen, statt des Zusatzzeugnisses ein neues Patent für die entdeckte Verbesserung seiner Erfindung zu lösen, welches auf die volle gesetzliche Dauer ertheilt wird und den allgemeinen Taxen unterworfen ist. Er kann jedoch durch ein solches neues Patent über verbesserte Theile seiner Erfindung nicht den Patentschutz für die unverändert gebliebenen Theile derselben über die gesetzliche Dauer verlängern. Diese unveränderten Theile fallen vielmehr mit dem Ablaufe des ersten Patentes in den freien Gebrauch.

Alle Bestimmungen der Patentgesetze über Verbesserungspatente haben die theilweise Veränderung des patentirten Gegenstandes mit unveränderter Beibehaltung einzelner Theile der früheren Erfindung zur Voraussetzung. Wird die frühere Erfindung durch etwas Anderes ersetzt, oder ist die neuere Erfindung durch die frühere bloss veranlasst worden, so finden weder die in einigen Gesetzgebungen anerkannten Vorrechte des früheren Erfinders, noch auch die Bestimmungen über die Zusatzzeugnisse Anwendung.

§. 7. Einführungspatente.

Territoriale Geltung der Erfindungspatente. — Ausländische Erfinder. — Preussisches Recht. — Englisches Recht. — Monopolisirung fremder Gewerbszweige. — Französisches Recht. — Andere Gesetzgebungen. — Beschränkung auf die Dauer des ausländischen Patentes.

Auf dem Gebiete des Patentrechtes gilt die ausnahmslose Regel, dass alle Rechtsverhältnisse eine bloss territoriale Geltung haben. In jedem Staate haben nur die von der eigenen Staatsgewalt ertheilten Erfindungspatente Geltung und jedes

[1]) Französ. Gesetz v. 5. Juli 1844 Art. 16. 17.
Belg. Gesetz v. 24. Mai 1854 Art. 15. 16.
Italien. Gesetz v. 30. October 1859 Art. 16. 26. 27.

Erfindungspatent wird nur für die Grenzen desjenigen Staatsgebietes erworben, in welchem dasselbe nachgesucht worden ist. Zu einer internationalen Geltung des Patentschutzes fehlt noch jeder Anfang; jede der bestehenden Patentgesetzgebungen schützt die Rechte des Erfinders nur insoweit, als sie unter ihrem Schutze erworben sind. Ausländische Erfindungen können diesen Schutz unter Umständen gleich den inländischen durch gewöhnliche Erfindungspatente erlangen, wenn nämlich die Gesetzgebung des Staates die Ertheilung von Patenten an Ausländer und für im Auslande gemachte Erfindungen zulässt. Soweit dies nicht der Fall ist, kann der ausländischen Erfindung durch ein sogenanntes Einführungspatent der Patentschutz nach besonderen Regeln ertheilt werden, welche von den für die gewöhnlichen Erfindungspatente geltenden Normen mehrfach abweichen. Die verschiedenen Patentgesetze verbinden indess mit der Bezeichnung der Einführungspatente wesentlich verschiedene Begriffe.

In Preussen und in England gilt die Regel, dass eine ausländische Erfindung so lange sie nicht im Inlande veröffentlicht ist, von jedem Inländer, welcher zuerst die Absicht erklärt, dieselbe im Inlande auszuführen, gewissermassen occupirt werden kann und dass dem Inländer, welcher eine solche ausländische Erfindung zuerst zur Patentirung anmeldet, ein Erfindungspatent mit derselben Wirkung ertheilt wird, als wenn der Inhaber selbst der Urheber der Erfindung wäre.

Das Preussische Publicandum vom 14. October 1815 bestimmt hierüber im §. 1:

„Jede Sache kann der Gegenstand einer Patentirung werden, sofern sie nur neu erfunden — oder im Falle der blossen Einführung ausländischer Erfindungen, wirklich durch den Impetranten im Lande zuerst bekannt gemacht und zur Anwendung gebracht werden soll.“

Die im Jahre 1834 verfassten amtlichen Erläuterungen bemerken hierzu:

„Zu §. 2. Einführungspatente werden nur dann ertheilt, wenn es sich von Gegenständen handelt, die durch öffentliche Werke oder sonstige Mittheilungen im Inlande noch nicht bekannt sind, und der Umstand, dass dieselben von den Patentinhabern zuerst ausgeführt und angewendet werden sollen, begründet, wenn sie auf diese Weise schon bekannt sind, keinen Anspruch auf Patentertheilung."

Ob die einzuführende Erfindung im Auslande patentirt ist oder nicht, kommt nicht in Betracht. Die Erfindung erlangt weder durch die Patentirung im Auslande ein Anrecht auf das Einführungspatent[1]), noch steht das ausländische Patent der Ertheilung des Einführungspatentes im Wege, sofern nicht mit der Patentirung die öffentliche Bekanntmachung der Erfindung verbunden ist[2]). Da seit dem Gesetze vom 1. Juli 1852 alle in Grossbritannien ertheilten Patente mit den Beschreibungen vollständig durch die amtlichen Publicationen des Patentes veröffentlicht und auch in Preussen verbreitet werden, so schliesst jetzt die Publication des in England ertheilten Patentes die Erlangung eines Einführungspatentes in Preussen aus und das Einführungspatent muss in Preussen nachgesucht werden, bevor das Englische Patent ertheilt und veröffentlicht ist.

Für alle sonstigen patentirten oder nicht patentirten Erfindungen des Auslandes gilt in Preussen die Regel, dass darauf von jedem Inländer ein Einführungspatent genommen werden kann, so lange dieselben nicht im Inlande ausgeführt oder

---

[1]) Rescript an den Kaufmann S. in Aachen v. 3. Januar 1838: „Dem Art. 2 des Publicandi wegen der Ertheilung der Patente legen Sie einen unrichtigen Sinn unter, wenn Sie annehmen, dass danach jeder im Auslande patentirte Gegenstand eine Erfindung sei, die auf ein preussisches Einführungspatent Anspruch habe, sobald er nur von dem Impetranten zuerst im Lande bekannt gemacht und zur Anwendung gebracht sei. Die Preussische Verwaltung hat sich bei Einführungspatenten nie des Rechtes der Prüfung begeben, ob der Gegenstand desselben neu, eigenthümlich und eine Erfindung sei und konnte dies auch um so weniger, als in andern Ländern derjenige, der eine Erfindung zu haben behauptet und die sehr bedeutenden Kosten eines Patentes bezahlt, dasselbe ohne Weiteres erhält und eventuell vor den Richter verwiesen wird, wenn die Erfindung bestritten wird."

[2]) Das Rescript an A. D. in Brüssel vom 10. Februar 1845 bestimmt: „Auf Ihr anderweites Schreiben vom 31. v. Mts. erwidere ich Ihnen, dass die Ertheilung eines Patentes in England die Verleihung eines solchen auf denselben Gegenstand in Preussen nicht ausschliesst, es sei denn, dass das in England patentirte Verfahren durch Schriften öffentlich bekannt geworden ist oder schon im Lande ausgeübt wird."

durch Schriften veröffentlicht sind und der Thatbestand dieser Veröffentlichung ist erst vorhanden, wenn wenigstens ein Exemplar der betreffenden Schrift in das Inland gekommen ist.

Für das Englische Patentrecht ist die gleiche Regel auf Grund des Statuts von 1623 (21 Jacob I cap. 3) sect. 6 angenommen. Dieses Gesetz erhielt nämlich schon früh durch die Praxis der Gerichte die Auslegung, dass als ein neuer Gewerbebetrieb im Königreiche (*new manufactures within this realm*) jede Erfindung zu betrachten sei, welche im Inlande noch nicht in Gebrauch gesetzt oder veröffentlicht worden und dass in Bezug auf ausländische Erfindungen derjenige als Erfinder im Sinne des Gesetzes zu betrachten sei, welcher solche im Inlande zuerst veröffentlicht[1]). In England werden daher, wie in Preussen, Patente über ausländische Erfindungen auf die erste Anmeldung ertheilt, sofern dieselben im Inlande noch nicht veröffentlicht sind, und die Veröffentlichung im Inlande wird nur dann als vorhanden angenommen, wenn die Druckschrift, in welcher die Erfindung publizirt ist, im Inlande in den Buchhandel gekommen ist. Der Umstand, dass die Erfindung in einem ausländischen Buche gedruckt ist und dass ein Exemplar dieses Buches sich im Inlande im Privatbesitz befindet, schliesst nach Englischem Rechte das Requisit der Neuheit der Erfindung in Bezug auf solche ausländische Erfindungen nicht aus[2]).

Der inländische Patentinhaber gilt in Bezug auf solche importirte Erfindung als fingirter Erfinder.

Diese Praxis des Englischen Rechtes hat durch die neuere Gesetzgebung insofern eine Einschränkung erlitten, als auf Erfindungen, die irgend wo im Auslande patentirt sind, nur für die Dauer des ausländischen Patentes ein Einführungspatent erworben werden kann und dass für solche Erfindungen, in Bezug auf welche das ausländische Patent bereits erloschen ist, gar kein Patentschutz im Inlande stattfindet (15 & 16 Victoria cap. 83 sect. 25). Dagegen findet in Bezug auf solche Ge-

---

[1]) Der erste Rechtsfall, in welchem diese Auslegung angenommen wurde (*Edgeberry v. Stephens*), fiel in die ersten Jahre nach dem Erlass des Gesetzes von 1623. — Godson, A treatise etc. p. 32 p. 103.

[2]) Burke, A Supplement to Godsons Treatise on the law of patents p. 2.

werbszweige, welche im Auslande von Anfang an ohne Patentschutz betrieben sind, noch immer die Ertheilung von Einführungspatenten Anwendung. So wurde die Erfindung der emaillirten gusseisernen Kochgeschirre, welche von dem Erfinder (dem Gleiwitzer Hüttenwerke in Oberschlesien) ohne Patentschutz betrieben wurde, in England von einem Abnehmer im Wege des Einführungspatentes monopolisirt, so dass nun dem Erfinder selbst der Englische Markt geradezu verschlossen blieb. Auch für die im Auslande patentirten Erfindungen gilt keinesweges die Regel, dass der ausländische Patentinhaber für die Dauer seines ausländischen Patentes zu einem Einführungspatente berechtigt sei, sondern jeder Inländer ist berechtigt, sich die auswärts patentirte Erfindung zu eigen zu machen und die Beschränkung auf die Zeitdauer des ausländischen Patentes hat also keinesweges die Rücksicht auf die Rechte des ausländischen Erfinders zum Grunde, wie Newman[1]) irrthümlich annimmt, sondern lediglich die Rücksicht, dass nicht zum Schaden des Nationalwohlstandes auswärts freigegebene Industriezweige in England monopolisirt bleiben (vergl. unten S. 99f.).

Auch ein im Oberhause bei der Berathung der oben angeführten Parlamentsacte von 1852 gestellter Antrag, dass der Gebrauch oder die Veröffentlichung der Erfindung im Auslande ebenso die Gültigkeit des Einführungspatentes ausschliessen solle, als wenn dieselbe vor der Patentirung im Inlande gebraucht und veröffentlicht worden wäre, fand keine Annahme. Daher kann noch heute in England ein im Auslande als gemeinfrei betriebener Gewerbszweig von dem ersten besten Patentsucher monopolisirt werden mit Ausschliessung des Erfinders selbst und aller sonstigen ausländischen Betreiber. Ein auffallendes Beispiel hiervon bietet der folgende Rechtsfall[2]).

Bekanntlich hatte die Französischen Regierung auf den Antrag der Akademie der Wissenschaften die Erfindung Daguerre's gegen eine Nationalbelohnung für den freien Gebrauch erworben und das Verfahren der Daguerrotypie — um eine so wichtige Entdeckung nicht durch den Patentschutz der allge-

---

[1]) The new Patent law p. 38.

[2]) Burke l. c. p. 3.

meinen Benutzung für längere Zeit zu entziehen — zum Nutzen aller In- und Ausländer veröffentlicht. Gleichwohl hatte Beard auf dieses Verfahren in England ein Einführungspatent genommen und machte dasselbe in einem Prozesse gegen Egerton wegen behaupteter Verletzung seines Patentrechtes geltend. Der Verklagte wendete ein, dass Beard nur der Vertrauensmann (*grantee in trust*) des Französischen Erfinders sei, dass dieser seine Rechte an die Französische Regierung verkauft und letztere die Erfindung als ein Gemeingut für alle Nationen veröffentlicht habe. Diese Einwendungen wurden indess als unerheblich verworfen, weil durch dieselben nicht widerlegt werde, dass der Patentinhaber im Sinne des Englischen Rechtes innerhalb des Königreiches wahrer und erster Erfinder der von ihm eingeführten Erfindung sei.

Die Preussische Patentverwaltung ist bekanntlich in der Ertheilung von Einführungspatenten äusserst schwierig. Sie besitzt das unbeschränkte Recht, im Wege der Vorprüfung auch gesetzlich zulässige Patentgesuche abzulehnen und kann deshalb Unzuträglichkeiten, wie die vorstehend geschilderten, vermeiden. Auch ist, soviel bekannt, bisher nur ein Fall vorgekommen, in welchem ein Einführungspatent auf die Beschwerde des ausländischen Erfinders (eines Nordamerikaners) kassirt wurde, weil nachgewiesen wurde, dass die Erfindung vor der Ertheilung des Einführungspatentes durch die Berichte über die Londoner Industrieausstellung auch im Inlande bekannt geworden war. Gleichwohl ist nicht zu leugnen, dass die Preussische Gesetzgebung an sich eine solche Monopolisirung fremden geistigen Eigenthumes nicht ausschliessen würde, da sie alle im Inlande noch nicht ausgeführten oder bekannt gewordenen Erfindungen als Gegenstand von Einführungspatenten zulässt.

In den Ländern des reinen Anmeldungssystemes, namentlich in Frankreich, bedarf es einer ausdrücklichen gesetzlichen Zulassung von Einführungspatenten für ausländische Erfindungen nicht. Hier gilt im Allgemeinen derjenige als fingirter Erfinder, welcher die Erfindung zuerst zur Patentirung anmeldet. Wie daher jeder berechtigt ist, sich eine fremde inländische Erfindung, in deren Besitz er gelangt, durch Einlegung des Patentgesuches zu eigen zu machen, so gilt dieselbe Befugniss auch in Bezug auf ausländische Erfindungen.

Es war daher überflüssig, wenn das Französische Gesetz vom 7. Januar 1791[1]) ausdrücklich demjenigen, welcher zuerst eine fremde Erfindung einführt, den Patentschutz zusicherte, denn da das Gesetz zwischen dem ersten Patentsucher und dem wirklichen Erfinder überhaupt nicht unterschied, so war es nicht nöthig, eine solche Gleichstellung in Bezug auf ausländische Erfindungen besonders auszusprechen. Das neue Französische Patentgesetz vom 5. Juli 1844 hat daher die angeführte Bestimmung mit gutem Grunde weggelassen. Es bestimmt dagegen im Art. 29:

„Der Urheber einer bereits im Auslande patentirten Erfindung kann ein Patent in Frankreich erlangen; aber die Dauer dieses Patentes darf nicht diejenige des vorher im Auslande genommenen Patentes übersteigen."

Hieraus wird von einigen Auslegern der Schluss gezogen, dass nur der ausländische Patentinhaber berechtigt sei, den Patentschutz für seine Erfindung in Frankreich in Anspruch zu nehmen[2]). Dies ist jedoch offenbar unrichtig. Wenn es unbestritten ist, dass in Frankreich die Gültigkeit des Erfindungspatentes nicht von dem Nachweise abhängig ist, dass der Inhaber auch der erste Erfinder ist, wenn lediglich die Priorität der Anmeldung entscheidet und der Urheber des ersten Patentgesuches auch als fingirter Urheber der Erfindung gilt[3]), so muss dieselbe Regel selbstverständlich auch für den Fall der Collision von mehreren Patenten gelten, welche eine im Auslande gemachte und patentirte Erfindung zum Gegenstande haben. Die Worte des Gesetzes: „Der Urheber einer im Auslande patentirten Erfindung kann ein Patent in Frankreich erlangen," lassen nur die Auslegung zu, dass ein anderer Patentsucher nicht unter der ausdrücklichen Anführung: die Erfindung sei von einem Andern gemacht und zu Gunsten desselben im Auslande patentirt, ein Einführungspatent für sich erlangen kann. Legt derselbe dagegen ein gewöhnliches Patent-

---

[1]) Art. 3 Quiconque apportera le premier en France une découverte étrangère jouira des mêmes avantages que s'il en etait l'inventeur.

[2]) Renouard, Traité des brevets d'invention p. 263. — Stolle, Die einheimische und ausländische Patentgesetzgebung S. 27.

[3]) Vergl. Renouard l. c. p. 312f.

gesuch ein, ohne die frühere Erfindung und Patentirung im Auslande zu erwähnen, so entscheidet lediglich die Priorität des Gesuches.

Es lässt sich also nicht behaupten, dass das Französische Gesetz im §. 29 den im Auslande patentirten Erfindungen einen eigentlichen Schutz gewähre. Die Tendenz dieser Bestimmung ist vielmehr nur die Gleichstellung des ausländischen Patentinhabers mit jedem andern Bewerber um den Patentschutz unter der Beschränkung auf die Dauer seines ausländischen Patentes. Da nun ausserdem nach Art. 31 die Veröffentlichung der Erfindung im Auslande, ebenso wie die im Inlande erfolgte den Patentschutz ausschliesst, so finden die vorhin geschilderten Unzuträglichkeiten des Englischen Rechtes in Frankreich nicht statt. Während in England eine im Auslande als freies Gewerbe betriebene Industrie durch ein Einführungspatent monopolisirt werden kann, hat das Patent auf eine im Auslande bereits ausgeführte und veröffentlichte Erfindung in Frankreich keine Gültigkeit. Während in England der ausländische Patentinhaber für seine Person von der Erlangung eines Einführungspatentes ausdrücklich ausgeschlossen[1]) und jeder Inländer be-

---

[1]) Die Einführungspatente werden in Grossbritannien nur an Einwohner des Vereinigten Königreiches ertheilt und sie haben zur Voraussetzung, dass der Patentsucher durch eine Mittheilung aus dem Auslande in den Besitz des zu patentirenden Gegenstandes gelangt ist. Dies musste früher in den Patentgesuchen mit der Formel „that your petitioner in consequence of a communication from abroad is in possession of an invention for etc." ausgesprochen sein; während für die übrigen Patentgesuche die Formel „that your petitioner after considerable application and expense hath invented etc." vorgeschrieben war. Nach den jetzt geltenden Regeln fällt diese Unterscheidung weg und die Formel lautet für alle Patentgesuche gleichförmig: „that your petitioner is in possession of an invention for etc." Dagegen hängt auch noch jetzt die Anwendung des Statuts von 1623 auf die Einführung ausländischer Erfindungen von der Voraussetzung ab, dass das Einführungspatent von einem Inländer auf Grund einer Mittheilung vom Auslande nachgesucht wird, welche ihn als den fingirten Erfinder (the true and first inventor within this realm) erscheinen lässt. Vgl. Godson, A Treatise p. 31. — Burke, Supplement p. 3. — Webster, The new patent law p. 109a.

Es ist sogar in mehreren Rechtsfällen streitig geworden, ob das Einführungspatent gültig ist, wenn der Patentinhaber nur der Mandatar des ausländischen Erfinders ist, oder wenn doch der Letztere einen

rechtigt ist, durch die blosse Anmeldung sich die Ausbeutung seiner Erfindung für England anzueignen, wird der ausländische Erfinder durch die Französische Gesetzgebung mit dem inländischen Mitbewerber auf eine Linie gestellt und in die Lage versetzt, sich durch rechtzeitige Anmeldung des Einführungspatentes dagegen zu sichern, dass ein Anderer sich seine Erfindung aneignet. Mit einem Worte: wenn die Französische Gesetzgebung die Aneignung fremder Erfindungen nicht verhindert, so privilegirt sie doch nicht wie die Englische Patentgesetzgebung den Raub. Wenn sie dem früher angemeldeten Patente auch gegenüber dem Einführungspatente des ausländischen Erfinders den Vorzug gibt, so wendet sie doch damit nur die für alle Patente geltende Regel auch auf die Einführungspatente an, während die Englische Gesetzgebung im Inlande den ersten und wahren Erfinder, für ausländische Erfindungen dagegen den ersten Patentsucher mit Ausschliessung des ausländischen Erfinders schützt.

Mit der Französischen Gesetzgebung stimmen die Patentgesetze von Belgien, Italien und Schweden überein, indem sie dem ausländischen Patentinhaber die Lösung eines Einführungspatentes für die Dauer seines ausländischen Patentes gestatten, ohne ihm das ausschliessliche Anrecht auf die Patentirung seiner Erfindung zu sichern [1]). Die Patentgesetze von Spanien und Russland dagegen sichern wie die Preussische Verordnung das Einführungspatent demjenigen zu, welcher die fremde Erfindung im Inlande zuerst bekannt macht [2]), ohne des ausländischen Erfinders dabei besonders zu gedenken. In Oesterreich endlich ist der Grundsatz anerkannt, dass nur der Inhaber des ausländischen Patentes befugt ist, ein Einführungspatent für die noch übrige Dauer des ausländischen Patentes zu erlangen [3]).

Antheil an dem Patente besitzt, namentlich wenn derselbe Unterthan eines feindlichen Staates *(an alien enemy)* ist. Vergl. Godson a. a. O. p. 33. — Burke a. a. O. p. 3. Diese Frage ist indess in dem oben S. 69 mitgetheilten Rechtsfalle Beard v. Egerton von dem Gerichtshofe bejaht worden.

[1]) Belgisches Gesetz v. 24. Mai 1854 Art. 14. — Italien. Gesetz v. 30. October 1859 Art. 18. — Schwed. Gesetz v. 19. August 1856 §. 5.

[2]) Span. Gesetz v. 27. März 1826 Art. 3. — Russ. Ges. vom 22. November 1833 §. 122.

[3]) Oesterr. Gesetz v. 15. August 1852 §. 4.

Aus dem Vorstehenden ergibt sich, dass mit dem Namen der Einführungspatente in den verschiedenen Gesetzgebungen wesentlich verschiedene Dinge bezeichnet werden. Während in England, Preussen, Russland und Spanien die Einführungspatente demjenigen ertheilt werden, welcher eine fremde Erfindung in das Inland eingeführt, also nach der Auffassung des Gesetzgebers für das Inland gleichsam entdeckt hat, werden in Frankreich, Belgien, Italien und Schweden die Einführungspatente dem ausländischen Erfinder ertheilt, jedoch ohne einen Vorzug vor dem auf dieselbe Erfindung von einem Andern als dem ausländischen Erfinder vorher gelösten Patente. In Oesterreich endlich wird das Einführungspatent nur dem ausländischen Patentinhaber ertheilt, so dass die von Andern auf eine auswärts patentirte Erfindung gelösten Patente ungültig sind[1]).

Alle bisher angeführten Gesetzgebungen (mit Ausnahme der Preussischen, Russischen und Spanischen Gesetze) stimmen dagegen in dem Grundsatze überein, dass Erfindungen, welche im Auslande bereits patentirt sind, im Inlande nur für die Dauer des ausländischen Patentes, falls dieses vor der inländischen Schutzfrist abläuft, patentirt werden. Das Englische Gesetz vom 1. Juli 1852 (15 & 16 Victoria c. 83) sect. 25 fügt die Bestimmung hinzu, dass auch die Annullirung des ausländischen Patentes vor Ablauf seiner Dauer sogleich das Erlöschen des inländischen Patentschutzes nach sich ziehen soll.

Der Grundsatz, dass die Dauer des Einführungspatentes niemals die Dauer der ausländischen Schutzfrist übersteigen soll, ist zuerst im Artikel 9 des Französischen Gesetzes vom 7. Januar 1791 ausgesprochen und in die meisten neueren Patentgesetzgebungen übergegangen. Das Motiv dieser Bestimmung leuchtet ein. Die Fortdauer des Patentschutzes im Inlande, während die Erfindung im Auslande bereits in den freien Verkehr übergegangen ist, würde die einheimische Industrie der Concurrenz des Auslandes preisgeben, ohne dass jene von den

[1]) Diese letztere Regel ist für die Staaten des Zollvereines in der Vereinbarung vom 21. September 1842 insoweit ebenfalls angenommen, als nach Art. I für die in einem Vereinsstaate bereits patentirte Erfindung eines vereinsländischen Unterthans in den übrigen Vereinsstaaten nur demselben Patentinhaber ein Einführungspatent ertheilt werden darf.

Vortheilen der freien Concurrenz Nutzen ziehen könnte. Die Erfahrung hat in der That gelehrt, dass die Fabrikation der Anilinfarben, welche allein in Frankreich patentirt ist, während sie in den andern Ländern auf Grund der von A. W. Hofmann veröffentlichten Entdeckungen als eine in den freien Verkehr übergegangene Erfindung betrachtet wurde, gerade in Frankreich am meisten in der Entwickelung zurückgeblieben ist. Alles was in einem solchen Falle durch das dem Erfinder gewährte Monopol dem Vermögen desselben zuwächst, wird dem Nationalwohlstande entzogen. Es ist deshalb einer der erheblichsten Einwürfe gegen die gegenwärtige Einrichtung des Patentschutzes, dass die im Inlande monopolisirte Erfindung in Folge der territorialen Beschränkung des Patentschutzes im Auslande dem freien Gebrauche anheimfällt. Allein man übersieht, dass durch Versagung des Patentschutzes der einheimischen Industrie ein noch grösserer Nachtheil zugefügt wird, indem die Erfindungen in das Ausland wandern, um dort unter dem Schutze der Erfindungspatente ausgeführt zu werden. Daher darf der angeführte Einwand nur gegen die territoriale Beschränkung des Rechtsschutzes, nicht gegen den Patentschutz selbst erhoben werden. Er lehrt nur, dass es im Interesse des nationalen Wohlstandes geboten ist, dem im Inlande anerkannten Rechte des Erfinders auch im Auslande Anerkennung zu verschaffen und dieses Ziel wird erreicht werden, wenn die Grundsätze des Oesterreichischen Gesetzes vom 15. August 1852 und der Vereinbarung der Zollvereinsstaaten vom 21. September 1842, nach welchen nur der ausländische Erfinder zur Erlangung eines Einführungspatentes berechtigt ist und sich diesen Schutz durch Erfüllung der gesetzlichen Bedingungen sichern kann, in alle Gesetzgebungen Aufnahme finden und auf alle Länder erstreckt werden.

§. 8. Rechtsquellen und Literatur.

Ursprung des Patentschutzes. — Englische, Nordamerikanische und Französische Gesetzgebung. — Preussen und der Zollverein. — Die Niederlande und die Schweiz. — Geltende Patentgesetze. — Literatur.

Der Ursprung des Patentschutzes ist in England zu suchen, wo das Recht des Erfinders zum ersten Male durch das Statut von 1623 (21 James I. c. 3) eine ausdrückliche gesetzliche Anerkennung erfuhr. Es geht aus dem Inhalte dieses Gesetzes hervor, dass schon damals gewohnheitsrechtlich der Anspruch des Erfinders auf die vorübergehende ausschliessliche Nutzung seiner Erfindung feststand (vergl. unten §. 31). Das Mittel zur Realisirung dieses Anspruchs war die Gewährung eines Königlichen Privilegiums. Privilegien und Monopole beherrschten vom 15. bis 18. Jahrhundert alle Zweige der Gewerbsthätigkeit in grösster Ausdehnung. Die unvollkommene Entwickelung des Rechtsschutzes nöthigte dazu, auch zum Schutze wohlerworbener Rechte Privilegien nachzusuchen, die andrerseits von der Staatsgewalt auch ganz willkürlich und mit Verletzung fremder Privatrechte ertheilt wurden. Privilegien wurden zum Schutze aller möglichen berechtigten und unberechtigten Interessen, als Belohnung für Erfinder und als Gunstbezeugung für Höflinge; zur Beförderung des Gewerbfleisses und zum Zwecke der Erhebung neuer Contributionen verliehen. Sie bildeten eine einträgliche Finanzquelle und ein mächtiges Werkzeug der willkürlichen Regierungsgewalt. Diese Anwendung der Privilegien und Monopole forderte die Wachsamkeit der Volksvertretung heraus und in England entzündete sich an diesem Missbrauche unter Elisabeth und Jacob I. der erste grössere Kampf zwischen Krone und Parlament, welcher im Jahre 1623 dadurch beendigt wurde, dass durch das oben erwähnte Statut sämmtliche Vorrechte und Privilegien, welche mit dem gemeinen Rechte in Widerspruch standen, abgeschafft und die Verleihung solcher Vorrechte ein für allemal untersagt wurde. Gleichzeitig wurde jedoch durch sect. 6 desselben Statuts die Krone ermächtigt, dem Erfinder eines neuen Gewerbes auf eine bestimmte Zeit das ausschliessliche Recht zu verleihen, seine Erfindung zu benutzen, weil diese Privilegien, wie die Parlamentsacte sagt, weder dem Staate nachtheilig, noch auch dem gemeinen Rechte des Landes entgegen seien.

So ging in England aus der Abschaffung der Monopole der Rechtsschutz der Erfindungen hervor, allerdings zunächst nur in der Gestalt eines Königlichen Gnadenbriefes. Allein schon das Zustandekommen der erwähnten Parlamentsacte lässt keinen Zweifel darüber zu, dass das Erfindungspatent nicht als ein willkürlicher Act der Königlichen Gnade gewährt oder versagt werden solle, und die Praxis stellte schon früh den Grundsatz fest, dass jeder Erfinder nach Erfüllung der vorgeschriebenen Förmlichkeiten die Verleihung als ein Recht in Anspruch nehmen dürfe.

Unter dem Schutze dieser Gesetzgebung erlangte Arkwright — im Jahre 1767 ein armer Barbier — ein Patent auf die von ihm erfundene Spinnmaschine, dessen Ertrag es ihm möglich machte, sein Leben im Jahre 1792 als Baronet und im Besitze eines Vermögens von 800,000 Pfund Sterling zu beschliessen. James Watt zog aus seinen Erfindungspatenten ein fürstliches Einkommen und hundert andere Erfinder sahen ihren Kunstfleiss in England belohnt, während auf dem Continente noch fast zwei Jahrhunderte lang die vollständigste Rechtslosigkeit in Bezug auf das geistige Eigenthum der Erfinder herrschte.

Noch bei der letzten parlamentarischen Untersuchung über die Resultate der Patentgesetzgebung ist constatirt, dass England in Folge seines vollkommener ausgebildeten Patentschutzes gegenüber Deutschland den Vortheil geniesst, dass die wichtigsten Erfindungen dort zuerst und im grössten Umfange zur Ausführung kommen[1]). Ja! einer der fruchtbarsten Erfinder der Gegenwart, Wilh. Siemens in London, welchem die Industrie ausser zahlreichen Vervollkommnungen der Telegraphie namentlich die Regenerativöfen verdankt, hat ausdrücklich erklärt, dass er nur durch den Mangel eines wirksamen Patentschutzes in Deutschland veranlasst worden sei, vor dreissig Jahren nach England auszuwandern.

In den Nordamerikanischen Colonien hatte die Englische Patentgesetzgebung ebenfalls Eingang gefunden und nach der

---

[1]) Blaubuch von 1871, Frage 973 (Webster); Blaubuch von 1872, Frage 400—407 (Siemens). 859—869. 1034—1041 (Howard), 1597—1613. 1738—43 (Haseltine).

Losreissung vom Mutterlande stellte die Unabhängigkeitsacte vom 17. September 1787 im Art. I. sect. 8. §. 8 dem Congresse die Aufgabe, das Fortschreiten der Wissenschaften, der nützlichen Künste und Gewerbe dadurch zu befördern, dass er den Autoren und Erfindern das ausschliessliche Recht auf ihre Werke und Erfindungen für bestimmte Zeit sichere. Zur Ausführung dieses Verfassungsparagraphen ergingen die Gesetze vom 10. April und vom 31. Mai 1790, von denen das erstere die Erfindungspatente, das zweite das Autorrecht zum Gegenstande hat.

In Frankreich fand das Recht der Erfinder in der constituirenden Nationalversammlung eine eifrige Vertretung; während dieselbe durch Aufhebung der Zünfte und Bannrechte die Schranken des gewerblichen Verkehrs niederriss, gründete sie zugleich durch das Gesetz über die Erfindungspatente vom 7. Januar 1791 und durch die Ausführungsverordnung vom 25. Mai 1791 den Rechtsschutz der Erfindungen nach Englischem Muster.

Diesem Beispiele folgten im Laufe dieses Jahrhunderts fast alle europäischen Staaten. In Preussen wurden die Bedingungen für die Ertheilung von Erfindungspatenten zuerst allgemein gültig festgestellt durch ein Publicandum des Finanz- und Handelsministers vom 14. October 1815, welches auf Grund einer Cabinetsorder vom 27. September 1815 erlassen wurde.

Bei der Constituirung des Deutschen Zollvereins wurde die Vereinbarung gemeinschaftlicher Grundsätze für die Patentertheilung durch den Separatartikel 4 zu dem Zollvereinsvertrage vorbehalten. Nach langen Verhandlungen kam die Uebereinkunft vom 21. September 1842 zu Stande, welche es bei der in den einzelnen Zollvereinsstaaten bestehenden Patentgesetzgebung beliess und nur bestimmte, dass das Recht des Patentinhabers nicht das Verbot der Einfuhr patentirter Erzeugnisse aus einem andern Zollvereinsstaate begründe, dass andrerseits die Bürger der Vereinsstaaten in jedem andern Zollvereinsstaate den Inländern bei der Patentirung gleichgestellt werden sollen und dass für die in einem Vereinsstaate bereits patentirten Erfindungen Niemand ausser dem Erfinder selbst oder dessen Rechtsnachfolger ein Patent in einem andern Vereinsstaate ertheilt werden soll.

In materieller Beziehung wurde der Grundsatz festgestellt, dass Patente überall nur für solche Gegenstände ertheilt werden sollen, welche wirklich neu und eigenthümlich sind. Es wurde also das Vorprüfungsverfahren, wie solches durch das Publicandum vom 14. October 1815 für Preussen vorgeschrieben ist, als gemeinschaftliches Princip der Patentertheilung angenommen.

Die Gesetzgebung der Vereinsstaaten hat indess an dieser Grundlage keineswegs festgehalten. Die Bayerische Verordnung vom 10. Februar 1842 erklärt im §. 5, dass die Ertheilung des Gewerbsprivilegiums durch eine vorausgehende amtliche Untersuchung der Neuheit und Eigenthümlichkeit der angeblichen Erfindung nicht bedingt ist. Ebenso ist in Würtemberg nach Art. 145 der Allgem. Gewerbeordnung vom 5. August 1836 die Untersuchung darauf beschränkt, ob der zu patentirende Gegenstand den bestehenden Gesetzen zuwider läuft, und ob er schon früher im Inlande patentirt worden ist. Endlich gilt auch in Sachsen nach der Verordnung vom 20. Januar 1853 das Anmeldeverfahren.

Nach der gegenwärtigen Gesetzgebung der Deutschen Staaten fehlt also das unerlässliche Requisit für die Existenz irgend einer, auch der beschränktesten Gemeinsamkeit des Patentschutzes und die einstimmig als nothwendig anerkannte Verbesserung des gegenwärtigen Rechtszustandes ist nur durch den Erlass eines neuen vollständigen Patentgesetzes für das ganze Reich zu erlangen.

In der Gesetzgebung des Auslandes zeigt sich ein häufiger Wechsel, verbunden mit plötzlichen Uebergängen von einem Systeme zum andern. In den Vereinigten Staaten wurde durch die Congressacte vom 4. Juli 1836 das Vorprüfungsverfahren eingeführt und durch spätere Gesetze mehrfach verbessert. Das gegenwärtige geltende Patentgesetz vom 8. Juli 1870 fasst den Inhalt der früher in 25 verschiedenen Congressacten zerstreuten Bestimmungen zusammen und führt neue Verbesserungen in das Verfahren ein. In Belgien, wo nach dem Niederländischen Gesetze vom 25. Januar 1817 das blosse Anmeldungsverfahren hergebracht war, wurde im Jahre 1850 von der zur Ausarbeitung eines neuen Patentgesetzes eingesetzten Commission vorgeschlagen, das Vorprüfungsverfahren in Verbindung mit dem

Aufgebotsverfahren einzuführen. Dieser Vorschlag wurde indess verworfen und in dem neuen Patentgesetze vom 24. Mai 1854 das blosse Anmeldeverfahren ohne vorgängige Publication der Gesuche beibehalten. Auch in Frankreich wurden dieselben Grundsätze durch das neue Patentgesetz vom 5. Juni 1844 beibehalten. Dieses Gesetz bildete die fast unveränderte Grundlage des italienischen Gesetzes vom 12. März 1855, und auch in dem neueren Patentgesetze für das Königreich Italien vom 30. October 1859 sind die Principien des Anmeldungsverfahrens unverändert beibehalten. In Grossbritannien wurde die Reform des durch unerschwingliche Kosten und durch missbräuchliche Praxis verderbten Patentwesens aus Anlass der ersten allgemeinen Weltausstellung von 1851 angeregt und durch die Acte vom 1. Juli 1852 (15. 16 Victoria cap. 83) zur Ausführung gebracht. In den Niederlanden wurde der Versuch zu einer Verbesserung des alten Patentgesetzes vom 25. Januar 1817 vergeblich gemacht, da die Vorlage der Regierung unter dem Einflusse der herrschenden Antipatentbewegung von der Kammer verworfen wurde[1]). Die Regierung beantragte daher schliesslich die Abschaffung des Patentschutzes vom 1. Januar 1870 an bei den Generalstaaten und dieser Antrag wurde zum Gesetz erhoben.

Ausser den Niederlanden ist die Schweiz der einzige unter den europäischen Industriestaaten, in welchem der Patentschutz gänzlich fehlt. Während dieser Mangel von einem Theile der Schweizerischen Industriellen lebhaft beklagt wird[2]), wird derselbe von anderer Seite als ein Vorzug bezeichnet. Man behauptet, dass sich der Schweizerische Gewerbfleiss bei der Patentlosigkeit gut befinde und stellt ihn im Wege des Gleichnisses geradezu als den einzigen aufrecht und gerade Gehenden im Reviere der Hinkenden dar[3]). Es ist bereits in der ersten Auflage darauf hingewiesen, dass die besonderen Vortheile, welche die Schweiz aus dem bestehenden Zustande zieht, wesentlich darin beruhen, dass in allen angrenzenden Ländern

---

[1]) Verhandlungen des internationalen Patent-Congresses S. 90 (v. Baumhauer).

[2]) Vergl. Ott, Beleuchtung der Gründe wider den Erfindungsschutz S. 13 f.

[3]) Bolley in Faucher's Vierteljahrsschrift für Volkswirthschaft Bd. XXV. S. 104.

der Patentschutz besteht, nur allein in der Schweiz nicht. Die Schweizerische Industrie, welche nur wenige eng begrenzte Zweige repräsentirt, ist dadurch in den Stand gesetzt, alle ausländischen Patente nachzuahmen, für welche sich in der Schweiz ein Markt findet, und ihre eigenen Erfindungen unter dem Schutze ausländischer Patente im Auslande auf das Vortheilhafteste zu verwerthen. So mag ein kleiner Staat Einrichtungen, die anderwärts bestehen, bei sich leicht entbehren, indem er die Vortheile der in den grösseren Staaten bestehenden Institutionen mit Leichtigkeit und gewissermassen auf deren Kosten geniesst[1]). Die Aufgabe eines grossen Staates kann nur die sein, dem Bedürfnisse der Cultur und der Idee der Gerechtigkeit durch den gesetzlichen Schutz der geistigen Arbeit Rechnung zu tragen und die damit unleugbar verbundenen Schwierigkeiten auf sich zu nehmen.

Der gegenwärtige Zustand der Patentgesetzgebung in den

---

[1]) Gegenüber den heftigen Angriffen, welche Hr. Bolley a. a. O. aus Anlass dieser Bemerkungen gegen den Verfasser gerichtet hat, möge hier die früher angeführte Stelle aus einem Gutachten, welches eine Commission von Schweizerischen Sachverständigen im Auftrage des Bundesrathes auf Ersuchen der Preussischen Regierung abgegeben hat, in ihrem Wortlaute folgen:

> „Wenn wir im Obigen die Vortheile, dass wir kein Patentgesetz haben, für überwiegend halten, so bleibt uns nur übrig, darauf hinzuweisen, dass ein Theil dieser Vortheile nur darum besteht, weil beinahe in allen industriellen Ländern Patentschutz besteht und dahin fallen würde, sobald man im Auslande die Patentgesetze aufheben würde. Die Letzteren sind jedoch bei Weitem der geringste Theil der Vortheile, die wir in den gegenwärtigen Zuständen erkennen.“

Mit Berufung auf diese Stelle hat der Verf. in der ersten Ausgabe gesagt, dass die Schweizerische Commission das System der Patentlosigkeit als entschieden bewährt und vortheilhaft bezeichne, dass sie den Patentschutz überhaupt als entbehrlich und unzweckmässig bezeichne, aber doch unpartheilich genug sei, anzuerkennen, dass die besonderen Vortheile, welche die Schweizerische Industrie aus dem bestehenden Zustande zieht, wesentlich darin beruhen, dass in allen angrenzenden Ländern der Patentschutz besteht, nur allein in der Schweiz nicht.

Der Leser möge nun zwischen Herrn Bolley und mir entscheiden, auf welcher Seite die unrichtige Auffassung und die Entstellung vorliegt.

europäischen Ländern und in den Vereinigten Staaten von Nordamerika, sowie die diesen Gegenstand betreffende Literatur sind in den folgenden Uebersichten dargestellt[1]).

I. Patentgesetze.

1. Preussen: a) Cabinetsorder vom 27. September und Publicandum vom 14. October 1815 über die Ertheilung von Patenten. (v. Kamptz Annalen Bd. VII S. 827.) — b) Uebereinkunft der zum Zoll- und Handelsvereine verbundenen Regierungen wegen Ertheilung von Erfindungspatenten und Privilegien. Vom 21. September 1842, ratificirt am 29. Juni 1843. (Ges.-Samml. 1843 S. 265.) — c) Verordnung betreffend die Einführung der Preussischen Patentgesetzgebung in die mit der Monarchie neu vereinigten Landestheile vom 24. Juni 1867 (Gesetz-Samml. S. 1113).
2. Bayern: Gesetz vom 11. September 1825, die Grundbestimmungen fürs Gewerbswesen betreffend. Art. 9 u. 10. — Gesetz vom 10. Februar 1842, den Vollzug der Grundbestimmungen des Gewerbsgesetzes vom 11. September 1825 über die Gewerbeprivilegien betreffend. — Verordnung vom 21. April 1852, den Vollzug der gesetzlichen Grundbestimmungen für das Gewerbewesen in den sieben älteren Kreisen des Königreichs betreffend §§. 91 f. — In Rheinbayern und der Pfalz gelten: das französische Gesetz vom 31. Dezember 1790 und 7. Januar 1791, sowie das Vollzugsgesetz vom 14. und 25. Mai 1791.
3. Belgien: Loi du 24 mai 1854 sur les brevets d'invention. — Loi du 27 mars 1857, qui modifie les art. 7 et 22 de la loi du 24 mai 1854.
4. Frankreich: Loi du 5 juillet 1844 sur les brevets d'invention. — Arrêté du 21 octobre 1848, qui règle l'application de la loi du 5 juillet 1844 dans les colonies. — Loi du 31 mai 1856, qui modifie l'article 32 de la loi du 5 juillet 1844.
5. Grossbritannien: An Act concerning monopolies and dispensations with the penal laws and the forfeitures thereof (1623). 21 James c. 3.

   An Act to extend the provisions of the Designs Act 1850 and to give protection from piracy to persons exhibiting new inventions in the exhibition of the works of industry of all nations in 1851 (11. April 1851). 14 Victoria c. 8.

   An Act for extending the term of the provisional registra-

[1]) In Dänemark ist im October 1874 dem Landsthing ein nach dem Muster des Französischen Patentgesetzes bearbeiteter Gesetzentwurf vorgelegt, aber bisher noch nicht zum Gesetz erhoben.

tion of inventions under „The Protection of Inventions Act 1851" (20. April 1852). 15 Victoria c. 6.

An Act for amending the law for granting patents for inventions (1. July 1852). 15 & 16 Victoria c. 83.

An Act to substitute stamp duties for fees on passing letters patent for inventions and to provide for the public use of certain indexes of specifications (21. February 1852). 16 Victoria c. 5.

6. Hessen: Verfassungsurkunde Art. 104. Verordnung vom 17. November 1858. Ministerialverfügung vom 3. Juni 1857.
7. Italien: Gesetz vom 30. October 1859 über die ausschliessenden Gewerbeberechtigungen *(sulle privative industriali)*. — Gesetz vom 31. Januar 1864 über die Einführung des Gesetzes vom 30. October 1859 in die neuen Provinzen des Königreichs.
8. Oesterreich: Patentgesetz vom 15. August 1852.
9. Portugal: Decret vom 16. Januar 1837.
10. Russland: Russische Digesten Titel 4 Buch 1. Theil 3 S. 3 Art. 116—149. (Ukase vom 17. Juni 1812, vom 22. November 1833 und vom 23. October 1840).
11. Sachsen: Verordnung vom 20. Januar 1853.
12. Schweden: Verordnung vom 19. August 1856.
13. Spanien: Decret vom 27. März 1826. — Verordnung vom 14. Juni 1829. — Verordnung vom 11. Januar 1849.
14. Vereinigte Staaten von Nordamerika: An Act to revise consolidate and amend the statutes relating to patents and copyrights. 8. July 1870.
15. Würtemberg: Revidirte allgemeine Gewerbeordnung vom 5. August 1836. Siebenter Abschnitt: Von Erfindungen und Patenten Art. 141—160. — Gesetz vom 29. Juni 1842.

II. Literatur.

Fr. G. Wieck, Grundsätze des Patentwesens mit einem Anhange, Hauptbestimmungen der jetzt bestehenden Patent-Gesetze enthaltend. Chemnitz 1839.

A. v. Krauss, Geist der Oesterreichischen Gesetzgebung zur Aufmunterung der Erfindungen. Wien 1838.

A. Scheller, Handbuch der Gesetze über ausschliessliche Privilegien auf neue Erfindungen. Wien 1843.

C. F. Loosey, Sammlung der Gesetze für Erfindungsprivilegien.

C. Th. v. Kleinschrod, Die internationale Patentgesetzgebung. Erlangen 1855.

Ed. Stolle und O. Hübner, Die einheimische und ausländische Gesetzgebung zum Schutze gewerblicher Erfindungen. Leipzig 1855.

Ammermüller in R. Mohl's Zeitschrift für die gesammte Staatswissenschaft. Bd. III. Tübingen 1846. S. 561 ff.

R. Mohl in der Kritischen Zeitschrift für Rechtswissenschaft und Gesetzgebung des Auslandes. Bd. XXV Heft 1. Tübingen 1852. S. 109 ff.

F. C. Philippson, Die Reform der Patentgesetzgebung, bearbeitet im Auftrage des Handels- und Gewerbevereins für Rheinland und Westfalen. Düsseldorf (1860).

Zur Patentfrage. Zwei Denkschriften nebst den Principien für ein allgemeines Deutsches Patentgesetz, wie sie vom Verein Deutscher Ingenieure in seiner Hauptversammlung zu Braunschweig am 2. September 1863 aufgestellt wurden. Herausgegeben vom Verein Deutscher Ingenieure. (Separatabdruck aus der Zeitschrift Deutscher Ingenieure.) Berlin 1864.

Fr. Bitzer, Vorschläge für ein Deutsches Patentgesetz, beantragt durch die von der hohen Deutschen Bundesversammlung durch Beschluss vom 24. Juli 1862 einberufene Commission von Fachmännern, mit Erläuterungen und einer Ausführung über die principielle Rechtfertigung des Patentschutzes.

John Prince Smith, Ueber Patente und Erfindungen in Faucher's Vierteljahrschrift für Volkswirthschaft. Bd. 3. Berlin 1863. S. 161 f.

Victor Boehmert, Die Erfindungspatente nach volkswirthschaftlichen Grundsätzen und industriellen Erfahrungen, mit besonderer Rücksicht auf England und die Schweiz. Daselbst Band 25 S. 28f. Berlin 1869.

O. Michaelis, Zur Selbstkritik des Patentschutzes. Daselbst Bd. 29 S. 100. Berlin 1870.

Entwurf eines Patentgesetzes für das Deutsche Reich. Vorgelegt in einer Petition an den Bundesrath durch den Verein Deutscher Ingenieure. Berlin 1872.

R. Klostermann, Zur Reform der Patentgesetzgebung, Köln 1873. (Aus der Kölner Zeitung besonders abgedruckt.)

J. Rosenthal, Der Erfindungsschutz vor dem Forum der gesetzgebenden Factoren. Köln 1873. (Aus der Norddeutschen Allgem. Zeitung besonders abgedruckt.)

Der Schutz der Erfindungen als Recht im Interesse der Gesellschaft. Köln 1873.

Die Patentfrage. Sechs Preisschriften über Reform der Patentgesetzgebung. Prämiirt durch den Verein Deutscher Ingenieure. (Darunter die drei vorhergehenden.) Köln und Leipzig 1874.

Peter Barthel, Zur Patentfrage. Leipzig 1869.

Rathkowsky, Zur Reform des Erfinderrechtes. Vermittelnde Vorschläge. Wien 1870.

(Steinbeis) Zur Reform der Ertheilung von Erfindungspatenten. Gewerbeblatt aus Würtemberg. 1873. Nr. 24.

Amtlicher Bericht über den internationalen Patentcongress zur Erörterung der Frage des Patentschutzes in Wien, August 1873. Mit einer Einleitung von Dr. C. W. Siemens herausgegeben im Auftrage des Executiv-Comités durch dessen Generalsecretair Carl Pieper. Dresden 1873.

H. Grothe, Der internationale Patentcongress in Wien nach eigenen und fremden Aufzeichnungen. Berlin 1873.

Ad. Ott, Beleuchtung der Gründe wider den Erfindungsschutz nebst Darlegung des Patentwesens in den Vereinigten Staaten. Schaffhausen 1874.

Entwurf eines Patentgesetzes für das Deutsche Reich, nebst Motiven. Vorgelegt in einer Petition an den Bundesrath des Deutschen Reiches durch den Deutschen Patentschutz-Verein. Berlin 1875.

Franz Wirth, Die Patentreform. Frankfurt a. M. 1875.

Alb. Fesca, Ueber Patentgesetzgebung. Berlin 1875.

Blanc-Saint-Bonnet, Code des brevets d'invention, de perfectionnement et d'importation. Lyon 1823.

A. Ch. Renouard, Traité des brevets d'invention. Paris. 3 edit 1865. 540 p.

A. Perpigna, Manuel des inventeurs et des brevetés. 8 ed. Paris 1847.

E. Blanc, L'inventeur breveté. Code des inventions et perfectionnements contenant la loi nouvelle avec son commentaire. Paris 3 edit. 1852.

Ch. Armengaud, jeune, Guide-Manuel de l'inventeur et du fabricant; répertoire pratique et raisonné des législations françaises et étrangères sur la propriété industrielle. Paris 1840.

N. M. Lesenne, Le livre des nations, ou traité des droits d'auteur et d'inventeur. Paris 1846. 327 p.

Giraudean et Goetschy, Traité théorique, pratique et complet des brevets d'invention de perfectionnement et d'importation. Paris 1837. 188 p.

A. Gambastide, Traité théorique et pratique des contrefaçons en tous genres ou de la propriété en matière de littérature, d'art et d'industrie. Paris 1837.

Lehir, Commentaire de la loi sur les brevets d'invention. Paris 1844.

E. Blanc et Beaune, Code général de la propriété industrielle littéraire et artistique. Paris 1854. 643 p.

L. De Fontaine-Moreau, Manuel théorique des lois en Europe et dans les États-Unis de l'Amérique sur les brevets d'invention.

Pataille et Huguet, Code international de la propriété industrielle etc. Paris 1855.

Rendu et Delorme, Traité pratique de droit industriel, ou Exposé de la législation et de la jurisprudence sur les établissements industriels, les brevets d'inventions, la propriété industrielle et littéraire, les obligations particulières à l'industrie. Paris 1855. 620 p.

Nougier, Des brevets d'invention et de la contrefaçon. Paris 1856.

Calmels, De la propriété et de la contrefaçon des oeuvres de l'intelligence. Paris 1856. 868 p.

Damourette, Brevets d'inventions, dessins et marques de fabrique. Études sur les lois actuelles et sur les modifications, qu'il convient d'y apporter. Paris 1858.

Tillière, Traité théorique et pratique des brevets d'invention, de perfectionnement et d'importation. Bruxelles 1854.

Hands, The law and practice of patents for inventions. London 1808. 148 p.

Davies John, A collection of the most important cases respecting patents of invention. London 1816. 552 p.

J. W. Smith, An epitome of the law relating to patents for inventions. London 1836.

Carpmael, The law of patents for inventions familiarly explained for the use of inventors and patentees. London. 3 ed. 1842. 114 p.

Godson, A practical treatise on the law of patents. 2 edit. London 1840. 496 p. Appendix 118 p. Suppl. 236 p.

Webster, The new patent law. London 1852.

Urling, The laws of patents in foreign countries. London 1845.

W. Spence, Practical remarks on the present state of the law of patents. London 1853.

Report of the Commissioners appointed to inquire into the working of the law relating to letters patent of inventions presented to both houses of parliament by command of her Majesty. London 1865.

Report from the select committee on letters patent together with the proceedings of the committee, minutes of evidence etc. Ordered by the House of Commons to be printed 20. July 1871 and 8. May 1872. 2 vol.

Rules of Practice in the United States Patent Office 1. July 1873.

II. Verfahren.

§. 9. Verschiedene Systeme.

Zweck des Verfahrens. — Anmeldungssystem. — Vorprüfungssystem. — Aufgebotsverfahren. — Englisches Recht. — Französische und Belgische Entwürfe. — Vortheile des Aufgebots.

Der Gegenstand, auf welchen sich das ausschliessliche Recht des Erfinders erstreckt, hat nicht wie die Schriften und Kunstwerke eine concrete Gestalt, welche aus der ersten Ausführung unmittelbar erkannt werden könnte. Er besteht vielmehr in einem Begriffe, welcher aus der concreten Ausführung der Erfindung erst abstrahirt werden muss und für jeden einzelnen Fall durch das Erfindungspatent definirt wird (oben S. 31 f.). Auf dieser Verschiedenheit der Gegenstände beruht die durchgreifende Verschiedenheit, welche trotz der gemeinsamen Wurzel zwischen dem Rechte des Autors und dem Rechte des Erfinders besteht.

Während das Recht des Autors durch die Hervorbringung der Schrift oder des Kunstwerkes selbst unmittelbar erworben wird, ist die Erwerbung des Erfindungspatentes durch ein Verfahren bedingt, welches den Zweck hat, den Gegenstand des ausschliesslichen Rechtes des Erfinders festzustellen.

Bei den Schriften und den Kunstwerken ist der Gegenstand des ausschliesslichen Vervielfältigungsrechtes durch die Herstellung des ersten Exemplars in einer bestimmten allgemein erkennbaren Form gegeben. — Es bedarf zum Schutze der Rechte des Autors nur des allgemeinen Rechtssatzes, welcher ihm die ausschliessliche Reproduction dieses Werkes vorbehält.

Bei den Erfindungen fällt dagegen das Erzeugniss der geistigen Arbeit, dessen Wiederholung eine vermögensrechtliche Nutzung gewährt, nicht mit dem körperlichen Producte zusammen, in welchem sich die erste Ausführung der Erfindung darstellt.

Eine grosse Klasse von Erfindungen: die Klasse der technischen Prozesse wird überhaupt nicht in einem neuen körperlichen Gegenstande dargestellt. Ihr Gegenstand besteht in einer Verfahrungsweise, bei welcher sowohl das Product, als die gebrauchten Stoffe längst bekannt sein können, sofern nur die Regeln und die Resultate der Anwendung neu sind (oben S. 50). Andere Erfindungen, wie die neuen Maschinen, stellen sich zwar als ein neues körperliches Product dar, welches auch ohne Beschreibung von den früher bekannten Werken der Mechanik unterschieden werden kann. Allein die Form, in welcher das Prinzip der Erfindung zuerst ausgeführt worden, ist nicht wesentlich für das dem Erfinder zustehende Recht der ausschliesslichen Reproduction. Sein Recht muss sich vielmehr, um wirksam zu sein, auf jede Art der Anwendung erstrecken, welche sich durch blos äusserliche und unwesentliche Momente von der ersten Ausführung des Erfinders unterscheidet. Das Recht des Erfinders erstreckt sich daher auch in diesem Falle nicht auf die blosse ausschliessliche Vervielfältigung der ersten Ausführung, sondern auf jede Reproduction des von dem Erfinder zuerst erzielten technischen Effectes.

Andrerseits wird der Patentschutz nicht für das in Ausführung gebrachte Prinzip als solches, sondern für eine concrete Vorrichtung zur Ausführung desselben gewährt. Es bedarf also einer Beschreibung dieser Vorrichtung, um die patentirte Maschine sowohl den blossen Nachahmungen gegenüber als auch neuen auf demselben Prinzipe beruhenden Erfindungen gegenüber kenntlich zu machen und das Recht des Erfinders sowohl dem unbefugten Nachahmer als auch den künftigen Erfindern gegenüber zu begrenzen[1]).

[1]) Vergl. das Rescript des Preuss. Handels-Ministeriums an den Premier-Lieutenant S. vom 27. August 1863:

„Auch bei Gegenständen aus dem Gebiete der Mechanik wird das Patent niemals auf das zur Ausführung gebrachte Prinzip, vielmehr nur auf eine genau bezeichnete Darstellung ertheilt. Beruht

Der Gegenstand dieses Rechtes ist also in einem jeden Falle ein von der ersten Ausführung der Erfindung abstrahirter Begriff, welcher nur durch eine urkundliche Beschreibung allgemein erkennbar gemacht wird. Es bedarf also zum Schutze der Rechte des Erfinders nicht blos eines Rechtssatzes, welcher dem Erfinder das ausschliessliche Recht zum Gebrauche seiner Erfindung innerhalb gewisser Grenzen beilegt, sondern es ist für jeden einzelnen Fall ein Verfahren erforderlich, durch welches der Gegenstand dieses ausschliesslichen Gebrauches festgestellt und urkundlich definirt wird.

Dieses Verfahren wird durch die Anmeldung der Erfindung seitens des Erfinders bei der zuständigen Staatsbehörde eingeleitet und durch die Patentertheilung seitens dieser Behörde geschlossen. Die Anmeldung sowohl als das ertheilte Patent müssen eine genügende Beschreibung der Erfindung enthalten, aus welcher erhellt, für welchen Gegenstand das Patent nachgesucht und ertheilt worden ist. Das Verfahren bei der Patentertheilung ist jedoch insofern verschieden, als nach der einen Gesetzgebung das Patent ohne Weiteres über den in der Anmeldung bezeichneten Gegenstand ertheilt wird, sofern diese Anmeldung in den Formen des Gesetzes erfolgt war, während nach andern Gesetzgebungen der Patentertheilung eine Prüfung der angemeldeten Erfindung in Bezug auf die Bedingungen des Patentschutzes vorhergeht, so dass das Patent nur ertheilt wird, wenn und insofern sich der angemeldete Gegenstand als eine neue Erfindung ausweist. Diese Prüfung kann entweder von Amtswegen erfolgen, oder es kann derselben ein contradictorisches Verfahren über den von andern Interessenten gegen die Ertheilung des Patentes erhobenen Einspruch vorhergehen, zu welchem Zwecke der Patentertheilung ein öffentlicher Aufruf zur Anbringung etwaiger Einreden vorausgeht.

Hiernach ergeben sich drei Hauptsysteme des Verfahrens

letztere auf einer für neu und eigenthümlich erachteten Anwendung eines Prinzips und ist in Rücksicht hierauf die vorgelegte Anordnung patentirt worden, so bleibt der Schutz des Patentes in der Regel auch bei Aenderungen in den Details der Ausführung gesichert, vorausgesetzt, dass durch dergleichen Aenderungen nicht eine dem Wesen nach mit der patentirten nicht mehr übereinstimmende Anordnung zum Vorschein kommt.

bei der Ertheilung von Erfindungspatenten: 1. das Anmeldungsverfahren, 2. das Vorprüfungsverfahren und 3. das Aufgebotsverfahren.

Diese drei Hauptsysteme des Patentverfahrens finden sich in der Französischen, in der Preussischen und Nordamerikanischen und in der Englischen Gesetzgebung vertreten. Das Französische Anmeldungssystem ist von der neueren Gesetzgebung der meisten übrigen Staaten angenommen. Das Vorprüfungsverfahren, welches in Preussen seit der ersten Einführung der Patentertheilung in unveränderter Geltung bestanden hat, ist in den Vereinigten Staaten im Jahre 1836 eingeführt. In andern Staaten, in welchen dasselbe wie in Oesterreich ebenfalls Anwendung fand, ist es zu Gunsten des Anmeldungsverfahrens von der neueren Gesetzgebung verlassen. Das Aufgebotsverfahren besteht zur Zeit nur in England und auch dort nur in wenig entwickelter Form. Seine Einführung ist indess in Frankreich und in Belgien in Gesetzvorschlägen zur Verbesserung des Patentrechtes in Antrag gebracht worden.

Ueber die relativen Vorzüge der drei bezeichneten Hauptsysteme des Patentverfahrens ist fast ebensoviel gestritten worden, wie über den Nutzen der Patentertheilung selbst.

In der That besteht eine durchgreifende Verschiedenheit in den Bedingungen und in den Wirkungen des Patentschutzes, je nachdem das Patent auf blosse Anmeldung, oder nach vorheriger Prüfung, oder nach vorherigem Aufgebot und nach contradictorischer Entscheidung über die erhobenen Einsprüche ertheilt wird. Und dieser Unterschied wird von vornherein in dem Zahlenverhältnisse der in den verschiedenen Staaten nachgesuchten und ertheilten Patente anschaulich. In Preussen wird die Zahl der Patentgesuche nicht amtlich veröffentlicht, doch findet sich dieselbe für das Jahr 1860 zu 974, für 1861 zu 931, für 1862 zu 973, und für 1873 zu 817 angegeben. Die Zahl der ertheilten Patente beträgt für 1850: 87, für 1855: 62, für 1860: 83, für 1865: 65, für 1867: 102, für 1868: 83, für 1869: 53, für 1870: 74, für 1871: 36, für 1872: 56, für 1873: 126; folglich kamen im Durchschnitt der letzten fünf Jahre 69 ertheilte Patente auf 800 bis 900 Gesuche.

In den Vereinigten Staaten von Nordamerika war das Verhältniss der Gesuche und der ertheilten Patente von 1850 bis 1873 das Folgende:

im Jahre:	Gesuche:	Patente:
1850	2193	995
1855	4435	2024
1860	7653	4819
1865	10664	6616
1867	21276	13015
1869	19271	13986
1871	19472	13033
1873	20414	12864[1]).

In England gestaltete sich unter der Herrschaft des im Jahre 1852 neu eingeführten Verfahrens das Verhältniss der Patentgesuche zu ertheilten Patenten wie folgt:

im Jahre:	Gesuche:	Patente:
1855	2958	2044
1860	3196	2061
1865	3386	2186
1866	3453	2124
1867	3723	2284
1868	3991	2490
1869	3786	2408
1870	3405	2408[2]).

Während also in Preussen etwa elf Zwölftel und in Nordamerika sowie in England etwa ein Drittel der Gesuche durch das Vorverfahren beseitigt wurden, ist in den Ländern des blossen Anmeldungsverfahrens die Ziffer der ertheilten Patente derjenigen der Gesuche ungefähr gleich und diese Ziffer erhebt sich bei der Leichtigkeit, mit welcher Patente erlangt werden, zu einer Höhe, welche in dem zuletzt genannten grossen Industriestaate bei weitem nicht erreicht wird. Während in Preussen kaum 100 Patente in einem Jahre ertheilt werden, betrug die

---

[1]) Die grosse Zahl der in den Vereinigten Staaten ertheilten Patente erklärt sich dadurch, dass auch der Musterschutz durch Nachsuchung von Patenten erlangt wird, so dass in den obigen Ziffern neben den Erfindungspatenten auch die Patente für Muster und Modelle begriffen sind.

[2]) Engl. Blaubuch von 1871 App. S. 202.

Zahl der ertheilten Patente in Oesterreich (1869) 767, in Sachsen (1872) 258, in Baden (1872) 113, in Belgien (1869) 2052, in Frankreich endlich (1868) 6103.

Es ist schon aus diesen Ziffern zu entnehmen, dass bei dem Anmeldesystem allzuleicht und für die unnützesten Dinge Patente erworben werden, welche zur Täuschung Unwissender benutzt werden und der freien Bewegung der Gewerbe Hindernisse bereiten. Auch kann es bei der Ertheilung von Patenten ohne jede Vorprüfung und ohne jeden Aufruf nicht ausbleiben, dass Patente über den gleichen Gegenstand an verschiedene Bewerber ertheilt werden, so dass aus diesem Systeme eine grosse Zahl langwieriger und kostspieliger Prozesse entspringt[1]).

Das Vorprüfungssystem begegnet ebenso erheblichen Einwendungen, da eine Untersuchung von Amtswegen über die Neuheit der angemeldeten Erfindungen nur mit grossen Schwierigkeiten und nur mit unsicherem Erfolge angestellt werden kann. Es ist bekannt, dass in Preussen trotz der überaus strengen Praxis der begutachtenden technischen Deputation und trotz der geringen Zahl der bewilligten Patente dennoch einzelne Fälle vorgekommen sind, in denen das ertheilte Patent zurückgenommen werden musste, weil sich herausstellte, dass

---

[1]) Berühmte Beispiele langwieriger und kostspieliger Prozesse über bestrittene Patentrechte bietet insbesondere England, wo bis zum Jahre 1852 das reine Anmeldungssystem herrschte. In der Sache Betts v. Menzies handelte es sich um eine 1849 patentirte Fabrication von Kapseln. Der Prozess begann 1857 und war 1863 noch nicht beendet. Die Kosten des bis dahin geführten Prozesses beliefen sich auf die ungeheure Summe von 26,357 lvr., wovon 15,267 lvr. der Kläger und 11,090 lvr. der Verklagte getragen hatte. Ein anderer Prozess betraf das im Jahre 1839 von Marshall Heath gelöste Patent zur Verwendung von kohlensaurem Manganoxydul in der Stahlfabrication. Der Prozess schwebte von 1842 bis 1855, wo derselbe im Englischen Oberhause zu Ende geführt wurde. Die Kosten betrugen mehr als 15,000 lvr. (Vergl. das unten S. 119 citirte Blaubuch von 1865 S. 33). Bovills Patent über eine Vorrichtung beim Mahlen des Getreides wurde in 30 verschiedenen Prozessen als ungültig angegriffen. Der Rechtsstreit über Betts Patent gedieh an das Oberhaus, von welchem er in die Instanz zurückgewiesen wurde. Er würde zum zweiten Male an das Oberhaus gelangt sein, wenn nicht die Parteien sich verglichen hätten. (Blaubuch von 1871 Frage 5. 7. 13.)

die angeblich neue Erfindung bereits von einem Andern gemacht und veröffentlicht war.

Viel häufiger sind die Fälle, in denen die entscheidende Behörde das Merkmal der Neuheit verneint, weil das in der Erfindung angewendete Princip schon in irgend einer Anwendung zur Ausführung gebracht sei. So wurde Bessemers Stahlbereitung nicht patentirt, weil die Reduction von Oxyden vermittelst durchgepresster Luft ein anderweit bereits bekanntes Verfahren sei; ebenso Siemens Regenerativofen, weil dasselbe Princip schon in alter Zeit bei der Zimmerheizung angewendet worden sei. Gerade wichtige und bahnbrechende Erfindungen sind so in Preussen der Schutzlosigkeit verfallen, während die geringe Zahl der ertheilten Patente meist geringfügige Verbesserungen in den Gewerben zum Gegenstande hat. Jedenfalls haben die Resultate der bisherigen Vorprüfung in Preussen weder das gewerbtreibende Publikum noch die Behörden befriedigt, da sich auf beiden Seiten gewichtige Stimmen für die Abschaffung des Vorprüfungsverfahrens oder gar der Erfindungspatente überhaupt erhoben haben.

In Nordamerika hat man den ersten Uebelstand dadurch nach Möglichkeit zu vermeiden gesucht, dass man die mit der Vorprüfung beauftragte Behörde mit einem grossen Aufwande von Mitteln dotirte, um die sorgfältigste Prüfung der überaus zahlreichen Patentgesuche möglich zu machen[1]). Zum Schutze gegen die irrthümliche Zurückweisung eines Patentgesuches aber ist durch das Gesetz vom 8. Juli 1870 ein förmlicher Instanzenzug eingeführt, in welchem gegen die Entscheidung der ersten Examinatoren zunächst an diese selbst, demnächst an das Collegium der Chefexaminatoren, sodann an den Patentcommissar selbst und endlich an das Obergericht zu Washington appellirt werden kann. Allein auch hier sind die Resultate des Vorprüfungsverfahrens keineswegs befriedigende. Der Richter Mason, der langjährige Vorsitzende jener Prüfungsbehörde, sagt in seinem Berichte an den Congress vom Jahre 1856:

„Die Mannigfaltigkeit der Geschäfte des Patentamtes macht es für den Vorsitzenden unmöglich, eine persönliche Aufsicht

---

[1]) Die Gehälter der Beamten des Patentamtes betrugen 1873 mehr als 300,000 Dollars, die gesammten Ausgaben 591,178 Dollars, welchen eine Einnahme von 703,171 Dollars gegenüber stand.

über die Entscheidung jedes der zahllosen seiner Amtsthätigkeit zufallenden Gesuche auszuüben. Wenn der Examinator für die Bewilligung des Patentes berichtet, so wird dasselbe ohne weitere Prüfung gewährt. Unter solchen Umständen kann auf die Gleichförmigkeit und Zuverlässigkeit der Entscheidungen bei der ersten Prüfung nicht genug Gewicht gelegt werden. Doch kann auf ein solches Ergebniss unter dem jetzt geltenden Verfahren vernünftiger Weise nicht gerechnet werden und je länger dieses Verfahren fortgesetzt wird, desto grösser wird das Uebel."

Chittenden, langjähriger Beamter des Patentamtes und Anwalt, erklärt, dass in den Vereinigten Staaten eine übergrosse Zahl von Patenten über triviale Dinge trotz der Vorprüfung ertheilt werden. Er sieht darin eine grosse Hemmung der Gewerbefreiheit und verlangt eine bedeutende Erhöhung der Patentabgaben und die Veröffentlichung der Beschreibungen, durch welche das Patentamt 10,000 unbesoldete und freiwillige Examinatoren in den betheiligten Gewerbtreibenden gewinnen würde[1]).

Während das Anmeldungssystem ebensowohl als das Vorprüfungsverfahren durch die Erfahrung gleichmässig verurtheilt werden, hat das im Jahre 1852 in Grossbritannien eingeführte Aufgebotsverfahren ziemlich allgemeine Billigung gefunden und der Bericht, welchen die unter dem Vorsitze Lord Stanley's niedergesetzte Commission im Jahre 1865 über die bisherigen Ergebnisse dieses Verfahrens an das Parlament erstattete[2]), constatirt auf Grund zahlreicher Zeugenvernehmungen und schriftlicher Berichte das im Wesentlichen befriedigende Resultat des herrschenden Patentsystemes.

Das Eigenthümliche dieses Englischen Verfahrens besteht darin, dass das Patentgesuch vor der Ertheilung des Patentes mit der Aufforderung bekannt gemacht wird, etwaige Einsprüche binnen 21 Tagen bei dem Patentamte geltend zu machen. Die erhobenen Einsprüche werden an den Kronanwalt (den Attorney general oder den Solicitor general) verwiesen, welcher nach

---

[1]) Engl. Blaubuch v. 1871 Frage 2037f.

[2]) Report of the Commissioners appointed to inquire into the working of the law relating to letters patent of inventions, presented to both houses of parliament by command of Her Majesty. London 1865.

Anhörung beider Theile über die Ertheilung oder Versagung des Patentes entscheidet. Gegen die Entscheidung, durch welche der erhobene Einspruch verworfen wird, steht dem Opponenten die Berufung an den Lord Kanzler zu, gegen die Versagung des Patentes dagegen findet kein Rechtsmittel statt.

Der Zweck dieses Aufgebotsverfahrens fällt mit demjenigen der Vorprüfung zusammen. Allein an die Stelle des Untersuchungsverfahrens tritt die Verhandlungsmaxime und an die Stelle der untersuchenden Commission, welche lediglich auf Grund der ihren Mitgliedern beiwohnenden Kenntnisse die Neuheit der Erfindung prüft, tritt die Oeffentlichkeit und die Wachsamkeit der Betheiligten, welche am meisten befähigt sind, das zur Entscheidung über die Neuheit der Erfindung und über die Uebereinstimmung mit früheren Erfindungen dienliche Material herbeizuschaffen. Es ist nicht mehr nothwendig, mit einem Aufwande von Hunderttausenden Gelehrte und Techniker aus allen Fächern zur Prüfung der Patentgesuche anzustellen. Die entscheidende Behörde findet in jedem Falle in den Industriellen des betheiligten Gewerbszweiges unbesoldete Gehülfen, welche durch ihr Interesse gespornt und durch ihre Erfahrung befähigt werden, alle Einwendungen beizubringen, welche gegen die Neuheit der behaupteten Erfindung beigebracht werden können. Der Erfinder steht ferner nicht mehr den Einwendungen der prüfenden Behörde gegenüber, welche in den Ländern des Vorprüfungsverfahrens zugleich die Rolle des Opponenten und des Richters übernimmt. Er ist im Stande, auf die ihm gegenüber gestellten Einwendungen zu antworten und die Entscheidung erfolgt auf Grund der von beiden Seiten geltend gemachten Gründe durch einen Richter, welcher selbst keine Parteirolle übernimmt.

Die Vorzüge dieses Aufgebotsverfahrens haben in dem Englischen Rechte sich nur erst in geringem Umfange geltend machen können, weil diese Neuerung in dem dort geltenden Verfahren nur innerhalb enger Grenzen, gewissermassen nur als ein schüchterner Versuch eingeführt worden ist. Das Patentgesuch wird bei dem Aufrufe zur Anmeldung der Einwendungen nur seinem allgemeinen Titel nach bekannt gemacht und die Frist zur Anbringung der Einreden beträgt nur 21 Tage. Ueber die angemeldeten Einsprüche findet auch in der Regel kein streng contradictorisches Verfahren statt. Der Kronanwalt hört in der Regel beide Theile getrennt. Die Beschreibungen der Erfindungen, über deren Identität oder Priorität gestritten wird, werden nur dem untersuchenden Beamten, nicht aber dem Gegner mitgetheilt.

In Frankreich wurde ein Versuch zur Einführung des Aufgebotsverfahrens gemacht in dem Gesetzvorschlage, welcher von der Französischen Regierung im Jahre 1858 ausgearbeitet wurde[1]). Nach diesem Entwurfe sollte das Aufgebotsverfahren auf Antrag des Patentinhabers nach erfolgter Ausfertigung des Patentes eingeleitet werden, um denselben der Nothwendigkeit zu überheben, jedem neuen Beeinträchtiger gegenüber die Neuheit und Eigenthümlichkeit seiner Erfindung zu beweisen. Dem Aufrufe sollte eine Vorprüfung vorhergehen und die Bekanntmachung durch dreimalige Insertion erfolgen. Einwendungen, welche sowohl von Privatpersonen, als vom öffentlichen Ministerium erhoben werden können, sollten bei dem Gerichte des Wohnortes des Patentinhabers angebracht werden. Die Bestätigung des Patentes sollte alle Einwendungen gegen die Neuheit und Eigenthümlichkeit der Erfindung präcludiren, ohne indess den Inhaber eines früheren Patentes oder denjenigen, welcher die Erfindung vor der Patentertheilung practisch angewendet hat, zu treffen.

Wie wichtig das nach diesem Vorschlage mit dem Aufgebote verbundene Präclusionsverfahren für die Interessen des Erfinders ist, geht aus dem einen Beispiele hervor, dass die Patente von Christoffle für Vergoldung und Versilberung von 1842 bis 1857 den Gegenstand von 167 gerichtlichen Urtheilen gebildet haben. Dennoch enthält die Präclusion der im Aufgebotsverfahren nicht erhobenen Ansprüche eine Härte und eine nicht unerhebliche Gefahr für den Gewerbebetrieb. Dasselbe Resultat lässt sich ohne eine Präclusion dadurch erreichen, dass die Einwendungen gegen die Gültigkeit des Patentes nicht den gewöhnlichen Gerichten, sondern nach dem Vorschlage des Deutschen Patentschutzvereins einem besondern Patentgerichtshofe zur Entscheidung überwiesen werden, da alsdann die in einer Prozesssache für oder gegen die Gültigkeit des Patentes ab-

[1]) Moniteur universel vom 3. Juli 1858 Nr. 184.

gegebene Entscheidung von den übrigen Interessenten ebenfalls als massgebend behandelt wird, so lange nicht in einem neuen Prozesse neue Gründe für oder wider die Gültigkeit geltend gemacht werden können. Die Einsetzung eines solchen Patentgerichtshofes hat also die practischen Vortheile der Präclusion ohne deren Gefahren. Das Aufgebotsverfahren darf ferner nicht facultativ auf Antrag des Patentsuchers neben dem blossen Anmeldungsverfahren eintreten, sondern es muss in jedem Falle der Patentertheilung vorhergehen, wenn die grossen Nachtheile des Anmeldungssystems beseitigt werden sollen.

Der mitgetheilte Gesetzentwurf ist von der französischen Regierung nicht weiter verfolgt worden. Ebenso erging es dem Vorschlage zur Einführung des Aufgebotsverfahrens in Belgien. Auf den Beschluss der Kammern wurde dort im Jahre 1848 eine Commission niedergesetzt, um ein neues Patentgesetz auszuarbeiten. Sie genügte diesem Auftrage, indem sie im Jahre 1850 einen Gesetzentwurf aus 140 Artikeln nebst Motiven vorlegte, welcher das Verfahren bei der Patentertheilung nach folgenden Grundsätzen regelte:

Jeder Antrag auf Ertheilung eines Patentes wird nebst der Beschreibung der Erfindung und den Zeichnungen öffentlich bekannt gemacht. Während einer Frist von drei Monaten kann Jeder, welcher dagegen Einwendungen zu machen hat, solche anbringen und der Minister des Innern hat ebenfalls das Recht, solche Einwendungen von Amtswegen zu erheben. Nach dem Ablaufe der Frist entscheidet der Minister des Innern über das Gesuch und die dagegen gemachten Einwendungen. Gegen diese Entscheidung findet Berufung an den Sachverständigenrath (conseil des prudhommes) in Brüssel statt. Wenn dieser entscheidet, dass das Patent zu bewilligen, so wird solches durch den Minister des Innern ausgefertigt. Die so ertheilten Patente können in der Regel nicht angefochten werden.

Diesem Entwurfe hat die Belgische Regierung ihre Zustimmung nicht ertheilt. Vielmehr wurde durch das Gesetz vom 24. Mai 1854 das Verfahren bei der Patentertheilung lediglich nach dem Anmeldungssysteme geregelt.

Es fehlt also in den bestehenden Gesetzgebungen noch an einer befriedigenden practischen Durchführung des Aufgebotsverfahrens. Das Beispiel der Englischen und der Französischen

Gesetzgebung zeigt jedoch, dass das Aufgebotsverfahren mit erheblichen Vortheilen für den Erfinder und für das betheiligte gewerbtreibende Publicum durchgeführt werden kann. Es beseitigt die Rechtsunsicherheit, welche dem Erfinder, und die Belästigung des freien Verkehrs, welche dem Gewerbebetriebe aus dem Anmeldungssysteme erwächst. Es macht den kostspieligen und unzureichenden Apparat des Vorprüfungsverfahrens grossentheils entbehrlich und beseitigt den empfindlichen Mangel, dass die Einwendungen gegen das Patentgesuch von derselben Behörde erhoben werden, welche über dessen Zulassung entscheidet. Es wird also nur die Aufgabe der reformirenden Gesetzgebung sein, das Aufgebot in solche Formen zu kleiden, dass der Zweck desselben: die contradictorische Feststellung der Neuheit der Erfindung auf die sicherste und einfachste Weise mit gleichem Erfolge für die Interessen des Erfinders und des gewerbtreibenden Publicums erreicht wird.

§. 10. Anmeldung.

Inhalt und Wirkung. — Erweiterung und Einschränkung *(disclaimers)*. — Form. — Beschreibung. — Caveat. — Zuständige Behörden. — Zeitpunkt der Anmeldung. — Präsentation.

Das Verfahren bei der Ertheilung der Erfindungspatente zerfällt in vier Theile: 1. die Anmeldung, 2. die Prüfung des Gesuches, 3. die Ausfertigung, 4. die Publication des Patentes. Diese Bestandtheile des Verfahrens sind dieselben in allen den verschiedenen Systemen der Gesetzgebung, nur dass die einzelnen Theile des Verfahrens eine wesentlich andere Beschaffenheit und Bedeutung haben, je nachdem das Anmeldungssystem, oder das Vorprüfungssystem, oder endlich das Aufgebotsverfahren zur Anwendung kommt.

Die Anmeldung des Patentgesuches erfolgt durch den Erfinder bei der durch das Gesetz bezeichneten Behörde. Ihr wesentlicher Inhalt besteht einerseits in der Erklärung, dass und in welchem Umfange das Erfindungspatent nachgesucht wird, andrerseits in einer urkundlichen Beschreibung der Erfindung, für welche das ausschliessliche Recht der gewerblichen Benutzung in Anspruch genommen wird. Dieser Theil des Verfahrens ist in den Gesetzgebungen, welche dem Anmeldungssysteme folgen, der allein wesentliche. Die Prüfung des Gesuches erstreckt sich nur auf die Erfüllung der im Gesetze vorgeschriebenen Formen. Die Patentertheilung documentirt nur, dass und wann die Anmeldung in den vorgeschriebenen Formen stattgefunden hat[1]). Die Entscheidung darüber, ob die angemeldete Erfindung neu und von dem Patentsucher zuerst angemeldet ist und ob demselben folglich das behauptete Recht der auschliesslichen Benutzung zukommt, bleibt der Entscheidung der Gerichte im gewöhnlichen Verfahren in den Streitfällen vorbehalten, welche nach der Patentertheilung über die Wirksamkeit des Patentes entstehen.

Auch in den Gesetzgebungen, welche der Patentertheilung eine Vorprüfung oder ein Aufgebot vorhergehen lassen, ist die Anmeldung für den Inhalt des zu ertheilenden Patentes insoweit endgültig massgebend, als nur auf Grund des gehörig angemeldeten Gesuches und für die darin beschriebene Erfindung das Patent ertheilt werden kann. Wenn auch das ertheilte Patent auf Grund der angestellten Vorprüfung oder auf den im Aufgebotsverfahren erhobenen Einspruch auf einzelne Theile der angemeldeten Erfindung beschränkt werden kann, so kann dasselbe doch nie weiter erstreckt werden und für nichts Anderes Gültigkeit haben, als für die in der Anmeldung beschriebene Erfindung. Nach dem Englischen und dem Nordamerikanischen Patentrechte endlich ist die Gültigkeit des ertheilten Patentes derart durch den Inhalt der Beschreibung bedingt, dass das ganze Patent hinfällig wird, wenn auch nur ein Theil dessen, was in der Beschreibung als neu erfunden dargestellt ist, als bereits früher veröffentlicht nachgewiesen wird.

Wie das Patent nicht auf ein Anderes oder Mehreres als die angemeldete Erfindung lauten kann, so findet auch eine nachträgliche Ausdehnung des Patentes auf andere Gegenstände in der Regel nicht statt. Ausnahmsweise gestattet die Franzö-

---

[1]) Französ. Gesetz vom 5. Juli 1844 Art. 11. Les brevets dont la demande aura été régulièrement formée, seront délivrés sans examen préalable, aux risques et périls des demandeurs et sans garantie, soit de la réalité, de la nouveauté ou du mérite de l'invention, soit de la fidélité ou de l'exactitude de la description.

sische, Belgische und Italienische Gesetzgebung[1]) dem Patentinhaber, für eine Verbesserung seiner patentirten Erfindung statt eines neuen Verbesserungspatentes, die Ausdehnung des früheren Patentes auf den früheren Gegenstand nachzusuchen. In England und Nordamerika ferner, wo das ganze Patent ungültig wird, sobald nachgewiesen ist, dass auch nur ein Theil des in der Beschreibung als Object der Patentirung bezeichneten Gegenstandes nicht neu erfunden ist, hat das Gesetz im Interesse der Patentinhaber nachgelassen, dass die ursprüngliche Anmeldung nachträglich durch die Zurückziehung solcher bekannten Theile eingeschränkt werden kann, um der Annullirung des ganzen Patentes vorzubeugen *(disclaimer)*[2]).

Auch das Italienische Recht droht die Aufhebung des Patentes an für den Fall, dass zweimal durch gerichtliches Urtheil auch nur ein Theil des ertheilten Patentes für unwirksam erklärt ist. Es gestattet deshalb ebenfalls, Theile der angemeldeten Erfindung binnen 6 Monaten nach der Patentertheilung zurückzuziehen zu dem Zwecke, um die Aufhebung des ganzen Patentes wegen eines darunter begriffenen nicht mehr neuen Bestandtheiles zu verhüten[3]).

Ueber die Form der Patentgesuche und der einzureichenden Beschreibungen enthalten die verschiedenen Landesgesetze detaillirte und vielfach abweichende Vorschriften.

Jedes Patentgesuch darf sich nach dem in mehreren Gesetzgebungen ausdrücklich ausgesprochenen Grundsatze, bei Strafe der Ungültigkeit, nur auf einen Gegenstand beziehen[4]).

In der Regel wird in den Gesetzen zwischen dem Patentgesuche und der beizufügenden Beschreibung unterschieden und ausdrücklich verlangt, dass dieselben in zwei getrennten Schriftstücken eingereicht werden[5]). Das Patentgesuch soll ausser

---

[1]) Französ. Gesetz v. 5. Juli 1844 Art. 16 f. — Belg. Gesetz vom 24. Mai 1854 Art. 15. — Italien. Gesetz v. 30. October 1859 Art. 9 f.

[2]) 5 & 6 William IV cap. 83 (10. September 1835) sect. 1. — 7 & 8 Victoria cap. 69 (6. August 1844) sect. 5 & 6. — Nordamerikan. Statut v. 8. Juli 1870 scil. 54. 55.

[3]) Italien. Gesetz v. 30. October 1859 Art. 23—25 Art. 60.

[4]) Rescript des Preuss. Handelsministeriums v. 16. Juni 1853. — Französ. Gesetz v. 5. Juli 1844 Art. 6. — Portugies. Gesetz v. 16. Januar 1837 Art. 16.

[5]) Preuss. Publicandum v. 14. October 1815 Art. 3. — Engl. Statut

dem allgemeinen Antrage auf Gewährung eines Erfindungspatentes den kurzgefassten Titel der angemeldeten Erfindung, ferner in den Ländern, in welchen die Dauer des zu gewährenden Patentschutzes von dem Antrage des Erfinders abhängt, die Erklärung, auf wieviel Jahre das Patent ertheilt werden soll[1]), enthalten. Nach Englischem und Nordamerikanischem Rechte muss mit dem Gesuche noch in einem besonderen dritten Schriftstücke eine förmliche Erklärung verbunden werden, dass der Patentsucher glaubt, der erste Erfinder des zu patentirenden Gegenstandes zu sein und diese Erklärung muss in den Vereinigten Staaten vor einer zur Eidesabnahme berechtigten Person eidlich bestärkt sein[2]).

Die **Beschreibung** der angemeldeten Erfindung soll nach der ausdrücklichen Vorschrift der meisten Patentgesetze in der Landessprache verfasst sein[3]).

Mit derselben müssen die zur Erläuterung nothwendigen Zeichnungen und Modelle eingereicht werden. Das Französische Gesetz und nach dessen Muster das Italienische, Oesterreichische und Belgische Gesetz schreiben ausserdem für die Einrichtung des Patentgesuches, der Beschreibungen sowie der Zeichnungen bestimmte Förmlichkeiten vor, deren nähere Erläuterung der Darstellung der Einzelgesetzgebungen vorbehalten bleibt[4]).

---

15 & 16 Victoria cap. 83 (1. Juli 1852) sect. 6. — Nordamerikan. Statut v. 8. Juli 1870 sect. 26. — Französ. Gesetz v. 5. Juli 1844 Art. 5. — Italien. Gesetz v. 30. October 1859 Art. 20. 21.

[1]) Preuss. Publicandum v. 14. October 1815 Art. 3. — Italien. Gesetz v. 30. October 1859 Art. 20. — Französ. Gesetz v. 5. Juli 1844 Art. 6.

[2]) Nordamerikan. Statut v. 8. Juli 1870 sect. 30. — Engl. Statut 15 & 16 Victoria cap. 83 (v. 1. Juli 1852) sect. 6.

[3]) Französ. Gesetz v. 5. Juli 1844 Art. 6. — Bayer. Gesetz v. 10. Februar 1842 §. 8. — Oesterr. Gesetz v. 15. August 1852 §. 12 (in der deutschen Sprache oder in der Geschäftssprache des Kronlandes, in welchem das Gesuch eingereicht wird). — Belg. Gesetz v. 24. Mai 1854 §. 17 (in einer der Landessprachen). — Nach dem Rescripte vom 1. Januar 1836 kann in Preussen die Beschreibung auch in französischer Sprache verfasst werden. Auch das Italien. Gesetz vom 30. October 1859 Art. 22 lässt neben der italienischen die französische Sprache zu.

[4]) Französ. Gesetz v. 5. Juli 1844.

Art. 5. Quiconque voudra prendre un brevet d'invention devra

Das Nordamerikanische Gesetz vom 8. Juli 1870 sect. 40 gestattet eine vorläufige Anmeldung der Erfindung (Caveat) in dem Falle, dass die Erfindung noch nicht vollendet ist, also noch nicht vollständig beschrieben werden kann. Zu dieser vorläufigen Anmeldung sind nur Inländer (oben S. 78) berechtigt. Sie wird in den geheimen Archiven des Patentamtes aufbewahrt und ist für ein Jahr gültig. Wird innerhalb eines Jahres von einem Andern die Patentirung derselben Erfindung nachgesucht, so gibt der Patentcommissar dem Inhaber des Caveats eine dreimonatliche Frist zur definitiven Anmeldung

---

déposer sous cachet au secrétariat de la préfecture dans le département ou il est domicilié ou dans un autre en y élisant domicile:

1. Sa demande au ministre de l'agriculture et du commerce.
2. Une description de la découverte invention ou application faisant l'objet du brevet demandé.
3. Les dessins ou échantillons qui seraient nécessaires pour l'intelligence de la description.

Et 4. Un bordereau des pièces déposées.

Art. 6. La demande sera limitée à un seul objet principal avec les objets de détail qui le constituent et les applications qui auront été indiquées.

Elle mentionnera la durée que les demandeurs entendent assigner a leur brevet dans les limites fixées par l'article 4 et ne contiendra ni restrictions ni conditions ni reserves.

Elle indiquera un titre renfermant la désignation sommaire et précise de l'objet d'invention.

La description ne pourra être écrite en langue étrangère. Elle devra être sans altération ni surcharges. Les mots rayés comme nuls seront comptés et constatés, les pages et les renvois paraphés. Elle ne devra contenir aucune dénomination de poids ou de mesure autre que celles qui sont portées au tableau annexé à la loi du 4 juillet 1837. Les dessins seront tracés à l'encre et d'après une échelle métrique.

Un duplicata de la description et des dessins sera joint à la demande.

Toutes les pièces seront signées par le demandeur ou par un mandataire dont le pouvoir restera annexé à la demande.

Art. 12. Toute demande dans laquelle n'auraient pas été observées les formalités préscrites par les numeros 2 et 3 de l'article 5 et par l'article 6 sera rejetée.

Vergl. das Oesterreich. Gesetz vom 15. August 1852 §§. 7—10. — Italien. Gesetz v. 30. October 1859 Art. 20—22. — Belg. Reglement v. 24. Mai 1854 Art. 1—6.

und Beschreibung. Das Patent wird demjenigen ertheilt, welcher sich als erster Erfinder ausweist.

In Bezug auf den Inhalt der Beschreibung verordnet das Oesterreichische Gesetz vom 15. August 1852 im §. 12c, dass die Beschreibung der Erfindung so beschaffen sein muss, dass jeder Sachverständige nach derselben die Erfindung realisiren kann und droht im §. 29 die Nichtigkeit des Patentes an, falls dieser Bedingung nicht genügt ist. Dieselbe Vorschrift enthält das Russische Gesetz (Digesten Tit. 4 Buch 1 Th. 3 Sect. 3 Art. 126).

Auch das Französische Gesetz vom 5. Juli 1844 droht im Art. 30 Nr. 6 die Nichtigkeit des Patentes an, wenn die Beschreibung nicht zur Ausführung der Erfindung hinreicht, oder wenn sie nicht vollständig und gewissenhaft die wirklichen Hülfsmittel des Erfinders angibt.

Das Englische Gesetz vom 1. Juli 1852 Art. 6 ff. unterscheidet zwischen der vorläufigen Beschreibung, welche mit der Anmeldung eingereicht werden muss und der vollständigen Beschreibung, welche innerhalb 6 Monaten nachgebracht werden muss. Die vorläufige Beschreibung soll die Natur der Erfindung darstellen, während die vollständige Beschreibung zugleich die Art der Ausführung angeben soll. Es unterliegt keinem Zweifel, dass die vorläufige Beschreibung nicht auf die blosse Bezeichnung des Gegenstandes der Erfindung beschränkt sein darf. Sie muss vielmehr eine vollständige Erläuterung der Erfindung in allen ihren wesentlichen Theilen enthalten. Ist dies nicht der Fall, so verordnet der mit der Prüfung beauftragte Kronanwalt die Ergänzung der vorläufigen Beschreibung [1]). In der Praxis wird jedoch die vorläufige Beschreibung meist in sehr ungenügender Gestalt gegeben. Der

[1]) Die vorläufige Beschreibung ist nicht identisch mit dem sogenannten Titel der Erfindung, welche nach dem Französischen Gesetze v. 5. Juli 1844 Art. 6 und nach dem Italienischen Gesetze v. 30. October 1859 Art. 20 neben der Beschreibung in dem Patentgesuche angegeben werden muss. Auch die Englische Praxis unterscheidet neben der vorläufigen Beschreibung einen solchen summarischen Titel der Erfindung, unter welchem dieselbe beim Erlasse des Aufrufes bekannt gemacht wird. Die vollständige Bekanntmachung der vorläufigen Beschreibung, obgleich zulässig, ist nicht üblich. Vergl. das Englische Blaubuch von 1865 S. 8 Frage 218.

Erfinder bemüht sich möglichst wenig von dem Gegenstande seiner Erfindung mitzutheilen und der Kronjurist ohne technischen Beirath nimmt die gegebene Beschreibung meistens als genügend an. Es ist deshalb bei der letzten parlamentarischen Untersuchung eine Abänderung des Verfahrens als dringend nothwendig bezeichnet worden[1]).

Die Behörden, bei welchen das Patentgesuch angemeldet werden muss, sind nach den Vorschriften einiger Gesetzgebungen Centralbehörden, so dass nur an einer Stelle im Staate Patentgesuche angenommen werden, während nach andern Gesetzen die Provinzialbehörden mit der Annahme der Patentgesuche beauftragt sind. Die letztere Einrichtung empfiehlt sich am wenigsten bei der Anwendung des Vorprüfungsverfahrens, da die Provinzialbehörden nicht sämmtlich im Besitze des zur Vorprüfung erforderlichen Apparates sein können. Sie gilt gleichwohl als gesetzliche Regel in Preussen, da das Publicandum vom 14. October 1815 im Art. 3 bestimmt:

> „Wer ein Patent erhalten will, muss das desfallsige Gesuch bei der Provinzial-Regierung anbringen. — Die Regierung veranlasst eine Prüfung der angezeigten Erfindung oder Verbesserung durch Sachverständige und berichtet über die Gewährung des Gesuches an das Finanz-Ministerium, welches entweder eine neue Prüfung vornehmen lässt, oder auf Grund der von der Provinzialregierung angestellten Prüfung über das Gesuch entscheidet."

Allein diese Regel ist längst obsolet geworden, da fast alle Patentgesuche direct an das Handels-Ministerium eingereicht werden. Eine Vorprüfung findet bei den Regierungen in keinem Falle mehr statt. Die Verordnung vom 24. Juli 1867 §. 3 bestimmt auch für die neuen Provinzen ausdrücklich, dass das Patentgesuch bei dem Minister für Handel, Gewerbe und öffentliche Arbeiten eingereicht werden soll.

Die Anmeldung bei den Provinzialbehörden ist ferner Regel in Frankreich, wo das Gesuch beim Präfecten des Departements; in Italien, Spanien und Portugal, wo es beim Intendanten der Provinz eingelegt werden muss, in welcher der Patentsucher wohnt; in Belgien, wo die Anmeldung bei einem

---

[1]) Blaubuch v. 1872 Report No. 4 Fragen 603—662 (Webster).

Bezirksamte oder bei einer der Provinzialregierungen des Königreiches (nach Wahl des Erfinders) erfolgt, endlich in Oesterreich, wo das Gesuch bei der politischen Kreisbehörde, oder bei der Statthalterei der Provinz eingereicht werden muss[1]).

In den übrigen Staaten besteht eine einzige Centralstelle für die Annahme der Patentgesuche und zwar in England und Nordamerika ein besonderes Patentamt unter Leitung des Patentcommissars (commissioner of patents), in Bayern und Sachsen das Ministerium des Innern, in Russland das Departement der Manufacturen und des innern Handels, in Schweden das Handelscollegium[2]).

Der Zeitpunkt der Anmeldung ist entscheidend für die Priorität des Anspruchs. Diese Regel gilt in den Ländern des Vorprüfungssystemes zunächst für das der Patentertheilung vorhergehende Verfahren, da nur die Priorität der Anmeldung darüber entscheiden kann, welchem von zwei Bewerbern, die unabhängig von einander dieselbe Erfindung gemacht haben, das Patent ertheilt werden soll. Auch nach der Ertheilung des Patentes ist bei einer Collision zwischen den Ansprüchen zweier Patentinhaber nicht die frühere Ausfertigung des einen oder des andern Patentes, sondern die Priorität der Anmeldung massgebend und der Zeitpunkt der Anmeldung entscheidet ebenso, wenn gegen die Gültigkeit des ertheilten Patentes Einwendungen gemacht werden[3]). Dasselbe gilt in den Ländern des Anmeldungssystemes[4]) und in Grossbritannien, wo das Gesetz

---

[1]) Französ. Gesetz v. 5. Juli 1844 Art. 5. — Italien. Gesetz v. 30. October 1856 Art. 29. — Span. Gesetz v. 27. März 1826 Art. 6. — Portug. Gesetz v. 16. Januar 1837 Art. 9. — Belg. Gesetz v. 24. Mai 1854 Art. 17. — Oesterr. Gesetz vom 15. August 1852 §. 7.

[2]) Engl. Statut v. 20. April 1852 (15 & 16 Victoria cap. 83) sect. 10. — Nordamerikan. Statut v. 8. Juli 1870 sect. 1. — Bayer. Gesetz v. 10. Februar 1842 §. 7. — Sächs. Gesetz v. 20. Januar 1853 §. 14. — Russ. Digesten h. t. §. 126. — Schwed. Gesetz v. 19. August 1856 §. 6.

[3]) Nordamerikan. Statut v. 8. Juli 1870 sect. 58. 61. In Preussen fehlt es an einer gesetzlichen Regel, auch findet in beiden Fällen der Rechtsweg nicht statt. Die Verwaltungsbehörde nimmt jedoch den oben aufgestellten Grundsatz als massgebend an.

[4]) Renouard, Traité des brevets d'invention p. 312. — Bayer. Gesetz v. 10. Februar 1842 §. 29. — Oesterr. Gesetz v. 15. August 1852

vorschreibt, dass die Ausfertigung unter dem Datum der Anmeldung erfolgen soll[1]).

Die Feststellung des Zeitpunktes des Verfahrens ist daher in den meisten Patentgesetzen durch besondere Vorschriften geregelt.

In Preussen fehlt es für die Präsentation der Patentgesuche an einer besondern Vorschrift. Es kommt daher §. 23 der Instruction für die Regierungen vom 23. October 1817 (Gesetzsamml. S. 229) zur Anwendung, wonach alle bei den Regierungen eingehenden Gesuche von dem Präsidenten erbrochen und präsentirt, d. h. mit dem Datum des Eingangs bezeichnet werden. Diese Vorschrift findet analoge Anwendung, auch wenn die Patentgesuche, wie es üblich ist, unmittelbar an das Handels-Ministerium eingereicht werden. Für den Fall übrigens, dass bei verschiedenen Bezirksregierungen gleichzeitig Patentgesuche in Bezug auf dieselbe Erfindung eingehen, fehlt es an einer Bestimmung, wem das Patent zu ertheilen ist, oder wie in Ermangelung einer solchen Bestimmung die beiden gleichberechtigten Bewerber sich in die Ausübung des gemeinschaftlichen Rechtes theilen sollen. Dasselbe gilt von den Gesetzgebungen aller der Länder, welche die Anmeldung der Patentgesuche nicht an Eine Behörde verweisen, sondern wie dies in Frankreich, Italien, Belgien, Oesterreich, Spanien, Portugal der Fall ist, die Einlegung des Gesuches bei verschiedenen Provinzialbehörden gestatten, nur dass hier zum Theil die Gefahr einer solchen Gleichzeitigkeit der Gesuche dadurch vermindert ist, dass ausser dem Tage auch die Stunde der Präsentation auf dem Gesuche vermerkt werden muss (vergl. unten).

In England wird Tag und Stunde der Präsentation von

---

§. 13. — Italien. Gesetz v. 30. October 1859 Art. 29—36. — Belg. Gesetz v. 24. Mai 1854 Art. 17. 18. — Span. Gesetz v. 27. März 1826 Art. 16. — Schwed. Gesetz v. 19. August 1856 §. 8.

[1]) Vergl. das Statut v. 20. April 1852 (15 & 16 Victoria cap. 83) sect. 23. 24. Doch gilt hier ebenso wie in Schweden der Grundsatz, dass der wirkliche Erfinder auch auf Grund eines später angemeldeten Patentes den Vorzug hat vor demjenigen, welcher die fremde Erfindung zum Nachtheil des Erfinders früher zur Patentirung angemeldet hatte. Statut v. 20. April 1852 (15 & 16 Victoria cap. 83) sect. 10. Schwedisches Gesetz v. 19. August 1856 §. 12.

den Commissaren auf dem Rücken des Gesuches vermerkt und dem Erfinder eine Bescheinigung ertheilt. Dasselbe Verfahren findet in Russland und in Oesterreich Anwendung[1]).

In Frankreich wird ein Protokoll über die Einreichung des Gesuches aufgenommen, welches Tag und Stunde der Präsentation bekundet, ebenso in Italien und Belgien.

In Spanien und Portugal wird nur der Tag der Einlegung registrirt[2]).

In den Vereinigten Staaten, in Bayern, Sachsen und Würtemberg fehlt es an besonderen Vorschriften über die Präsentation der Patentgesuche.

§. 11. Prüfung.

Formelle Requisite. — Patentfähigkeit des Gegenstandes. — Französisches Recht. — Englisches Recht. — Materielle Prüfung. — Preussisches und Nordamerikanisches Recht. — Nützlichkeit und Neuheit.

Jeder Patentertheilung muss eine Prüfung des Gesuches vorhergehen, doch erstreckt sich dieselbe nach dem Anmeldungssysteme nur auf die formellen Bedingungen der Anmeldung. Nach dem Vorprüfungssysteme aber und ebenso bei dem Aufgebotsverfahren, falls gegen die Patentertheilung Einspruch erhoben wird, findet zugleich eine materielle Prüfung des Gesuches und eine Entscheidung über die Neuheit und Patentfähigkeit der angemeldeten Erfindungen statt.

In Bezug auf die Prüfung des Patentgesuches entsteht für die Gesetzgebungen des reinen Anmeldungssystemes die erhebliche Schwierigkeit, die Grenze zwischen der nothwendigen Prüfung der Form des Gesuches und der durch das Anmeldungssystem ausgeschlossenen Prüfung des Inhaltes zu ziehen. Dies ist in dem Französischen Gesetze vom 5. Juli 1844 so geschehen, dass in den Artikeln 5 und 6 die formellen Requisite

---

[1]) Engl. Gesetz v. 20. April 1852 (15 & 16 Vict. cap. 83) sect. 6. — Oesterreich. Gesetz v. 15. August 1853 §. 9. — Russ. Digesten h. t. Art. 126.

[2]) Französ. Gesetz v. 5. Juli 1844 Art. 7. — Italien. Gesetz v. 30. October 1859 Art. 29 f. — Belg. Gesetz v. 24. Mai 1854 Art. 18. — Span. Gesetz v. 27. März 1826 Art. 6. — Portug. Gesetz v. 16. Januar 1837 Art. 9.

bezeichnet sind, deren Versäumniss nach Art. 12 die Verwerfung des Patentgesuches nach sich zieht, während im Art. 30 diejenigen Bedingungen des Patentschutzes namhaft gemacht sind, deren Prüfung der richterlichen Entscheidung bei Streitigkeiten über die Gültigkeit des Patentes vorbehalten ist. Dabei gilt die Regel, dass alle die Formmängel, welche nach Art. 12 in dem Verfahren, welches der Patentertheilung vorhergeht, gerügt werden sollen, nach erfolgter Ertheilung des Patentes im gerichtlichen Verfahren über die Gültigkeit desselben nicht mehr gerügt werden können.

Wenn also das Patent ertheilt ist, ohne dass dem Patentgesuche eine abgesonderte Beschreibung beigefügt war, so kann dieser Mangel nicht als Nichtigkeitsgrund gegen das ertheilte Patent geltend gemacht werden, weil Art. 30 denselben nicht unter den Nichtigkeitsgründen aufführt[1]).

Ebenso unbedingt sind dagegen die im Art. 30 aufgeführten Nichtigkeitsgründe von der Prüfung durch die patentertheilende Behörde ausgeschlossen.

Während also die Angabe des Titels und der Dauer des nachgesuchten Patentes, die Sprache des Patentgesuches, die Paraphirung, die Anwendung des metrischen Maasses in der Beschreibung und Zeichnung, die Beibringung der Duplicate u. s. w. Gegenstand der Prüfung vor der Ertheilung des Patentes sind[2]), bleibt der Inhalt der Beschreibung, ihre Uebereinstimmung mit dem Titel des nachgesuchten Patentes und dieser Titel selbst von der Prüfung ganz ausgeschlossen.

Nach Französischem Rechte ist also auch die Patentfähigkeit des bezeichneten Gegenstandes in der Regel keiner Prüfung unterworfen. Nur in zwei Ausnahmefällen soll nach Art. 3 und 13 des angeführten Gesetzes die Patentertheilung wegen der Unzulässigkeit des Gegenstandes versagt werden, wenn

---

[1]) Dieser Grundsatz ist durch das Urtheil des Pariser Cassationshofes vom 12. Juli 1837 auf Grund des Gesetzes vom 7. Januar 1791 angenommen mit der Motivirung: „Attendu que l'article 4 de la loi du 7 janvier 1791 n'a pas attaché la peine de nullité à l'infraction de ses dispositions, et qu'ainsi le jugement attaqué n'a pu violer le dit article.“ Renouard, Traité des brevets d'invention. Paris 1865 p. 386.

[2]) Vgl. die oben S. 126 f. abgedruckten Artikel §. 6 und 12 des Französischen Gesetzes.

nämlich entweder für ein Arzneimittel oder für einen Finanzplan die Patentirung nachgesucht wird[1]).

In allen übrigen Fällen dagegen soll die Patentfähigkeit der angemeldeten Erfindung nicht geprüft werden. Das nachgesuchte Patent wird vielmehr ertheilt auch wenn die angemeldete Erfindung zu den im Art. 30 Nr. 3 & 4 bezeichneten nicht patentfähigen Gegenständen gehört. Es werden daher in Frankreich jährlich Patente auf die Quadratur des Cirkels oder auf das Perpetuum mobile nachgesucht und auch ertheilt[2]) und die Patentertheilung würde auch in dem Falle nicht versagt werden können, wenn der Gegenstand des Patentes gegen die Gesetze und die guten Sitten verstiesse oder die öffentliche Sicherheit gefährdete (Art. 30 Nr. 4).

Die Grenze, welche die Französische Gesetzgebung in den hier erläuterten Vorschriften für die Prüfung der Patentgesetze zieht, ist weder zweckmässig noch folgerichtig gezogen. In der That wurden bei der Berathung des Gesetzes vom 5. Juli 1844 der Deputirtenkammer die Bestimmungen der Art. 11 und 12 lebhaft bekämpft und es wurde beantragt, im Eingange des Art. 11: „Les brevets, dont la demande aura été régulièrement formée, seront délivrés sans examen préalable“ das

---

[1]) Art. 3. Ne sont pas susceptibles d'être brevetés:

1. Les compositions pharmaceutiques ou remèdes de toute espèce les dits objets demeurant soumis aux lois et règlement spéciaux sur la matière et notamment au décret du 18 août relatif aux remèdes secrets.
2. Les plans et combinations de crédit ou de finances.

Art. 13. Lorsque par application de l'article 3 il n'y aura pas lieu à délivrer un brevet, la taxe sera restituée.

[2]) Arago oeuvres complètes tom. 6 p. 677: „Tous les ans, et d'ordinaire au retour du printemps un certain nombre de cerveaux malades croient avoir fait des découvertes; ils prétendent avoir trouvé la quadrature du cercle, la trissection de l'angle, le mouvement perpétuel etc., toutes questions insolubles et qui en supposant qu'elles fussent résolues n'amèneraient pas un centime dans la poche des inventeurs. Eh bien ces prétendues inventions deviennent sans hésitation l'objet de brevets d'invention. Leurs malheureux auteurs vendent leur mobilier, leurs effets, leurs outils pour avoir ce brevet qui leur coutait jadis 500 fr., 1500 fr., qui leur coute encore aujourd'hui une somme annuelle de 100 francs et dont il est évident qu'ils ne pourront tirer aucun parti utile.“

Wort régulièrement zu streichen, indem Marie und Bethmont behaupteten, dass durch diesen Zusatz und durch die in den Art. 12 und 13 vorgesehene Zurückweisung der nicht vorschriftsmässig eingerichteten Gesuche der ganze Missbrauch der Vorprüfung wieder eingeführt werde[1]). Die angefochtenen Vorschriften wurden indess beibehalten und es muss behauptet werden, dass es in der That zu absurden Consequenzen führen würde, wenn die patentertheilende Behörde auf jedes wie immer beschaffene Gesuch für jeden beliebigen Gegenstand ein Patent ausfertigen müsste, ohne berechtigt zu sein, auch nur diejenigen Voraussetzungen zu prüfen, welche aus dem Patentgesuche selbst erhellen müssen. Dazu gehört aber ausser den für das Gesuch vorgeschriebenen Formen auch die Patentfähigkeit des in dem Titel des Gesuches bezeichneten Gegenstandes. Es kann nur als ein Mangel in der Gesetzgebung bezeichnet werden, wenn die Behörde genöthigt ist, Patente über vermeintliche wissenschaftliche Entdeckungen zu ertheilen, welche nach der ausdrücklichen Bestimmung der Gesetze von dem Patentschutze ausgeschlossen sind, oder gar über Erfindungen, deren Ausübung den Landesgesetzen oder der öffentlichen Sicherheit zuwiderläuft[2]).

Die übrigen Gesetzgebungen, welche dem Anmeldungssysteme folgen, übertragen daher sämmtlich der patentertheilenden Behörde die Prüfung des Gesuches in Bezug auf die Patentfähigkeit des darin bezeichneten Gegenstandes[3]) und schreiben die Verwerfung des Patentgesuches vor, wenn dieser Gegenstand nach der eigenen Bezeichnung des Erfinders zu den von dem Patentschutze ausgenommenen Gegenständen gehört.

Eine wesentlich andere Bedeutung hat die Prüfung des

---

[1]) Renouard, Traité des brevets d'invention. Paris 1865 p. 382.

[2]) Wie würde es sich z. B. ausnehmen, wenn die Belgische Regierung, die den Gebrauch und den Verkauf des Nitroglycerins als gemeingefährlich verboten hat, genöthigt wäre, ein Patent über ein neues Verfahren zur Herstellung oder Verwendung dieses Sprengöles zu ertheilen!

[3]) Vergl. Oesterreich. Gesetz v. 15. August 1852 §§. 2—6. — Italien. Gesetz v. 30. October 1856 Art. 6 Art. 39. — Schwed. Gesetz v. 19. August 1856 §. 7.

Patentgesuches in denjenigen Staaten, deren Gesetzgebung dem Vorprüfungssysteme oder dem Aufgebotssysteme folgt. Während dies aus dem Begriffe der Vorprüfung von selbst folgt, ergibt sich auch für das Aufgebotsverfahren aus dem Zwecke desselben die Nothwendigkeit, das Patentgesuch auch von Amtswegen einer Prüfung in Bezug auf seinen Inhalt zu unterziehen. In der That schreibt auch das Englische Recht die Vorprüfung des Patentgesuches sowohl in Bezug auf die Vollständigkeit der Beschreibung als auch in Bezug auf die Bezeichnung des zu patentirenden Gegenstandes ausdrücklich vor[1]).

Dass diese Prüfung sich insbesondere auch auf die Patentfähigkeit des Gegenstandes und auf die Neuheit der Erfindung erstrecken kann, wird ausdrücklich bezeugt[2]) und es werden Beispiele angeführt, in welchen das nachgesuchte Patent aus dem Grunde verweigert wurde, weil die Erfindung notorisch bereits bekannt war[3]).

Allein in dem Englischen Verfahren wird in der Regel nur die Beschreibung in Bezug auf ihre Vollständigkeit und Deutlichkeit geprüft, während die Neuheit und Patentfähigkeit nur in vereinzelten Fällen, wenn der prüfende Kronanwalt auf

---

[1]) 15 & 16 Victoria cap. 83 (v. 1. Juli 1852) Sect. 7: Every application for letters patent made under this act shall be referred by the commissioners, according to such regulations as they may think fit to make, to one of the law officers.

8. The provisional specification shall be referred to the law officer, who shall be at liberty to call to his aid such scientific or other person as he may think fit, and to cause to be paid to such person by the applicant such remuneration as the law officer shall appoint; and if such law officer be satisfied that the provisional specification describes the nature of the invention, he shall allow the same and give a certificate of his allowance and such certificate shall be filed in the office of the commissioners and thereupon the invention therein referred to may during the term of six months from the date of the application for letters patent for the said invention be used and published without prejudice to any letters patent to be granted for the same and such protection from the consequences of use and publication as hereinafter referred to as provisional protection. Provided always that in case the title of the invention or the provisional specification be to large or insufficient it shall be lawful for the law officer to whom the same is referred, to allow or require the same to be amended.

[2]) Engl. Blaubuch v. 1865 S. 96.

[3]) Daselbst S. 12.

diesfällige Bedenken aufmerksam gemacht wird, einer Untersuchung unterzogen wird[1]). Eine vollständige materielle Vorprüfung ist in dem Englischen Verfahren schon dadurch ausgeschlossen, dass die Prüfung abwechselnd durch den Attorney und den Solicitor General erfolgt und dass jeder der beiden Kronanwalte von den Entscheidungen seines Collegen und von den zu dessen Prüfung gelangten Erfindungen keine Kenntniss erhält. Es ist daher nichts Ungewöhnliches, dass in kurzer Zeit nach einander fünf bis sechs Patente über dieselbe oder doch ungefähr die gleiche Erfindung ertheilt werden[2]).

Ganz anders verhält es sich mit dieser Prüfung in den Ländern des eigentlichen Vorprüfungssystemes namentlich in Preussen und in den Vereinigten Staaten, wo das nachgesuchte Patent nur ertheilt werden darf, wenn sowohl die Patentfähigkeit des Gegenstandes als auch die Neuheit der Erfindung durch vorherige Prüfung festgestellt worden ist.

In Preussen ist die Vorprüfung nach amtlichen Erläuterungen zu Art. 3 des Publicandums wie folgt geregelt:

„Die Prüfung des Patentgesuches erfolgt jederzeit durch die Königliche technische Deputation für Gewerbe. Sie beschränkt sich auf die Untersuchung der Neuheit und Eigenthümlichkeit der Sache, ohne dass es auf eine Erörterung der Zweckmässigkeit und Nützlichkeit derselben ankommt, mit Ausnahme des Falles, wo es sich um Ertheilung eines Patentes wegen reeller Verbesserung bereits vorhandener Vorrichtungen oder Methoden handelt. Wird das Patentgesuch begründet gefunden, so wird dem Patentsucher vor Ertheilung des Patentes bekannt gemacht, was für neu und eigenthümlich erachtet worden, als ob die zu patentirende Sache durchgängig in allen ihren Theilen oder endlich nur in dem ganzen Zusammenhange, ohne dass ein einzelner Theil derselben als neu und eigenthümlich anerkannt werde, patentfähig sei.“

Gleiche Grundsätze stellt das Gesetz der Vereinigten Staaten für die Vorprüfung der Erfindung auf[3]).

---

[1]) Daselbst S. 96.
[2]) Daselbst S. 96.
[3]) Statut v. 8. Juli 1870 Sect. 24—31.

Die Gesichtspunkte, welche beide Gesetzgebungen für die materielle Vorprüfung aufstellen, stimmen nahezu überein. Das Gesetz der Vereinigten Staaten weicht nur insofern von den Preussischen Vorschriften ab, als es den Commissar anweist, die Prüfung auch darauf zu erstrecken, ob die Erfindung hinreichend nützlich und wichtig (sufficiently useful and important) erscheine. Die Praxis des Nordamerikanischen Patentes legt indess dieser Bedingung der Nützlichkeit keine andere Bedeutung bei, als die oben (S. 59) erläuterte, indem sie darunter das Erforderniss versteht, dass die Erfindung durch ihre Resultate dem materiellen Gebrauche diene. Es werden dadurch einerseits blosse theoretische Probleme, andrerseits die Formen und Muster ausgeschlossen, auf welche sich der in dem zweiten Abschnitte des Gesetzes vom 8. Juli 1870 (sect. 71—76) nach besondern Normen geregelte Musterschutz erstreckt. Zugleich wird dadurch dem Patentamte die Befugniss gegeben, solche vermeintliche Erfindungen zurückweisen, welche geradezu unausführbar und widersinnig sind. Diese Befugniss ist überall da unerlässlich, wo die Patente nach vorheriger materieller Prüfung ertheilt werden. Sie wird daher auch durch die Preussischen Verwaltungsvorschriften anerkannt[1]).

---

[1]) Rescript an die technische Deputation für Gewerbe vom 31. Januar 1821 (nach deren Anträgen):

„Die Königliche Deputation hat nur die Pflicht, sich gutachtlich zu äussern

a) ob der Gegenstand des Patentes neu sei,

b) ob ein technischer oder wissenschaftlicher Grund vorhanden, aus welchem anzunehmen, dass die Sache nicht ausführbar sei.

Auf die Frage, ob die Erfindung gewerblich haltbar sei oder nicht, kommt es nicht an und es können zu diesem Zwecke keine Versuche von dem Erfinder verlangt werden.“

Rescript an E. St. in Schweinfurt v. 12. Juli 1835:

„Nach der Preussischen Gesetzgebung prüft die Behörde nur die Neuheit und Eigenthümlichkeit der Sache, worauf sie ein Patent ertheilt. Sie übernimmt gar keine Gewähr für den Werth der Sache, indem sie es dem Empfänger überlässt, ob er seine Rechnung bei Anwendung des Verfahrens findet oder nicht, sowie denjenigen, welche sich mit ihm über die Abtretung seines Patentrechtes einigen. Dies schliesst jedoch nicht aus, dass Patente auf solche Gegenstände verweigert werden, welche offenbar inan sind.“

Schreiben des Finanzministers an den Minister des Innern vom 29. August 1845:

In Bezug auf die Prüfung der Neuheit der Erfindung geben dagegen beide Gesetzgebungen übereinstimmende Vorschriften. Sie stimmen namentlich darin überein, dass dieses Requisit nicht durch den blossen Gebrauch der Erfindung vor der Anmeldung, sondern nur durch die Veröffentlichung derselben, also durch die öffentliche Ausführung oder Mittheilung ausgeschlossen wird (vergl. oben S. 63).

Die amtlichen Erläuterungen zu §. 2 des Preussischen Publicandums vom 14. October 1815 bestimmen hierüber:

„Auch kann Alles das nicht Gegenstand eines Patentes werden, was der Erfinder selbst schon durch Beschreibung, Zeichnung oder Ausführung zur Kenntniss des Publicums gebracht hat.“

Dem entsprechend wird auch in den Entscheidungen des Ministeriums nur die öffentliche Ausführung und das Bekanntwerden der Erfindung durch solche Ausführung als Grund für die Versagung des Patentes angeführt[1]).

Das Nordamerikanische Gesetz vom 8. Juli 1870 sect. 24. 25

„Nach der bestehenden Patentgesetzgebung kommt es nicht darauf an zu prüfen, ob die Vorrichtung Vorzüge vor andern bekannten Vorrichtungen besitzt oder nicht, sondern darauf, ob sie neu und eigenthümlich ist. Ob der Patentirte bei der Anwendung besser oder schlechter fährt, ist lediglich seine Sache. Nur auf unnütze oder unausführbare Dinge wird ein Patent verweigert.“

[1]) Rescript an den Mechaniker E. zu Berlin v. 13. Juli 1828:

„Obgleich die von Ihnen zur Führung der Kolbenstange angegebene Vorrichtung, sowie die Verbindung der Lenker oder Pleyelstangen mit dem Krummzapfen früher noch nicht vorgekommen sind, so muss das Patentgesuch abgelehnt werden, da Sie mehrere mit diesen Verbesserungen versehene Dampfmaschinen seit einem Jahre gebaut und in Gang gesetzt haben. Ein Verfahren ist nur so lange als neu und eigenthümlich und als patentfähig zu erachten, als es nicht durch öffentliche Ausführung Gemeingut geworden ist.“

Rescript v. 11. Februar 1843 an den Fabriken-Commissar H. zu Breslau:

„Es ist als Grundsatz angenommen, dass eine Sache, die bereits durch Schriften oder durch praktische Ausführung den Gewerbtreibenden bekannt geworden, nicht mehr Gegenstand eines Patentes sein kann. Da nun Ihre Papierschneidemaschine, wie Sie selbst zugeben, bereits an andern Orten in Thätigkeit und sonach dem Gewerbestande bekannt geworden ist, so kann auf Ihr Patentgesuch nicht eingangen werden.“

bestimmt, dass das Patent versagt werden soll, wenn die Erfindung vor der Anmeldung in einer gedruckten Anzeige im Inlande oder im Auslande beschrieben oder im Inlande bereits patentirt, oder endlich seit zwei Jahren in den Vereinigten Staaten im Gebrauch gewesen ist.

In England soll das Patent nach dem Statut von 1623 sect. 6 versagt werden, wenn die Erfindung nicht gemeinschädlich ist und Andere sie nicht bereits in Gebrauch hatten. Unter diesem Gebrauche wird nach dem oben S. 63 Gesagten jede Anwendung zu gewerblichen Zwecken auch mit Geheimhaltung der Erfindung verstanden. Die Veröffentlichung durch den Druck im Inlande gilt dem Gebrauche gleich. Dagegen hindert die Veröffentlichung oder die Anwendung der Erfindung im Auslande deren Patentirung für England nicht. Unter Umständen kann sogar ein Patent aufrecht erhalten werden, wenn sich nachträglich durch die gerichtliche Anfechtung herausstellt, dass der Patentinhaber nicht der erste Erfinder war, dass vielmehr schon vor der Patentertheilung andere Personen die Erfindung gemacht oder benutzt haben, sofern sich nämlich ergibt, dass der Patentirte sich in gutem Glauben für den ersten Erfinder gehalten hatte und dass ein öffentlicher Gebrauch der Erfindung nicht stattgefunden hat. Die Bestätigung des Patentes kann in solchem Falle auf den Antrag des Patentinhabers nach Anhörung des Opponenten auf das Gutachten des richterlichen Ausschusses des Geheimen Rathes durch die Königin erfolgen[1]).

§. 12. Patentertheilung.

Verfahren in Preussen. — Frankreich. — Grossbritannien. — Nordamerika. — Uebrige Staaten.

Nachdem das Patentgesuch auf die im §. 10 beschriebene Art angemeldet und gemäss §. 11 einer Prüfung in Bezug auf die formellen Requisite, sowie in den Ländern des Vorprüfungssystemes in Bezug auf die materiellen Bedingungen des Patentschutzes unterworfen ist, erfolgt die Entscheidung über das Ge-

[1]) 5 & 6 William IV c. 83 sect. 2.

such und, falls dasselbe zulässig befunden wird, die Patentertheilung durch die zuständige Behörde.

In Preussen entscheidet das Ministerium für Handel, Gewerbe und öffentliche Arbeiten auf den Bericht der mit der Vorprüfung beauftragten technischen Deputation für Gewerbe. Die Entscheidung wird zunächst dem Patentsucher bekannt gemacht, welcher binnen sechs Wochen sich erklären muss, ob er die Ausfertigung des Patentes nach der ergangenen Entscheidung beantragt[1]). In dieser Erklärung muss zugleich bei den von Ausländern eingereichten Patentgesuchen der Inländer namhaft gemacht werden, auf dessen Namen das Patent ausgefertigt werden soll (Vergl. oben S. 76)[2]).

Nach Eingang dieser Erklärung wird das Patent „im Namen des Königs“ unter der Unterschrift des Handels-Ministers ausgefertigt. Es enthält den Namen des Patentträgers, die kurz gefasste Bezeichnung des Gegenstandes oder den Patenttitel, ferner die Zeitdauer und den Umfang des ertheilten Patentes (vergl. §§. 16. 17) und die Bedingungen, unter welchen dasselbe erlischt oder widerrufen werden kann (vergl. §. 14).

Wird das Patentgesuch zurückgewiesen, so erfolgt die Entscheidung durch einen Erlass des Handels-Ministers, gegen welchen keine Berufung stattfindet.

In Frankreich erfolgt die Patentertheilung durch den Minister für Ackerbau und Handel in der Form eines Beschlusses,

---

[1]) Die amtlichen Erläuterungen von 1834 bestimmen zu §. 3 des Publicandums vom 14. October 1815:

„Wird das Patentgesuch begründet gefunden, so wird dem Patentsucher vor Ertheilung des Patentes bekannt gemacht, was für neu und eigenthümlich erachtet worden, ob also die zu patentirende Sache durchgängig in allen ihren Theilen, oder nur in einzelnen bestimmten Theilen, oder endlich nur in dem ganzen Zusammenhange, ohne dass ein einzelner Theil derselben als neu und eigenthümlich anerkannt werde, patentfähig sei.“

[2]) Rescript v. 9. November 1842 an Dr. S. in Berlin:

„Der Ausländer hat bei Einreichung des Patentgesuches einen qualificirten Inländer namhaft zu machen, auf welchen das Patent lauten soll. Es kann jedoch, wenn er dazu nicht sofort im Stande ist, binnen einer Frist von sechs Wochen, innerhalb welcher sich im Falle der Zusicherung des Patentes ein Jeder erklären muss, ob er solches in der festgestellten Form annehmen will, nachgeholt werden.“

welcher die ordnungsmässige Einlegung des Gesuches feststellt[1]).

Wird das Gesuch verworfen, so geschieht dies durch eine einfache Verfügung des Ministers, gegen welche nach Renouard die Berufung an den Staatsrath binnen einer dreimonatlichen Frist offen steht. Wird diese Berufung für begründet erachtet, so wird das Patent mit dem Datum der ursprünglichen Anmeldung ertheilt[2]).

In Grossbritannien ergeht auf das Patentgesuch zunächst eine vorläufige Entscheidung durch den mit der Prüfung beauftragten Kronanwalt. Das Certificat des Letztern wird in der *London Gazette* und in dem Amtsblatte des Patentamtes bekannt gemacht und gewährt einen vorläufigen Patentschutz für die Dauer von 6 Monaten[3]). Wenn statt der vorläufigen Beschreibung gleich die vollständige Beschreibung eingereicht wird, so findet die Vorprüfung durch den Kronanwalt nicht statt. Die Erfindung wird ohne Weiteres angezeigt und bleibt für die Dauer von sechs Monaten vorläufig geschützt[4]).

Die definitive Entscheidung wird durch einen wiederholten Antrag des Patentsuchers eingeleitet, welcher binnen vier Monaten nach der Anmeldung gestellt werden muss. Diesem Antrage folgt das Aufgebot (vergl. §. 13) und nach dem Ablaufe der 21tägigen Frist zur Anmeldung der Einsprüche, die definitive Entscheidung des Kronanwaltes und zwar sofern dem

---

[1]) Gesetz v. 5. Juli 1844 Art. 11. Un arrêté du ministre constatant la régularité de la demande, sera délivré, au demandeur et constituera le brevet d'invention.

A cet arrêté sera joint le duplicata certifié de la description et des dessins, mentionné dans l'article 6 après que la conformité avec l'expédition originale en aura été reconnue et établie au besoin.

[2]) Renouard, Traité des brevets d'invention. Paris 1865 p. 388.

[3]) 15 & 16 Victoria cap. 83 (1. Juli 1852) sect. 8: — „and if such law officer be satisfied that the provisional specification describes the nature of the invention, he shall allow the same and give a certificate of his allowance and such certificate shall be filed in the office of the commissioners and thereupon the invention therein refered to may, during the term of six months from the date of the application for letters patent for the said invention, be used and published without prejudice to any letters patent to be granted for the same.“

[4]) ibid. sect. 9 & 11.

Patentgesuche stattgegeben werden soll, in der Form einer Zusicherung (warrant), auf Grund deren die Ausfertigung des Patentes selbst binnen drei Monaten bei dem Lord Kanzler nachgesucht werden muss. Bei dem Letztern können abermals Einwendungen gegen die Patentertheilung angebracht werden, über welche der Lord Kanzler endgültig entscheidet[1]). Das Patent wird Namens der Königin ausgefertigt und mit dem grossen Siegel versehen. Es trägt das Datum der Anmeldung (oben S. 130).

In den Vereinigten Staaten von Nordamerika entscheidet der Patentcommissar auf den Bericht des mit der Prüfung beauftragten Beamten. Wird das Patentgesuch in seinem ganzen Umfange als begründet gefunden, so fertigt er das Patent ohne Weiteres aus, findet er gegen die Beschreibung etwas zu erinnern, oder ergibt sich, dass der Patentsucher nicht der erste Erfinder ist, oder dass die Erfindung zum Theil bereits bekannt, bereits patentirt oder bereits veröffentlicht ist, so theilt der Patentcommissar sein Bedenken dem Patentsucher mit und belehrt ihn, wie er sein erneuertes Patentgesuch einrichten soll[2]). Will der Erfinder sich bei diesem Bescheide nicht beruhigen, so steht ihm die Berufung dagegen offen. Diese Berufung geht in erster Linie an dieselbe Prüfungsbehörde, welche in erster Instanz entschieden hat. Erst wenn das Patentgesuch zweimal zurückgewiesen ist, kann Berufung an die obere Prüfungsbehörde eingelegt werden, welche aus drei rechts- und sachkundigen Mitgliedern besteht. Ist das Patentgesuch nicht von Amtswegen, sondern auf den Einspruch eines Dritten zurückgewiesen, so geht die Berufung sogleich in erster Linie an die obere Prüfungsbehörde. Gegen die Entscheidung der Letzteren findet noch eine dritte (oder im Falle des Einspruchs eine zweite) Berufung statt, über welche vor dem Patentcommissar in Person verhandelt wird.

Wird dem Patentgesuche stattgegeben, so muss der Erfinder innerhalb 6 Monaten nach der Mittheilung dieses Be-

---

[1]) ibid. sect. 15. Die Zurückweisung des Patentgesuches kann sowohl in erster Instanz durch den Kronanwalt, als auch in der zweiten Instanz durch den Lord Kanzler stattfinden. Dem Patentsucher steht weder in dem einen noch in dem andern Falle eine Berufung zu.

[2]) Statut v. 8. Juli 1870 sect. 41.

scheides die Ausfertigung des Patentes nachsuchen und die letzte Gebühr von 20 Dollars erlegen. Versäumt er diese Frist, so kann er binnen zwei Jahren nach der ersten Anmeldung eine zweite Anmeldung in Bezug auf dieselbe Erfindung machen. Das Patent wird in keinem Falle zurückdatirt[1]).

Die Vorschriften des Sächsischen, des Bayerischen und des Belgischen Gesetzes über die Patentertheilung stimmen mit denjenigen des Französischen Gesetzes überein. Die Entscheidung über das Patentgesuch erfolgt durch den Minister des Innern. Eine Berufung gegen die Versagung des nachgesuchten Patentes ist in diesen Patentgesetzen nicht vorgesehen, sie findet also nur insofern statt, als die allgemeinen Gesetze eine Beschwerde gegen Verfügungen des Ministers überhaupt gestatten[2]).

Das Italienische Gesetz überträgt die Patentertheilung dem Minister der öffentlichen Arbeiten. Gegen die Zurückweisung des Patentgesuches findet die Berufung an eine besondere Commission statt[3]).

In Oesterreich entscheidet zunächst die Statthalterei der Provinz über die Patentfähigkeit der Erfindung und über die gehörig erfolgte Anmeldung. Gegen die zurückweisende Verfügung der Statthalterei findet der Rekurs an den Handelsminister statt. Letzterer entscheidet entweder auf den Antrag der Statthalterei oder auf den Rekurs des Erfinders endgültig über das Patentgesuch und fertigt dasselbe im Falle der Gewährung unter seiner Unterschrift aus[4]).

In Russland fertigt der Minister nach vorherigem Benehmen mit dem Reichsrathe das Patent unter Gegenzeichnung des Departements-Directors aus[5]).

In Schweden entscheidet das Handels-Collegium ohne Berufung[6]).

---

[1]) Statut v. 8. Juni 1870 sect. 23 sect. 35.

[2]) Sächs. Verordnung v. 20. Januar 1853 §. 15. — Bayer. Gesetz v. 10. Februar 1842 §§. 14—16. — Belgisches Gesetz v. 24. Mai 1854 Art. 19.

[3]) Gesetz v. 30. October 1859 Art. 36 Art. 39—43.

[4]) Oesterreich. Gesetz v. 15. August 1852 §§. 15—18.

[5]) Russ. Digesten h. t. Art. 129.

[6]) Schwed. Gesetz v. 19. August 1856 §. 7.

In Spanien ist die Entscheidung über die Patentgesuche und die Ausfertigung der Patente dem Könige vorbehalten[1]).

§. 13. Publication.

Verschiedener Umfang. — Preussisches Recht. — Verfahren in England. — Nordamerika. — Frankreich und die übrigen Staaten.

Die Publication des ertheilten Patentes ist in allen Gesetzgebungen übereinstimmend vorgesehen. Sie folgt mit Nothwendigkeit aus dem Zwecke, dem Patentinhaber den alleinigen Gebrauch seiner Erfindung zu sichern und Andere von dem Gebrauche derselben auszuschliessen. Die Art der Veröffentlichung ist jedoch in den verschiedenen Staaten wesentlich verschieden geregelt. Während in einigen Ländern wie in Preussen nur der Patenttitel oder die kurzgefasste Bezeichnung des Gegenstandes der Erfindung bekannt gemacht, die Beschreibung derselben aber geheim gehalten wird, erstreckt sich in andern Ländern, wie z. B. in Grossbritannien, die Publication auf den ganzen Text der Beschreibung; in andern Ländern endlich, wie z. B. in Frankreich, wird zwar nur der Patenttitel von Amtswegen öffentlich bekannt gemacht, dagegen die Beschreibung Jedem, der es verlangt, auf besonderen Antrag mitgetheilt, in noch andern Ländern endlich erfolgt die vollständige Veröffentlichung der Beschreibung erst nach dem Ablauf des Patentes. Eine besondere Art der Publication ist neben der öffentlichen Bekanntmachung in den Vereinigten Staaten vorgeschrieben, indem der Patentinhaber bei Verlust seines Entschädigungsanspruchs gegen den Nachahmer gehalten ist, jedes Exemplar des patentirten Gegenstandes mit einer Bezeichnung zu versehen, welche das Datum seines Patentes enthält.

Allen Gesetzgebungen gemeinsam ist der Grundsatz, dass die ertheilten Patente in irgend einer Form zur öffentlichen Kenntniss gebracht werden und diese Bekanntmachung liegt bereits in dem Namen der Patente *(literae patentes)* ausgedrückt. Sie ist zugleich in dem Wesen des Patentes begründet, welches einen für alle Personen rechtsverbindlichen (bedingten oder un-

---

[1]) Span. Gesetz v. 27. März 1826 Art. 2.

bedingten) Ausspruch der Staatsgewalt über die ausschliessliche Befugniss zur Ausübung der angemeldeten Erfindung enthält, welches also, um wirksam zu werden, zur öffentlichen Kenntniss gelangen muss. Die Unterschiede in dem Publicationsverfahren bestehen nur in der mehr oder minder vollständigen Bezeichnung der patentirten Erfindung. Während die neueren Gesetzgebungen die vollständige Beschreibung geben, wird nach den älteren Gesetzen nur der Titel des Patentes veröffentlicht, die Beschreibung selbst aber geheim gehalten. Nach dem einen System wird dem Publicum sofort die vollständige Kenntniss der seiner Benutzung einstweilen entzogenen Erfindung gewährt. Es wird dadurch das Aequivalent geboten, welches der in dem Patentschutze enthaltenen Beschränkung der Gewerbefreiheit gegenübersteht (oben S. 22). Es wird dadurch gleichzeitig Jedem die Möglichkeit gegeben, auch die zufällige Nachahmung des patentirten Gegenstandes zu vermeiden.

Nach dem ältern Systeme dagegen ist der Gewerbtreibende durch die Bekanntmachung des Patenttitels nur aufmerksam gemacht auf das Bestehen einer patentirten Erfindung. Er muss, falls er selbst eine Vorrichtung oder ein Verfahren erfindet oder in Erfahrung bringt, welches dem in dem Patenttitel angegebenen Zwecke entspricht, zuvor Nachfrage halten, ob dies das patentirte Verfahren oder die patentirte Vorrichtung ist. Ausserdem geht bei der Geheimhaltung der Beschreibung — sofern dieselbe nicht wenigstens nach Ablauf des Patentes veröffentlicht wird, wie dies in einigen Staaten der Fall ist, — dem Publicum der Vortheil verloren, welcher in dem rechtzeitigen Bekanntwerden der Erfindung liegt und welcher oben als die Gegenleistung des Erfinders für das gewährte zeitweilige Monopol bezeichnet ist.

Es ist daher leicht ersichtlich, dass die vollständige Bekanntmachung sowohl vom juristischen als vom gewerbepolitischen Standpunkte aus den Vorzug vor der bloss unvollständigen Publication verdient. Die Besonderheiten des englischen Verfahrens betreffen den Nebenzweck des Aufgebotes der Einsprüche, welcher durch die vorgängige Publication des Patentgesuches erreicht wird. Ebenso enthält die in Nordamerika neuerdings vorgeschriebene Bezeichnung der patentirten Waaren nur eine Verstärkung der amtlichen Publication, welche zur

Verhütung eines absichtslosen Eingriffes in das ertheilte Patent dient.

Für die Form der öffentlichen Bekanntmachung gilt im Allgemeinen die Regel, dass sie durch die zur Verkündung der Gesetze bestimmten Blätter erfolgt[1]). Abweichend hiervon erfolgt die Publication in Preussen durch den Staatsanzeiger und die Regierungsamtsblätter, in Sachsen durch die Leipziger Zeitung, in den Vereinigten Staaten seit 1871 durch eine besondere Sammlung der Patentbeschreibungen, früher durch einen jährlichen Bericht des Patentamtes. In vielen Staaten werden ausser der Bekanntmachung durch die Gesetzblätter noch besondere Kataloge oder Register über die ertheilten Patente veröffentlicht. Das Nähere über Form und Inhalt der Bekanntmachungen ergiebt die folgende Uebersicht der einzelnen Gesetzgebungen.

In Preussen wird nur der Titel des Patentes oder die Patentformel, nicht die Beschreibung öffentlich bekannt gemacht. Das Publicandum vom 14. October 1815 bestimmte hierüber:

> 5. Jeder Patentirte muss spätestens innerhalb sechs Wochen nach Vollziehung des Patentes in den Amts- und Intelligenzblättern jeder Provinz, auf welche sich das Patent erstreckt, bekannt machen, dass und worüber er ein Patent erhalten habe und auf die niedergelegte Beschreibung verweisen. Ueberall, wo die Bekanntmachung binnen obiger Frist nicht erfolgt ist, wird das durch das Patent verliehene Recht für erloschen angenommen.

Dieses Verfahren wurde durch die Circularverfügung vom 17. Dezember 1831 abgeändert, welche die Bekanntmachung der Patentformel von Amtswegen durch die Staatszeitung, an deren Stelle der Staatsanzeiger getreten ist, und die Regierungsamtsblätter anordnete. Das Publicationsverfahren wird daher in den amtlichen Erläuterungen zu dem Publicandum wie folgt beschrieben:

> Zu §. 5. Die Bekanntmachung erfolgt gegenwärtig von

---

[1]) In Frankreich durch das Gesetzbulletin, in Oesterreich durch das Reichsgesetzblatt, in Bayern und Würtemberg durch das Regierungsblatt, in Italien durch die Gazeta uffiziale, in Belgien durch den Moniteur, in Spanien durch die Gazeta de Madrid. — Vergl. die unten angeführten Patentgesetze.

Amtswegen und zwar durch die Staatszeitung und durch die Amtsblätter der Regierungen dergestalt, dass die patentirte Sache unter Bezugnahme auf die niedergelegte Beschreibung oder Zeichnung oder auf das beigebrachte Modell in Kurzem angegeben, dabei auch wenn die Sache nur in ihrem ganzen Zusammenhange oder hinsichtlich einzelner Theile patentirt worden, hierauf aufmerksam gemacht wird. Will Jemand sich sodann dessen vergewissern, ob er ohne Eingriff in das Patent eine Sache oder Methode ausführen könne, so bleibt es ihm überlassen, sich hierüber von dem Finanz-Ministerium Auskunft zu erbitten.

Die zur Bekanntmachung bestimmte Patentformel wird aus dem Texte des Patentes entnommen[1]).

Die Beschreibung bleibt bei dem Handels-Ministerium hinterlegt und sollte nach der ursprünglichen Absicht des Publicandums Jedem auf Verlangen mitgetheilt werden. Dies geht aus der angeführten Bestimmung im §. 5 hervor, wonach der Patentirte in der Bekanntmachung auf die hinterlegte Beschreibung verweisen soll. Auch die Praxis hat hierüber anfänglich keinen Zweifel gehegt. Die sechste Generalverwaltung (welche damals den Handels- und Gewerbeangelegenheiten vorstand) fasste am 16. Juli 1816 ausdrücklich folgenden Beschluss:

> „Es soll bei der Ertheilung von Patenten den Nachsuchenden künftig eröffnet werden, dass sie neben dem Schutze des Staates, der ihnen während der Dauer des Patentes gewährt werde, auf Geheimhaltung keinen Anspruch haben."

Dieser Beschluss ist in die amtlichen Erläuterungen zu §. 9 des Publicandums übergegangen und das zur Ausfertigung der Patente benutzte Formular enthält noch heute die Klausel: „Geheimhaltung des patentirten Gegenstandes neben diesem Schutze des Staates wird jedoch nicht versprochen."

Gleichwohl wird die Geheimhaltung der Beschreibung jetzt

---

[1]) Die gebräuchliche Formel lautet „auf eine durch Beschreibung und Zeichnung erläuterte Vorrichtung (Verfahrungsweise etc.) zum Pressen von Bleiröhren u. dgl., soweit dieselbe für neu und eigenthümlich erachtet worden und ohne Jemand in dem Gebrauche bereits bekannter Theile zu beschränken."

von der Praxis des Handelsministeriums als Grundsatz festgehalten und dieses Prinzip ist in einer Reihe von Verfügungen ausdrücklich ausgesprochen worden[1]).

Auch nach Ablauf des ertheilten Patentes wird die Beschreibung nicht von Amtswegen veröffentlicht. Die Zeichnungen und Beschreibungen, sowie die Modelle werden so lange unter Verschluss aufbewahrt, bis der frühere Patentinhaber auf deren Rückgabe besonders anträgt[2]). Doch bestimmt ein älteres Rescript, dass die Beschreibung nach Ablauf des Patentes an Jeden, der davon Gebrauch zu machen wünscht, auf besondern Antrag mitgetheilt werden soll[3]).

---

[1]) Rescript an die Regierung zu Frankfurt vom 11. October 1823:

„Wenn auf jedem Patente die Klausel inserirt wird, dass sich das Ministerium nicht zur Geheimhaltung des patentirten Verfahrens verpflichtet, so wird dennoch jede Beschreibung und Zeichnung zu einem Patente versiegelt bei demselben aufbewahrt, um nicht Gelegenheit zu Beeinträchtigungen zu geben. Die Mittheilung von dergl. Beschreibungen und Zeichnungen geschieht daher in der Regel nicht, wenn nicht ganz dringende Veranlassungen dies rechtfertigen. Die gewünschte Mittheilung einer Beschreibung und Zeichnung der patentirten Römer'schen Scheermaschine kann daher nicht gewährt werden."

Rescript v. 23. September 1845 an J. V. zu Kempten:

„Der Klausel im Patente, dass eine Geheimhaltung der Sache nicht versprochen werden könne, liegt keinesweges die Absicht zum Grunde, Ihr Verfahren zu veröffentlichen. Bei Widersprüchen gegen das ertheilte Patent oder bei Klagen über Patenteingriffe kann aber Geheimhaltung nicht zugesichert werden, da sie unmöglich ist."

Schreiben an den Minister der geistlichen Angelegenheiten vom 4. Januar 1849:

„Die Patentgesuche und Beschreibungen, sowie die darüber gepflogenen Verhandlungen gelangen nur zur Kenntniss derjenigen Beamten, welche nach dem Geschäftsgange nothwendig bei der Erledigung der Sache betheiligt werden müssen und dürfen an Niemanden weiter mitgetheilt werden."

Rescript vom 19. October 1867 an S. & K. in Solingen:

„Ueber ertheilte Erfindungspatente wird eine Auskunft an dritte Personen grundsätzlich nicht ertheilt. Demnach muss die Beantwortung Ihrer Anfrage abgelehnt und auf die in den amtlichen Blättern erfolgten Veröffentlichungen der ertheilten Patente lediglich verwiesen werden."

[2]) Schreiben des Handelsministers an den Minister der auswärtigen Angelegenheiten vom 13. August 1855 (unten S. 155).

[3]) Rescript an die Regierung zu Liegnitz vom 28. Juli 1822.

In Frankreich wird ebenfalls zunächst nur der Titel des Patentes von Amtswegen veröffentlicht. Diese Publication erfolgt bei der Ertheilung des Patentes durch das Gesetzbulletin und am Jahresschlusse in der Form eines Verzeichnisses der im Laufe des Jahres ertheilten Patente, welches auf dem Secretariate der Präfectur jedes Departements zur Einsicht offen liegt [1]).

Der Titel des Patentes wird nach der in dem Patentgesuche enthaltenen Fassung veröffentlicht. Der Antrag, dem Minister die Abänderung eines dem wirklichen Inhalte der Erfindung nicht entsprechenden Titels zu gestatten, wurde bei der Berathung des Gesetzes vom 3. Juli 1844 ausdrücklich abgelehnt [2]). Dagegen wird im Art. 30 jenes Gesetzes die Nichtigkeit des ertheilten Patentes für den Fall angedroht, dass die Beschreibung falsch ist, oder betrügerischer Weise einen andern Gegenstand bezeichnet, als den wirklichen Gegenstand der Erfindung.

Die vollständige Mittheilung der Beschreibung und der Zeichnungen kann von Jedermann gegen Erlegung der Kosten nachgesucht werden. Nach erfolgter Zahlung der zweiten Jahresrate der Patenttaxe wird die Beschreibung mit den Zeichnungen wörtlich oder im Auszuge durch den Druck bekannt gemacht [3]). Auch diese Sammlungen können auf dem Secretariate der Präfectur jedes Departements eingesehen werden. Diese Bestimmungen erleiden eine Ausnahme in Betreff derjenigen Verbesserungspatente, welche während des ersten Jahres nach der Patentirung der verbesserten Erfindung von einem Dritten nachgesucht werden. Die Beschreibung wird in diesem Falle bis zum Ablaufe des Jahres, während dessen der erste Patentinhaber das Vorzugsrecht zur Erlangung des Verbesserungspatentes (oben S. 87) hat, versiegelt aufbewahrt, und erst nach dem Ablaufe dieses Jahres mitgetheilt und veröffentlicht [4]).

---

[1]) Gesetz v. 5. Juli 1844 Art. 24.

[2]) Renouard, Traité des brevets d'invention. Paris 1865 p. 338.

[3]) Gesetz v. 5. Juli 1844 Art. 23. 24. Nach dem früheren französischen Patentgesetze vom 7. Januar 1791 Art. 15. 16 erfolgte die Mittheilung und Veröffentlichung der Beschreibung erst nach dem Erlöschen oder nach der Aufhebung des Patentes.

[4]) Gesetz v. 5. Juli 1844 Art. 18.

In Grossbritannien findet schon im Laufe des Verfahrens, welches der Patentertheilung vorhergeht, eine wiederholte Veröffentlichung des Patentgesuches statt. Diese Bekanntmachung erfolgt zunächst nach der Anmeldung des Patentgesuches, wenn die hinterlegte vorläufige Beschreibung von dem Kronanwalte genügend befunden ist, oder ohne solche vorherige Prüfung, wenn sogleich die vollständige Beschreibung hinterlegt ist (oben S. 142). Die Wirkung dieser Bekanntmachung ist der vorläufige Schutz, welcher der zu patentirenden Erfindung auf die Dauer von 6 Monaten gewährt wird[1]). Auf den weiteren Antrag des Patentsuchers findet dann die zweite Bekanntmachung statt, mit welcher der Aufruf zur Anmeldung etwaiger Einwendungen gegen die Patentertheilung verbunden wird[2]). Beide Bekanntmachungen erfolgen durch die amtliche Londoner Zeitung *(London Gazette)* und durch das Amtsblatt des Patentamtes *(Commissioners of Patents Journal)*[3]).

Nach der Ausfertigung des Patentes wird die Beschreibung mit den Zeichnungen vollständig durch den Druck veröffentlicht. Die amtlichen Abdrücke der Beschreibung haben vor Gericht öffentlichen Glauben. Der Patentinhaber erhält zu seinem Gebrauche auf Verlangen 25 Abdrücke. Die übrigen Exemplare werden von dem Patentamte verkauft, doch werden ca. 130 Abdrücke unentgeltlich an eben so viele inländische und ausländische Bibliotheken, Behörden und Institute vertheilt[4]).

---

[1]) 15 & 16 Victoria cap. 83 (1. Juli 1852) sect. 8, 9 & 11.

[2]) ib. sect. 12.

[3]) First set of rules and regulations under the act 15 & 16 Victoria cap. 83 for the passing of letters patent for inventions, dated the 1. Oct. 1852 sect. 4 & 5.

[4]) 15 & 16 Victoria cap. 83 sect. 32. 33. Das Patentamt hat in gleicher Weise die Beschreibungen der vor dem Erlasse des Statuts vom 1. Juli 1852 nach dem älteren Rechte patentirten Erfindungen drucken lassen. Die ganze Sammlung umfasst die Beschreibungen von 13561 unter dem früheren Gesetze und von jährlich etwa 2200 seit dem 1. Juli 1852 ertheilten Patenten. Sie umfasste bis zum 22. November 1862 bereits 43458 Stücke, welche etwa 1711 Bände von mittlerer Stärke ausmachen. Die vollständige Sammlung, welche das weitläufigste und kostspieligste Repertorium technischer Erfindungen darstellt, findet sich in Preussen in der Königlichen Bibliothek zu Berlin, in der Bibliothek des Handelsministeriums, ferner in Hannover in der Bibliothek des

In Belgien werden die Beschreibungen der bewilligten Patente drei Monate nach der Ausfertigung in einer Specialsammlung wörtlich oder im Auszuge veröffentlicht. Der Patentinhaber kann den wörtlichen Abdruck auf seine Kosten verlangen[1]).

In Russland wird das Patent sogleich nach der Ertheilung seinem ganzen Umfange nach mit der darin enthaltenen vollständigen Beschreibung durch die amtliche Zeitung publicirt[2]).

In Italien wird am Schlusse jedes Quartals die Liste der im vorhergehenden Quartale ertheilten Patente durch die amtliche Zeitung veröffentlicht. Alle sechs Monate werden die Beschreibungen und Zeichnungen der im vorhergehenden Halbjahre ertheilten Patente in der Form eines Kataloges wörtlich oder im Auszuge bekannt gemacht. Dieser Katalog liegt in jeder Provinz auf dem Secretariate der Intendantur und der Handelskammer zur Einsicht offen. Ausserdem kann Jedermann Abschriften der Beschreibungen und Zeichnungen auf seine Kosten erbitten, jedoch nicht vor Ablauf von drei Monaten nach Ertheilung des Patentes[3]).

In Schweden wird das ertheilte Patent an dem Amtsgebäude des Handelscollegiums öffentlich ausgehängt. Von dem Tage des Aushanges wird das Patent datirt und seine Dauer gerechnet[4]).

In Oesterreich, Bayern, Sachsen, Spanien wird nur der Titel des ertheilten Patentes durch die amtlichen Blätter veröffentlicht, dagegen die Geheimhaltung der Beschreibung während der Dauer des Patentes zugesichert. In Oesterreich soll indess der Patentsucher sich darüber erklären, ob er die Geheimhaltung verlangt[5]). In Würtemberg kann die Mittheilung

---

ehemaligen Ministeriums des Innern. Einzelne Abdrücke der Beschreibungen patentirter Erfindungen werden gegen Einsendung des Betrages vom Patentamte *(Great Seal Patent Office)* verabfolgt. Die Auflage beträgt 250 Exemplare, doch sind von einzelnen Beschreibungen zweite und dritte Auflagen nöthig geworden.

1) Gesetz v. 24. Mai 1844 Art. 20.

2) Russische Digesten Tit. 4 Buch 1 Th. 3 Sect. 3 Art. 139—141.

3) Gesetz v. 30. October 1859 Art. 51—54.

4) Gesetz v. 19. August 1856 §. 9.

5) Oesterr. Gesetz v. 15. August 1852 §. 9d. §. 34. — Bayer. Ge-

der Beschreibung im letzten Jahre der Patentdauer nach Anhörung des Patentinhabers verfügt werden, wenn der Antragsteller Sicherheit dafür bestellt, dass er während der Dauer des Patentes den Gegenstand desselben weder selbst benutzen, noch zu dessen Benutzung durch Andere Veranlassung geben werde[1]).

Die Veröffentlichung der Patentbeschreibungen nach Ablauf des Patentes ist in Oesterreich, Bayern, Sachsen und Würtemberg dem Ermessen der Verwaltung vorbehalten.

In den Vereinigten Staaten wurde seit 1837 jährlich im Januar ein Bericht des Patentamtes dem Congress vorgelegt und veröffentlicht, welcher ein Verzeichniss der ertheilten Patente enthielt. Nach dem Statut vom 11. Januar 1871 hört diese Bekanntmachung für die seit 1870 ertheilten Patente auf und der Patentcommissar ist statt dessen ermächtigt, von jeder Patentbeschreibung nebst den Zeichnungen in 150 Exemplaren auf öffentliche Kosten drucken zu lassen und an die Staaten und Territorien, die Bezirksgerichte und an die Congressbibliothek zu vertheilen. Andere öffentliche Bibliotheken erhalten die Sammlung gegen Erstattung des Kostenpreises.

Die eingereichten Modelle und Probeerzeugnisse der patentirten Erfindungen werden bei dem Patentamte öffentlich ausgestellt[2]). Allein die frühere Vorschrift, dass von allen zur Patentirung eingereichten Erfindungen zugleich Modelle eingereicht werden mussten, ist durch das Statut vom 4. März 1861 sect. 5 für diejenigen Fälle aufgehoben, in welchen eine einfache Zeichnung und Beschreibung genügt. Die Modellsammlung des Patentamtes kann daher nicht mehr als ein vollständiger Katalog der patentirten Erfindungen gelten.

Die öffentliche Kenntniss der patentirten Erfindungen wird jedoch in den Vereinigten Staaten vornehmlich durch die zu-

setz v. 10. Februar 1842 §. 14. — Sächs. Gesetz v. 20. Januar 1853 §. 17. — Span. Gesetz v. 27. März 1826 Art. 25.

[1]) Würtemberg. Allgem. Gewerbe-Ordnung vom 5. August 1836 Art. 147.

[2]) Statut v. 8. Juli 1870 sect. 13. That the Commissioner shall cause to be classified and arranged in onitable cases, in the rooms and galleries provided for that purpose, the models — which have been or shall be deposited in the said office; and said rooms or galleries shall be kept open during suitable hours for public inspection.

erst in dem Statut vom 29. August 1842 sect. 6 enthaltene Vorschrift gefördert, wonach alle unter dem Schutze eines Patentes fabrizirten und verkauften Waaren mit dem Datum des Patentes bezeichnet werden müssen. Nach dem gegenwärtig geltenden Statute vom 8. Juli 1870 sect. 38 muss entweder auf jedem Stücke sich das Wort: patentirt mit dem Datum des Patentes befinden oder wo dies nicht angeht, muss ein Zettel mit dieser Bezeichnung an dem Stücke befestigt sein. Wenn diese Waarenbezeichnung unterlassen wird, so hat der Patentinhaber bei einer etwaigen Verletzung seines Patentrechtes keinen Anspruch auf Schadensersatz, wenn er nicht nachweist, dass er den Verklagten vor der Nachmachung verwarnt hat und trotz dieser Verwarnung die unbefugte Fabrication oder der Verkauf fortgesetzt worden ist[1]).

§ 14. Aufhebung.

Nichtigkeit und Verwirkung. — Verfahren in Preussen. — Frankreich. — Grossbritannien. — Andere Gesetzgebungen. — Nichtigkeitsgründe. — Mangel der Neuheit — der Originalität — der Patentfähigkeit. — Mangelhafte Beschreibung. — Verwirkung durch Nichtausführung. — Nichtzahlung der Patenttaxen.

Das ertheilte Patent wird ungültig entweder durch den Ablauf der Zeit, für welche dasselbe ertheilt ist oder vor diesem Zeitpunkte wegen Nichterfüllung der vorgeschriebenen Bedingungen oder endlich wegen des Mangels der gesetzlichen Voraussetzungen. Die Aufhebung des Patentes durch den Ablauf der bestimmten Zeitdauer tritt nach allen Gesetzgebungen ohne jedes weitere Verfahren von selbst ein. Bekanntmachungen über die erloschenen Patente pflegen sowohl in Preussen als in den übrigen Staaten nur erlassen zu werden, wenn die Auf-

---

[1]) In einem gewissen Gegensatze zu der angeführten Bestimmung des Nordamerikanischen Statuts steht der §. 33 des Französischen Gesetzes vom 5. Juli 1844, welcher die Erwähnung oder Ankündigung des ertheilten Patentes nur mit dem Zusatze: „ohne Garantie der Regierung“ gestattet. Die Anführung des ertheilten Patentes ohne diese Worte wird mit einer Geldbusse von 50 bis 1000 Francs, im Wiederholungsfalle mit der doppelten Strafe belegt.

hebung vor Ablauf der bestimmten Zeitdauer erfolgt[1]). In den Fällen der Verwirkung oder der Nichtigkeit des Patentes kann die Aufhebung entweder von selbst kraft des Gesetzes eintreten oder durch einen ausdrücklichen Widerruf oder durch eine Anfechtung im Wege des gerichtlichen Verfahrens bedingt sein. Die Bestimmungen der verschiedenen Patentgesetze sowohl über die Gründe der Nichtigkeit und der Verwirkung als auch über die Form der Aufhebung sind sehr abweichend.

In Preussen tritt die Aufhebung des Patentes vor Ablauf der bestimmten Zeitdauer nur durch ausdrücklichen Widerruf des Patentes ein. Dieser Widerruf erfolgt durch das Handels-Ministerium im Wege des administrativen Verfahrens. Gegen die Entscheidung des Ministers findet ein Rechtsmittel nicht statt. Ebensowenig steht den betheiligten Privatpersonen die Klage auf Aufhebung des ertheilten Patentes gegen den Patentinhaber zu[2]).

In Frankreich tritt nur in dem Falle der Nichtzahlung einer Jahresrate der Patenttaxe die Verwirkung des Patentes ohne weiteres Verfahren ein (s. u.), in allen übrigen Fällen der Verwirkung und der Vernichtung ist den Personen, welche an

---

[1]) Schreiben des Handels-Ministers an den Minister der auswärtigen Angelegenheiten vom 13. August 1855:

„Die Verwaltung pflegt von dem Ablaufe der Zeitfrist, für welche ein Erfindungspatent diesseits ertheilt worden ist, keineswegs amtliche Notiz zu nehmen. Das ausschliessliche Recht des Patentinhabers erlischt mit dem Ablauf des bestimmten Zeitraumes von selbst und die bis dahin patentirte Erfindung kann ohne Weiteres der Gegenstand allgemeiner Benutzung werden. Eine Veröffentlichung der Zeichnungen und Beschreibungen findet von Amts wegen nicht statt und dieselben bleiben in den diesseitigen Büreaus, sowie die Modelle im Königlichen Gewerbehause so lange in Asservation, bis der frühere Patentinhaber auf deren Rückgabe besonders anträgt.“

[2]) Der Kupferschmied Storch zu Königsberg erhielt am 4. Mai 1818 ein Patent auf eine Branntwein-Klärmaschine. Der Kupferschmied Zander daselbst beantragte die Aufhebung des Patentes, weil er und nicht Storch der Erfinder des patentirten Apparates sei und Storch an seiner Erfindung ein Plagiat begangen habe. Das Handels-Ministerium verwies die Entscheidung über diesen Antrag auf den Rechtsweg. Das Stadtgericht zu Königsberg wies jedoch die Klage des Zander per decretum zurück, weil die Entscheidung über die Gültigkeit des Patentes nach §. 8 und §. 9 des Publicandums vom 14. October 1815 zur Competenz der Regierung gehöre.

der Aufhebung des Patentes ein Interesse haben, die Anfechtung im Wege der gerichtlichen Klage gestattet. Die gerichtliche Verurtheilung hat in diesem Falle nur die Aufhebung des Patentes gegenüber dem Kläger, also eine relative Ungültigkeit zur Folge[1]). Die Staatsbehörde kann diese Klage in der Regel nicht selbst anstellen, sondern nur in der von einer Privatperson angestellten Klage interveniren mit dem Antrage, die absolute Aufhebung des Patentes auszusprechen. Sie kann ihrerseits unmittelbar auf Aufhebung des Patentes klagen, wenn das Patent einen der verbotenen Gegenstände (Finanzpläne und Arzneien) betrifft, wenn es der öffentlichen Sicherheit oder den guten Sitten zuwider ist, oder wenn der gewählte Patenttitel betrügerischer Weise etwas anderes als den wirklichen Gegenstand der Erfindung bezeichnet. Wenn die absolute Aufhebung des Patentes auf den Antrag der Staatsbehörde erkannt wird, so macht der Minister für Handel und Ackerbau dieselbe in der gleichen Form wie die Patentertheilung bekannt.

Alle auf die Aufhebung des Patentes gerichteten Proceduren werden im summarischen Verfahren behandelt[2]).

---

[1]) Die Ungültigkeit des Patentes kann auch im Wege der Einwendung gegen eine wegen Verletzung des Patentrechtes erhobene Klage geltend gemacht werden. Die gerichtliche Entscheidung, welche diese Einwendungen für begründet erklärt, hat jedoch in diesem Falle nicht die Wirkung, das Patent dem Verklagten gegenüber ein für allemale ausser Wirkung zu setzen. Die Prozesse über die Verletzung des Patentrechtes werden vor den Zuchtpolizeigerichten geführt, während die Klage auf Anfechtung der Patente vor das Civilgericht gehört. Die Entscheidung des Zuchtpolizeigerichts hat daher nur für den einzelnen Contraventionsfall Geltung, welchen sie betrifft. Auch die Staatsbehörde kann nicht in diesem Prozesse mit dem Antrage auf absolute Aufhebung interveniren, weil zu dieser Entscheidung nach Art. 34 nur das Civilgericht competent ist. — Urtheil des Pariser Cassationshofes vom 29. April 1857. — Renouard, Traité des brevets d'invention. Paris 1856 p. 468.

[2]) Gesetz vom 5. Juli 1844 Art. 34. L'action en nullité et l'action en déchéance pourront être exercées par toute personne y ayant intérêt.

Ces actions ainsi que toutes contestations relatives à la propriété des brevets seront portées devant les tribunaux civiles de première instance.

Art. 35. Si la demande est dirigée en même temps contre le titulaire du brevet et contre un ou plusieurs cessionaires partiels elle sera portée devant le tribunal du domicile du titulaire du brevet.

Dieselben Regeln gelten in Belgien[1]) und in Italien, nur dass nach dem Italienischen Gesetze die Klage der Staatsbehörde auf absolute Aufhebung des Patentes nicht eher stattfindet, bis zweimal auf die Klage einer Privatpartei das Patent der letztern gegenüber für unwirksam erklärt worden ist[2]).

In Grossbritannien findet die Aufhebung des Patentes nur auf die Klage einer Privatperson statt. Diese wird in der Form des *writ of scire facias*, d. i. einer Aufforderung zur Rechtfertigung über die gerügten Mängel angestellt. Früher wurde die Krone als Verklagte behandelt, weil von ihr das Patent ertheilt war; und damals wurden manchmal Patente ohne Prozess durch das *scire facias* beseitigt, wenn die Verwaltung die Ueberzeugung von der Ungültigkeit des Patentes gewonnen hatte. Gegenwärtig richtet sich dagegen die Klage gegen den Patentinhaber und seitdem ist das *scire facias* ganz ausser Anwendung geblieben, zumal da der Kläger auch im Falle, dass er obsiegt, keinen Anspruch auf Erstattung der sehr bedeutenden Kosten des Verfahrens hat[3]).

Das Verfahren im *scire facias* ist gegenwärtig durch das Statut vom 1. August 1849 (12 & 13 Victoria c. 109) geregelt.

Art. 36. L'affaire sera instruite et jugée dans la forme prescrite pour les matières sommaires par les articles 405 et suivants du Code de procédure civile. Elle sera communiquée au procureur du roi.

Art. 37. Dans toute instance tendant à faire prononcer la nullité ou la déchéance d'un brevet, le ministère public pourra se rendre partie intervenante et prendre des réquisitions pour faire prononcer la nullité absolue du brevet.

Il pourra même se pourvoir directement par action principale pour faire prononcer la nullité dans les cas prévus aux n°s 2, 4 et 5 de l'article 30.

Art. 38. Dans les cas prévus par l'article 37 tous les ayants droit au brevet dont les titres auront été enregistrés au ministère de l'agriculture et du commerce, conformément à l'article 21 devront être mis en cause.

Art. 39. Lorsque la nullité ou la déchéance absolue d'un brevet aura été prononcée par jugement ou arrêt ayant acquis force de chose jugée il en sera donné avis au ministre de l'agriculture et du commerce et la nullité ou la déchéance sera publiée dans la forme déterminée par l'article 14 pour la proclamation des brevets.

[1]) Belg. Gesetz v. 24. Mai 1859 Art. 24—26.

[2]) Italien. Gesetz v. 30. October 1859 Art. 59—63.

[3]) Engl. Blaubuch v. 1865 S. VIII S. 15 S. 23.

Die Klage kann bei dem Sheriff jeder Grafschaft angebracht werden. Jeder, nicht bloss der Inhaber eines zweiten concurrirenden Patentes, ist befugt, auf die Aufhebung des ertheilten Patentes zu klagen. Die Klage wird jedoch zuvor von dem Attorney General geprüft, welcher die Genehmigung zur Einleitung des Prozesses ertheilen muss. Der Prozess wird an einen der drei oberen Gerichtshöfe des Gemeinen Rechts *(Court of Queen's Bench, Common Pleas* und *Exchequer*) verwiesen und dort nach dem Verfahren des Gemeinen Rechtes (unter Zuziehung von Geschwornen) entschieden. Der Kläger muss alle Einwendungen, welche er gegen die Gültigkeit des Patentes anbringen will, zum voraus anmelden. Gegen die Entscheidung der Geschwornen steht dem Patentinhaber die Provocation auf eine neue Verhandlung vor demselben Gerichtshofe zu, welche gewährt wird, wenn der Gerichtshof befindet, dass die Sache nicht vollständig erörtert worden ist. Wird das schliessliche Verdict zu Gunsten des Klägers abgegeben, so erkennt der Gerichtshof auf Zurücknahme des Patentes, im andern Falle auf die Gültigkeit desselben. Gegen dieses Urtheil findet weder die Appellation noch die Nichtigkeitsbeschwerde statt[1]). Der Patentinhaber kann jedoch trotz der Verurtheilung die Aufrechterhaltung des Patentes durch einen Antrag an die richterliche Abtheilung des Geheimeraths erlangen, wenn ihm die frühere Anwendung seiner Erfindung unbekannt geblieben war und dieselbe keine öffentliche und allgemeine Verwendung gefunden hatte[2]).

Alle Gründe der Nichtigkeit und Verwirkung können auch im Wege der Einwendung gegen die Klage wegen Verletzung des Patentrechtes *(action for infringement)* geltend gemacht werden. Sie haben jedoch in diesem Falle nicht die absolute

---

[1]) E. M. Kelly, A Treatise on the law and practise of Scire Facias. — Godson, A treatise on the law of patents for inventions p. 269—276. — Supplement p. 51—55 p. 158—181. — Die Klage auf Aufhebung des Patentes pflegt vom Inhaber eines concurrirenden Patentes auszugehen und häufig mit einer gleichen Klage auf Aufhebung des Letzteren beantwortet zu werden. Godson a. a. O. S. 274 führt mehrere Fälle an, in welchen beide Patentinhaber auf diese Weise unter Aufwendung grosser Kosten die gegenseitige Aufhebung ihrer Patente erlangten.

[2]) 5 & 6 William IV cap. 83 sect. 1.

Aufhebung, sondern nur die relative Ungültigkeit des ertheilten Patentes gegenüber dem Verklagten zur Wirkung.

Die vorstehenden Grundsätze des Englischen Rechtes gelten auch in den Vereinigten Staaten (vergl. das Statut vom 8. Juli 1870 sect. 61 & 62).

In Oesterreich, Bayern, Sachsen und Würtemberg wird die Aufhebung des Patentes auf Antrag der interessirten Partei von dem Ministerium des Innern ausgesprochen. Doch steht Jedem die Befugniss zu, die Ungültigkeit des Patentes im Wege der Einwendung gegen die Contraventionsklage des Patentinhabers vor dem Richter geltend zu machen[1]).

In Russland steht dem wahren Erfinder gegen denjenigen, welcher unrechtmässiger Weise das Patent für seine Erfindung erlangt hat, die Nullitätsklage zu[2]).

Die Nichtigkeit des ertheilten Patentes beruht entweder in dem Mangel einer der wesentlichen Voraussetzungen des Rechtes des Erfinders, der Neuheit, der Originalität und der Patentfähigkeit der Erfindung (vergl. oben §§. 3. 4 und 5), oder in den Ländern des Anmeldungssystemes auf einem wesentlichen Mangel in der Anmeldung oder der Beschreibung.

Das Patent ist nichtig wegen Mangels der Neuheit, wenn der patentirte Gegenstand bereits früher bekannt und im Gebrauche befindlich war. In den Ländern des Vorprüfungssystemes sollte diese Bedingung durch das der Patentirung vorhergehende Verfahren zum voraus festgestellt werden und deshalb der Einwand der mangelnden Neuheit folgerichtig nach erfolgter Patentertheilung nicht mehr zulässig sein. Allein die Gesetzgebungen der Staaten, welche dem Vorprüfungssysteme folgen: Preussen, die Vereinigten Staaten und Russland lassen gleichwohl diesen Einwand auch nach erfolgter Patentertheilung ausdrücklich zu.

In Preussen bestimmen die amtlichen Erläuterungen zu §. 8 des Patentes vom 14. October 1815 auf Grund eines Ministerialbeschlusses vom 18. October 1827 Folgendes:

---

[1]) Oesterreich. Gesetz v. 15. August 1852 §. 29 Nr. 1 §§. 41—49. — Bayer. Gesetz v. 10. Februar 1842 §§. 34—42. — Sächs. Gesetz v. 20. Januar 1853 §. 10. — Würtemberg. Allg. Gewerbeordnung v. 5. August 1836 Art. 155 Nr. 3.

[2]) Russische Digesten h. t. §. 148.

„Wenn sich ergibt, dass die Voraussetzung der Neuheit und Eigenthümlichkeit der patentirten Sache nicht begründet war, so erlischt das ganze Patentrecht und es wird dies gleich bei Ertheilung des ersten Patentes durch eine darin aufgenommene besondere Klausel dem Patentirten bekannt gemacht. Tritt der Fall ein, dass ein Patent ausser Wirksamkeit zu setzen ist, so wird es auf gleiche Weise wie bei der Patentertheilung bekannt gemacht, dass dies geschehen sei."

In Folge dieser Bestimmung enthält das zur Ausfertigung der Patente benutzte Formular die Klausel: „auch ist das Patent als aufgehoben anzusehen, wenn der Beweis geführt wird, dass die Voraussetzung bei Ertheilung desselben, die Sache sei neu und eigenthümlich, unrichtig gewesen ist."

In den Vereinigten Staaten bestimmt das Statut vom 8. Juli 1870 sect. 50 ausdrücklich, dass die Entscheidung der durch dieses Gesetz zur Vorprüfung berufenen Behörden Niemanden, der für oder wider die Gültigkeit des ertheilten Patentes interessirt ist, von dem Rechte ausschliessen soll, das Patent im gerichtlichen Verfahren anzufechten.

Ebenso bestimmt das Russische Patentgesetz[1]), dass das Patent erlischt, wenn gerichtlich dargethan wird, dass die Erfindung vor der Anmeldung bereits in das Russische Reich eingeführt oder in einer solchen Weise beschrieben war, dass die practische Ausführung darnach möglich ist oder dass dieselbe sich irgendwo bereits im Gebrauche befand.

Die Russische und die Nordamerikanische Patentgesetzgebung unterscheiden sich in den angeführten Bestimmungen von dem Preussischen Rechte dadurch, dass sie ungeachtet der Vorprüfung den Rechtsweg über den Einwand der Neuheit zulassen. In Preussen dagegen kann das Patent nur von dem Handelsminister selbst aufgehoben werden. Es muss, so lange diese Aufhebung nicht erfolgt ist, sowohl in dem gerichtlichen Verfahren als auch in dem durch §. 9 des Publicandums vom 14. October 1815 vorgeschriebenen Administrativverfahren als gültig angesehen werden, ohne dass der Einwand der mangelnden Neuheit zugelassen werden kann. Der Antrag auf Auf-

---

[1]) Russische Digesten h. t. Art. 148.

hebung des ertheilten Patentes muss bei dem Handelsminister angebracht werden, welcher nach Anhörung des Patentinhabers entscheidet und die Aufhebung des Patentes in derselben Weise wie die Ertheilung des Patentes bekannt macht[1]).

Der zweite Nichtigkeitsgrund besteht in dem Mangel der Originalität. Das Patent ist ungültig, selbst wenn der Gegenstand neu und noch nicht im Gebrauche befindlich war, wenn die Erfindung nicht von dem Patentinhaber, sondern von einem Dritten ursprünglich gemacht worden ist. Dieser Einwand kann auch als die Einrede der Priorität bezeichnet werden, weil bei der Möglichkeit der mehrmaligen Erfindung desselben Gegenstandes durch verschiedene Personen auch unter mehreren ur-

[1]) Erläuterungen zu §. 8 des Publicandums (oben S. 160). — Ein Beispiel einer solchen Aufhebung des Patentes wegen mangelnder Neuheit bietet der Erlass des Handels-Ministers vom 4. Mai 1859:

„Das Einführungspatent, welches Ihnen am 1. Dezember 1858 für die Dauer von fünf Jahren für eine Pressvorrichtung zur Fabrication gepresster Bleiröhren und für die Verzinnung ihres Innern ertheilt worden ist, enthält die Bestimmung, dass das Patent als aufgehoben und erloschen angesehen werden soll, wenn sich ergibt, dass die Voraussetzung der Bewilligung, dass der Gegenstand neu und eigenthümlich sei, oder dass derselbe von Ihnen zuerst in den Preussischen Staat eingeführt worden sei, sich als irrig erweise.

Nach dem Berichte der Königl. technischen Deputation für Gewerbe ist die patentirte Vorrichtung dieselbe, welche am 28. Januar 1858 in England dem J. H. J. patentirt worden ist, und dessen Beschreibung von dem Patentamte unter Nr. 156 das Jahrgangs 1858 amtlich bekannt gemacht ist.

Nun würde die blosse Thatsache, dass die Beschreibung nebst der vollständigen Zeichnung der erwähnten Vorrichtung längst vor der Ertheilung Ihres Patentes bekannt gemacht ist, wenn sie bekannt gewesen wäre, nach Art. 1 der Vereinbarung unter den Zollvereinsstaaten vom 21. September 1842 die Zurückweisung Ihres Patentgesuches bedingt haben. Ausserdem ist aber sogar nachgewiesen, dass die Vorrichtung vor dem Tage der Anmeldung Ihres Patentgesuches durch jene öffentliche Bekanntmachung zur allgemeinen Kenntniss gebracht ist. Da nun nach der ausdrücklichen Bestimmung jener Vereinbarung Patente nicht ertheilt werden dürfen, selbst wenn sie vor der Veröffentlichung schon nachgesucht worden, so erscheint Ihre Vorstellung nicht begründet und das ertheilte Patent muss hierdurch zurückgenommen werden, weil die Voraussetzung, unter welcher das Patent vom 1. Dezember 1858 ertheilt worden ist, dass der Gegenstand neu und eigenthümlich und in Preussen unbekannt sei, sich als irrthümlich erwiesen hat."

sprünglichen Erfindern ein Streit über die Erstigkeit der Erfindung entstehen kann (oben S. 75). Allein der Einwand der Priorität der Erfindung hat in den meisten Patentgesetzgebungen nur eine beschränkte Geltung.

In Preussen bedingt derselbe nicht die Aufhebung des ertheilten Patentes, sondern nur dessen relative Ungültigkeit gegenüber dem frühern oder gleichzeitigen Erfinder. Das Publicandum vom 14. October 1815 bestimmt:

> 8. „Wenn Jemand vollständig zu erweisen im Stande ist, dass er die nämliche Sache, worüber ein Patent ertheilt worden, früher oder gleichzeitig mit dem Patentirten erfunden, oder in der nämlichen Art verbessert hat, so wird demselben das Recht, seine gleichzeitige oder frühere Erfindung oder Verbesserung zu benutzen, durch das ertheilte Patent in keiner Art beschränkt.“

Die Gesetzgebung der Vereinigten Staaten lässt die Einwendungen gegen die Originalität der Erfindung ohne jede Einschränkung zu[1]).

In Grossbritannien kann der Einwand der Priorität nur unter der Voraussetzung erhoben werden, dass der Opponent selbst ein Patent für die streitige Erfindung erhalten hat. Es ist ihm alsdann gestattet, ungeachtet der späteren Anmeldung das Factum der früheren Erfindung geltend zu machen und das ältere Patent wird dem jüngeren Patente des wirklichen Erfinders gegenüber unwirksam. (Vergl. auch S. 158.)[2])

In Frankreich und in den übrigen Staaten des Anmeldungssystemes entscheidet lediglich die Priorität der Anmeldung, und der Einwand der Priorität der Erfindung findet der Regel nach gar nicht statt. Der frühere Erfinder kann gegenüber demjenigen, der ihm mit der Anmeldung des Patentgesuches zuvor-

---

[1]) Statut v. 8. Juli 1870 sect. 61.

[2]) 15 & 16 Victoria cap. 83 (1. Juli 1852) sect. 10. In case of any application for letters patent for any invention and the obtaining upon such application of provisional protection for such invention or of protection for the same by reason of the deposit of a complete specification as aforesaid in fraud of the first and true inventor, any letters patent granted to the true and first inventor of such invention shall not be invaliditated by reason of such application or of such provisional or other protection as aforesaid.

gekommen ist, nur geltend machen, dass die Erfindung schon vor der Anmeldung gekannt und benutzt worden sei, er kann damit den Einwand der mangelnden Neuheit erheben und die Vernichtung des fremden Patentes, nicht aber den Vorzug für sein später angemeldetes Patent erlangen. Anders verhält es sich, wenn der Patentinhaber das Geheimniss der Erfindung auf betrüglichem Wege von dem wirklichen Erfinder erlangt und für sich angemeldet hat. Es findet in diesem Falle die Klage auf Abtretung der betrüglicher Weise erlangten Rechte und auf Uebertragung des erschlichenen Patentes statt[1]).

Der Einwand der mangelnden Patentfähigkeit des Gegenstandes ist in der Preussischen Gesetzgebung nicht vorgesehen. Er ist vielmehr dadurch ausgeschlossen, dass nach §§. 9 und 10 des Publicandums vom 14. October 1815 über Streitigkeiten in Patentsachen die Regierungen und in zweiter Instanz der Handelsminister, also dieselben Verwaltungsbehörden entscheiden, von welchen die Ertheilung des Patentes ausgeht. Da nun bei der Patentertheilung nur in Betreff der Neuheit und Eigenthümlichkeit der Erfindung ein Vorbehalt gemacht wird, nicht aber in Betreff der Patentfähigkeit des Gegenstandes, letztere vielmehr durch das Vorprüfungsverfahren definitiv festgestellt wird, so findet nach Preussischem Rechte der erwähnte Einwand gar nicht statt. Dasselbe gilt für die übrigen Länder des Vorprüfungssystemes: für die Vereinigten Staaten und für Russland. Das Nordamerikanische Statut vom 8. Juli 1870 sect. 61 und die Russischen Digesten Tit. IV Buch 1 Th. 3 Sect. 3 Art. 143, welche beide die verschiedenen zulässigen Einwendungen gegen die Gültigkeit des Patentes einzeln aufzählen, erwähnen die Patentfähigkeit des Gegenstandes nicht. Obgleich also in diesen beiden Staaten der Rechtsweg über die Gültigkeit des Patentes stattfindet, so ist doch die Patentfähigkeit des Gegenstandes, welche durch das Vorprüfungsverfahren endgültig festgestellt wird, der richterlichen Cognition entzogen. Anders in Grossbritannien, wo die Vorprüfung mehr nominell ist, und in den Staaten des Anmeldungssystemes, in denen überhaupt keine Vorprüfung stattfindet. Das Französische Gesetz vom 5. Juli 1844 zählt im Art. 30 unter Nr. 2, 3 und 4 ver-

[1]) Renouard, Traité des brevets d'invention. Paris 1865 p. 313.

schiedene Fälle auf, in welchen das Patent wegen mangelnder Patentfähigkeit des Gegenstandes nichtig ist. Dahin gehören die Patente über Arzneien, Finanzpläne, rein theoretische Probleme und über gemeingefährliche Gegenstände. Es unterliegt jedoch keinem Zweifel, dass der Einwand der mangelnden Patentfähigkeit auch ausser diesen Fällen erhoben werden kann, wenn der patentirte Gegenstand nicht durch seine neuen Eigenschaften dem materiellen Gebrauche dient, folglich nicht als ein Object des Patentschutzes angesehen werden kann (oben S. 59 f.). Der Gebrauch dieser Einwendung ist in den Ländern des blossen Anmeldungssystemes ein sehr wichtiger, da ohne denselben der Gewerbefreiheit die empfindlichsten Beschränkungen durch willkürlich angemeldete Erfindungen bereitet werden könnten. Es wird z. B. eine grosse Anzahl von Patenten auf neue Constructionen von Dampfkesseln ertheilt und die Dampfkessel lassen im Allgemeinen eine grosse Mannigfaltigkeit von Formen zu, bei welchen derselbe practische Effect erzielt wird. Einige Constructionen zeichnen sich gleichwohl dadurch aus, dass sie einen wesentlich andern und bessern Effect in Bezug auf den Verbrauch von Brennmaterial, die Schnelligkeit der Dampfentwicklung oder die Sicherheit gegen Explosionen gewähren. Solche neue Constructionen dienen dem materiellen Gebrauche und sind deshalb patentfähig. In Bezug auf alle übrigen Combinationen gilt die Regel, dass der Besteller oder der Verfertiger nach dem Bedürfnisse des Raumes oder des Transportes etc. die gerade geeignete Form auswählt. Wollte man für alle diese möglichen Combinationen den Patentschutz zulassen, so würde bald kein Dampfkessel mehr ohne einen Eingriff in irgend Jemandes Patent gebaut werden könnnn und der Fabrikant müsste sich jedesmal zuerst mit dem sogenannten Erfinder abfinden, von dessen Erfindung er nicht den geringsten Nutzen hat[1]).

---

[1]) Vergl. die Aussage J. Scott Russels vor dem Englischen Untersuchungscomité: „There are a great many patents taken out for boilers of steam engines, and boilers of steam engines admit of a very enormous variety of shape and proportion without damaging their efficiency. The consequence is that it is hardly possible at this moment for a man having to scheme a boiler for a new situation or new circumstances, to avoid putting his foot in doing so into a trap which

Die Mängel in der Anmeldung und Beschreibung, welche die Ungültigkeit des Patentes bedingen, sind 1. die Unrichtigkeit des Titels, 2. die Unvollständigkeit der Beschreibung, 3. nach Englischem, Nordamerikanischem und Italienischem Rechte die Einmischung bereits bekannter Theile.

Nach Preussischem Rechte findet keiner dieser drei Nichtigkeitsgründe statt, da durch das Vorprüfungsverfahren und durch die Patentertheilung endgültig über die gehörig erfolgte Anmeldung und Beschreibung entschieden wird.

Die Angabe eines unrichtigen Titels wird nach den Vorschriften der Französischen Gesetzgebung nur dann als ein Nichtigkeitsgrund betrachtet, wenn dabei die Absicht der Täuschung obgewaltet hat[1]).

Der Mangel der vollständigen Beschreibung hat eine doppelte rechtliche Bedeutung. Zunächst soll die Beschreibung dazu dienen, den Gegenstand des Erfindungspatentes festzustellen und die Grundlage für die Beurtheilung der Identität des Gegenstandes bei Patentstreitigkeiten abzugeben. Die Beschreibung soll ferner dem gewerbtreibenden Publicum den vollen Besitz der Erfindung sichern, damit dieselbe nach Ablauf des Patentes zum Gemeingut werde und schon während der Dauer des Patentes theoretisch verwendet werden könne. Aus dieser doppelten Bestimmung der Beschreibung ergibt sich das Mass der an die Vollständigkeit derselben zu stellenden Anforderung. Sie soll nach den Vorschriften der meisten Patentgesetze so beschaffen sein, dass dem Sachverständigen die Ausführung der Erfindung nach der gegebenen Beschreibung ohne weitere Er-

---

somebody has previously set for boilers. It does not follow because it is a patent, that there is any merit in it; it does not follow because it is a patent, that it should not suit some particular circumstance and yet as an invention it has no merit at all. I would say therefore that nearly the whole of the patents for the boilers of steam engines at this moment are of no practical value to inventors or to the public, but they are continually getting every man who makes a boiler into a scrape with some patentee because one cannot make any sort of boiler without infringing some mans patent." — Engl. Blaubuch von 1865 p. 44.

[1]) Französ. Gesetz v. 5. Juli 1844 Art. 30 Nr. 5. Si le titre sous lequel le brevet a été demandé indique frauduleusement un objet autre que le véritable objet de l'invention.

läuterungen möglich ist[1]). In den Ländern des Anmeldungsverfahrens ist das Patent, falls die Beschreibung diesen Vorschriften nicht entspricht, in jedem Falle ungültig. Wo dagegen eine Vorprüfung stattfindet, wie in den Vereinigten Staaten, tritt die Ungültigkeit nur dann ein, wenn die Beschreibung in der Absicht, das Publicum zu täuschen, unvollständig verfasst war[2]).

Singulärer Natur ist der Nichtigkeitsgrund, welchen das Englische und das Nordamerikanische Recht für den Fall aufstellen, dass die Beschreibung ausser den wirklich neu erfundenen Theilen andere bereits bekannte Vorrichtungen und Prozesse umfasst, ohne die letzteren ausdrücklich als von der Patentirung ausgenommen zu bezeichnen. Der Grundsatz, dass die Aufnahme bereits bekannter Theile in die Beschreibung das ganze Patent ungültig macht, sofern dieselben nicht ausdrücklich als bereits bekannt und von der nachgesuchten Patentirung ausgeschlossen bezeichnet werden, hat seinen Ursprung in der Praxis der Englischen Gerichtshöfe. Er wird von den Englischen Juristen dadurch motivirt, dass das Publicum einen bestimmten Anhalt dafür haben müsse, welche Gegenstände durch das ertheilte Patent der allgemeinen Benutzung entzogen sind. Jede Ungenauigkeit in dieser Bezeichnung, insbesondere die Ausdehnung der Beschreibung auf bereits zum Gemeingut gewordene Vorrichtungen und Prozesse müsse die Nichtigkeit des ganzen Patentes nach sich ziehen. Diese Nichtigkeit kann durch eine nachträgliche Einschränkung des Patentes (disclaimer)

---

[1]) Französ. Gesetz v. 5. Juli 1844 Art. 30 Nr. 4. Seront nuls et de nul effet les brevets délivrés dans les cas suivants savoir:

6. Si la description jointe au brevet n'est pas suffisante pour l'exécution de l'invention —.

Vergl. Oesterreich. Gesetz vom 15. August 1852 §. 12. — Russ. Digesten h. t. Art. 148 Nr. 4. — Belg. Gesetz v. 24. Mai 1854 Art. 24b. — Italien. Gesetz v. 30. October 1859 Art. 57 Nr. 4. — Schwed. Gesetz v. 19. August 1856 §. 2.

[2]) Nordamerikan. Statut v. 8. Juli 1870 sect. 61. That the defendant in any action for infringement shall be permitted to plead — that for the purpose of deceiving the public the description and specification filed by the patentee was made to contain less than the whole truth relative to his invention or discovery, or more than is necessary to produce the desired effect.

seitens des Patentinhabers abgewendet werden, jedoch nur, so lange der Mangel noch nicht im Prozesse gerügt ist[1]).

Dieser Grundsatz der Englischen Praxis ist demnächst durch die Gesetzgebung der Vereinigten Staaten ausdrücklich sanctionirt; doch tritt die Nichtigkeit nur bei betrügerischer Absicht des Patentinhabers ein. Hatte er in gutem Glauben eine bereits bekannte Vorrichtung als Theil seiner Erfindung in Anspruch genommen, so ist das Patent für den übrigen Inhalt gültig; der Patentinhaber kann zu jeder Zeit, auch wenn bereits das Patent als ungültig angefochten ist, eine Erklärung vor dem Patentamte (disclaimer) abgeben, durch welche er den anfechtbaren Theil seines Patentes fallen lässt. Bevor dies geschehen ist, kann ihm im Prozesse keine Entschädigung zuerkannt werden[2]).

Das Italienische Patentgesetz vom 30. October 1859 hat dieselbe Regel insoweit angenommen, als es nach Art. 60 die Klage der Staatsbehörde auf Aufhebung des ganzen Patentes in dem Falle eintreten lässt, wenn das ertheilte Patent zweimal in einem gegen Privatpersonen geführten Prozesse auch nur theilweise für nichtig erklärt ist. Hiernach ist das Patent durch die Aufnahme solcher bereits bekannten Theile nicht von vorn herein nichtig und derjenige, welcher die wirklich neu erfundenen Theile unbefugt nachahmt, kann sich nicht durch den Einwand schützen, dass das Patent auch andre nicht geschützte Theile umfasse. Dagegen tritt die Vernichtung des Patentes in dem Falle ein, wenn der Patentinhaber nicht bloss gemeinfreie Bestandtheile in seine Beschreibung aufgenommen, sondern auch den Versuch gemacht hat, solche bereits bekannte Theile als sein Monopol in Anspruch zu nehmen, und wenn derselbe mit diesem Antrage zweimal zurückgewiesen ist.

Die übrigen Patentgesetze halten an der allgemeinen juristischen Regel fest, dass die Ungültigkeit eines Theiles nicht das ganze Rechtsgeschäft nichtig macht (utile per inutile non vitiatur).

Die Verwirkung des ertheilten Patentes tritt nach den

---

[1]) 5 & 6 William IV cap. 83 sect. 1. — Vergl. Godson, A Treatise on the law of patents for inventions. London 1851 p. 125.

[2]) Statut v. 8. Juli 1870 sect. 54. 60. 61.

verschiedenen Gesetzgebungen unter verschiedenen Voraussetzungen ein und zwar:

1. wegen unterlassener Ausführung der Erfindung nach sämmtlichen Patentgesetzen mit Ausnahme der Englischen und Nordamerikanischen;
2. wegen Nichtzahlung der wiederkehrenden Patentabgaben in Grossbritannien, Frankreich, Belgien und Italien.

Nach Preussischem Rechte findet nur der erste Fall der Verwirkung wegen unterlassener Ausführung der Erfindung statt.

Ueber die Verpflichtung zur Ausführung der Erfindung bestimmt das Preussische Publicandum vom 14. October 1815:

6. Der Patentirte muss von dem ihm verliehenen Rechte längstens vor Ablauf von sechs Monaten Gebrauch zu machen anfangen, widrigenfalls sein Recht ebenfalls für erloschen erachtet wird.

Die amtlichen Erläuterungen bemerken zu dieser Bestimmung auf Grund eines Ministerialbeschlusses vom 1. Juni 1833:

„Die sechsmonatliche Frist läuft vom Tage der Ausfertigung des Patentes, welcher dem Patentirten bekannt gemacht wird, nicht vom Tage der Einlösung desselben. Dass binnen dieser Frist die patentirte Sache zur Ausführung gebracht ist, muss dem Finanz-Ministerium durch Beibringung eines Zeugnisses der Ortspolizeibehörde nachgewiesen werden."

Die Praxis des Handels-Ministeriums hat diese sechsmonatliche Frist in vielen Fällen bis auf zwölf Monate verlängert, so jedoch, dass für jedes einzelne Patent die Frist zur Ausführung durch das Patent selbst festgesetzt wird. Ferner wird nach der Praxis des Ministeriums die ununterbrochene Benutzung der Erfindung während der Patentdauer zur Bedingung gemacht, und die Zurücknahme des Patentes auch für den Fall angedroht, dass die Ausführung der Erfindung ein ganzes Jahr hindurch unterbrochen wird[1]).

Die bezüglichen Klauseln in dem zur Ausfertigung der Patente gebrauchten Formulare lauten:

---

[1]) Beschluss des Finanz-Ministers vom 6. November 1835:

„Es soll künftig in allen Patenten bemerkt werden, dass die Zurücknahme des Patentes für den Fall vorbehalten bleibe, dass während der Dauer desselben die Sache ein Jahr hindurch unbenutzt bleibe."

„Insbesondere muss die Anwendung der patentirten Vorrichtung innerhalb des Preussischen Staates binnen . . . Monaten vom Datum dieses Patentes ab geschehen und durch Beibringung eines amtlichen Attestes nachgewiesen werden und zwar bei Verlust des durch das Patent erworbenen Rechtes.

Auch wird eine Zurücknahme des Patentes für den Fall vorbehalten, dass während der Dauer desselben die Sache ein Jahr hindurch unbenutzt gelassen wird."

Die Verlängerung der im Patente für die practische Ausführung gesetzten Frist findet auf Ansuchen des Patentinhabers statt, wenn die Hinderungsgründe bescheinigt werden[1]).

Geht die Bescheinigung der Ortspolizeibehörde über die erfolgte Ausführung nicht binnen der im Patente bestimmten Frist ein, so wird nach der bestehenden Praxis der Patentinhaber mit einer Frist von einer Woche zur Einreichung derselben aufgefordert, nach deren fruchtlosem Ablauf die Aufhebung des Patentes von dem Minister verordnet und ebenso wie die Ertheilung des Patentes bekannt gemacht wird. Ein Rechtsmittel gegen die Entscheidung findet nicht statt (oben S. 155 Anm. 2).

Die Ausführung der Erfindung muss im Inlande erfolgen[2]). Die Ortspolizeibehörde, welche um Ausstellung der Bescheinigung ersucht wird, muss sich nöthigenfalls mit dem erforderlichen technischen Beirathe versehen. Sie muss die Mittheilung der hinterlegten Beschreibung bei dem Handels-Ministerium nachsuchen, um auf Grund derselben die Uebereinstimmung der ausgeführten mit der patentirten Vorrichtung zu prüfen, wozu die Patentformel allein in der Regel nicht ausreicht[3]).

---

[1]) So wurde z. B. durch das Rescript des Handels-Ministers vom 26. November 1862 die Frist zur praktischen Ausführung einer patentirten Mähemaschine bis zur nächsten Ernte verlängert.

[2]) Rescript vom 6. November 1844 an R. und E. L. zu A. bei Schneeberg:

„Bei einem für den Preussischen Staat ertheilten Patente kommt die Ausführung der patentirten Sache ausserhalb des Gebietes desselben nicht in Betracht und kann daher der Nachweis, dass das Ihnen diesseits ertheilte Patent im Königreich Sachsen ausgeführt worden, nicht für genügend erachtet werden."

[3]) Rescript an das Polizei-Präsidium zu Berlin vom 30. October 1833:

Ueber die fortdauernde Benutzung der Erfindung während der Patentdauer wird ein Nachweis nicht verlangt.

In Frankreich geht der Patentinhaber seines Rechtes verlustig, wenn er nicht binnen zwei Jahren nach dem Datum des Patentes die Erfindung in Frankreich zur Ausführung bringt, oder die Benutzung während der Patentdauer zwei Jahre hindurch unterbricht [1]). Eine amtliche Feststellung der erfolgten Ausführung findet nicht statt, ebensowenig ein amtliches Verfahren zur Aufhebung des durch Nichtausführung verwirkten Patentes. Die Verwirkung kann nur im Wege der Privatklage gegen den Patentinhaber, oder als Einwand gegen die Contraventionsklage des Letzteren geltend gemacht werden. Im erstern Falle kann die Staatsbehörde mit dem Antrage auf gänzliche Aufhebung des Patentes interveniren (oben S. 156).

Die Beweislast ist nach den allgemeinen Regeln zu beurtheilen. Daher liegt der Beweis der behaupteten Ausführung dem Patentinhaber und der Beweis der behaupteten Unterbrechung seinem Gegner ob. Die Ausführung kann übrigens mit nützlicher Wirkung für den Patentinhaber durch jeden Dritten erfolgen, auch wenn derselbe an dem Patente nicht betheiligt ist [2]). Das Französische Gesetz gestattet übrigens dem Patentinhaber, die Gründe der Nichtausführung oder der Unterbrechung zu rechtfertigen (vergl. die vorige Anmerkung), und es beschränkt diese Rechtfertigung keineswegs auf den Fall, dass die rechtzeitige Ausführung unmöglich ist, sondern überlässt die

---

„Bei der Bescheinigung über die erfolgte Ausführung der Erfindung durch die Ortspolizeibehörde ist der Bericht der technischen Deputation, auf welchen das Patent ertheilt ist, zu Grunde zu legen. Die Forderung, dass der Patentinhaber die eingereichten Zeichnungen und Beschreibungen vorlege, ist nicht zu erfüllen, weil diese Documente, die Basis des Patentes, dem Patentirten am allerwenigsten ausgehändigt werden können."

[1]) Gesetz v. 5. Juli 1844 Art. 32. Sera déchu de tous ses droits:

2. Le breveté qui n'aura pas mis en exploitation sa découverte ou invention en France dans le délai de deux ans à dater du jour de la signature du brevet, ou qui aura cessé de l'exploiter pendant deux années consécutives, à moins que, dans l'un ou l'autre cas il ne justifie des causes de son inaction.

[2]) Erkenntniss des Pariser Cassationshofes v. 31. Dezember 1857. — Renouard, Traité des brevets d'invention. Paris 1865 p. 235.

Würdigung der geltend gemachten Gründe dem freien richterlichen Ermessen [1]).

Die Grundsätze des Französischen Rechtes über die Verwirkung durch Nichtausführung liegen unverändert den Vorschriften der Belgischen, Italienischen, Oesterreichischen, Bayerischen, Sächsischen, Würtembergischen und Spanischen Patentgesetze zu Grunde. Die Frist zur ersten Ausführung ist in Belgien, Oesterreich, Sachsen und Spanien auf ein Jahr bestimmt. Sie kann in Belgien um ein Jahr verlängert werden. In Italien beträgt die Frist zur ersten Ausführung bei Patenten auf fünf Jahre ein Jahr, bei Patenten von längerer Dauer zwei Jahre. In Bayern ist die Ausführungsfrist auf drei Jahre, in Würtemberg auf zwei Jahre und in Portugal auf die erste Hälfte der Patentdauer festgesetzt. Die Verwirkung wegen Unterbrechung der Ausführung tritt in Belgien und Spanien nach einem Jahre, in Oesterreich, Bayern und Würtemberg nach zwei Jahren, in Italien je nach der Dauer des Patentes nach einem oder zwei Jahren ein [2]).

In Schweden und in Russland wird ebenso wie in Preussen ein amtlicher Nachweis über die erfolgte Ausführung verlangt. Dieser muss in Schweden binnen zwei Jahren bei dem Handels-Collegium geführt und jedes Jahr während der Patentdauer erneuert werden. Die Frist zur ersten Ausführung kann auf Antrag des Patentinhabers bis auf vier Jahre verlängert werden [3]).

In Russland muss der Nachweis der erfolgten Ausführung innerhalb des ersten Viertels der Patentdauer bei dem Ministerium geführt werden [4]).

---

[1]) Nach einem Erkenntnisse des Pariser Cassationshofes v. 6. März 1858 (Renouard, l. c. p. 235 Anm. 2) erscheint die Nichtausführung eines Verbesserungspatentes so lange entschuldigt, als das frühere Patent der Ausführung der verbesserten Erfindung im Wege steht.

[2]) Belg. Gesetz vom 24. Mai 1854 Art. 23. — Oesterreich. Gesetz v. 15. August 1852 §. 29 Nr. 2. — Sächs. Verordnung v. 20. Januar 1853 §. 9. — Bayer. Verordnung v. 10. Februar 1842 §. 30 Nr. 4. — Würtemberg. Allg. Gewerbeordnung v. 5. August 1836 Art. 157. — Italien. Gesetz v. 30. October 1859 Art. 58. — Span. Gesetz v. 27. März 1826 Art. 21 Nr. 3. — Portugies. Gesetz v. 16. Januar 1837 Art. 22.

[3]) Schwed. Gesetz v. 19. August 1856 §. 19.

[4]) Russ. Digesten h. t. Art. 142.

In Grossbritannien und in den Vereinigten Staaten findet ein Zwang zur Ausführung des Patentes nicht statt.

Die Nichtzahlung der Patentabgaben zieht die Verwirkung des Patentes in allen denjenigen Ländern nach sich, welche periodische Patentabgaben erheben. Dies ist der Fall in Grossbritannien, Frankreich, Belgien und Italien.

In Grossbritannien wird, abgesehen von den bei der Ertheilung des Patentes zu entrichtenden Kosten, bei Ablauf des dritten Jahres der Patentdauer eine Abgabe von 50 Lvr. und bei Ablauf des siebenten Jahres eine Abgabe von 100 Lvr. erhoben. Die Entrichtung dieser Taxen erfolgt in der Form von Stempeln, welche zu der Patenturkunde selbst oder zu einem Duplicate derselben, wenn das Original verloren ist, gebracht werden. Ohne diese Stempel verliert das Patent mit dem Ablaufe der ersten drei oder sieben Jahre seine Gültigkeit[1]).

In Frankreich wird die Patentabgabe in Jahresraten von 100 Francs entrichtet. Die Nichtzahlung einer Rate zieht den Verlust des Patentes für die ganze noch übrige Dauer nach sich. Die erste Rate wird bei der Einlegung des Patentgesuches, die zweite und jede folgende Rate vor dem Beginn des zweiten und jedes folgenden Jahres der Patentdauer entrichtet[2]). Der Tag der Einlegung des Patentgesuches (von welchem die Patentdauer gerechnet wird) wird nach den allgemeinen Regeln über die Fristenberechnung nicht mitgezählt, so dass die Jahresrate für ein am 29. Dezember eingelegtes Patentgesuch noch am 29. Dezember jedes folgenden Jahres gezahlt werden kann[3]).

Eine Aufforderung zur Zahlung der Jahresraten findet nicht

---

[1]) Statut v. 21. Februar 1853 (16 Victoria cap. 5) sect. 2. All letters patent for inventions to be granted under the provisions of the said Patent Law Amendement Act. 1852 shall be made subject to the condition that the same shall be void and that the powers and privileges thereby granted shall cease and determine at the expiration of three years and seven years respectively from the date thereof, unless there be paid before the expiration of the said three and seven years respectively, the stamp duties in the schedule to this act annexed — and such letters patent or a duplicate thereof shall be stamped with proper stamps showing the payment of such respective stamp duties etc.

[2]) Gesetz v. 5. Juli 1847 Art. 4. 7. 32.

[3]) Erkenntniss des Pariser Cassationshofes vom 20. Januar 1863. — Renouard, Traité des brevets d'invention. Paris 1865 p. 362.

statt. Die Nichtzahlung kann nur in dem Falle höherer Gewalt *(force majeure)* entschuldigt werden[1]). Die Verwirkung des Patentes bei nicht erfolgter Zahlung einer Jahresrate wird nicht durch einen Beschluss der Verwaltungsbehörde ausgesprochen (wie dies in dem früheren Patentgesetze vom 7. Januar 1791 vorgesehen war). Es bleibt vielmehr, wenn das verwirkte Patent geltend gemacht wird, der Beurtheilung der Gerichte in jedem einzelnen Falle überlassen, ob die Verwirkung eingetreten ist[2]). Allein es bedarf jedenfalls nicht der im Art. 39 des Gesetzes vom 5. Juli 1844 vorgesehenen Nichtigkeitserklärung durch Urtheil und Recht, um ein durch Nichtzahlung der Jahresrate erloschenes Patent absolut ungültig zu machen. Es genügt die amtliche Bekanntmachung über die nicht erfolgte Zahlung der verfallenen Jahresrate, mit Berufung auf welche sich Jeder gegen die etwaige Contraventionsklage des Inhabers des erloschenen Patentes schützen kann. Hätte der Gesetzgeber die förmliche Aufhebung des Patentes gemäss §. 39 des Gesetzes für nöthig erachtet, so hätte er nothwendig im Art. 37 der Staatsbehörde das Recht beilegen müssen, die Klage auf Aufhebung des Patentes wegen der Nichtzahlung der Taxe anzustellen (vergl. oben S. 156).

In Belgien wird eine jährliche, progressive Patentabgabe erhoben (vergl. §. 15). Die Verwirkung des Patentes tritt ein, wenn eine Jahresrate nach vorheriger Aufforderung binnen sechs Monaten nicht berichtigt wird. Die Aufhebung wird von dem Minister des Innern verordnet und durch den Moniteur bekannt gemacht[3]).

In Italien tritt der Verlust des Patentrechtes ein, wenn eine der Jahresraten nicht binnen drei Monaten nach Verfall entrichtet wird[4]).

---

[1]) Erkenntniss des Pariser Cassationshofes vom 16. März 1864. — Renouard, l. c. p. 448. — Durch den Ministerialbeschluss vom 25. Februar 1848 und durch das Decret vom 23. Februar 1849 wurde die Frist zur Zahlung der in den Tagen seit dem 22. Februar 1848 in Paris verfallenen Patentabgaben bis zum 1. Juli 1849 verlängert. Dasselbe geschah während der Belagerung von Paris und des Aufstandes der Commune 1870—71.

[2]) Gesetz v. 5. Juli 1844 Art. 34. — Renouard, Traité des brevets d'invention p. 446 f.

[3]) Gesetz v. 27. März 1857 Art. 1.

[4]) Gesetz v. 30. October 1859 Art. 58.

Die Würtembergische Gewerbeordnung vom 5. August 1836 schreibt im Art. 148 ebenfalls eine jährlich zu entrichtende Patentabgabe vor, ohne indess an die Nichtzahlung derselben den Verlust des Patentrechtes zu knüpfen.

§. 15. Kosten.

Einmalige und periodische Abgaben. — Progressive Steuern. — Preussen. — Vereinigte Staaten. — Grossbritannien. — Frankreich. — Uebrige Staaten.

Die Abgaben, welche für die Ertheilung der Erfindungspatente zu entrichten sind, haben entweder den Character von Gebühren, welche zur Deckung des mit der Patentertheilung verbundenen Kostenaufwandes bestimmt sind, oder von Steuern, welche bestimmt sind, dem Staate eine Einnahmequelle zu verschaffen und den Zudrang zu den Erfindungspatenten zu mässigen. Die Absicht, durch die zu entrichtenden Abgaben die Zahl und die Dauer der Erfindungspatente einzuschränken, waltet namentlich in denjenigen Gesetzgebungen vor, welche die Vorprüfung der Patentgesuche entweder für unzulässig erklären, wie in Frankreich, oder doch im Wesentlichen auf die Vollständigkeit der Gesuche beschränken, wie in England. Dieser Zweck der Beschränkung wird in mehreren Staaten vollständiger dadurch erreicht, dass die Abgaben ratenweise im Laufe der bewilligten Patentdauer entrichtet werden, so dass mit jeder verfallenden Rate eine Anzahl von Patenten vor Ablauf der bewilligten Dauer durch Nichtzahlung der Abgaben verwirkt wird (vergl. §. 14); und diese Wirkung wird nach einigen Patentgesetzen dadurch noch verstärkt, dass die Abgaben nicht in gleichen Raten, sondern nach mit der Patentdauer zunehmenden Sätzen in progressiven Raten entrichtet werden. In Grossbritannien erlöschen so etwa drei Viertel der bewilligten Patente mit dem Verfall der nach Ablauf von drei Jahren zu erlegenden Abgabenrate und kaum ein Zehntel wird durch Erlegung der letzten Abgabenrate über das siebente Jahr hinaus in Kraft erhalten[1]).

---

[1]) Von 2333 Patenten, welche im Durchschnitt jährlich bewilligt wurden, blieben 597 über das dritte Jahr in Kraft und 218 wurden durch

Es werden daher nach der Verschiedenheit der Gesetzgebungen entweder feste Gebühren für die Patentertheilung erhoben, wie in Preussen, den Vereinigten Staaten und in Sachsen; oder eine einmalige nach der Dauer des bewilligten Patentes bemessene Zahlung, wie in Oesterreich, Baiern, den Niederlanden, Russland, Spanien und Portugal; oder gleiche jährlich oder in grösseren Zwischenräumen während des Laufes der Patentdauer zu erlegende Abgabenraten, wie in Frankreich und Würtemberg; oder endlich progressive Abgaben, welche mit der Dauer des Patentes jährlich oder in grösseren Zwischenräumen zunehmen, wie in Grossbritannien, Belgien und Italien. Abgabenfrei ist die Patentertheilung allein in Schweden.

In Preussen werden von dem Patentsucher nur die gewöhnlichen Stempelgebühren[1]) nach dem Tarif vom 7. März 1822 (Gesetzsamml. S. 49) erhoben. Es muss daher zum Patentgesuche der Gesuchstempel von 5 Sgr. verwendet werden. Der Bescheid über die Bewilligung oder Versagung des Patentes (oben S. 141) und demnächst die Patenturkunde selbst werden auf einem Stempel von 15 Sgr. ausgefertigt. Die Bekanntmachung erfolgt kostenfrei.

In den Vereinigten Staaten von Nordamerika betragen die Gebühren für die Patentertheilung:

1. für die vorläufige Anmeldung *(Caveat)* . .	10	Dollars
2. für die Anmeldung des Patentgesuches . .	15	-
3. für die Ausfertigung des Patentes	20	-
4. für die Berufung an die obere Prüfungsbehörde	10	-
5. für die Berufung gegen die Entscheidung der oberen Prüfungsbehörde an den Patentcommissar	20	-
6. für jede neue Ausfertigung eines Patentes .	30	-

Lösung des Stempels von 100 lvr. sterl. über das siebente Jahr in Kraft erhalten. — Engl. Blaubuch von 1871 S. 202.

[1]) Publicandum vom 14. October 1815 §. 7. Ausser den gewöhnlichen tarifmässigen Stempel- und Sportelunkosten soll zur Belebung des Kunstfleisses keine besondere Patentsteuer bezahlt werden, wogegen es sich von selbst versteht, dass der Patentirte die gesetzmässige Gewerbesteuer gleich allen übrigen Gewerbtreibenden entrichten muss.

7. für das Gesuch um Verlängerung des Patentes . . . . 50 Dollars
8. für die Bewilligung der Verlängerung . . . 50 -
9. für die Anmeldung einer Einschränkung der Beschreibung *(disclaimer)* . . . . 10 -

Die gesammten Kosten für ein Erfindungspatent belaufen sich also im Minimum auf 35 Dollars und für den Fall einer Verlängerung auf 135 Dollars, wozu noch die besondern Kosten für vorläufige Anmeldung, für Berufung und für nachträgliche Einschränkung *(disclaimer)* hinzutreten können[1]).

In Grossbritannien werden alle Patentabgaben nach dem Statute vom 21. Februar 1853 (16 Victoria cap. 5) in der Form von Stempelgebühren erhoben. Es betragen die Kosten für die Ertheilung des Patentes 25 Lvr., nämlich:

1. für das Patentgesuch . . . . 5 Lvr.
2. für die Registrirung des Antrags auf Fortsetzung des Verfahrens *(notice to proceed)* oben S. 142 . . . . 5 -
3. für die Zusicherung des Patents durch den Kronanwalt *(warrant)* oben S. 143 . . . . 5 -
4. für die Siegelung des Patents . . . . . . 5 -
5. für die Beschreibung . . . . 5 -

Ausserdem muss vor dem Ablaufe des dritten Jahres der Patentdauer ein Stempel von 50 Lvr. und vor dem Ablaufe des siebenten Jahres ein Stempel von 100 Lvr. zu dem Patente oder zu einem Duplicate desselben, wenn das Original verloren gegangen ist, verwendet werden bei Vermeidung des Verlustes des Rechtes für die noch übrige Patentdauer[2]).

In Frankreich beträgt die Taxe für ein Erfindungspatent auf 5 Jahre 500 Frcs., auf 10 Jahre 1000 Frcs., auf 15 Jahre 1500 Frcs. Sie wird in jährlichen Raten von je

---

[1]) Statut v. 8. Juli 1870 sect. 68.

[2]) Der Gesammtbetrag der in Grossbritannien auf Grund des Gesetzes vom 1. October 1852 bis zum Schlusse des Jahres 1870 erhobenen Patentabgaben beläuft sich auf 1,812,446 Lvr. oder jährlich im Durchschnitt auf 100,000 Lvr. Davon sind für Ausgaben des Patentamtes 955,254 Lvr. verwendet worden. Der Ueberschuss betrug in 18 Jahren 866,830 Lvr. und im Durchschnitt der letzten fünf Jahre ca. 65,500 Lvr. — Engl. Blaubuch v. 1872 S. 141.

100 Frcs. entrichtet, von denen die erste bei der Einlegung des Patentgesuches, die zweite und folgende vor Beginn des zweiten und jedes folgenden Jahres der Patentdauer bei Verlust des Patentrechtes erlegt werden muss[1]) (vergl. oben S. 172).

In Oesterreich wird die Taxe nach der Patentdauer bemessen, jedoch in einer Summe bei der Einlegung des Gesuches entrichtet. Sie beträgt für jedes der ersten 5 Jahre 20 Fl., für das 6. Jahr 30, für das 7. Jahr 35, für das 8. Jahr 40, für das 9. Jahr 45, für das 10. Jahr 50, für das 11. Jahr 60, für das 12. Jahr 70, für das 13. Jahr 80, für das 14. Jahr 90 und für das 15. Jahr 100 Fl.; folglich für alle 15 Jahre als die längste Dauer eines Patentes 700 Fl.[2]).

In Bayern ist die Taxe für Erfindungspatente für jedes der ersten 5 Jahre auf 5 Fl., für jedes der nachfolgenden 5 Jahre auf 10 Fl., für das 11. Jahr auf 20 Fl., für das 12. Jahr auf 30 Fl., für das 13. Jahr auf 40 Fl., für das 14. Jahr auf 50 Fl., für das 15. auf 60 Fl., also für die längste Dauer von 15 Jahren auf 270 Fl. festgesetzt. Sie wird bei Aushändigung der Urkunde entrichtet[3]).

In Sachsen betragen die Kosten für die Einreichung des Patentgesuches 7 Thlr. 15 Sgr., für die Ertheilung des Patentes 22 Thlr. 15 Sgr., für die Verlängerung des Patentes auf folgende 5 Jahre 50 Thlr.[4]).

In Würtemberg ist von jedem Patente eine jährliche Abgabe von 5 bis 20 Fl. im voraus zu entrichten, deren Betrag für jeden einzelnen Fall durch das Patent festgesetzt wird. Erlischt das Patent vor Ablauf der bestimmten Dauer, so ist der Inhaber von der Zahlung der noch nicht verfallenen Jahresraten befreit[5]).

In Belgien wird eine progressive jährliche Abgabe erhoben, welche für das erste Jahr 10 Frcs., das 2. Jahr 20 Frcs., das 3. Jahr 30 Frcs. und so fort mit jedem Jahre um 10 Frcs. steigend für das 20. Jahr 200 Frcs. beträgt[6]).

---

[1]) Gesetz v. 5. Juli 1844 Art. 4. 7. 32.

[2]) Gesetz v. 15. Aug. 1852 §. 11.

[3]) Gesetz v. 10. Februar 1842 §. 16. §§. 19. 20.

[4]) Verordnung v. 20. Januar 1853 §. 21.

[5]) Allgem. Gewerbeordnung v. 5. August 1863 Art. 148.

[6]) Gesetz v. 24. Mai 1854 Art. 3.

In Italien wird bei der Einlegung des Patentgesuches eine einmalige Abgabe von 10 Lire für jedes Jahr der nachgesuchten Patentdauer erhoben, welche um den Bruchtheil erhöht wird, welcher dem Zwischenraume zwischen dem Tage des Gesuches und dem Schlusse des Quartales (von welchem ab die Patentdauer berechnet wird), entspricht. Ausserdem wird eine jährliche Abgabe bezahlt, welche 40 Lire für jedes der drei ersten Jahre, für jedes der folgenden Jahre, nach Triennien abgestuft, im ersten Triennium je 65, in den folgenden je 90, 115 und 140 Lire beträgt. Die Jahresraten werden zum voraus entrichtet, die erste bei der Einlegung des Patentgesuches. Bei dreimonatlichem Verzuge tritt die Verwirkung des Patentes ein[1]).

In Russland beträgt die Patentabgabe für eigene Erfindungen auf 3 Jahre 90, auf 5 Jahre 150 und auf 10 Jahre 450 Rubel Silber, für Einführungspatente auf ausländische Erfindungen für jedes Jahr 60 Rubel, also für die höchste Dauer von 6 Jahren 360 Rubel Silber[2]). Sie muss auf einmal im voraus bei Einlegung des Patentgesuches entrichtet werden.

In Spanien werden für ein Patent auf 5 Jahre 3000 Realen, auf 10 Jahre 5000 und auf 15 Jahre 6000 Realen, für ein Einführungspatent (welches nur auf die Dauer von 5 Jahren ertheilt wird) 3000 Realen erhoben, welche vor der Aushändigung der Patenturkunde an das Conservatorium der Künste gezahlt werden müssen[3]).

In Portugal müssen bei der Einreichung des Gesuches für jedes Jahr der nachgesuchten Patentdauer 3200 Reis eingezahlt werden[4]).

---

[1]) Gesetz v. 30. October 1859 Art. 14. 15. 58.

[2]) Russ. Digesten h. t. §. 136.

[3]) Gesetz v. 27. März 1826 Art. 11.

[4]) Gesetz v. 16. Januar 1837 Art. 15.

III. Rechte des Patentinhabers.

§. 16. Inhalt.

Herstellungsmonopol. — Gebrauchsmonopol. — Gemischte Benutzung. — Preussische Gesetzgebung. — Uebereinkunft der Zollvereinsregierungen. — Andere Gesetzgebungen. — Auslegungsregel. — Licenzzwang. — Verschiedene Vorschläge.

Der Inhalt der Rechte, welche dem Patentinhaber durch das Erfindungspatent beigelegt werden, ist in den bestehenden Patentgesetzen meist sehr ungenügend definirt. Auch für die wissenschaftliche Untersuchung bietet diese Begriffsbestimmung ungewöhnliche Schwierigkeiten. Das Recht des Patentinhabers kann nicht in derselben einfachen Weise definirt werden, wie das Recht der ausschliesslichen Vervielfältigung von Schriften, oder das Recht der öffentlichen Aufführung dramatischer und musikalischer Werke. Dies verbietet die Mannichfaltigkeit der Gegenstände der Erfindungen und die verschiedene Art, in welcher dieselben benutzt werden können. Der Erfinder einer neuen Waare, z. B. des Sprengöls, des Anilinroths oder des Differentialflaschenzuges nutzt das ausschliessliche Recht an seiner Erfindung dadurch aus, dass er während der Dauer des Patentes die patentirte Waare allein verfertigt und verkauft, oder gegen Entgelt verfertigen und verkaufen lässt. In diesem Falle schliesst sich also das Recht des Patentinhabers seinem Inhalte nach nahe an das ausschliessliche Recht der Vervielfältigung von Schriften und Kunstwerken an.

Ist dagegen nicht das gewonnene Product Gegenstand der Erfindung, besteht dieselbe vielmehr in einem neuen Hülfsmittel oder in einem neuen Verfahren zur Herstellung eines schon bekannten Productes, wie z. B. bei der Gewinnung der

Soda aus dem Kochsalze, aus dem Chilisalpeter oder aus dem Kryolith, so ist diese Art der Nutzung durch den Gegenstand der Erfindung vollständig ausgeschlossen. Der Patentinhaber kann niemanden an der Fabrikation und dem Verkaufe der Soda verhindern, sofern derselbe sich zur Herstellung der bereits bekannten Waare eines andern als des patentirten Hülfsmittels bedient. Die Nutzung seiner Erfindung erfolgt also nicht in der Gestalt der Vervielfältigung eines eigenthümlichen Objectes, sondern in der Reproduction eines bestimmten Verfahrens und sie lässt sich auf dem Gebiete des literarischen Eigenthumes annähernd dem Rechte der Aufführung von Dramen und Musikstücken vergleichen. Denn wie bei einem unter dem Vorbehalte der öffentlichen Aufführung gedruckten und in fremden Verlag gegebenen Drama der Autor nicht mehr zur ausschliesslichen Vervielfältigung seines Werkes, wohl aber zur öffentlichen Darstellung desselben ausschliesslich berechtigt ist, so erstreckt sich auch das Recht des Erfinders bei einer neuen Methode der Fabrikation einer bereits bekannten Waare nicht auf die Darstellung dieses Productes, sondern auf die Ausführung des zu dieser Darstellung zuerst benutzten Prozesses.

Noch anders gestaltet sich das Recht des Erfinders an Maschinen und Maschinentheilen. Der Erfinder einer Ortsbewegungsmaschine, wie das Dampfschiff oder die Locomotive, kann an dieser Erfindung eine ausschliessliche Nutzung entweder so ausüben, dass er die Maschine fabrizirt und verkauft, so dass die Benutzung derselben dem Käufer ohne Beschränkung überlassen wird, oder so dass er den Gebrauch der neu erfundenen Maschine monopolisirt und das ausschliessliche Recht der Dampfschifffahrt oder des Locomotivtransportes während der Dauer des Patentes ausübt oder durch seine Cessionare ausüben lässt. In der letzteren Form wurde bekanntlich von dem Erfinder des Dampfschiffes Robert Fulton das Patentrecht ausgeübt, indem er die Dampfschifffahrt auf den Strömen der Vereinigten Staaten für eigene Rechnung und für die seiner Rechtsnachfolger ausschliesslich betrieb.

Der Erfinder einer Maschine kann übrigens auch beide Arten der Benutzung verbinden, indem er zwar seine Maschine zum Verkauf fabrizirt, dem Käufer aber die Benutzung nur für seine Person einräumt, so dass das Eigenthum und das Gebrauchsrecht der Maschine besonders übertragen wird. Das Recht des Erfinders umfasst in diesem Falle ebenso wie in dem vorigen sowohl die ausschliessliche Vervielfältigung des erfundenen Gegenstandes, als den ausschliesslichen Gebrauch des damit verknüpften Verfahrens. Allein die Art der Nutzung ist eine andere, indem der Erfinder das Recht der Vervielfältigung zur eigenen Ausbeutung zurück behält, dagegen das Gebrauchsrecht als ein persönliches Recht des Käufers mit jedem verkauften Exemplare überträgt.

Der Erfinder der Maschine kann endlich darauf verzichten, die erfundene Maschine sowohl selbst zu fabriziren, als auch selbst zu gebrauchen. Er kann den Gewerbtreibenden, welche von seiner Erfindung Gebrauch machen wollen, die eigene Anschaffung und den Gebrauch seiner Vorrichtung gegen Entgelt gestatten. In diesem Falle scheidet das ausschliessliche Recht der Vervielfältigung gänzlich aus und das Recht des Erfinders bleibt ebenso wie bei den vorhin erwähnten Fabrikationsmethoden auf den ausschliesslichen Gebrauch beschränkt. Diese Art der Benutzung ist gewöhnlich bei Maschinentheilen, welche nicht die Grundlage eines selbstständigen Fabrikationsbetriebes bilden können (vergl. oben S. 49 f.).

Die Unterscheidung dieser verschiedenen Fälle ist für die Praxis des Patentschutzes von der grössten Bedeutung. Wird eine neue Maschine patentirt und in den Verkehr gebracht, so ist es unumgänglich nothwendig zu wissen, ob dem Erfinder nur die Fabrikation oder auch der ausschliessliche Gebrauch vorbehalten ist, ob also der dritte Erwerber einer von dem Patentinhaber verfertigten Maschine befugt ist, dieselbe in Gebrauch zu setzen, ohne erst das Gebrauchsrecht selbst für seine Person von dem Patentinhaber zu erwerben. Wird ein Verfahren patentirt, zu dessen Ausführung es besonderer neu erfundener Vorrichtungen bedarf, so muss unterschieden werden können, ob derjenige, welcher die Befugniss zur Benutzung der Fabrikationsmethode erlangt hat, sich diese Vorrichtungen selbst anschaffen darf, oder ob der Patentinhaber das ausschliessliche Recht zur Herstellung und zum Verkaufe derselben sich vorbehalten hat.

Die Entscheidung über diese Fragen kann keinesweges

allein den Verträgen zwischen dem Patentinhaher und denjenigen, welche seine Maschine oder sein patentirtes Verfahren erwerben, überlassen bleiben. Die Vertragsclausel, welche den Gebrauch der verkauften Maschine auf die Person des Ankäufers beschränkt, ist dem dritten Erwerber gegenüber jedenfalls in dem Falle unwirksam, wenn er von dieser Clausel keine Kenntniss gehabt hat. Die Entscheidung muss also aus dem Patente selbst entnommen werden können und damit dies mit Sicherheit geschehen kann, ist es nothwendig, dass das Gesetz die verschiedenartige Nutzung der patentirten Erfindungen unterscheidet und regelt. Diese Aufgabe ist jedoch in den bestehenden Patentgesetzen nur ungenügend gelöst.

Sie bezeichnen als den Inhalt der Rechte des Patentinhabers ohne Unterscheidung der verschiedenen Fälle die Anfertigung, den Gebrauch und den Verkauf des patentirten Gegenstandes oder noch allgemeiner die Ausbeutung und Benutzung der patentirten Erfindung (s. u.).

Auch das Preussische Publicandum vom 14. October 1815 definirt im Eingange den Inhalt der Rechte des Patentinhabers

> „als auf einen bestimmten Zeitraum beschränkte Berechtigung zur ausschliesslichen Benutzung einer neuen selbst erfundenen, beträchtlich verbesserten oder vom Auslande zuerst eingeführten und zur Anwendung gebrachten Sache“,

ohne auf eine Unterscheidung der verschiedenartigen Berechtigungen einzugehen, welche je nach der Verschiedenheit des Gegenstandes in dieser ausschliesslichen Benutzung enthalten sein können.

Die Bildung des Zollvereins gab jedoch die Veranlassung, dass der Inhalt der Rechte des Patentinhabers durch die neuere Preussische Gesetzgebung näher begrenzt worden ist.

Es ist leicht zu begreifen, dass die Existenz eines auf volle gegenseitige Freiheit des Handelsverkehrs begründeten Zollvereines an sich schwer verträglich ist mit der Existenz von gewerblichen Beschränkungen, welche nicht für das ganze Vereinsgebiet, sondern für das Gebiet eines einzelnen Staates durch die Ertheilung von Erfindungspatenten begründet werden. Eine naheliegende Consequenz der Zollvereinigung war daher die, dass künftig Erfindungspatente nur gemeinsam von den contrahirenden Staaten für das ganze Vereinsgebiet zu ertheilen seien, um die aus der Existenz solcher ausschliessenden Berechtigungen in den Einzelstaaten hervorgehende Beschränkung in der Freiheit des Verkehrs gänzlich zu beseitigen.

Es wurde jedoch bei den Verhandlungen, welche der Bildung des Zollvereines vorhergingen, vergeblich versucht, eine Form und ein Organ für die gemeinsame Ertheilung von Erfindungspatenten zu finden. Die Preussische Regierung versuchte daher die Schwierigkeit dadurch zu lösen, dass sie eine strengere Begrenzung der Rechte des Patentinhabers unternahm und diejenigen Bestandtheile auszuscheiden versuchte, welche mit der neu begründeten Verkehrsfreiheit unverträglich erschienen.

Zu diesem Zwecke wurde zunächst in den amtlichen Erläuterungen zum Patente vom 14. October 1815, welche im August 1833 zur Mittheilung an die Zollvereinsstaaten verfasst wurden, Folgendes bemerkt:

„Die durch das Patent ertheilte ausschliessliche Berechtigung ist nach Verschiedenheit der Fälle von verschiedener Wirksamkeit.

1. Ist nämlich das Patent auf eine bestimmte Fabrikationsmethode gerichtet, so kann der Inhaber nur die Anwendung dieser Methode innerhalb des Landes verbieten, nicht aber die Anfertigung solcher Fabrikate, die mittelst dieser Methode von ihm hergestellt werden, sobald die Anfertigung derselben ohne Anwendung des patentirten Verfahrens geschieht und ebensowenig das Einbringen solcher Fabrikate vom Auslande her, mögen sie daselbst mittelst der patentirten Methode hergestellt sein oder nicht.

2. Sofern dagegen das Patent auf ein gewisses Werkzeug oder auf eine mechanische Vorrichtung zum Fabrikgebrauche lautet, dergestalt, dass der Inhaber zu deren alleiniger Benutzung befugt erklärt ist, so kann derselbe einem Jeden deren Benutzung untersagen, mag die mit der patentirten übereinstimmende Sache im Inlande oder im Auslande angefertigt sein; es findet jedoch dieserhalb eine Controle von Seiten der Steuerverwaltung und eine Beschränkung der Einfuhr über die Landesgrenzen nicht statt, sondern bleibt dem Patentinhaber überlassen, denjenigen zu belangen, welcher durch die Benutzung einer vom Auslande eingefühten Sache sein Patentrecht beeinträchtigt."

Bei dieser Classification ist die eine der drei Hauptarten der Patentberechtigungen, die ausschliessliche Fabrication patentirter Waaren zum Verkauf, ganz übergangen. Auch die auf die beiden andern Klassen bezüglichen Bestimmungen vermischen Nebensächliches mit dem für die Begriffsbestimmung Wesentlichen und enthalten zum Theil Vorschriften, welche nur für den Umfang des Untersagungsrechtes, nicht für den Inhalt der Rechte des Patentinhabers bestimmend sind.

Ausserdem erschienen auch die Beschränkungen, welche durch die angeführten Erläuterungen im Wege der Interpretation in den Umfang der Rechte des Patentinhabers hineingetragen wurden, nicht ausreichend für die Zwecke des Zollvereins. Es erschien vielmehr unerlässlich, seine Befugniss auf die ausschliessliche Fabrikation patentirter Waaren oder auf den ausschliesslichen gewerblichen Gebrauch patentirter Vorrichtungen und Fabrikationsmethoden zu beschränken. Der Vertrieb und der Verbrauch patentirter Erzeugnisse, soweit derselbe zur unmittelbaren Consumtion des Publicums diente, durfte dagegen nicht im Interesse des Erfinders beschränkt werden, wenn nicht die durch den Zollverein begründete Verkehrsfreiheit auf das Empfindlichste durch die von zwanzig verschiedenen Staaten verliehenen Erfindungspatente beeinträchtigt werden sollte.

Die hiernach gebotene Einschränkung der Rechte des Patentinhabers erhielt die gesetzliche Sanction durch die Uebereinkunft der zum Zoll- und Handelsvereine verbundenen Regierungen wegen Ertheilung von Erfindungspatenten vom 21. September 1842 (Gesetzsammlung 1843 S. 265)[1]), welche in den Artikeln III und IV das Folgende bestimmt:

III. „Die Ertheilung eines Patentes darf fortan niemals ein Recht begründen:

a) die Einfuhr solcher Gegenstände, welche mit dem patentirten übereinstimmen, oder

b) den Verkauf und Absatz derselben zu verbieten oder zu

---

[1]) Diese Uebereinkunft ist allerdings durch den Vertrag über die Erneuerung des Zollvereins vom 8. Juli 1867 in ihrer Geltung als internationaler Vertrag aufgehoben. Dagegen ist sie in ihrer Eigenschaft als Landesgesetz, als welches sie unter dem 29. Juni 1843 publizirt worden, noch gegenwärtig in Kraft geblieben und muss deshalb als Quelle des Preussischen Patentrechtes angezogen werden.

beschränken. Ebensowenig darf dadurch dem Patentinhaber ein Recht beigelegt werden;

c) den Ge- oder Verbrauch von dergleichen Gegenständen, wenn solche nicht von ihm bezogen oder mit seiner Zustimmung anderweitig angeschafft sind, zu untersagen, mit alleiniger Ausnahme des Falles:

wenn von Maschinen und Werkzeugen für die Fabrikation und den Gewerbebetrieb, nicht aber von allgemeinen zum Ge- und Verbrauche des grössern Publicums bestimmten Handelsartikeln die Rede ist.

IV. Dagegen bleibt es jeder Vereinsregierung überlassen, durch Ertheilung eines Patentes innerhalb ihres Gebietes dem Patentinhaber

1. ein Recht zur ausschliesslichen Anfertigung oder Ausführung des in Rede stehenden Gegenstandes zu gewähren. Ingleichen bleibt es jeder Regierung anheimgestellt, innerhalb ihres Gebietes dem Patentinhaber
2. das Recht zu ertheilen:
   a) eine neue Fabrikationsmethode, oder
   b) neue Maschinen oder Werkzeuge für die Fabrikation in der Art ausschliesslich anzuwenden, dass er berechtigt ist, allen denjenigen die Benutzung der patentirten Methode oder den Gebrauch des patentirten Gegenstandes zu untersagen, welche das Recht dazu nicht von ihm erworben oder den patentirten Gegenstand nicht von ihm bezogen haben."

Nach diesen Bestimmungen des Preussischen Rechtes ist das Recht des Patentinhabers entweder auf ein Fabrikationsmonopol für die patentirte Waare oder auf die ausschliessliche *gewerbliche* Benutzung der patentirten Vorrichtung oder Fabrikationsmethode beschränkt. Das Recht zum ausschliesslichen Gebrauche, so weit es sich nicht um eine gewerbliche Benutzung, sondern um eine eigentliche Consumtion handelt, steht ihm dagegen nach Art. III der Uebereinkunft in keinem Falle zu[1]).

---

[1]) Rescript v. 10. August 1856 an St. in Berlin: „Nach Art. III, a. u. b. der Uebereinkunft vom 21. September 1842 ist aus dem Ihnen ertheilten Einführungspatente ein Recht, die Einfuhr und den Verkauf der von J. und S. in Ilfeld bezogenen Waschmaschinen, wenn solche auch mit der patentirten Maschine übereinstimmen sollten, keineswegs herzuleiten.

Den übrigen Patentgesetzgebungen ist diese Beschränkung fremd. Sie lassen indess (mit Ausnahme des Italienischen Patentgesetzes) jede nähere Bestimmung darüber vermissen, worauf bei den verschiedenen Gegenständen der Erfindungspatente sich das Recht des Patentinhabers erstreckt. Sie begnügen sich mit einer ganz allgemein gehaltenen Beschreibung der Rechte des Patentinhabers, ohne die darunter begriffenen verschiedenen Fälle zu unterscheiden. So bezeichnet das Englische Statut von 1623 sect. 6 als Inhalt des Erfindungspatentes „den alleinigen Betrieb oder die Anfertigung irgend einer Art von neuen Manufacturen[1]).“ Das Nordamerikanische Gesetz vom 8. Juli 1870 sect. 22 definirt das Recht des Erfinders als „das ausschliessliche Recht, die Erfindung herzustellen, zu gebrauchen und zu verkaufen[2]); nach sect. 37 hat indess Jeder, welcher vor der Anmeldung des Patentes eine Maschine vom Erfinder gekauft oder sie mit dessen Wissen selbst verfertigt hat, das Recht, sie ferner zu gebrauchen, ohne Entschädigung dafür zu zahlen. Das Französische Patentgesetz vom 5. Juli 1844 Art. 1 bezeichnet noch allgemeiner als Gegenstand des Erfindungspatentes das ausschliessliche Recht, die Erfindung zum eigenen Nutzen auszubeuten[3]).

Ebenso allgemein gehalten sind die Bestimmungen der Oesterreichischen[4]) und der Belgischen Gesetzgebung[5]). Nur das

---

Das Patent begründet vielmehr nach Art. IV 1. nur das Recht, die Anfertigung von Maschinen, die mit der patentirten übereinstimmen, zu untersagen. Wenn nach Art. III c. und Art. IV 2. das mit einem Patente verbundene Untersagungsrecht auch auf den Gebrauch der patentirten Maschine sich erstrecken kann, so gilt dies nur von solchen Maschinen, die nur für die Fabrikation dienen, nicht auch von solchen, die für den allgemeinen Gebrauch des Publicums bestimmt sind. Zu dieser letztern Kategorie gehört aber die in Rede stehende Maschine, da das Einführungspatent ausdrücklich auf eine Maschine zum Waschen von Hauswäsche lautet.“

[1]) „The sole working or making of any manner of new manufactures.“

[2]) „The exclusive right to make use and vend the said invention.“

[3]) „Le droit exclusif d'exploiter à son profit la dite découverte ou invention.“

[4]) Gesetz v. 15. August 1852 §. 21 Art. 4.

[5]) Gesetz v. 24. Mai 1854.

Italienische Gesetz vom 30. October 1859 unterscheidet zwischen den verschiedenen Arten der ausschliesslichen Berechtigung insofern, als es den Erfinder eines chemischen Hülfsmittels, einer Methode, eines Werkzeuges, einer Maschine oder einer maschinellen Vorrichtung für berechtigt erklärt, Andere von der Benutzung seiner Erfindung auszuschliessen, jedoch mit dem Vorbehalte, dass die Mittheilung der mechanischen Mittel, in deren ausschliesslicher Anwendung das Recht des Erfinders besteht, die Vermuthung begründet, dass auch die Erlaubniss zum Gebrauche ertheilt sei, welche nur durch ausdrücklichen Vertrag ausgeschlossen werden kann[1]).

Es bedarf nicht der Bemerkung, dass auch diese Bestimmungen die Unterscheidungen, welche sich in Bezug auf den Inhalt der Rechte des Patentinhabers als nothwendig ergeben, keineswegs erschöpfen.

Es ist daher Aufgabe der Interpretation, im einzelnen Falle aus dem Inhalte des Erfindungspatentes oder des Patentgesuches festzustellen, ob dem Patentinhaber nur das Recht zur Herstellung und zum Verkaufe oder auch zum Gebrauche des patentirten Erzeugnisses vorbehalten ist, ob er daher berechtigt ist, dem dritten Besitzer, welcher dieses Erzeugniss nicht von ihm selbst erworben hat, den Gebrauch desselben so lange zu untersagen, als er nicht auch das Gebrauchsrecht von dem Patentinhaber erworben hat. Dabei ist zu bemerken, dass soweit nicht die in Frage kommende Patentgesetzgebung eine ähnliche Beschränkung wie das Preussische und das Italienische Gesetz enthält, die Vermuthung für den unbeschränkten Umfang der Rechte des Patentinhabers streitet, dass also überall da, wo die Annahme eines von dem Eigenthume der Sache ge-

---

[1]) Art. 8. La privativa per un oggetto nuovo comprende l'esclusiva fabricazione e vendita del oggetto medesimo.

La privativa per adoperare in un' industria un agente chimico, un processo, un metodo, uno stromento, una macchina, un ordigno, un congegno od una disposizione meccanica qualunque, inventati o scoperti, conferisce la facoltà d'impedire che altro li adoperi.

Ma quando colui chi gode la privativa somministra egli medesimo le preparazioni o i mezzi meccanici, il cui esclusivo adoperamento constituisce l' oggetto d'una privativa, presumesi che abbia nel tempo medesimo conceduto il permesso di farne uso, purchè non esistano patti in contrario.

trennten Gebrauchsrechtes der Natur der Sache nach zulässig ist, das Recht des Erfinders, sowohl die Fabrikation als den Verkauf, als auch endlich den gewerblichen Gebrauch des patentirten Gegenstandes umfasst, dass also im Zweifelsfalle auch dieses Gebrauchsrecht von dem Erfinder besonders übertragen werden muss.

Eine wesentliche Modification des Rechtes des Patentinhabers tritt ein, wenn demselben die Verpflichtung auferlegt wird, Andern die Benutzung seiner Erfindung gegen Entgelt zn gestatten. Ein solcher Zwang zur Licenzertheilung ist in England und in den Vereinigten Staaten[1]) vereinzelt bei der Verlängerung von Erfindungspatenten durch das prolongirende Patent auferlegt worden. Man stellte die Bedingung, dass die Licenz keinem geeigneten Bewerber verweigert werden und dass die geforderte Prämie (Royalty) einen gewissen Betrag nicht übersteigen solle[2]). Als allgemeine Regel wurde der Licenzzwang von verschiedenen Seiten empfohlen und als das geeignete Mittel zur Beseitigung der gegen das Monopol des Patentinhabers bestehenden Bedenken bezeichnet. Gegen diesen Vorschlag wurde geltend gemacht, dass es weder möglich sei, die Prämie gleich bei der Ertheilung des Patentes zum voraus abzuschätzen, noch auch dieselbe in den einzelnen Fällen, in welchen zwischen dem Patentinhaber und dem Licenzsucher eine Vereinigung nicht stattfände, durch richterlichen oder schiedsrichterlichen Spruch zu bestimmen. Diesen Einwendungen gegenüber wurde dann der Versuch gemacht, das Prämiensystem practisch zu construiren[3]). Der Wiener Patentcongress empfahl in einer nach langen Debatten gefassten Resolution den Vermittelungsvorschlag: „dass gesetzliche Bestimmungen getroffen werden, nach welchen der Patentinhaber in solchen Fällen, in welchen das öffentliche Interesse dieses verlangt,

---

[1]) Seit dem Gesetze vom 2. März 1861 ist die Verlängerung der Patentdauer in den Vereinigten Staaten nicht mehr zulässig. Vergl. unten S. 197 Anm. 2.

[2]) Dies geschah z. B. bei der Verlängerung der Patente für Howe's Nähmaschine und für Martiny's Repetirgewehr.

[3]) Vergl. die oben S. 109 angeführten Schriften von Rathkowsky und Steinbeis, und für die entgegengesetzte Auffassung: Franz Wirth, Die Patentreform S. 67 f.

veranlasst werden kann, seine Erfindung gegen angemessene Vergütung allen geeigneten Bewerbern zur Mitbenutzung zu überlassen."

Auch bei der parlamentarischen Untersuchung in England (1871—72) waren die Meinungen über den Licenzzwang getheilt[1]). Der Englische Gesetzentwurf von 1875 enthielt eine der Wiener Resolution conforme Bestimmung mit der weiteren Einschränkung, dass ein Zwang zur Licenzertheilung in den ersten zwei Jahren der Patentdauer nicht stattfinden solle. Der auf Veranlassung des Deutschen Patentschutzvereins ausgearbeitete Gesetzentwurf schlägt im §. 32 einen unbedingten Zwang zur Licenzertheilung vor und ermächtigt den Patentgerichtshof, auf die Klage des Licenzsuchers die Bedingungen der Benutzung und den Betrag der Entschädigung festzusetzen. Bei veränderten Umständen soll auf Antrag des einen oder des andern Theiles eine neue Festsetzung eintreten. Nach einem späteren Beschlusse des Patentschutzvereins soll in den ersten fünf Jahren der Patentdauer ein Zwang zur Licenzertheilung nicht stattfinden.

Bei der Prüfung dieser verschiedenen Vorschläge muss zunächst der Einwendung entgegengetreten werden, dass ein Zwang zur Licenzertheilung und eine amtliche Festsetzung der an den Patentinhaber zu entrichtenden Prämie practisch nicht auszuführen sei. Sämmtliche Monopole, welche die heutige Gesetzgebung auf dem gewerblichen Gebiete zulässt, sind an die Bedingung geknüpft, dass die Benutzung des monopolisirten Gewerbes allen ohne Unterschied zugänglich gemacht wird und zwar zu einem der obrigkeitlichen Einwirkung unterliegenden Preise. Dies findet statt bei Eisenbahnen, Fähranstalten, Apotheken und bei zahlreichen anderen, der freien Concurrenz verschlossenen Gewerben. Das Preussische Eisenbahngesetz vom 3. November 1838 bietet sogar eine unmittelbare Analogie für den vorliegenden Fall, indem es die Eisenbahngesellschaft verpflichtet, nach Ablauf der ersten drei Jahre auch andere Unternehmer zum Transportbetriebe auf der Bahn gegen ein von dem Handelsministerium festzusetzendes Bahngeld zuzulassen.

---

1) Für den Licenzzwang: Webster, Aston, Sir William Armstrong, Siemens, Macfie, Newton, Howard, Muspratt u. A. m. — Dagegen: Bessemer, Nasmyth, Woodcroft, Mundella.

Diese Bestimmung ist zwar niemals practisch geworden, allein sie bietet durch ihr blosses Bestehen dem Staate eine wirksame Waffe gegen eine den allgemeinen Interessen feindliche Ausbeutung des verliehenen Monopols.

Die Benutzung einer neuen Erfindung lässt sich allerdings im Augenblicke der Patentirung noch nicht allgemein gültig tarifiren. Wohl aber ist es möglich, von Fall zu Fall zu bestimmen, welcher Preis für die Einräumung der Benutzung an eine bestimmte Person angemessen erscheint. Wäre dies nicht der Fall, so würde auch ein vertragsmässiges Abkommen zwischen dem Erfinder und einem Dritten über die Ertheilung einer Licenz unmöglich, da auch ein solcher Vertrag nur auf Grund einer übereinstimmenden beiderseitigen Schätzung des aus der Anwendung der Erfindung zu ziehenden Nutzens geschlossen werden kann. Auch in dem Falle einer unbefugten Benutzung der Erfindung muss die von dem Contravenienten zu leistende Entschädigung von dem Richter nach demselben Massstabe arbitrirt werden. Es ist deshalb nicht ersichtlich, weshalb eine solche Schätzung bei der Einräumung einer Licenz von Amtswegen nicht solle vorgenommen werden. Die Gerichte sind in vielen andern Fällen zu viel schwierigeren Festsetzungen berufen, z. B. in den Prozessen über den Schadenersatz für die beim Betriebe von Eisenbahnen, Bergwerken und Fabriken herbeigeführten Tödtungen und Körperverletzungen nach dem Haftpflichtgesetze vom 7. Juni 1871. Das Gesetz erleichtert diese Aufgabe, indem es den Richter anweist, nach freiem Ermessen unter Würdigung aller Umstände zu erkennen und indem es den Parteien gestattet, bei veränderten Umständen zu jeder Zeit auf Erhöhung oder Minderung der fortlaufenden Entschädigung zu klagen. Man muss ferner, um sich das practische Ergebniss der vorgeschlagenen Bestimmungen zu vergegenwärtigen, den Einfluss berücksichtigen, welchen die Regelung der Beweislast im Prozesse ausübt. Kläger ist in jedem Falle der bestrittenen Licenzertheilung der Licenzsucher. Dieser ist gehalten, eine bestimmte Entschädigung anzubieten und die Angemessenheit derselben zu beweisen. Führt er diesen Nachweis nicht, so nimmt nicht etwa das Gericht von Amtswegen eine Schätzung vor, sondern der Kläger wird als sachfällig abgewiesen.

Auch wenn der Patentinhaber bestimmten Personen die Licenz gegen eine vertragsmässig festgesetzte Gebühr freiwillig eingeräumt hat, wird ein neuer Bewerber nicht sich auf diese Festsetzung als eine für ihn massgebende berufen können. Der Erfinder hat ein Interesse daran, um die erste Einführung seiner Erfindung in die Industrie zu erleichtern, den ersten Unternehmern besonders günstige Bedingungen zu gewähren. Er wird sogar häufig sich verpflichten müssen, keinem andern Unternehmer gleich günstige Bedingungen einzuräumen, um nur den ersten Gewerbtreibenden für die practische Ausführung seiner Erfindung zu gewinnen. Solche Verträge entbinden also den dritten Licenzsucher nicht von dem stricten Beweise, dass die angebotene Entschädigung eine vollständige Gegenleistung bietet für die von dem Patentinhaber auf seine Erfindung verwendeten Auslagen, für den Gewinn, welchen er aus dem Monopolbetriebe seiner Erfindung voraussichtlich erwarten darf. Dabei bleibt dem verklagten Patentinhaber unbenommen auszuführen, dass der Licenzsucher durch seine gewerblichen Leistungen keine Gewähr für eine umfangreiche Verwerthung des Patentes gebe oder dass von ihm eine mangelhafte, dem Rufe des Fabrikats schädliche Ausführung zu besorgen sei. Alle solche Einwendungen muss der Richter nach freiestem Ermessen zu würdigen ermächtigt sein.

Die Vorschläge des Patentschutzvereins werden daher voraussichtlich nicht die Folge haben, dass in sehr vielen Fällen der Klage auf Einräumung einer Licenz stattgegeben wird, weil es dem Kläger in den meisten Fällen nicht gelingen wird, die Angemessenheit der von ihm angebotenen Entschädigung genügend nachzuweisen. Die bezügliche Bestimmung wird also ebenso wie die in der Resolution des Wiener Congresses und die in dem Englischen Gesetzentwurf vorgeschlagene Bestimmung, welche nur in solchen Fällen den Licenzzwang gestattet, wo das öffentliche Interesse dies erfordert, lediglich ein Correctiv gegen die kurzsichtige und gemeinschädliche Politik einzelner Patentinhaber abgeben, ein Correctiv, welches weniger bestimmt ist, in häufige practische Anwendung zu treten, als vielmehr vorbeugend zu wirken. Die erstere Bestimmung würde zugleich ausreichenden Schutz gegen die Ausbeutung des einheimischen Marktes durch ausländische und im Auslande fabricirende Erfinder geben, ohne dass in jedem Falle die Verwaltungsbehörde genöthigt wäre, das Odium der auferlegten Beschränkung durch den Ausspruch, dass das öffentliche Interesse gefährdet sei, auf sich zu nehmen. Die Bestimmung in dem Gesetzentwurfe des Patentschutzvereins bietet ferner den Vorzug, dass die Prämie bei der Ertheilung der Zwangslicenz im contradictorischen Verfahren und nach den gewöhnlichen Regeln von der Beweislast ermittelt und festgesetzt wird. Der Vorschlag dagegen, dass eine Verwaltungsbehörde von Amtswegen den Werth einer neuen Erfindung abschätzen und darnach die Prämie festsetzen soll, bleibt unausführbar, und alle die Methoden, welche für die Ausführung eines solchen Prämiensystems entwickelt sind, sind zur practischen Durchführung nicht geeignet.

Aus diesen Gründen wird dem Vorschlage des Deutschen Patentschutzvereins der Vorzug gegeben werden müssen[1]). Dabei entsteht allerdings die Frage, ob nicht das vorgeschlagene Verfahren mit der von dem Wiener Congresse empfohlenen Untersuchung darüber, ob das öffentliche Interesse den Zwang zur Licenzertheilung verlangt, verbunden werden kann. Der Licenzsucher würde dann gehalten sein, zunächst vor dem Patentamte auszuführen, dass eine dem öffentlichen Interesse schädliche Monopolisirung der Erfindung seitens des Patentinhabers stattfinde. Demnächst würde das Patentamt eine Vorentscheidung über diese Frage abgeben, ohne über die Höhe der zu gewährenden Entschädigung irgendwie zu befinden und ohne seinerseits die nachgesuchte Zwangslicenz zu ertheilen. Der Licenzsucher müsste vielmehr auf Grund des Beschlusses des Patentamtes bei dem Gerichte gegen den Patentinhaber auf Ertheilung der Licenz klagen und hätte hier die Angemessenheit der angebotenen Entschädigung nach den oben erörterten Regeln nachzuweisen.

Bei der Schwierigkeit des Gegenstandes und bei dem vollständigen Mangel an practischen Erfahrungen muss es jedoch als angemessen bezeichnet werden, dass nach der später von

---

[1]) Der Verfasser hatte in einem aus Auftrag des Patentschutzvereins erstatteten Referate sich für die Beibehaltung der Wiener Resolution ausgesprochen. Die innerhalb des Vereins gepflogenen Verhandlungen haben ihn jedoch überzeugt, dass das in dem erwähnten Gesetzentwurfe empfohlene Verfahren das practischere ist.

der Generalversammlung des Patentschutzvereins vom 15. November 1875 empfohlenen Verbesserung dem Erfinder, so lange er selbst oder durch Andere seine Erfindung im Inlande ausreichend zur Anwendung bringt, für die ersten Jahre der Patentdauer die ausschliessliche Ausübung gestattet, der Licenzzwang also so lange ausgeschlossen bleibe, weil viele Erfindungen noch der practischen Durchbildung durch den Erfinder selbst bedürfen, ehe sie der allgemeinen Concurrenz preisgegeben werden dürfen.

§. 17. Dauer.

Absolute und relative Fristen. — Erfindungspatente. — Einführungspatente. — Verbesserungspatente. — Verlängerung der Patentdauer.

Die Dauer des Patentes ist in einigen Gesetzgebungen absolut bestimmt, nach andern bis zu einem gewissen Maximum von der Wahl des Erfinders abhängig, nach andern endlich wird sie für jeden einzelnen Fall von der patentverleihenden Behörde festgesetzt. Die erste Regel gilt in Grossbritannien, den Vereinigten Staaten, in Belgien und Sachsen; die zweite in Frankreich, Oesterreich, Bayern, Würtemberg, Italien, Spanien und Portugal, die dritte in Preussen, Russland und Schweden. Die Fristen werden in Frankreich, Italien, Spanien und Belgien vom Tage der Hinterlegung des Patentgesuches, in den übrigen Ländern vom Tage der Ausfertigung des Patentes gerechnet. In Grossbritannien und Schweden wird das Patent auf den Tag der Einlegung resp. der Veröffentlichung des Patentgesuches zurückdatirt[1]).

In Preussen ist durch §. 4 des Publicationspatentes die kürzeste Dauer des Patentes auf sechs Monate, die längste auf fünfzehn Jahre bestimmt, innerhalb welcher Grenzen sie für jeden einzelnen Fall nach Anhörung des Patentsuchers durch die Patenturkunde festgestellt wird. Nach der gegen-

[1]) Französ. Gesetz vom 5. Juli 1844 Art. 8. — Italien. Gesetz v. 30. October 1859 Art. 10. — Span. Gesetz v. 27. März 1826 Art. 16. — Belg. Gesetz vom 24. Mai 1854 Art. 3. — Engl. Statut vom 1. Juli 1852 (15 & 16 Victoria cap. 83 sect. 23). — Schwed. Gesetz v. 19. August 1856 §. 9. — Nordamerikan. Statut v. 8. Juli 1870 sect. 23. — Oesterr. Gesetz v. 15. August 1852 Art. 26. — Russ. Digesten h. t. §. 135.

wärtigen Praxis des Ministeriums werden Patente in der Regel auf drei Jahre, ausnahmsweise auf fünf Jahre ertheilt.

In Grossbritannien beträgt die Dauer des Patentes 14 Jahre[1]), in den Vereinigten Staaten von Nordamerika 17 Jahre[2]), in Belgien 20 Jahre[3]) und in Sachsen 5 Jahre, wobei indess die Verlängerung auf fernere 5 Jahre (s. u.) jedem Patentinhaber zugesichert ist[4]).

In Frankreich beträgt die Patentdauer nach der Wahl des Erfinders 5, 10 oder 15 Jahre. Diese Bestimmung ist aus dem früheren Patentgesetze von 1791 in das gegenwärtig geltende Gesetz von 1844 herübergenommen. Da indess die nach der Dauer des Patentes bemessene Abgabe (oben S. 177) nicht mehr wie nach dem früheren Gesetze auf einmal zum voraus, sondern jährlich entrichtet wird, so hat dies Wahlrecht seine practische Bedeutung verloren. Es wird in der Regel die längste Dauer von 15 Jahren gewählt, da der Patentinhaber zu jeder Zeit, ohne eine Vorauszahlung einzubüssen, auf die noch übrige Patentdauer verzichten kann[5]). Anders verhält es sich in Oesterreich, Bayern, Spanien und Portugal, wo die nach der Dauer des begehrten Patentes bemessene Taxe auf einmal bei der Nachsuchung oder Aushändigung des Patentes erlegt werden muss (vergl. §. 16). Hier wird der Erfinder die Zeitdauer, für welche er das Patent in Anspruch nimmt, nicht selten nach dem Masse der dafür aufzuwendenden Kosten bemessen.

Das Maximum der Patentdauer beträgt in den fünf vorgenannten Ländern fünfzehn Jahre. In Oesterreich und in

---

1) Engl. Statut v. 1623 (21. James I l. 3) sect. 6. — Der Wortlaut des Gesetzes ist: „for the term of fourteen years *or under*“ doch wird ohne Ausnahme die volle Dauer von 14 Jahren begehrt und bewilligt.

2) Nordamerikan. Statut v. 8. Juli 1870 sect. 25. — Bis zum Erlass des Statuts v. 4. März 1861 betrug die Patentdauer, wie in England, 14 Jahre (Statut v. 4. Juli 1836 sect. 5).

3) Belg. Gesetz v. 24. Mai 1854 Art. 3.

4) Sächs. Verordnung v. 20. Januar 1853 §. 8.

5) Gesetz v. 5. Juli 1844 Art. 4. — Die Zahl der von 1844 bis 1863 auf 15 Jahre nachgesuchten Patente beträgt 55,242 gegenüber 1168 auf 10 Jahre und 531 auf 5 Jahre gelösten Patenten (Renouard, Traité des brevets d'invention. Paris 1865 p. 134).

Bayern ist innerhalb dieser Grenze die Zahl der Jahre ganz dem Ermessen des Erfinders anheimgegeben, in Spanien und Portugal ist dagegen nach dem Vorgange des Französischen Gesetzes von 1791 die Patentdauer auf 5, 10 und 15 Jahre abgestuft, so dass dem Patentsucher nur zwischen diesen drei Stufen die Wahl offen bleibt[1]).

In Italien hängt die Zahl der Jahre, für welche das Patent begehrt wird, bis zum Maximum von 15 Jahren ganz von der Wahl des Erfinders ab, so jedoch, dass kein Bruchtheil eines Jahres gezählt wird und die Patentdauer stets von dem auf die Anmeldung folgenden Quartalschlusse berechnet wird[2]). Die Taxe wird zu einem Theile (mit 10 Frcs. pro Jahr) für die ganze Patentdauer vorausgezahlt, zum Theil als progressive Steuer in Jahresraten entrichtet (vergl. oben S. 178).

In Würtemberg beträgt das Maximum zehn Jahre, innerhalb dessen dem Patentsucher die Bestimmung freisteht[3]). Die Abgaben werden in Jahresraten gezahlt, so dass auch hier wohl ohne Ausnahme die volle Dauer von zehn Jahren begehrt wird.

In Russland sollen die Erfindungspatente nach den Anträgen des Patentsuchers und nach dem Ermessen der Regierung auf 3, 5 oder 10 Jahre ertheilt werden[4]).

In Schweden werden die Patente je nach der Wichtigkeit der Erfindung auf 3 bis 15 Jahre bewilligt[5]).

Für die Einführungspatente stellen einige Gesetzgebungen besondere Fristen der Patentdauer auf. Sie beträgt für Patente auf ausländische Erfindungen in Russland höchstens sechs Jahre, in Spanien und Portugal fünf Jahre[6]).

Die übrigen Gesetzgebungen stellen zwar die Einführungspatente hinsichtlich der Dauer den Erfindungspatenten gleich,

---

1) Oesterreich. Gesetz v. 15. August 1852 §. 9. — Bayer. Gesetz v. 19. Februar 1842 §. 15. — Span. Gesetz vom 27. März 1826 Art. 3. — Portug. Gesetz v. 16. Januar 1837 Art. 3.

2) Gesetz v. 30. October 1859 Art. 10.

3) Allg. Gewerbeordnung v. 5. August 1836 Art. 146.

4) Russ. Digesten h. t. §. 133.

5) Gesetz v. 19. August 1856 §. 3.

6) Russ. Digesten h. t. §. 133. — Span. Gesetz v. 27. März 1826 Art. 3. — Portug. Gesetz v. 16. Januar 1837 Art. 14.

sie enthalten jedoch meist (mit Ausnahme von Preussen und Spanien) die Bestimmung, dass die Dauer des Patentes für eine im Auslande bereits patentirte Erfindung nicht diejenige des ausländischen Patentes übersteigen dürfe. (Vgl. oben S. 99 f.) Diese Regel gilt in Grossbritannien, Frankreich, Oesterreich, Bayern, Würtemberg, Belgien, Italien und in den Vereinigten Staaten, ferner neben der oben bemerkten Einschränkung der Dauer auf sechs und fünf Jahre in Russland und Portugal[1]). Da die Patentdauer in Preussen nach der herrschenden Praxis des Ministeriums in der Regel auf drei Jahre beschränkt wird, so ergibt sich die Regel, dass ein Erfinder, welcher in mehreren Ländern Patente nachsucht, das Preussische Patent nicht eher nehmen darf, bis er in den übrigen Staaten den Patentschutz erlangt hat, weil im andern Falle die in den andern Ländern

---

[1]) Grossbritann. Statut v. 1. Juli 1852 (15 & 16 Victoria cap. 83) sect. 25. Where upon any application made after the passing of this act, letters patent are granted in the United Kingdom for or in respect of any invention, first invented in any foreign country or by the subject of any foreign power or state, and a patent or like privilege for the monopoly or exclusive use or exercise of such invention in any foreign country is there obtained before the grant of such letters patent in the United Kingdom, all rights and privileges under such letters patent shall (notwithstanding any term in such letters patent limited) cease and be void immediately upon the expiration of the term during which the patent or like privilege obtained in such foreign country shall continue in force, or where more than one such patent or like privilege is obtained abroad, immediately upon the expiration or determination of the term which shall first expire or be determined of such several patents or like privileges; provided always that on letters patent for or in respect of any invention, for which any such patent or like privilege as aforesaid shall have been obtained in any foreign country and which shall be granted in the said United Kingdom after the expiration of the term for which such patent or privilege was granted or was in force, shall be of no validity.

Französ. Gesetz v. 5. Juli 1844 Art. 29. L'auteur d'une invention ou découverte déjà brevetée à l'étranger pourra obtenir un brevet en France mais la durée de ce brevet ne pourra excéder celle des brevets antérieurement pris à l'étranger. — Vergl. Oesterr. Gesetz v. 15. August 1852 §. 9 c. — Bayer. Gesetz v. 10. Februar 1842 §. 4. — Würtemberg. Allg. Gewerbeordnung v. 5. August 1836 Art. 141. — Belg. Gesetz vom 24. Mai 1854 Art. 3. — Italien. Gesetz v. 30. October 1859 Art. 11. — Nordamerikan. Statut v. 8. Juli 1870 sect. 25. — Russ. Digesten h. t. §. 122. — Portug. Gesetz v. 16. Januar 1837 Art. 10.

ertheilten Patente mit dem früher ertheilten Preussischen Patente nach drei Jahren erlöschen.

Bei Verbesserungspatenten, welche von dem Inhaber eines noch laufenden Patentes für eine Verbesserung seiner patentirten Erfindung nachgesucht werden, steht es nach einigen Gesetzgebungen in der Wahl des Erfinders, ob er ein neues Patent mit der für Erfindungspatente allgemein bestimmten Dauer lösen, oder nur für die Dauer des noch laufenden Patentes letzteres auf die neu erfundene Verbesserung ausdehnen will (vergl. oben S. 89 f.). Wählt er das Letztere, so erhält er ein sogenanntes Zusatzpatent *(certificat d'addition)*, für welches nicht die gewöhnliche Patentabgabe, sondern eine geringe Ausfertigungsgebühr zu entrichten ist[1]).

Die Verlängerung der ursprünglich bewilligten Patentdauer ist in den Vereinigten Staaten von Nordamerika[2]), in Russland und in Portugal unbedingt untersagt[3]). In Frankreich kann sie nur durch ein Gesetz erfolgen[4]).

In Oesterreich, Bayern, Würtemberg und Italien kann ein Patent, welches auf eine geringere als die gesetzlich zulässige Dauer ertheilt ist, vor dem Ablauf auf Ansuchen des Patentinhabers auf das zulässige Maximum von 15 (in Würtemberg von 10) Jahren verlängert werden[5]).

---

[1]) Französ. Gesetz v. 5. Juli 1844 Art. 16. 17. — Belg. Gesetz v. 24. Mai 1854 Art. 15. 16. — Italienisches Gesetz v. 30. October 1859 Art. 16. 26. 27.

[2]) Statut v. 8. Juli 1870 sect. 25. — Das frühere Statut von 1836, welches die Patentdauer auf 14 Jahre beschränkte, gestattete die Verlängerung um 7 Jahre. Das Statut von 1861 sect. 16 erweiterte die Patentdauer auf 17 Jahre und untersagte die Verlängerung auch der unter dem früheren Rechte ertheilten Patente. Nach der transitorischen Bestimmung in sect. 63 ff. können jetzt die vor dem 2. März 1861 auf die Dauer von 14 Jahren ertheilten Patente auf Antrag des Inhabers auf fernere 7 Jahre verlängert werden.

[3]) Russ. Digesten h. t. §. 134. — Portug. Ges. v. 16. Jan. 1837 Art. 17.

[4]) Gesetz v. 5. Juli 1844 Art. 15. — Eine solche Verlängerung von Patenten über die Dauer von 15 Jahren hat in Frankreich bisher zweimal stattgefunden: das eine Mal durch Gesetz vom 18. Juni 1856 für ein Patent des Dr. Boucherie zum Imprägniren von Hölzern, das andere Mal durch Gesetz vom 1. August 1860 für zwei Patente des Instrumentenmachers Sax auf von ihm erfundene musikalische Instrumente (Renouard, Traité des brevets d'invention p. 419).

[5]) Oesterreich. Gesetz v. 15. August 1852 §. 27. — Bayer. Gesetz

In Preussen ist die Verlängerung der ursprünglich bewilligten Patentdauer bis auf das im §. 4 des Publicandums vom 14. October 1815 bestimmte Maximum von 15 Jahren nach dem Ermessen des Ministers zulässig.

Im Königreich Sachsen wird jedes Patent nach Ablauf der ursprünglich bewilligten 5 Jahre auf fernere 5 Jahre verlängert, wenn vor dem Ablauf des Patentes darum nachgesucht wird[1]).

In Grossbritannien kann das auf die Dauer von 14 Jahren ertheilte Patent vor dessen Ablauf auf fernere 7 oder 14 Jahre verlängert werden. Das Gesuch um Verlängerung muss den Nachweis erbringen, dass der Patentinhaber mehr Kosten auf die Erfindung verwendet hat, als binnen der gesetzlichen Patentdauer daraus zurückgewonnen werden kann. Das Gesuch wird von der richterlichen Abtheilung des Geheimeraths geprüft, auf dessen Bericht dann die Verlängerung auf 7 oder 14 Jahre oder nach Befinden auch auf einen kürzeren Zeitraum gewährt werden kann[2]).

§. 18. Cession.

Begriff. — Bedingungen. — Form. — Gewährleistung. — Licenzertheilung.

Das Recht des Patentinhabers ist ein Vermögensrecht, welches gleich allen übrigen unter Lebenden und von Todes wegen veräussert werden kann. Dieser Grundsatz findet sich in den meisten der bestehenden Patentgesetze ausdrücklich anerkannt, doch wird die Wirksamkeit der Cession in verschiedenen Patentgesetzen an gewisse Formen oder Bedingungen geknüpft. Soweit solche besondere Vorschriften nicht ertheilt

v. 10. Februar 1842 §. 17. — Würtemberg. Allg. Gewerbeordnung v. 5. August 1836 Art. 149. — Italien. Gesetz v. 30. October 1859 Art. 12.

[1]) Gesetz v. 20. Januar 1853 §. 8.

[2]) Statut v. 6. August 1844 (7 & 8 Victoria cap. 69) sect. 2 & 3. — Früher konnte die Verlängerung nur durch Parlamentsacte erfolgen. Das Statut vom 22. August 1843 (6 & 7 Victoria cap. 35) gestattete zuerst die Verlängerung auf 7 Jahre auf den Bericht des Geheimeraths. An dessen Stelle trat dann das oben angeführte Statut, welches die Verlängerung auf 14 Jahre gestattete und das Verfahren vor dem Geheimerath näher regelte.

sind, ist die Cession in Bezug auf die Bedingungen ihrer Gültigkeit und in Bezug auf ihre Wirkungen nach den Regeln des Civilrechtes zu beurtheilen.

Für das Preussische Recht, welches keine besondere Beschränkungen der Cession von Erfindungspatenten kennt [1]), ergeben sich folgende Regeln:

Die Cession kann nur an solche Personen wirksam erfolgen, welche gesetzlich zum Besitze von Erfindungspatenten befähigt sind, also mit Rücksicht auf die Bestimmungen im Eingange des Patentes vom 14. October 1815 nur an Inländer und an Bürger derjenigen Länder, welchen durch die bestehenden Staatsverträge die Rechte der Inländer in Bezug auf Handel und Gewerbe zugesichert sind (oben S. 77). Ausländer, welche keinem dieser Staaten angehören, können auch durch Cession nicht die Rechte eines Patentinhabers erwerben [2]). Juristische Personen sind von der Erwerbung der Erfindungspatente nicht ausgeschlossen. Sie können daher jedenfalls durch Cession die Rechte des Patentinhabers erwerben [3]), wenn auch dahin gestellt bleibt, ob sie solche unmittelbar als Erfinder geltend machen und deshalb zur Patentirung auf eigenen Namen zugelassen werden können.

Die Form der Cession richtet sich nach den Regeln des ortsgültigen Civilrechtes. Sie muss nach den Vorschriften des Allgemeinen Landrechtes I. 11 §. 394 in schriftlicher Form erfolgen. Der Cedent muss für die Gültigkeit des Patentes Gewähr leisten. Bei einer blossen Licenzertheilung (unten S. 201) berechtigt der Widerruf des Patentes den Licenzträger nur zur Aufhebung des Vertrages für die Zukunft, nicht zur Rückforderung des Geleisteten. (Vergl. die von Godson a. a. O. S. 216—218 mitgetheilten Entscheidungen.) Der Cedent ist zur Aushändigung der Patenturkunde verpflichtet. Eine Anzeige über die erfolgte Cession an die patentertheilende Behörde ist nicht vorgesehen.

---

[1]) Vergl. die Erläuterungen zu §. 1 des Patentes vom 14. October 1815. „Die aus dem Patente fliessenden Rechte können durch Uebertragung und Vererbung auf andere qualifizirte Personen übergehen."

[2]) Rescript an den Geh. Commerzienrath B. v. 22. October 1836.

[3]) In Russland ist die Cession des Patentes an eine Actiengesellschaft nur mit Bewilligung des Ministeriums zulässig. — Russ. Digesten h. t. §. 144.

Die Behörde nimmt deshalb auch von der erfolgenden Cession keine Notiz und hält sich wegen der Erfüllung der durch das Gesetz oder durch das Patent vorgeschriebenen Bedingungen, insbesondere bezüglich der Ausführung der Erfindung an den ursprünglichen Inhaber des Erfindungspatentes[1]).

Von den ausländischen Gesetzgebungen gestattet das neueste Englische Patentgesetz vom 1. Juli 1852 ebenfalls die Cession der Erfindungspatente ohne alle Beschränkung. Nach dem früheren Rechte war es in Folge einer in alle Patente aufgenommenen Clausel untersagt, mehr als eine bestimmte Anzahl von Personen (fünf nach den älteren, zwölf nach den neueren Statuten) als Theilhaber an dem Patente anzunehmen. Diese Beschränkung ist durch Sect. 36 des angeführten Gesetzes auch für die früher ertheilten Patente aufgehoben.

In Frankreich darf die Cession, sei es des ganzen Patentes oder eines Antheiles, nicht anders als durch einen notariellen Act erfolgen. Sie muss, um wirksam zu sein, auf dem Secretariate der Präfectur des Departements, in welchem der Act aufgenommen wird, registrirt werden. Vor der Cession muss die ganze Patentabgabe, also die sämmtlichen noch nicht verfallenen Jahresraten, für den Rest der Patentdauer zum voraus erlegt werden[2]). Ueber die erfolgten Cessionen wird bei dem Handelsministerium ein Register geführt, auf Grund dessen in jedem Quartale die eingetretenen Veränderungen in dem Besitze der Erfindungspatente durch das Gesetzbulletin bekannt gemacht werden[3]).

Die Ausdehnung des Patentes auf nachträgliche Verbesserungen *(certificat d'addition)*, welche von einem der Cessionare oder von dem ursprünglichen Patentinhaber nachgesucht werden, kommen allen Mitbetheiligten zu Gute[4]).

---

[1]) Rescript vom 29. December 1853 an das Polizei-Präsidium zu Berlin:

„Der Regierung gegenüber wird rücksichtlich der dem Inhaber eines Patentes obliegenden Verpflichtungen durch die Cession desselben nichts geändert, dieselbe hält sich vielmehr nur an denjenigen, auf dessen Namen das Patent ausgefertigt ist."

[2]) Gesetz v. 5. Juli 1844 Art. 20.

[3]) ibid. Art. 21.

[4]) ibid. Art. 22.

Die Einregistrirung der Cessionen ist ferner in den Vereinigten Staaten, in Oesterreich, Italien, Belgien, Spanien und Portugal vorgeschrieben[1]). Sie findet auf Grund eines öffentlichen Actes bei der patentertheilenden Behörde statt.

Das Patent kann ganz oder theilweise, an eine oder mehrere Personen cedirt werden. Eine Cession ist jedoch nicht vorhanden, wenn der Patentinhaber einem Dritten die Ausübung der patentirten Erfindung für eigene Rechnung gestattet. Eine solche Erlaubniss, auch wenn sie gegen Entgelt ertheilt wird, involvirt nicht die Uebertragung des ausschliesslichen Rechtes zur Benutzung der Erfindung, sie kann vielmehr in beliebiger Zahl wiederholt werden, ohne dass der früher Berechtigte, welchem die Ausschliesslichkeit der Nutzung nicht ausdrücklich zugesichert ist, gegen eine solche wiederholte Uebertragung Einwendungen erheben könnte. Eine solche Erlaubniss pflegt Licenz genannt zu werden. Da der Patentinhaber erfahrungsmässig bei dem eigenen Betriebe seiner Erfindung häufig nicht seine Rechnung findet, so ist die Ertheilung von Licenzen zum Gebrauche der patentirten Erfindung gegen eine an den Erfinder zu entrichtende Abgabe diejenige Form der Verwerthung, welche in England und Amerika am meisten in Anwendung steht. Dies wird vor dem Englischen Parlamentsausschusse von einer Anzahl hervorragender Gewerbtreibender bezeugt[2]).

Diese Licenzen werden entweder mit Beschränkung auf eine bestimmte Werkstätte oder auf einen Bezirk oder ohne alle geographische Begrenzung ertheilt. Sie können ferner als ein ausschliessliches Recht gewährt werden, so dass der Patentinhaber für eine gewisse Zeit oder für einen gewissen Bezirk darauf verzichtet, andern Personen gleiche Licenzen zu ertheilen, oder sie werden ohne ein solches Anrecht auf ausschliessliche Nutzung gewährt. Nach dem Patentgesetze der

---

[1]) Nordamerikan. Statut v. 8. Juli 1870 sect. 33. — Oesterreich. Gesetz v. 15. August 1852 §. 36. — Italien. Gesetz v. 30. October 1859 Art. 46—49. — Belg. Gesetz v. 24. Mai 1859 Art. 21. — Span. Gesetz v. 27. März 1826 Art. 18. 19. — Portug. Gesetz vom 16. Januar 1837 Art. 13.

[2]) Blaubuch von 1871: Aston Frage 1470—1474, Chittenden Frage 2021—2032. 2134—2136; Blaubuch von 1872: Newton Frage 379—385. — Siemens Fr. 420—423. 571—579. 610—612. — Johnson Fr. 681—683. 752—762.

Vereinigten Staaten müssen die mit ausschliesslicher Benutzung verbundenen Licenzen wie die Cessionen registrirt werden[1]). Sie sind indess nicht als Partialcessionen zu betrachten, sondern eher dem Verlagsrechte an Werken der Kunst und Wissenschaft zu vergleichen. Auch die Contraventionsklage gegen den unbefugten Nachahmer der patentirten Erfindung steht demjenigen nicht zu, welcher bloss die Erlaubniss zur eigenen Ausübung der Erfindung erlangt hat. Mehrere Cessionare des Erfindungspatentes sind dagegen befugt, das ausschliessliche Recht jeder für seine Person dem Contravenienten gegenüber zu verfolgen. Sollten die auf Einführung eines Zwanges zur Licenzertheilung gerichteten Vorschläge (oben S. 188 f.) Annahme finden, so würde die Frage entstehen, ob noch die vertragsmässige Einräumung einer ausschliesslichen Licenz für einen gewissen Bezirk oder für einen gewissen Zeitraum möglich wäre. Es liesse sich aus einem solchen Zweifel sogar ein erheblicher Einwand gegen den Zwang zur Licenzertheilung herleiten, weil gerade die Ertheilung von Licenzen für gewisse Bezirke eine sehr beliebte und wie es scheint nicht unangemessene Verwerthung des Patentrechtes enthält.

Wird nach dem Vorschlage des Wiener Congresses der Zwang zur Licenzertheilung auf diejenigen Fälle beschränkt, wo das öffentliche Interesse durch eine ungenügende Ausbeutung oder durch eine engherzige Monopolisirung der Erfindung gefährdet wird, so bleibt dem Patentinhaber jedenfalls unbenommen, ausschliessliche Districtslicenzen zu ertheilen, indem er dafür Vorsorge trifft, dass nicht eine unangemessene Ausbeutung des Marktes seitens der ausschliesslichen Licenzträger stattfindet. Wird der Licenzzwang nach den Vorschlägen des Deutschen Patentschutzvereins vom sechsten Jahre der Patentdauer ab unbeschränkt zugelassen, so können ausschliessliche Licenzen nur noch für die ersten fünf Jahre, für die Folgezeit nur unbeschadet der etwa zwangsweise später ertheilten Licenzen, gegeben werden.

---

[1]) Rules of practice in the United States Patent Office No. 104.

IV. Verfolgung der Rechte.

§. 19. Thatbestand der Verletzung.

Unbefugte Nachahmung. — Uebereinstimmung wesentlicher Merkmale. — Theilweise Nachahmung. — Gewerblicher Gebrauch. — Anfertigung von Modellen. — Anfertigung zum eigenen Gebrauch. — Verkauf. — Unbefugte Benutzung.

Jeder Eingriff in das ausschliessliche Recht des Patentinhabers zur Benutzung seiner Erfindung enthält eine Rechtsverletzung, welche einen Anspruch auf Entschädigung begründet und die in den Patentgesetzen vorgesehenen Strafen nach sich zieht. Ein solcher Eingriff wird begangen durch die unbefugte Nachahmung der patentirten Erfindung. Der Thatbestand der Nachahmung ist gegeben, wenn die Erfindung entweder vollständig oder in einem wesentlichen Theile von einem Dritten ohne Genehmigung des Patentinhabers zur Ausführung gebracht wird. Es ist dabei unwesentlich, ob der Nachahmer sein Product für die patentirte Sache ausgibt oder nicht. Es kommt vielmehr lediglich darauf an, ob die verfertigte Waare, die gebrauchte Vorrichtung oder das angewendete Verfahren mit dem patentirten in wesentlichen Merkmalen und zwar in solchen Merkmalen übereinstimmt, auf welche sich der Patentschutz erstreckt. Ist dies nicht der Fall, so wird der Thatbestand der unbefugten Nachahmung durch das blosse Vorgeben einer solchen Uebereinstimmung nicht hergestellt. Der Gewerbtreibende, welcher eine andere Waare oder ein anderes Werkzeug ohne die patentirten Eigenschaften für die patentirte Sache und als solche ausgibt, begeht keinen Eingriff in das Patentrecht. Sein

Verfahren kann unter Umständen die Rechte des Patentinhabers insofern verletzen, als damit der unbefugte Gebrauch einer fremden Firma oder einer fremden Waarenbezeichnung verknüpft ist, allein das Vergehen fällt auch in diesem Falle nicht unter den Thatbestand der unbefugten Nachahmung der patentirten Sache [1]).

Die Uebereinstimmung der nachgemachten und der patentirten Sache muss in denjenigen Merkmalen bestehen, welche durch das Patent und durch die zugehörige Beschreibung als unterscheidende Merkmale für den Gegenstand des Patentschutzes angegeben sind.

Für die Beurtheilung dieser Uebereinstimmung gelten dieselben Regeln, welche oben für die Beurtheilung der Identität des Gegenstandes verschiedener Erfindungen aufgestellt sind. Dies wird aus einem von Godson [2]) mitgetheilten englischen Rechtsfalle deutlich.

W. G. Kneller erhielt ein Patent auf eine Vorrichtung zur Abdampfung von Flüssigkeiten, insbesondere von Zuckerlösungen bei niedrigem Hitzegrade. Die Vorrichtung bestand nach der Beschreibung in einem Windkessel, welcher über der abzudampfenden Flüssigkeit liegt und von welchem eine Anzahl Röhren in die Flüssigkeit tauchen, welche in beliebiger Tiefe, jedoch in einer dem Spiegel der Flüssigkeit parallelen Ebene ausmünden. Aus dem Windkessel wird erhitzte Luft in die Flüssigkeit gepresst, welche ihren Weg durch die abzudampfende Lösung nimmt und ihr das Wasser entzieht. In der Beschreibung war die Art der Anwendung als veränderlich angegeben, aber als wesentlich hervorgehoben das Einblasen der Luft durch von oben eintauchende Röhren, deren Mündungen genau in einer horizontalen Ebene liegen, so dass jede Röhre den gleichen hydrostatischen Druck zu überwinden hat.

R. Knight und R. Kirk construirten eine andere Vorrichtung zum Abdampfen, bei welcher das Röhrensystem auf dem

---

[1]) Das Nordamerikan. Patentgesetz v. 8. Juli 1870 sect. 39 enthält eine besondere Strafandrohung gegen die betrügliche Bezeichnung von Waaren mit dem Namen eines Patentinhabers oder mit dem Worte „patentirt." Die Strafe beträgt mindestens 100 Dollars und fällt zur Hälfte dem Kläger, zur Hälfte dem Bundesfiskus zu.

[2]) A treatise on the law of patents p. 76 sq.

Boden des Kessels angebracht ist und aus demselben die eingeblasene heisse Luft in fein zertheilten Strömen durch die abzudampfende Flüssigkeit ihren Weg nimmt.

Der Inhaber des Kneller'schen Patentes klagte wegen Verletzung seines Patentrechtes. Die Klage wurde jedoch in beiden Instanzen zurückgewiesen, weil als Gegenstand des Patentes ausdrücklich der beschriebene Apparat bezeichnet war, als dessen unterscheidendes Merkmal die von oben aus dem Windkessel in die Flüssigkeit eintauchenden Röhren angegeben waren, während die Verklagten zu dem gleichen Zwecke sich eines ganz andern Apparates bedienten.

Ebenso wird ein Patent auf die Entsilberung des Bleies durch Chlorzink nicht dadurch verletzt, dass ein Anderer die Entsilberung mittelst einer andern Chlorverbindung vornimmt, obgleich er dabei das in der patentirten Erfindung angewendete wissenschaftliche Princip benutzt und sich die Erfahrungen des Patentinhabers zu Nutze macht. Ein Patent über einen direct wirkenden, mit der Kolbenstange verbundenen Dampfhammer schliesst nicht aus, dass ein Dritter nach demselben Principe den beweglich construirten Cylindermantel als Dampfhammer wirken lässt.

Die Zahl dieser Beispiele liesse sich leicht vermehren, und es ist eine bemerkenswerthe Thatsache, dass eine grosse Zahl der sinnreichsten Constructionen und Verfahrungsweisen, z. B. in der Nähmaschinenindustrie lediglich durch die Nothwendigkeit hervorgerufen sind, die Verletzung noch geltender Erfindungspatente zu vermeiden. Der Fortschritt des Gewerbes, weit entfernt, durch das dem Patentinhaber gewährte zeitweise Monopol aufgehalten zu werden, hat in dieser Schranke vielmehr einen Sporn gefunden, neue Wege zu demselben Ziele aufzusuchen.

Die Uebereinstimmung der Nachahmung mit der Erfindung muss nicht bloss solche Merkmale betreffen, welche in dem Patente oder in der zugehörigen Beschreibung ausdrücklich angegeben sind, sondern gerade diese Merkmale müssen auch die Bedingungen des Patentschutzes erfüllen, sie müssen neu und patentfähig sein. Wird daher die Gültigkeit des Patentes an sich nicht in Zweifel gezogen, so kann doch die Frage entstehen, ob bei einer bloss theilweisen Nachahmung des patentirten Gegenstandes auch die nachgeahmten Theile oder Merkmale als geschützt anzusehen, d. h. ob sie neu und patentfähig sind.

Die Feststellung, dass die Nachahmung sich auf solche Merkmale erstreckt, welche den Begriff der Neuheit und Patentfähigkeit der Erfindung constituiren, ist von besonderer Wichtigkeit in denjenigen Ländern, in welchen nicht der Patentertheilung ein Vorprüfungsverfahren vorhergeht, durch welches der Umfang des zu gewährenden Patentschutzes zum voraus festgestellt wird.

Wenn nach dem Vorigen die Nachahmung unwesentlicher und nicht patentfähiger Theile oder Merkmale der Erfindung nicht den Thatbestand der unbefugten Nachahmung darstellt, so ist dagegen hervorzuheben, dass auch die theilweise und die modifizirte Nachahmung unter diesen Begriff fällt, sobald wesentliche und durch das Patent geschützte Merkmale der patentirten Sache, wenn auch in veränderter Form und Verbindung, reproduzirt werden[1]).

---

[1]) Vergl. die bei Godson, A Treatise on the law of patents for inventions. London 1851 p. 231 f. mitgetheilten Rechtsfälle. In dem einen dieser Fälle (Manton v. Manton Davies Pat. Cas. 348) handelte es sich um die Durchbohrung des Percussionshammers an einem Gewehre, welche in der Nachahmung in etwas veränderter Richtung angebracht war. In dem andern Falle (Webster v. Uther) war ebenfalls an einem Percussionsgewehre statt des patentirten, in einer Nute verschiebbaren Verschlussriegels ein Riegel mit einer Feder angebracht. Der Gerichtshof führte bei der Fragestellung an die Geschwornen aus: die patentirte Erfindung bestehe in einer Verbindung an sich bekannter Theile, welche in ihrer Zusammensetzung einen neuen technischen Effect hervorbringen. Habe der Verklagte denselben Effect unter Benutzung einiger Theile mit Weglassung anderer, jedoch in wesentlich anderer Verbindung erreicht, so liege eine Verletzung des Patentes nicht vor. Dagegen würde eine geringfügige Abweichung von der patentirten Construction, bloss zur Verdeckung der Nachahmung bestimmt, natürlich den Eingriff in das Patent nicht ausschliessen. Es komme also darauf an, ob die Construction des Verklagten wesentlich von der patentirten verschieden sei. — Nachdem dann das Gutachten von Sachverständigen dahin vernommen war, dass eine Feder am Verschlussriegel dasselbe sei, wie ein in der Nute verschiebbarer Riegel, erkannte die Jury, dass der Verklagte das Patent des Klägers verletzt habe und der Gerichtshof wies die Berufung auf Verhandlung vor einer neuen Jury zurück.

Bei der Feststellung des objectiven Thatbestandes der Nachahmung kommt ausser der Uebereinstimmung des Gegenstandes noch die Thätigkeit des Nachahmers in Betracht. Diese muss so beschaffen sein, dass dadurch des Patentinhabers ausschliessliche gewerbliche Nutzung an dem patentirten Gegenstande beeinträchtigt oder gefährdet wird. Daher ist die Nachahmung im Wege des Versuches, die lediglich zum Vergnügen oder zu wissenschaftlichen Zwecken dient, nicht unerlaubt, sofern dabei die Möglichkeit der gewerblichen Benutzung ganz ausgeschlossen bleibt. Doch kann auch die Anfertigung von blossen Modellen unter Umständen sehr wohl eine Beeinträchtigung der gewerblichen Benutzung enthalten, wie der folgende Rechtsfall ergibt:

Der Ingenieur V. zu Berlin, welcher ein Patent auf eine rotirende Dampfmaschine gelöst hatte, wurde wegen Verletzung desselben gegen den Mechaniker P. daselbst klagbar, welcher Modelle der patentirten Maschine angefertigt und verkauft hatte. Vom Polizeipräsidium abgewiesen, führte er bei dem Handels-Minister Beschwerde und dieser ordnete durch den Recursbescheid vom 13. Juni 1864 die Einleitung der Untersuchung aus folgenden Gründen an:

„Nach Lage der Sache ist dem Antrage auf Abweisung des Beschwerdeführers nicht statt zu geben. Denn abgesehen davon, dass den Ausführungen, wonach unter der durch das Patent gewährten Berechtigung zur ausschliesslichen Benutzung des patentirten Gegenstandes nur eine Benutzung zu industriellen Zwecken zu verstehen sei, Bedenken entgegenstehen, so stützt auch V. seine Beschwerde wesentlich darauf, dass das von P. nachgebildete Modell ein vollkommen leistungsfähiges Erzeugniss gewesen sei. Das Ergebniss der bisher in der Sache gepflogenen Verhandlungen widerspricht dieser Behauptung nicht und der Antrag des V. würde begründet erscheinen, wenn selbst ohne Rücksicht auf die Grösse und die Beschaffenheit des Modells dasselbe die Möglichkeit der Benutzung für den Gebrauch darbietet. Hierzu kommt, dass nach der ferneren Behauptung des V., P. auch durch den wiederholten Verkauf von Modellen der patentirten Maschine nach dem Auslande eines Eingriffs in das Patentrecht des Beschwerdeführers sich schuldig gemacht haben soll."

Auch die unbefugte Benutzung zum eigenen Gebrauche kann eine Beeinträchtigung des Patentinhabers enthalten.

Im Uebrigen gestaltet sich nach dem verschiedenen Inhalte der Rechte des Patentinhabers (oben S. 179 f.) auch der Thatbestand der Handlungen verschieden, durch welche der Eingriff in das Patentrecht consumirt wird. Bei den patentirten Waaren erstreckt sich das Recht des Patentinhabers nach den ausländischen Patentgesetzgebungen auf die ausschliessliche Verfertigung und den Verkauf. Ein Eingriff in das Patentrecht kann daher sowohl durch die unbefugte Fabrication als auch durch das Feilhalten der unbefugt verfertigten Waaren verübt werden und der Patentinhaber kann sowohl den unbefugten Fabrikanten als jeden Verkäufer der ohne seine Erlaubniss verfertigten Waaren wegen dieses Eingriffs belangen. Anders verhält es sich in den Staaten des Zollvereins und insbesondere in Preussen, wo nach Art. III der Uebereinkunft vom 21. September 1842 (oben S. 184) die Ertheilung des Patentes nicht das Recht begründet, die Einfuhr, den Verkauf oder den Absatz solcher Gegenstände, welche mit den patentirten übereinstimmen, zu verbieten oder zu beschränken. In Preussen enthält nur die unbefugte Anfertigung der patentirten Waare den Thatbestand einer Verletzung des Patentrechtes.

Bei den patentirten Maschinen ist zu unterscheiden, ob sich das Recht des Patentinhabers lediglich auf die Anfertigung und den Verkauf der patentirten Maschine oder auch auf deren ausschliessliche Anwendung zum Gewerbebetriebe erstreckt. Nach Preussischem Rechte ist beides zulässig[1]) und im Zweifelsfalle ist für die möglichste Ausdehnung der Rechte des Patentinhabers zu vermuthen (oben S. 187). Der Thatbestand der Verletzung des Patentrechtes wird also unter dieser Voraussetzung auch durch den unbefugten Gebrauch der Maschine constituirt und der Eingriff in das Patentrecht kann auch mit einer von dem Patentinhaber selbst verfertigten Ma-

[1]) Uebereinkunft vom 21. September 1842 §. IV 1 u. 2b. — Unter den im Jahre 1828 ertheilten Patenten befindet sich sogar eines, durch welches dem Professor B. das ausschliessliche Recht der Ausführung und Benutzung zweier zur Erläuterung der Aufgaben aus der mathematischen Geographie und populären Astronomie dienenden Apparate verliehen wurde.

schine begangen werden, wenn der Besitzer nicht das Gebrauchsrecht erworben hat. Bei den technischen Prozessen kann die Verletzung des Patentrechtes nur durch die unbefugte Anwendung begangen werden.

§. 20. Zurechnung.

Rechtswidrige Absicht. — Vorherige Verwarnung. — Preussisches und Oesterreichisches Recht. — Fahrlässige Nachahmung. — Theilnahme am Vergehen.

Die unbefugte Nachahmung ist ein Vergehen, welches nach Verschiedenheit der Gesetzgebungen entweder als ein blosses Privatdelict betrachtet wird, also nur Entschädigungsansprüche und Privatstrafen nach sich zieht, oder als ein öffentliches Vergehen zugleich mit öffentlichen Strafen geahndet wird. In beiden Fällen muss zu dem objectiven Thatbestande eines Eingriffs in das fremde Privatrecht noch die subjective Voraussetzung der Verschuldung des Nachahmers hinzutreten. Diese Verschuldung kann entweder in einer rechtswidrigen Absicht des Nachahmers bestehen, wenn er das ihm bekannte Patentrecht wissentlich verletzt hat, oder in einer blossen Fahrlässigkeit, wenn er zwar ohne Bewusstsein einer Rechtsverletzung gehandelt hat, jedoch bei gehöriger Sorgfalt wissen musste, dass seine Handlung einen Eingriff in das fremde Patent enthielt.

Bei den Schriften und Kunstwerken beruht das geistige Eigenthum auf einem allgemeinen Rechtssatze, den Jeder kennen muss. Die Frage, ob eine Schrift oder ein Kunstwerk gegen Nachahmung geschützt ist, wird nach allgemeinen Kennzeichen beantwortet, welche aus jedem Exemplare der Schrift oder des Kunstwerks hervorgehen[1]). Beim unbefugten Nachdruck wird daher die rechtswidrige Absicht vermuthet. Der fahrlässige Nachdruck setzt einen Irrthum über die Existenz des verletzten

[1]) Bei nicht vervielfältigten Kunstwerken wird diese allgemeine Kenntniss von dem daran bestehenden Eigenthum durch das öffentliche Register vermittelt, welches über die geschützten Kunstwerke geführt wird und welches jeder Herausgeber einer Nachbildung vorher einzusehen verpflichtet ist. — Gesetz v. 11. Juni 1837 §. 27.

Rechtes oder über den Thatbestand des Nachdrucks voraus, welcher besonders nachgewiesen werden muss.

Bei den Erfindungspatenten fehlt die allgemeine Erkennbarkeit des verletzten Rechtes. Die ausschliessliche Befugniss zur Benutzung der geschützten Erfindung beruht nicht unmittelbar auf einem allgemeinen Rechtssatze, welchen Jeder zu kennen verpflichtet ist, sondern auf einem besondern Privilegium, welches nur denjenigen verpflichtet, zu dessen Kenntniss dasselbe gelangt ist.

Hieraus ergiebt sich für die Zurechnung der unbefugten Nachahmung die Regel, dass die wissentliche Nachahmung nicht vermuthet wird. Es muss vielmehr sowohl die Kenntniss des Patentes, als auch der Uebereinstimmung des nachgeahmten und des patentirten Gegenstandes besonders bewiesen werden.

Einige Patentgesetze enthalten deshalb die ausdrückliche Vorschrift, dass der erste Fall der unbefugten Nachahmung niemals eine Strafe, sondern nur eine Verwarnung nach sich ziehen, und dass erst im Falle der Wiederholung die Strafe der Verletzung fremder Patentrechte verhängt werden soll.

Das Preussische Publicandum vom 14. October 1815 bestimmt hierüber:

> 10. Wer überführt wird, ein durch ein Patent erlangtes Recht beeinträchtigt zu haben, dem wird unter Zurlastlegung der Untersuchungskosten die Benutzung oder Anwendung der patentirten Sache auf so lange, als das Patent besteht, untersagt, ihm auch bekannt gemacht, dass er im Wiederholungsfalle mit Confiscation der vorgefundenen Werkzeuge, Materialien und Fabrikate bestraft werden würde, welche Strafe, wenn die Drohung fruchtlos ist, dergestalt zur Ausführung gebracht wird, dass sämmtliche confiscirte Objecte dem Patentirten zur weiteren Benutzung übergeben werden, welchem ausserdem überlassen bleibt, im Wege des Civilprozesses den ihm zugefügten Schaden gegen den Beeinträchtiger geltend zu machen.

Bei der Auslegung dieser Vorschrift entsteht die Frage, ob nur die Strafe der Confiscation oder auch der Entschädigungsanspruch des Patentinhabers auf den Fall der nach vorheriger Verwarnung wiederholten Nachahmung beschränkt ist.

Das Handelsministerium hat in einem Falle die Beantwortung dieser Frage als nicht zu seiner Competenz gehörig abgelehnt[1]). Eine gerichtliche Entscheidung ist darüber nicht bekannt. Es kann indess auch nach dem Wortlaut der angeführten Bestimmung wohl keinem Zweifel unterliegen, dass der Entschädigungsanspruch des Patentinhabers sowohl in dem ersten als in dem zweiten Contraventionsfalle ausser dem angeordneten polizeilichen Untersuchungsverfahren im Wege des Civilprozesses geltend gemacht werden kann und in beiden Fällen lediglich nach den allgemeinen Regeln des Civilrechtes zu beurtheilen ist. Der Verfasser des Publicandums vom 14. October 1815 hatte weder die Absicht, noch die Vollmacht, einen nach den allgemeinen Gesetzen begründeten Entschädigungsanspruch wegen wissentlicher Beeinträchtigung des Patentes auszuschliessen[2]). Daher kann auch nach Preussischem Rechte die rechtswidrige Absicht des Nachahmers schon im ersten Contraventionsfalle geltend gemacht werden, so weit es sich um das Verfahren im Civilprozesse und um den Entschädigungsanspruch, nicht um die Strafe der Confiscation handelt.

Das Oesterreichische Patentgesetz vom 15. August 1852 schliesst sich der Vorschrift des Preussischen Publicandums nahe an. Es bestimmt:

> §. 39. Ist die Beschreibung eines Privilegiums in die offen stehenden Register eingetragen, so begründet schon der erste Eingriff, ist aber die Beschreibung geheim gehalten worden, jede Wiederholung des bereits untersagten Eingriffs

---

[1]) Rescript an den Mechaniker H. vom 30 September 1848:

„Das Handelsministerium muss Bedenken tragen, über die der gerichtlichen Entscheidung zugewiesene Frage sich auszusprechen, ob derjenige, dessen Patentrecht durch einen Dritten beeinträchtigt worden, schon beim ersten oder beim wiederholten Contraventionsfalle einen Entschädigungsanspruch geltend machen kann.“

[2]) Ebensowenig darf aus der oben angeführten Vorschrift die Folgerung gezogen werden, dass die Untersuchungskosten auch im Falle der unwissentlichen und unverschuldeten Nachahmung dem Nachahmer zur Last zu legen seien; es geht vielmehr aus der Fassung des Einganges: „Wer überführt wird, ein durch ein Patent erlangtes Recht beeinträchtigt zu haben“ deutlich die Voraussetzung der Verschuldung hervor. Ist diese nicht nachgewiesen, so kann in dem ersten Contraventionsfalle nur auf die im §. 10 vorgeschriebene Verwarnung erkannt werden, während die Kosten des Verfahrens dem Extrahenten zur Last fallen.

in dasselbe eine Gesetzesübertretung und ist auf Verlangen des Verletzten an dem Schuldigen zu bestrafen.

Im Anschluss an diese Vorschrift wird dann im §. 40 dem Patentinhaber das Recht beigelegt, im ersten Contraventionsfalle bei geheim gehaltener Beschreibung die Fabrication oder den Verkauf der nachgemachten Gegenstände verbieten zu lassen.

Diese Vorschriften enthalten insofern eine Härte, als sie für den Fall der Eintragung der Beschreibung in die offen stehenden Register die rechtswidrige Absicht des Nachahmers präsumiren, folglich jeden Fabrikanten und Händler zur Kenntniss der ertheilten Patente und der offen stehenden Register der Beschreibungen verpflichten. In Bezug auf den Fall der geheim gehaltenen Beschreibung schliesst das Oesterreichische Gesetz sich der Auffassung des Preussischen Publicandums an, indem es die Bestrafung von einer vorhergehenden amtlichen Verwarnung abhängig macht.

Die übrigen Patentgesetze enthalten diese Beschränkung nicht. Sie schliessen sich in Bezug auf die Zurechnung der unbefugten Nachahmung den allgemeinen Rechtsregeln über Vergehen an. In einigen Gesetzen, wie in dem Bayerischen, Belgischen und Würtembergischen Patentgesetze, wird die wissentliche Beeinträchtigung mit Strafe bedroht und für den Fall der unwissentlich und im guten Glauben begangenen Verletzung eines Patentes die Verwarnung gegen die fernere Anfertigung, den Verkauf oder den Gebrauch des patentirten Gegenstandes vorgeschrieben[1]). In Frankreich, Grossbritannien, in

---

[1]) Bayer. Gesetz v. 11. September 1825 Abschn. 3 Art. 9. Eingriffe in die Befugnisse der Privilegieninhaber werden mit einer Geldbusse von Einhundert bis Fünfhundert Gulden bestraft, wovon jedesmal die eine Hälfte dem Betheiligten, die andere Hälfte dem Armenfonds des Orts, wo der Eingriff entdeckt wurde, zufallen soll.

Nebstdem werden die dem Privilegium zuwider nachgemachten oder eingeführten Gegenstände zum Vortheil des Privilegienbesitzers confiscirt.

Bayer. Gesetz v. 10. Februar 1842 §. 28. Gegen jede Beeinträchtigung eines Gewerbsprivilegiums, gegen Anmassung der dadurch verliehenen bevorzugten Befugnisse und gegen Eingriffe in dieselben ist sowohl auf Anrufen des Berechtigten, als von Amtswegen der obrigkeitliche Schutz nach Vorschrift des Gewerbsgesetzes vom 11. September

den Vereinigten Staaten und in Italien fehlen besondere Bestimmungen über die Zurechnung der Uebertretung in den Patentgesetzen gänzlich, es kommen also die allgemeinen Regeln über die Zurechnung von Vergehen zur Anwendung.

Uebrigens unterliegt es keinem Zweifel, dass die Verwarnung vor der fortgesetzten unbefugten Nachahmung nach allen diesen Gesetzgebungen ein geeignetes Mittel ist, um den Nachahmer in bösem Glauben zu verfolgen und im Falle der Wiederholung dessen Bestrafung zu rechtfertigen. Nur dass mit Ausnahme von Oesterreich und Preussen, in den übrigen Staaten auch beim ersten Uebertretungsfalle die Bestrafung eintreten kann, wenn die wissentliche Verletzung des Patentes auf anderem Wege nachgewiesen wird.

Ein fahrlässiger Eingriff in das Patent ist vorhanden, wenn der Nachahmer sich durch sein Verschulden in Unkenntniss von der Existenz des Patentes oder in einem Irrthume über die begangene Nachahmung befunden hat.

In ersterer Beziehung ist zu bemerken, dass die Patentgesetzgebungen, mit einer einzigen Ausnahme, dem Publicum

---

1825 Artikel 9 unaufhaltsam zu gewähren. Dem Beeinträchtigten bleibt dabei unbenommen, seine Ansprüche auf Schadenersatz noch besonders geltend zu machen. Ist jedoch die Beeinträchtigung nach allen Umständen unwissentlich und im guten Glauben begangen worden, so findet lediglich die Einstellung des unbefugten Unternehmens, sowie jeder dem Rechte des Patentinhabers zuwiderlaufenden Verfügung über die verfertigten Gegenstände statt.

Würtemberg. Allg. Gewerbeordnung v. 5. August 1836 Art. 151. Wer eine patentisirte Erfindung ohne Einwilligung des Patentinhabers nachfertigt, oder wissentlich nachverfertigte Gegenstände zum Verkauf bringt, wird auf die Klage des Patentberechtigten zu dessen Vortheil mit der Wegnahme der bei ihm vorräthigen Gegenstände der Nachfertigung belegt, und zugleich angehalten, den Werth der bereits veräusserten oder verarbeiteten Gegenstände dem Patentinhaber in den Absatzpreisen des letzteren zu erstatten.

Art. 153. Dem, welcher nach erfolgter Verkündigung der Patentverleihung, jedoch in gutem Glauben, ein mit der patentisirten Erfindung übereinstimmendes Verfahren angewendet oder nachverfertigte Gegenstände zum Verkauf gebracht oder vom Auslande eingeführt hat, kann auf Klage des Patentinhabers nur der Verkauf der noch unabgesetzten Gegenstände und die weitere Verfertigung derselben bis zur Erlöschung des Patents untersagt werden.

Vergl. Belg. Gesetz v. 24. Mai 1854 Art. 5.

nicht die Kenntniss der ertheilten Patente zur Pflicht machen, gleichviel in welchem Umfang und durch welche Organe dieselben veröffentlicht werden. Eine solche Anforderung würde auch gänzlich unhaltbar erscheinen, wenn man erwägt, dass in einzelnen Ländern, wie z. B. in Grossbritannien, Frankreich und den Vereinigten Staaten, jährlich 3—15,000 Patente ertheilt werden, während die Zahl der noch laufenden Patente auf das Zehnfache veranschlagt werden kann. Nur in Oesterreich wird nach §. 39 des Gesetzes vom 15. August 1852 (oben S. 211) die Kenntniss der in die offenen Register eingetragenen Patente präsumirt und der unwissentlich begangene Eingriff in dieselben als fahrlässige Uebertretung bestraft. In den andern Ländern schliesst die Unkenntniss des ertheilten Patentes nur dann eine Fahrlässigkeit ein, wenn die Patentirung in einer solchen Weise bemerklich gemacht ist, dass sie dem Nachahmer bei hinreichender Sorgfalt nicht entgehen konnte. Dies geschieht vorzugsweise durch die Bezeichnung der patentirten Waare oder ihrer Verpackung mit einer auf das ertheilte Patent bezüglichen Inschrift und diese Bezeichnung hat besonders Gewicht in denjenigen Ländern, in welchen die fälschliche Bezeichnung einer Waare als patentirt mit Strafe bedroht ist, wie dies in Frankreich und in den Vereinigten Staaten der Fall ist[1]). In andern Ländern pflegt der unbefugte Gebrauch der Bezeichnung „patentirt“ in Ankündigungen und Aufschriften von Waaren so häufig vorzukommen, dass die Nichtbeachtung einer solchen Bezeichnung allein nicht unter allen Umständen als Fahrlässigkeit angesehen werden kann. Ist die Kenntniss des ertheilten Patentes bewiesen, so kann der Thatbestand einer bloss fahrlässigen Verletzung zu Gunsten des Nachahmers dadurch dargethan werden, dass er entweder die genaue Patentbeschreibung nicht gekannt, oder sich über die Uebereinstimmung seiner Nachahmung mit der patentirten Sache getäuscht hat.

Die fahrlässige Nachahmung unterliegt im Allgemeinen derselben Strafandrohung, wie der vorsätzliche Eingriff in das Patent. Dies gilt insbesondere auch nach Preussischem und Oesterreichischem Rechte, da die oben angeführten Gesetze

[1]) Französ. Gesetz v. 5. Juli 1844 Art. 33. — Nordamer. Statut v. 8. Juli 1870 sect. 39.

nach einmal erfolgter Verwarnung jede, also auch die fahrlässige Wiederholung der Contravention unter Strafe stellen. Diejenigen Gesetze, welche, wie das Bayerische, Württembergische und Belgische, die wissentliche Nachahmung der unwissentlich und im guten Glauben verübten gegenüberstellen (oben S. 212) rechnen stillschweigend die fahrlässige Nachahmung zu der ersten Kategorie der strafbaren Nachahmung. Dasselbe gilt von denjenigen Patentgesetzen, welche es hinsichtlich der Zurechnung bei den Vorschriften der allgemeinen Gesetze bewenden lassen. Denn nach allgemeinen Rechtsregeln gilt bei unerlaubten Handlungen der verschuldete Irrthum der bösen Absicht gleich.

Eine weitere Unterscheidung in Bezug auf die Zurechnung der unbefugten Nachahmung betrifft die dabei thätigen Personen als Urheber und Theilnehmer oder als Gehülfen. Diese Unterscheidung ist besonders für den Fall der fahrlässigen Nachahmung erheblich, da nach Deutschem Strafrechte nur die wissentliche Hülfeleistung strafbar ist[1]).

Die Gehülfen einer fahrlässigen Verletzung des Patentrechtes sind also straflos. Diese Regel wird in ihrer Anwendung auf den vorliegenden Fall auch von andern Patentgesetzgebungen anerkannt. So bedroht das Französische Gesetz vom 5. Juli 1744 im Art. 40 jede Verletzung des ertheilten Patentes durch Anfertigung der patentirten Waare oder Anwendung der patentirten Hülfsmittel mit Strafe, ohne zwischen den verschiedenen Graden der Zurechnung zu unterscheiden. Im Art. 41 dagegen werden die Gehülfen der unerlaubten Thätigkeit des Nachahmers: die Verkäufer, Feilbieter und Hehler des nachgeahmten Productes nur insofern mit Strafe bedroht, als sie wissentlich zu der Uebertretung mitgewirkt haben[2]).

Hiernach wird der unselbständige Gehülfe eines fremden Eingriffes in ein Patentrecht: der Arbeiter, welcher die paten-

[1]) Strafgesetzbuch v. 17. Mai 1871 §. 49.

[2]) Art. 40. Toute atteinte portée aux droits du breveté, soit par la fabrication de produits, soit par l'emploi de moyens faisant l'objet de son brevet constitue le délit de contrefaçon. Ce délit sera puni d'une amende de cent à deux mille francs.

Art. 41. Ceux qui auront sciemment récélé, vendu ou exposé en vente ou introduit sur le territoire français un ou plusieurs objets contrefaits, seront punis des mêmes peine que les contrefacteurs.

tirte Waare im Auftrage eines andern Fabrikanten nachmacht oder der Händler, welcher sie für dessen Rechnung verbreitet, nach Preussischem und Französischem Rechte nur in dem Falle bestraft, dass er wissentlich zu dem Vergehen mitgewirkt hat. Im Französischen Rechte gilt nach dem unten mitgetheilten Art. 41 diese Regel auch für das selbständige Vergehen des Verkäufers unbefugt nachgemachter patentirter Waaren, ein Vergehen, welches dem Preussischen Rechte nach Art. III b der Uebereinkunft vom 21. September 1842 überhaupt unbekannt ist.

§. 21. Strafen.

Oeffentliche und Privatstrafen. — Confiscation zum Vortheil des Patentinhabers. — Beschlagnahme zur Vernichtung. — Geldbussen. — Gefängnissstrafen. — Schadensersatz.

Die rechtlichen Folgen des Eingriffs in ein fremdes Patentrecht bestehen in Schadensersatz und Strafen. Die in den Patentgesetzen angedrohten Strafen sind theils öffentliche, theils Privatstrafen. Die Privatstrafe wird nur auf den Antrag und zum Vortheil des Beschädigten verhängt. Sie unterscheidet sich von dem Schadenersatze dadurch, dass die Privatstrafe unabhängig von dem Nachweise eines Schadens verhängt wird, sobald nur der Thatbestand des Vergehens nachgewiesen ist und dass neben der Privatstrafe noch der volle Anspruch auf Ersatz des erlittenen Schadens stattfindet.

Die Strafen, welche gegen die unbefugte Nachahmung in den Patentgesetzen angedroht werden, bestehen in der Confiscation der nachgemachten Gegenstände, in Geldbussen und in Gefängnissstrafen. Die Confiscation der nachgemachten Gegenstände wird in den meisten Patentgesetzen vorgeschrieben. Sie bildet nach Preussischem Rechte die einzige Strafe der unbefugten Nachahmung, da Geldbussen und Gefängnissstrafen nicht angedroht sind.

Die Confiscation hat in dem Patentrechte ebenso wie in der Nachdruckgesetzgebung nicht die Bedeutung einer Beschlagnahme zum Vortheile der Staatskasse. Vielmehr bestimmen die meisten Patentgesetze ausdrücklich, dass die Confiscation zum Vortheile des Patentinhabers erfolgen soll[1]).

---

[1]) Preuss. Publicandum v. 14. October 1815 §. 10. — Bayer. Gesetz

Die Confiscation ist also eine Privatstrafe. Nur die Oesterreichische nnd die Französische Gesetzgebung weicht von dieser Regel ab. Nach dem Oesterreichischen Patentgesetze vom 15. August 1852 §. 39 sollen nämlich die confiscirten Gegenstände, wenn nicht ein Uebereinkommen zwischen dem Verletzer und dem Verletzten etwas Anderes festsetzt, durch Zerlegung oder sonstige Umgestaltung unbrauchbar gemacht werden. Die Confiscation hat also hier den Character einer Sicherheitsmassregel gegen weitere Beeinträchtigung der Rechte des Patentinhabers. Nach dem Französischen Patentgesetze vom 5. Juli 1844 Art. 49 erfolgt die Confiscation zwar zum Vortheile des Patentinhabers, jedoch in Anrechnung auf die ihm etwa zustehende Entschädigung, also je nach Verschiedenheit der Umstände entweder als Privatstrafe oder als Schadensersatz[1]).

Die Confiscation erstreckt sich nach §. 10 des Preussischen Publicandums vom 14. October 1815 (oben S. 208) nicht bloss auf die nachgeahmten Gegenstände des Patentes, sondern auch auf die vorgefundenen Werkzeuge und Materialien, auf letztere jedoch selbstverständlich nur insofern, als sie gerade zu dieser unbefugten Fabrikation besonders bestimmt sind. Die oben angeführten Bestimmungen der Französischen, Belgischen, Italienischen, Spanischen und Portugiesischen Patentgesetze stimmen hiermit überein.

Nach Englischem und Nordamerikanischem Rechte findet die Confiscation als Privatstrafe nicht statt. Der Patentinhaber ist nur berechtigt, die Untersagung der unbefugten Fabrikation, des Verkaufes oder Gebrauches der unbefugt angefertigten Gegenstände zu verlangen[2]) und diese Untersagung kann unter

---

v. 11. September 1825 Art. 9 (oben S. 212). — Belg. Gesetz v. 24. Mai 1854 Art. 5. — Italien. Gesetz v. 30. October 1859 Art. 65. — Span. Gesetz v. 27. März 1826 Art. 27.

[1]) Art. 49. La confiscation des objets reconnus contrefaits et, le cas échéant, celle des instruments ou ustensiles destinés specialement à leur fabrication, seront, même en cas d'acquittement, prononcés contre le contrefacteur, le recéleur, l'introducteur ou le débitant.

Les objets confisqués seront remis au propriétaire du brevet *sans préjudice de plus amples dommages-intérêts* et de l'affiche du jugement s'il y a lieu.

[2]) Engl. Statut v. 1. Juli 1852 (15 & 16 Victoria cap. 58) sect. 42.

Umständen durch die Wegnahme und Vernichtung der Gegenstände zur Ausführung gebracht werden.

Ausser der Confiscation sind nach den meisten Patentgesetzen Geldstrafen gegen die wissentliche Nachahmung angedroht. Diese Geldbussen sind nach den meisten Gesetzgebungen Privatstrafen zum Vortheile des Patentinhabers. Nur nach dem Oesterreichischen, Französischen und Italienischen Rechte ist die Geldstrafe eine öffentliche. Sie fällt nach dem Oesterreichischen Patentgesetze der Armenkasse des Ortes zu, wo die Uebertretung begangen wurde, nach dem Französischen und dem Italienischen Patentgesetze der Staatskasse. Nach Bayerischem und Schwedischem Rechte wird die Strafe zwischen dem Patentinhaber und der Ortsarmenkasse zu gleichen Hälften getheilt [1]).

Die Geldbussen werden in einigen Ländern, in Würtemberg, in den Niederlanden und in Belgien nach dem Preise der verkauften nachgemachten Waaren bemessen, sie treten also der Confiscation der noch vorräthigen Waaren ergänzend hinzu; in andern (in Grossbritannien, den Vereinigten Staaten und in Spanien) nach dem Betrage des zugefügten Schadens bemessen, so dass die Strafe mit der Entschädigung in einer Summe (in dem doppelten oder dreifachen Betrage des Schadens oder der Kosten) zuerkannt wird; in den übrigen Ländern werden sie innerhalb der im Gesetze bestimmten Maximal- und Minimalsätze vom Richter arbitrirt. In Preussen, in Russland und im Kirchenstaate findet neben der Confiscation und der Entschädigung keine Geldstrafe statt.

Die Geldstrafen betragen: in Oesterreich 25 bis 1000 Gulden, in Frankreich 100 bis 2000 Frcs., doch kann bei mildernden Umständen die Strafe bis auf 16 Frcs. ermässigt werden, in Italien bis zu 500 Lire, in Bayern 100 bis 500 Gulden, in Portugal 30,000 bis 300,000 Reis, in Schweden 100 bis 200 Rixdaler, beim Rückfall 200 bis 400 Rixdaler [2]).

---

[1]) Oesterreich. Gesetz v. 15. August 1852 §. 39. — Französ. Gesetz v. 5. Juli 1844 Art. 40. — Italien. Gesetz v. 30. October 1859 Art. 64. — Bayer. Gesetz v. 11. September 1825 Art. 9. — Schwedisches Gesetz v. 19. August 1856 §. 13.

[2]) Oesterreich. Gesetz v. 15. August 1852 §. 39. — Französ. Gesetz v. 5. Juli 1844 Art. 40 et 44. — Code pénal Art. 463. — Italien. Gesetz

In Belgien und Würtemberg wird neben der Confiscation der vorräthigen nachgemachten Gegenstände eine Geldbusse zum Betrage des Kaufpreises der schon verkauften Gegenstände verhängt[1]).

In Grossbritannien wird die Schadloshaltung des Patentinhabers nach dem freien Ermessen der urtheilenden Jury bestimmt, ohne dass dafür der stricte Nachweis des Betrages des wirklich zugefügten Schadens massgebend wäre, so dass die zuerkannte Entschädigung meist einen gemischten Character von Schadensersatz und Privatstrafe trägt. Ausserdem kann der Richter in jedem Falle, wenn ein bereits gerichtlich für gültig anerkanntes Patent — sei es, dass dessen Gültigkeit früher mit einer Einwendung gegen die Contraventionsklage, oder mit der directen Klage auf Aufhebung *(scire facias)* angefochten war — nochmals bestritten wird, dem unterliegenden Contravenienten den dreifachen Ersatz der Gerichtskosten als Strafe auferlegen[2]).

In den Vereinigten Staaten kann der Gerichtshof, falls das Urtheil der Jury zu Gunsten des Patentinhabers ausfällt, den Contravenienten bis zum dreifachen Betrage des wirklich verursachten Schadens mit Einschluss der Kosten verurtheilen[3]).

In Spanien soll die Strafe in jedem Falle den dreifachen Werth der nachgemachten Gegenstände betragen[4]).

Gefängnissstrafen werden entweder, wie in Oesterreich als Umwandlungsstrafen verhängt, wenn die Geldbusse von dem Verurtheilten nicht beigetrieben werden kann; oder als Zusatzstrafen, wie in Frankreich, wo beim Rückfalle und beim Missbrauche des Vertrauens eine Gefängnissstrafe von 1 bis 6 Monaten ausser der Geldbusse verhängt wird[5]).

---

v. 30. October 1859 Art. 64. — Bayer. Gesetz v. 11. September 1825 Art. 9. — Portug. Strafgesetzbuch v. 10. December 1825. Art. 457—460. Schwed. Gesetz v. 19. August 1856 §. 13.

1) Belg. Gesetz v. 24. Mai 1854 Art. 4. — Würtemberg. Allg. Gewerbeordnung v. 5. August 1836 Art. 151.

2) Statut v. 10. September 1835 (5 & 6 William IV c. 83) sect. 3.

3) Statut v. 8. Juli 1870 sect. 59.

4) Gesetz v. 27. März 1826 Art. 27.

5) Gesetz v. 5. Juli 1844 Art. 43. Dans le cas de récidive il sera prononcé outre l'amende portée aux articles 40 et 41 un emprisonnement d'un mois à six mois. Il y a récidive lorsqu'il a été rendu contre

In Bezug auf den zu leistenden Schadensersatz ist in keiner der Patentgesetzgebungen eine besondere Bestimmung enthalten. Sie nehmen sämmtlich auf die deshalb bestehenden allgemeinen Vorschriften ausdrücklich oder stillschweigend Bezug. Nach den allgemeinen Regeln über die Ersatzverbindlichkeit umfasst dieselbe sowohl den positiven Schaden als auch den entgangenen Gewinn. Ein positiver Schaden kann dem Patentinhaber aus der blossen Nachahmung seiner patentirten Erzeugnisse nicht wohl entstehen. Es bleibt also der entgangene Gewinn und dieser besteht in dem muthmasslichen Ertrage, welcher dem Patentinhaber durch die unerlaubte Concurrenz des Nachahmers entzogen ist. Dieser Ertrag kann bei der unbefugten Fabrikation patentirter Waaren nach der Quantität der abgesetzten nachgeahmten Fabrikate bemessen werden, bei dem unbefugten Gebrauche patentirter Maschinen und Verfahrungsweisen nach der Quantität des dadurch hergestellten Productes. Der Reinertrag, welchen der Patentinhaber aus der so bemessenen Production selber hätte ziehen können, stellt die Summe seines Interesses und der zu gewährenden Schadloshaltung dar. Hatte der Patentinhaber den Gebrauch seines patentirten Apparates oder technischen Prozesses allgemein gegen Vergütung einer gewissen Abgabe freigegeben (vergl. oben S. 181), so besteht das Interesse des Patentinhabers in der durch den heimlichen Gebrauch defraudirten Abgabe. Ein besonderer Schadensanspruch kann unter Umständen dadurch begründet werden, das der Nachahmer durch mangelhafte Nachahmung des patentirten Gegenstandes bei gleichzeitigem Missbrauch der Firma des Patentinhabers den Markt des patentirten Erzeugnisses verdorben und das letztere im Preise herabgedrückt hat. Der Geldwerth einer solchen Beschädigung kann nicht nach Regeln

---

le prévenu dans les cinq années antérieures une première condamnation pour un des délits prévus par la présente loi.

Un emprisonnement d'un mois à six mois pourra aussi être prononcé, si le contrefacteur est un ouvrier ou un employé ayant travaillé dans les ateliers ou dans l'établissement du breveté ou si le contrefacteur s'étant associé avec un ouvrier ou un employé du breveté, a eu connaissance par ce dernier des procédés décrits au brevet.

Dans ce dernier cas l'ouvrier ou l'employé pourra être poursuivi comme complice.

bestimmt, sondern nur von sachverständigen Personen in jedem einzelnen Falle arbitrirt werden.

§. 22. Verfahren.

Antrag des Verletzten. — Preussen: Administrativverfahren und Rechtsweg. — Frankreich: Civil- und Criminalprozess. — Grossbritannien: Ordentliches Verfahren und Mandatsprozess. — Uebrige Staaten.

Obgleich der Eingriff in das Patentrecht nach einigen Gesetzgebungen mit öffentlichen Strafen bedroht ist (Vergl. §. 21), so stimmen doch alle Patentgesetze mit einer einzigen Ausnahme darin überein, dass dieses Vergehen nur auf den Antrag des Verletzten und nicht von Amtswegen verfolgt wird. Das Bayerische Patentgesetz vom 10. Februar 1842 allein stellt im §. 28 die entgegengesetzte Regel auf[1]). Doch kann auch diese Bestimmung als unpractisch bezeichnet werden. Das Französische und das Italienische Patentgesetz, welche beide die Nachahmung patentirter Gegenstände als öffentliches Vergehen behandeln, schreiben doch ausdrücklich vor, dass die Anklage nur auf den Antrag des verletzten Theiles erhoben werden darf[2]).

Im Uebrigen sind die Bestimmungen der verschiedenen Patentgesetze über die Contraventionsklage sehr mannichfaltig und nicht unter einen allgemeinen Gesichtspunkt zu vereinigen. Die Klage gehört nach Verschiedenheit der Fälle und der Gesetzgebungen vor die Gewerbepolizeibehörden, die Strafgerichte oder die Civilgerichte.

---

[1]) §. 28. Gegen jede Beeinträchtigung eines Gewerbsprivilegiums, gegen Anmassung der dadurch verliehenen bevorzugten Befugnisse und gegen Eingriffe in dieselben ist sowohl auf Anrufen des Berechtigten als von Amtswegen der obrigkeitliche Schutz nach Vorschrift des Gewerbegesetzes vom 11. September 1825 Artikel 9 unaufhaltsam zu gewähren.

[2]) Französ. Gesetz v. 5. Juli 1844 Art. 45. L'action correctionelle, pour l'application des peines ci-dessus, ne pourra être exercée par le ministère public que sur la plainte de la partie lésée.

Italien. Gesetz v. 30. October 1859 Art. 67. — L'azione correzionale contro i reati di cui è parola nell' art. 64 non può essere esercitata senza querela della parte lesa.

Das Nähere über die zur Entscheidung berufenen Behörden, über die Form des Verfahrens, über die Rechtsmittel etc., ergibt die nachfolgende Uebersicht der einzelnen Gesetzgebungen.

In Preussen entscheidet über die Contraventionsklage, soweit sie die Untersagung der ferneren Beeinträchtigung und die Confiscation der nachgeahmten Gegenstände, der Werkzeuge etc. zum Gegenstande hat, die Regierung des Bezirks, in welcher der Beeinträchtiger seinen Wohnsitz hat und in zweiter Instanz das Handels-Ministerium[1]). Der Anspruch auf Ersatz des zugefügten Schadens dagegen wird im Wege des Civilprozesses bei den zuständigen Gerichten verfolgt.

Das Verfahren vor den Regierungen richtet sich nach den für streitige Verwaltungssachen hergebrachten Normen. Beide Theile werden mit ihren Anträgen gehört. Die Beweisaufnahme und die Entscheidung erfolgt nach den Grundsätzen der Untersuchungsmaxime. Die Regierungen sind insbesondere gehalten, sich die Materialien zur Beurtheilung der dem Patentinhaber zustehenden ausschliesslichen Berechtigung von dem Handels-Ministerium zu erbitten[2]).

---

[1]) Publicandum v. 14. October 1815 §. 9.

[2]) Circularverfügung an die Regierungen v. 1. Mai 1833:

„Bei der Entscheidung über Patentstreitigkeiten ist die Mittheilung des Gutachtens der technischen Gewerbedeputation, auf welchem das Patent beruht, bei dem Ministerium in Antrag zu bringen, da die blosse Kenntniss der Patentformel zur sichern Entscheidung solcher Streitfälle nicht ausreicht.“

Das Nähere über die bei der Erörterung der Contraventionsklage vor den Regierungen massgebenden Grundsätze ergibt die nachfolgende Instruction, welche in einem Streitfalle zwischen den Fabrikanten S. & Cie. und C. der prozessleitenden Regierung durch Ministerialrescript vom 19. Juni 1834 ertheilt wurde:

„Das Patent der Fabrikanten S. & Cie. zu L. ist nicht auf die Anfertigung von künstlichem Sago überhaupt, sondern auf dessen Fabrikation nach dem eigenthümlichen vor der Patentertheilung beschriebenen Verfahren gerichtet. Es kommt also darauf an, ob der C. wirklich, wie der Beschwerdeführer behauptet, auf eben dieselbe Weise fabrizirt. Um dies zu constatiren, hätte die Königl. Regierung in Gemässheit der Verfügung vom 1. Mai vor. J. sich die Materialien zur Beurtheilung der Sache von hier erbitten und sodann ermitteln sollen, ob das Verfahren des C. mit dem von S. & Cie. beschriebenen Verfahren in den für eigen-

Die Frist zur Einlegung des Recurses an das Handels-Ministerium, welcher beiden Theilen offen steht, ist die für streitige Administrativsachen allgemein vorgeschriebene von vier Wochen. Ihr Lauf beginnt mit dem Tage nach der Zustellung des angefochtenen Bescheides. Gegen die Recursentscheidung des Handels-Ministeriums findet ein weiteres Rechtsmittel nicht statt. Die Vollstreckung der endgültigen Entscheidung erfolgt im Verwaltungswege durch polizeiliche Beschlagnahme der zu confiscirenden Gegenstände. Auch die Kosten des Verfahrens werden im Wege der Verwaltungsexecution von dem verpflichteten Theile beigetrieben.

Neben dem oben dargestellten Administrativverfahren findet wegen der Entschädigungsansprüche des Patentinhabers nach §. 10 des Publicandums der Rechtsweg statt. Hier entsteht die Frage, ob das im Art. 9 des Publicandums vorgeschriebene Verfahren vor den Verwaltungsbehörden der Entschädigungsklage vorhergehen muss und ob die Entscheidung der Verwaltungsbehörden über die behauptete Beeinträchtigung für das Verfahren im Rechtswege über den Entschädigungsanspruch präjudiciell ist.

Beide Fragen müssen verneint werden. Allerdings ist die Entscheidung über die Gültigkeit der ertheilten Patente in Preussen der Cognition der Gerichte entzogen (oben S. 155 Anm. 2). Sie kann daher auch nicht im Wege des Einwandes

---

thümlich erachteten Theilen desselben übereinstimmte. Die Königl. Regierung erhält daher hierbei in der versiegelten Anlage einen Auszug aus der Beschreibung des S.'schen Verfahrens und des Berichtes der Königl. technischen Deputation für Gewerbe mit der Anweisung nach vorheriger Vernehmung des C. über die Klage der Beschwerdeführer nöthigenfalls die Beweisaufnahme zu veranlassen, beide Theile sodann weiter zu hören und in der Sache mittelst eines mit Gründen auszufertigenden Resolutes zu entscheiden. Von der Beschreibung des S.'schen Verfahrens ist übrigens nur insofern Gebrauch zu machen, als es der Zweck der Untersuchung und Entscheidung der Sache erfordert. Sie wird daher, wenn seitens der Kläger die Mittheilung an den Verklagten nicht zugestanden werden sollte, nur den mit der Beweisaufnahme Beauftragten, nicht dem Verklagten selbst bekannt zu machen, nur von der Königl. Regierung selbst zu benutzen, sodann aber versiegelt aufzubewahren sein, sowie auch dem C., wenn er es verlangt, die Geheimhaltung seines Verfahrens in gleicher Weise nicht zu versagen ist.“

gegen die Entschädigungsklage des Patentinhabers vor den Gerichten angefochten werden. Im Uebrigen ist die Entscheidung über den Entschädigungsanspruch des Patentinhabers, also auch die Beurtheilung der angeblich beschädigenden Handlung des Verklagten durch §. 10 des Publicandums ohne jede Beschränkung der richterlichen Beurtheilung überwiesen. Die Klage des Patentinhabers muss daher angenommen werden, auch ohne dass vorher im Administrativverfahren die Beeinträchtigung des Patentinhabers durch den Verklagten festgestellt ist[1]) und die Feststellung der entscheidenden Verwaltungsbehörde ist ebensowenig massgebend für die Entscheidung des Civilrichters über den Entschädigungsanspruch.

In Frankreich findet ebenfalls eine doppelte Art der Contraventionsklage statt im Civil- und im Criminalverfahren. Das letztere Verfahren bildet nach dem Gesetz vom 5. Juli 1844 die Regel[2]).

Die Competenz der Zuchtpolizeigerichte, vor welche die Contraventionsklage durch Art. 45 u. 46 des angeführten Gesetzes verwiesen ist, erstreckt sich sowohl auf die strafrechtlichen als auf die civilrechtlichen Folgen der unbefugten Nachahmung, also sowohl auf die Geldbussen und Gefängnissstrafen als auf die Confiscation und die ausserdem zu leistende Entschädigung. Der Criminalrichter hat nicht bloss den Thatbestand der angeblichen Nachahmung, sondern auch die Einwendungen des Verklagten gegen die Gültigkeit des ertheilten Patentes zu seiner Entscheidung zu ziehen[3]). Doch erstreckt

---

[1]) Hierbei kommt namentlich in Betracht, dass nach dem oben S. 211 Gesagten die Entschädigungsklage des Patentinhabers unabhängig ist von der im §. 9 des Publicandums vorgesehenen Verwarnung des Contravenienten, welche der Confiscation im Administrativverfahren vorhergehen muss.

[2]) Das Gesetz vom 7. Januar 1791 hatte in den Art. 10 u. 11 die Contraventionsklage vor die Friedensgerichte verwiesen, allein schon durch das Gesetz vom 25. Mai 1838 über die Friedensgerichte wurde die Entscheidung über diese Klage den Zuchtpolizeigerichten übertragen und die Competenz der letzteren wurde durch Art. 45 u. 46 des Patentgesetzes vom 5. Juli 1844 ausdrücklich aufrecht erhalten.

[3]) Gesetz v. 5. Juli 1844 Art. 46. Le tribunal correctionel, saisi d'une action pour délit de contrefaçon, statuera sur les exceptions qui seraient tirées par le prévenu, soit de la nullité ou de la déchéance du brevet, soit des questions relatives à la propriété du dit brevet.

sich die Rechtskraft seiner Entscheidung auch im Falle der Freisprechung nur auf den der Anklage zu Grunde liegenden Contraventionsfall. Sie kann niemals auch nur eine relative Ungültigkeit des ertheilten Patentes begründen. Letztere kann vielmehr nur von den Civilgerichten auf die von einem Betheiligten gegen den Patentinhaber erhobene Nichtigkeitsklage erkannt werden[1]).

Der Patentinhaber ist befugt, statt des strafrechtlichen Verfahrens die Civilklage gegen den unbefugten Nachahmer anzustellen, namentlich auch in dem Falle, wenn die Staatsbehörde auf seinen Antrag die Erhebung der Anklage gegen den Contravenienten verweigert. Die Civilklage kann nur auf Confiscation und Entschädigung gerichtet werden, da öffentliche Strafen von den Civilgerichten nicht verhängt werden.

Die Civilklage wird bei den ordentlichen Gerichten, also nach dem Competenzgesetze vom 25. Mai 1838 bis zu einem Betrage von 200 Fcs. bei den Friedensgerichten, bei einem höheren Betrage vor den Civilgerichten der ersten Instanz anhängig gemacht.

Neben dem ordentlichen Verfahren im Criminal- und Civilprozesse lässt das Französische Recht noch die vorläufige Beschlagnahme der nachgeahmten Fabrikate zur Sicherstellung des Beweises und zur Verhütung fernerer Beeinträchtigung zu. Sie wird auf den Antrag des Patentinhabers und auf Vorlegung der Patenturkunde von dem Präsidenten des Gerichtshofes erster Instanz autorisirt und durch den Gerichtsvollzieher, nöthigenfalls unter Zuziehung eines Sachverständigen vollstreckt. Die Beschlaglegung kann entweder in einer blossen Aufnahme und protokollarischen Beschreibung der nachgemachten Gegenstände bestehen, oder mit der körperlichen Beschlagnahme der letzteren verbunden sein. Im letzteren Falle kann dem Patentinhaber die Bestellung einer Caution auferlegt werden. Binnen acht Tagen nach der Beschlagnahme muss die Klage im Civil- oder Criminalverfahren angestellt werden, widrigenfalls die Beschlagnahme von Rechtswegen ausser Kraft tritt. Wird die Klage rechtzeitig eingelegt, so dauert die Beschlagnahme fort, bis sie

---

[2]) Renouard, Traité des brevets d'invention. Paris 1865 p. 437 p. 467.

durch Urtheil und Recht aufgehoben oder die Confiscation der in Beschlag genommenen Gegenstände ausgesprochen wird[1]).

In Grossbritannien findet ein doppeltes Civilverfahren statt. Die Contraventionsklage kann nämlich entweder bei einem der Gerichtshöfe des Gemeinen Rechts *(Courts of Record* vergl. oben S. 158) oder vor einem sogenannten Billigkeitsgericht, dem Kanzleigerichtshofe *(Court of Chancery)* angestellt werden. Das Verfahren des Gemeinen Rechtes *(action at law)* hat die Festsetzung einer Entschädigung für den Eingriff in das Patentrecht zum Gegenstande. Das Billigkeitsverfahren *(proceedings in equity)* ist ein bloss auf Untersagung des rechtswidrigen Gewerbebetriebes und auf Rechnungslegung über den daraus bezogenen Gewinn gerichtetes Mandatsverfahren. Doch können nach dem neuen Patentgesetze vom 1. Juli 1852 auch die Gerichtshöfe des Gemeinen Rechtes ein Mandat auf Untersagung des rechtswidrigen Gewerbebetriebes und auf Rechnungslegung erlassen[2]).

---

[1]) Gesetz v. 5. Juli 1844 Art. 47. Les propriétaires de brevets pourront, en vertu d'une ordonnance du président du tribunal de première instance, faire procéder, par tous huissiers, à la désignation et description détaillées, avec ou sans saisie, des objets prétendus contrefaits.

L'ordonnance sera rendue sur simple requête, et sur la représentation du brevet; elle contiendra, s'il y a lieu, la nomination d'un expert pour aider l'huissier dans sa description.

Lorsqu'il y aura lieu à la saisie, la dite ordonnance pourra imposer au requérant un cautionnement, qu'il sera tenu de consigner avant d'y faire procéder.

Le cautionnement sera toujours imposé à l'étranger breveté qui requerra la saisie.

Il sera laissé copie au détenteur des objets décrits ou saisis, tant de l'ordonnance que de l'acte constatant le dépôt du cautionnement, le cas échéant; le tout, à peine de nullité et de dommages-intérêts contre l'huissier.

Art. 48. A défaut par le requérant de s'être pourvu, soit par la voie civile, soit par la voie correctionnelle, dans le délai de huitaine, outre un jour par trois myriamètres de distance, entre le lieu où se trouvent les objets saisis ou décrits et le domicile du contrefacteur, recéleur, introducteur ou debitant, la saisie ou description sera nulle de plein droit, sans préjudice des dommages-intérêts qui pourront être réclamés, s'il y a lieu, dans la forme prescrite par l'article 36.

[2]) 15 & 16 Victoria cap. 83 sect. 42.

Das Billigkeitsverfahren hat zur Voraussetzung, dass die Gültigkeit des Patentes unbestritten, oder schon in einem früheren Prozesse anerkannt, oder doch schon seit längerer Zeit von dem Kläger besessen und ausgeübt ist. Treffen diese Voraussetzungen nicht zu, so verweist der Gerichtshof die Klage zum Verfahren des Gemeinen Rechtes, damit zunächst die bestrittene Gültigkeit des Patentes durch Urtheil und Recht festgestellt wird.

Nach dem früheren Rechte war daher der Patentinhaber in der Regel genöthigt, zwei weitläufige und kostspielige Prozesse durchzumachen, ehe er dazu gelangen konnte, den Eingriff in sein Patentrecht thatsächlich aufzuhalten. Häufig konnte der Nachahmer während der Dauer eines zweijährigen Prozesses sein rechtswidriges Gewerbe ungestraft ausbeuten und der Kläger fand, wenn er endlich zum Ziele gelangte, nichts mehr vor, woraus er sich nur wegen seiner Kosten hätte schadlos halten können[1]).

Diesem Uebelstande ist durch das oben angeführte neuere Gesetz abgeholfen, welches das Mandatsverfahren mit dem Verfahren des Gemeinen Rechtes verbindet.

Der Antrag auf Erlass des Mandates *(injunction)* muss durch schriftliche beschworne Aussagen *(affidavits)* über den Thatbestand der Contravention unterstützt werden; auch muss der Patentinhaber beschwören, dass er glaubt, dass seine Erfindung zur Zeit der Patentertheilung neu und im Inlande nicht im Gebrauch war[2]).

In dem eigentlichen Rechtsverfahren muss der Kläger die Patenturkunde produziren und sowohl über die Neuheit und Patentfähigkeit seiner Erfindung als über den Thatbestand der Nachahmung Beweis antreten.

Der Verklagte muss die Einwendungen, welche er gegen die Gültigkeit des Patentes erhebt, ebenso wie in dem Verfahren des *scire facias* (oben S. 158) bei der ersten Einlassung einzeln angeben[3]).

---

[1]) Webster, The new patent law. London 1863 p. 36.

[2]) Godson, A treatise on the law of patents for inventions. London 1851 p. 255.

[3]) Statut v. 10. September 1835 (5 & 6 William IV c. 83) sect. 5. That in any action brought against any person for infringing any letters

Die Entscheidung erfolgt im gewöhnlichen Verfahren durch Geschworne. Sie kann durch den Antrag auf ein neues Verfahren *(rule nisi)* angefochten werden, wenn der unterliegende Theil durch Affidavits bescheinigt, dass erhebliche Thatsachen zur Unterstützung seines Anspruchs oder seiner Einwendungen unerörtert geblieben sind[1]). Die Kosten des Verfahrens können von dem Gerichtshofe unabhängig von der Entscheidung in der Hauptsache vertheilt werden, nach Massgabe des Ausfalles der Beweisaufnahme über die in der Klage und in der Exceptionsschrift behaupteten Thatsachen[2]).

In den Vereinigten Staaten gelten die Prozessvorschriften des Englischen Rechtes, doch wird sowohl das Billigkeitsverfahren zum Zwecke der Inhibirung der Nachahmung als auch das Rechtsverfahren vor den Bezirksgerichten *(courts of circuit)* der Union oder vor den Districtsgerichten, welche gleiche Gerichtsbarkeit besitzen, anhängig gemacht. Gegen das Urtheil erster Instanz findet die Appellation und die Nichtigkeitsbeschwerde (*writ of error*) an den Obersten Gerichtshof der Union ohne Rücksicht auf die Höhe des Streitgegenstandes statt[3]).

In Oesterreich erfolgt nach §§. 41—48 des Gesetzes vom 15. August 1852 die Untersuchung und Bestrafung der Eingriffe in Gewerbsprivilegien durch die politische Bezirksbehörde, in deren Bezirke dieselben stattgefunden haben, nach den für das Verfahren bei Gewerbs-Uebertretungen bestehenden Vorschriften. — Gegen die diesfälligen Verfügungen und Erkenntnisse der politischen Bezirksbehörde steht Jedem, der sich dadurch beschwert glaubt, der Recurs an die vorgesetzte politische Landesstelle und, wenn hierdurch eine Abänderung der ersten Entscheidung verfügt wurde, weiterhin an das Handels-

---

patent the defendant on pleading thereto, shall give to the plaintiff, and in any *scire facias* to repeal such letters patent, the plaintiff shall file with his declaration a notice of any objections on which he means to rely at the trial of such action, and no objection shall be allowed to be made in behalf of such defendant or plaintiff respectively at such trial, unless he prove the objections stated in such notice.

[1]) Godson, A Treatise etc. p. 246 f.

[2]) Statut v. 10. September 1835 (5 & 6 William IV c. 83) sect. 6.

[3]) Statut v. 8. Juli 1870 sect. 56 u. 59.

Ministerium offen; jedoch muss dieser Recurs in dem einen und andern Falle längstens binnen 14 Tagen nach dem Zustellungstage, der Entscheidung, wogegen recurrirt wird, eingelegt werden. Wird gegen ein Straferkenntniss recurrirt, so ist die Vollstreckung desselben bis zur rechtskräftigen Entscheidung aufzuschieben. — Ergibt sich während der Untersuchung, dass die Entscheidung von einer Vorfrage abhängt, worüber nur die Civilgerichte zu sprechen haben, so verweist die Strafbehörde die Parteien an das zuständige Civilgericht, und sie kann in solchem Falle nur nach hierüber vorgelegtem rechtskräftigen civilgerichtlichen Urtheile ihre eigene Entscheidung schöpfen. Uebrigens dient dem Verletzten die rechtskräftige Entscheidung der Strafbehörde, womit Jemand der Uebertretung des Privilegiengesetzes schuldig erklärt und zu einer Strafe verurtheilt worden ist, zur Grundlage der vor dem Civilrichter etwa geltend zu machenden Ersatzansprüche. Insofern es sich bei Eingriffen in ein Privilegium nicht um die Verhängung einer Strafe, sondern nur um die Einstellung des Eingriffs handelt, oder wenn es nur um die Entscheidung über das Eigenthum eines Privilegiums, es möge wegen der Priorität der Erfindung etc. oder aus einem privatrechtlichen Titel streitig sein, oder um privatrechtliche Ansprüche des Beschädigten zu thun ist, welche von der Strafbehörde auf den Rechtsweg verwiesen worden sind, ist darüber von dem Civilgerichte und zwar in jenen Kronenländern, in welchen das summarische Verfahren in Civilrechtssachen eingeführt ist, nach den darüber bestehenden Vorschriften zu verhandeln und zu erkennen (§. 46).

Ueber die Identität verschiedener Privilegien, über die Neuheit der Erfindung und über etwaige Nichtigkeitsgründe entscheidet das Handelsministerium (§§. 42. 45. 48). Sind solche Vorfragen zu entscheiden, so wird der Prozess bis nach erfolgter Entscheidung über dieselben ausgesetzt[1]).

---

[1]) Diese Vorschriften des Oesterreichischen Rechtes schaffen eine concurrirende Jurisdiction der Verwaltungsbehörden und der Gerichte, indem letztere nach §. 46 über die Priorität entscheiden, während der Handels-Minister dagegen nach §. 42 über die Neuheit der Erfindung zu entscheiden hat. Es entsteht daraus eine bedenkliche Rechtsunsicherheit, wie dies noch ganz neuerdings in einem Rechtsfalle ersichtlich geworden ist.

In Bayern, Sachsen und Würtemberg muss die Contraventionsklage ebenfalls bei den Gewerbepolizeibehörden angebracht werden[1]).

In Belgien und in Italien gelten hinsichtlich des Civil- und des Criminalverfahrens, sowie hinsichtlich der vorläufigen Beschlagnahme dieselben Vorschriften wie in Frankreich[2]).

Der Besitzer des C.'schen Privilegiums, welcher dieses Patent kürzlich für 25,000 Fl. erkauft hatte, machte dasselbe im Rechtswege gegen einen Nachahmer der patentirten Maschine geltend und erzielte nach einem durch drei Instanzen geführten Prozesse die rechtskräftige Verurtheilung desselben und die Versiegelung der nachgemachten Maschine. Unmittelbar nachher wurde auf die Anzeige des verurtheilten Fabrikanten, dass eine gleiche Maschine schon im Jahre 1818 in Frankreich patentirt worden und in der amtlichen Sammlung der Französischen Patentbeschreibungen veröffentlicht sei, durch eine blosse Verfügung des Handels-Ministeriums das C.'sche Patent ohne vorheriges Verfahren aufgehoben und damit zugleich die rechtskräftig ergangene Entscheidung ausser Kraft gesetzt.

[1]) Bayer. Gesetz v. 10. Februar 1842 §. 33: „Ueber die Befugniss zur Anfertigung, Ausführung oder Anwendung eines Gegenstandes in Folge eines Gewerbs-Privilegiums, über den Umfang und die Erlöschung derselben, so wie über jede andere unter Gewerbs-Privilegien-Inhabern unter sich oder mit Anderen entstehende, nach administrativen oder gewerbspolizeilichen Bestimmungen zu entscheidende Irrung beschliessen und verfügen in dem ihnen vorgezeichneten Wirkungskreise die Polizei-Behörden."

Sächs. Verordnung v. 20. Januar 1853 §. 18: „Die zu verfügenden Zwangsmittel und sonst erforderlichen Massregeln sind die nämlichen, welche bei Störung anderer gewerblicher Verbietungsrechte nach Massgabe der Gesetze in Anwendung kommen. Widerspricht der einer Beeinträchtigung eines Erfindungs-Privilegiums Beschuldigte dieser Behauptung und gestaltet sich die Differenz dadurch zu einer streitigen Verwaltungssache im Sinne des Gesetzes vom 30. Januar 1835 sub D., so ist das für dergleichen Streitigkeiten gesetzlich vorgeschriebene Verfahren einzuleiten."

Würtemberg. Allgem. Gewerbeordnung v. 5. August 1836 Art. 161. „Streitigkeiten über Gewerbs-Gegenstände, die sich auf den Sinn und die Anwendung einer Bestimmung des gegenwärtigen Gesetzes oder anderer polizeilicher und administrativer Bestimmungen beziehen, sind unter Vorbehalt des Rechtsweges für privatrechtliche Ansprüche, bei der zuständigen Verwaltungsstelle anhängig zu machen und von dieser in der bestehenden Instanzenfolge zu entscheiden."

[2]) Belg. Gesetz v. 24. Mai 1854 Art. 4—13. — Italien. Gesetz v. 30. October 1859 Art. 64—71.

In Spanien entscheidet über die Contraventionsklage der Intendant der Provinz und in zweiter Instanz der Staatsrath[1]).

In Portugal erfolgt die Entscheidung über die Contraventionsklage durch Schiedsrichter, welche die Parteien oder an ihrer Stelle der Richter ernennen. Gegen diese Entscheidung findet die Appellation an das Obergericht statt, sofern die Parteien nicht auf die Entscheidung der Schiedsrichter compromittirt haben. Verlangt der Verklagte die Eröffnung der versiegelt hinterlegten Patentbeschreibung, so muss er für den Ersatz des Schadens, welcher dem Patentinhaber aus der Veröffentlichung seines Verfahrens erwächst, Caution leisten[2]).

In Schweden und in Russland entscheiden die ordentlichen Gerichte auf die Klage des Patentinhabers, ob im Civil- oder im Criminalverfahren, ist in den Gesetzen nicht gesagt[3]).

---

[1]) Gesetz v. 27. März 1826 Art. 26. 27.

[2]) Gesetz v. 16. Januar 1837 Art. 29. 30.

[3]) Schwed. Gesetz v. 19. August 1857 §. 13. — Russ. Digesten h. t. §. 120 Nr. 2.

V. Preussische Gesetzgebung.

§. 23. Entstehungsgeschichte.

Aelteres Recht. — Publicandum von 1815. — Gewerbeordnung. — Bildung des Zollvereins. — Anträge am Bundestage. — Reichsverfassung. — Verhandlungen im Reichstage.

Bis zum Jahre 1815 wurden die Patente für Erfindungen in Preussen gleich andern Privilegien dem §. 7 des Allg. Landrechts Th. II. Tit. 13 entsprechend von dem Landesherrn ertheilt und vollzogen. Sie kamen nur vereinzelt vor und es bestanden dafür keine allgemeine Normen, vielmehr wurden die Bedingungen und der Umfang des Patentschutzes sowie die Strafen der Uebertretung für jeden einzelnen Fall durch das ertheilte Privilegium besonders festgesetzt. Als die Patentgesuche gegen das Ende des vorigen Jahrhunderts sich mehrten, wurden allmälig gewisse Grundsätze für die Patentertheilung zwischen dem Fabrikendepartement und dem Generaldirectorium vereinbart. Es wurde als Regel angenommen, dass die Neuheit des Gegenstandes durch eine Vorprüfung festgestellt werde, dass der Patentsucher eine vollständige Beschreibung der Erfindung nebst den nöthigen Zeichnungen und Modellen bei dem Manufacturcollegium niederlegen müsse, und dass das ertheilte Patent binnen vier Wochen in allen Provinzen, in welchen dasselbe Geltung erlangen solle, durch den Patentinhaber bei Verlust seines Rechtes bekannt gemacht werden müsse. Ferner wurde das Patent für erloschen erklärt, wenn dasselbe eine gewisse Zeit hindurch unbenutzt blieb.

Im Jahre 1815 fand sich der Finanz- und Handelsminister Graf von Bülow veranlasst, den Erlass eines durch die Gesetzsammlung zu publicirenden Edictes in Antrag zu bringen, durch welches die Regeln und Bedingungen der Patentertheilung allgemein festgesetzt werden sollten.

Dieser Antrag wurde indess durch die Cabinets-Order vom 27. September 1815 abgelehnt, weil es genüge, die bestehenden Vorschriften über die Art und Weise, wie ein Patentgesuch angebracht und substantivirt werden soll, öffentlich bekannt zu machen und weil es nicht angemessen erscheine, nach dem Vorschlage des Ministers mit der Patentertheilung eine Abgabe zu verknüpfen.

Der Minister wurde daher ermächtigt, die vorerwähnte Bekanntmachung zu erlassen und künftig die zu ertheilenden Patente im Namen des Königs zu vollziehen.

Mit Bezug auf diese Cabinets-Order erging dann das Publicandum vom 14. October 1815 für den ganzen Umfang der Monarchie, welches in allen Provinzen durch die Amtsblätter und sonstigen öffentlichen Blätter, jedoch ohne die angeführte Cabinets-Order, bekannt gemacht wurde. Nach diesem Publicandum ist demnächst in der ganzen Monarchie verfahren worden. Es wurde zwar in den mit Frankreich vereinigt gewesenen Landestheilen in den Gesetzen vom 7. Januar und vom 25. Mai 1791 und in dem vormaligen Grossherzogthum Berg in dem Decret vom 3. November 1809 eine besondere Gesetzgebung über Erfindungspatente vorgefunden, welche in vielen Punkten, namentlich hinsichtlich der Bedingungen und der Wirkungen der Patentertheilung und hinsichtlich des Verfahrens bei Patentstreitigkeiten, von wesentlich verschiedenen Grundlagen ausgeht. Es ist jedoch hierauf nicht weiter zurückgegangen. Vielmehr wurden diese Gesetze, ohne ausdrücklich aufgehoben zu sein, thatsächlich ausser Anwendung gesetzt, indem bei der Patentertheilung lediglich die in dem Publicandum vom 14. October 1815 enthaltenen Bedingungen und Bestimmungen zu Grunde gelegt wurden.

Es ist nicht zu leugnen, dass der Anwendung dieser Vorschriften, sowohl in den alten als in den neuen Provinzen, die nothwendige gesetzliche Grundlage ursprünglich mangelte. Demjenigen gegenüber, welcher ein Patent nachsucht, konnte allerdings Alles durch eine blosse Instruction geregelt werden. Allein das Patent enthält zugleich ein gegen Dritte gerichtetes Untersagungsrecht und ein solches Privilegium konnte nach §. 7 Allg. Landrecht Th. II. Tit. 13 nur von dem Landesherrn selbst verliehen werden und konnte als ein Specialgesetz nach §. 10 der Einleitung zum Allg. Landrecht nur durch die für die Gesetze vorgeschriebene Art der Bekanntmachung verbindliche Kraft erlangen. Allein statt der Verleihung durch den Landesherrn erfolgte die Patentertheilung auf Grund der nicht publicirten Cabinetsordre vom 27. September 1815 durch den Handelsminister. Statt der nothwendigen Festsetzung der rechtlichen Wirkungen des ertheilten Patentes für jeden einzelnen Fall wurde lediglich auf die allgemeinen Festsetzungen des Publicandums verwiesen und statt der vollständigen Bekanntmachung, welche bei den Gesetzen früher durch die Amtsblätter erfolgte, wurde nur die Patentformel durch den Staatsanzeiger und durch die Amtsblätter veröffentlicht.

Die nothwendige gesetzliche Sanction zu diesen Abweichungen von den allgemeinen Rechtsgrundsätzen ist jedoch später erfolgt. Die allgemeine Gewerbeordnung vom 17. Januar 1845 bestimmt nämlich im §. 9:

> „Die besonderen Vorschriften über Ertheilung und Benutzung der Erfindungs-Patente kommen ferner zur Anwendung.“

Es unterliegt keinem Zweifel, dass unter den hier angeführten Vorschriften die damals seit 30 Jahren in der Anwendung befindlichen Vorschriften des Publicandums vom 14. October 1815 verstanden sind, und dass dieselben durch §. 9 der Allg. Gewerbeordnung die nachträgliche gesetzliche Sanction erhalten haben.

Beim Abschlusse der Zollvereinsverträge wurde eine Vereinbarung über gemeinsame Grundsätze hinsichtlich der Patentgesetzgebung vorbehalten, um durch eine solche Gemeinsamkeit der Grundsätze die Verkehrsbeschränkungen zu beseitigen, welche zu Gunsten der in den einzelnen Staaten ertheilten Erfindungspatente auch nach Aufhebung der Zollschranken bestehen blieben. Um dieses Resultat zu erreichen, war es nothwendig, entweder die Patentertheilung für sämmtliche Vereinsstaaten einer gemeinsamen Behörde zu übertragen, oder das ausschliessliche Recht des Patentinhabers auf die Anfertigung der patentirten Waare und den Gebrauch der patentirten Vorrichtung zu beschränken, dagegen das mit der Freiheit des Verkehrs unter den Vereinsstaaten unverträgliche Verkaufsmonopol des Patentinhabers aufzuheben. Die erstere Alternative erwies sich von vorn herein als unausführbar. Es blieb daher die Einschränkung der Rechte des Patentinhabers als einzige Lösung übrig (vgl. §. 16). Dieser Vorschlag der Preussischen Regierung fand indess erst nach langen Verhandlungen bei den übrigen Vereinsregierungen Eingang und führte zum Abschlusse der Uebereinkunft vom 21. September 1842, deren Ratification preussischerseits am 29. Juni 1843 erfolgte.

Neben der angeführten Veränderung in den Wirkungen des Patentschutzes änderte die Uebereinkunft noch in einigen andern Punkten die Vorschriften des Publicandums vom 14. October 1815 ab, indem sie die Unterthanen der übrigen Vereinsstaaten in Bezug auf die Erlangung von Erfindungspatenten den Inländern gleichstellte und die Ertheilung von Einführungspatenten für die in einem andern Vereinsstaate patentirten Erfindungen ausschliesslich dem Patentinhaber zusicherte (vergl. oben S. 77).

Andere Abänderungen des Publicandums waren im Rescriptenwege erfolgt. So wurde durch eine Circularverfügung vom 17. December 1831 die Veröffentlichung der ertheilten Patente von Amtswegen vorgeschrieben und durch andere Verfügungen die Anbringung der Patentgesuche bei der Ministerialinstanz (statt bei der Provinzialregierung) zur Regel erhoben (oben S. 129).

Der Inhalt der bis zum August 1834 ergangenen abändernden und erläuternden Vorschriften wurde aus Anlass der Verhandlungen über die Uebereinkunft vom 21. September 1842 zur Mittheilung an die Zollvereinsregierungen gesammelt und ist in dieser Form später von Loosey (Sammlung der Gesetze für Erfindungsprivilegien S. 344 f.) veröffentlicht worden.

Im Jahre 1850 wurde nach der Beendigung der Dresdner Ministerialconferenzen dem wiederhergestellten Deutschen Bunde unter andern Gegenständen der Bundesgesetzgebung auch die Frage wegen Entwerfung allgemeiner zum Schutze von Erfindungen aufzustellender Vorschriften überwiesen, und im Jahre 1852 zu diesem Zwecke eine Fachcommission nach Frankfurt berufen, deren Entwurf dem handelspolitischen Ausschusse des

Bundestages überwiesen wurde, ohne dass eine Berichterstattung darüber erfolgte. In der Bundestagsitzung vom 26. Juli 1860 (Protocolle S. 354) stellten die Regierungen von Bayern, Sachsen, Würtemberg, beide Hessen u. s. w. den Antrag, diese Berathungen wieder aufzunehmen und die Sächsische Regierung legte den Entwurf eines Patentgesetzes den Deutschen Bundesstaaten vor, welchem jedoch von Würtemberg ein Gegenentwurf gegenübergestellt wurde. Beide Entwürfe ordneten die Errichtung eines gemeinsamen Patentamtes für die Bundesstaaten an.

Der Ausschuss für die handelspolitischen Angelegenheiten erstattete über diese Anträge in der Sitzung des Bundestages vom 10. Juli 1861 (Protocolle S. 395) Bericht und befürwortete zwar nicht den Vorschlag eines gemeinsamen Patentgesetzes, wohl aber die gemeinsame Regelung der Grundsätze über den Patentschutz und beantragte zu diesem Zwecke die Einsetzung einer Commission von Fachmännern.

Die Anträge beim Bundestage trafen mit den Vorschlägen der sogenannten Würzburger Regierungen wegen einer gemeinsamen Prozess- und Nachdruckgesetzgebung zusammen und verfolgten wie diese vorwiegend den Zweck, das Unhaltbare der wiederhergestellten Bundeseinrichtungen und die unbefriedigende Lage der deutschen Politik durch eine grosse Geschäftigkeit auf dem Gebiete der materiellen Bedürfnisse zu verdecken, und den Einfluss, welchen Preussen gerade auf diesem Gebiete durch die Zollvereinseinrichtungen gewonnen hatte, zu beschränken.

Preussen verhielt sich gegen alle diese Anträge ablehnend und nahm deshalb auch an den Commissionsberathungen beim Bundestage über die Patentgesetzgebung nicht Theil. Es widersetzte sich der Ausdehnung der Competenz des Bundestages auf die materielle Gesetzgebung und verlangte, dass bis zur Herstellung einer dem politischen Bedürfnisse genügenden Bundeseinrichtung alle gemeinsamen Bestrebungen dieser Art auf den Weg der besondern Vereinbarung unter den einzelnen Staaten verwiesen würden.

Die Preussische Regierung liess zum Zwecke einer solchen Vereinbarung den Entwurf eines Deutschen Patentgesetzes ausarbeiten. Doch hatten weder diese Anregungen noch auch die

Arbeiten der Commission des Bundestages[1]) noch endlich die mit Oesterreich in Folge des Handelsvertrages vom 11. April 1858 angeknüpften Verhandlungen über eine gemeinsame Patentgesetzgebung practischen Erfolg.

Das Preussische Handelsministerium begann vielmehr schon während des Laufes dieser Verhandlungen sich der Auffassung zuzuneigen, dass die Erfindungspatente überhaupt abzuschaffen seien und forderte zunächst die Regierungen und die Handelskammern durch die Circularverfügung vom 8. Juli 1863 zur Begutachtung dieser Frage auf. Das Resultat dieser Erörterungen wurde in der Circularverfügung vom 5. August 1863 dahin zusammengefasst, dass überwiegende Gründe für die gänzliche Beseitigung des Patentschutzes zu sprechen schienen.

Bei der Bildung des Norddeutschen Bundes wurden dagegen in der Bundesverfassung und später in der Verfassung des Deutschen Reiches unter den Gegenständen der Reichsgesetzgebung im Art. 4 unter Nr. 6 auch die Erfindungspatente neben den übrigen Gegenständen des geistigen Eigenthums (Nr. 5) aufgeführt.

Eine Gesetzvorlage zur Ausführung dieser Bestimmung ist dem Reichstage bisher nicht gemacht. Der Reichstag wurde jedoch in der Session 1872 durch eine Petition des Kaufmanns Wappenhaus in Berlin veranlasst, sich mit der Frage einer einheitlichen Deutschen Patentgesetzgebung zu befassen.

---

[1]) Die Einberufung der Fachmänner-Commission wurde in der Sitzung vom 5. December 1861 beschlossen (Protocolle S. 309). Die Commission wurde beschickt von Oesterreich, Bayern, Sachsen, Hannover, Würtemberg und beiden Hessen und legte am 11. Juni 1863 den vereinbarten Entwurf vor, nach welchem keine gemeinsame Patentertheilung stattfinden, sondern nur die Gleichstellung der Bundesangehörigen in Bezug auf die Erwerbung von Erfindungspatenten beschlossen werden sollte. Der Bundestag beschloss am 1. Januar 1864, die Aeusserung der Regierungen über dieses Project einzuholen, von welchen indess bis zu der im Juni 1866 erfolgten Auflösung des Bundes nur Bayern und Würtemberg zugestimmt hatten. Vergl.: Vorschläge für ein Deutsches Patentgesetz, beantragt durch die von der hohen Bundesversammlung durch Beschluss vom 24. Juli 1862 einberufene Commission von Fachmännern, mit Erläuterungen und einer Ausführung über die principielle Rechtfertigung des Patentschutzes, herausgegeben von dem Mitgliede der Commission Fr. Bitzer. Stuttgart 1864.

Bei den Commissionsberathungen erklärte der Vertreter des Reichskanzleramtes:

„Es sei zunächst die Vorfrage zu beantworten, ob überhaupt ein gesetzlicher Schutz der Patente noch beizubehalten sei. Die Königlich Preussische Regierung habe schon das Reichskanzleramt ersucht, bei dem Bundesrath die Prüfung der Frage zu beantragen, ob die Gesetzgebung über die Erfindungspatente nicht in der Weise zu regeln sei, dass von einem gesetzlichen Patentschutz überhaupt Abstand genommen werde. Der Bundesrath habe den Ausschuss für Handel und Verkehr mit der Berichterstattung beauftragt; der Ausschuss sei indess bis jetzt der Sache nicht näher getreten, weil die öffentliche Meinung über die Patentfrage noch nicht genügend aufgeklärt sei. Es empfehle sich daher, mit der Lösung der Frage im Wege der Gesetzgebung noch zu warten. Sollte jedoch der Reichstag aus der vorliegenden Petition etwa Veranlassung nehmen, sich für Aufhebung des Patentschutzes auszusprechen, so glaube er, dass ein derartiger Beschluss weder dem Reichskanzleramt noch der Königl. Preussischen Regierung unerwünscht sein werde“ [1]).

Die Commission war dagegen der Ansicht, es könne den verbündeten Regierungen die Aufgabe, sich über die Frage, ob Patentschutz oder nicht, schlüssig zu machen, nicht abgenommen werden und empfahl, ohne ihrerseits ein Votum über diese Frage abzugeben, den Herrn Reichskanzler zu ersuchen, über die Erfindungspatente baldmöglichst eine einheitliche Gesetzgebung herbeizuführen.

Dieser Commissionsantrag wurde von dem Reichstag am 10. Mai 1872 zum Beschluss erhoben, nachdem in der vorhergehenden Debatte der Patentschutz von Prince Smith angegriffen, von v. Henning vertheidigt worden war, während v. Patow als vermittelnden Vorschlag die Nationalbelohnung der Erfinder empfahl [2]).

Auch dieser Beschluss ebensowenig wie die Petitionen des Deutschen Ingenieurvereins und des Deutschen Patentschutz-

---

[1]) Stenograph. Berichte des Deutschen Reichstags. 1872. Dritter Band. S. 198.

[2]) Stenograph. Berichte Bd. 1 S. 304 ff.

vereins hat bisher die Vorlage eines Gesetzes zur Ausführung der Bestimmung im Art. 4 Nr. 6 der Reichsverfassung zur Folge gehabt. Dem Vernehmen nach hat jedoch die Königl. Preussische Regierung auf Anregung des jetzigen Herrn Handelsministers den Antrag auf Aufhebung der Erfindungspatente zurückgezogen und die Veranstaltung einer Enquête über die Frage des Patentschutzes beim Bundesrathe beantragt.

§. 24. Uebersicht des Inhalts.

Gegenstände der Patentirung. — Person des Patentinhabers. — Behörden. — Vorprüfung. — Bekanntmachung. — Ausführung der Erfindung. — Aufhebung des Patentes. — Verfolgung der Contraventionen.

Nach Preussischem Rechte werden Patente sowohl auf neue Erfindungen und Verbesserungen als auch auf die Einführung ausländischer Erfindungen ertheilt (Publicandum §. 2). Gegenstände des Patentschutzes sind neue Waaren, neue Maschinen und Werkzeuge und neue Fabrikationsmethoden (Erläuterungen §§. 1. 2. — Uebereinkunft Art. III. IV). Alle diese Gegenstände werden nur insofern zur Patentirung zugelassen, als dieselben Objecte des Gewerbebetriebes sind[1]) und durch neue Eigenschaften dem gewerblichen Gebrauche dienen (vergl. §. 4)[2]).

---

[1]) Rescript an die Regierung zu Düsseldorf v. 21. Dezember 1852:

„Das von dem Justizrath E. nachgesuchte Patent auf eine Zeichensprache kann nicht verliehen werden, da, abgesehen davon, dass der Bittsteller kein vollständiges System einer Zeichensprache aufgestellt, sondern lediglich allgemeine Prinzipien einer solchen angedeutet hat, auf dergleichen mit dem Gewerbewesen in keiner näheren Verbindung stehenden Vorschläge Patente grundsätzlich nicht ertheilt werden."

Rescript v. 11. Mai 1859 an den Bildhauer S. in Coblenz:

„Auf Gebilde der plastischen Kunst werden grundsätzlich keine Patente ertheilt."

[2]) Rescript v. 18. März 1854 an J. H. zu Berlin:

„Nach den bestehenden Grundsätzen kann die Anwendung einer Substanz von bekannten Eigenschaften zu andern als zu denjenigen Zwecken, zu welchen sie seither verwendet worden, insoweit es dabei eben auf die bekannten Eigenschaften derselben ankommt, als eine neue Erfindung nicht angesehen werden."

Einführungspatente werden auf ausländische Erfindungen ertheilt, sofern dieselben noch nicht durch den Druck veröffentlicht und im Inlande noch nicht zur Anwendung gebracht sind. Die Patentirung im Auslande schliesst die Ertheilung eines Einführungspatentes nicht aus, sofern nicht bereits in Folge der Patentirung die Veröffentlichung der Beschreibung stattgefunden hat (oben S. 91). Der Inhaber des ausländischen Patentes hat indess nicht die Anwartschaft auf das Einführungspatent in Preussen. Dies wird vielmehr demjenigen zu Theil, welcher zuerst darum nachsucht. Diese Regel erleidet eine Ausnahme in Bezug auf die in einem der übrigen Zollvereinsstaaten patentirten Erfindungen, über welche Niemandem ausser dem Erfinder selbst oder dessen Rechtsnachfolgern ein Patent ertheilt werden soll (Uebereinkunft Art. I).

Zur Erlangung des Patentschutzes ist jeder Inländer berechtigt, welcher Bürger oder stimmfähiges Mitglied der Gemeinde ist (Publicandum §. 1). Ueber das Gemeindebürgerrecht wird indess in der Praxis ein Nachweis nicht verlangt (oben S. 76).

Den Inländern werden gleich geachtet die Bürger der übrigen Staaten des Deutschen Reiches (Reichsverfassung Art. 3), der Zollvereinsstaaten (Uebereinkunft Art. V) und derjenigen Staaten, welchen durch Handelsverträge die Rechte der meistbegünstigten Nation eingeräumt sind (oben S. 77). Diese Staaten sind: Frankreich, Grossbrittanien, Belgien und Italien. Sonstige Ausländer dürfen zwar Patentgesuche einlegen, über deren Bewilligung im gewöhnlichen Verfahren entschieden wird. Sie müssen aber, falls das Patent bewilligt wird, auf Aufforderung des Ministers einen Inländer namhaft machen, auf dessen Namen die Patenturkunde lauten soll (oben S. 76).

Die Anmeldung des Patentgesuches soll nach §. 3 des Publicandums bei der Provinzialregierung erfolgen. Das Gesuch wird indess in der Regel unmittelbar bei dem Handels-Ministerium angebracht (oben S. 129). Zum Gesuche muss ein Stempel von 5 Sgr. verwandt werden. Die Zeit der Einlegung wird durch die Präsentation des Gesuches bestimmt (oben S. 131).

Die Prüfung der Patentgesuche und die Entscheidung über dieselben erfolgt durch das Handels-Ministerium und zwar durch die Abtheilung für Handel und Gewerbe. Die Verwaltung der

Gewerbeangelegenheiten gehörte beim Erlass des Publicandums zum Ressort des Finanz-Ministeriums. Im Jahre 1817 wurde von dem letzteren ein besonderes Handels-Ministerium abgezweigt, welches 1825 aufgelöst und mit einem der beiden Ministerien des Innern unter dem Namen: Ministerium des Innern für Handel und Gewerbe verbunden, dann nach dessen Auflösung 1833 zum Finanz-Ministerium geschlagen und endlich im Jahre 1848 unter seinem jetzigen Namen: Ministerium für Handel und Gewerbe undöffentliche Arbeiten eingerichtet wurde.

Für die technische Prüfung der Patentgesuche besteht eine besondere berathende Behörde unter dem Namen der technischen Deputation für Gewerbeangelegenheiten. An diese Deputation werden die Gesuche nebst den Beschreibungen und Modellen zur Begutachtung übergeben. Die Beschreibungen und Modelle werden besonders versiegelt und dürfen nur von denjenigen Beamten eingesehen werden, welche nach dem Geschäftsgange nothwendig bei der Erledigung der Sache betheiligt werden müssen (oben S. 149).

Die Entscheidung des Handels-Ministers, welche auf das Gutachten der technischen Deputation ergeht, erfolgt in der Form einer Verfügung, gegen welche keine Berufung stattfindet. Der abgewiesene Patentsucher kann jedoch bei dem Handels-Minister selbst auf erneuerte Untersuchung und Entscheidung antragen. Die Verfügung bestimmt, wenn dem Patentgesuche stattgegeben wird, für welche Theile der angemeldeten Erfindung und in welchem Umfange das Patent ertheilt werden soll. Dabei wird dem Erfinder eine Frist von 6 Wochen gestellt, binnen der er sich darüber erklären muss, ob er das Patent unter den festgesetzten Bedingungen annehmen will (Erläuterungen §. 6, oben S. 141).

Die Patenturkunde wird unter der Unterschrift des Handels-Ministeriums auf 15 Sgr. Stempel ausgefertigt und dazu das folgende Formular verwendet:

„Mit Allerhöchster Genehmigung Sr. Majestät des Königs ertheile ich dem N. N. nach dessen Ansuchen hierdurch ein Patent auf (folgt die Patentformel).

Dieses Patent ist von heute an . . nach einander folgende Jahre für den ganzen Umfang des Preussischen Staates gültig, der Empfänger aber verpflichtet, die Bedingungen des Publicandums vom 14. October 1815 über die Ertheilung der Patente genau zu erfüllen, mit Ausnahme des §. 5 wegen der Bekanntmachung, indem diese von Amtswegen erfolgen wird.

Insbesondere muss die Anwendung des patentirten Gegenstandes innerhalb des Preussischen Staates binnen . . Monaten, vom Datum dieses Patentes ab, geschehen und durch Beibringung eines amtlichen Attestes nachgewiesen werden, und zwar bei Verlust des durch das Patent erworbenen Rechts. Auch wird eine Zurücknahme des Patentes für den Fall vorbehalten, dass während der Dauer desselben die Sache ein Jahr hindurch unbenutzt gelassen wird. Dagegen soll, wenn diesen Bedingungen genügt wird, der Patentempfänger bei seinem ausschliesslichen Rechte während der Dauer desselben nach Massgabe des obengedachten Publicandums überall geschützt werden.

Geheimhaltung des patentirten Gegenstandes neben diesem Schutze des Staates wird dem N. N. jedoch nicht versprochen; auch ist das Patent als aufgehoben (erloschen) anzusehen, wenn der Beweis geführt wird, dass die Voraussetzung bei Ertheilung desselben: die Sache sei neu und eigenthümlich, unrichtig gewesen ist."

Die Dauer des Patentschutzes wird für jeden einzelnen Fall durch die Patenturkunde bestimmt. Sie soll nicht unter 6 Monaten und nicht über 15 Jahre betragen (Publicandum §. 4). In der Regel werden die Patente auf 3 Jahre ertheilt (oben S. 194). Die ursprüngliche Patentdauer kann auf den Antrag des Patentinhabers bis zu dem gesetzlich zulässigen Maximum verlängert werden (oben S. 198), doch erfolgt die Verlängerung in der Regel auf höchstens 5 Jahre.

Die Patente werden, insofern nicht der Erfinder selbst etwa eine beschränktere Geltung verlangt, für den ganzen Umfang der Monarchie ertheilt (vergl. §. 23).

Die Publication erfolgt von Amtswegen durch den Staatsanzeiger und die Regierungsamtsblätter. Sie ist auf die sogenannte Patentformel beschränkt, welche den Gegenstand und die Dauer sowie den geographischen Umfang des ertheilten Patentes kurz bezeichnet. Kosten sind für die Bekanntmachung nicht zu entrichten (oben S. 148) [1]).

[1]) Nach dem Publicandum §. 5 war die Bekanntmachung Sache

Der Patentinhaber ist verpflichtet, die patentirte Erfindung bei Verlust des Rechtes innerhalb des Preussischen Staates binnen der im Patente festgesetzten Zeit zur Ausführung zu bringen und darüber ein amtliches Attest einzureichen.

Die Frist beträgt mindestens 6 Monate (Publicandum §. 6). Sie kann auf den rechtzeitigen Antrag des Patentinhabers durch den Handels-Minister verlängert werden und wird in vielen Fällen von vorn herein durch die Patenturkunde auf 12 Monate erstreckt (oben S. 168 f.). Die Ausführung ausserhalb des Preussischen Staates ist nicht geeignet, der gesetzlichen Vorschrift zu genügen. Die practische Ausführung der Erfindung darf, ebenfalls bei Verlust des Rechtes während der ganzen Patentdauer, niemals ein ganzes Jahr hindurch unterbrochen werden (Beschluss vom 6. November 1835, oben S. 168).

Wird die Bescheinigung über die Ausführung der Erfindung nicht innerhalb der gesetzten Frist beigebracht, so ergeht eine Erinnerung mit vierwöchentlicher Frist, nach deren fruchtlosem Ablauf die Aufhebung des Patentes verfügt wird. Die Bescheinigung soll nach dem Ministerialbeschlusse vom 1. Juni 1833 von der Ortspolizeibehörde ertheilt werden (Erläuterungen §. 6); doch wird in der Praxis das Attest jedes sachverständigen, zur Führung eines öffentlichen Siegels berechtigten Beamten zugelassen. Die Ortspolizeibehörde zieht, wo dies nothwendig ist, den erforderlichen technischen Beirath zu und erbittet nöthigenfalls die Beschreibung der patentirten Erfindung von dem Handels-Minister, um nach Anleitung derselben die gehörig erfolgte Ausführung der Erfindung zu prüfen.

Die Aufhebung des Patentes erfolgt ausser dem Falle der unterlassenen oder unterbrochenen Ausführung der Erfindung wegen Mangels der Neuheit der Erfindung. Der Vorbehalt des Widerrufes für den Fall, dass sich nachträglich ergeben sollte, dass die vorausgesetzte Neuheit und Eigenthümlichkeit der Erfindung nicht vorhanden sei, wird in den Patenturkunden be-

---

des Patentinhabers. Sie musste spätestens innerhalb 6 Wochen nach Vollziehung des Patentes durch die Amtsblätter derjenigen Bezirke erfolgen, auf welche sich das ertheilte Patent erstreckte. Durch diese Publication erwuchsen damals Kosten im ungefähren Betrage von 130 Thlrn., vorausgesetzt, dass die Publication in allen 25 Regierungsbezirken stattfand.

sonders ausgedrückt (oben S. 160). Ein Verfahren ist für diesen Fall der Aufhebung nicht vorgeschrieben. Der Widerruf des Patentes wird vielmehr meist ohne vorherige Anhörung des Patentinhabers von dem Handels-Minister ausgesprochen, sobald die frühere Veröffentlichung oder Anwendung der Erfindung vor Ertheilung des Patentes constatirt worden ist. Die Aufhebung wird in derselben Weise wie die Ertheilung des Patentes durch den Staatsanzeiger und die Regierungsamtsblätter bekannt gemacht.

Die Kosten der Erfindungspatente bestehen in Preussen lediglich in den zum Patentgesuche und zu den Ausfertigungen der amtlichen Behörde erforderlichen Stempeln (oben S. 175 f.).

Der Inhalt der durch das Erfindungspatent erworbenen Rechte kann wie jedes andere Vermögensrecht an andere Personen im Wege der Cession abgetreten werden. Doch muss der Cessionar selbst zur Erlangung eines Erfindungspatentes persönlich befähigt sein (oben S. 199). Die Cession kann auch bereits vor der Ertheilung des Patentes erfolgen und muss dann dem Ministerium nachgewiesen werden. Von der nach Ertheilung des Patentes erfolgenden Cession nimmt die Verwaltung keine Notiz; sie hält sich vielmehr bezüglich des Nachweises der Ausführung der Erfindung an denjenigen, auf dessen Namen das Patent ausgefertigt worden ist (oben S. 200 Anm. 1).

Obgleich juristische Personen nicht füglich als Erfinder im Sinne des §. 1 des Publicandums angesehen werden können, so werden dennoch vielfach Patente auf ihren Namen ertheilt. Es wird daher die Fähigkeit der juristischen Personen, durch Cession die Rechte des Erfinders und Patentinhabers zu erwerben, in der Praxis nicht in Frage gestellt (oben S. 198).

Der Inhalt der Rechte des Patentinhabers besteht in der ausschliesslichen Befugniss zur Verfertigung des patentirten Gegenstandes, bei Maschinen zum gewerblichen Gebrauche, so wie bei patentirten technischen Prozessen in der ausschliesslichen Anwendung der patentirten Sache, welche sich bei den Maschinen mit dem Rechte der ausschliesslichen Verfertigung verbindet.

Ein ausschliessliches Verkaufsrecht, oder die Befugniss, die Einfuhr, das Feilhalten, oder den Absatz solcher Gegenstände, die mit den patentirten übereinstimmen, zu verbieten, steht dem Patentinhaber nicht zu (Uebereinkunft vom 21. September 1842 Art. III, oben S. 184).

Die Verletzung der Rechte des Patentinhabers durch Nachahmung oder unbefugten Gebrauch der patentirten Gegenstände wird im polizeilichen Wege durch Confiscation der unbefugt angefertigten Gegenstände, der Werkzeuge, Materialien und Fabrikate bestraft. Doch muss dieser Confiscation eine polizeiliche Verwarnung vor der unbefugten Benutzung oder Anwendung der patentirten Sache vorhergehen, so dass erst im Wiederholungsfalle die Confiscation eintreten kann (Publicandum §. 10 oben S. 210). Das polizeiliche Verfahren findet vor der Regierung des Bezirks, in welchem der Contravenient wohnt, nach den Regeln des Administrativverfahrens statt. Gegen die Entscheidung der Regierung steht beiden Theilen der Recurs an den Handels-Minister mit vierwöchentlicher Frist offen (oben S. 223 f.).

Der Anspruch des Patentinhabers auf Schadensersatz wird im Wege der Civilklage gegen den Beeinträchtiger verfolgt. (Publicandum §. 10). Die Anstellung der Civilklage ist nicht von einer vorherigen Verwarnung des Contravenienten abhängig. Sie findet daher auch wegen des ersten Contraventionsfalles statt, sobald der wissentliche oder fahrlässige Eingriff in die Rechte des Patentinhabers nachgewiesen ist (oben S. 211). Die Entscheidung des Civilrichters ist daher nicht von der vorherigen Durchführung des polizeilichen Verfahrens abhängig, auch präjudizirt der Ausfall des letztern dem Civilprozesse nicht. Die Zurechnung der rechtsverletzenden Handlung wird im Civilverfahren lediglich nach den allgemeinen Regeln beurtheilt. Es findet daher der Anspruch auf Schadensersatz sowohl bei absichtlicher als bei fahrlässiger Verletzung der Rechte des Patentinhabers statt.

§. 25. Die neuen Provinzen.

Wirkungen der Einverleibung. — Hannover. — Hessen. — Nassau. — Frankfurt. — Schleswig-Holstein. — Uebergangsbestimmungen.

In denjenigen Landestheilen, welche im Jahre 1866 mit der Preussischen Monarchie vereinigt wurden, bestanden zum

Theil abweichende Gesetze und Herkommen über die Ertheilung von Erfindungspatenten.

Alle diese Landestheile waren zwar bis auf Schleswig-Holstein schon früher durch das Band des Zollvereins mit Preussen verbunden und die Uebereinkunft der Zollvereinsstaaten über die Ertheilung von Erfindungspatenten vom 21. September 1842 war in Hannover, Hessen-Kassel, Hessen-Darmstadt, Hessen-Homburg, Nassau und Frankfurt ebenfalls publizirt. Dennoch bestanden bemerkenswerthe Verschiedenheiten in Bezug auf die Ertheilung, die Publication und die Dauer der Patente und in Bezug auf die Verfolgung der Uebertretungen.

Die in jenen Landestheilen früher ertheilten Patente blieben für den Umfang derselben in Kraft, ohne dass ihre Geltung durch die Einverleibung auf die übrige Preussische Monarchie erstreckt worden wäre. Ebensowenig wurden aber die früher ertheilten Preussischen Patente durch die Einverleibung auf diese neuen Landestheile erstreckt.

Obgleich also die Preussische Regierung bemüht war, für die seit der Einverleibung neu ertheilten Patente ein einheitliches, den ganzen Umfang der Monarchie umfassendes Gebiet der Geltung herzustellen, wie unten näher erläutert werden wird, so blieb doch für die bisher ertheilten Patente, sowie überhaupt in manchen, dem materiellen Rechte angehörigen Punkten die bisherige Rechtsverschiedenheit zwischen der Preussischen Monarchie in ihrem Umfange vor 1866 und den neu erworbenen Landestheilen bestehen, welche einen kurzen Hinweis auf die in diesen Provinzen geltenden Patentgesetze nothwendig macht, wenn dieselben auch in ihren hauptsächlichen, die Ertheilung der Patente selbst betreffenden Bestimmungen ausser Anwendung gekommen sind.

In Hannover enthält die Gewerbeordnung vom 1. August 1847 (Gesetzsamml. für Hannover 1847 S. 215) in den §§. 269 bis 291 die auf die Ertheilung der Patente bezüglichen Bestimmungen, während die Verfolgung der Contraventionen durch das Polizei-Strafgesetz vom 25. Mai 1847 (Gesetzsamml. für Hannover 1847 S. 456) §§. 273 und 274 und durch das Gesetz über die Untersuchung und Aburtheilung von Polizeivergehen durch die Verwaltungsbehörden vom 28. April 1859 (Gesetzsamml. für Hannover 1859 S. 455) geregelt ist. Durch die

Bekanntmachungen des Ministeriums des Innern vom 3. Februar 1853, vom 13. Juli 1853 waren einzelne Punkte des Verfahrens näher geordnet worden. Eine fernere Bekanntmachung vom 15. Dezember 1853 (Gesetzsamml. für Hannover S. 667) enthielt die Publication der Uebereinkunft vom 2. September 1842, welche durch den Eintritt Hannovers in den Zollverein daselbst nachträgliche Geltung erhielt.

Die Abweichungen des in Hannover geltenden Rechtes von der Preussischen Gesetzgebung bestanden im Wesentlichen darin, dass in Hannover die Dauer der Erfindungspatente auf höchstens 10 Jahre bestimmt war (Gewerbeordnung §. 276) und dass die eingereichte Beschreibung nach §. 281 der Gewerbeordnung nicht geheim gehalten werden musste, sondern nach Ertheilung des Patentes zur öffentlichen Kenntniss gebracht werden durfte.

Die Beeinträchtigung der Rechte des Patentinhabers wird nach §§. 273 und 274 des Polizei-Strafgesetzes mit Geldbusse bis zu 25 Thlr. und Wegnahme der rechtswidrig verfertigten Gegenstände geahndet, auch sind, sofern es zur Verhütung neuer Eingriffe nothwendig ist, die Werkzeuge zur Verfertigung für verfallen zu erklären.

Die Aburtheilung der in den §§. 273 und 274 des Polizei-Strafgesetzbuches bezeichneten Vergehen verbleibt nach §. 6 des Gesetzes über die Untersuchung und Aburtheilung der Polizeivergehen vom 28. April 1859 den Gerichten.

In Kurhessen gründete sich die Befugniss der Regierung zur Ertheilung von Erfindungspatenten auf die Verfassungsurkunde vom 5. Januar 1831, welche im §. 36 bestimmte:

> „Patente für Erfindungen können von der Regierung auf bestimmte Zeit, jedoch nicht länger als auf 10 Jahre ertheilt werden.“

Diese Bestimmung war in der Verfassungsurkunde vom 13. April 1852 im §. 25 wiederholt worden. Die Uebereinkunft der Zollvereinsregierungen vom 21. September 1842 war als Gesetz publizirt. Nach einer Verordnung des Ministers des Innern vom 30. März 1852 sollten neben dieser Uebereinkunft die Grundsätze eines im Jahre 1846 der Ständeversammlung vorgelegten Gesetzentwurfs über Erfindungspatente zur Anwendung gebracht werden. Die Patente wurden nach vorheriger Prüfung der Neuheit und Eigenthümlichkeit der Erfindung durch das Ministerium des Innern ertheilt. Die Stempeltaxe betrug 10 bis 200 Thlr.[1]).

In den früher zum Grossherzogthum Hessen gehörigen Gebietstheilen galt neben der Uebereinkunft vom 21. September 1852 die unten im §. 27 mitgetheilte Verordnung vom 17. November 1858, nach welcher die Erfindungspatente nach vorheriger Prüfung durch das Ministerium des Innern „auf bestimmte Zeit“ ertheilt werden. In Hessen-Homburg hatte allein die Uebereinkunft vom 21. September 1842 gesetzliche Geltung.

In Nassau war diese Uebereinkunft ebenfalls durch das Verordnungsblatt von 1843 S. 28 publizirt. Der Patentertheilung ist stets eine Vorprüfung vorhergegangen. Die Kosten beliefen sich auf 45—60 Fl.[2]).

In Frankfurt war die Uebereinkunft durch das Amtsblatt von 1845 S. 515 f. publizirt. Patente sind sehr selten und stets nach vorheriger Prüfung ertheilt worden. Die Kosten betrugen 15 Fl.[3]).

In Schleswig-Holstein fehlte es gänzlich an gesetzlichen Vorschriften über die Ertheilung von Erfindungspatenten. Während der Dänischen Herrschaft wurden solche Patente durch Königliche Privilegien ertheilt, für deren Bewilligung gewisse Regeln durch den Gebrauch festgesetzt waren[4]).

Nach erfolgter Vereinigung der Provinz mit der Preussischen Monarchie wurden durch die Verordnung vom 24. Juni 1867 (Gesetzsamml. S. 1113) die in den älteren Landestheilen zu Recht bestehenden Grundsätze der Patentgesetzgebung ebenfalls eingeführt. Diese Verordnung führt im §. 1 die Uebereinkunft der Zollvereinsregierungen vom 21. September 1842 und insbesondere die Vorschriften des Art. IV über den Umfang der Rechte des Patentinhabers (oben S. 184) in die Provinz Schleswig-Holstein ein. Die §§. 2—7 geben sodann die Artikel 1, 3, 4, 6, 9 und 10 des Publicandums vom 14. October

---

[1]) Klauhold, Kurhessisches Rechtsbuch 1855 S. 191. — Stolle und Hübner, Die einheimische und ausländische Patentgesetzgebung. Leipzig 1855 S. 17.

[2]) Denkschrift des technischen Vereins für Eisenhüttenkunde vom 30. Mai 1864.

[3]) Vergl. die vorhin angeführte Denkschrift.

1815 theils wörtlich, theils mit den durch neuere Verwaltungsvorschriften eingeführten Abänderungen[1]) wieder, welche oben im §. 23 näher erläutert sind.

Für die übrigen neu erworbenen Landestheile erschien ein gleicher Act der Gesetzgebung nicht erforderlich, weil die Bestimmungen der Uebereinkunft in denselben bereits gesetzliche Geltung hatten und weil in den daselbst hergebrachten Normen für die Patentertheilung eine grundsätzliche Abweichung von den Vorschriften des Preussischen Publicandums nicht vorlag, zumal da die Preussische Patentverwaltung von jeher

---

[1]) Diese Abänderungen betreffen die Art. 1, 2, 5 und 6 des Publicandums, an deren Stelle die Verordnung vom 24. Juni 1867 folgende Bestimmungen setzt:

§. 2.

Fähig, ein Patent zu erhalten, ist:

1. jeder Preussische Unterthan,
2. jeder Unterthan des Herzogthums Lauenburg,
3. jeder Unterthan der Vereinsstaaten, mit welchen die Uebereinkunft vom 21. September 1842 geschlossen ist,
4. jeder Unterthan eines Staates, welchem für seine Angehörigen in Bezug auf Handel und Gewerbe die Rechte der Preussen durch Vertrag zugesichert sind.

§. 3.

Wer ein Patent erhalten will, muss das desfallsige Gesuch bei dem Minister für Handel, Gewerbe und öffentliche Arbeiten anbringen, diesem Gesuche eine genaue Beschreibung und Darstellung der zu patentirenden Sache durch Modelle, Zeichnungen oder Schrift und, soweit es möglich ist, durch diese drei Mittel zugleich, beifügen, auch sich erklären, ob er das Patent für die ganze Monarchie oder für einen bestimmten Theil derselben und für welchen Zeitraum zu haben wünscht.

Der Minister veranlasst eine Prüfung der angezeigten Erfindung oder Verbesserung durch Sachverständige, entscheidet über das Gesuch sowohl in Absicht der Patentirung im Allgemeinen, als über den Umfang und die Dauer des Patents, fertigt das Patent aus, lässt die eingereichten Modelle, Zeichnungen und Beschreibungen sorgfältig aufbewahren und verfügt die öffentliche Verkündung der Ertheilung des Patentes.

§. 5.

Der Patentirte muss von dem ihm verliehenen Rechte in der von dem Minister zu bestimmenden Frist Gebrauch zu machen anfangen und dass er dies gethan, durch ein amtliches Attest nachweisen, widrigenfalls sein Recht für erloschen erachtet wird.

die Dauer der Patente geringer als das in Hannover und in Kurhessen vorgeschriebene Maximum von zehn Jahren bemessen hatte.

Es konnte daher durch die Bekanntmachung vom 22. Dezember 1866 die Ausdehnung der seit der Einverleibung der neuen Landestheile ertheilten Patente auf die Letzteren auf den Antrag des Patentinhabers ohne Weiteres zugesichert werden. Auch erfolgte seitdem die Ertheilung der bei dem Handels-Ministerium nachgesuchten Erfindungspatente für den ganzen Umfang der Monarchie mit Einschluss der neuen Landestheile. Dabei blieb indess bis zum Erlass der Verordnung vom 24. Juni 1867 die Provinz Schleswig-Holstein ausgeschlossen, und dies geschah so, dass die Patente für die zum Zollverein gehörigen Theile der Monarchie ertheilt wurden, wodurch dann die Provinz Schleswig-Holstein, welche damals dem Zollvereine noch nicht angehörte, ausgeschlossen blieb. Seit der Verordnung vom 24. Juni 1867 werden dagegen die Erfindungspatente wie früher für den ganzen Umfang der Monarchie ohne jede Beschränkung ertheilt[1]).

---

[1]) Die Zahl der in Preussen ertheilten Patente ist wahrscheinlich in Folge der Ausdehnung des Staatsgebietes im Jahre 1867 auf 103 gestiegen, sie sank dann im Jahre 1871 unter dem Einflusse der Antipatentbewegung auf 36 und hob sich, nachdem ein Wechsel in den leitenden Persönlichkeiten der Verwaltung eingetreten war, im Jahre 1873 auf 126 (vergl. S. 115).

VI. Deutschland und die Grenzländer.

§. 26. Sachsen.

Anmeldungssystem. — Nachträgliche administrative Prüfung. — Bedingungen der Patentertheilung. — Verfahren. — Dauer. — Verfolgung der Contraventionen. — Kosten.

Im Königreich Sachsen gilt neben der Uebereinkunft der Zollvereinsregierungen vom 21. September 1842, welche durch Bekanntmachung vom 31. Juli 1843 publizirt ist, eine besondere Verordnung, die Ertheilung von Erfindungs-Privilegien (Patenten) betreffend vom 20. Januar 1853, welche von den Grundsätzen jener Uebereinkunft in einigen Punkten abweichen. Eine Vorprüfung in Bezug auf die Neuheit der Erfindung, wie solche im Art. I der Uebereinkunft ausdrücklich vorausgesetzt wird, findet nach der Verordnung von 1853 nicht statt. Dagegen ist nach §. 13 dieser Verordnung Jedermann berechtigt, bei dem Ministerium des Innern auf Zurücknahme eines Patentes anzutragen, wenn er den Nachweis führt, dass der Gegenstand des Patentes zur Zeit der Ertheilung nicht neu und eigenthümlich gewesen, das heisst nach §. 1 entweder innerhalb der deutschen Bundesstaaten ausgeführt, gangbar oder auf irgend eine Weise bekannt[1]), oder in öffentlichen Werken des In- und

---

[1]) Wenn nur Einzelne bei Ertheilung des Patentes Kenntniss von der Erfindung gehabt und diese Kenntniss geheim gehalten haben, so thut dies der Gültigkeit des Patentes keinen Eintrag (§. 12). Dagegen bleibt dasselbe denjenigen gegenüber, welche vor Ertheilung des Patentes den Gegenstand desselben gekannt haben, jedenfalls unwirksam (§. 7). Die Zurücknahme des Patentes erfolgt auch dann, wenn nur ein

Auslandes so beschrieben war, dass darnach die Ausführung durch jeden Sachverständigen erfolgen konnte.

Die Patentertheilung findet hiernach zwar nach den Regeln des Anmeldungsverfahrens statt. Dagegen ist die Beurtheilung der Gültigkeit des ertheilten Patentes nicht wie in den Ländern des reinen Anmeldungsverfahrens den Gerichten überlassen, sondern es findet vor der patentertheilenden Behörde nach erfolgter Ausfertigung des Patentes ein contradictorisches Verfahren über die Gültigkeit des Patentes statt, welches von jedem Betheiligten in Antrag gebracht werden kann und zwar zu jeder Zeit während der Dauer des Patentes und in beliebiger Wiederholung, falls mehrere Opponenten nach einander auftreten.

Auch die Gerichte, falls sie mit Patentstreitigkeiten befasst werden, müssen nach §. 20 über solche Einwendungen gegen die Gültigkeit des Patentes, welche dessen Zurücknahme bedingen würden, wegen Entscheidung dieser Frage, auch wenn kein ausdrücklicher Antrag darauf gestellt ist, Bericht an das Ministerium des Innern erstatten und dessen Entscheidung erwarten.

Das Sächsische Patentverfahren beruht also auf einer Vermischung des Anmeldungs- und des Prüfungssystemes, bei welchem die administrative Prüfung der Neuheit der Erfindung in die Zeit nach der Patentertheilung verlegt ist.

Im Uebrigen schliesst die Sächsische Verordnung sich an die Grundsätze der Uebereinkunft von 1842 an und reproduzirt im §. 6 namentlich die Vorschrift des Art. IV jener Uebereinkunft, dass das Patent nur das ausschliessliche Recht zur Anfertigung und Ausführung des Gegenstandes der Erfindung, oder wenn es sich um Fabrikationsmethoden, Maschinen oder Werkzeuge für die Fabrikation handelt, zur Anwendung derselben gibt, während das Verbietungsrecht sich auf die Einfuhr, den Verkauf oder den nicht gewerblichen Gebrauch der patentirten Gegenstände nicht erstreckt.

Ebenso wird im §. 5 der Verordnung gemäss Art. I der

Theil des patentirten Gegenstandes als bereits bekannt nachgewiesen wird, da der Gegenstand des Patentes stets als ein untheilbarer an-

Uebereinkunft bestimmt, dass für einen Gegenstand, dessen Erfinder Angehöriger eines Deutschen Bundesstaates ist und in einem solchen ein Patent dafür erlangt hat, ein solches für den Bereich des Königreiches Sachsen nur dem Erfinder oder dessen Rechtsnachfolger ertheilt werden soll. Jedes mit Umgehung dieser Vorschrift erlangte Patent wird nach §. 10 b und §. 13 der Verordnung auf Antrag des Betheiligten zurückgenommen.

Uebrigens sind nach §. 3 sowohl Ausländer als Inländer befugt, Patente nachzusuchen. Ausländer, welche nicht einem der Staaten des früheren Deutschen Bundes angehören, müssen einen in Sachsen wohnhaften und staatsangehörigen Patentträger bezeichnen; und diese Beschränkung gilt nach §. 4 auch für die Uebertragung des ertheilten Patentes.

Von der Patentirung ausgeschlossen sind Arzneimittel, Schönheitsmittel, Nahrungsmittel und zum Verzehren bestimmte Luxusartikel, Muster, Façons und wissenschaftliche Grundwahrheiten (§. 1).

Die Gesuche um Ertheilung eines Patentes sind an das Ministerium des Innern zu richten und mit einer Beschreibung, sowie mit den erforderlichen Zeichnungen oder Modellen zu begleiten. Dieselben müssen so beschaffen sein, dass danach jeder Sachverständige die Erfindung ausführen kann und dass daraus die als neu und eigenthümlich in Anspruch genommenen Punkte deutlich ersichtlich sind (§. 14). Die Unrichtigkeit oder Unvollständigkeit der Beschreibung zieht die Zurücknahme des Patentes nach sich (§. 10 b. §. 13).

Ueber die Ertheilung des Patentes entscheidet das Ministerium des Innern ohne Berufung (§. 15). Letzteres hat, obgleich eine Vorprüfung der Neuheit der Erfindung nicht stattfindet, doch die Befugniss, Patentgesuche, deren Gegenstand nach §. 1 nicht zur Patentirung geeignet ist, zurückzuweisen.

Die ertheilten Patente werden in der Leipziger Zeitung bekannt gemacht (§. 16), die Beschreibungen, Zeichnungen und Modelle dagegen während der Dauer des Patentes geheim gehalten (§. 17). Auch wenn bei entstehenden Patentstreitigkeiten auf die bei dem Ministerium deponirten Beschreibungen, Zeichnungen und Modelle zurückzugehen ist, werden diese auf Verlangen der entscheidenden Behörde nur unter den entsprechenden Vorsichtsmassregeln an letztere ausgeantwortet und die zu vernehmenden Sachverständigen auf die Geheimhaltung besonders verpflichtet (§. 19). Erst nach Ablauf des Patentes ist die Veröffentlichung der Beschreibung gestattet (§. 17).

Jedes Patent wird zunächst auf fünf Jahre ertheilt, welche vom Tage der Ausstellung der Urkunde an zu rechnen sind. Die Verlängerung auf weitere fünf Jahre erfolgt jedoch auf den Antrag des Patentinhabers, welcher vier Wochen vor dem Ablauf der ersten Frist gestellt werden muss (§. 8).

Die Gültigkeit jedes Patentes ist an die Bedingung geknüpft, dass die Erfindung binnen Jahresfrist im Königreich Sachsen zur Ausführung gebracht wird. Diese Frist kann verlängert werden, wenn der Inhaber vier Wochen vor ihrem Ablauf darum nachsucht und nachweist, dass er an der Ausführung durch Verhältnisse verhindert wurde, deren Beseitigung nicht in seiner Macht lag (§. 9).

Gegen die Verletzung des Patentrechtes wird durch polizeiliche Zwangsmittel Schutz gewährt. Bestreitet der Beschuldigte die Identität des Gegenstandes oder die Gültigkeit des Patentes ihm gegenüber, so gestaltet sich die Differenz zu einer streitigen Verwaltungssache, über welche nach Massgabe des für solche Streitigkeiten vorgeschriebenen Verfahrens (Gesetz vom 30. Januar 1835) verhandelt wird (§. 18).

Die Kosten der Patentertheilung betragen nach der Verordnung vom 26. Januar 1866 an Stempeln (der frühere Zuschlag ist aufgehoben), Sporteln und Taxen:

1. sofort bei Einreichung des Gesuches zu zahlen:

Verlag für technische Begutachtung .	2 Thlr.	
Sporteln	2 -	15 Sgr.

2. bei Ertheilung des Patentes:

Stempelsteuer	5 -	— -
Taxe	15 -	— -

3. bei Einreichung des Gesuchs um Verlängerung der Ausführungsfrist:

Stempelsteuer	1 Thlr.	— Sgr.
Sporteln	3 -	— -

4. bei Einreichung des Gesuchs um Verlängerung des Pa-

Stempel nebst Zuschlag	5 Thlr.	—	Sgr.
Sporteln	2 -	15	-
Taxe	42 -	15	-

Zu allen Eingaben in Patentsachen ist Stempel zu verwenden.

Die Zahl der in Sachsen seit dem Erlass der Verordnung vom 30. Januar 1853 bis zum Jahre 1869 einschliesslich ertheilten Patente beträgt 2316, sie erhob sich im Jahre 1872 auf 258.

§. 27. Bayern.

Zwei Rechtsgebiete. — Anmeldungssystem. — Verfahren. — Dauer. — Ausführung — Inhalt der Rechte. — Contraventionen. — Taxen. — Statistik.

Das Königreich Bayern zerfällt in zwei Rechtsgebiete: in die Pfalz (Rheinbayern), in welcher das Französische Patentgesetz vom 7. Januar 1791 aus der Zeit der Fremdherrschaft in Geltung verblieben ist, und in die sieben älteren Kreise, für welche eine eigene Patentgesetzgebung besteht. Letztere beruht auf dem Gesetze vom 11. September 1825, die Grundbestimmungen für das Gewerbswesen betreffend, welches zwar durch das neuere Gesetz vom 30. Januar 1868, das Gewerbswesen betreffend, aufgehoben ist, so jedoch, dass nach Art. 34 die auf das Patentwesen bezüglichen Art. 9 und 11 des Gesetzes vom 11. September 1825 in Kraft verblieben sind.

Zur Ausführung dieser Artikel, welche nur wenige Grundbestimmungen enthalten, ist eine Königliche Verordnung vom 21. April 1852, den Vollzug der Grundbestimmungen des Gewerbsgesetzes vom 11. September 1825 über die Gewerbsprivilegien betreffend, ergangen, welche mit dem Inhalte der früheren Vollzugsverordnung vom 10. Februar 1842 in den meisten Punkten übereinstimmt. Diese Uebereinstimmung erstreckt sich jedoch nicht auf den in der neueren Verordnung zur Anwendung gebrachten Grundsatz der Vorprüfung. Die Bayerische Verordnung von 1842 hielt ausdrücklich an dem Anmeldungssysteme fest, indem sie im §. 5 bestimmte, dass die Ertheilung der Erfindungspatente (Gewerbsprivilegien) durch eine vorausgehende amtliche Untersuchung der Neuheit und Eigenthümlichkeit der angeblichen Erfindung nicht bedingt sei. Die Verordnung von 1852 macht im §. 91 die Ertheilung des Privilegiums von dem Nachweise abhängig, dass der Gegenstand neu und eigenthümlich und von solcher Bedeutung ist, dass die Erfindung einen gemeinnützigen wesentlichen Einfluss zu äussern vermag. Ueber das Verfahren bei der Vorprüfung werden aber keinerlei Vorschriften gegeben; auch schliesst die Patentertheilung kein endgültiges Urtheil über die Neuheit der Erfindung ein. Die Gültigkeit des ertheilten Patentes bleibt durch den Beweis der Neuheit und Eigenthümlichkeit des Gegenstandes bedingt (§. 95), doch findet auch nach der Ertheilung des Patentes kein Untersuchungsverfahren über diese Neuheit und Eigenthümlichkeit vor der patentertheilenden Behörde statt, vielmehr sind nur die zur Entscheidung der Patentstreitigkeiten berufenen Behörden zur Entscheidung über die Einwendungen gegen dessen Gültigkeit competent. Sie haben, wenn rechtskräftig auf Ungültigkeit des Patentes erkannt ist, dem Minister des Innern davon Anzeige zu machen, welcher die Bekanntmachung des Urtheils durch das Regierungsblatt verfügt (§. 110).

Die Anmeldung des Patentgesuchs erfolgt beim Ministerium des Inneren, auf welches das Ressort des im §. 96 bezeichneten Handelsministeriums übergegangen ist, entweder direct oder durch Vermittelung der Unterbehörden oder Mittelstellen (§§. 96 f.). Der Bewerber erhält eine Bescheinigung, welche Tag und Stunde der Präsentation bekundet (§. 99).

Das Gesuch muss die Angabe enthalten, für welche Zahl von Jahren das Patent begehrt wird (§. 96). Mit dem Gesuche muss eine vollständige und getreue Beschreibung nebst den etwa zur Verdeutlichung nöthigen Zeichnungen und Modellen eingereicht werden (§. 97). Wird die Beschreibung mangelhaft befunden, so wird sie unbeschadet der Prioritätsrechte zur Ergänzung binnen einer peremptorischen Frist zurückgegeben (§. 99). Uebrigens hat die wissentliche Verschweigung oder unrichtige Darstellung eines Bestandtheiles der Erfindung in der Beschreibung die Ungültigkeit des Patentes zur Folge (§. 109 Nr. 3).

Die Patente werden auf höchstens 15 Jahre ertheilt. War nur eine geringere Patentdauer ursprünglich nachgesucht, so kann dieselbe später bis auf 15 Jahre verlängert werden (§. 101).

Einführungspatente werden nur auf die noch übrige Dauer des im Auslande bereits erworbenen Patentes ertheilt (§. 94).

Die ertheilten Patente werden durch das Regierungsblatt bekannt gemacht, die Beschreibungen aber bis nach Ablauf des Patentes geheim gehalten (§. 111). Jede Besitzveränderung durch Abtretung des Patentes oder durch Annahme von Mitbetheiligten muss bei Verlust des Rechtes binnen 3 Monaten dem Ministerium des Inneren angezeigt werden (§. 107). Bei diesem Ministerium wird ein Register über die ertheilten Patente, über die Besitzveränderungen und über ihr Erlöschen geführt, welches von Jedem eingesehen werden kann, der ein Interesse zur Sache nachweist (§. 112).

Der Patentinhaber ist bei Verlust des Rechtes verpflichtet, die Erfindung binnen drei Jahren oder wenn das Patent auf weniger als sechs Jahre ertheilt ist, binnen der ersten Hälfte der Patentdauer in Ausübung zu bringen und darf dieselbe nicht zwei Jahre lang unterbrechen (§. 109 Nr. 4 u. 5).

Das Patent gibt das Recht, jeden Dritten von der Anfertigung oder Ausführung des Gegenstandes, wofür es ertheilt ist, auszuschliessen, nicht aber die Einfuhr, den Verkauf oder den Gebrauch oder den Verbrauch des Gegenstandes zu verbieten. Patente über neue Fabrikationsmethoden oder Fabrikationsmittel (Werkzeuge, Maschinen) geben das unbeschränkte Recht, die Benutzung der patentirten Methode oder den Gebrauch der patentirten Maschinen und Werkzeuge jedem Dritten zu untersagen, der das Recht hierzu nicht von dem Patentinhaber erworben oder den patentirten Gegenstand von ihm bezogen hat (§§. 103 f.).

Streitigkeiten über den aus einem privatrechtlichen Titel abgeleiteten Besitz eines Patentes und Ansprüche auf Entschädigung gehören zur Entscheidung des Civilrichters (§. 114 Nr. 2). Contraventionen gegen das Recht des Patentinhabers werden nach der Verordnung vom 21. April 1852 §. 114 von den Polizeibehörden, nach der heutigen Aemterverfassung dagegen von den Criminalgerichten geahndet[1]). Die Strafen bestehen bei der wissentlichen Verletzung der Rechte des Patentinhabers in einer

[1]) Gesetz, das Gewerbswesen betreffend, vom 30. Januar 1868 Art. 28. — Polizeistrafgesetzbuch Art. 208.

Geldbusse von 100 bis 500 Gulden, wovon die eine Hälfte dem Betheiligten, die andere dem Armenfonds des Ortes zufällt, wo der Eingriff entdeckt wurde (Gesetz vom 11. September 1825 Art. 9). Die nachgemachten Gegenstände werden zum Vortheile des Patentinhabers confiscirt. Bei bloss fahrlässiger Uebertretung findet bloss die Einstellung des unbefugten Gewerbebetriebes und der Verfügung über die nachverfertigten Gegenstände statt (Verordnung v. 10. Februar 1842 §. 28).

Die Privilegientaxe beträgt für die beiden ersten Jahre der Patentdauer 30 Fl., für jedes der folgenden vier Jahre 10 Fl., vom siebenten bis zum zehnten Jahre je 20 Fl. und für die fünf letzten Jahre je 25 Fl., so dass für die volle Patentdauer von 15 Jahren 275 Fl. zu entrichten sind. Die ganze Abgabe wird bei der Einlegung des Patentgesuches erlegt.

Wenn ein auf kürzere Zeit ertheiltes Patent verlängert wird, so wird die Taxe für die Verlängerungszeit nach den höheren Sätzen der späteren Jahre bemessen (§. 102).

Die Grundsätze des in der Pfalz geltenden Französischen Gesetzes vom 7. Januar 1791 unterscheiden sich von den in den älteren Kreisen geltenden Normen hauptsächlich dadurch, dass die Vorprüfung ausgeschlossen ist und die Patente auf die blosse Anmeldung ertheilt werden. Sie werden im Abschnitt IX dargestellt werden.

Die Zahl der in Bayern während der Jahre 1843 bis 1869 einschliesslich ertheilten Patente beträgt 2307 oder jährlich im Durchschnitt 85. Doch ist dieser Durchschnitt seit 1862 meist überschritten; die Zahl der Patente hat 1867: 133, 1868: 160 und 1869: 119 betragen.

§. 28. Westliches Deutschland.

Würtemberg. — Umfang der Vorprüfung. — Verfahren. — Mittheilung der Beschreibung. — Strafen. — Baden. — Grossherzogthum Hessen. — Uebrige Staaten.

Im Königreich **Würtemberg** ist das Patentwesen durch die Revidirte Allgemeine Gewerbeordnung vom 5. August 1836 Art. 141 bis 164 geregelt, welche in den angeführten Bestimmungen in Kraft geblieben ist, nachdem im Uebrigen die

Neue Gewerbeordnung vom 12. Februar 1862 an ihre Stelle getreten ist[1]).

Die Normen des Würtembergischen Gesetzes stimmen mit den Bestimmungen der Bayerischen Verordnung vom 10. Februar 1842 zum Theil wörtlich überein und haben unverkennbar bei Abfassung der Letzteren als Muster gedient. Nur die auf das Bestehen des Zollvereinsverbandes bezüglichen Bestimmungen fehlen in der Würtembergischen Gewerbeordnung, da Würtemberg dem Zollvereine noch nicht beigetreten war. Durch das Gesetz betreffend die Erfindungs- und Einführungspatente vom 29. Juni 1842 sind jedoch die unter den Zollvereinsregierungen vereinbarten Normen noch vor dem förmlichen Abschluss der Uebereinkunft vom 21. September 1842 in Würtemberg eingeführt worden. Nach Art. 2 und 3 dieses Gesetzes sind die Unterthanen der übrigen Zollvereinsstaaten den Inländern gleich gestellt und dürfen Einführungspatente für im Zollverein patentirte Erfindungen nur dem Erfinder oder seinem Rechtsnachfolger ertheilt werden. Nach Art. 4—6 wird das ausschliessliche Recht des Patentinhabers auf die Anfertigung des patentirten Gegenstandes oder die Anwendung desselben zur Fabrikation beschränkt und das gegen den Verkauf und die Einführung nachverfertigter Gegenstände gerichtete Verbot des Art. 151 der Gewerbeordnung aufgehoben.

In Würtemberg findet eine eigentliche Vorprüfung nicht statt. Art. 145 der Gewerbeordnung bestimmt zwar, dass das Patentgesuch zurückgewiesen werden soll, wenn der Gegenstand sich als unvereinbar mit den bestehenden Gesetzen herausstellt, oder für denselben Gegenstand schon früher ein Patent ausgefertigt, oder die angebliche Erfindung bekanntermassen bereits im Inlande in Anwendung gebracht ist. Diese Vorschrift hat indess nur die ohne Weiteres und ohne spezielle Vorprüfung sich ergebenden Einwendungen gegen die Neuheit der Erfindung im Auge. Dagegen bleibt nach Art. 155 die Erörterung des Einwandes der mangelnden Neuheit in jedem Falle auch nach ertheiltem Patente dem Verfahren vor den zur Entscheidung der Gewerbestreitigkeiten berufenen Behörden vorbehalten.

[1]) Vergl. Art. 67 der Neuen Gewerbeordnung.

Das Patentgesuch wird bei dem Bezirksamte eingereicht und muss bei Strafe der Nichtigkeit des Patentes mit einer vollständigen und getreuen Beschreibung verbunden sein, in welcher das Unterscheidende des Gegenstandes der Erfindung von bereits Geübtem oder Eingeführtem dargestellt werden muss (Art. 143. Art. 155 Nr. 2).

Tag und Stunde der Uebergabe wird durch das Bezirksamt bescheinigt, das Gesuch aber dem Ministerium des Innern eingeschickt, welches das Patent ausfertigt (Art. 144. 145).

Die Patentdauer darf zehn Jahre nicht übersteigen. Eine Verlängerung über diesen Zeitraum hinaus kann nur durch ein Gesetz erfolgen. Dagegen können die auf weniger als zehn Jahre ertheilten Patente bis zu dieser Dauer verlängert werden. Die Patente und deren Verlängerung werden (durch das Regierungsblatt) öffentlich bekannt gemacht (Art. 146. 149). Die Beschreibungen werden geheim gehalten, doch kann die Mittheilung im letzten Jahre der Patentdauer (bei Einführungspatenten in der letzten Hälfte der Patentzeit) an einen Würtemberger geschehen, wenn derselbe sein Interesse nachweist und Sicherheit dafür stellt, dass er die Erfindung während der Patentdauer weder selbst in Ausübung setzen, noch zur Ausübung derselben durch einen Dritten die Mittel und die Veranlassung geben werde (Art. 147).

Einführungspatente werden nur für im Auslande bereits patentirte Erfindungen und nur für die Dauer des ausländischen Patentschutzes ertheilt (Art. 141).

Die Nachverfertigung patentirter Gegenstände wird mit der Wegnahme der nachverfertigten Waaren zum Vortheil des Patentinhabers bestraft. Ausserdem hat der Contravenient den Werth der bereits veräusserten nachverfertigten Waaren dem Patentinhaber zu erstatten. Wenn in gutem Glauben ein patentirtes Verfahren angewendet oder patentirte Waaren angefertigt sind, so wird auf die Klage des Patentinhabers nur der Verkauf der noch unabgesetzten Gegenstände und die weitere Verfertigung derselben bis zum Erlöschen des Patentes untersagt (Gesetz v. 29. Juni 1842, Art. 4—6).

Die Patentabgabe wird für jeden Fall durch das Patent je nach der Bedeutung des Gegenstandes auf 5 bis 20 Gulden festgesetzt und jährlich zum voraus entrichtet (Art. 148).

In Würtemberg sind in den Jahren 1843 bis 1868 einschliesslich 1239 und im Jahre 1868: 136 Patente ertheilt worden.

In Baden ist neben der Uebereinkunft der Zollvereinsregierungen vom 21. September 1842 ein eigenes Patentgesetz nicht erlassen. Nach einem Rescripte des Ministeriums des Inneren vom 23. Mai 1845[1]) sind die Patentgesuche bei diesem Ministerium anzubringen. Der Patentertheilung geht eine Vorprüfung durch Sachverständige vorher, welche aus den Lehrern der polytechnischen Schule in Karlsruhe entnommen werden. Die Taxe für die Ertheilung des Patentes beträgt je nach der Wichtigkeit desselben 15 bis 50 Gulden. Die Zahl der ertheilten Patente hat in den Jahren 1843 bis 1869 im Ganzen 607 und im Jahre 1872: 113 betragen.

Im Grossherzogthum Hessen ist die Ertheilung von Erfindungspatenten durch die Verfassungsurkunde Art. 104 vorgesehen. Das Verfahren bei der Patentertheilung ist durch die Verordnung vom 17. November 1858 (Regierungsblatt Nr. 42) geregelt. Nach dieser Verordnung sind Patentgesuche nebst einer genauen Beschreibung und nöthigenfalls mit den dazu gehörigen Zeichnungen und Modellen an das Ministerium des Inneren zu richten. Letzteres veranlasst eine technische Prüfung der behaupteten Erfindung, namentlich in Bezug auf die Neuheit derselben und fertigt das Patent, wenn die Ertheilung desselben zulässig erscheint, mit Bestimmung der Dauer der Gültigkeit desselben aus. Die Uebereinkunft vom 21. September 1842 ist ebenfalls im Grossherzogthum Hessen publizirt.

In den kleineren Zollvereinsstaaten, namentlich in den Thüringischen Landen, in Braunschweig und Oldenburg ist neben der erwähnten Uebereinkunft keine gesetzliche Bestimmung über die Ertheilung von Erfindungspatenten ergangen.

In den Hansestädten: Hamburg, Bremen und Lübeck und in Mecklenburg findet die Ertheilung von Erfindungspatenten überhaupt nicht statt.

---

[1]) Stolle und Hübner, Die einheimische und ausländische Patentgesetzgebung 1855 S. 16.

§. 29. Oesterreich[1]).

Frühere Gesetze. — Gegenstände. — Verfahren. — Dauer. — Verletzung des Patentrechtes. — Zuständige Behörden. — Taxen. — Statistik.

Die Einführung des Patentschutzes in Oesterreich erfolgte durch das Patent vom 8. Dezember 1820, welches ein dem Preussischen Systeme ähnliches Vorprüfungsverfahren einführte. Durch das Patent vom 31. März 1832 wurde jedoch die Vorprüfung abgeschafft und ein neues auf den Grundsätzen des reinen Anmeldungssystems beruhendes Gesetz über die Verleihung ausschliessender Privilegien erlassen. Dieses Gesetz schloss sich zwar an das damals geltende Französische Patentgesetz vom 7. Januar 1791 an; doch enthielt dasselbe wesentliche und bahnbrechende Neuerungen, welche sowohl bei der Abfassung der süddeutschen Patentgesetze, als auch bei der Redaction des gegenwärtig geltenden Französischen Patentgesetzes vom 5. Juli 1844 benutzt worden sind.

Das neuere Oesterreichische Patentgesetz vom 15. August 1852, welches an die Stelle des Gesetzes vom 31. März 1832 getreten ist, enthält im Wesentlichen dieselben Vorschriften wie das letztere Gesetz, nur in einer weitläuftigeren Fassung. Der Zweck des neuen Gesetzes ging vorzüglich dahin, den bisher nur in den deutschen Kronländern eingeführten Patentschutz auch auf die Länder der Ungarischen Krone auszudehnen. Im Uebrigen dürfen die Abweichungen des neueren Gesetzes kaum als Verbesserungen bezeichnet werden.

Als Gegenstände eines ausschliessenden Privilegiums — womit das Erfindungspatent in der Oesterreichischen Gesetzessprache bezeichnet wird — macht §. 1 neue Erzeugnisse der Industrie, neue Erzeugungsmittel und Erzeugungsmethoden namhaft. Als neu gilt die Erfindung, wenn sie bis zur Zeit des Patentgesuches im Inlande weder in Ausübung steht, noch durch ein veröffentlichtes Druckwerk bekannt ist.

Ausgeschlossen von der Patentirung sind Nahrungsmittel,

---

[1]) A. v. Krauss, Geist der Oesterreichischen Gesetzgebung zur Aufmunterung der Erfindungen. Wien 1838.

Getränke und Arzneien, wissenschaftliche Prinzipien, sowie dem öffentlichen Interesse zuwiderlaufende Erfindungen (§. 2. §. 5). Einführungspatente werden nur für im Auslande patentirte Erfindungen und nur auf die Dauer des ausländischen Patentes ertheilt (§. 3).

Die Patentgesuche können entweder bei den Statthaltereien oder bei den Kreisbehörden angebracht werden, welche über Tag und Stunde der Einlegung eine Bescheinigung ausstellen, welche für die Priorität der Erfindung massgebend ist (§. 8. §. 13). Bei der Einlegung des Gesuches muss die Patenttaxe erlegt werden, widrigenfalls dasselbe ohne Präsentation zurückgegeben wird. Dem Gesuche muss eine Beschreibung in deutscher Sprache oder in der Geschäftssprache des Kronlandes beigefügt werden, welche so abgefasst sein muss, dass jeder Sachverständige den Gegenstand nach derselben verfertigen kann (§. 12). Der Patentsucher hat die Wahl, ob die Beschreibung geheim gehalten oder veröffentlicht werden soll und muss sich darüber in dem Gesuche erklären (§. 9 d). Die Beschreibungen, deren Geheimhaltung nicht verlangt wird, werden bei dem Privilegien-Archive Jedem, der darum nachsucht, vorgelegt und in Abschrift mitgetheilt (§. 32). Eingriffe in ein in dieser Art offen gelegtes Patent werden schon im ersten Falle als eine Gesetzesübertretung behandelt, während bei geheim gehaltener Beschreibung nur eine Verwarnung eintritt (§. 39).

Die Vorprüfung durch die Statthalterei — an welche die Gesuche nach erfolgter Präsentation von den Kreisbehörden abgegeben werden — erstreckt sich nur auf die Patentfähigkeit des Gegenstandes und die vorschriftsmässige Einrichtung des Patentgesuches (§§. 13—15). Das Handels-Ministerium prüft dann ausserdem die Vollständigkeit und Verständlichkeit der eingereichten Beschreibung (§. 16). Eine Untersuchung über die Neuheit und Nützlichkeit des Gegenstandes findet in keinem Falle statt (§ 17).

Die Dauer des Patentes darf 15 Jahre nicht übersteigen. Sie hängt bis zu dieser Grenze von der Wahl des Erfinders ab, welcher dieselbe in dem Patentgesuche angeben und die der begehrten Zahl von Jahren entsprechende Taxe zum voraus erlegen muss (§§. 9—11. §. 25). Der Ablauf der bewilligten Zeit wird vom Tage der Ausfertigung des Patentes berechnet.

War das Patent auf weniger als 15 Jahre bewilligt, so wird dasselbe bis zu diesem Maximum verlängert, wenn der Inhaber vor Ablauf des Datums darum nachsucht (§. 27).

Patente können vor Ablauf der bewilligten Dauer durch Nichtigkeitserklärung von dem Handels-Ministerium wegen mangelnder Neuheit der Erfindung oder wegen fehlerhafter Beschreibung aufgehoben werden; sie erlöschen ferner durch Nichtausführung, wenn der Patentinhaber die Erfindung nicht binnen Jahresfrist nach der Ausfertigung auszuüben angefangen oder die Ausübung durch volle zwei Jahre unterbrochen hat (§. 29). Uebertragungen von Patenten müssen durch öffentliche Urkunden bewirkt und dem Handels-Ministerium angezeigt werden, bei welchem jede Besitzveränderung registrirt wird (§. 36).

Als Eingriff in das Patentrecht gilt nicht blos die Nachahmung des patentirten Gegenstandes, sondern auch das Feilhalten nachgeahmter oder vom Auslande eingeführter Gegenstände dieser Art zum Verkauf (§. 38). Dieser Eingriff wird bei den in die offen stehenden Register eingetragenen Patenten sofort als Gesetzesübertretung mit 25 bis 100 Fl. und mit der Confiscation der nachgeahmten Gegenstände bestraft. Bei geheimgehaltener Beschreibung treten diese Strafen erst im Wiederholungsfalle ein, doch kann der Patentinhaber Sicherheitsbestellung dafür fordern, dass die nachgeahmten Gegenstände während der Patentdauer weder gebraucht noch veräussert, und wenn sie vom Auslande bezogen sind, wieder ausgeführt werden (§. 39 §. 40).

Die Untersuchung und Bestrafung steht der politischen Bezirksbehörde zu. Ergibt sich während der Untersuchung, dass die Entscheidung von einer streitigen civilrechtlichen Frage abhängt, so verweist die Strafbehörde die Parteien an das zuständige Civilgericht und urtheilt selbst erst, nachdem die rechtskräftige civilgerichtliche Entscheidung vorgelegt ist (§. 23). Ergibt sich während der Untersuchung oder des Civilprozesses, dass die Entscheidung von der Vorfrage abhängt, ob das Patent als ungültig anzusehen oder erloschen sei, so muss darüber die Entscheidung des Handels-Ministeriums eingeholt[1])

---

[1]) Vergl. oben S. 229 Anm. 1.

und das Verfahren bis dahin eingestellt werden (§. 42 §. 45 §. 48).

Die Taxe beträgt für jedes der ersten fünf Jahre der Patentdauer 20 Fl., zusammen 100 Fl.

für das	sechste	Jahr . . .	30 -
- -	siebente	- . . .	35 -
- -	achte	- . . .	40 -
- -	neunte	- . . .	45 -
- -	zehnte	- . . .	50 -
- -	elfte	- . . .	60 -
- -	zwölfte	- . . .	70 -
- -	dreizehnte	- . . .	80 -
- -	vierzehnte	- . . .	90 -
- -	fünfzehnte	- . . .	100 -
folglich für	fünfzehn	Jahre . .	700 Fl.

Sie muss auf einmal bei der Einlegung des Patentgesuches entrichtet werden (§. 11). Die Zahl der in Oesterreich ertheilten Patente hat von 1853 bis 1869 einschliesslich 10,418 und im Durchschnitt der letzten drei Jahre 750 betragen.

§. 30. Belgien[1]).

Progressive Steuer. — Verfahren. — Aufhebung. — Verfolgung der Contraventionen. — Beschlagnahme.

Nachdem Belgien durch die Revolution von 1830 sich von den Niederlanden losgerissen und zu einem eigenen Staate constituirt hatte, behielt in dem neuen Königreiche mit der übrigen Niederländischen Gesetzgebung auch das Patentgesetz vom 25. Januar 1817 Geltung. Zur Reform der Patentgesetzgebung wurde im Jahre 1848 eine Commission niedergesetzt, welche im Jahre 1850 einen 140 Artikel umfassenden Gesetzentwurf vorlegte, in welchem zum ersten Mal der Versuch gemacht war, der Patentertheilung ein förmliches Aufgebotsverfahren mit contradictorischer Entscheidung über die angemeldeten oder von Amtswegen erhobenen Einwendungen vorauszuschicken (vergl. oben S. 122).

---

[1]) Traité théorique et pratique des brevets d'invention, de perfectionnement et d'importation par Th. Tillière, avocat. Bruxelles 1854.

Die Regierung schloss sich diesem Entwurfe nicht an und legte ihrerseits einen neuen auf dem reinen Anmeldungsprinzipe beruhenden Gesetzentwurf vor, aus welchem das heute geltende Gesetz vom 24. Mai 1854 hervorgegangen ist.

Nach diesem Gesetze, zu welchem eine Ausführungsverordnung von demselben Tage ergangen ist, ist die Patentdauer auf zwanzig Jahre vom Tage der Anmeldung bestimmt, mit der Massgabe, dass im Auslande bereits patentirte Erfindungen nicht auf längere Zeit als die noch übrige Dauer des ausländischen Patentes geschützt werden (Art. 3. 14). Von jedem Patente wird eine Abgabe in wachsenden Jahresraten erhoben, nämlich für das erste Jahr 10 Frcs., für das zweite 20 Frcs. und so weiter jährlich um 10 Frcs. steigend, so dass die Abgabe für das zwanzigste Jahr 200 Frcs. beträgt. Die Abgabe wird jährlich zum voraus entrichtet. Nach Art. 22 sollte der Patentinhaber bei der Versäumniss einer Ratenzahlung sofort seines Rechtes verlustig gehen. Diese Vorschrift ist jedoch durch das Gesetz vom 27. März 1857 dahin abgeändert, dass der Patentinhaber zunächst erinnert wird und noch sechs Monate nach dem Verfall die rückständige Rate mit einer Verzugstrafe von 10 Frcs. erlegen kann. Nach Ablauf von sechs Monaten tritt der Verlust des Patentes ein. Für Verbesserungspatente, welche der Inhaber des Patentes über die verbesserte Erfindung selbst löst, wird eine Abgabe nicht erhoben (Art. 3).

Die Anmeldung der Patentgesuche erfolgt bei einer der Provinzialregierungen oder bei einer der Kreisverwaltungen (bureau de commissaire d'arrondissement). Das Gesuch muss in einer der in Belgien gebräuchlichen Sprachen (französisch, vlaemisch oder deutsch) abgefasst, von einer deutlichen und vollständigen Beschreibung und wenn nöthig, von einer Zeichnung in metrischem Massstabe begleitet sein. Die Beschreibung nebst den Beilagen muss in zwei Exemplaren eingereicht werden. Ueber die Anmeldung des Gesuches wird ein Protokoll aufgenommen, dessen Ausfertigung zum Beweise für die Priorität dient (Art. 17. 18).

Die Ertheilung des Patentes erfolgt durch den Minister des Innern und wird durch den Moniteur bekannt gemacht (Art. 19).

Die patentirte Erfindung muss bei Verlust des Rechtes binnen Jahresfrist in Belgien zur Ausführung gebracht werden. Doch kann eine Fristverlängerung von höchstens einem Jahre durch motivirten Beschluss seitens des Ministeriums bewilligt werden. Auch die Unterbrechung der Ausführung während eines Jahres zieht den Verlust des Patentes nach sich, sofern die Erfindung im Auslande in Ausübung gesetzt ist. Die Aufhebung des Patentes wird in beiden Fällen durch Königliche Verordnung ausgesprochen (Art. 23).

Das ertheilte Patent ist ungültig, wenn der Gegenstand vor der Anmeldung des Gesuches im Inlande bereits von einem Dritten zu gewerblichen Zwecken angewendet war; wenn darüber schon früher einem Dritten ein Patent im Inlande oder im Auslande ertheilt war (es sei denn, dass der ausländische Patentinhaber selbst ein Einführungspatent für Belgien erlangt hat); wenn die eingereichte Beschreibung wissentlich unvollständig oder unrichtig angefertigt war, oder wenn die vollständige Beschreibung der patentirten Erfindung schon vor der Anmeldung in einem gedruckten Werke veröffentlicht war. Bei Einführungspatenten über im Auslande patentirte Erfindungen ist die Veröffentlichung, welche als gesetzliche Folge des ausländischen Patentes eingetreten ist, unschädlich.

Ueber diese Gründe der Ungültigkeit erkennen die Gerichte. Sobald das Patent rechtskräftig für ungültig erklärt ist, wird die Vernichtung durch Königliche Verordnung im Moniteur bekannt gemacht (Art. 24—26). Der Patentinhaber hat das ausschliessliche Recht, den patentirten Gegenstand zu benutzen und darf jede Verletzung seines Rechtes, sei es durch Fabrikation der patentirten Waare oder durch Anwendung der patentirten Mittel, oder durch Verkauf, Feilhalten oder Einführung nachgemachter Gegenstände, gerichtlich verfolgen. Die Strafe besteht in der Confiscation der vorräthigen Fabrikate und der zu ihrer Darstellung bestimmten Werkzeuge und Geräthe, ferner in einer dem Kaufpreise der bereits veräusserten Gegenstände gleichen Geldsumme — beides zum Vortheil des Patentinhabers. Auch kann dem Letztern ein höherer Schadensersatz zuerkannt werden. War der Eingriff in das Patent in gutem Glauben verübt, so erfolgt die Untersagung des Gebrauches der nachgemachten Gegenstände zu gewerblichen Zwecken (Art. 4. 5).

Der Patentinhaber kann vor der Einleitung des gerichtlichen Verfahrens bei dem Präsidenten des Gerichts erster Instanz die Beschlagnahme der nachgemachten Gegenstände in Antrag bringen und zwar entweder, um den Umfang des verübten Eingriffs in das Patentrecht zu constatiren, oder um zugleich die Veräusserung der nachgemachten Gegenstände zu verhindern. Er muss binnen acht Tagen nach der Beschlagnahme die gerichtliche Ladung erlassen, widrigenfalls die Beschlagnahme von Rechtswegen aufhört. Der Patentinhaber kann vor der Beschlagnahme zur Cautionsleistung für den etwaigen Schadensersatz angehalten werden (Art. 6—12). Alle Prozesse in Patentsachen werden im summarischen Verfahren verhandelt (Art. 13).

Die Zahl der in Belgien ertheilten Patente hat von 1830 bis 1853 einschliesslich 7497, von 1854 bis 1861 einschliesslich 11,941, von 1862 bis 1869 einschliesslich 14,895, also im Durchschnitt der letzten acht Jahre 1862 betragen.

VII. Die Englische Gesetzgebung.

§. 31. Aelteres Recht.

Gemeines Recht bis zur Acte von 1623. — Aeltere Rechtsfälle. — Ueberhandnehmen der Monopole. — Elisabeth. — Jacob I. — Parlaments-Acte von 1623.

Die Entstehung des Patentschutzes in England wird in der Regel auf die Parlamentsacte des Jahres 1623 (21 James I c. 3) zurückgeführt. Es unterliegt jedoch nach den sorgfältigen und gründlichen Untersuchungen von Godson[1]) keinem Zweifel, dass schon vor dem Erlasse dieses Gesetzes nach dem Gemeinen Rechte *(common law)*, welches im Gegensatze zu dem Rechte der Statuten *(statute law)* nicht auf geschriebenen Gesetzen, sondern auf Rechtsgewohnheit und überlieferten Rechtsgrundsätzen beruhte, die Ertheilung von Erfindungspatenten stattfand.

Die Krone war nach Gemeinem Rechte befugt, durch Patente für eine bestimmte angemessene Zeit Jedem, der ein neues und nützliches Gewerbe, oder ein neues Werkzeug erfunden oder eingeführt hatte, den ausschliesslichen Gebrauch seiner Erfindung und den daraus zu ziehenden Gewinn zuzusichern.

Schon im Jahre 1566 wurde dem Tuchmacher Hastinge ein mehrjähriges Patent zur ausschliesslichen Fabrikation von Boi verliehen, in der Erwägung, dass er die Methode der Boifabrikation von Amsterdam eingeführt habe. Dieses Patent

[1]) A Treatise on the law of patents for inventions. 2d edition London 1851 p. 10—19.

wurde als gültig betrachtet, bis nachgewiesen wurde, dass mehrere englische Tuchfabrikanten vor der Ertheilung des Patentes ähnlichen Boi verfertigt hatten.

In einem anderen Falle war ebenfalls unter der Regierung der Königin Elisabeth ein Patent für den ausschliesslichen Gebrauch eines Siebes zur Schrotfabrikation ertheilt. Als die Gültigkeit desselben vor dem Schatzkammergerichte bestritten wurde, erklärte der Lord Kanzler, die Frage sei, ob das Sieb von dem Patentinhaber neu erfunden oder schon früher benutzt worden sei. In letzterem Falle sei der Patentinhaber nicht zur ausschliesslichen Benutzung desselben berechtigt.

So wurde schon vor der Parlamentsacte von 1623 die Neuheit des Gegenstandes als die nothwendige Bedingung der Verleihung eines ausschliesslichen Rechtes durch ein Patent angesehen. Alle Patente, welche den ausschliesslichen Gebrauch, die Verfertigung oder den Vertrieb von solchen Gegenständen zum Gegenstande hatten, die sich schon im freien Gebrauche des Publikums befunden hatten, wurden als rechtswidrige Monopole angesehen, welche wider das gemeine Recht und die Grundgesetze des Königreichs verstiessen und desshalb von den Gerichten nicht für gültig anerkannt.

Schon unter Eduard III. wurde nach Godsons Mittheilung[1]) John Peachie bestraft, weil er sich unter dem grossen Siegel ein Patent für den alleinigen Verkauf von süssen Weinen in London hatte ertheilen lassen. In einem etwas späteren Rechtsfalle wurde die Königliche Verleihung des ausschliesslichen Rechtes zur Verfertigung, Einfuhr und zum Verkaufe von Spielkarten für ungültig erklärt. Der Patentinhaber Darcy machte vor Gericht geltend, dass das Kartenspiel eine blosse Sache des Vergnügens und der Erholung sei, und dass es also billig sei, die Anfertigung der Karten zu beschränken. Der Gegner führte aus: „Das Monopol des Verklagten zerstöre die Freiheit des Gewerbes und sei geeignet, den Fleiss und die Arbeit zu vernichten. Wenn früher jemand durch seine Betriebsamkeit ausgezeichnetes Geschick in seinem Gewerbe erlangt habe, so habe er die Früchte davon ernten können. Geschicklichkeit und Wissen haben für den sichersten Besitz gegolten,

---

[1]) a. a. O. S. 12.

weil Diebe sie nicht wegtragen können. Jetzt habe der Verklagte die Mittel gefunden, Jemanden seinen erlernten Beruf wegzunehmen. Nach seinem Patente müsse man alle Spielkarten von ihm entnehmen. Mögen sie gut oder schlecht, falsch oder recht, theuer oder wohlfeil sein, von ihm oder seinen Leuten müsse man sie kaufen. Wenn dies Andere in anderen Gewerben wiederholten, so würde damit Jeder vor dem Erlernen irgend eines Gewerbes abgeschreckt werden und Barbarei und Verwirrung würden einbrechen." Das Gericht erklärte das erklärte Monopol für ungültig, weil die Kartenfabrikation ein bekanntes Gewerbe sei und kein Grund erfindlich sei, aus welchem irgend ein Unterthan verhindert werden könnte, seinen Lebensunterhalt durch dasselbe zu verdienen.

In derselben Weise wurde die Verleihung des ausschliesslichen Rechtes zur Anfertigung von Prozesschriften bei einem Gerichtshofe und zur Präsentation von Testamenten und Inventarien bei einem geistlichen Gerichte an eine einzelne Person durch Urtheil und Recht für ungültig erklärt[1]).

Wenn nach den angeführten Entscheidungen schon vor der Parlamentsacte von 1623 nach Gemeinem Rechte feststand, dass die Krone nicht befugt sei, Monopole in Bezug auf Gewerbe zu verleihen, welche nicht neu erfunden, sondern bereits in freier Uebung waren, so war doch die Krone wenig geneigt, sich an diese Regel zu binden und die rechtliche Ueberzeugung der Gerichte zu der ihrigen zu machen. Der Handel wurde vielmehr überladen mit einer schweren Last von Monopolen, welche in allen möglichen Gewerbszweigen an Corporationen und Privatpersonen vergeben wurden. Die Verleihung dieser Monopole gegen Entgelt bildete eine einträgliche Finanzquelle, von der insbesondere die Königin Elisabeth gerne Gebrauch machte. Sie liebte es nicht, sich in Geldsachen an das Parlament zu wenden, so lange sie dies irgend vermeiden konnte. So wuchsen die Monopole unter ihrer Regierung zu einer so drückenden Höhe, dass sie gegen das Ende derselben den Handel zu Grunde zu richten und den Wohlstand des Landes unter ihrer Last zu begraben drohten. Das Volk schrie laut um Abhülfe, und um die Aufhebung ihrer verfassungswidrigen

---

[1]) Godson l. c. p. 13.

Massregeln durch Beschluss des Parlamentes zu verhüten, nahm sie selbst die Gewerbsmonopole, welche als am meisten drückend galten, zurück.

Allein unter der Regierung der Elisabeth war der Gebrauch, welcher von den Monopolen gemacht wurde, trotz alles Uebermasses im Grossen und Ganzen von einer weisen Berücksichtigung der öffentlichen Interessen getragen, und manche der von ihr verliehenen Handelsprivilegien trugen in hohem Grade dazu bei, den Reichthum und die künftige Grösse des Englischen Reiches begründen zu helfen, z. B. die Gründung der Ostindischen Compagnie und die Begünstigungen, welche den Hugenotten bei ihrer Ansiedelung und bei der Uebersiedelung ihrer Wollen- und Leinenindustrie zu Theil wurden. Unter ihrem Nachfolger Jacob I. dagegen machte diese Staatsweisheit einer despotischen Günstlingswirthschaft Platz. Die Verleihung der Monopole dauerte fort, ohne wie früher grossen Staatszwecken zu dienen. Der Gebrauch, welchen die Krone von diesem Mittel machte, forderte um so mehr den Widerspruch des Parlamentes heraus, als die Monopole zur Bereicherung verhasster Hofleute vergeben wurden, und als der König, weit entfernt von der klugen Nachgiebigkeit seiner Vorgängerin, es auf einen förmlichen Streit mit dem Parlamente über die angemasste Machtbefugniss ankommen liess.

Dieser Streit endigte mit seiner Niederlage. Er war genöthigt, im Jahre 1623 einen Beschluss des Parlamentes zu sanctioniren, welcher alle Monopole und alle gegenwärtigen und künftigen Verleihungen eines ausschliesslichen Rechtes zum Kaufen, Verkaufen, Gebrauchen und Verfertigen von Gegenständen als den Grundgesetzen des Reiches zuwiderlaufend und als gänzlich ungültig erklärte[1]).

[1]) That it may be declared and enacted by authority of this present parlament, that all monopolies and all commissions, grants and licenses, charters and letters patent heretofore made or granted, or hereafter to be made or granted to any person or persons, bodies politic or corporate wathsoever, of or for the sole buying, selling, making, working, or using of any thing within this realm or the dominion of Wales, or of any other monopolies, or of power, liberty or faculty to dispense with any others, or to give license, or toleration to do, use or exercise any thing against the tenor or purport of any law or statute, or to give

An dieses allgemeine Verbot der Monopole und jeder Art ausschliessender Gewerbeberechtigungen wurde im Laufe der Berathung die Klausel bezüglich der Erfindungspatente angeschlossen, welche den sechsten Abschnitt der Parlamentsacte bildet und Folgendes bestimmt:

VI. Als Ausnahme wird jedoch hierdurch erklärt und bestimmt, dass die obige Erklärung nicht bezogen werden soll auf Patente und Privilegienbewilligungen auf die Dauer von vierzehn Jahren und darunter, welche künftig über den ausschliesslichen Betrieb oder das Machen irgend einer Art neuer Verfertigung innerhalb des Königreichs dem wahren und ersten Erfinder oder den Erfindern solcher Verfertigung ertheilt werden, während Andere zur Zeit der Ertheilung solcher Patente und Bewilligungen sie nicht in Gebrauch hatten, auch unter der Bedingung, dass dieselben nicht dem Gesetze entgegen oder dem Staate durch Vertheuerung der Lebensbedürfnisse im Inneren, oder durch Beschädigung des Handels gefährlich oder sonst gemeinschädlich sind; wobei die gedachten vierzehn Jahre vom Tage des Patentes oder der künftigen Privilegienbewilligung gerechnet werden sollen, die übrigens dieselbe Kraft haben sollen, und keine weitere, als sie haben würden, wenn diese Acte niemals erlassen wäre.

In dem fünften Abschnitt wird in ungefähr denselben Worten dieselbe Ausnahme zu Gunsten der vor der Acte von 1623 auf die Dauer von höchstens 21 Jahren ertheilten Erfindungspatente gemacht, während die auf längere oder auf unbestimmte Zeit ertheilten Patente über neue Erfindungen nur für die Dauer

or make any warrant for any such dispensation, license or toleration to be had or made, or to agree or compound with any others for any penalty or forfeitures limited by any statute; or of any grant or promise of the benefit, profit or commodity of any forfeiture, penalty or sum of money that is or shall be due by any statute before judgment thereupon had; and all proclamations, inhibitions, restraints, warrants of assistance and all other matters and things wathsoever any way tending to the instituting, erecting, strengthening, furthering or countenancing of the same or any of them, are altogether contrary to the laws of this realm and so are and shall be utterly void and of none effect and in no wise to be put in use or exercition.

von 21 Jahren von der Patentertheilung an aufrecht erhalten werden.

Es kann nicht bezweifelt werden, dass diese Ausnahmebestimmungen, ebenso wie das im zweiten Abschnitte gegen die Monopole gerichtete Verbot lediglich den Zweck hatten, das geltende Recht aufrecht zu erhalten und zu declariren. Wenn nicht bereits durch die von Godson a. a. O. mitgetheilten Entscheidungen feststände, dass schon vor dem Erlass der Parlamentsacte von 1623 die auf bestimmte Zeit ertheilten Erfindungspatente unter der Bedingung der Neuheit des Gegenstandes für gültig angesehen wurden, so würde dies aus den Schlussworten des sechsten Abschnittes folgen, in welchen ausdrücklich gesagt wird, dass das Gesetz ausser der Beschränkung der Patentdauer auf höchstens 14 Jahre kein neues Recht zu schaffen beabsichtigt.

§. 32. Aelteres Recht (Fortsetzung).

Herkömmliche Bedingungen. — Beschreibung. — Verfahren. — Caveat. — Lord Broughams Reformen. — *Disclaimer.* — Patentverlängerung. — Prozessvorschriften.

Die Parlamentsacte von 1623 stellte das Recht der Krone zur Verleihung von Erfindungspatenten gesetzlich fest. Sie räumte jedoch dem Erfinder nicht einen Anspruch auf die Patentertheilung ein, sondern überliess die Gewährung dieses Rechtes dem freien Ermessen der Krone. Dabei ist es in der Englischen Gesetzgebung bis heute geblieben, doch hat der Gebrauch längst dahin geführt, dass jedes nachgesuchte Patent, sofern nicht die Patentfähigkeit oder die Neuheit des Gegenstandes von vorn herein zweifelhaft erscheint, auch bewilligt wird.

Auch das Verfahren bei der Ertheilung der Erfindungspatente und die Bedingungen der Ertheilung blieben lediglich der Regelung durch die Praxis überlassen, da das Gesetz von 1623 nur die Bedingung der Neuheit und die Beschränkung der Dauer auf 14 Jahre festsetzte.

Es bildeten sich jedoch bald gewohnheitsmässig bestimmte Regeln über die Formen des Verfahrens und über die Obliegenheiten des Patentsuchers aus, welche ohne ausdrückliche gesetzliche Sanction durch zwei Jahrhunderte unveränderte Geltung behielten, bis erst in der neuesten Zeit durch die Parlamentsacte vom 1. Juli 1852 gesetzliche Bestimmung auch über diese Punkte getroffen wurde.

Schon von den Zeiten der Königin Anna an wurde es Regel, von dem Patentsucher eine spezielle Beschreibung der patentirten Erfindung zu verlangen. Die Verpflichtung dazu wurde dem Erfinder durch eine besondere Klausel des Patentes auferlegt, welche eine Frist, anfangs von einem Monat, später von zwei bis zu sechs Monaten festsetzte, binnen deren die Beschreibung bei dem Kanzleigerichtshofe niedergelegt werden musste, bei Verlust des durch das Patent verliehenen Rechtes. In der Beschreibung musste die Erfindung so dargelegt werden, dass Leute von gewöhnlichem Verstande bei hinreichender Kenntniss des betreffenden Gewerbes sie nach der gegebenen Beschreibung ausführen konnten. Jeder Fehler in der Beschreibung, insbesondere jede Auslassung, jede Unbestimmtheit des Ausdrucks, jede Unrichtigkeit in der Angabe der gebrauchten Mittel und der erzielten Wirkungen bedingte die Ungültigkeit des Patentes. Ausserdem musste in der Beschreibung genau angegeben werden, welche Theile des beschriebenen Gegenstandes als neu in Anspruch genommen wurden. Auch hier hatte jedes Versehen den Verlust des Patentrechtes zur Folge, so dass das ganze Patent verloren ging, wenn nur ein einziger schon bekannter Bestandtheil in die Beschreibung aufgenommen war, ohne ausdrücklich als schon bekannt bezeichnet zu werden.

Ferner wurde es üblich, durch eine Klausel des Patentes die Veräusserung von Antheilen an dem verliehenen Rechte zu beschränken. Nach dem früheren Rechte wurden nur fünf, später zwölf Theilhaber zugelassen. Jede Ueberschreitung dieser Zahl der Theilnehmer zog den Verlust des Patentes nach sich.

Das Verfahren bei der Nachsuchung und Ertheilung der Patente wurde ebenfalls durch den Gebrauch bestimmt geregelt. Die Einlegung des Patentgesuches erfolgte bei dem Staatssecretair (Minister des Innern). Das Gesuch musste von einer eidlichen Erklärung begleitet sein, dass der Patentsucher glaube, der wahre und erste Erfinder des zu patentirenden Gegenstandes zu sein. Das Gesuch wurde aus dem Ministerium des Innern an einen der beiden Kronjuristen, den Attorney oder den Sollicitor General, abgegeben, welche über das Gesuch selbst und über die etwa zum voraus angemeldeten Einsprüche *(caveats)* Bericht erstatteten. Auf diesen Bericht erging dann der Königliche Befehl *(warrant)*, das nachgesuchte Patent zur Vollziehung vorzulegen. In dem Patentamte des Attorney oder des Sollicitor General wurde dann der Entwurf *(bill)* des Patentes redigirt und durch Vermittelung des Staatssecretairs zur Königlichen Vollziehung vorgelegt, worauf an den Lord Siegelbewahrer und an den Lord Kanzler der Befehl zur Ausfertigung des Patentes erging.

Dieses weitläufige und kostspielige Verfahren musste für jedes der vereinigten Königreiche: England, Schottland und Irland wiederholt werden, so dass der Erfinder, um den Patentschutz für das ganze Reich zu erlangen, drei verschiedene Patente lösen musste.

Die Patentdauer wurde ohne Ausnahme auf 14 Jahre festgesetzt, obgleich das Gesetz von 1623 gestattete, Patente für eine kürzere Frist zu ertheilen. Die Verlängerung des ertheilten Patentes über die ursprünglich bewilligte Dauer erschien gegenüber der bestimmten Vorschrift des Gesetzes von 1623 nicht statthaft. Sie konnte daher nur durch einen Act der Gesetzgebung erfolgen und wurde in den wenigen Fällen, in denen sie angezeigt erschien, durch besondere Parlamentsacte gewährt. Ebenso wurde durch Parlamentsacte in einzelnen Fällen von der früher herkömmlichen Beschränkung der Zahl der Theilhaber dispensirt und gestattet, mehr als zwölf Mitbetheiligte zu dem Patente anzunehmen.

Solche Spezialgesetze zur Erweiterung eines Patentes wurden von dem Patentinhaber selbst in Form einer Petition beim Unterhause in Antrag gebracht. Das Verfahren, in welchem eine solche Privatbill durch beide Häuser bis zur Königlichen Genehmigung gelangte, war durch besondere herkömmliche Normen *(standing orders)* in beiden Häusern des Parlamentes geregelt[1]). Es war ebenso verwickelt als kostspielig. Doch bedarf es nach gegenwärtiger Englischer Gesetzgebung weder zu der Verlängerung der Patentdauer noch auch zur Annahme einer beliebigen Zahl von Mitbetheiligten mehr einer solchen Privatbill.

---

[1]) Godson a. a. O. S. 185—188.

Eine besondere Eigenthümlichkeit des älteren Verfahrens bei der Ertheilung der Erfindungspatente war das Caveat, d. h. der gegen ein Patentgesuch im voraus erhobene Einspruch. Solche Caveats wurden von Patentinhabern in Bezug auf beabsichtigte künftige Verbesserungen ihrer Erfindung eingelegt, sofern diese Verbesserungen noch nicht hinreichend gereift waren, um zum Zwecke der Patentirung beschrieben zu werden. In derselben Weise suchten Erfinder, welche beabsichtigten, die Lösung des Patentes noch hinauszuschieben, durch Einlegung eines Caveat zu verhüten, dass ein Anderer ihnen mit der Einlegung des Patentgesuchs zuvorkomme.

Das Verfahren bei der Anmeldung und Erörterung solcher Einsprüche war theils durch das Herkommen, theils durch die Vorschriften geregelt, welche die jedesmaligen Kronjuristen für die Zeit ihrer Amtsdauer zu veröffentlichen pflegten.

Das Caveat enthielt den Antrag auf Mittheilung eines etwa künftig eingehenden Patentgesuches für eine Erfindung, welche in allgemeinen Ausdrücken beschrieben wurde. Es musste bei dem Attorney und dem Sollicitor General eingelegt und jährlich erneuert werden. Ging alsdann ein Patentgesuch für die durch das Caveat angemeldete Erfindung ein, so wurde der Cavent mit dem Patentsucher vor den Attorney oder Sollicitor General geladen und beide abgesondert über den Gegenstand ihrer Erfindung vernommen. Schienen dieselben verschieden zu sein, so wurde dem Patentgesuch unbeschadet der Rechte des Caventen auf Erlangung eines Patentes für seine Erfindung stattgegeben. Hatten beide Erfindungen denselben Gegenstand, so entschied der Kronanwalt, welcher von beiden Theilen als der eigentliche Erfinder zur Erlangung des Patentes berechtigt sei. Der unterliegende Theil konnte dann durch Anmeldung eines Caveats bei dem Patentamte des Lord Kanzlers an die Entscheidung des Letztern appelliren. Wurde das Caveat auch hier verworfen, so konnte der Opponent mit dem *Scire facias* auf Aufhebung des ertheilten Patentes klagen[1]).

Das System der Caveats gab zu vielen Missbräuchen Anlass. Es wurden unter dieser Form Ansprüche auf ganz allgemein bezeichnete Erfindungen angemeldet nur in der Absicht,

---

[1]) Godson a. a. O. S. 180—184.

den Erfindern, welche künftig die Patentirung eines unter diesen Gattungsbegriff fallenden Gegenstandes nachsuchen würden, ihr geistiges Eigenthum zu entreissen.

Ueberhaupt liess das hergebrachte Verfahren bei der Patentertheilung durch seine Weitläufigkeit, Verwickelung und Kostspieligkeit dringend den Wunsch nach einer Verbesserung auftreten. Die ersten Versuche zu einer Reform der Patentgesetzgebung wurden in den Jahren 1829 und 1833 unternommen, jedoch ohne Erfolg. Erst im Jahre 1835 gelang es Lord Brougham, eine Bill durch beide Häuser des Parlaments zu bringen, welche als die Acte 5 & 6 William IV cap. 83 am 10. September 1835 die Königliche Bestätigung erhielt.

Durch dieses Gesetz wurde das Institut der sogenannten *disclaimers* eingeführt, d. h. der nachträglichen Berichtigungen und Einschränkungen der Patentbeschreibung. Der oben erwähnte Grundsatz des älteren Rechtes, dass jeder Mangel in der Beschreibung die Ungültigkeit des ganzen Patentes nach sich zieht, gab, so lange kein Mittel zur Verbesserung einer mangelhaften Beschreibung gegeben war, zu grossen Härten Veranlassung, zumal die Englische Jurisprudenz zu einer überaus strengen Wortinterpretation nicht bloss der Gesetze, sondern auch der Urkunden neigt. Die Sammlungen der Englischen Rechtsfälle in Patentsachen sind überaus reich an solchen Entscheidungen, durch welche Patente über anerkannt neue und wichtige Erfindungen wegen einer geringfügigen Unrichtigkeit in der Beschreibung, oft wegen der blossen Zweideutigkeit eines Wortes für nichtig erklärt sind.

So wurde Bainbridge's Patent für eine Verbesserung der Oboe für ungültig erklärt, weil in der Beschreibung gesagt war, dass die Verbesserung in der Hinzufügung neuer Töne bestehe, während sich ergab, dass dem Instrumente nur ein neuer Ton hinzugefügt war. Gleichwohl war festgestellt, dass die Verbesserung eine sehr sinnreiche war, die zugleich eine wesentliche Erleichterung des Fingersatzes ergab[1]).

In der Prozesssache King v. Wheeler wurde Wheeler's Patent für ungültig erklärt, weil er in der Beschreibung die

---

[1]) Godson a. a. O. S. 142.

Bezeichnung „Malz“ für die noch ungedörrte, jedoch übrigens zur Bierbrauerei vorbereitete Gerste gebraucht hatte [1]).

Gambles Patent für eine Maschine zur Anfertigung von Papierbogen ohne Ende „von 1 bis 12 Fuss breit“ wurde für ungültig erklärt, weil sich ergab, dass jede Maschine nur Papier von einer bestimmten Breite lieferte und in der Beschreibung dies nicht bestimmt ausgedrückt war [2]).

Endlich wurde sogar die Gültigkeit des Watt'schen Patentes zur Condensation des Dampfes ausserhalb des Cylinders, wie oben S. 46 f. ausführlicher mitgetheilt ist, selbst nachdem schon die ursprüngliche Patentdauer durch eine Parlamentsacte verlängert worden war, noch angezweifelt, weil in der Beschreibung die Verbesserungen der alten Feuermaschine nicht deutlich genug angegeben seien.

Wenn man erwägt, dass der Erfinder, dessen Gedanken sich vielleicht Jahre lang mit seinem Gegenstande beschäftigt haben, leicht in den Fall geräth, Dinge zu übergehen, die ihm nach so langer Beschäftigung selbstverständlich erscheinen, und dass Fehler in der Beschreibung einer wirklich neuen Erfindung selten bei dem ersten Versuche werden vermieden werden, so erscheint es als ein wesentlicher Fortschritt in der Gesetzgebung, dass die nachträgliche Ergänzung und Verbesserung solcher Mängel in der Beschreibung gestattet wurde.

Diese Erlaubniss wird in dem ersten Abschnitte der Acte 5 & 6 William IV cap. 83 unter der Bedingung ertheilt, dass zunächst die Erlaubniss des Attorney oder des Sollicitor General zur Eintragung des *disclaimer* eingeholt werden muss, dass derselbe keine Erweiterung des bewilligten ausschliesslichen Rechtes bezwecken darf und dass der *disclaimer* nicht in solchen Prozessen, welche bereits vor der Eintragung desselben schwebten, zum Schutze des angefochtenen Patentrechtes geltend gemacht werden kann.

Auch gegen die Eintragung eines *disclaimers* können Caveats zum voraus angemeldet werden. Auch kann der Kronanwalt vor der Bewilligung der Eintragung verlangen, dass der Patentinhaber die beabsichtigte Ergänzung der Beschreibung öffentlich bekannt mache.

---

[1]) Godson a. a. O. S. 122.

[2]) Godson a. a. O. S. 113.

Der zweite Abschnitt des angeführten Gesetzes gestattet ein Rechtsverfahren vor der richterlichen Abtheilung des Königlichen Geheimerathes zum Zwecke der Aufrechterhaltung solcher Patente, deren Gegenstand schon vor der Patentirung einmal irgendwo ohne Vorwissen des Patentinhabers erfunden oder angewendet ist, so jedoch, dass die Erfindung vor der Patentirung nicht in den allgemeinen Gebrauch übergegangen ist[1]).

Die dritte wichtige Reform, welche durch die Acte 5 & 6 William IV cap. 83 eingeführt wurde, ist die Verlängerung der Patentdauer über die ursprünglich bewilligte Frist auf fernere sieben Jahre durch Königliche Verordnung auf Grund eines vor der richterlichen Abtheilung des Geheimeraths durchgeführten Verfahrens.

Der vierte Abschnitt des angeführten Gesetzes bestimmt hierüber:

> Der Patentinhaber soll in der Londoner Zeitung, in drei andern Londoner Blättern und in einer andern inländischen Zeitung, welche in der Stadt erscheint, in oder bei welcher er die Verfertigung des in seiner Beschreibung bezeichneten Gegenstandes betreibt, oder wenn er keinen solchen Betrieb führt, in der Stadt, in oder bei welcher er sein Gewerbe betreibt oder wohnt, oder endlich in der Grafschaft, in welcher er wohnt, falls in der erwähnten Stadt keine Zeitung erscheint, dreimal ankündigen, dass er beabsichtigt, bei dem Königlichen Geheimerath um eine Verlängerung der Frist für den alleinigen Gebrauch und Vertrieb seiner Erfindung nachzusuchen. Wenn dann ein solches Gesuch bei dem Königlichen Geheimerath eingereicht wird, so soll jedermann befugt sein, ein Caveat bei dem Geheimerath einzulegen. Wenn sodann Seine Majestät geruht, die Erwägung des Gesuchs der richterlichen Abtheilung des Geheimerathes aufzutragen, so soll zunächst jedermann, der ein solches Caveat eingelegt hat, Nachricht gegeben; und der Patentinhaber sowohl als die Personen, welche Caveats eingelegt haben, sollen mit ihrem Anwalt und ihren Zeugen gehört werden. Hierauf kann nach Anhörung und Untersuchung der Sache die rich-

---

[1]) „That such invention or part there of had not been publicly and generally used before the date of such first letters patent.“

terliche Abtheilung an Seine Majestät berichten, dass eine fernere Ausdehnung der in dem Patente bewilligten Dauer auf höchstens sieben Jahre bewilligt werde; und Seine Majestät ist hierdurch ermächtigt, nach Ermessen ein neues Patent für die besagte Erfindung für die Dauer von höchstens sieben Jahren nach Ablauf der ersten Patentdauer zu bewilligen, mit der Massgabe, dass keine solche Ausdehnung bewilligt werden darf, wenn nicht das Gesuch darum vor dem Ablauf der ursprünglich bewilligten Patentdauer eingelegt und mit Erfolg durchgeführt wird.

Die Schlussworte dieses Abschnittes, wonach das Verlängerungsgesuch vor Ablauf der ursprünglichen Patentdauer mit Erfolg durchgeführt sein muss (prosecuted with effect), gaben zu Zweifeln darüber Anlass, ob die Verlängerung noch eintreten dürfe, wenn die ursprüngliche Patentdauer während der Verhandlung vor der richterlichen Abtheilung des Geheimerathes über die erhobenen Einsprüche und noch vor der definitiven Beschlussfassung abgelaufen ist. Diese Zweifel sind durch eine spätere Parlamentsacte vom 24. August 1839 (2 & 3 Victoria cap. 67) beseitigt, welche der richterlichen Abtheilung gestattet, auf die Verlängerung auch in dem erwähnten Falle anzutragen, wenn das Gesuch rechtzeitig eingelegt ist und das Verfahren aus Ursachen, welche nicht durch eine Versäumniss oder Verschuldung des Patentinhabers bedingt sind, nicht vor dem Ablauf der ursprünglichen Patentdauer zu Ende geführt werden konnte.

Die richterliche Abtheilung des Geheimeraths untersucht ausser den in der Acte 5 & 6 William IV cap. 83 vorgeschriebenen Förmlichkeiten der Bekanntmachung, insbesondere auf Grund der von dem Patentinhaber vorzulegenden Bücher, ob der Letztere Kosten für die Ausführung seiner Erfindung aufgewendet hat, zu deren Deckung eine längere Dauer der ausschliesslichen Nutzung nothwendig erscheint. Es sind auf Grund dieser Feststellung häufig Verlängerungen der Patentdauer bewilligt worden[1]), während in andern Fällen das ordnungsmässig

[1]) Unter den verlängerten Patenten befinden sich: Erards Patent für eine Harfe — Whrigts Patent für die Anfertigung von Stecknadeln — Southworths Patent für das Trocknen von Calico — Kyans Patent für die Präservirung von Holz u. a. m.

angebrachte Gesuch zurückgewiesen wurde, weil sich ergab, dass der Patentinhaber hinreichenden Gewinn aus der Ausübung seines Patentes gezogen habe.

Die übrigen Bestimmungen der Acte von 1835 betreffen Verbesserungen des gerichtlichen Verfahrens. Im fünften Abschnitt ist die Vorschrift enthalten, dass alle Einwendungen gegen die Gültigkeit des Patentes, sei es dass sie gegen die Entschädigungsklage des Patentinhabers von dem Verklagten vorgebracht werden, sei es dass sie im *scire facias* zur Vernichtung des Patentes geltend gemacht werden, von vornherein bei der ersten Einlassung spezifizirt und dem Gegner mitgetheilt werden müssen (Vergl. oben S. 227). Im dritten und sechsten Abschnitte wird bestimmt, dass der Patentinhaber, welcher in einem Falle ein obsiegendes Urtheil über die bestrittene Gültigkeit seines Patentes erlangt hat, davon bei der abermaligen Anfechtung seines Rechtes dritten Personen gegenüber Gebrauch machen und falls er abermals obsiegt, den dreifachen Kostenersatz verlangen kann.

§. 33. Das Patentgesetz von 1852.

Reformbedürfniss. — Weltausstellung von 1851. — Vorläufiger Schutz der Aussteller. — Acte vom 1. Juli 1852. — Einrichtung des Patentamtes. — Vorläufige Beschreibung. — Aufgebotsverfahren. — Abgaben. — Veröffentlichungen. — Sonstige Bestimmungen.

Dem Gesetze vom 10. September 1835 folgten in den ersten Regierungsjahren der Königin Victoria noch einige Parlamentsacte von geringerer Bedeutung, welche einzelne Mängel der Patentgesetzgebung verbesserten. So wurde das Verfahren bei der Verlängerung der Patentdauer ausser der bereits erwähnten Acte vom 24. August 1839 (2 & 3 Victoria cap. 67) noch durch das Gesetz vom 6. August 1844 (7 & 8 Victoria cap. 69) in einigen Punkten abgeändert und insbesondere die Verlängerung auf fernere 14 Jahre gestattet. Das Gesetz vom 31. August 1848 (11 & 12 Victoria cap. 94 sect. 8) gab im Anschluss an die Bestimmung einer älteren Parlamentsacte (1 & 2 Victoria cap. 94) dem Publikum zuerst die Einsicht der niedergelegten Beschreibungen und die Mittheilung von Abschriften frei.

Neben diesen Reformbestrebungen, welche die Beseitigung der fühlbarsten Mängel in dem überlieferten Patentrechte zum Gegenstande hatten, machte sich immer mehr und mehr die Ueberzeugung geltend, dass nur durch eine vollständige Erneuerung der Patentgesetzgebung den Fehlern und den Missbräuchen des bestehenden Systemes abgeholfen werden könne. Unter diesen Mängeln wurden besonders die drückenden Kosten der Patentertheilung, die Verwickelung des Verfahrens, während dessen Monate langer Dauer dem Erfinder keinerlei Schutz gegen die Nachahmung seiner Erfindung gewährt wurde, und die ungenügende Veröffentlichung der ertheilten Patente und der Patentbeschreibungen hervorgehoben. Alle diese Uebelstände wurden durch die Existenz getrennter Patentämter für die drei Königreiche England, Schottland und Irland, bei deren jedem Patente ertheilt und Beschreibungen hinterlegt wurden, bedeutend vermehrt. Bei dem Englischen Patentamte allein gab es sogar wieder drei getrennte Bureaus, in denen nach Wahl des Erfinders die Hinterlegung der Beschreibung erfolgen konnte[1]).

Der Erfinder oder der Gewerbtreibende, welcher sich überzeugen wollte, ob irgend ein Gegenstand patentirt war, musste mühsame wochenlange Nachforschungen bei den verschiedensten Aemtern anstellen und in jedem derselben Gebühren entrichten.

Die Kosten der Patentertheilung ferner beliefen sich im Minimum für die drei Königreiche auf 274 Lvr., wozu noch die Gebühren des Agenten, die Kosten der etwa entstehenden Opposition und die Gebühren für Eintragung der Beschreibung kamen, so dass der gesammte Kostenbetrag im Durchschnitt auf 400 Lvr. veranschlagt wurde[2]).

Da endlich eine Veröffentlichung der Patentbeschreibungen weder vor noch nach der Patentertheilung erfolgte und Einsprüche zum voraus in der Form der Caveats gewissermassen aufs Gerathewohl angemeldet werden mussten, da überdies der Erfinder von der Anmeldung seines Gesuchs bis zur Siegelung des Patentes ganz ungeschützt war, so bestand eine Rechts-

---

[1]) Es waren dies die zum Kanzleigerichtshofe gehörigen Bureaus: Petty Bag Office, Enrolment Office und Rolls Chapel.

[2]) Engl. Blaubuch von 1865 S. 147.

unsicherheit, unter der sowohl die Erfinder, als auch das gewerbtreibende Publicum empfindlich zu leiden hatten.

Die Vorbereitungen zu der Weltausstellung von 1851 lenkten die öffentliche Aufmerksamkeit in wirksamer Weise auf diese lange empfundenen Uebelstände und es wurde zunächst bis zum Zustandekommen einer durchgreifenden Reform der Patentgesetzgebung ein transitorisches Gesetz zum Schutze der Aussteller erlassen: die Acte zum Schutze der Erfindungen *(Protection of Inventions Act)* vom 11. April 1851 (14 Victoria cap. 8).

Nach diesem Gesetze konnten Erfinder einen vorläufigen Schutz für solche patentfähige Erfindungen erlangen, welche während des Jahres 1851 in London öffentlich ausgestellt wurden. Zu diesem Zwecke musste bei dem Attorney General eine Beschreibung der Erfindung hinterlegt werden. Der Attorney General ertheilte über die Hinterlegung ein Certificat, falls er die Erfindung für patentfähig und die Beschreibung für genügend erachtete. Auf Grund dieses Certificats wurde die angemeldete Erfindung in die Rolle eingetragen, welche durch das Musterschutzgesetz vom 14. August 1850 (13 & 14 Victoria cap. 104) für die Registrirung der Waarenmuster eingerichtet war und blieb nun für die Dauer eines Jahres gegen Nachahmung geschützt unter der Voraussetzung, dass während dieser Zeit das Patent nachgesucht und ertheilt wurde. Das Patent wurde demnächst unter dem Datum der vorläufigen Registrirung ausgefertigt.

Dieses Gesetz hatte trotz seines rein transitorischen Charakters dadurch eine erhebliche Bedeutung, dass es zuerst ganz neue Prinzipien in die Englische Patentgesetzgebung einführte, nämlich den vorläufigen Schutz der angemeldeten Erfindung bis zur Entscheidung über das Patentgesuch und eine wenn auch beschränkte Vorprüfung der angemeldeten Erfindungen und der eingereichten Beschreibungen, während bis dahin die Beschreibung erst nach der Ausfertigung des Patentes hinterlegt und das Patent selbst unter einem möglichst allgemein gehaltenen Titel nachgesucht wurde. Ueberdies wurde der vorläufige Schutz in einem abgekürzten Verfahren und ohne grosse Kosten gewährt.

Die versuchsweise neu eingeführten Normen wurden durch

die Erfahrung als zweckmässig erprobt, da in dem Zeitraume von neun Monaten unter der Herrschaft des angeführten Gesetzes 691 Gesuche zur vorläufigen Registrirung angemeldet wurden[1]), von denen 77 als ungeeignet zurückgewiesen wurden.

Gleichzeitig fanden eingehende Erörterungen über eine durchgreifende Reform der Patentgesetzgebung vor einem Committee des Oberhauses statt und es wurde demnächst auf Grund dieser Erörterungen ein Gesetzvorschlag von Lord Brougham im Oberhause eingebracht, welcher indess in der Session von 1851 nicht zur Erledigung gelangte. Der vorläufige Schutz der unter der Acte vom 11. April 1851 von den Ausstellern zur Registrirung angemeldeten Erfindungen musste deshalb durch die Acte vom 20. April 1852 (15 Victoria cap. 6) noch bis zum 1. Februar 1853 verlängert werden.

Erst in der Session von 1852 gelang es, einen neuen Gesetzvorschlag durch beide Häuser des Parlamentes zu bringen, welcher am 1. Juli 1852 als „Gesetz zur Verbesserung des Patentwesens" *(Patent Law Amendment Act)* die Königliche Genehmigung erhielt (15 & 16 Vict. cap. 83).

Das Gesetz vom 1. Juli 1852 hebt die frühere Patentgesetzgebung keineswegs auf. Es ändert dieselbe jedoch durch eine Reihe neuer Vorschriften in den wichtigsten Punkten ab.

Der erste Abschnitt setzt eine einheitliche Behörde für die Ertheilung der Erfindungspatente ein, welche aus dem Lord Kanzler, dessen Stellvertreter (dem Master of the Rolls) und den sechs Kronjuristen, dem Attorney General und dem Sollicitor General der drei Königreiche England, Schottland und Irland besteht. Diese Beamten bilden unter der Bezeichnung: *Commissioners of patents for inventions* eine einheitliche Behörde. Zu allen Beschlüssen ist die Mitwirkung von drei Mitgliedern erforderlich, unter denen sich der Lord Kanzler oder der Master of the Rolls befinden muss. Alle unter dem Siegel der Commissare ausgefertigten Urkunden haben öffentlichen

---

[1]) Das ist ungefähr die doppelte Zahl der unter der früheren Gesetzgebung in dem gleichen Zeitraume nachgesuchten Patente. Als demnächst durch das Gesetz vom 1. Juli 1852 der vorläufige Schutz auf alle zur Patentirung angemeldeten, nicht bloss die zur Ausstellung bestimmten Erfindungen ausgedehnt wurde, stieg die Zahl der Patentgesuche im Jahre 1853 auf 3045.

Glauben (sect. 2). Sie sind berechtigt, allgemeine Vorschriften über die Führung der ihnen überwiesenen Geschäfte zu erlassen, welche zur Kenntniss des Parlaments gebracht werden müssen[1]). Sie haben jährlich einen Bericht über ihre Amtsführung an das Parlament zu erstatten (sect. 3). Unter den Commissaren steht das Patentamt, dessen Beamte von ihnen angestellt werden (sect. 4. 5).

Das Patentgesuch muss bei dem Patentamte eingelegt und von einer vorläufigen Beschreibung begleitet sein, welche das Wesen der angemeldeten Erfindung erläutert. Ueber Tag und Stunde der Anmeldung wird ein Certificat ausgestellt (sect. 6). Das Patentgesuch wird nebst der vorläufigen Beschreibung einem der Kronjuristen zur Prüfung überwiesen. Letzterer ist befugt, Sachverständige zuzuziehen und deren Gebühren zu bestimmen. Findet er, dass die vorläufige Beschreibung das Wesen der Erfindung erläutert, so lässt er dieselbe zu und stellt ein Certificat darüber aus, welches bei dem Patentamte einregistrirt wird. Die Erfindung erhält durch diese Registrirung einen vorläufigen Schutz für sechs Monate vom Tage der Anmeldung und kann unbeschadet der späteren Patentirung in Anwendung gesetzt und veröffentlicht werden. Findet der Kronjurist den Patenttitel oder die Beschreibung zu unbestimmt oder ungenügend, so ordnet derselbe die Ergänzung an (sect. 8).

Der Patentsucher kann statt der vorläufigen Beschreibung sogleich mit dem Patentgesuche eine vollständige Beschreibung einreichen, welche den Gegenstand der Erfindung und die Mittel ihrer Anwendung genau erläutert. Die vollständige Beschreibung, welche als solche ausdrücklich in dem Patentgesuche bezeichnet werden muss, unterliegt keiner Vorprüfung. Sie wird auf Gefahr des Patentsuchers angenommen und registrirt.

Bei der Ausfertigung des Patentes wird deshalb die Klausel

---

[1]) Solche Vorschriften sind unterm 1. und 15. October 1852, 12. December 1853 und 23. Februar 1859 erlassen und durch das Amtsblatt des Patentamtes veröffentlicht. Sie betreffen die äussere Einrichtung des Patentgesuches, der Beschreibungen und Zeichnungen, die Errichtung von Bureaus des Patentamtes in London, Edinburgh und Dublin, die zu den Bekanntmachungen bestimmten öffentlichen Blätter und die Gebühren des Patentbeamten.

eingeschaltet, dass das ertheilte Patent ungültig ist, wenn die hinterlegte Beschreibung nicht den Gegenstand der Erfindung und die Mittel ihrer Anwendung genau erläutert. Wenn dagegen bloss eine vorläufige Beschreibung hinterlegt ist, so lautet die Bedingung dahin, dass das Patent erlischt, falls die Erfindung nicht nachträglich durch Hinterlegung einer vollständigen Beschreibung erläutert wird. Die Frist zur nachträglichen Hinterlegung der vollständigen Beschreibung ist für diesen Fall durch die allgemeinen Vorschriften vom 15. October 1852 auf sechs Monate nach der Anmeldung des Patentgesuches festgesetzt[1]).

Die Hinterlegung und Registrirung der vollständigen Beschreibung bei der Anmeldung des Patentgesuchs gewährt denselben provisorischen Schutz auf sechs Monate, wie die Registrirung der vorläufigen Beschreibung nach vorheriger Prüfung durch den Kronjuristen (sect. 9).

Die erfolgte Registrirung der vorläufigen oder der vollständigen Beschreibung wird mit der dadurch bedingten sechsmonatlichen Schutzfrist durch die für die Bekanntmachungen des Patentamtes bestimmten Blätter[2]) veröffentlicht (sect. 11).

Nach Erlangung des vorläufigen Schutzes muss der Patentsucher acht Wochen vor dem Ablaufe der vorläufigen Schutzfrist[3]) den Antrag auf das weitere Verfahren zur Erlangung des Patentes bei dem Patentamte einreichen. Dieser Antrag wird durch die von den Commissaren für ihre Bekanntmachungen bestimmten Blätter veröffentlicht.

Einwendungen gegen die Ertheilung des Patentes können binnen 21 Tagen[4]) bei dem Patentamte angemeldet werden (sect. 12).

Sobald die für Einwendungen gegen die Patentertheilung bestimmte Zeit verflossen ist, wird die Beschreibung nebst den eingegangenen Einwendungen dem Kronjuristen zugestellt (sect. 13), welcher die Parteien über die Einwendungen ver-

---

[1]) Second Set of Rules and Regulations. 15. Oct. 1852.

[2]) Die Londoner Zeitung *(London Gazette)* und das Amtsblatt des Patentamtes *(Journal of the Commissioners of Patents)*.

[3]) Third Set of Rules etc. 12. Decbr. 1853 sect. 6.

[4]) Die Frist ist durch die Verordnung der Commission vom 1. October 1852 sect. 5 bestimmt.

nimmt und darüber entscheidet (Vergl. oben S. 142). Die Entscheidung erstreckt sich zugleich über die Kosten des Verfahrens (sect. 14).

Fällt die Entscheidung zu Gunsten des Patentsuchers aus, so wird eine Zusicherung über die Patentertheilung *(warrant for the sealing)* durch den Kronjuristen und in zweiter Instanz durch den Lord Kanzler ausgefertigt, gegen welchen dem Opponenten nur noch die Anfechtung des Patentes im Wege des *scire facias* offen steht (sect. 15). Doch soll die ertheilte Zusicherung unbeschadet der Königlichen Machtvollkommenheit, das nachgesuchte Patent zu verweigern, ertheilt werden. Die Königin ist sowohl befugt, andere Einschränkungen und Bedingungen für die Patentertheilung vorzuschreiben, als auch die vollständige Löschung der eingetragenen Beschreibung anzuordnen (sect. 16).

Auf die Ausfertigung des Warrant muss binnen drei Monaten das Gesuch um Siegelung des Patentes folgen (sect. 19). Die Siegelung muss ausserdem vor Ablauf der sechsmonatlichen Schutzfrist erfolgen (sect. 20). Die verschiedenen durch das Gesetz vorgeschriebenen Fristen für den Antrag auf das weitere Verfahren *(notice to proceed)* für die Einwendungen und für den Antrag auf Siegelung sind daher so zu verstehen, dass das ganze Verfahren binnen sechs Monaten von der Anmeldung des Patentgesuches an durch Siegelung des Patentes beendigt sein muss, widrigenfalls das Patentgesuch erlischt.

Durch die spätern Acte 16 & 17 Victoria cap. 115 wurde der Lord Kanzler ermächtigt, die Frist für die Siegelung des Patentes und für die Hinterlegung der vollständigen Beschreibung um einen weiteren Monat zu verlängern, wenn die sechsmonatliche Frist wegen eines nicht durch den Verzug des Patentsuchers entstandenen Aufschubes nicht inne gehalten werden kann.

Für die Patentabgaben wurde durch das Gesetz von 1852 eine bedeutende Ermässigung eingeführt. Dieselben wurden zugleich nach dem Systeme einer progressiven Besteuerung der benutzten Patentdauer geregelt, indem für die Ausfertigung des Patentes zusammen 25 Lvr. (vgl. oben S. 176), dagegen beim Ablaufe des dritten Jahres der Patentdauer 50 Lvr. und beim Ablaufe des siebenten Jahres 100 Lvr. als Gebühr erhoben werden. Dabei bestimmt das Gesetz vom 1. Juli 1852 im Abschnitt 17, dass jedes Patent erlischt, wenn nicht die vorerwähnten Zahlungen am Ende des dritten und des siebenten Jahres geleistet werden.

Nach der Parlamentsacte vom 21. Februar 1853 (16 Victoria cap. 5) werden alle Patentabgaben in der Form von Stempelgebühren erhoben. Daher muss zu der Patenturkunde, oder wenn sie verloren gegangen ist, zu einem Duplicate derselben am Schlusse des dritten und siebenten Jahres der über die Zahlung von 50 Lvr. und 100 Lvr. sprechende Stempel gebracht und die Urkunde vor dem Ablaufe des betreffenden Jahres bei dem Patentamte produzirt werden, wo die erfolgte Stempelentrichtung registrirt wird.

Die Veröffentlichung der Patentbeschreibungen erfolgt nach sect. 30 durch den Druck. Die gedruckten Exemplare werden gegen den von den Commissaren festgesetzten Preis dem Publicum überlassen. Der Patentinhaber erhält eine Anzahl von Exemplaren (höchstens 25) unentgeltlich. Die in der Königlichen Druckerei gedruckten Exemplare haben öffentlichen Glauben vor Gericht (sect. 33). Bei dem Patentamte wird ein Verzeichniss über die ertheilten Patente und über die Patentinhaber geführt, welches zu Jedermanns Einsicht offen liegt (sect. 34. 35).

Die Thätigkeit des Patentamtes in der Veröffentlichung der Patentbeschreibungen und in der Führung übersichtlicher Register hat sich auch auf die vor der Acte von 1852 ertheilten Patente erstreckt und es ist mit einem ungeheuren Kostenaufwande, der indess die Einnahmen aus der Patentabgabe noch bei weitem nicht erreicht (vergl. S. 196 Anm. 2), das Resultat erreicht worden, dass die Beschreibungen aller in Grossbritannien ertheilten Patente jedem mit dem geringsten Kostenaufwande und ohne Zeitverlust zugänglich gemacht werden.

Die Zahl der bis zum 22. November 1862 gedruckten Beschreibungen beträgt 43,458, darunter 13,561 unter der früheren Gesetzgebung hinterlegte Beschreibungen. Jede derselben wird in 250 Exemplaren gedruckt, von denen 25 an den Patentinhaber, 130 an verschiedene Bibliotheken, Behörden und Institute des In- und Auslandes vertheilt werden. Die übrigen Exemplare werden zu dem Selbstkostenpreise abgegeben, zu welchem eine Stempelgebühr von 1 Shilling für die Beglaubigung hinzutritt. Die Preise der gedruckten Beschreibungen schwanken nach der Zahl der zugehörigen Zeichnungen von 4 Pence für eine Beschreibung ohne Zeichnung bis zu 2 Lvr. 13 Sh. für eine Beschreibung mit der ungeheuren Zahl von 104 Zeichnungen (zu T. Dunns Patent gehörig). Wenn die gedruckten Exemplare vergriffen sind, so werden zweite und dritte Auflagen der betreffenden Beschreibungen veranstaltet. Die Bestellungen können durch die Post an das Patentamt *(Great Seal Patent Office)* gerichtet werden unter Einzahlung des Preises und des Uebersendungsportos, worauf die Zusendung umgehend bewirkt wird [1]).

Neben dieser textgetreuen Veröffentlichung der Beschreibungen wird noch ein Auszug der Patentbeschreibungen redigirt, welcher in einzelnen nach den Klassen der Erfindungen abgetheilten Bänden eine chronologische, systematische und alphabetische Uebersicht über die Patente gibt, welche in der betreffenden Klasse der Erfindungen ertheilt sind. Endlich werden bei dem Patentamte Verzeichnisse und Nachweisungen über die ertheilten Patente in solcher Anordnung und Ausdehnung geführt, dass jedem auf Befragen sofort Auskunft darüber gegeben werden kann, ob eine Erfindung bereits patentirt ist oder nicht. Diese Auskunft wird unentgeltlich ertheilt [2]).

Für die Veröffentlichungen, welche der Patentertheilung vorhergehen (oben S. 287) und für die allgemeinen Verordnungen der Patent-Commissare ist ein eigenes Amtsblatt *(The Commissioners of Patents Journal)* bestimmt, welches Verzeichnisse der nachgesuchten Patente, der vorläufigen Schutzbewilligungen, der erlassenen Aufgebote *(notice to proceed)*, der ertheilten Patente, der Patentverlängerungen, der aufgehobenen und der durch Nichtzahlung der Abgabe nach drei Jahren oder nach sieben Jahren erloschenen Patente enthält. Es erscheint jeden Dienstag und Freitag.

Im Abschnitt 36 des Gesetzes von 1852 wird die früher bestandene Beschränkung, dass nicht mehr als zwölf Personen an einem Patente Antheil haben dürfen, aufgehoben.

---

[1]) Engl. Blaubuch v. 1865 S. 150.

[2]) Engl. Blaubuch v. 1865 S. 2 f.

Patente für Erfindungen, welche bereits im Auslande patentirt sind, erlöschen gleichzeitig mit dem ausländischen Patente und sind ungültig, wenn letzteres bei ihrer Ertheilung schon abgelaufen war (sect. 25).

Die Priorität der Patentrechte wird nach dem Zeitpunkte der Anmeldung beurtheilt und die Patente werden daher unter dem Datum dieser Anmeldung ausgefertigt (sect. 23). Doch wird das Recht des wahren und ersten Erfinders aus einem später erlangten Patente, durch die frühere Anmeldung eines Patentgesuches über dieselbe Erfindung, welche zum Nachtheile des wahren Erfinders von einem Dritten bewirkt ist, nicht beeinträchtigt (sect. 10. — Vergl. oben S. 73).

Die auf Grund des neuen Gesetzes ertheilten Patente haben im ganzen Vereinigten Königreiche, also in England, Schottland und Irland, ferner in den Kanalinseln und der Insel Man Gültigkeit. Sie können auch auf diejenigen Kolonien ausgedehnt werden, in welchen nicht besondere Patentgesetze ergangen sind (sect. 18). Letzteres ist in der Mehrzahl der Englischen Kolonien der Fall[1]), daher hat das Patentamt bisher von der Ausdehnung der Patente auf die Kolonien keinen Gebrauch gemacht.

§. 34. Neuere Reformbestrebungen.

Ergebnisse der Enquête von 1864. — Reformvorschläge der Königlichen Commission. — Parlamentarische Untersuchung von 1871 und 1872. — Resolutionen des Parlamentscomité's. — Gesetzvorschlag von 1875.

Nachdem das neue Patentgesetz von 1852 die Probe einer mehr als zehnjährigen Ausführung bestanden hatte, wurden, abermals durch die Weltausstellung von 1862 angeregt, neue Vorschläge zu einer Reform der Patentgesetzgebung laut. Allein

---

[1]) Die wichtigsten Colonialgesetze über Patentwesen sind das für Ober-Canada vom 30. Mai 1849, für Unter-Canada vom 30. August 1851, für Neusüdwales vom 3. März 1854 und für Indien vom 19. März 1859. Ausserdem sind gleiche Gesetze ergangen für: Britisch Guyana, Capland, Ceylon, Jamaica, Newfoundland, Neuseeland, Queensland, Tasmania, Victoria, Barbados, Mauritius, Neuschottland, Prinz Edwards Insel, St. Lucia und Trinidad. Die meisten dieser Verordnungen finden sich in dem Amtsblatte des Englischen Patentamtes *(Commissioners of patents Journal)* abgedruckt.

während man früher die Schwierigkeit und die unerschwinglichen Kosten der Erlangung eines Erfindungspatentes beklagt hatte, wurden jetzt Klagen über die überhand nehmende Zahl werthloser Patente und über die Belästigung des Gewerbes durch die Ueberzahl der ertheilten Patente laut. Auf der andern Seite verlangten allerdings auch die Erfinder und ihre Stimmführer eine weitere Ermässigung der Patentabgabe, welche von ihrem jetzigen Betrage von 175 Lvr. auf den Betrag der wirklich durch die Patentertheilung entstehenden Kosten herabzusetzen sei.

Mehr Uebereinstimmung herrschte in den Beschwerden über das weitläufige und kostspielige Prozessverfahren, in welchem nach der Englischen Prozessgesetzgebung die Contraventionen gegen die ertheilten Patente verfolgt und die Streitigkeiten über Patentrechte ausgetragen werden müssen. Es wurden Fälle angeführt, in denen die Prozesskosten für beide Theile bis zu der ungeheuren Summe von 26,000 Lvr., in einem andern Falle von 15,000 Lvr. angewachsen waren.

Zur Prüfung der bisherigen Ergebnisse der bestehenden Patentgesetzgebung und zur Erörterung der vielfach widersprechenden Vorschläge zu ihrer Verbesserung wurde durch Königlichen Befehl vom 1. September 1862 eine Commission niedergesetzt, welche unter dem Vorsitze Lord Stanley's aus zehn Mitgliedern, theils hervorragenden Juristen, theils berühmten Technikern bestand. Diese Commission vernahm eine grosse Zahl von Geschäftsleuten, Beamten und Technikern als sachverständige Zeugen und forderte zugleich schriftliche Gutachten von einer Anzahl von Corporationen und Vereinen über bestimmt formulirte Fragen ein. Sie erstattete unterm 29. Juli 1864 einen Bericht, welcher mit den stenographischen Aufzeichnungen über die Zeugenvernehmungen und den schriftlichen Gutachten gedruckt und beiden Häusern des Parlamentes im Jahre 1865 vorgelegt wurde. Dieser Bericht, welcher im Vorhergehenden als „Englisches Blaubuch von 1865“ citirt ist, verbreitet sich in vier Abschnitten über die Resultate des bisherigen Verfahrens, über die Zweckmässigkeit eines Vorprüfungsverfahrens, über die Verbesserung des Prozessverfahrens in Patentsachen und über die sonstigen Vorschläge zur Verbesserung der Patentgesetzgebung.

Aus dem Berichte der Commission ergibt sich, dass in Folge des Patentgesetzes von 1852 die Zahl der jährlich angemeldeten Patentgesuche sich mehr als versechsfacht hat, da dieselbe in den Jahren 1842 bis October 1852 im Ganzen 5139 und vom October 1852 bis Ende 1863 im Ganzen 35,562 betrug. Von der letzteren Zahl wurden 34,993 mit vorläufiger Beschreibung und nur 569 mit vollständiger Beschreibung eingelegt. Nur 26,051 Gesuche gelangten in das Stadium des Aufgebots *(notice to proceed)* und von diesen wurden 23,463 wirklich patentirt, während die übrigen theils in dem Verfahren vor dem Kronjuristen, theils vor dem Lord Kanzler zurückgezogen oder in Folge erhobener Einwendungen zurückgewiesen wurden.

Von 23,463 patentirten Erfindungen verfielen 531 nach Ablauf der sechsmonatlichen Frist, weil die Beschreibung nicht hinterlegt wurde. Von den jährlich in der Zahl von 1900 bis 2200 ertheilten Patenten verfielen am Ende des dritten Jahres in Folge der Nichtzahlung der Stempelgebühr von 50 Lvr. jährlich 1300 bis 1400 Patente; am Ende des siebenten Jahres wegen Nichtzahlung der Gebühr von 100 Lvr. jährlich etwa 360 bis 410 Patente, so dass nur der zehnte Theil der ertheilten Patente die volle vierzehnjährige Dauer erreichte und jährlich etwa 200 bis 210 Patente durch den Ablauf des vierzehnten Jahres erloschen. Die Zahl der eingetragenen Abänderungen der Beschreibung *(disclaimers)* war ganz geringfügig, sie belief sich in den zehn Jahren 1852 bis 1861 im Ganzen auf 103.

Eine probeweise Begutachtung des ersten Hundert der in jedem der Jahre 1855, 1858 und 1862 ertheilten Patente ergab, dass sich darunter 32 im Jahre 1855, 15 im Jahre 1858 und 8 im Jahre 1862 befanden, welche offenbar nicht neu waren und bei einer auf die Neuheit der Erfindung gerichteten Vorprüfung hätten beseitigt werden müssen.

Es ergab sich ferner aus den Aussagen vieler Zeugen, dass einzelne Industriezweige so überladen von Patenten sind, dass sowohl der Erfinder in der Einführung neuer Verbesserungen als auch der Gewerbtreibende in dem regelmässigen Betriebe seines Gewerbes gehindert wird. Beide begegnen den Ansprüchen der Inhaber von oft werthlosen Patenten und ziehen bei der Schwierigkeit und Kostspieligkeit der Prozessführung häufig vor, diese Ansprüche abzukaufen, statt denselben im Rechtswege entgegen zu treten.

In andern Fällen wurde constatirt, dass die Gewerbtreibenden einen Verband gebildet hatten, welcher auf gemeinschaftliche Kosten jedem in das fragliche Gewerbe einschlagenden Patentgesuche Opposition machte und den Erfinder durch kostspielige Proceduren an der Erlangung des Patentes zu hindern versuchte.

Die Commission warf die Frage auf, ob den anerkannten Uebelständen, welche aus der übergrossen Zahl der Patente entspringen, durch eine Erhöhung der Abgaben oder aber durch ein Vorprüfungsverfahren in Bezug auf die Neuheit und Nützlichkeit der Erfindung abzuhelfen sei und ob etwa ein Zwang, die Benutzung der patentirten Erfindung gegen eine festgesetzte Vergütung zu gestatten, eingeführt werden solle.

Die Erhöhung der Abgaben wurde fast einmüthig als unstatthaft bezeichnet. Nur eine verschwindende Minorität der vernommenen Zeugen verlangte eine Vermehrung der Kosten, meistens solche, welche überhaupt die Erfindungspatente für schädlich erachteten und deshalb, so lange dieselben nicht abgeschafft werden würden, für deren möglichste Beschränkung stimmten. Andere hielten dagegen die Zahlungen von 50 Lvr. und 100 Lvr. am Ende des dritten und siebenten Jahres für erschwerend und verlangten statt derselben jährliche Raten in wachsender Progression. Noch Andere griffen die Bestimmung an, dass bei unterbliebener Zahlung sofort das Patentrecht erlischt und verlangten, dass der Lord Kanzler ermächtigt werde, bis zu einer gewissen Frist die nachträgliche Zahlung zuzulassen, wenn die Verzögerung hinreichend entschuldigt werde. Die Commission hat sich aller Vorschläge zu einer Aenderung der bestehenden Patentabgabe enthalten und nur den Grundsatz aufgestellt, dass die Abgabe nicht höher sein solle, als für die Ausgaben des Patentamtes erforderlich sei. Die Ausstattung des letzteren aber sei im Interesse der Erfinder möglichst reichlich zu bemessen, damit Jeder sich mit der grössten Leichtigkeit von dem Stande jedes Zweiges der Erfindung überzeugen könne.

In Bezug auf die Vorprüfung sprach sich die überwiegende

Mehrheit der vernommenen Zeugen und der schriftlichen Gutachten für die Einrichtung einer Prüfungsbehörde aus, welche die Neuheit der Erfindung zu begutachten habe. Die Commission schloss sich dieser Auffassung an, jedoch mit der Massgabe, dass die Prüfung sich darauf beschränke, ob die Veröffentlichung der Erfindung durch Schrift oder Druck, vor Einlegung des Patentgesuchs erfolgt sei, insbesondere ob die Erfindung bereits anderweit patentirt sei. In Bezug auf das Verfahren zur Constatirung von Einwendungen gegen das Patentgesuch sprach die Commission sich für die Beibehaltung der geltenden Vorschriften aus.

Der Zwang, die Benutzung der patentirten Erfindung gegen eine festgesetzte Taxe zu gestatten, wurde zwar von verschiedenen Seiten befürwortet. Doch wusste keiner der Antragsteller einen Weg zu bezeichnen, auf welchem die zu gewährende Entschädigung unter genügender Berücksichtigung der beiderseitigen Interessen festgesetzt werden könnte.

Die Reform des Prozessverfahrens in Patentsachen wurde von der Commission als besonders dringend bezeichnet. Ihre Vorschläge gingen dahin, dass nicht ein Spezialgerichtshof für Patentsachen zu bestellen sei, da für diesen die hinreichende Beschäftigung fehlen werde. Auch seien in Patentsachen häufig wichtige Fragen aus allen Zweigen des Rechtes zu entscheiden, welche von einem auf dieses enge Gebiet der Rechtspflege beschränkten Richter nicht so genügend beantwortet werden könnten, als von den Gerichten, welche zu allen Zweigen des practischen Rechtes in beständiger Wechselwirkung stehen.

Dagegen erscheine die Zuziehung von Geschwornen zur Entscheidung der Thatfrage in Patentsachen fehlerhaft, da die Geschwornen selten die wissenschaftliche Bildung besitzen, um die Beweisaufnahme zu verstehen. Auf diese Unwissenheit des Geschwornengerichts werde fortwährend Rechnung gemacht, indem man durch unbestimmte Fassung der Beschreibungen und der Beweissätze, durch die Einführung einer verwirrenden Wolke von technischen Deductionen die Geschwornen irre zu machen suche. Es sei deshalb zweckmässig, dem Richter die Entscheidung der Thatfrage sowohl als der Rechtsfrage zu übertragen und ihm die Zuziehung technischer Beisitzer mit berathender Stimme zu gestatten, welche er in jeder Sache frei zu wählen habe.

In Bezug auf sonstige Reformen der Patentgesetzgebung spricht sich die Commission nachdrücklich für die Abschaffung des Grundsatzes aus, dass Inländern für die Einführung ausländischer Erfindungen ein Patent ertheilt werden kann, ohne Rücksicht auf die Rechte der ausländischen Erfinder und Gewerbtreibenden. Die Ungerechtigkeit, welche in der bisherigen Praxis der Englischen Einführungspatente liegt (vergl. oben S. 93 f.), wird entschieden verurtheilt und die Abschaffung der Einführungspatente beantragt.

Die Commission erklärt sich ferner gegen die Verlängerung des ertheilten Patentes über die ursprüngliche Dauer von 14 Jahren und für eine strengere Praxis in Bezug auf die Gestattung von Abänderungen der Beschreibungen. Sie beschliesst ihre Anträge mit der Erklärung, dass dieselben geeignet seien, einen Theil der Uebelstände zu beseitigen, über welche jetzt als Folge der bestehenden Patentgesetzgebung Klage geführt werde. Ganz zu beseitigen seien diese Uebelstände nicht, da sie nach ihrer Auffassung in der Natur des Patentschutzes begründet seien und als der Preis angesehen werden müssten, welchen das Publicum für die Existenz des Patentschutzes zahle.

Im März 1872 wurde seitens des Unterhauses ein Ausschuss zur Berichterstattung über die Patentgesetzgebung und über die Wirkungen der Erfindungspatente niedergesetzt. Derselbe wurde im Februar 1872 erneuert und erstattete seinen Schlussbericht am 8. Mai 1872. Die beiden Foliobände, in welchen die Aussagen der vernommenen 30 Zeugen niedergelegt sind, wurden oben als Englisches Blaubuch 1871. 1872 citirt. Unter den vernommenen Zeugen befinden sich hervorragende Industrielle und Erfinder wie: C. W. Siemens, Bessemer, Nasmyth, Newton, Muspratt, Armstrong; Richter und Advocaten wie: Lord Romilly, Henson, W. R. Grove und Aston; die oberen Beamten des Patentamtes: Webster und Woodcroft; Patentagenten wie: Johnson und Lloyd Wise; Schriftsteller wie: Newton und Carpmael; die Parlamentsmitglieder: Sir Roundell Palmer, Macfie, Howard, Mundella, Beaumont und Samuelson; endlich ausländische Industrielle und Juristen wie: Eugen

Schneider von Creuzot, Haseltine und Chittenden aus den Vereinigten Staaten.

Die Mehrzahl der Zeugen spricht sich mit Bestimmtheit für die Beibehaltung des Patentschutzes aus, einzelne, wie Muspratt, mit dem Bemerken, dass sie früher Gegner desselben gewesen seien. Gegen die Erfindungspatente erklären sich unter 30 Zeugen nur 6: Grove, Lord Romilly, Eugen Schneider, Sir W. Armstrong, Macfie und Allhusen[1]).

Der Ausschuss gelangte unter andern zu folgenden Resolutionen:

1—4. Dass der Patentschutz den Fortschritt der Gewerbe begünstigt, indem er manche wichtige Erfindungen rascher zur Ausführung und Entwickelung bringt, als sonst der Fall sein würde.

5. Dass die Bewilligung von Geldbelohnungen nicht an die Stelle des durch die Erfindungspatente gewährten zeitweisen Privilegiums gesetzt werden können.

6. Dass der provisorische Schutz der angemeldeten Erfindung nur auf Grund einer deutlichen vorläufigen Beschreibung und nach einer Vorprüfung über die Neuheit und Patentfähigkeit der Erfindung zu gewähren ist.

7. Dass die Ertheilung des Erfindungspatentes erst nach erfolgter Veröffentlichung der vorläufigen und nach erfolgter Niederlegung einer damit übereinstimmenden vollständigen Beschreibung stattfinden darf.

8 und 17g. Dass alle Patente unter der Bedingung zu ertheilen sind, dass das Gewerbe im Inlande in hinreichendem Umfange betrieben werden muss, um die Nachfrage unter billigen Bedingungen zu befriedigen, und dass der Patentinhaber ernsthaften Bewerbern Licenzen unter billigen Bedingungen gewähren muss, welche bei mangelnder Einigung von dem Patentamte festgesetzt werden[2]).

Die Englische Regierung legte im Februar 1875 dem Oberhause eine Bill zur Verbesserung der Gesetze über die Ertheilung von Erfindungspatenten vor, deren wesentliche Bestimmun-

[1]) Vergl. die interessanten Auszüge bei Franz Wirth, Die Patentreform S. 5—13.

[2]) Blaubuch von 1872 S. III—V.

gen dahin gehen, dass eine Vorprüfung durch ständige Examinatoren und besonders ausgewählte Sachverständige in Bezug auf die Patentfähigkeit und Neuheit der Erfindung und auf die Vollständigkeit der Beschreibung stattfinden soll (sect. 6. 7. 11), dass demnächst die geprüfte Erfindung vorläufig auf 6 Monate geschützt wird, nach deren Ablauf die Veröffentlichung des Patentgesuches und der Beschreibung und das Aufgebot etwaiger Einsprüche wie bisher erfolgt, dass der provisorische Schutz und die Veröffentlichung der Beschreibung bis auf 12 Monate vom Tage der Anmeldung hinausgeschoben werden kann (sect. 18) und dass innerhalb dieser Frist sowie auch nach der Ausfertigung des Patentes eine Verbesserung der Beschreibung zugelassen ist (sect. 21). Die Patentdauer soll für gänzlich neue Erfindungen 14 Jahre, für Combinationen bereits bekannter Dinge 7 Jahre betragen, im letztern Falle findet eine Verlängerung auf fernere 7 Jahre statt (sect. 28). Für ausländische Erfindungen soll ebenso wie für inländische nur dem wahren Erfinder ein Patent ertheilt werden (sect. 19). Die patentirte Erfindung muss binnen zwei Jahren ausgeführt werden. Wird nach Ablauf dieser Zeit das Gewerbe nicht in genügendem Umfange für den inländischen Bedarf betrieben, so kann der Lord Kanzler Licenzen bewilligen und die Entschädigung festsetzen (sect. 27).

Diese Bill hat die drei Lesungen im Oberhause passirt, ist aber dann von der Regierung mit Rücksicht auf dringende, vor dem Schlusse der Session zu erledigende Vorlagen zurückgezogen. Die Gesetzgebung steht also auch in Grossbritannien noch vor der ungelösten Aufgabe, eine dem erkannten practischen Bedürfnisse entsprechende Einrichtung des Patentwesens herzustellen; und wenn auch durch die Gesetzgebung des Jahres 1852 bereits ein wichtiger Schritt in dieser Richtung geschehen ist, so fordert doch schon der formelle Zustand der Englischen Patentgesetzgebung dringend zu einer Revision auf, da neben der Acte vom 1. Juli 1852 alle die in älterer Zeit erlassenen Gesetze bestehen geblieben sind und der Inhalt des gegenwärtig geltenden Rechtes mosaikartig aus den bestehen gebliebenen Vorschriften des älteren Rechtes und aus den abändernden Bestimmungen des neueren Gesetzes construirt werden muss.

§. 35. Uebersicht.

Gegenstände. — Neuheit der Erfindung. — Anmeldung. — Vorläufige Beschreibung. — Aufgebot. — Siegelung. — Vollständige Beschreibung. — Aufhebung. — Dauer. — Abgaben. — Contravention.

Nachdem in den vorhergehenden Paragraphen der Inhalt der Englischen Patentgesetze von der Parlamentsacte von 1623 bis zu den Gesetzen vom 1. Juli 1852 und vom 21. Februar 1853 dargestellt ist und die zur Ausführung der Acte von 1852 durch die Patentcommissare erlassenen Verwaltungsvorschriften erläutert worden sind, soll im Folgenden der Versuch gemacht werden, das zur Zeit geltende Recht im Zusammenhange und in kurzen Zügen unter Verweisung auf die vorstehenden Erörterungen darzustellen.

Dieser Versuch rechtfertigt sich auch auf die Gefahr einzelner Wiederholungen einerseits durch die oben hervorgehobene Schwierigkeit, aus der Zusammenstellung der nach einander ergangenen Gesetze, von denen jedes die vorhergegangenen abändert, ohne eines derselben aufzuheben, die zur Zeit geltenden Rechtsregeln zu construiren, andrerseits aus der hervorragenden Wichtigkeit, welche das Englische Patentrecht sowohl für den wissenschaftlichen als für den practischen Zweck der vorliegenden Darstellung besitzt.

Für die Begrenzung der Gegenstände von Erfindungspatenten ist noch heute ausschliesslich die Parlamentsacte von 1623 (21 James I cap. 3 sect. 6) massgebend, nach welcher jede Art neuer Verfertigung (*any manner of new manufacture*) durch Erfindungspatente geschützt werden kann. Der Gegenstand der Erfindung muss eine gewerbliche Verwendung finden und durch neue Eigenschaften dem materiellen Gebrauche dienen[1]).

Die Gültigkeit des Patentes ist durch die Neuheit der Erfindung bedingt. Dieselbe darf weder früher von dem Erfinder oder von Andern zu gewerblichen Zwecken benutzt, noch durch Ausstellung oder Beschreibung veröffentlicht sein (oben

---

[1]) Vergl. die oben S. 53 und S. 58 mitgetheilten Rechtsfälle.

S. 61 f. S. 64 f.). Blosse Versuche, welche der Erfinder anstellt, um seine Erfindung zu erproben, schliessen den Begriff der Neuheit nicht aus, dagegen wird das Patent als ungültig betrachtet, wenn der Erfinder schon vor der Patentirung auch bei strenger Geheimhaltung eine gewerbliche Verwendung von dem Gegenstande gemacht hatte[1]).

Für diejenigen Fälle, in welchen nach der Ertheilung des Erfindungspatentes sich ergibt, dass dieselbe Erfindung früher bereits gemacht war, ohne dass der Erfinder davon Kenntniss hatte und ohne dass die frühere Entdeckung eine öffentliche und allgemeine Verwendung gefunden hatte, gestattet das Gesetz vom 10. September 1835 (5 & 6 William IV cap. 83 sect. 2) ein ausserordentliches Rechtsmittel zur Aufrechterhaltung des Patentschutzes durch Anrufung der richterlichen Abtheilung des Geheimen Rathes, welche nach vorheriger Untersuchung die Bestätigung des Patentes in Antrag bringen kann (oben S. 280).

Für die Beurtheilung der Neuheit der Erfindung kommt nur die innerhalb der Landesgrenzen erfolgte Veröffentlichung oder Anwendung derselben in Betracht[2]). Die frühere Beschreibung oder practische Anwendung der Erfindung im Auslande ist gleichgültig und jeder Inländer kann auf ausländische, bisher im Inlande nicht bekannte oder gebrauchte Erfindungen ein Einführungspatent nehmen (oben S. 93 f.).

Zur Erlangung des Patentschutzes ist nur der wahre und erste Erfinder berechtigt[3]). Die zum Nachtheil des wahren Erfinders von einem unberechtigten Dritten erfolgte Anmeldung des Patentgesuches steht der Gültigkeit des von dem Erfinder selbst nachträglich erlangten Patentes nicht im Wege (oben S. 291)[4]).

Der Patentsucher muss mit seinem Gesuche eine förmliche Erklärung[5]) darüber einreichen, dass er sich für den ersten

---

[1]) Vergl. die S. 64 mitgetheilten Rechtsfälle.

[2]) 21 James I cap. 3 sect. 6 „new manufactures within this realm."

[3]) 21 James I cap. 3 sect. 6 „to the true and first inventor or inventors of such manufactures."

[4]) 15 & 16 Victoria cap. 83 sect. 10.

[5]) Die früher vorgeschriebene eidliche Bestärkung dieser Erklärung ist durch 5 & 6 William IV cap. 62 sect. 11 aufgehoben.

und wahren Erfinder hält und dass die Erfindung nicht von andern Personen angewendet wird[1]).

Bei ausländischen Erfindungen gilt der erste Patentsucher als fingirter erster Erfinder (oben S. 93). Ein Rechtsanspruch auf Ertheilung des Erfindungspatentes findet nach der ausdrücklichen Vorschrift des Gesetzes nicht statt, vielmehr ist die Krone befugt, das nachgesuchte Patent, auch wenn die Voraussetzungen des Patentschutzes erfüllt sind, zu versagen oder an besondere Bedingungen und Einschränkungen zu knüpfen[2]). Doch wird von dieser Prärogative niemals Gebrauch gemacht.

Das Patentgesuch muss bei dem Patentamte (*Great Seal Patent Office*) in London eingelegt werden[3]). Der Zeitpunkt der Präsentation des Gesuches ist massgebend für das Datum des Patentes und für die Priorität des dadurch begründeten Anspruchs. Von dem Zeitpunkte der Präsentation ab wird dem Erfinder ein vorläufiger Schutz während einer Frist von sechs Monaten gewährt. Während dieser Frist muss das Verfahren bis zur Siegelung des Patentes und zur Hinterlegung der vollständigen Beschreibung durchgeführt sein. Das Patentgesuch muss den Titel der Erfindung enthalten. Letzterer darf nur einen einzigen Gegenstand umfassen[4]). Das Patentgesuch muss mit der Erklärung, dass der Patentsucher sich für den wahren Erfinder hält und mit der vorläufigen oder statt derselben mit der vollständigen Beschreibung der Erfindung verbunden sein. Das Gesuch nebst sämmtlichen Beilagen muss auf Papier von einem bestimmten Formate geschrieben sein[5]).

Die vorläufige Beschreibung muss den Gegenstand der Erfindung vollständig erläutern. Sie unterscheidet sich von der vollständigen Beschreibung dadurch, dass es nicht der Angabe der Mittel der Ausführung bedarf, sofern letztere nicht zur Er-

---

[1]) Bei Gesuchen um Einführungspatente für ausländische Erfindungen wird dieselbe Erklärung verlangt. Doch wird in diesem Falle die Formel gebraucht: „that I am the true and first inventor thereof within this realm and that the same is not in use by any other person or persons therein." Webster, The new patent law 1853 p. 213.

[2]) 15 & 16 Victoria sect. 16. — Vergl. oben S. 288.

[3]) First Set of Rules etc. (1. Oct. 1852) sect. 1.

[4]) Third Set of Rules (12. Decbr. 1853).

[5]) First Set of Rules sect. 1.

läuterung des Wesens der Erfindung angegeben werden müssen[1]). Die vorläufige Beschreibung darf während des Verfahrens nicht abgeändert werden, die blosse Berichtigung von Schreibfehlern und offenbaren Versehen ausgenommen[2]).

Das Patentgesuch wird nebst der eingereichten vorläufigen Beschreibung nach erfolgter Präsentation (oben S. 131) an den Kronanwalt zur Prüfung übersandt. Letzterer verordnet nöthigenfalls die Ergänzung der Beschreibung. Er ist befugt, das Gesuch wegen offenbaren Mangels der Neuheit zurückzuweisen (oben S. 136).

Das Certificat des Kronanwalts über die genügende Beschreibung wird beim Patentamte niedergelegt. Binnen vier Monaten nach der Präsentation[3]) muss der Antrag auf Erlass des Aufgebots (*notice to proceed*) bei dem Patentamte gestellt werden. Er wird in der Londoner Zeitung bekannt gemacht, Einwendungen müssen binnen 21 Tagen nach der Bekanntmachung bei dem Patentamte angebracht werden[4]).

Die Einwendungen werden an den Kronanwalt zur Erörterung verwiesen. Gegen die Entscheidung des Letztern kann der Opponent, nicht aber der Patentsucher an den Lord Kanzler appelliren (oben S. 143 Anm. 1). Auf Grund der Entscheidung des Kronanwalts oder des Lord Kanzlers wird der Patententwurf (*warrant*) ausgefertigt (oben S. 143). Auf Grund des letzteren muss dann der Patentsucher 12 Tage vor Ablauf der sechsmonatlichen Schutzfrist und spätestens drei Monate nach der Ausfertigung des Warrants die Siegelung des Patentes nachsuchen[5]). Kann diese Frist nicht innegehalten werden, so muss die Verlängerung der sechsmonatlichen Frist für die Siegelung des Patentes und die Hinterlegung der vollständigen Beschreibung bei dem Lord Kanzler nachgesucht werden, welcher befugt ist, diese Frist um einen Monat zu verlängern, wenn ausreichende Hinderungsgründe nachgewiesen werden[6]).

In dem Patente wird die Bedingung ausgesprochen, dass

---

[1]) 15 & 16 Vict. c. 83 sect. 8 & 9. — Vergl. oben S. 128.
[2]) Second Set of Rules (15. Oct. 1852) sect. 9.
[3]) Third Set of Rules sect. 6.
[4]) First Set of Rules sect. 5.
[5]) Third Set of Rules sect. 6.
[6]) 15 & 16 Victoria cap. 115.

der Inhaber bei Verlust seines Rechtes die vollständige Beschreibung binnen sechs Monaten nach der Präsentation seines Gesuches bei dem Patentamte niederlegen muss[1]). Ist die vollständige Beschreibung mit dem Patentgesuche zugleich eingereicht, so fällt diese Klausel weg. Es findet in diesem Falle auch keine Vorprüfung der Beschreibung durch den Kronanwalt statt, vielmehr wird in dem Patente der Vorbehalt ausgedrückt, dass das Patent ungültig sei, wenn die angeführte Beschreibung nicht das Wesen der Erfindung genau darstelle[2]).

Die vollständige Beschreibung wird auf dem Patentamte zu Jedermanns Einsicht aufbewahrt. Zwei Abschriften werden zu gleichem Zwecke in den Büreaus des Patentamtes zu Dublin und Edinburgh offen gelegt[3]). Die Beschreibung wird in 250 Exemplaren gedruckt und zum Kostenpreise verkauft. Die amtlichen Druckexemplare haben öffentlichen Glauben (oben S. 289).

Das ertheilte Patent kann von Jedermann mit der Nichtigkeitsklage (*writ of scire facias*) angefochten werden (oben S. 157). Die Klage unterliegt der Vorprüfung durch den Attorney General, welcher die Genehmigung zur Einleitung des Prozesses ertheilen muss. Letzterer wird vor einem der Gerichtshöfe des Gemeinen Rechtes unter Zuziehung von Geschwornen verhandelt[4]). Unterliegt der Patentinhaber, so muss die Patenturkunde behufs der Vernichtung herausgegeben werden. Bis diese Vernichtung bewirkt ist, bleibt das Patent andern Personen ausser dem obsiegenden Kläger gegenüber in Kraft[5]).

Der Patentinhaber kann die Vernichtung des Patentes wegen mangelnder Neuheit in dem oben S. 300 erwähnten Falle durch den Antrag bei der richterlichen Abtheilung des Geheimen Rathes auf Bestätigung des Patentes abwenden. Er kann der Vernichtung wegen fehlerhafter Beschreibung durch die Eintragung einer Abänderung (*disclaimer, memorandum of alteration*) begegnen[6]).

---

[1]) Second Set of Rules sect. 8.
[2]) 15 & 16 Victoria cap. 83 sect. 9.
[3]) Second Set of Rules sect. 1—5.
[4]) 13 & 14 Victoria cap. 109.
[5]) Godson, A Treatise on the law of patents for inventions p. 275 f.
[6]) 5 & 6 William IV cap. 83 sect. 1.

Diese Abänderung darf nur eine Einschränkung, nicht eine Erweiterung des Patentes enthalten. Die Abänderungen werden in derselben Weise wie die Patentbeschreibung eingetragen und veröffentlicht. Die Eintragung muss von dem Kronanwalt genehmigt werden, welcher über etwaige Einwendungen entscheidet. Sie hat keine Wirkung gegenüber den vor der Eintragung rechtshängig gewordenen Klagen und Einreden (oben S. 279).

Die Dauer des Patentes beträgt vierzehn Jahre. Sie ist dadurch bedingt, dass der Inhaber ausser den bei der Patentertheilung zu entrichtenden Gebühren von zusammen 25 Lvr., vor Ablauf des dritten Jahres 50 Lvr. und vor Ablauf des siebenten Jahres 100 Lvr. Stempelgebühr entrichtet (oben S. 288).

Die durch das Patent erlangten Rechte können ganz oder theilweise abgetreten werden. Die frühere Beschränkung der Zahl der Theilnehmer auf zwölf Personen ist aufgehoben [1]. Ueber die Patentinhaber und über die Mitbetheiligten wird bei dem Patentamte ein Register geführt. Jede Cession muss bei dem Patentamte angemeldet werden, widrigenfalls der eingetragene Inhaber zu allen Verfügungen als legitimirt gilt.

Die Gültigkeit der Patente erstreckt sich auf das ganze Königreich, auf die Kanalinseln und die Insel Man. Sie kann durch ausdrückliche Bestimmung in dem Patente selbst auf diejenigen Kolonien ausgedehnt werden, in welchen keine eigene Patentgesetzgebung gilt [2]. Dies ist jedoch bisher in keinem Falle geschehen.

Die Contravention, welche durch unbefugte Verfertigung oder durch unbefugten Gebrauch des patentirten Gegenstandes begangen wird, kann von dem Patentinhaber sowohl durch eine Mandatsklage auf Einstellung des unbefugten Gewerbebetriebes oder Rechnungslegung als auch durch eine Entschädigungsklage (*action at law for damages*) verfolgt werden. Die Entschädigungsklage kann nur vor einem der Gerichtshöfe des Gemeinen Rechtes angestellt werden. Die Thatfrage und der Entschädigungsbetrag wird durch den Ausspruch von Geschwornen festgestellt, gegen deren Entscheidung keine Appellation, sondern

---

[1]) 15 & 16 Victoria cap. 83 sect. 36.

[2]) ib. sect. 18.

nur ein ausserordentliches Rechtsmittel (*rule nisi*) stattfindet (oben S. 228).

Das Mandatsverfahren kann mit dem Rechtsverfahren verbunden werden, da nach der Acte vom 1. Juli 1852 (15 & 16 Victoria cap. 83) sect. 42 auch die Gerichtshöfe des Gemeinen Rechtes befugt sind, das Mandat auf Einstellung oder Rechnungslegung (*injunction*) zu erlassen. Es kann jedoch auch in einem besondern Verfahren (*remedy in equity*) vor dem Kanzleigerichtshofe verfolgt werden. Das Letztere ist noch jetzt das Gebräuchlichere, da das Billigkeitsverfahren rascher zum Ziele führt, wenn die Gültigkeit des Patentes unbestritten oder doch von vorn herein nicht zweifelhaft ist. Ist dagegen das Patent weder durch frühere gerichtliche Entscheidung, noch durch unbestrittenen Besitz gestützt und wird die Gültigkeit desselben angefochten, so verweist der Kanzleigerichtshof den Kläger zum Verfahren des Gemeinen Rechtes, um dort die Gültigkeit seines Rechtstitels zu beweisen.

Der Antrag auf Erlass des Mandats muss durch schriftliche beschworne Aussagen (*affidavits*) über den Thatbestand der Contravention und durch eine eidliche Versicherung des Patentinhabers über die Neuheit seiner Erfindung unterstützt werden. Alle Einwendungen gegen die Gültigkeit des Patentes müssen von dem Verklagten bei der ersten Einlassung vollständig specificirt werden (oben S. 227).

VIII. Amerika.

§. 36. Die Vereinigten Staaten.

Vor dem Unabhängigkeitskriege. — Gesetze von 1793 und 1800. — Statut vom 4. März 1836. — Statut vom 8. Juli 1870. — Einrichtung des Patentamtes. — Patentgesuch. — Einsprüche. — Cession. — Aufhebung. — Verfolgung der Contraventionen. — Veröffentlichung.

Die Vereinigten Staaten bildeten vor ihrer Trennung von dem Mutterlande als Englische Colonien einen Theil des Rechtsgebietes der Englischen Patentgesetzgebung. Die von der Englischen Krone ertheilten Patente hatten in allen Colonien Gültigkeit, sofern sie für dieselben ausgefertigt waren[1]).

Es bestand daher in den Vereinigten Staaten bereits vor dem Unabhängigkeitskriege der Patentschutz für Erfindungen. Bei der Losreissung vom Mutterlande musste indess eine ausdrückliche Bestimmung über die Beibehaltung desselben getroffen werden, da die Patente nicht mehr von der Englischen Krone ertheilt werden konnten, welcher bisher allein die Befugniss dazu zugestanden hatte und da die Patentertheilung auch nicht füglich den Einzelstaaten, welche durch die Revolution für souverain erklärt waren, überlassen werden konnte. Durch die Verfassungsurkunde vom 17. September 1787 Art. I Abschnitt 8 §. 8 wurde daher der Schutz des geistigen Eigenthums der Schriftsteller und Erfinder zu einem Gegenstande der gemeinschaftlichen Gesetzgebung der Vereinigten Staaten

---

[1]) Godson, A Treatise on the law of patents for inventions p. 169 p. 173.

erklärt und den Urhebern ein ausschliessliches Recht zur Benutzung ihrer Schriften und Erfindungen auf beschränkte Zeit zugesichert.

Zur Ausführung dieser Verfassungsbestimmung ergingen die Patentgesetze vom 21. Februar 1793 und vom 17. August 1800. Letztere sind jedoch durch das Statut vom 4. Juli 1836 ausser Kraft gesetzt, welches durch die späteren zusätzlichen Statute vom 3. März 1837, vom 3. März 1839, vom 29. August 1842 und vom 2. März 1861 in einzelnen Bestimmungen abgeändert und ergänzt worden ist.

Durch das Statut vom 8. Juli 1870 wurde der Inhalt dieser verschiedenen Gesetze unter Aufhebung derselben codificirt und in einzelnen, wenig bedeutenden Punkten abgeändert.

Das Gesetz vom 8. Juli 1870 beruht auf dem Systeme der Vorprüfung und sein vorzüglichster Inhalt besteht in den Vorschriften über die Einrichtung des mit der Vorprüfung der Patentgesuche beauftragten Patentamtes und über das Verfahren vor demselben.

Das Patentamt steht nach sect. 1 unter der Aufsicht des Ministers des Innern. An der Spitze des Patentamtes steht der Patentcommissar (*commissioner of patents*), neben demselben der stellvertretende Patentcommissar (*assistant commissioner*) und drei Oberexaminatoren, welche von dem Präsidenten der Vereinigten Staaten mit Zustimmung des Senates ernannt werden. Ferner gehören zu dem Patentamte ein Generalsecretair (*chief clerk*) und eine Anzahl von Examinatoren für die verschiedenen Zweige der Erfindungen, deren Zahl gegenwärtig 67 beträgt.

Weder der Patentcommissar, noch einer der andern Beamten des Patentamtes kann anders als im Wege der Erbschaft ein Erfindungspatent oder einen directen oder indirecten Antheil an einem Patente erwerben (sect. 16).

Alle von dem Patentcommissar oder seinem Stellvertreter unter dem Siegel des Patentamtes ertheilten Abschriften der beim Patentamte beruhenden Urkunden oder Auszüge aus den daselbst geführten Büchern und Registern haben öffentlichen Glauben. Solche Abschriften werden Jedem, der darum nachsucht, gegen Erstattung der Kosten der Anfertigung ertheilt (sect. 57). Der Patentcommissar ist ermächtigt, mit Genehmigung des Ministers des Innern Geschäftsregeln für das Verfahren beim Patentamte zu erlassen (sect. 19). Er kann Patentagenten wegen Missverhaltens die Zulassung allgemein oder im einzelnen Falle verweigern (sect. 17).

Das Patentgesuch wird schriftlich an den Patentcommissar gerichtet. Mit demselben muss eine Beschreibung der Erfindung eingereicht werden, welche so beschaffen ist, dass Jeder, der in dem Gewerbe erfahren ist, welchem die Erfindung angehört, nach derselben den Gegenstand verfertigen, anwenden oder gebrauchen kann. Dabei soll besonders genau angegeben werden, welchen Theil des beschriebenen Gegenstandes der Patentsucher als neu und als seine Erfindung in Anspruch nimmt. Die Beschreibung muss der Patentsucher mit zwei Zeugen unterschreiben (sect. 26).

Der Beschreibung müssen Zeichnungen beigefügt werden, wenn der Gegenstand eine graphische Darstellung zulässt, ferner Proben der benutzten und der dargestellten Stoffe, wenn die Erfindung in einer Zusammensetzung von Stoffen besteht, endlich ein Modell, sofern der Commissar dies verlangt (sect. 27—29).

Der Patentsucher muss ferner eine eidliche Versicherung darüber beibringen, dass er gewiss glaubt, der erste und wahre Erfinder des Gegenstandes zu sein, für welchen er das Patent nachsucht, und dass er nicht glaubt, dass derselbe schon früher bekannt geworden oder benutzt worden sei. Diese eidliche Versicherung kann vor jedem zur Eidesabnahme befugten Beamten, in einem fremden Lande vor den Amerikanischen Gesandten und Consuln oder vor einem Notar abgegeben werden und muss in Ausfertigung dem Patentgesuche beigefügt sein (sect. 30).

Das Patentgesuch wird nebst der Beschreibung und ihren Beilagen und nebst der eidlichen Versicherung nach Erlegung der vorgeschriebenen Gebühr bei dem Patentamte registrirt und aufbewahrt.

Der Patentcommissar verweist das Patentgesuch zur Prüfung an einen der Examinatoren, welcher darüber berichtet, ob die Erfindung neu und von dem Patentsucher zuerst erfunden, ob sie hinlänglich nützlich und wichtig ist und ob die eingereichte Beschreibung genügend ist. Fällt der Bericht zu Gunsten des Patentsuchers aus, so wird das Patent ohne Weiteres ertheilt. Ergibt sich dagegen, dass der Gegenstand der Erfindung nicht neu oder nicht von dem Patentsucher zuerst erfunden ist, oder wird die Beschreibung als ungenügend befunden, so wird der Patentsucher bei der Zurückweisung seines Gesuches darüber belehrt, wie er sein Gesuch und seine Beschreibung einzurichten habe, um für den etwa für neu erachteten Theil des Gegenstandes die Patentirung zu erlangen (sect. 31. 41).

Gegen diese erste Entscheidung des Patentamtes steht dem Patentsucher eine wiederholte Berufung zu, zunächst indem er eine zweite Examination beantragt, sodann an das Collegium der Ober-Examinatoren, demnächst an den Patentcommissar selbst und endlich an das Obergericht des Districtes von Columbia und gegen das abweisende Urtheil dieses Gerichtshofes an das Obergericht der Vereinigten Staaten. Ist kein Opponent da, so richtet sich die Klage gegen den Patentcommissar, doch ist auch der obsiegende Kläger dann zur Zahlung der Kosten verpflichtet (sect. 41. 46. 48. 52).

Das Requisit der Neuheit der Erfindung ist ausgeschlossen, wenn ein Anderer dieselbe Erfindung vor dem Patentsucher im Inlande gemacht hat, ferner wenn die Erfindung bereits im Inlande patentirt oder durch den Druck bekannt gemacht ist, endlich wenn der Gegenstand derselben mit des Patentsuchers Vorwissen vor der Einlegung des Gesuches zwei Jahre vor der Anmeldung öffentlich in Gebrauch gesetzt oder zum Verkauf gestellt ist (sect. 24).

Dagegen soll es der Patentertheilung nicht im Wege stehen, wenn der Erfinder im Auslande ein Patent für seine Erfindung genommen hat, doch soll das Amerikanische Patent mit dem vorher im Auslande ertheilten, oder wenn deren mehrere sind, mit dem kürzesten erlöschen (sect. 25).

Collisionen des Patentgesuches mit einem früher ertheilten Patente oder mit einem noch schwebenden Patentgesuche werden vor dem Patentamte erörtert. Es wird zu diesem Zwecke eine Benachrichtigung an den Inhaber des älteren Patentes oder Patentgesuches erlassen und Letzterer mit seinen Einwendungen gegen die Ertheilung des nachgesuchten Patentes gehört. Gegen die Entscheidung des Patentamtes stehen den Opponenten dieselben Rechtsmittel zu, wie dem Patentsucher (sect. 42).

Ansprüche auf die Patentirung einer Erfindung können auch in der Form des Caveat zum voraus angemeldet werden. Wenn nämlich der Erfinder beabsichtigt, seine Erfindung vor der Einlegung des Patentgesuches noch zu vervollkommnen, so kann er, falls er Bürger der Vereinigten Staaten ist oder ein Jahr in denselben gewohnt und das Bürgerrecht nachgesucht hat, ein Caveat beim Patentamte einreichen, in welchem er diese Absicht ausspricht und die wesentlichen und unterscheidenden Merkmale seiner Erfindung anzeigt, mit der Bitte um vorläufigen Schutz, bis die Erfindung zur Reife gediehen sei.

Solche Caveats werden geheim aufbewahrt. Geht innerhalb eines Jahres nach der Einreichung ein Patentgesuch ein, welches mit dem Caveat collidirt, so wird dem Caventen Nachricht davon gegeben (jedoch unter Geheimhaltung der von dem Patentsucher eingereichten Beschreibung) und der Cavent ist berechtigt, binnen drei Monaten nach dieser Benachrichtigung die vollständige Beschreibung seiner Erfindung nebst den Zeichnungen und Modellen einzureichen. Das Patentamt entscheidet alsdann nach Anhörung beider Theile darüber, ob die Gegenstände der Patentgesuche mit einander collidiren und wem die Priorität der Entdeckung und folglich der Anspruch auf das Erfindungspatent zusteht (sect. 40).

Das Caveat kann von Jahr zu Jahr erneuert werden, so lange der Erfinder nicht durch die Einlegung eines collidirenden Patentgesuches gezwungen wird, das vollständige Patentgesuch einzureichen.

Das Recht zur Nachsuchung eines Erfindungspatentes geht auf die gesetzlichen oder testamentarischen Erben des Erfinders über, wenn derselbe stirbt, bevor er ein Patent über seine Erfindung erlangt hat. Wird das Patent von solchen Rechtsnachfolgern des Erfinders nachgesucht, so soll der in sect. 6 vorgeschriebene Eid so abgeändert werden, dass er auf diesen Fall anwendbar ist (sect. 39). Wird das Patentgesuch cedirt, so kann das Patent auf den Namen des Cessionars ertheilt werden. Die Beschreibung muss aber von dem Erfinder beschworen werden (sect. 33).

Die Patenturkunde wird, sofern das Patentgesuch bei der ersten Prüfung oder auf die Berufung des Patentsuchers für zulässig befunden ist und die collidirenden Ansprüche der früheren Patentinhaber, Patentsucher und Caventen endgültig verworfen sind, von dem Patentamte ausgefertigt und von dem Minister des Innern und von dem Patentcommissar unterzeichnet. Das Patent sichert dem Erfinder, seinen Erben und Rechtsnachfolgern das ausschliessliche Recht zu, die patentirte Erfindung zu benutzen oder Andern zur Benutzung zu überlassen (sect. 21. 22).

Die Dauer dieses ausschliesslichen Rechtes, welche nach dem Gesetze von 1836 vierzehn Jahre betrug, ist durch sect. 16 des Gesetzes vom 2. März 1861 auf siebzehn Jahre ausgedehnt und diese Bestimmung ist in das Gesetz vom 8. Juli 1870 übernommen (sect. 22).

Die Patenturkunde soll ferner eine kurze Beschreibung des Gegenstandes der Erfindung oder den sogenannten Patenttitel enthalten, welcher die Natur und den Zweck der Erfindung angibt. In Bezug auf die Einzelheiten wird auf die Beschreibung verwiesen, welche dem Patente in Abschrift angehängt wird. Die Patenturkunde wird nebst der Beschreibung und den Zeichnungen in das dazu bestimmte Buch des Patentamtes eingetragen (sect. 22).

Die Cession des ertheilten Erfindungspatentes oder eines Antheilrechtes an demselben kann durch schriftliche Erklärung erfolgen, welche binnen drei Monaten bei dem Patentamte einregistrirt werden muss. Ebenso muss die Erlaubniss zur ausschliesslichen Benutzung oder Verfertigung des patentirten Gegenstandes einregistrirt werden, nicht aber die blosse Licenz, welche ohne das Recht der ausschliesslichen Benutzung ertheilt wird (sect. 36).

Der Patentinhaber ist befugt, zu jeder Zeit während der gesetzlichen Patentdauer gegen Zurücklieferung des ertheilten Patentes die Ausfertigung eines neuen Patentes zu beantragen, wenn das ertheilte Patent wegen eines Mangels in der Beschreibung oder wegen der Ausdehnung des Patentes auf bereits bekannte Theile hinfällig ist und wenn der erwähnte Mangel des ursprünglichen Patentgesuches durch Zufall oder Unachtsamkeit oder betrügerische Absicht entstanden ist. Dieselbe Befugniss, eine neue verbesserte Ausfertigung des Patentes zu verlangen, steht auch den Erben und den sonstigen Rechtsnachfolgern des ursprünglichen Patentinhabers zu. Das so verbesserte Patent hat dieselbe Wirkung in allen nicht bereits anhängigen Rechtssachen, als wenn das Patent ursprünglich mit der correcten Beschreibung oder mit der eingeschränkten Specification ausgefertigt worden wäre (sect. 53).

Die ertheilten Patente können im Wege der gerichtlichen Klage als nichtig angefochten werden von Jedem, welcher als Inhaber oder Theilhaber eines collidirenden Patentes, oder als Bewerber um ein solches Patent, falls sein Gesuch mit Rücksicht auf das angefochtene Patent zurückgewiesen ist, ein Interesse an der Aufhebung des ertheilten Patentes hat (sect. 58).

Diese Nichtigkeitsklage steht auch solchen Opponenten zu, welche in dem Verfahren vor dem Patentamte mit ihren Einsprüchen oder mit ihrem collidirenden Patentgesuche endgültig zurückgewiesen sind (sect. 50 i. f.).

Die Gerichte sind nicht blos befugt, das ertheilte Patent wegen Mangels der gesetzlichen Bedingungen für nichtig und unwirksam zu erklären, sondern auch zu erkennen, dass der Kläger berechtigt ist, ein Patent für seine Erfindung zu erlangen, und dieses Urtheil ermächtigt das Patentamt, dem obsiegenden Kläger ein Patent zu ertheilen (sect. 52).

Auch auf die Klage wegen Verletzung des ertheilten Patentes kann der Verklagte durch eine verneinende Einlassung antworten (*to plead the general issue*), indem er behauptet, dass die gesetzlichen Bedingungen der Patentertheilung fehlen. Er muss jedoch in diesem Falle speziell Beweis darüber antreten, entweder dass die Beschreibung der Erfindung nicht vollständig oder nicht getreu ist und dass dabei die Absicht der Täuschung ersichtlich ist, oder dass der Patentinhaber nicht der wahre und erste Erfinder ist, oder dass ein wesentlicher Theil der als neu angesprochenen Erfindung bereits bekannt ist, oder dass sie bereits vor der angeblichen Entdeckung durch den Druck veröffentlicht war, oder dass der Gegenstand vor der Einlegung des Patentgesuches mit Vorwissen des Erfinders zum öffentlichen Gebrauche oder Verkaufe gestellt war, oder dass die Erfindung, wenn der Patentinhaber ein Ausländer ist, nicht binnen achtzehn Monaten vom Tage der Patentertheilung an im Inlande ausgeführt worden ist (sect. 61).

Alle Prozesse über Erfindungspatente gehören zur Competenz der Bezirksgerichte (*circuits courts*) der Vereinigten Staaten, oder solcher Districtsgerichte, welche die Gerichtsbarkeit der Bezirksgerichte besitzen. Die Gerichte sind befugt, Mandate auf Einstellung des Gewerbebetriebes nach dem Verfahren der Billigkeitsgerichte (*courts of equity*) zu erlassen, wenn durch diesen Betrieb das gesetzlich verliehene Recht des Erfinders beeinträchtigt wird (sect. 55).

Die Gerichte können ferner bei Klagen auf Schadensersatz wegen unbefugten Eingriffs in das Recht des Patentinhabers dem Kläger, wenn zu dessen Gunsten entschieden wird, eine Entschädigung nach seinem Ermessen zuerkennen (sect. 55).

Gegen das Urtheil des Bezirksgerichtes oder des Districtsgerichtes steht dem unterliegenden Theile die Nichtigkeitsbeschwerde oder die Appellation an den obersten Gerichtshof der Vereinigten Staaten in derselben Weise und in denselben Fällen zu, in welchen diese Rechtsmittel gegen andere Urtheile der Bezirksgerichte gestattet werden (sect. 56).

Die Verlängerung der Patente über die ursprünglich bewilligte Dauer, welche sect. 18 des Gesetzes von 1835 gestattete, ist durch sect. 16 des Gesetzes von 1861 aufgehoben und nach sect. 63 des Gesetzes vom 8. Juli 1870 nur für solche Patente gestattet, welche vor dem 2. März 1861 ertheilt sind.

Die Veröffentlichung der ertheilten Patente findet gegenwärtig nach den Vorschriften des Gesetzzusatzes vom 24. März 1871 statt, welcher den Patentcommissar ermächtigt, von den vollständigen Beschreibungen und Zeichnungen der ertheilten Patente 150 Exemplare drucken zu lassen. Diese fortlaufende Sammlung der Patentbeschreibungen wird an die Hauptstädte der Staaten und Territorien, an die Bezirksgerichte der Vereinigten Staaten, ausser wenn sie sich in Hauptstädten befinden, und an die Bibliothek des Congresses versendet. Diese Abdrücke werden unter dem Siegel des Patentamtes beglaubigt und haben volle Beweiskraft. Unbeglaubigte Abdrücke können andere öffentliche Bibliotheken und Privatpersonen zum Kostenpreise erhalten. Früher wurde jährlich im Januar von dem Patentcommissar dem Congresse ein Verzeichniss der ertheilten Patente eingereicht, welches mit den übrigen Verhandlungen des Congresses veröffentlicht wurde (Gesetz vom 3. März 1837 sect. 14). Dem Patentinhaber ist die Verpflichtung auferlegt, das Publicum von der Patentirung seiner Erfindung dadurch zu unterrichten, dass er jedes fabrizirte oder verkaufte Erzeugniss derselben mit der Bezeichnung „patentirt“ und dem Datum des Patentes versieht. Kann diese Bezeichnung an dem Gegenstande selbst nicht angebracht werden, so muss dieselbe sich an der Verpackung oder auf einem angehängten Zettel befinden. Die Nichtbeachtung hat die Wirkung, dass der Patentinhaber nicht zum Schadensersatz wegen etwaiger Nachahmung des Erzeugnisses berechtigt ist, so lange nicht der Nachahmer von der Patentirung in Kenntniss gesetzt und vor der weiteren Nachahmung verwarnt wird (sect. 38).

Die Aufhebung des Patentes vor Ablauf der gesetzlichen Patentdauer kann nur im Rechtswege wegen eines Mangels an den gesetzlichen Erfordernissen des Patentschutzes, also wegen des Mangels der Neuheit oder der Priorität ausgesprochen werden. Die Nichtigkeit des Patentes tritt auch in dem Falle ein, wenn die Beschreibung in betrüglicher Absicht so abgefasst ist, dass sie nicht die ganze Wahrheit in Bezug auf die gemachte Erfindung oder mehr enthält, als zur Hervorbringung des bezeichneten Effectes erforderlich ist; ferner wenn auch nur ein wesentlicher Bestandtheil des patentirten Gegenstandes nicht neu oder nicht von dem Patentinhaber erfunden ist (sect. 61).

Zum Schutze gegen die Nichtigkeit des Patentes wegen mangelhafter Beschreibung oder wegen der Aufnahme gemeinfreier Bestandtheile stehen dem Patentinhaber zwei verschiedene Rechtsmittel offen, nämlich:

1. die Erneuerung (*reissue*) des Patentes auf Grund einer anderweitigen Beschreibung (sect. 53),
2. der Widerruf (*disclaimer*) der nicht neuen oder nicht originalen Bestandtheile der Specification (sect. 54).

Die Ausdehnung des Patentes auf neu entdeckte Verbesserungen findet nicht mehr statt, vielmehr ist für dieselben ein selbstständiges Patent zu lösen. Die Kosten der Patentertheilung bestehen ausschliesslich in Gebühren für die einzelnen Anträge und Amtshandlungen (oben S. 175). Eine theilweise Zurückzahlung der eingezahlten Kosten im Falle der Zurückweisung des Gesuchs findet nicht mehr statt. Die Vorschrift des Gesetzes von 1836, dass ausländische Patentinhaber die Erfindung binnen 18 Monaten in den Vereinigten Staaten in Ausübung setzen und das Erzeugniss zu einem *bona fide* Preise zum Verkauf stellen

Die Verletzung des ausschliesslichen Rechtes des Patentinhabers durch Nachmachung des patentirten Gegenstandes zieht die Untersagung der fernern Beeinträchtigung (*injunction*) und den Anspruch auf Entschädigung nach sich, welcher nach dem Ermessen der Jury auf den einfachen bis dreifachen Betrag des nachgewiesenen Schadens bemessen werden kann (sect. 59 f.).

§. 37. Uebrige Staaten.

Canada. — Buenos Ayres. — Sonstige Länder.

Die Patentgesetzgebung in Canada stammt aus der Zeit, in welcher diese Colonie noch aus zwei gänzlich getrennten Gebieten bestand. Das Patentgesetz für Obercanada datirt vom 30. Mai 1849 (12 Victoria cap. 24), dasjenige für Untercanada vom 30. August 1851 (14 & 15 Victoria cap. 79). Dieselben sind abgedruckt in dem Amtsblatt des Englischen Patentamtes (Commissioner of Patents Journal Nr. 279. 625. 856. 1106. 1188 u. 1629). Beide Gesetze stimmen mit dem Patentrechte der Vereinigten Staaten in allen wesentlichen Punkten überein. Sie enthalten jedoch die allen übrigen Patentgesetzen auch der andern Englischen Colonien ganz fremde Bestimmung, dass Niemand ein Patent erhalten kann, als wer mindestens ein Jahr innerhalb der Colonie seinen Wohnsitz gehabt hat. Von dieser Beschränkung sind auch die Britischen Unterthanen nicht ausgenommen.

Auch in verschiedenen Staaten Südamerikas, nämlich in Brasilien, Chili, Peru, Neu-Granada, Buenos-Ayres und Paraguay bestehen Gesetze über die Ertheilung von Erfindungspatenten, welche indess weder juristische Besonderheiten, noch auch hinreichendes practisches Interesse bieten, um hier mitgetheilt zu werden. Es mag indess bemerkt werden, dass die Patente in den sämmtlichen vorerwähnten Staaten, mit Ausnahme von Buenos-Ayres, frei von Abgaben und nur unter der Bedingung der Ausführung im Inlande binnen zwei Jahren ertheilt werden.

In Buenos-Ayres beträgt die Patentabgabe 500 Pesos (700 Thlr.) für Erfindungspatente, 1000 Pesos (1400 Thlr.) für Einführungs- und Verbesserungspatente.

IX. Die Französische Gesetzgebung.

§. 38. Aelteres Recht.

Einfluss der Französischen Gesetzgebung auf das Ausland. — Abneigung gegen die obrigkeitliche Vorprüfung. — Privilegien des älteren Rechtes. — Königliche Manufacturen. — Fabrikreglements. — Turgots und Neckers Reformen. — Gesetz v. 24. Dezember 1762.

Die Französische Patentgesetzgebung ist zwar von weit jüngerem Datum als die Englische und nur aus der Nachbildung der letzteren hervorgegangen. Sie hat gleichwohl auf die Gesetzgebung der continentalen Staaten unmittelbar einen weit grösseren Einfluss ausgeübt, als das Englische Recht. Sämmtliche Staaten, mit Ausnahme von Preussen und Russland, haben sich dem in der Französischen Gesetzgebung angenommenen reinen Anmeldungssysteme angeschlossen und in vielen dieser Staaten sind getreue Nachbildungen der Französischen Patentgesetze — theils des Gesetzes von 1791, theils desjenigen von 1844 — eingeführt worden.

Der Vorzug, welcher den Grundsätzen der Französischen Patentgesetzgebung solcher Gestalt gegeben wurde, beruht zum Theil auf den formalen Vorzügen, durch welche sich beide Französische Gesetze vor der weitläuftigen und zugleich dunklen Fassung der Englischen und Nordamerikanischen Parlamentsacten unverkennbar auszeichnen; zum grösseren Theile aber auf dem Beifall, welchen das in der Französischen Gesetzgebung in der grössten Strenge durchgeführte Anmeldungsprincip sowohl bei den Gesetzgebern zu finden pflegt, welche darin die einfachste Lösung des an sich schwierigen Problemes der Patentgesetzgebung finden, als auch bei den Regierten, welche in diesem Grundsatz den sichersten Schutz gegen büreaukratische Bevormundung und Willkür erblicken.

Diese Abneigung gegen alles obrigkeitliche Ermessen und die gewaltsame Reaction gegen den auf allen Lebensverhältnissen lastenden Druck einer despotischen Verwaltung, welche alle Gesetzgebungsacte der Revolutionszeit beherrschte, war auch für das Patentgesetz des Jahres 1791 bestimmend und in dieser tiefgehenden Strömung darf der hauptsächlichste, wenn nicht der alleinige Grund gefunden werden, weshalb man in der Patentertheilung sich so weit von dem Muster der damals so viel bewunderten Gesetzgebung des Nordamerikanischen Freistaates entfernte und die Thätigkeit der patentertheilenden Behörde mit Ausschluss jeder Art der Vorprüfung auf die blosse Registrirung und Beurkundung des Gesuches beschränkte.

In der That fand das Misstrauen in die Einsicht und in die Fähigkeit der Verwaltung wohl auf keinem Felde grössere Nahrung, als auf dem Gebiete der Gewerbepolizei, welche während der beiden Jahrhunderte vor der Revolution in Frankreich das Beispiel des crassesten Zwanges und einer ebenso kleinlichen als allumfassenden Bevormundung geboten hatte. Und dieses Misstrauen hat nicht bloss, wie die Verhandlungen der constituirenden Nationalversammlung ergeben, die Richtung des ersten Französischen Patentgesetzes beeinflusst, sondern es ist bis heute in dem Geiste der Nation lebendig geblieben und hat jeden Versuch vereitelt, die offenbaren Schäden des reinen Anmeldungsprincips durch ein Vorprüfungs- oder Aufgebotsverfahren zu beseitigen. Nicht bloss der gewaltige Wille des ersten Consuls scheiterte in diesem Bestreben (vergl. unten §. 40 i. f.), sondern auch alle spätern Vorschläge zu einer Reform der Patentgesetzgebung in der angedeuteten Richtung wurden durch den einmüthig ausgesprochenen Widerwillen gegen jede Art der obrigkeitlichen Vorprüfung beseitigt.

Es ist deshalb für das Verständniss der Französischen Patentgesetzgebung und ihres Entwicklungsganges wichtig, den vor der Revolution bestandenen Rechtszustand kennen zu lernen. Indem dabei auf dasjenige Bezug genommen wird, was unten in der Einleitung zum Muster- und Formenschutz (§ 47) über den Zustand der älteren Französischen Gewerbegesetzgebung im

Allgemeinen gesagt ist, sollen im Folgenden die für den Schutz der Rechte des Erfinders bestandenen Normen und Einrichtungen in ihren allgemeinen Umrissen dargestellt werden.

In den älteren Zeiten war Alles, was zum Schutze der Erfindungen geschah, ein Ausfluss der Königlichen Willkür. Das ausschliessliche Recht zur Benutzung neuer Erfindungen wurde durch Privilegien gewährt, welche als Gesetz für den einzelnen Fall sowohl die Person des Berechtigten, als auch den Umfang und die Dauer des Rechtes, als endlich die Strafe und die Verfolgung der Beeinträchtigungen bestimmten. Es fehlte an jeder gesetzlichen Regel darüber, wem die ausschliessliche Benutzung zustehe und auf wie lange. Die Privilegien wurden ebenso willkürlich gewährt als zurückgenommen und es fehlt nicht an Beispielen, dass das Recht zur Benutzung neuer Erfindungen mit gänzlicher Umgehung des Urhebers als eine Königliche Gunstbezeugung an Höflinge vergeben wurde[1]).

Die erwähnten Privilegien hatten trotz der Willkürlichkeit ihrer Vergabung eine grosse Wichtigkeit für die freie Bewegung der Industrie und für die Realisirung ihrer Fortschritte. Der Schutz, welcher den Erfindungen nach der damaligen Lage der Gewerbegesetzgebung zu gewähren war, richtete sich ja nicht sowohl gegen die unbefugte Nachahmung, als vielmehr gegen die Verbote und Hindernisse, welche jeder neuen gewerblichen Thätigkeit von Seiten der bestehenden privilegirten Zünfte und gewerblichen Corporationen entgegengesetzt wurden. Der Er-

---

[1]) Als ein interessantes Beispiel kann der von Reouard, Traité des brevets d'invention 3me ed. p. 67 mitgetheilte Wortlaut eines von Louis XIV. an Mme. de Maintenon ertheilten Patentes für eine neue Construction von Feuerheerden gelten, welches lautet:

„Aujourd'hui, dernier jour de septembre 1674, le roi étant à Versailles, voulant gratifier et traiter favorablement dame Françoise d'Aubigné, veuve du feu sieur Scarron, S. M. lui a accordé et fait don du privilège et faculté de faire des âtres à des fourneaux, fours et cheminées d'une nouvelle invention, sans pouvoir néanmoins obliger les particuliers à s'en servir et prendre plus grande somme que celle dont il aura convenu, ni prétendre aucun droit de visite. Fait S. M. défense à toutes personnes de faire et contrefaire lesdits âtres à peine de 1500 livres d'amende, m'ayant S. M. commandé d'expédier à ladite dame Scarron toutes lettres à ce nécessaires et ce, pendant le présent brevet, qu'elle a signé de sa main et fait contrasigner par moi .... Colbert."

finder eines neuen Gewerbszweiges, weit entfernt, die Nachahmung in einem Staate befürchten zu müssen, in dem jede Art der Fabrication bis in die kleinsten technischen Details reglementirt war, bedurfte erst selbst eines Actes der Königlichen Machtvollkommenheit, um von diesen Reglements abweichen und ein Gewerbe treiben zu dürfen, welches unter keines der bestehenden zünftigen Handwerke subsumirt werden konnte, wohl aber vielleicht in das Absatzgebiet mehrerer diese Zünfte eingriff.

Als Argand die nach ihm benannte Lampe mit doppeltem Luftzuge erfunden hatte, musste er über die Benutzung dieser Erfindung gegen die Zünfte der Blechschmiede, der Schlosser, der Klempner und der Kurzwaarenhändler prozessiren. Als die Erfindung der Kattundruckerei von einigen Fabrikanten in Nantes und Rennes als gemeinschaftliche Unternehmung eingeführt werden sollte, opponirten dagegen die Zünfte der Weber, der Färber und der Lyoner Seidenfabrikanten[1]). Nachdem der Prozess im Jahre 1660 gewonnen war, waren die zusammengebrachten Fonds in den ungeheuren Prozesskosten erschöpft und die Opponenten hatten ihr Ziel, die Einführung einer neuen Industrie zu verhindern, vorläufig erreicht.

Solche Hindernisse wurden beseitigt durch die Ertheilung von Privilegien für neue Erfindungen, durch welche den darauf begründeten Fabriken die Freiheiten der „Königlichen Manufacturen" gewährt wurden. Diese Königlichen Manufacturen bildeten vereinzelte Stätten der freien Gewerbthätigkeit innerhalb einer durch tausend Schranken gehemmten und abgetheilten Industrie. Seit den Zeiten des grossen Colbert war in Frankreich eine Reglementirung aller Gewerbszweige herrschend geworden, welche für jedes Handwerk und für jede Fabrikation nicht bloss die Grenzen der Production gegenüber den andern verwandten Gewerbszweigen, sondern auch die Art der Production, das Mass und die Beschaffenheit der verwendeten Stoffe und die Verfertigung selbst bis in die kleinsten technischen

[1]) Die Vorstände dieser Zünfte machten in ihren Vorstellungen geltend: „Die Kattunfabrikation würde das Reich zu Grunde richten und die Arbeiterbevölkerung an den Bettelstab bringen. Alles sei verloren, wenn die Verwaltung sich nicht der Einführung der neuen Industrie widersetze." — Renouard, Traité des brevets d'invention p. 71.

Details polizeilich regelte. Die Schlosser waren nicht berechtigt, die Nägel zu verfertigen, welche sie in ihrem Gewerbe gebrauchten. Die Hutmacher durften nach einem Edicte vom 10. August 1700 nur reines Biberhaar oder reine Wolle, unter gewissen Bedingungen auch Kameelhaar oder Kaninchenhaar, niemals aber Hasenhaar verarbeiten. Den Tuchmachern waren durch achtzehn verschiedene Reglements die Breite der zu verfertigenden Stoffe, die Beschaffenheit derselben bis auf die Zahl der Fäden und die zu verwendenden Färbestoffe vorgeschrieben. Die im Jahre 1730 veröffentlichte Sammlung der damals geltenden gewerbepolizeilichen Reglements umfasste vier Quartbände, zu denen bis zur Herausgabe der Encyclopädie nach Rolands Angabe noch über 1000 neue Reglements hinzugekommen waren [1]).

Die Befolgung dieser Vorschriften wurde durch unaufhörliche polizeiliche Visitationen der Fabriken überwacht. Ausserdem mussten alle fabrizirten Stoffe auf den Bureaus der Gewerbepolizei mit Plomben versehen werden, welche deren reglementsmässige Güte bezeugten. Jede fehlerhafte Fabrikation wurde nach einer Verordnung vom 24. Dezember 1670 dadurch bestraft, dass das fehlerhafte Stück mit dem Namen des Fabrikanten oder des schuldigen Arbeiters an einem Galgen von 9 Fuss Höhe ausgehängt und dann vernichtet wurde. Im zweiten Rückfalle sollte der schuldige Fabrikant oder Arbeiter selbst mit der fehlerhaften Waare an demselben Pranger während zwei Stunden ausgestellt werden [2]).

Es kann nicht in Abrede gestellt werden, dass diese Reglements, durch welche Colbert die französische Industrie zur Blüthe zwingen wollte, diesen Zweck vorübergehend in einem hohen Grade erfüllt haben. Wie aber solche künstliche Eingriffe der Staatsgewalt in den naturgemässen Gang und in die Gesetze des Verkehrs nur vorübergehend als Reizmittel oder als Heilmittel für einen krankhaften Zustand Nutzen bringen können, so musste die Reglementirung der Industrie auf die Dauer um so schädlicher wirken, als sie jeden Fortschritt des Gewerbfleisses ignorirte und die Gewerbthätigkeit

---

[1]) Encyclopédie méthodique. — Manufactures, arts et metiers s. v. *Manufacture.*

[2]) Renouard, Traité des brevets d'invention p. 61.

in Regeln bannte, die unmittelbar nach ihrem Erlass schon durch die natürliche Fortentwicklung des Kunstfleisses überholt wurden und veralteten.

Der Zustand der Reglementirung wurde daher trotz zahlreicher Dispensationen, welche einzelnen Fabriken und ganzen Orten[1]) ertheilt wurden, schon lange vor der Revolution unerträglich. Im Jahre 1776 versuchte Turgot durch die Aufhebung sämmtlicher Gilden und Zünfte mit einem Schlage zur Gewerbefreiheit überzugehen. Der Widerstand der zahllosen Privatinteressen, welche durch diese Massregel verletzt wurden, führte indess noch in demselben Jahre den Sturz des Ministers und den Widerruf des Edictes herbei. Im Jahre 1779 führte jedoch Necker auf einem vorsichtigen Umwege die von seinem Vorgänger erstrebte Reform zum grössten Theile durch, indem durch das Edict vom 5. Mai den Fabrikanten die Wahl gelassen wurde, entweder die alte reglementirte Fabrikation beizubehalten oder neue Stoffe in beliebiger Art zu fabriziren.

Dasselbe Edict hob die Vorrechte der früheren Königlichen Manufacturen und diese Bezeichnung selbst im Art. 12 vollständig auf und entzog dadurch den bis dahin privilegirten Erfindern den bisher in dieser Form gewährten Rechtsschutz, indem ihre Fabrikation als eine nicht reglementirte Jedermann zur Benutzung frei gegeben wurde, ohne dass wie bisher die Nachahmung durch polizeiliche Ueberwachung der Fabriken verhindert worden wäre. Die Inhaber der Erfindungsprivilegien waren daher nunmehr in der Lage, sich selbst durch Berufung auf das in den Patenten ihnen verliehene ausschliessliche Recht gegen Beeinträchtigung zu schützen, und der Mangel eines gleichförmig durch das Gesetz geregelten Rechtsschutzes machte sich in empfindlicher Weise geltend.

Allerdings war bereits durch die Verordnung vom 24. Dezember 1762 der Versuch gemacht, durch einige allgemeine Bestimmungen die Rechte der Inhaber von Erfindungsprivilegien zu regeln. Es wurde bestimmt, dass die auf bestimmte Zeit

---

[1]) So war den Bewohnern des Faubourg Saint-Antoine und den Werkstätten in der Gallerie des Louvre seit 1602, den Fabrikanten von Nimes seit 1750 vollständige Befreiung von den Beschränkungen der Fabrikreglements gestattet. — Renouard, Traité des brevets d'invention p. 65, p. 77.

ertheilten Patente für die in dem Privilegium angegebene Dauer, die auf unbestimmte Zeit gewährten dagegen auf 15 Jahre in Kraft bleiben sollten. Zugleich war die Cession und die Vererbung der Erfindungspatente an die Königliche Genehmigung geknüpft und die Registrirung der Patente bei den Gerichtshöfen vorgeschrieben. Endlich wurde jedes Patent für erloschen erklärt, welches während der Dauer eines Jahres nicht in Ausübung gewesen war.

Allein diese Bestimmungen mussten ungenügend erscheinen, so lange die Bedingungen zur Erlangung des Rechtsschutzes selbst nicht durch das Gesetz geregelt waren, so lange die Ertheilung der Erfindungspatente lediglich von der Königlichen Machtvollkommenheit abhing und so lange die ertheilten Erfindungspatente auf einer Linie standen mit den willkürlichen Monopolen und Gewerbsprivilegien, welche ohne irgend ein durch Erfindung begründetes Anrecht in derselben Form und nach denselben Gesetzen an die Günstlinge des Hofes verliehen wurden.

§. 39. Die Gesetze der Revolutionszeit.

Anträge auf Einführung der Englischen Gesetzgebung. — Verhandlungen der Nationalversammlung. — Die Gesetze von 1791. — Gesetz vom 20. September 1792. — Die Zeit des Directoriums. — Reformversuche Napoleons.

Schon vor dem Ausbruche der Revolution war die Einführung einer Patentgesetzgebung nach dem Muster der Englischen befürwortet worden. Dieser Antrag war im Jahre 1787 von der Handelskammer der Normandie, im folgenden Jahre von den Generalinspectoren des Handels und von dem Französischen Gesandten in London Barthelemy gestellt. Er war ferner in mehreren der Cahiers, welche bei der Zusammenberufung der Allgemeinen Stände im Jahre 1789 als Instructionen für die Abgeordneten aufgestellt wurden, so unter andern von dem dritten Stande der Stadt Paris wiederholt worden.

Die constituirende Nationalversammlung wurde durch eine Petition von Ingenieuren im August 1790 mit diesem Gegenstande befasst und beauftragte das Comité für Ackerbau und

Handel mit dem Entwurfe eines Patentgesetzes, welcher in der Sitzung vom 30. Dezember 1790 von Boufler als Berichterstatter des Comités vorgelegt wurde. Der Entwurf wurde mit einigen Abänderungen in derselben Sitzung zum Gesetz erhoben und am 7. Januar 1791 vom Könige sanctionirt. Das Gesetz behielt im Art. 18 den Erlass eines Ausführungs-Reglements vor, mit dessen Vorbereitung die Comités für Ackerbau und Handel und für die Abgaben beauftragt wurden. Die Vorlegung des Entwurfes zu dieser Ausführungsverordnung erfolgte am 29. März 1791, rief jedoch erhebliche Discussionen hervor, bei welchen das Princip des Patentschutzes selbst in Frage gestellt und nichts weniger als die Zurücknahme des Patentes vom 7. Januar in Antrag gebracht wurde. Gleichwohl wurde die Ausführungsverordnung mit einigen untergeordneten Abänderungen des früher erlassenen Gesetzes am 14. Mai angenommen und am 25. Mai 1791 vom Könige sanctionirt[1]).

Das Gesetz vom 7. Januar 1791 geht im Eingange von der Erklärung aus, dass jede neue Idee, deren Realisirung der Gesellschaft nützlich werden könnte, dem Urheber eigenthümlich angehört und dass es ein wesentlicher Eingriff in die Menschenrechte sein würde, wenn die gewerbliche Erfindung nicht als Eigenthum des Erfinders betrachtet würde. Demzufolge wird im Art. 1 jede Erfindung in allen Zweigen des Gewerbfleisses zum Eigenthum ihres Urhebers erklärt und dem Letztern die ausschliessliche Nutzung in den durch das Gesetz festgesetzten Formen und Fristen zugesichert. Wer zuerst eine ausländische Erfindung in Frankreich einführt, soll derselben Vortheile geniessen, als wenn er selbst der Erfinder wäre (Art. 3). Doch soll die Geltung des Einführungspatentes niemals über die Frist hinaus dauern, welche in dem Heimathlande der Erfindung für das Recht des ersten Erfinders festgesetzt ist (Art. 9).

Das Patentgesuch wird beim Directorium des Departements eingelegt und muss von einer versiegelten Beschreibung und von den nöthigen Zeichnungen, Proben und Modellen begleitet sein.

[1]) Die Gesetze vom 7. Januar und vom 25. Mai 1791, deren Inhalt im Folgenden resumirt ist, haben noch heute in der Bayerischen Pfalz unveränderte Geltung behalten (vergl. oben S. 258).

Bei der Einlegung des Gesuches muss die Hälfte der Taxe zum voraus erlegt und die Zahlung der andern Hälfte binnen sechs Monaten versprochen werden. Das Gesuch wird präsentirt und mit den verschlossenen Beilagen an das Directorium der Erfindungspatente eingesandt, welches nach Eröffnung der Beschreibung das nachgesuchte Patent ausfertigt und durch das Directorium des Departements dem Erfinder zufertigt. Eine Prüfung des Gesuches findet nur insoweit statt, als kein Patentgesuch über mehr als eine Erfindung angenommen wird. Die ertheilten Patente werden in jedem Departement registrirt und das Register liegt auf dem Secretariate zu Jedermanns Einsicht offen. Die Beschreibungen werden bei dem Directorium der Erfindungspatente aufbewahrt und können dort von Jedermann eingesehen werden, falls nicht der gesetzgebende Körper auf Antrag des Patentinhabers aus überwiegenden Gründen die Geheimhaltung der Beschreibung genehmigt hat (Art. 4. 7. 10 und 11. — Gesetz vom 25. Mai 1791, Tit. I u. II).

Die Dauer des Patentes beträgt nach der Wahl des Patentsuchers fünf, zehn oder fünfzehn Jahre (Art. 8). Die Gebühren betragen je nach der Dauer des Patentes 300, 800 oder 1500 Livres.

Die Beeinträchtigung der Rechte des Patentinhabers begründet einen nach dem Umfange der stattgefundenen Nachahmung zu bemessenden Entschädigungsanspruch und zieht ferner eine Geldbusse im Betrage von einem Viertel der zuerkannten Entschädigung, jedoch höchstens von 3000 Livres, zu Gunsten der Armenkasse des Districtes nach sich, welche im Rückfalle verdoppelt wird. Wird die Anschuldigung der unerlaubten Nachahmung unbegründet befunden, so muss der Patentinhaber dem Beklagten Schadenersatz leisten für die etwa erlittene Störung und Beeinträchtigung seines Gewerbes und ein Viertel desselben Betrages, jedoch höchstens 3000 Livres, als Strafe an die Armenkasse entrichten (Gesetz vom 7. Januar 1791, Art. 12 u. 13).

Die Klage wegen des Eingriffs in das Patentrecht wird vor den Friedensgerichten im Civilverfahren verhandelt (Gesetz vom 25. Mai, Art. 11. 12).

Die Aufhebung des Patentes erfolgt im Rechtswege in folgenden Fällen:

1. wenn der Erfinder in der Beschreibung die wahren Mittel der Ausführung verheimlicht hat;
2. wenn er ausser den angegebenen Hülfsmitteln noch andere Geheimmittel bei der Fabrikation anwendet, ohne dieselben durch nachträgliche Erklärung seiner Beschreibung hinzuzufügen;
3. wenn die Erfindung schon vor der Patentirung in einem gedruckten und veröffentlichten Werke bekannt gemacht war;
4. wenn der Erfinder nicht binnen zwei Jahren die Erfindung in Ausübung setzt, sofern er nicht ausreichende Hinderungsgründe geltend machen kann;
5. wenn der Erfinder nach Ertheilung des Französischen Patentes ein Patent für denselben Gegenstand im Auslande löst.

Die Beschreibungen der erloschenen und der aufgehobenen Patente werden öffentlich bekannt gemacht (Gesetz vom 7. Januar 1791, Art. 16).

Nach dem Erlass der Patentgesetze von 1791 wurden Erfindungspatente auf Finanzpläne aller Art: für Lebensversicherungen, Hypothekenkassen, Banken u. s. w. in grösserer Zahl genommen, welche meist auf die Ausbeutung der steigenden Verwirrung in den Staatsfinanzen und in dem Umlaufe des Papiergeldes berechnet waren. Die gesetzgebende Versammlung sah sich daher genöthigt, in ihrer letzten Sitzung vom 20. September 1792 durch ein für dringlich erklärtes Gesetz die Ertheilung von Erfindungspatenten für alle finanziellen Einrichtungen und Projecte zu untersagen und die bereits ertheilten Patente dieser Art zu widerrufen.

Die nun folgende Zeit der gewaltsamen Umwälzungen und der blutigen Kriege war dem Unternehmungs- und Erfindungsgeiste wenig günstig, so dass trotz der erleichterten Bedingungen der Erwerbung die Zahl der ertheilten Erfindungspatente in den Jahren 1793 bis 1797 nur 25 oder jährlich 5 betrug. Gleichwohl wurden schon im Jahre 1798 in dem Rathe der Fünfhundert Anträge auf eine Reform der Patentgesetzgebung gestellt, welche die unterschiedslose Bewilligung der Patentgesuche beseitigen und ein Vorprüfungsverfahren durch eine dazu eingesetzte besondere Jury einführen sollten. Der in diesem Sinne von einer Commission in 14 Artikeln redigirte Gesetzentwurf fand jedoch nicht Annahme. Die Gesetzgebung blieb vielmehr unter dem Directorium unverändert. Dagegen machte das Directorium im Jahre 1798 mit der im Gesetze von 1791 bereits vorgesehenen Veröffentlichung der Beschreibung der erloschenen Patente den ersten Anfang und verordnete durch das Decret vom 17. Vendemaire des Jahres VII den Druck der Beschreibungen und Zeichnungen von 14 bis dahin erloschenen Patenten.

Die unterschiedslose Bewilligung aller Patentgesuche ohne irgend welche materielle Prüfung hatte bald noch einen gewichtigen Angriff zu bestehen, welcher von dem ersten Consul selbst ausging[1]). Im Jahre 1800 hatte ein Taschenspieler die Patentirung der sogenannten unsichtbaren Frau — eines akustischen Kunststückes, bei welchem Antworten auf Fragen scheinbar aus einer frei schwebenden Glaskugel ertheilt werden — nachgesucht und Lucian Bonaparte hatte als Minister des Innern das ausgefertigte Patent mit vielen andern dem ersten Consul zur Unterschrift eingelegt. Napoleon warf das Schriftstück unter den Tisch und fand es unpassend, dass man ihm Ungereimtheiten zur Unterschrift vorlege. Der Minister that sein Bestes, um ihm zu beweisen, dass das Gesetz die Ausfertigung des Patentes ohne Vorprüfung verordne, so unnütz oder so ungereimt auch der Gegenstand erscheinen möge.

Der erste Consul legte hierauf die folgenden Fragen zur Begutachtung vor:

1. ob nicht statt der Unterschrift des ersten Consuls eine andere Form der Ausfertigung gewählt werden könne?
2. ob es sich empfehle, Patente für Gegenstände zu ertheilen, die offenbar von keiner Bedeutung sind?
3. ob nicht ein Verfahren bei der Patentertheilung eingehalten werden könne, welches den Streitigkeiten über die Priorität der Erfindung vorbeuge und zugleich den Missbrauch verhindere, welcher mit dem Patente zur Täuschung solcher Personen getrieben werde, welche nicht wissen, dass dieselben ohne vorherige Prüfung von der Regierung ertheilt werden?

---

[1]) Renouard, Traité des brevets d'invention p. 113.

Man sieht, dass in der zweiten und dritten Frage die Mängel des reinen Anmeldungssystemes mit grossem Verständniss hervorgehoben sind und dass der erste Consul zur Beseitigung dieser Mängel an eine der Patentertheilung vorhergehende Erörterung und Entscheidung über die Priorität und Neuheit, sowie über den Werth der Erfindung dachte.

Der Bericht der berathenden Ausschüsse für Handel und für Gewerbe, welcher über diese Frage erfordert wurde, fiel jedoch in der Hauptsache verneinend aus und es wurde nur zur Beseitigung des ersten und des letzten der erhobenen Einwürfe eine Verordnung vorgeschlagen, welche festsetzte, dass die Entscheidung über das Patentgesuch künftig durch den Minister des Innern in der Form eines Certificats erfolgen solle, während die Patente selbst am Schlusse jedes Quartals von dem ersten Consul bewilligt und durch das Gesetzbulletin veröffentlicht werden sollten, ferner, dass unter jeder Patentausfertigung als Anmerkung die folgende Erklärung vermerkt werde:

> „Die Regierung, welche die Erfindungspatente ohne Vorprüfung ertheilt, garantirt damit in keiner Weise weder die Priorität, noch den Werth, noch auch den Erfolg der Erfindung."

Diese Verordnung wurde am 5. Vendemaire des Jahres IX erlassen.

Durch ein Kaiserliches Decret vom 25. November 1806 wurde die im Art. 14 Tit. 2 des Gesetzes vom 25. Mai 1791 nach dem Muster des Englischen Rechtes aufgenommene Bestimmung aufgehoben, welche verbot, die patentirte Erfindung zum Gegenstande eines Actienunternehmens zu machen. Die Begründung eines solchen Actienunternehmens wurde dagegen von der Genehmigung der Regierung abhängig gemacht.

Eine andere Verordnung vom 25. Januar 1807 beseitigte einen Zweifel, welcher durch das Decret vom 25. November 1806 über die Patentdauer entstanden war, und bestimmte, dass dieselbe von der Ausfertigung des durch den Minister des Innern ertheilten Certificats an zu berechnen sei und dass dieses Certificat dem Erfinder bereits einen vorläufigen Schutz bis zu der am Quartalschlusse erfolgenden definitiven Patentertheilung gewähre. Zugleich wurde eine Lücke in der Gesetzgebung von

1791 ergänzt, indem bestimmt wurde, dass bei dem Zusammentreffen zweier Patente über denselben Gegenstand die Priorität durch den Zeitpunkt der Einlegung des Patentgesuches bei der Präfectur des Departements bestimmt werde.

Mit dieser Verordnung war die Französische Gesetzgebung bis zu der im Jahre 1844 erfolgten vollständigen Erneuerung abgeschlossen. Nur eine einzige mittelbare Veränderung des Rechtszustandes trat am Schlusse dieser Periode durch das Gesetz über die Friedensgerichte vom 25. Mai 1838 ein, welches im Art. 20 die Klagen auf Aufhebung oder Nichtigerklärung eines Patentes an die Civilgerichtshöfe, die Klagen wegen der Beeinträchtigung vor die Zuchtpolizeigerichte verwies und damit die Competenz der Friedensgerichte in den Patentstreitigkeiten ganz beseitigte.

§. 40. Das Patentgesetz vom 5. Juli 1844.

Entstehungsgeschichte. — Anmeldungsprincip. — Frühere Angriffe auf dasselbe. — Discussionen der Pairskammer. — Einwürfe gegen das Aufgebot. — Gesetzentwurf von 1858.

Die Entwerfung eines neuen Patentgesetzes war von der Französischen Regierung bereits im Jahre 1828 in Aussicht genommen. Die Vorbereitungen dazu dauerten mit häufigen Unterbrechungen bis zum Jahre 1843, in welchem der vom Staatsrathe festgestellte Entwurf der Pairskammer vorgelegt wurde. Nachdem der Entwurf in der Pairskammer discutirt und angenommen war, gelangte er an die Kammer der Abgeordneten. Die weitere Discussion wurde indess durch den Schluss der Session verhindert. Im Jahre 1844 wurde der Entwurf von Neuem in der Deputirtenkammer eingebracht, von dieser sowie von der Pairskammer nach eingehenden Verhandlungen und mit einer Anzahl von Abänderungen angenommen und demnächst am 5. Juli 1844 als Gesetz verkündet.

Das Gesetz von 1844 hebt die früher bestandene Patentgesetzgebung vollständig auf (Art. 52). Es behält jedoch das leitende Princip des früheren Gesetzes: das reine Anmeldungsverfahren mit Ausschluss jeder Art der Vorprüfung bei.

Allerdings hat es auch in Frankreich weder bei den früheren legislatorischen Verhandlungen, noch auch bei der Berathung des Gesetzes von 1844 an Stimmen gefehlt, welche dieses System bekämpften.

Schon bei der Discussion des Gesetzes vom 25. Mai 1791 erklärte sich Dionis gegen die Ertheilung der Patente auf die blosse Anmeldung. Er warf die Frage auf, wozu das Directorium der Patente eigentlich errichtet sei, ausser etwa bloss um das Geld einzunehmen. „Wenn nach dem vorgeschlagenen Gesetze das Patentgesuch nicht zurückgewiesen werden könne, so würde jeder Charlatan und jeder Betrüger sich ein Patent anschaffen und die Zahl der Streitigkeiten werde endlos sein. Da ebensowenig das Patentamt zum willkürlichen Richter über die Erfindungen gesetzt werden dürfe, so müsse ein öffentliches und contradictorisches Verfahren eintreten. Früher habe die Polizeibehörde die Zunft des Gewerbes berufen, welchem die Erfindung angehörte, deren Patentirung verlangt wurde. Eine ähnliche Einrichtung sei dringend geboten“ [1]).

Allein die Abneigung gegen jede Art der administrativen Entscheidung war so gross, dass diese Anträge keine Unterstützung fanden. Der Berichterstatter des Ausschusses sprach in bitteren Worten das Urtheil über die bisherige Handhabung des Patentschutzes: „Ungeschickt zum Guten, erfahren allein in dem Bösen, vermehrt die Verwaltung durch ihre Einmischung nur die öffentlichen Bedürfnisse, gegen welche sie sich verhärtet. Im fiskalischen Interesse entzündet sie die Eifersucht und die Feindseligkeit der Gewerbe gegen einander.“ Er schildert die Lage eines Erfinders, welcher seine Erfindung, den Gegenstand so vieler Hoffnungen, die Frucht so vieler Anstrengungen einem Beamten vorlegt. „Man empfängt ihn mit verdriesslichem Gesichte, man durchläuft das Gesuch mit zerstreuter Miene, man giebt es mit Geringschätzung zurück.“ — Und wer waren die zur Prüfung bestellten Censoren? „Bald waren es fiskalische Bediente, welche der Unduldsamkeit gegen Alles, was nicht aus der Verwaltung hervorging, wie einem Glaubensartikel huldigten, bald die Vertreter der Zünfte und Innungen, welche in jeder Neuerung eine Gefahr und in jedem Erfinder einen Feind erblickten.“

[1]) Renouard, Traité des brevets d'invention p. 99.

Das waren die Gründe, auf welche hin der Antrag verworfen wurde, den Streit über die Priorität und Neuheit der Erfindung in den Zeitpunkt vor der Patentertheilung zu verlegen, anstatt denselben nach der Patentirung in hundert Prozessen vor hundert Gerichtshöfen ausfechten zu lassen (vergl. oben S. 121); das Erfindungspatent erst nach contradictorischer Feststellung der Bedingungen seiner Ertheilung auszufertigen, anstatt dass dasselbe für alle, auch für die frivolsten und ungereimtesten Gesuche[1]) ertheilt und der nachherigen Anfechtung überlassen wird.

Nachdem indess einmal die Richtung der Gesetzgebung fixirt war, wurde es zusehends schwerer, das in derselben angenommene Princip zu erschüttern. So wie Eude im Rathe der Fünfhundert mit dem Antrage auf Einführung einer Vorprüfung und Napoleon mit dem Verlangen einer vorgängigen Entscheidung über die Priorität der Erfindung scheiterten (oben S. 326 f.), so erging es auch bei den Berathungen des Gesetzes von 1844 dem einzigen namhaften Gegner des blossen Anmeldungsverfahrens, Etienne Arago, obgleich er die practischen Folgen dieses Systems aus der bisherigen Erfahrung in schlagender Weise nachwies[2]).

Die Gründe, welche gegen die Einführung einer Vorprüfung der Patentgesuche bei der Debatte in der Französischen Pairskammer geltend gemacht wurden, bieten wenig neue Gesichtspunkte[3]). Sie richten sich ohne Ausnahme gegen die Voraus-

---

[1]) Vergl. oben S. 134.

[2]) Arago, Oeuvres complètes tom. 6 p. 677 sq.

[3]) Sie werden von Renouard, Traité des brevets d'invention p. 368 wie folgt resumirt: „Les inventeurs doivent redouter l'examen préventif: il compromet la propriété de leur découverte par la nécessité d'en livrer préalablement le secret; il les expose aux chances de refus immérités et à la ruine de justes espérances, il convertit leur droit en une sollicitation de faveur administrative.

Pour l'administration ce serait le plus périlleux des présents, plein de tâtonnements, d'incertitudes, d'erreurs, de tentations, d'obsessions, d'attaques; la responsabilité en serait écrasante, les longs et minutieux travaux, qu'il imposerait n'aboutiraient qu'à des conjectures.

Pour réclamer l'examen préalable c'est surtout l'intérêt public qu'on invoque; mais en supposant que le public dût gagner quelque chose à être debarassé d'un certain nombre de brevets, cet avantage

setzung einer von Amts wegen erfolgenden Vorprüfung, bei welcher nach dem Ermessen der Regierung das Patent ertheilt oder versagt wird. Die von Napoleon und früher von Dionis verlangte Lösung, welche den Prioritätsstreit und die contradictorische Feststellung der Neuheit der Erfindung der Patentertheilung vorhergehen lässt, hat in den Verhandlungen keine Berücksichtigung gefunden. Auch fragt man vergebens nach den Gründen, aus welchen die Prüfung der gesetzlichen Bedingungen des Patentschutzes nach der Patentirung mit grösserer Sicherheit oder mit geringeren Gefahren für den Erfinder und für das Publicum vorgenommen werden könnte als vorher. Man forscht vergebens nach der Ursache, weshalb diese Interessen besser gewahrt seien durch ein repressives Verfahren, bei welchem Zeit und Ort der Verhandlung von der zufälligen Bestimmung der klagenden Parteien abhängig sind, als bei einem präventiven Aufgebote, welches alle Einsprüche gegen das behauptete Recht des Erfinders in einem Verfahren vor einem und demselben Gerichtshofe zur Entscheidung bringt.

Die einzige Einwendung von Belang, welche gegen ein solches der Patentirung vorausgehendes Aufgebot erhoben wurde, war die Frage, ob gegen ein auf solche Weise aufgebotenes Erfindungspatent nachträglich noch dem einzelnen Betheiligten der Widerspruch im Wege Rechtens offen gehalten werden solle oder nicht. In dem einen Falle werde der Nutzen des Aufgebotes aufgehoben, im andern aber eine Gefahr für die durch das ertheilte Patent benachtheiligten Privatinteressen hervor-

se trouverait compensé par la perte de plusieurs industries rejetées. Telle invention sans importance aux yeux des examinateurs peut avoir pour quelques consommateurs de l'utilité et du prix. Si d'ailleurs il est demontré que la censure nuit aux inventeurs, il en resulte qu'elle nuit aussi au public qui a intérèt à ce que les inventeurs soient encouragés. Il y a plus; cette censure serait pour le public une cause certaine et directe d'erreurs. Si le public était trompé, il le serait avec autorisation et son erreur n'en serait que plus grave et plus obstinée. Or quelques soins que l'on prît, il y aurait toujours des erreurs; le gouvernement n'est pas infaillible, les jurys les plus doctes et les plus justes se trompent dans leurs prévisions. Abstraction faite de tous les abus pouvant résulter de la corruption, de la faveur, de la compassion, de la jalousie, de l'inimitié, de l'étourderie, de la négligence, il y aurait en grand nombre des brevets accordés pour des inventions sans mérite, comme des brevets refusés pour des inventions profitables.

gerufen, welche durch keine noch so grosse Sorgfalt bei der Prüfung des Patentgesuches hinreichend vermieden werden könne[1]).

In der That vermeiden die bestehenden Gesetzgebungen, welche eine Vorprüfung des Patentgesuches, sei es mit, sei es ohne contradictorisches Verfahren, eintreten lassen, diesen Einwurf keineswegs, weder das Preussische Recht, welches dem Gewerbtreibenden, dessen Betrieb durch das Patent beschränkt wird, so wenig bei der Ertheilung des Patentes, als bei dem Prozesse über die behauptete Beeinträchtigung gestattet, die Gültigkeit des Patentes anzufechten, noch auch die Gesetzgebungen von England, Nordamerika und Russland, welche trotz der der Patentertheilung vorhergehenden Erörterung der collidirenden Ansprüche die nachträgliche Anfechtung des Patentes im Rechtswege ohne alle Einschränkung gestatten.

Gleichwohl ist das angebliche Dilemma leicht zu vermeiden, indem dem Aufgebotsverfahren, welches der Patentertheilung vorhergehen soll, eine präcludirende Wirkung nur gegenüber denjenigen Personen beigelegt wird, welche in dem contradictorischen Verfahren über die Ertheilung des Patentes als Opponenten aufgetreten sind, während den übrigen Betheiligten der Rechtsweg auch nach der Ertheilung des Patentes offen bleibt, jedoch nur in Bezug auf ihre eigene Berechtigung zu dem patentirten Gewerbebetriebe, während die Gültigkeit des auf erfolgtes Angebot und nach Verwerfung der erhobenen Einsprüche ertheilten Patentes als solchen nicht mehr anzufechten wäre.

Es ist von Interesse, zu constatiren, dass auch die Französische Regierung neuerdings den Versuch gemacht hat, das Verfahren bei der Patentertheilung in diesem Sinne zu reformiren.

Nach dem oben S. 121 erwähnten Entwurfe eines neuen Patentgesetzes, welcher im Moniteur universel vom 3. Juli 1858 abgedruckt ist, sollten zwar die Erfindungspatente wie bisher auf blosse Anmeldung und ohne jede Vorprüfung ertheilt werden. Es sollte jedoch dem Patentinhaber freistehen, zu jeder Zeit während der Patentdauer das Aufgebotsverfahren in Antrag zu

---

[1]) Renouard l. c. p. 367.

bringen. Nach Verwerfung der in diesem Verfahren erhobenen Einsprüche sollte das Patent unanfechtbar werden. Doch sollte dem Inhaber eines älteren Patentes, sowie demjenigen, welcher die Erfindung vor der Anmeldung des Patentes practisch ausgeübt, ihr Recht gewahrt bleiben, sofern sie nicht etwa mit ihren bezüglichen Ansprüchen in dem Aufgebotsverfahren als Opponenten aufgetreten und zurückgewiesen sein möchten.

Obgleich der erwähnte Gesetzvorschlag von der Französischen Regierung nicht weiter verfolgt zu sein scheint, so erhellt doch, dass auch in Frankreich das Prinzip des blossen Anmeldungsverfahrens durch die Erfahrung verurtheilt ist und dass die Nothwendigkeit erkannt ist, den Erfindungspatenten eine haltbarere rechtliche Grundlage zu geben, als sie nach der bestehenden Gesetzgebung besitzen.

Ungeachtet der Einwendungen, welche gegen das Prinzip der in Frankreich herrschenden Patentgesetzgebung zu erheben sind, muss der hohe Grad der Ausbildung anerkannt werden, welchen dieses Rechtsgebiet in der Französischen Gesetzgebung erlangt hat, und mit diesen formalen Vorzügen des Gesetzes gehen Hand in Hand die Leistungen einer sehr ausgebildeten Jurisprudenz, aus deren Schriften die folgenden Werke, deren Benutzung nicht bloss für das Studium der Französischen Gesetzgebung, sondern des Patentrechtes überhaupt sich empfiehlt, besonders hervorzuheben sind:

A. Gambastide, Traité théorique et pratique des contrefaçons en tous genres ou de la propriété en matière de littérature, d'art et d'industrie. Paris 1837.

A. Ch. Renouard, Traité des brevets d'invention. Paris 3 edit. 1865.

E. Blanc et Beaune, Code général de la propriété industrielle littéraire et artistique. Paris 1854.

Pataille et Huguet, Code international de la propriété industrielle etc. Paris 1855.

Calmels, De la propriété et de la contrefaçon des oeuvres de l'intelligence. Paris 1856.

§. 41. Das Patentgesetz von 1844 (Fortsetzung).

Gegenstände. — Patentgesuch. — Prüfung des Gegenstandes. — Verbesserungspatente. — Cession. — Publication der Beschreibungen. — Nichtigkeit und Verwirkung. — Verfolgung der Contraventionen.

Nach Art. 1 des Gesetzes vom 5. Juli 1844 ist das ausschliessliche Recht des Erfinders eine unmittelbar aus dem Gesetze fliessende Folge der Thatsache der Erfindung selbst, welche durch das von der Regierung ertheilte Patent nur constatirt wird[1]).

Als neue Erfindungen werden betrachtet: neue Producte, neue Hülfsmittel oder neue Verfahrungsweisen bei der gewerblichen Fabrikation (Art. 2). Von der Patentirung sind ausgeschlossen die Arzneimittel aller Art und die Finanzpläne (Art. 3). Die Dauer der Patente beträgt nach Wahl des Erfinders fünf, zehn oder fünfzehn Jahre. Die Verlängerung der Patentdauer kann nur durch ein Gesetz erfolgen (Art. 15). Die Patentdauer für eine im Auslande bereits patentirte Erfindung darf die Dauer des ausländischen Patentes niemals überschreiten (Art. 29). Die Abgabe, welche für das Patent zu entrichten ist, beträgt jährlich 100 Frcs. Die Nichtzahlung einer Jahresrente zieht den Verlust des Patentes nach sich (Art. 4).

Das Patentgesuch muss an den Minister für Ackerbau und Handel gerichtet und auf dem Secretariat des Departements, in welchem der Erfinder wohnt, oder für diesen Zweck Domizil wählt, hinterlegt werden. Es muss von der Beschreibung, den für das Verständniss der letzteren etwa erforderlichen Zeichnungen und Mustern und von einem Verzeichniss der deponirten Stücke begleitet sein (Art. 5).

Das Gesuch darf nur einen Hauptgegenstand umfassen, welcher indess aus verschiedenen Theilen zusammengesetzt sein und verschiedene Anwendungen zulassen darf. Das Gesuch

---

[1]) Art. 1. Toute nouvelle découverte ou invention dans tous les genres d'industrie confère à son auteur sous les conditions et pour le temps ci après déterminés, le droit exclusif d'exploiter à son profit la dite découverte ou invention. Le droit est constaté par des titres délivrés par le gouvernement sous le nom de brevets d'invention.

muss einen Patenttitel angeben, welcher die summarische und genaue Bezeichnung des Gegenstandes der Erfindung enthält. Die Beschreibung muss in Französischer Sprache verfasst sein; sie darf weder Abänderungen noch Zusätze enthalten. Die Zahl der durchstrichenen Worte soll angegeben und die Seiten sollen paraphirt werden. Es dürfen nur die gesetzlich zulässigen Mass- und Gewichtsangaben gebraucht werden. Die Zeichnungen müssen in Tinte und nach metrischem Massstabe ausgeführt sein. Beschreibung und Zeichnungen müssen in zwei Exemplaren eingereicht werden. Alle Stücke müssen von dem Bewerber oder seinem Mandatar unterzeichnet sein (Art. 6).

Die Hinterlegung wird nur gegen Vorzeigung der Quittung über die erste Jahresrate der Patentabgabe (100 Frcs.) angenommen. Sie wird durch ein Protocoll constatirt, welches in ein dazu bestimmtes Register eingetragen und von dem Bewerber unterzeichnet wird. Letzterer erhält eine Ausfertigung des Protocolls gegen Erlegung der Stempelgebühr (Art. 7).

Die Dauer des Patentes läuft vom Tage der Hinterlegung (Art. 8). Sogleich nach der Eintragung des Gesuches und spätestens fünf Tage nach der Hinterlegung sendet der Präfect die eingereichten Stücke unter dem Siegel des Erfinders an den Minister für Ackerbau und Handel mit einer beglaubigten Abschrift des Hinterlegungsprotokolls ein (Art. 9). Auf dem Ministerium werden die Gesuche eröffnet und nach der Reihenfolge des Eingangs registrirt. Das Patent wird, falls das Gesuch gehörig angebracht ist, ohne Vorprüfung auf Gefahr des Bewerbers ertheilt, ohne Garantie für die Wirklichkeit, die Neuheit oder den Werth der Erfindung oder für die Treue und Genauigkeit der Beschreibung. Die Patenturkunde besteht in einer Verfügung des Ministers, welche die ordnungsmässige Einlegung des Gesuches constatirt und mit dem Duplicate der Beschreibung und der Zeichnungen, nachdem die Uebereinstimmung desselben mit dem Hauptexemplare festgestellt ist, verbunden wird (Art. 10).

Jedes Gesuch, in welchem die durch Art. 4 und 6 vorgeschriebenen Förmlichkeiten nicht gewahrt sind, wird zurückgewiesen. Der Bewerber erhält die Hälfte der eingezahlten Abgabe zurück. Er ist jedoch auch befugt, auf Grund der geleisteten Anzahlung sein Gesuch binnen drei Monaten nach dem Tage der Zurückweisung zu erneuern. Wenn das Patent auf Grund des Artikel 3 verweigert wird, so wird die ganze Abgabe zurückerstattet (Art. 12. 13).

Die vorstehenden Bestimmungen über die Patentertheilung sind diejenigen, welche bei der Redaction des Gesetzes sowohl als auch in der practischen Anwendung zu den meisten Zweifeln Veranlassung gegeben haben. Während auf der einen Seite der Grundsatz festgehalten wird, dass jede materielle Prüfung des Gesuches selbst in Bezug auf die Vollständigkeit und Verständlichkeit der Beschreibung ganz unbedingt ausgeschlossen sein soll, hat auf der andern Seite doch die formelle und äusserliche Prüfung des Patentgesuches nicht ausgeschlossen werden können, und es ist kaum ausführbar, die Grenzen dieser blos formellen und der auf den materiellen Inhalt des Gesuches eingehenden Prüfung mit vollständiger Sicherheit zu ziehen.

Zunächst ist man darüber einverstanden, dass die Prüfung sich darauf erstrecken soll, ob der Gegenstand der Erfindung unter die im Art. 3 ausgeschlossenen Kategorien fällt, da ohne dies das Verbot der Patentirung von Arzneimitteln und Finanzplänen wirkungslos bleiben würde. Dies ist auch im Art. 13 ausdrücklich ausgesprochen. Dagegen unterliegt die Patentfähigkeit des Gegenstandes im Uebrigen nicht der Vorprüfung. Es müssen daher auch die über rein theoretische Probleme oder über ganz unhaltbare Dinge nachgesuchten Patente ausgefertigt werden, und es werden solche Patente, wie oben S. 134 angeführt, alljährlich auch ertheilt. Selbst die Gesetzwidrigkeit, die Immoralität oder die Gefährlichkeit des Gegenstandes bildet keinen Grund zur Zurückweisung des Patentgesuches, sondern nur einen Nichtigkeitsgrund, auf welchen hin nach Art. 30 und 37 die Staatsbehörde auf gerichtliche Aufhebung des von ihr ertheilten Patentes klagen kann. Auch für Arzneimittel und Finanzpläne soll die Patentirung nach den Materialien des Gesetzes nur unter der Voraussetzung versagt werden, dass geradezu in dem Patenttitel einer der im Art. 3 ausgeschlossenen Gegenstände als Object der Erfindung bezeichnet wird. Ist derselbe dagegen unter einer andern Benennung versteckt, so dass erst aus der Beschreibung ersichtlich wird, dass der Gegenstand unter eine der ausgeschlossenen Kategorien fällt, so muss das Patent ertheilt werden und es tritt die Klage auf Nichtigkeitserklärung nach Artikel 30 und 37 ein[1]).

In Bezug auf die Vollständigkeit der Beschreibung ergeben sich ähnliche Schwierigkeiten aus der Redaction der Art. 4 und 12 des Gesetzes. Nach Art. 12 soll das Gesuch zurückgewiesen werden, wenn die im Art. 4 unter Nr. 2 und 3 vorgeschriebenen Förmlichkeiten nicht erfüllt sind. Nach Art. 4 Nr. 3 gehört aber zur Vollständigkeit des Gesuches die Einreichung der etwa zum Verständniss der Beschreibungen erforderlichen Zeichnungen und Muster. Hieraus würde folgen, dass die Behörde die Verständlichkeit der Beschreibung in Bezug auf dieses Requisit zu prüfen hätte, während ihr diese Prüfung im Uebrigen durch Art. 11 untersagt ist. Die Praxis ist jedoch darüber einverstanden, dass das Patentgesuch nur in dem Falle nach Art. 12 und 4 Nr. 3 zurückgewiesen werden darf, wenn die in der Beschreibung ausdrücklich in Bezug genommenen Zeichnungen nicht beigefügt sind[2]).

Die ertheilten Patente werden vierteljährlich durch Königliche Verordnung im Gesetzbulletin bekannt gemacht (Art. 14).

Der Patentinhaber kann während der Patentdauer Veränderungen und Verbesserungen in der für die Patentgesuche durch Art. 5 bis 7 vorgeschriebenen Form anmelden. Diese Veränderungen oder Verbesserungen werden in derselben Form wie die ursprüngliche Erfindung patentirt. Will der Patentinhaber den Patentschutz nur für die noch übrige Dauer des ursprünglichen Patentes erlangen, so erhält er ein blosses Zusatzzeugniss (*certificat d'addition*), für welches nur 20 Frcs. als einmalige Abgabe zu erlegen sind[3]). Doch steht ihm frei, ein neues Patent für die Verbesserung gegen Erlegung der vollen Taxe auf die volle Dauer von fünf, zehn oder fünfzehn Jahren zu lösen (Art. 16. 17).

---

[1]) Renouard, Traité des brevets d'invention p. 370 p. 375.

[2]) Renouard l. c. p. 384.

[3]) Wenn Einer von mehreren an dem Patente Betheiligten ein Zusatzzeugniss für eine Verbesserung löst, so kommt dasselbe nach Art. 16 auch den übrigen Theilhabern zu Gute. Dasselbe gilt nach Art. 22 für alle, welche das Recht zur Ausführung der Erfindung von dem Patentinhaber erlangt haben. Diese Bestimmung kann übrigens durch Lösung eines eigenen Patentes für die Verbesserung gemäss Art. 17 umgangen werden.

Während des ersten Jahres nach der Anmeldung des Patentgesuches ist der Patentinhaber allein berechtigt, mit Erfolg ein Patent für eine Veränderung oder Verbesserung der patentirten Erfindung zu lösen.

Will während dieser Zeit ein Anderer sich das Recht auf die Patentirung einer solchen Verbesserung sichern, so soll er sein Gesuch unter Siegel einreichen. Dasselbe wird sodann bis zum Ablaufe des Jahres versiegelt aufbewahrt und demnächst behufs der Ausfertigung des Patentes eröffnet. Doch behält der Inhaber des ursprünglichen Patentes für die von ihm selbst während des ersten Jahres angemeldete Verbesserung den Vorzug. Wenn ein Dritter ein Patent für die Veränderung oder Verbesserung einer patentirten Erfindung erlangt, so ist er nicht berechtigt, die früher patentirte Erfindung anzuwenden. Ebensowenig ist der Inhaber des älteren Patentes befugt, sich die patentirte Verbesserung anzueignen (Art. 18. 19).

Die Cession des Erfindungspatentes oder eines Antheiles daran kann erst nach Erlegung der vollen Abgabe für die ganze Patentdauer erfolgen[1]). Sie muss notariell geschehen und hat gegenüber Dritten erst dann rechtliche Wirkung, wenn sie auf dem Secretariat der Präfectur registrirt ist, in deren Departement der Act aufgenommen ist. Die erfolgte Registrirung wird dem Ministerium für Ackerbau und Handel angezeigt und dort in ein Register eingetragen, auf Grund dessen vierteljährlich die erfolgten Besitzveränderungen durch Königliche Verordnung im Gesetzbulletin bekannt gemacht werden (Art. 20. 21).

Die Cessionare sowie diejenigen, welche von dem Patentinhaber das Recht erlangt haben, die Erfindung auszuführen, sind von Rechts wegen befugt, von den Zusatzzeugnissen Gebrauch zu machen, welche der Patentinhaber nachträglich für Verbesserungen seiner Erfindung erlangt. Ebenso kommen die an die Cessionare ertheilten Zusatzzeugnisse dem Patentinhaber zu Gute (Art. 22).

---

[1]) An diese Bestimmung des Art. 20 knüpft sich die einzige practische Wirkung der im Art. 4 aufgestellten Unterscheidung der Patente auf fünf, zehn und fünfzehn Jahre.

Im Uebrigen gelten für die Cession der Erfindungspatente die Regeln des Civilrechtes. Der Cedent muss nach Art. 1128 und 1131 des Code civil für die Rechtsgültigkeit des abgetretenen Patentes Gewähr leisten. Daher kann die Cession als ungültig angefochten und die Zahlung der Valuta verweigert werden, wenn das Patent wegen der mangelnden Neuheit oder Patentfähigkeit des Gegenstandes oder wegen der mangelhaften Beschreibung rechtsungültig ist[1]).

Der Contract, durch welchen das Recht zur Ausführung der Erfindung eingeräumt wird, ohne dass der Patentinhaber sich seines Rechtes der ausschliesslichen Benutzung dritten Personen gegenüber begibt, enthält keine Uebertragung dieses Rechtes, sondern nur die Bestellung eines davon abgeleiteten Rechtes. Der Inhaber einer solchen vom Patentinhaber erlangten Concession ist daher nicht befugt, aus eigenem Rechte die Klage wegen der unbefugten Nachahmung der patentirten Erfindung anzustellen. Er muss vielmehr sich an den Patentinhaber wenden und wenn dieser ihm keinen Schutz verschafft, von demselben Entschädigung oder Aufhebung des Contractes fordern[2]).

Die Beschreibungen und deren Beilagen werden während der Patentdauer im Ministerium für Ackerbau und Handel aufbewahrt und können dort von Jedem eingesehen werden. Auch

---

[1]) Vergl. Renouard, Traité des brevets d'invention p. 394 f. und die daselbst angeführten Urtheile des Pariser Cassationshofes vom 21. Februar 1837, vom 15. Juni 1842, vom 15. Juni 1858 und vom 27. Mai 1839. Das zuletzt angeführte Urtheil in Sachen de Wendel contra Taylor betrifft die Cession eines Patentes für Anwendung heisser Gebläseluft beim Hochofenbetriebe. Die Cession war im Jahre 1834 gegen eine jährliche Zahlung von 12,000 Frcs. erfolgt. Im Jahre 1836 wurde das Patent wegen eines Fehlers in der Beschreibung annullirt. Die Klage der Cessionarin gegen den ursprünglichen Patentinhaber auf Erstattung der für zwei Jahre bezogenen Zahlung wurde jedoch abgewiesen in der Erwägung, dass die Cessionarin bis zur Aufhebung des Patentes im ausschliesslichen Genusse der unbestritten neuen und patentfähigen Erfindung verblieben sei, folglich auch für diesen Zeitraum die stipulirten Zahlungen habe leisten müssen, während sie für die noch übrige Zeit durch die Aufhebung des Patentes von den weiteren Zahlungen befreit sei.

[2]) Urtheil des Pariser Cassationshofes vom 8. März 1852 (Renouard l. c. p. 397).

werden davon auf Erfordern Abschriften gegen Erstattung der Kosten ertheilt. Nach erfolgter Zahlung der zweiten Jahresrate (also nach Ablauf eines Jahres) werden die Beschreibungen und Zeichnungen entweder textgetreu oder im Auszuge veröffentlicht. Ausserdem wird am Anfang jedes Jahres ein Verzeichniss der Patenttitel von den im verflossenen Jahre gelösten Erfindungspatenten veröffentlicht. Beide Sammlungen liegen bei dem Ministerium für Ackerbau und Handel und auf dem Secretariat jedes Departements zur Einsicht offen (Art. 23—25).

Die beiden offiziellen Sammlungen, welche nach Vorschrift der Art. 24 und 25 von der Französischen Regierung veröffentlicht werden, bilden die Fortsetzung der gleichen Publicationen, welche bis zum Jahre 1844 auf Grund der Art. 11 und 16 des Gesetzes vom 7. Januar 1791 herausgegeben wurden. Die Sammlung der Beschreibungen und Zeichnungen bis zum Jahre 1862 umfasst 134 Bände, der Katalog der Patenttitel 20 Bände[1]).

Die Aufhebung der ertheilten Patente erfolgt entweder wegen ursprünglicher Nichtigkeit oder wegen folgender Verwirkung.

Ursprünglich nichtig sind die Patente:

1. wenn die Erfindung nicht neu ist, d. h. wenn sie vor dem Tage der Anmeldung des Patentgesuches in Frankreich oder im Auslande hinlänglich bekannt gemacht war, so dass sie danach ausgeführt werden konnte (Art. 31);
2. wenn sie nach Artikel 3 von der Patentirung ausgeschlossen ist;
3. wenn das Patent für eine theoretische Entdeckung oder Methode nachgesucht ist, deren gewerbliche Anwendung nicht angegeben ist;

---

[1]) Der Titel der älteren Sammlung der Beschreibungen bis zum Jahre 1844 ist:

Description des machines et procédés spécifiés dans les brevets d'invention, de perfectionnement et d'importation, dont la durée est expirée. 91 voll. in 4°. Paris 1811—1843.

Der Titel der neueren Sammlung lautet:

Description des machines et procédés, pour lesquels des brevets d'invention ont été pris, publiée par les ordres de M. le Ministre de l'agriculture, du commerce et des travaux publics. 43 voll. in 4°. Paris 1844—1862.

4. wenn die Erfindung der öffentlichen Ordnung oder Sicherheit oder den guten Sitten zuwider ist;
5. wenn der Patenttitel betrügerischer Weise einen andern Gegenstand bezeichnet, als das wirkliche Object der Erfindung;
6. wenn die Beschreibung nicht hinreicht, um danach die Erfindung auszuführen, oder wenn sie nicht die vollständige und ehrliche Angabe der wirklichen Hülfsmittel des Erfinders enthält;
7. wenn das Patent gegen die Bestimmung des Art. 18 erlangt ist, d. h. wenn die Verbesserung einer patentirten Erfindung im ersten Jahre der Patentdauer von einem Dritten angemeldet ist, und der Inhaber des ursprünglichen Rechtes für dieselbe Verbesserung vor Ablauf des Jahres ein Patent oder ein Zusatzzeugniss erlangt hat.

Zusatzzeugnisse über eine nicht mit der früher patentirten Erfindung zusammenhängende Erfindung sind ebenfalls nichtig (Art. 30).

Die Verwirkung des ertheilten Patentes tritt ein:

1. wenn der Patentinhaber die fällige Jahresrate der Abgabe nicht vor Beginn jedes Jahres der Patentdauer entrichtet;
2. wenn der Patentinhaber die Erfindung nicht binnen zwei Jahren nach der Ausfertigung des Patentes in Frankreich in Ausführung gebracht oder die Ausführung während zweier aufeinander folgenden Jahre unterbrochen hat, ohne in dem einen oder dem andern Falle genügende Hinderungsgründe nachweisen zu können;
3. wenn er ausländische Erzeugnisse gleicher Art, wie die durch das Patent geschützten, in Frankreich einführt. Doch kann die Einfuhr von Modellen zu Maschinen oder von Waaren, welche zur öffentlichen Ausstellung oder zu Versuchen bestimmt sind, der Patentirung unbeschadet, von dem Minister für Ackerbau und Handel genehmigt werden [1] (Art. 33).

---

[1]) Die Ausnahme zu Gunsten der für Ausstellungen und zu genehmigten Versuchen bestimmten Waaren ist nachträglich durch das Gesetz vom 31. Mai 1856 in den Art. 33 eingeschaltet worden.

Die Nichtigkeit oder die Verwirkung des Patentes wird von dem Gerichte ausgesprochen und zwar erfolgt die relative Nichtigkeitserklärung oder Aufhebung auf die Klage einer Civilpartei; die absolute Nichtigkeitserklärung oder Aufhebung dagegen nur auf Antrag des öffentlichen Ministeriums.

Die Klage auf relative Nichtigkeitserklärung oder Aufhebung des ertheilten Patentes kann von Jedem, der ein Interesse daran hat, angestellt werden. Sie gehört vor die Civilgerichtshöfe erster Instanz. Wenn die Klage gegen mehrere Theilhaber des Patentes gerichtet wird, so muss sie bei dem Gerichte des Wohnortes des ursprünglichen Patentinhabers angestellt werden. Die Entscheidung erfolgt im schleunigen Verfahren. Das öffentliche Ministerium wird dabei zugezogen und ist befugt, sich zum intervenirenden Theile zu machen und Anträge auf absolute Nichtigkeitserklärung oder Aufhebung des Patentes zu stellen. Es kann auch direct auf Nichtigkeitserklärung klagen in den durch Art. 30 Nr. 2. 4 und 5 vorgesehenen Fällen (oben S. 340 f.). Sobald das öffentliche Ministerium den Antrag auf absolute Nichtigkeitserklärung oder Aufhebung stellt, müssen alle Theilhaber des Patentes, deren Anrechte gemäss Art. 21 beim Ministerium registrirt sind, zum Prozesse zugezogen werden. Sobald das Urtheil auf absolute Nichtigkeit oder Aufhebung des Patentes rechtskräftig ist, wird dasselbe dem Minister für Ackerbau und Handel mitgetheilt und die Aufhebung des Patentes wird in derselben Weise wie die Patentertheilung durch das Gesetzbulletin bekannt gemacht (Art. 34—39).

Jeder Eingriff in die Rechte des Patentinhabers durch Fabrikation der patentirten Waaren oder Anwendung der patentirten Hülfsmittel wird mit einer Geldbusse von 100 bis 2000 Frcs. bestraft. Wer wissentlich nachgemachte Gegenstände verbirgt, verkauft, feilhält oder in Frankreich einführt, unterliegt den gleichen Strafen[1]) (Art. 40. 41).

Die Strafe wird für verschiedene Contraventionsfälle nicht cumulirt, sondern nur einmal verhängt (Art. 42). Im Rückfalle wird dagegen ausser der Geldbusse eine Gefängnissstrafe von ein bis sechs Monaten verhängt. Der Rückfall liegt vor, wenn

---

[1]) Vergl. oben S. 216.

die neue Uebertretung innerhalb der ersten fünf Jahre nach der früheren Verurtheilung verübt wird. Die Gefängnissstrafe von ein bis sechs Monaten kann auch im ersten Bestrafungsfalle verhängt werden, wenn der Nachahmer als Arbeiter oder als Angestellter in der Werkstatt oder Fabrik des Patentinhabers arbeitete, oder wenn der Nachahmer sich mit einem Arbeiter oder Angestellten associirt hat, durch welchen er von den im Patente beschriebenen Verfahrungsweisen Kenntniss erhalten hat (Art. 43). Bei mildernden Umständen kann die Geldstrafe bis unter 16 Frcs. und die Gefängnissstrafe bis unter sechs Tage herabgesetzt werden (Art. 44. — Code pénal Art. 463).

Die nachgemachten Gegenstände, sowie die Werkzeuge, welche zu ihrer Herstellung besonders bestimmt sind, werden selbst im Falle der Freisprechung confiscirt und dem Patentinhaber in Anrechnung auf seinen Entschädigungsanspruch übergeben (Art. 49).

Das Strafverfahren wird nur auf die Anklage des öffentlichen Ministeriums eingeleitet und diese Anklage kann nur auf Antrag des Verletzten erhoben werden. Dem Verletzten steht frei, statt des Antrages auf Einleitung des Strafverfahrens und eventuell nach Ablehnung dieses Antrages Klage auf Entschädigung bei den Civilgerichten zu erheben. Er kann indess diesen Entschädigungsanspruch auch als Civilpartei in dem Strafverfahren geltend machen. Das Criminalgericht erkennt über alle Einreden, welche der Angeklagte gegen die Gültigkeit des Patentes erhebt, sowie über alle Eigenthumsfragen (Art. 46).

Die Entscheidungen des Criminalgerichtes erlangen jedoch Rechtskraft nur für den einzelnen Fall, so dass sie auch unter denselben Parteien für künftige Contraventionsfälle nicht massgebend sind (oben S. 225).

Der Patentinhaber kann auf erwirkte Ordonnanz des Präsidenten des Gerichtes erster Instanz durch einen Huissier zur Aufnahme der angeblich nachgemachten Gegenstände, mit oder ohne Beschlagnahme schreiten. Die Ordonnanz wird auf einfachen Antrag gegen Vorlegung der Patenturkunde ertheilt. Wenn die Beschlagnahme erfolgen soll, so kann dem Antragsteller eine Caution auferlegt werden; und dies muss geschehen, wenn der Antragsteller ein Ausländer ist. Dem Inhaber der in Beschlag genommenen Gegenstände wird eine Abschrift der

Ordonnanz und der Quittung über die Cautionsleistung hinterlassen. Erfolgt auf die Aufnahme oder Beschlagnahme nicht binnen acht Tagen die gerichtliche Verfolgung im Civil- oder im Strafverfahren, so ist dieselbe von Rechts wegen aufgehoben (Art. 47. 48).

Zur Ausführung des Gesetzes vom 5. Juli 1844 in den Französischen Colonien ist auf Grund des im Art. 51 des Gesetzes ausgesprochenen Vorbehaltes eine Verordnung der provisorischen Regierung vom 21. October 1848 ergangen. Nach derselben müssen die im Art. 5 des Gesetzes von 1844 specificirten Bestandtheile des Patentgesuches in drei Exemplaren bei dem Director des Innern der Colonie hinterlegt werden, von denen ein Exemplar unter Siegel aufbewahrt, die beiden andern an das Ministerium für Ackerbau und Handel eingesendet werden. Die Prozesse wegen unbefugter Nachahmung werden in den Colonien bei den Appellationsgerichten verhandelt.

Durch zwei Verordnungen, vom 22. Februar 1848 und vom 23. Februar 1849 ist für die in den Revolutionstagen vom 22. bis 25. Februar 1848 fällig gewordenen Jahresraten der Patentabgaben eine Zahlungsfrist bis zum 1. Juli 1849 gewährt.

Durch das Gesetz vom 2. Mai 1855 ist für die zur allgemeinen Weltausstellung von 1855 zugelassenen Producte ein vorläufiger Patentschutz bis zum 1. Mai 1855 gewährt gegen ein von der kaiserlichen Ausstellungscommission ertheiltes Certificat, welches nur auf Grund einer genauen Beschreibung des Gegenstandes gewährt werden durfte. Eine gleiche Bestimmung wurde für die Weltausstellung von 1867 durch das Gesetz vom 3. April 1867 getroffen und die vorläufige Schutzfrist bis zum 1. April 1868 erstreckt (vergl. oben S. 72).

X. Die Romanischen Staaten.

§. 42. Italien.

Aelteres Recht. — Gesetze von 1859 und 1864. — Patentfähige Erfindungen. — Inhalt und Dauer der Berechtigung. — Abgaben. — Patentgesuch. — Cession. — Publication. — Aufhebung. — Verfahren. — Contraventionen.

Die Romanischen Staaten: Italien, Spanien und Portugal haben sich in ihrer Patentgesetzgebung eng an das Muster der Französischen Gesetzgebung angeschlossen. Sie haben dabei je nach dem Zeitpunkte, in welchem ihre Patentgesetze verfasst sind, entweder die Gesetze von 1791 oder das Gesetz von 1844 zum Muster genommen. Es kann daher zur Erläuterung der im Folgenden wiedergegebenen Vorschriften des Italienischen, Spanischen und Portugiesischen Rechtes auf dasjenige Bezug genommen werden, was im vorigen Abschnitte zu den Bestimmungen der Französischen Patentgesetze bemerkt worden ist.

In Italien besteht gegenwärtig eine einheitliche Patentgesetzgebung, welche ursprünglich diejenige des Königreichs Sardinien war. Allein auch das Königreich beider Sicilien und der Kirchenstaat besassen bereits vor der Einverleibung ihre eigene der Französischen nachgebildete Patentgesetzgebung.

Joachim Murat erliess als König beider Sicilien am 2. März 1810 ein Patentgesetz für seine Staaten, welches eine treue Nachbildung des Französischen Gesetzes vom 7. Januar 1791 war und bis zur Einverleibung derselben in das heutige Königreich Italien in Kraft verblieben ist. Im Kirchenstaate galt das von Gregor XVI. erlassene Patentgesetz vom 3. September 1833.

Im früheren Königreiche Sardinien war zuerst am 28. Februar 1826 ein Patentgesetz ergangen, welches auf dem Vorprüfungssysteme beruhte und im Gegensatze zu der Französischen und Sicilianischen Patentgesetzgebung in allen wesentlichen Punkten, so namentlich in Bezug auf die Dauer des Patentes das Ermessen der Regierung an die Stelle der gesetzlichen Regel setzte.

Dieses Gesetz wurde in einigen Punkten durch die späteren Gesetze vom 2. Januar 1829 und vom 31. März 1832 abgeändert und blieb übrigens in Kraft bis zum Erlasse des Patentgesetzes vom 12. März 1855, welches mit wenigen Veränderungen den Inhalt des Französischen Gesetzes von 1844 wiedergab. An die Stelle dieses Gesetzes trat indess schon nach wenigen Jahren das neue Patentgesetz vom 30. October 1859. Das Letztere wurde gleichzeitig auch in die neu einverleibten Landestheile eingeführt, nämlich in Toscana, wo bisher keine Patentgesetzgebung gegolten hatte, in Parma und Piacenza, wo die Französischen Patentgesetze vom 7. Januar und 25. Mai 1791 in Kraft geblieben waren, und in die Romagna, in welcher die Päpstliche Patentgesetzgebung galt.

Nachdem dann im Jahre 1861 weitere Theile des Kirchenstaates und das Königreich beider Sicilien einverleibt worden und das heutige Königreich Italien constituirt war, wurde jenes Patentgesetz vom 30. October 1859 durch das Gesetz vom 31. Januar 1864 in das ganze Königreich und nach Einverleibung des ganzen Kirchenstaates (1870) auch in dieses Territorium eingeführt[1]).

Dieses Gesetz stimmt mit dem Französischen Patentgesetze vom 5. Juli 1844 in allen wesentlichen Punkten überein. Es unterscheidet sich von demselben durch die weitläuftigere Fassung, indem es die 54 Artikel des Französischen Gesetzes in 100 Artikeln wiedergiebt, und durch eine durchweg veränderte Terminologie. Das Recht des Patentinhabers wird als die ausschliessende Gewerbeberechtigung (*privativa industriale*),

---

[1]) Leggi sulle privative per invenzioni o scoperti industriali nel regno d'Italia. Milano 1864.

Nuova legge e regolamento sui diritti degli autori delle opere d'ingegno, trattati internazionali, legge sulle privative industriali etc. per cura dell' Avvocato Arrone Rabbeno. Milano 1865.

die Patenturkunde selbst als das Berechtigungszeugniss (*attestato di privativa*) bezeichnet. Einige Definitionen sind in dem Italienischen Gesetze eingehender und bestimmter gefasst, so z. B. die Bestimmungen über den Inhalt der Rechte des Patentinhabers (Art. 8) und über den Umfang der Vorprüfung des Patentgesuches (Art. 39 f.). Im Uebrigen ist eine grosse Anzahl reglementarischer Bestimmungen aufgenommen, deren Umfang durch die zu dem Gesetze ergangene Ausführungsverordnung von demselben Tage noch vermehrt ist.

Das Gesetz vom 30. October 1859 stellt an die Spitze im Art. 1 den Grundsatz der ausschliessenden Berechtigung des Erfinders zur Benutzung seiner Erfindung während der im Gesetze bestimmten Zeit.

Im Art. 2 werden als Gegenstände einer gewerblichen (d. h. patentfähigen) Erfindung bezeichnet:

1. gewerbliche Producte oder Erzeugnisse;
2. Werkzeuge, Maschinen, Triebwerke, Anordnungen oder Verbindungen von Maschinentheilen irgend welcher Art;
3. technische Prozesse oder Fabrikationsmethoden;
4. ein neuer Motor oder die gewerbliche Anwendung einer schon bekannten Kraft;
5. endlich die technische Anwendung eines wissenschaftlichen Grundsatzes, vorausgesetzt, dass sie unmittelbare gewerbliche Erzeugnisse liefert.

Im letzten Falle ist die Gewerbeberechtigung auf die von dem Erfinder besonders namhaft gemachten Erzeugnisse allein beschränkt.

Eine gewerbliche Erfindung gilt als neu, wenn sie früher gar nicht bekannt war, oder doch die zu ihrer Ausführung nothwendigen besonderen Kenntnisse fehlten.

Eine Erfindung, welche schon im Auslande patentirt ist, erlangt den Patentschutz im Inlande, auch wenn sie schon in Folge des fremden Patentes veröffentlicht ist, vorausgesetzt, dass die Erfindung nicht bereits von einem Dritten in das Königreich eingeführt und daselbst ausgeführt ist (Art. 4).

Jede Veränderung einer zur Zeit noch patentirten Erfindung wird unbeschadet der für die ursprüngliche Erfindung schon bestehenden Gewerbeberechtigung patentirt (Art. 5).

Nach Art. 6 sind nicht Gegenstand der Patentirung:

1. die Erfindungen und Entdeckungen in Gewerben, welche den Gesetzen der Moral oder der öffentlichen Sicherheit zuwider laufen;
2. die Erfindungen und Entdeckungen, welche nicht die Production materieller Gegenstände bezwecken;
3. die rein theoretischen Erfindungen und Entdeckungen;
4. die Arzneien aller Art.

Das Patent wird ohne Vorprüfung ertheilt und garantirt weder die Nützlichkeit, noch die Wirklichkeit der Erfindung, noch auch das Vorhandensein der Bedingungen, welche das Gesetz von einer Erfindung zur Erwerbung einer gültigen und wirksamen Berechtigung erfordert (Art. 7).

Im Art. 8 werden verschiedene Arten der Berechtigung unterschieden. Die Gewerbeberechtigung an einer neuen Waare begreift die ausschliessliche Verfertigung und den ausschliesslichen Verkauf der Waare selbst.

Die Berechtigung, in einem Gewerbe einen neu erfundenen Stoff, einen Prozess, ein Werkzeug, eine Maschine etc. anzuwenden, gibt die Befugniss, Andere an der Anwendung derselben zu verhindern.

Gibt jedoch der Inhaber der Berechtigung selbst die Vorbereitungen oder die mechanischen Mittel her, deren ausschliessliche Anwendung den Gegenstand seiner Berechtigung bildet, so wird vermuthet, dass er gleichzeitig die Erlaubniss gegeben hat, davon Gebrauch zu machen, sofern nicht entgegengesetzte Verabredungen vorliegen.

Die Urheber einer patentirten Erfindung und seine Rechtsnachfolger können ein Ergänzungsattest für jede von ihnen beigebrachte Veränderung der ursprünglichen Erfindung nachsuchen. Dieses Zeugniss dehnt die ursprüngliche Berechtigung auf die Veränderung, welche es betrifft, für die ganze Zeit der Dauer dieser Berechtigung aus.

Die Wirkungen des Patentes gegenüber Dritten beginnen mit dem Augenblicke, in welchem das Gesuch eingelegt wird.

Die Dauer einer Berechtigung soll nicht mehr als fünfzehn Jahre und nicht weniger als ein Jahr betragen, und jedesmal vom letzten Tage des Quartals gerechnet werden, in dem das Gesuch eingelegt ist.

Die Dauer der Berechtigung für eine schon im Auslande

patentirte Erfindung oder Entdeckung soll die längste Dauer der ausländischen Berechtigung nicht übersteigen.

Ein für weniger als fünfzehn Jahre ertheiltes Patent kann auf ein oder mehrere Jahre verlängert werden, mit der Massgabe, dass die Dauer der Verlängerung mit derjenigen des ersten Patentes zusammen niemals fünfzehn Jahre übersteigen darf (Art. 10—12).

Die Patente unterliegen einer doppelten Abgabe, nämlich einer verhältnissmässigen Taxe bei Einlegung des Gesuchs und einer jährlichen Taxe.

Die verhältnissmässige Taxe beträgt so viel mal 10 Lire, als die Zahl der Jahre, für welche die Berechtigung nachgesucht wird.

Die jährliche Taxe beträgt 40 Lire für die ersten drei Jahre, 65 für die folgenden drei Jahre, 90 für das siebente, achte und neunte Jahr, 115 für das zehnte, elfte und zwölfte und 140 für die folgenden drei Jahre.

Die erste Jahresrate und die verhältnissmässige Taxe müssen bei der Einlegung des Gesuches bezahlt werden. Die andern Jahresraten werden am ersten Tage jedes Jahres der Patentdauer vorausbezahlt.

Die Taxe eines Ergänzungszeugnisses besteht in der einmaligen Vorauszahlung von 20 Lire.

Für ein Verlängerungszeugniss werden 40 Lire ausser der verhältnissmässigen Taxe und den Jahresraten bezahlt, deren Höhe nach der gesammten Patentdauer berechnet wird (Art. 14—18).

Das Patentgesuch wird an den Vorsteher des Patentamtes[1]) gerichtet. Es muss enthalten:

1. Namen, Zunamen, Vaterland und Wohnort des Gesuchstellers und seines etwaigen Bevollmächtigten;
2. eine Bezeichnung der Erfindung, welche kurz aber genau die Kennzeichen und den Zweck derselben ausdrückt;
3. die Angabe der Dauer, für welche innerhalb der durch das Gesetz bestimmten Grenzen die Berechtigung verlangt wird.

---

[1]) Das Patentamt bildet nach Art. 2 des Gesetzes vom 31. Januar 1864 eine Abtheilung des Handels-Ministeriums.

Niemals kann in einem und demselben Gesuche mehr als ein Patent oder ein Patent für mehrere Erfindungen verlangt werden.

Mit dem Gesuche müssen eingereicht werden:

1. die Beschreibung der Erfindung;
2. die Zeichnungen, wo solche möglich sind, nebst den Modellen, welche der Erfinder zum Verständniss der Erfindung für nützlich hält;
3. die Quittung über die Zahlung der dem nachgesuchten Zeugnisse entsprechenden Taxe an eine öffentliche Kasse;
4. das Original oder die beglaubigte Abschrift der Urkunde über die im Auslande ertheilte Berechtigung, wenn ein Einführungszeugniss verlangt wird;
5. wenn ein Bevollmächtigter bestellt ist, die Vollmacht in authentischer Form oder in einer Privaturkunde, deren Unterschrift von einem öffentlichen Notar oder von dem Syndicus der Gemeinde, in welcher der Vollmachtgeber wohnt, beglaubigt ist;
6. ein Verzeichniss der eingereichten Stücke.

Die Beschreibung muss in italienischer oder französischer Sprache verfasst sein und muss einen vollständigen und deutlichen Bericht über alle Einzelheiten enthalten, welche erforderlich sind, um einen Sachverständigen in den Stand zu setzen, die beschriebene Erfindung anzuwenden.

Sowohl von der Beschreibung als von jeder der Zeichnungen müssen dem Gesuche drei Exemplare beigefügt werden, für deren Uebereinstimmung der Antragsteller allein verantwortlich ist.

Wenn der Beschreibung ein Modell beigefügt wird, so ist der Antragsteller gleichwohl verpflichtet, zwei übereinstimmende Zeichnungen beizufügen, welche das ganze Modell oder wenigstens diejenigen Theile desselben darstellen, in welchen die Erfindung beruht (Art. 19—22).

Im Laufe der ersten sechs Monate der Patentdauer kann der Patentinhaber verlangen, dass dasselbe auf einen Theil der dem ursprünglichen Gesuche beigefügten Beschreibung beschränkt werde, wenn er dabei deutlich diejenigen Theile bezeichnet, welche er von der Berechtigung ausschliessen will.

Die ausgeschlossenen Theile werden betrachtet als ob sie niemals in dem Patente begriffen gewesen seien.

Mit diesem Gesuche um Beschränkung müssen verbunden sein:

1. die Quittung über die Zahlung von 40 Lire;
2. drei übereinstimmende Exemplare der Beschreibung, welche an die Stelle der früher eingereichten treten soll;
3. drei Exemplare der neuen Zeichnung, wenn die frühere Zeichnung verändert wird (Art. 23).

Während der im Art. 23 erwähnten sechs Monate sollen Abänderungszeugnisse (Verbesserungspatente) ausschliesslich dem Urheber der patentirten Erfindung oder seinem Rechtsnachfolger ertheilt werden. Die von dritten Personen eingelegten Gesuche um solche Zeugnisse und die damit verbundenen Urkunden werden in einem versiegelten Packete hinterlegt.

Nach Ablauf der erwähnten sechs Monate wird das Packet entsiegelt und zur Ertheilung des Patentes geschritten, wenn der Betheiligte nicht erklärt, dass er das Gesuch zurückziehe, in welchem Falle ihm die Taxe erstattet wird.

Wird das Patent ertheilt, so gilt dasselbe dem von dem Inhaber des ursprünglichen Patentes gelösten Ergänzungszeugnisse gegenüber erst als mit dem Tage nach Ablauf der sechsmonatlichen Frist eingelegt, dritten Personen gegenüber aber vom Tage der wirklich erfolgten Einlegung (Art. 26).

Die Patentgesuche sind in Turin bei dem Patentamte, anderwärts bei den Intendanzen einzureichen.

Der mit der Präsentation beauftragte Beamte nimmt ein Protocoll auf, in welchem er Tag und Stunde vermerkt, zu welcher die Präsentation erfolgt ist, und den Gegenstand des Gesuches bezeichnet. Ist ein Verbesserungspatent nachgesucht, so muss das Protocoll die Erklärung enthalten, dass der Bewerber in der gesetzlichen Frist ein Berechtigungszeugniss für eine in der versiegelten Beschreibung specificirte Veränderung derjenigen ursprünglichen Entdeckung oder Erfindung verlangt, deren Titel in dem Protocolle selbst zu bezeichnen ist.

Das Protocoll wird in ein dazu bestimmtes Buch eingetragen und in demselben von dem Antragsteller oder seinem Mandatar unterschrieben. Der Betheiligte erhält Abschrift ohne weitere Gebühr als den dazu verwendeten Stempel.

Binnen fünf Tagen werden die beim Secretariat der Intendanz niedergelegten Schriften und andere Gegenstände an das Handelsministerium eingesendet (Art. 29—33).

Wenn die Vorschriften des Gesetzes erfüllt sind, so werden die Gesuche mit dem Datum ihrer Einlegung registrirt und die verlangten Patente ertheilt.

Jedes Patent wird in ein dazu bestimmtes Register eingetragen und von dem Vorsteher des Amtes unterzeichnet. Eine von demselben unterzeichnete Abschrift wird dem Betheiligten mit einem Originalexemplare der Zeichnungen, der Beschreibung und des Verzeichnisses, welche auf jedem Blatte von demselben Beamten paginirt werden, mitgetheilt.

Wenn es sich um Erfindungen und Entdeckungen von Getränken und Esswaaren irgend welcher Art handelt, so sendet das Amt die Beschreibung und was dazu gehört an den oberen Gesundheitsrath, um sein Gutachten vor der Ertheilung des verlangten Patentes zu vernehmen (Art. 39).

Das Patent wird versagt:

1. wenn die Erfindung oder Entdeckung unter eine der vier Kategorien des Art. 6 (oben S. 348) fällt;
2. wenn das Gesuch nicht die Bezeichnung der Erfindung oder Entdeckung enthält;
3. wenn die Beschreibung fehlt;
4. wenn ein Patent für verschiedene Erfindungen oder Entdeckungen verlangt wird, oder wenn in einem einzelnen Gesuche mehrere Patente derselben oder verschiedener Art begehrt werden;
5. wenn die entrichtete Taxe nicht ausreicht.

Die Ertheilung des Patentes bleibt ausgesetzt, wenn die Erfüllung einer andern der in dieser Verordnung vorgeschriebenen Bedingungen fehlt, oder wenn die Beschreibung nicht alle erforderlichen Merkmale enthält (Art. 35—40).

Die Zurückweisung oder Aussetzung wird mit den Gründen durch Vermittelung der Intendanzen den Antragstellern insinuirt.

Binnen vierzehn Tagen nach der Insinuation kann der Antragsteller die Mängel ergänzen oder gegen die Zurückweisung der Aussetzung Berufung einlegen.

Wenn die vierzehntägige Frist verstreicht, ohne dass eine Niederlegung erfolgt oder eine Berufung angebracht ist, so gilt das Gesuch für nicht angebracht, unbeschadet der Befugniss, dasselbe zu erneuern.

Der Minister beauftragt mit der Prüfung der Berufungen eine Commission von fünfzehn Mitgliedern, von denen drei dem unabsetzbaren Richterstande oder der Juristenfacultät der Universität von Turin angehören müssen, die zwölf übrigen aus den Mitgliedern der physicalischen und mathematischen Klasse der Akademie der Wissenschaften, aus den Professoren und Doctoren derselben Wissenschaften bei der Universität und aus den Professoren der technischen Schulen gewählt werden.

Die Commission zerfällt in drei Abtheilungen (die mechanische, physicalische und chemische), von denen jede aus einem der drei rechtsgelehrten Mitglieder und aus vier technischen Mitgliedern besteht.

Jede Berufung wird von der betreffenden Abtheilung geprüft. Wenn das Gutachten der Abtheilung nicht einstimmig abgegeben wird, so wird dasselbe von der ganzen Commission revidirt.

Handelt es sich um eine den Gesetzen, den Sitten oder der öffentlichen Sicherheit zuwiderlaufende Erfindung, so wird ausserdem der fiskalische Anwalt gehört und sein Gutachten der mit der Prüfung der Berufung beauftragten Commission mitgetheilt.

Wird die Berufung für begründet erachtet, so wird das Patent ausgefertigt.

Im entgegengesetzten Falle wird das Patent endgültig verweigert (Art. 41—45).

Jeder Act der Uebertragung einer Gewerbeberechtigung muss bei dem Ministerium einregistrirt und in der amtlichen Zeitung des Königreichs auf Kosten des Antragstellers veröffentlicht werden.

Die Uebertragung erlangt erst vom Tage der Einregistrirung dritten Personen gegenüber Wirkung.

Die Einreichung erfolgt bei einem Secretair der Intendanz oder bei dem Amte des Ministeriums.

In beiden Fällen wird die Urkunde der Partei zurückgestellt, nachdem sie mit dem von dem Intendanten oder dem Vorsteher des Amtes unterzeichneten Visa für die Einregistrirung versehen ist.

Wenn die aus einem Patente entspringenden Befugnisse im Ganzen auf eine einzige Person übertragen werden, so tritt dieselbe in die Verpflichtung ein, die Taxe zu bezahlen; wenn an mehrere Personen gemeinsam, so treten diese solidarisch in dieselbe Verpflichtung ein. Wenn die Befugnisse getrennt an mehrere Personen übertragen oder nur theilweise veräussert werden, so wird die Cessionsurkunde nicht eher registrirt, bis mit derselben die Quittung über die Zahlung der noch übrigen Jahresraten der Taxe vorgelegt wird (Art. 46—49).

Die Register, in welchen die ertheilten Patente eingetragen und die folgenden Veränderungen, sowie die Aufhebung, die Nichtigkeitserklärung und das Erlöschen der Patente vermerkt werden, sowie die Register, in welche die Cession der daraus entspringenden Befugnisse eingetragen wird, sind öffentliche Register.

Wer einen Auszug daraus verlangt, muss den betreffenden Antrag auf Stempelpapier einreichen. Der verlangte Auszug wird ebenfalls auf Stempelpapier auf Kosten des Antragstellers ertheilt (Art. 50. 51).

Ein Exemplar der Beschreibung und der Zeichnungen bleibt bei dem Patentamte hinterlegt, jedoch ist Niemanden gestattet, früher als drei Monate vor der Ertheilung des Zeugnisses davon Einsicht zu nehmen.

Die Modelle und ein zweites Exemplar der Zeichnungen werden nach Ablauf der drei Monate in einem hierzu von der Regierung bestimmten Saale öffentlich ausgestellt.

Nach Ablauf der erwähnten dreimonatlichen Frist kann Jeder von der Beschreibung, den Zeichnungen und den Modellen Kenntniss nehmen und davon auf seine Kosten Copien machen lassen.

Alle drei Monate wird durch die amtliche Zeitung die Liste der im vorletzten Quartale ertheilten Patente veröffentlicht.

Alle sechs Monate werden ausserdem die Beschreibungen und die Zeichnungen, welche die im vorletzten Halbjahre patentirten Erfindungen betreffen, vollständig veröffentlicht.

Der Vorsteher des Patentamtes kann anordnen, dass einzelne Beschreibungen nur im Auszuge veröffentlicht werden. Die Zeichnungen können ebenso auf einige wesentliche Theile reduzirt werden.

Ein Exemplar der nach den Materialien geordneten Verzeichnisse der veröffentlichten Beschreibungen und Zeichnungen wird jeder Intendanz und jeder Handelskammer übersandt und kann im Secretariat derselben von Jedem eingesehen werden (Art. 52—55).

Die vorläufige Prüfung und Entscheidung deckt nicht die Nichtigkeit eines Patentes.

Das Patent ist nichtig:

1. wenn der Gegenstand der Erfindung unter eine der im Art. 6 (oben S. 348) bezeichneten Kategorien fällt;
2. wenn das Patent in Bezug auf eine der im Art. 37 bezeichneten Erfindungen oder Entdeckungen irrthümlich gegen das Gutachten der Sanitätsbehörde ertheilt worden ist. Wenn dieselbe irrthümlich ohne Anhörung der Sanitätsbehörde ertheilt ist, so wird die Berechtigung nichtig, wenn das nachträglich eingeholte Gutachten derselben gegen die Ertheilung ausfällt;
3. wenn der Patenttitel oder die Bezeichnung der Erfindung ihrem wirklichen Gegenstande nicht entspricht;
4. wenn die beigefügte Beschreibung ungenügend ist oder eine der nöthigen Angaben zur Ausführung der Erfindung verheimlicht oder übergeht;
5. wenn die Erfindung oder Entdeckung nicht neu oder nicht gewerblich (patentfähig) ist;
6. wenn ein Verbesserungspatent innerhalb der dem Urheber und seinem Rechtsnachfolger vorbehaltenen sechs Monate an einen Dritten ertheilt ist;
7. nichtig ist auch jedes Ergänzungszeugniss, wenn in Wirklichkeit die Abänderung, für welche es nachgesucht ist, nicht die ursprüngliche Erfindung betrifft (Art. 57).

Das Patent verliert seine Gültigkeit:

1. wenn die Vorauszahlung der jährlichen Taxe auch nur einmal binnen drei Monaten nach dem Verfalltage unterbleibt;
2. wenn bei einem für fünf Jahre ertheilten Patente die Erfindung nicht binnen Jahresfrist nach der Ertheilung ausgeführt, oder wenn die Ausführung während eines ganzen Jahres unterbrochen wird;
3. wenn sie bei einer Patentdauer von mehr als fünf

Jahren während zwei Jahren nicht ausgeführt oder unterbrochen wird.

In dem einen wie in dem andern Falle tritt die Aufhebung nicht ein, wenn die Unthätigkeit durch Ursachen bedingt wird, welche von dem Willen des Berechtigten unabhängig sind. Zu diesen Ursachen gehört nicht der Mangel der Geldmittel (Art. 58).

Die Klage auf Nichtigkeitserklärung oder Aufhebung eines Patentes wird bei den Provinzialgerichtshöfen eingelegt. Die Sache wird im summarischen Verfahren erörtert und entschieden. Die Acten werden dem öffentlichen Ministerium mitgetheilt.

Wenn zweimal auf Antrag einer Privatperson die Nichtigkeit oder Aufhebung eines Patentes mit relativer Wirkung ausgesprochen ist, so kann das öffentliche Ministerium beantragen, dass dasselbe unbedingt und allgemein aufgehoben oder für nichtig erklärt wird. — Dieser Antrag kann auch vor der Einlegung einer Privatklage gestellt werden, wenn einer der im Art. 57 §§. 1. 2. 3 und 8 oder im Art. 58 vorgesehenen Fälle vorliegt.

In jedem der vorerwähnten Fälle muss die Klage gegen alle Diejenigen gerichtet werden, welche ein gesetzliches Interesse an der Ausübung der Berechtigung haben und deren Namen aus den Registern des Patentamtes erhellen (Art. 59—61).

Der Gerichtshof muss vor der Entscheidung über die Nichtigkeit das Gutachten von drei Sachverständigen hören, falls eine der Parteien dies verlangt. In der Appellationsinstanz muss diese Expertise wiederholt werden, falls eine der Parteien dies beantragt.

In allen Fällen kann der Gerichtshof oder das Appellationsgericht von Amtswegen die Expertise oder deren Wiederholung anordnen (Art. 62).

Das öffentliche Ministerium übersendet dem Handelsministerium durch Vermittelung des Justizministers einen Auszug von den Urtheilen, welche die Nichtigkeit oder die Aufhebung mit allgemeiner Wirkung aussprechen. — Der dispositive Theil dieser Urtheile wird in das dazu bestimmte Register eingetragen und in der amtlichen Zeitung veröffentlicht (Art. 63).

Wer dem ertheilten Patente zuwider Waaren fabrizirt,

Maschinen oder andere technische Werkzeuge und Hülfsmittel anwendet, oder wer nachgemachte Gegenstände zum Verkaufe anschafft oder ausstellt, absetzt oder in den Staat einführt, wird mit einer Geldbusse bis zu 500 Lire bestraft.

Sowohl wenn die Civilklage mit dem Strafprozesse verbunden, als auch wenn sie besonders angestellt wird, werden die Maschinen und die sonst angewendeten technischen Hülfsmittel, die nachgemachten Waaren und die zu ihrer Verfertigung bestimmten Werkzeuge dem Nachahmer weggenommen und dem Besitzer der Berechtigung übereignet.

Der Beschädigte hat ausserdem das Recht auf Vergütung des Schadens und des Interesses.

Wenn der Besitzer der nachgemachten Gegenstände von bösem Vorsatz und von Versehen frei ist, so hat er nur den Verlust der bezeichneten Gegenstände zu Gunsten des Beschädigten zu erleiden.

Die Civilklage wird nach den Formen des summarischen Prozesses verhandelt. Das Strafverfahren wegen der im Art. 64 erwähnten Vergehen kann nur auf Antrag des Verletzten eingeleitet werden (Art. 64—67).

Der Präsident des Provinzialgerichtshofes kann auf den Antrag des Patentinhabers die Beschlagnahme oder auch die blosse Aufzeichnung der angeblich nachgemachten Gegenstände anordnen. Durch dieselbe Ordonnanz bezeichnet der Präsident einen Gerichtsvollzieher zu deren Ausführung. Er kann zugleich einen oder mehrere Sachverständige zur Aufzeichnung der Gegenstände ernennen. Er muss ferner dem Antragsteller eine Caution auflegen, welche vor der Ausführung der Beschlagnahme erlegt werden muss.

Der Kläger kann mit der Ermächtigung des Gerichtspräsidenten der Beschlagnahme oder der Aufzeichnung beiwohnen.

Dem Besitzer der in Beschlag genommenen oder aufgezeichneten Gegenstände wird eine Abschrift der Ordonnanz des Gerichtspräsidenten, des Actes über die Hinterlegung der Caution und des Protocolles über die Beschlagnahme oder die Aufzeichnung hinterlassen.

Die Beschlagnahme oder die Aufzeichnung verliert jede Wirkung, wenn nicht binnen acht Tagen die gerichtliche Klage eingelegt wird und derjenige, zu dessen Nachtheil die Beschlagnahme oder die Aufzeichnung vollstreckt ist, hat Anspruch auf Erstattung des Schadens und des Interesses (Art. 68—71).

Die Art. 72—95 betreffen die in den früher österreichischen Provinzen ertheilten Erfindungspatente und eingelegten Patentgesuche. Die Art. 96—98 beziehen sich auf die in den alten Provinzen vor dem Erlasse des Gesetzes vom 12. März 1855 ertheilten Patente und Privilegien. Diese Bestimmungen sind zum Theil durch Art. 6 des Gesetzes vom 31. Januar 1864 aufgehoben.

§. 43. Spanien.

Patentdauer. — Gegenstände. — Patentgesuch. — Abgaben. — Registrirung. — Aufhebung. — Contravention. — Specification.

In Spanien war zuerst am 24. October 1820 ein Patentgesetz nach dem Muster des Französischen ergangen. Dasselbe wurde durch das jetzt geltende Gesetz vom 27. März 1826[1]) ersetzt, welches ebenfalls dem Französischen Gesetze von 1791 nachgebildet ist, jedoch sich neben geringfügigeren Abweichungen grundsätzlich durch die Geheimhaltung der Beschreibung (Art. 12), sowie dadurch unterscheidet, dass nach Art. 10 die Ertheilung oder Versagung des nachgesuchten Patentes dem Königlichen Ermessen vorbehalten ist.

Die Patente werden ohne Vorprüfung und ohne Garantie für die Neuheit und Nützlichkeit des Objectes ertheilt (Art. 2). Die Patentdauer beträgt vom Tage der Ausfertigung des Patentes fünf, zehn oder fünfzehn Jahre nach Wahl des Bewerbers; doch ist sie für Einführungspatente auf fünf Jahre beschränkt. Das auf fünf Jahre bewilligte Patent kann, wenn hinreichende Gründe dazu vorliegen, um fernere fünf Jahre verlängert werden. Die auf zehn oder fünfzehn Jahre bewilligten Patente können nicht verlängert werden (Art. 3. 4. 20).

Gegenstand eines Erfindungspatentes kann sein, was weder in Spanien noch im Auslande practisch ausgeführt ist. Gegen-

---

[1]) Abgedruckt in Loosey's Sammlung der Gesetze für Erfindungsprivilegien. Wien 1849. S. 441—453.

stand eines Einführungspatentes ist, was zwar im Auslande, nicht aber in Spanien practisch ausgeführt ist. Das blosse Bekanntsein der Erfindung schliesst die Patentirung nicht aus, doch können die Erfindungen, welche früher patentirt waren und nicht zur Ausführung gelangt sind, erst nach Ablauf von drei Jahren Gegenstand eines neuen Patentes werden. Letzteres wird in diesem Falle als ein Einführungspatent auf fünf Jahre ertheilt (Art. 5).

Das Patentgesuch wird entweder an den Intendanten der Provinz, in welcher der Bewerber wohnt, oder direct an den Intendanten von Madrid gerichtet. Dem Gesuch muss eine wörtlich vorgeschriebene Supplik an den König auf Stempelpapier, ferner eine Zeichnung oder ein Modell mit einer genauen und deutlichen Beschreibung beigefügt werden, welche letztere geeignet sein muss, die Identität der Erfindung ausser Zweifel zu stellen. Die Beschreibung wird nebst den Zeichnungen und Modellen versiegelt und mit dem Vermerke des Intendanten über den Eingang versehen an den Staatssecretair eingesendet. Die Einreichung des gehörig präsentirten Gesuchs kann auch dem Bewerber überlassen werden (Art. 6—9).

Will der König dem Patentgesuche stattgeben, so wird dasselbe dem Staatsrathe überwiesen und dort nach Eröffnung der Beschreibung das Patent ausgefertigt (Art. 10).

Bei Aushändigung des Patentes muss der Bewerber zahlen: für ein Erfindungspatent von 5 Jahren 1000 Realen, von 10 Jahren 3000 Realen, von 15 Jahren 6000 Realen; für ein Einführungspatent 3000 Realen; ausserdem eine Ausfertigungsgebühr von 80 Realen (Art. 11).

Die Beschreibung mit ihren Beilagen wird versiegelt bei dem Conservatorium der Künste aufbewahrt und nur in Streitfällen auf Befehl des zuständigen Richters eröffnet (Art. 12).

Die Ertheilung des Patentes wird in der Madrider Zeitung bekannt gemacht. Bei dem Conservatorium der Künste wird ein Register über die ertheilten Patente nach der Reihenfolge des Datums geführt, in welchem der Patentinhaber, der Gegenstand und die Dauer des Patentes namhaft gemacht werden. Dieses Register liegt zu Jedermanns Einsicht offen (Art. 13. 14).

Wenn zwei Personen für dieselbe Erfindung Patente nachgesucht haben, so gilt nur dasjenige Patent, welches nach Tag und Stunde der Präsentation des Gesuches durch den Intendanten das ältere ist (Art. 15).

Die Erfindungspatente können übertragen werden. Jede Cession muss durch einen öffentlichen Act vollzogen und bei Strafe der Nichtigkeit binnen 50 Tagen dem Intendanten, bei welchem das Patentgesuch eingelegt ist, zur Einregistrirung vorgelegt werden. Der Intendant reicht den Cessionsact an den Staatsrath ein, welcher die Besitzveränderung dem Conservatorium der Künste zur Eintragung in das Patentregister anzeigt (Art. 16—19).

Das Patent erlischt:

1. durch den Ablauf der Patentdauer;
2. wenn dasselbe nicht binnen drei Monaten nach der Ausfertigung gegen Zahlung der Abgabe eingelöst wird;
3. wenn die Erfindung nicht binnen Jahr und Tag nach der Ausfertigung des Patentes ausgeführt wird;
4. wenn die Ausführung während Jahr und Tag unterbrochen wird;
5. wenn nachgewiesen wird, dass die Erfindung früher im Königreiche irgendwo angewendet oder in gedruckten Büchern beschrieben ist, oder falls nicht ein blosses Einführungspatent nachgesucht ist, falls sie in andern Ländern ausgeführt oder in den beim Conservatorium der Künste hinterlegten Beschreibungen, Zeichnungen oder Modellen beschrieben war (Art. 21).

Der Ablauf der Patentdauer wird vom Staatsrath öffentlich bekannt gemacht. In allen andern Fällen wird das Erlöschen durch richterliches Erkenntniss auf Anrufen jedes Betheiligten ausgesprochen und dieses Erkenntniss dem Staatsrathe zur Bekanntmachung mitgetheilt. Die richterliche Entscheidung erfolgt durch den Intendanten der Provinz, in welcher der Beklagte wohnt. Die Appellation geht an den Staatsrath (Art. 22—24).

Wenn das Patent erloschen ist, so wird die beim Conservatorium hinterlegte Beschreibung eröffnet und dem Publicum zur Einsicht offen gelegt (Art. 25).

Die Klage wegen eines Eingriffs in das Erfindungspatent wird beim Intendanten der Provinz angebracht, in welcher der Beklagte wohnt. Die Appellation geht an den Staatsrath. Der Eingriff wird mit der Confiscation der widerrechtlich angefertigten Gegenstände und mit einer Geldbusse zum dreifachen Betrage des Werthes derselben, beides zum Vortheile des Patentinhabers, bestraft (Art. 26. 27).

Nach einer Verordnung vom 23. Dezember 1829 soll der Beschreibung eine genaue Specification des Gegenstandes oder der neuen und eigenthümlichen Theile desselben, deren Patentirung nachgesucht wird, beigefügt werden. Diese Specification soll bei den Prozessen über Eingriffe in das Patentrecht der Beurtheilung über die Identität des nachgemachten mit dem patentirten Gegenstande zu Grunde gelegt werden. Eine weitere Verordnung vom 11. Januar 1849 regelt das Verfahren, in welchem die erfolgte Ausführung der Erfindung binnen Jahr und Tag nach der Ausfertigung des Patentes nachgewiesen werden muss.

§. 44. Portugal.

Declaratorische Wirkung der Patente. — Dauer. — Einführungs- und Verbesserungspatente. — Ausstellung der Producte. — Cautionsleistung. — Aufhebung. — Strafen der Contravention.

Das Portugiesische Patentgesetz datirt vom 16. Januar 1837[1]). Es handelt in sechs Titeln und in 36 Artikeln von den Rechten der Erfinder, von der Ertheilung der Patente, von den Verpflichtungen der Patentinhaber, von der Aufhebung der Patente, von den Prozessverfahren und von der Veröffentlichung der erloschenen Patente. Die Strafbestimmungen gegen Eingriffe in das Patentrecht sind in dem Strafgesetzbuche vom 10. Dezember 1852 enthalten, welches an die Stelle des in dem Patentgesuche in Bezug genommenen älteren Strafgesetzbuches getreten ist. Das Patentgesetz enthält in den Art. 7 und 8 zugleich Bestimmungen über die Rechte der Autoren von Werken der Literatur. Diese sind indess durch das neuere Gesetz über das literarische und artistische Eigenthum vom 8. Juli 1851[2]) aufgehoben.

Nach Art. 1 haben die Urheber neuer Erfindungen ein

---

[1]) Abgedruckt in Loosey's Sammlung der Gesetze für Erfindungsprivilegien. S. 330—337.

[2]) Blanc et Beaune, Code général p. 461.

ausschliessliches Recht zu deren Benutzung nach näherer Bestimmung des Gesetzes.

Dieses Recht wird für die Einführung ausländischer Erfindungen durch die Ertheilung des Patentes erworben (Art. 2). Für die ausländischen Erfindungen hat dagegen nach Art. 7 das Patent nur die Bedeutung einer authentischen Beurkundung des Anspruchs auf das Recht des Erfinders, ohne die Wirklichkeit oder die Priorität der Erfindung, durch welche der Anspruch auf den Patentschutz bedingt ist, zu garantiren (Art. 7). Das Patentgesuch muss mit der vollständigen Beschreibung, den nöthigen Zeichnungen und Modellen bei der Provinzialverwaltung eingelegt werden (Art. 9).

Jedes Patent darf nur einen Gegenstand umfassen (Art. 16). Das Erfindungspatent wird auf die von dem Bewerber beantragte Zeit, jedoch auf höchstens 15 Jahre, ertheilt. Die Dauer des Einführungspatentes wird von der Regierung für jeden einzelnen Fall bestimmt; sie darf jedoch 5 Jahre nicht übersteigen (Art. 3. 14). Patente für Erfindungen, welche im Auslande bereits patentirt sind, dürfen das ausländische Patent nicht überdauern (Art. 10). Eine Verlängerung der Patentdauer darf niemals stattfinden (Art. 17).

Verbesserungspatente werden an den Inhaber des Patentes über die verbesserte Erfindung in der Form eines blossen Certificats, welches für die noch übrige Patentdauer Geltung hat, an andere Personen und auf Verlangen auch an den Patentinhaber in der Form der gewöhnlichen Erfindungspatente ertheilt (Art. 11. 12).

Cessionen und Vererbungen von Patenten müssen behufs der Registrirung bei der Provinzialverwaltungsbehörde angemeldet werden (Art. 13).

Wenn Einführungspatente für ausländische Erfindungen nachgesucht werden, so erlässt die Regierung ein Aufgebot und ertheilt das Patent demjenigen, welcher übernimmt, die Erfindung binnen der kürzesten Frist einzuführen. Die Regierung ist jedoch befugt, das Einführungspatent überhaupt zu versagen (Art. 14).

Die Abgabe beträgt 3200 Reis für jedes Jahr der Patentdauer und wird auf einmal bei der Einreichung des Gesuches erlegt (Art. 15).

Der Patentinhaber ist verpflichtet, monatlich zweimal die Erzeugnisse des patentirten Gewerbes öffentlich auszustellen und den Tag der Ausstellung drei Tage vorher im Regierungsblatte (*Jornal do Governo*) anzuzeigen (Art. 18). Besteht die Erfindung in einem chemischen Prozess, so muss der Patentinhaber eine Caution von 1,000,000 Reis (1650 Thlr.) dafür bestellen, dass er nach Ablauf des Patentes den Prozess dreimal an vorher bekannt gemachten Tagen in Gegenwart der Personen, welche davon Kenntniss nehmen wollen, ausführen will (Art. 19).

Die Uebertretung des Art. 18 wird mit der Hälfte der für die Eingriffe in das Recht des Patentinhabers angedrohten Strafe (s. u.), im Wiederholungsfalle mit der vollen Strafe und im zweiten Rückfalle mit der Confiscation des Erzeugnisses bestraft.

Die Uebertretung des Art. 29 wird mit dem Maximum der Contraventionsstrafen und mit der Confiscation der Waaren und Werkzeuge der Fabrikation bestraft. Sind diese Gegenstände auf Seite gebracht, so tritt der Verlust der Caution ein (Art. 20. 21).

Das Patent erlischt:

1. wenn nicht vor Ablauf der Hälfte der Patentdauer die Erfindung in Ausübung gesetzt ist;
2. wenn es durch richterliches Urtheil für nichtig oder gemeinschädlich erklärt oder confiscirt wird;
3. durch den Ablauf der Patentdauer (Art. 22).

Die Klage auf Nichtigkeitserklärung des Patentes verjährt, wenn der Patentinhaber während der Hälfte der Patentdauer in ungestörtem Besitze seines Rechtes geblieben ist. Gegen die Klage auf Aufhebung eines gemeinschädlichen Patentes findet dagegen keine Verjährung statt (Art. 23).

Die mit dem Patentgesuch eingereichten Beschreibungen werden versiegelt aufbewahrt. Wenn die Entscheidung eines Rechtsstreites von der Eröffnung der Beschreibung abhängt, so ist der Gegner verpflichtet, dem Patentinhaber eine verhältnissmässige Caution für den Schaden zu bestellen, welcher aus dem Bekanntwerden seines Geheimnisses entspringen kann (Art. 30).

Nach dem Erlöschen des Patentes wird die Erfindung, sofern ihr Bekanntwerden von öffentlichem Interesse erscheint, durch die Regierung bekannt gemacht (Art. 32).

Die Verletzung der Rechte des Patentinhabers durch unbefugte Verfertigung, Einführung oder Feilhaltung nachgemachter Gegenstände mit einer Geldbusse von 3000 — 300,000 Reis (50—500 Thlr.) bestraft.

XI. Die Nordischen Staaten.

§. 45. Russland.

Vorprüfungssystem. — Einführungspatente. — Beschreibung. — Priorität. — Schutzfrist. — Abgabe. — Bescheinigung der Ausführung. — Verbesserungspatente. — Aufhebung. — Statistik. — Königreich Polen.

Unter den Nordischen Staaten hat am frühesten Russland den Schutz der Erfindungen bei sich eingebürgert und zwar zuerst durch den Ukas vom 17. Juni 1812, an dessen Stelle das jetzt geltende Patentgesetz vom 22. November 1833 getreten ist. Die 34 Paragraphen des letzteren Gesetzes sind in den Russischen Digesten Titel 4 Buch 1 Theil 3 Abschnitt 3 als Artikel 116 bis 149 eingeschaltet[1]).

Zum Art. 132 (§. 13) ist eine abändernde Vorschrift in dem Ukase vom 23. October 1840 ergangen. Ausserdem sind einige erläuternde Bestimmungen zum Art. 126 und 142 durch den Ukas vom 12. August 1852[2]) gegeben.

Die Russische Patentgesetzgebung beruht auf dem Vorprüfungssysteme wie die Preussische und die Nordamerikanische.

---

[1]) Die Artikel sind nebst dem Ukase von 1840 in Loosey's Sammlung der Gesetze für Erfindungsprivilegien S. 366—375 in Russischer Sprache abgedruckt. Die eigenthümliche Idee, welche dem angeführten Werke zu Grunde liegt, sämmtliche Patentgesetze nur in der Landessprache mitzutheilen, macht dasselbe zum grossen Theile unbrauchbar, da dem bei weitem grössten Theile der Leser nicht einmal die gebrauchten Russischen Typen verständlich sind. Sie erscheint auch für den vorliegenden Fall um so weniger berechtigt, als offizielle Uebersetzungen der Russischen Digesten in die Deutsche und in die Französische Sprache vorhanden sind.

[2]) St. Petersburger Handelszeitung 1852. Nr. 68.

Doch hat die Vorprüfung nicht wie in Preussen die Wirkung, die nachherige Anfechtung des Patentes im Rechtswege auszuschliessen. Das Patent wird vielmehr wie in den Vereinigten Staaten ohne Gewähr für die Neuheit und unter Vorbehalt der Rechte dritter Personen ertheilt (Art. 116—120).

Auch für Erfindungen, welche im Auslande bereits patentirt sind, werden Patente ertheilt, und zwar nicht bloss an den Inhaber des ausländischen Patentes, sondern auch an jeden Andern, der ein Einführungspatent nachsucht. Doch kann die Dauer des letztern niemals die Zeit des für die Erfindung im Auslande gewährten Patentschutzes überdauern.

Für Erfindungen, welche im Auslande bereits Gemeingut geworden und von keinem Patente mehr geschützt sind, kann ausnahmsweise wegen ihres ausserordentlichen Nutzens und der Kosten, welche ihre Ausführung erfordert, ein Einführungspatent von der Regierung bewilligt werden, selbst wenn die Erfindung bereits veröffentlicht war.

Ausgeschlossen von der Patentirung sind blosse Principien, unbedeutende und unnütze Gegenstände, sowie Erfindungen, welche dem öffentlichen Wohle oder den Finanzen des Staates Eintrag thun können (Art. 122).

Sowohl Ausländer wie Inländer sind zur Erlangung des Patentschutzes berechtigt (Art. 125).

Das Patentgesuch muss bei dem Departement der Manufacturen und des innern Handels eingereicht werden. Es muss von einer vollständigen und genauen Beschreibung in Russischer Sprache[1]) begleitet sein, die so beschaffen sein muss, dass jeder Sachverständige den patentirten Gegenstand danach anfertigen

---

[1]) Ist die Beschreibung aus einer fremden Sprache übersetzt, so muss das Original, der Vergleichung wegen, beigelegt werden. Eine in einer fremden Sprache abgefasste Beschreibung ohne Uebersetzung ins Russische ist nur dann gestattet, wenn der Bittsteller nur sein Eigenthumsrecht auf die Erfindung geltend machen will, aber nicht, wenn es sich um Ertheilung eines Privilegiums handelt. Dieses wird nicht eher ausgestellt, als nachdem er die Beschreibung oder eine Uebersetzung derselben in Russischer Sprache eingeliefert hat. Liefert der Bittsteller oder sein Bevollmächtigter die Uebersetzung nicht binnen drei Monaten nach Abgabe der Beschreibung in fremder Sprache ein, so wird die Verhandlung wegen Ausstellung dieses Privilegiums geschlossen (Ukas vom 12. August 1852).

kann. In der Beschreibung müssen die neuen Eigenschaften und Bestandtheile, für welche der Patentschutz verlangt wird, deutlich bezeichnet sein. Wenn zum Verständnisse ein Modell erforderlich ist, so muss solches beigebracht werden. In dem Patentgesuch muss die Zeitdauer angegeben werden, für welche das Patent verlangt wird. Die dieser Dauer entsprechende Abgabe (s. u.) muss bei der Einlegung des Gesuches erlegt werden.

Das Patentgesuch wird nach Tag und Stunde präsentirt und zur Prüfung an den Gewerberath abgegeben (Art. 126—128).

Erkennt der Gewerberath die Beschreibung für genügend und findet er, dass kein älteres Patent über denselben Gegenstand zu Gunsten einer andern Person besteht und dass die Erfindung nichts enthält, welches der öffentlichen Wohlfahrt oder den Finanzen des Reiches schädlich werden könnte, so erstattet er Bericht an den Finanzminister, von dessen Entscheidung die Patentertheilung und die Dauer des zu gewährenden Patentes abhängt. Berührt die Erfindung ein anderes Ressort, als das für Handel und Gewerbe, so setzt sich der Finanzminister mit dem betreffenden Ressortchef in Verbindung. Befindet der Gewerberath, dass die Erfindung schon anderweit beschrieben oder practisch ausgeführt ist, so weist er das Patentgesuch zurück. Wird die Erfindung dem öffentlichen Wohle oder den Finanzen nachtheilig befunden, so wird der Bewerber vor der Ausführung derselben unter Hinweisung auf die gesetzlichen Strafen verwarnt.

Bei der Verweigerung des Patentgesuchs wird die eingezahlte Abgabe zurückerstattet. Wird das Gesuch wegen ungenügender Beschreibung zurückgewiesen, so kann es erneuert werden (Art. 129—131).

Suchen verschiedene Personen gleichzeitig ein Patent für dieselbe Erfindung nach, so wird dasselbe beiden verweigert, es sei denn, dass der Eine im Stande ist, gerichtlich zu erweisen, dass der Andere ihm das Geheimniss der Erfindung entwendet hat (Art. 132).

Die Erfindungspatente werden unter Berücksichtigung der Anträge des Bewerbers nach dem Ermessen der Regierung auf drei, fünf oder zehn Jahre ertheilt. Einführungspatente dürfen höchstens auf die Zeit von sechs Jahren und nicht über die

Dauer des ausländischen Patentes hinaus bewilligt werden. Eine Verlängerung der Patentdauer findet niemals statt (Art. 133. 134).

Die Schutzfrist läuft vom Tage der Ausfertigung des Patentes. Die Klage wegen eines Eingriffs in das Patentrecht kann vom Tage der Einlegung des Patentgesuches an anhängig gemacht werden (Art. 135).

Die Abgabe beträgt für eine Patentdauer von 3 Jahren 90 Rubel, von 5 Jahren 150 Rubel und von 10 Jahren 450 Rubel Silber. Für Einführungspatente beträgt die Abgabe 60 Rubel für jedes Jahr der Patentdauer.

Die Patenturkunde wird von dem Finanzminister und von dem Director des Departements der Manufacturen und des innern Handels unterzeichnet und nebst der Beschreibung des Gegenstandes in den amtlichen Blättern beider Residenzen veröffentlicht. Ausserdem liegt in dem Ministerium ein Verzeichniss der ertheilten Patente zu Jedermanns Einsicht offen (Art. 139—141).

Der Patentinhaber muss innerhalb des ersten Viertels der bewilligten Patentdauer die Erfindung ausführen und davon dem Ministerium unter Vorlegung einer Bescheinigung der Ortspolizeibehörde Anzeige machen (Art. 142) [1]. Die Uebertragung des Patentes oder die Annahme von Mitbetheiligten muss gerichtlich abgeschlossen und demnächst dem Ministerium angezeigt werden, welches die Besitzveränderung öffentlich bekannt macht. Die Bildung einer Actiengesellschaft oder die Veräusserung des Patentes an eine solche ist dem Patentinhaber ohne besondere Erlaubniss der Regierung nicht gestattet (Art. 143. 144).

Wenn der Patentinhaber seine Erfindung wesentlich verbessert, so kann er für diese Verbesserung ein neues Patent nachsuchen. Er ist aber in jedem Falle verbunden, dem Ministerium eine spezielle Beschreibung der entdeckten Verbesserung einzureichen.

Erfindet ein Anderer als der Patentinhaber eine Verbesserung des patentirten Gegenstandes, so kann derselbe nur im Einverständniss mit dem Patentinhaber vor Ablauf des ursprünglichen Patentes ein Patent für seine Verbesserung erhalten. Nach

---

[1]) Die Bescheinigung der Ortspolizeibehörde muss bei Vermeidung der Aufhebung des Patentes binnen sechs Monaten nach Ablauf des ersten Viertels der Patentdauer eingereicht werden (Ukas vom 12. August 1852).

Ablauf des ursprünglichen Patentes kann ihm dagegen ein neues Patent für die erfundene Verbesserung bewilligt werden.

Hat der Patentinhaber selbst ein Verbesserungspatent erhalten, so wird dadurch die Dauer des für die ursprüngliche Erfindung bewilligten Patentes nicht verlängert (Art. 145—147).

Das Patent erlöscht durch den Ablauf der Schutzfrist und vor deren Ablauf in folgenden Fällen:

1. wenn gerichtlich erwiesen wird, dass die Erfindung bereits vor Einlegung des Patentgesuches auf Russischem Gebiete ausgeführt oder so vollständig beschrieben war, dass sie ohne Weiteres ausgeführt werden konnte (mit Ausnahme der im Art. 122 vorgesehenen Einführungspatente für bereits bekannte Erfindungen);
2. wenn der wirkliche Erfinder nachweist, dass der Patentinhaber die Erfindung fälschlich für die seinige ausgegeben hat;
3. wenn die Beschreibung nachträglich für unvollständig erkannt wird, oder wenn sich ergibt, dass wesentliche Hülfsmittel der Fabrikation, welche zur Erzielung des beabsichtigten Effectes unentbehrlich sind, verheimlicht wurden, oder wenn der Erfinder bei der practischen Ausführung Verbesserungen angebracht hat, durch welche der beabsichtigte Zweck erst erreicht werden konnte, ohne dieselben gemäss Art. 145 nachträglich anzuzeigen, überhaupt wenn die Beschreibung mit dem wirklichen Stande der Erfindung nicht übereinstimmend befunden wird;
4. wenn der Patentinhaber versäumt hat, die Erfindung gemäss Art. 142 zur Ausführung zu bringen und darüber die Bescheinigung der Ortsbehörde beizubringen.

Die Aufhebung des Patentes wird mit einer summarischen Beschreibung in den Amtsblättern beider Residenzen bekannt gemacht (Art. 148. 149).

Die Zahl der in Russland ertheilten Erfindungspatente ist gering; sie hat in den Jahren 1848 bis 1857 im Ganzen 265 oder jährlich im Durchschnitt 26 betragen. Neuere statistische Angaben liegen dem Verfasser nicht vor.

Durch den Ukas vom 16. Februar 1867[1]) ist die Patent-

---

[1]) Journal de St. Petersbourg 1867 Nr. 50.

gesetzgebung des Kaiserreiches auch auf das Königreich Polen ausgedehnt worden, in welchem früher eine eigene Patentgesetzgebung bestand[1]).

§. 46. Schweden, Norwegen und Dänemark.

Schwedisches Gesetz von 1856. — Gegenstände. — Dauer. — Patentträger. — Beschreibung. — Bekanntmachung. — Ausführung. — Cession. — Aufhebung. — Norwegen. — Dänemark.

Im Königreich Schweden wurde der Patentschutz zuerst durch eine Verordnung vom 28. April 1819 eingeführt, an deren Stelle zunächst die Verordnung vom 13. Dezember 1834 und demnächst das jetzt geltende Patentgesetz vom 19. August 1856 getreten ist. Dieses Gesetz beruht auf dem Systeme einer beschränkten Vorprüfung, indem nach Art. 7 zwar die Ertheilung des nachgesuchten Patentes von einer vorherigen Untersuchung abhängig gemacht ist, so jedoch, dass über die Neuheit der Erfindung keine Entscheidung getroffen wird und die Gültigkeit des ertheilten Patentes der nachträglichen richterlichen Beurtheilung überlassen bleibt.

Erfindungspatente werden für neue Erfindungen auf dem Gebiete der Künste und Gewerbe, sowie für Verbesserungen älterer Erfindungen dieser Art — unbeschadet der an den letzteren erworbenen Rechte — ertheilt. Ausgenommen sind Arzneimittel und Erfindungen, deren Anwendung durch die Gesetze verboten ist, oder der öffentlichen Sicherheit oder den guten Sitten zuwiderläuft. Niemand kann durch ein Patent das ausschliessliche Recht zur Verwerthung eines neuen Princips erlangen, dagegen können Patente über eine bestimmte Anwendung eines solchen Princips gültig ertheilt werden (Art. 2).

Die Dauer der Patente wird für jeden einzelnen Fall nach der Art und Wichtigkeit der Erfindung bestimmt. Sie beträgt mindestens drei und höchstens fünfzehn Jahre (Art. 3).

Nur der Erfinder hat Anspruch auf den Patentschutz. Ausländer und Inländer sind gleich berechtigt (Art. 4).

---

[1]) Die früheren Patentgesetze des Königreichs Polen datiren vom 2/14 Lipostada 1836 und vom 8/20 Lipca 1837 und sind in Loosey's Sammlung S. 315—320 abgedruckt.

Erfindungen, welche bereits im Auslande patentirt sind, können trotz der mit dieser Patentirung im Auslande verknüpften Veröffentlichung der Erfindung gültig patentirt werden, doch darf das Patent nur für die Dauer des im Auslande erlangten Patentschutzes bewilligt werden (Art. 5).

Das Patentgesuch wird bei dem Handelscollegium eingelegt und muss eine bestimmte Bezeichnung der Erfindung enthalten mit der Angabe, in wie weit der Gegenstand derselben neu ist, oder als Verbesserung einer älteren Erfindung in Anspruch genommen wird. Der Bewerber muss angeben, auf welche Zeitdauer er das Patent zu erlangen wünscht.

Mit dem Gesuche muss eine genaue Beschreibung der Erfindung nebst den nöthigen Zeichnungen und Modellen eingereicht werden. Kann die Beschreibung nicht sofort gegeben werden, so wird dem Erfinder dazu eine Nachfrist von einem Monat ertheilt und bis dahin die Entscheidung über das Patentgesuch ausgesetzt. Geht die Beschreibung nicht innerhalb dieser Frist ein, so gilt das Gesuch für nicht angebracht. Ausländer müssen mittelst schriftlicher Vollmacht einen in Schweden wohnhaften Bevollmächtigten bestellen (Art. 6).

Findet sich bei der Prüfung des Patentgesuches nichts zu erinnern, so wird die Patenturkunde von dem Handelscollegium ausgefertigt und darin die Dauer des Patentes bestimmt und der Gegenstand der Erfindung nach den in dem Patentgesuche enthaltenen Angaben unter Hinweisung auf die eingereichte Beschreibung namhaft gemacht. Die gesetzlichen Rechte und Verpflichtungen des Patentinhabers werden in der Urkunde angegeben und die Bemerkung hinzugefügt, dass das Patent keine Gewähr für die Neuheit oder den practischen Werth der Erfindung gibt (Art. 7).

Werden zwei oder mehr Patentgesuche in Bezug auf denselben Gegenstand zugleich eingelegt, so wird das Patent demjenigen ertheilt, welcher zuerst das vollständige Patentgesuch bei dem Handelscollegium eingereicht hat (Art. 8).

Vor der Aushändigung des Patentes wird dasselbe durch Aushang an dem Gebäude des Handelscollegiums bekannt gemacht. Dieser Aushang wird bei den ohne Beschreibung eingereichten Patentgesuchen (Art. 6) beim Erlass der Aufforderung zur Einreichung der Beschreibung bewirkt (Art. 9).

Der Patentinhaber muss den ganzen Wortlaut der Patenturkunde dreimal binnen zwei Monaten nach dem Tage des Aushanges durch die amtliche Zeitung bekannt machen. Er muss die Erfindung binnen zwei Jahren zur Ausführung bringen und davon dem Handelscollegium Anzeige machen. Diese Frist kann in der Patenturkunde nach Umständen auf ein Jahr bestimmt werden. Sie kann auf den Antrag des Patentinhabers auf höchstens vier Jahre erstreckt werden. Die Anzeige von der fortdauernden practischen Ausführung der Erfindung muss von Jahr zu Jahr während der ganzen Patentdauer erneuert werden (Art. 10).

Die Cession des Patentes kann nur nach vorheriger Anzeige an das Handelscollegium erfolgen. Ist der Cessionar ein Ausländer, so muss er einen im Inlande wohnenden Bevollmächtigten bestellen.

Die Nichtigkeit des ertheilten Patentes kann nur im Rechtswege ausgesprochen werden. Die Klage kann von Jedem erhoben werden, der ein eigenes Interesse an der Aufhebung des Patentes hat oder im öffentlichen Interesse sich der Klage unterziehen will. Sie wird bei dem Gerichte des Wohnortes des Patentinhabers oder, wenn derselbe ein Ausländer ist, seines Bevollmächtigten anhängig gemacht.

Das Patent ist nichtig, wenn die Erfindung bereits vor der Patentertheilung im Inlande ausgeführt war, wenn der Patentsucher die Beschreibung der Erfindung gefälscht oder so unvollständig gegeben hat, dass nach derselben nicht der wahre Inhalt der Erfindung beurtheilt werden kann, wenn die Erfindung dem öffentlichen Wohle oder der öffentlichen Sicherheit gefährlich ist, oder den guten Sitten zuwiderläuft.

Wird rechtskräftig auf Vernichtung des Patentes erkannt, so fertigt das Gericht die Entscheidung dem Handelscollegium zur Bekanntmachung zu (Art. 12).

Der Widerruf des ertheilten Patentes wird ferner ohne gerichtliches Verfahren ausgesprochen, wenn dem Art. 10 zuwider die Bekanntmachung des Patentes, oder die Anzeige von der Ausführung der Erfindung während der gesetzten Frist unterlassen, oder die jährliche Anzeige von der fortdauernden Ausübung unterblieben ist. Die Vernichtung oder der Widerruf des Patentes, sowie der Ablauf der Patentdauer wird von dem Handelscollegium in der amtlichen Zeitung bekannt gemacht (Art. 15. 16).

Der Eingriff in die Rechte des Patentinhabers durch unbefugte Ausübung der patentirten Erfindung wird auf die Klage des Patentinhabers mit einer Geldbusse von 100—200 Rixdalers, im Rückfalle mit der doppelten Strafe belegt. Die Geldbusse fällt zur Hälfte der Ortsarmenkasse, zur andern Hälfte dem Patentinhaber zu, welcher ausserdem Anspruch auf vollständigen Schadensersatz hat. Kann die Geldbusse nicht beigetrieben werden, so wird sie in verhältnissmässige Gefängnissstrafe nach den hierfür bestehenden Gesetzen umgewandelt (Art. 13).

In Norwegen ist die Ertheilung der Erfindungspatente durch die Gewerbeordnung vom 15. Juli 1839 geregelt, welche im §. 82 bestimmt:

> „Patente für Erfindungen im Kunst-, Handwerks- und Fabrikbetriebe werden vom Könige auf höchstens zehn Jahre ertheilt. Der Bewerber muss eine genaue Beschreibung der Erfindung einreichen, so dass Andere dadurch in den Stand gesetzt werden, nach Ablauf des Patentes die Erfindung vollständig ausüben zu können[1]."

Durch Königliche Verordnung vom 9. Mai 1842 ist der Norwegischen Regierung Vollmacht ertheilt, die Patente im Namen des Königs zu bewilligen und auszufertigen. Die Zahl der in Schweden und Norwegen in den Jahren 1842 bis 1869 ertheilten Patente beträgt 2107, also jährlich im Durchschnitt 78.

---

[1]) Low angaaende Haandwerksdriften of 15de Juli 1839.

§. 82. Patent paa Opfindelser i Kunst, Haandwaerk og Fabrikdrift meddeles af Kongen, dog ikke paa laengere Tid end 10 Aar, og imod at Vedkommende, forinden Patentet meddeles, indgiver noiagtig Beretning om, naar Opfindelsen er gjort og hoori den bestaar, sa at Andre derved saettes istand til, efter Patentets Udlöle, fuldstaendigen at kunne udöve Opfindelsen. Have Flere samtidigen gjort samme Opfindelse, og samtlige önske Eneret tie Udövelsen deraf i Forhold tie. Andre, da kunne de veute at erholde Patent paa Vilkaar som ovenaufört, dog saaledes, at Eeuhver af dem kran fafalde denne Eneret med samme Virkning, som om Alle havde frafalat den Deu, der meddeles Patent, bär, naar det er i en Kjöbstad, han beuytter samme, tage Borgerskale, og har forövrigt de samme Rettigheder og Pligter, som Handwerksmestere, men er dog under enhoer Omstondigked fritagen far at aflaegge Mesterpröve.

In Dänemark ist ein Patentgesetz bisher nicht ergangen. Erfindungspatente wurden früher durch Königliche Privilegien bewilligt und es waren durch die Praxis Regeln über die Bedingungen der Ertheilung, über die Dauer und den Umfang der bewilligten Rechte festgestellt[1]). Allein seit der Einführung der constitutionellen Verfassung ist die Befugniss des Königs zur Ertheilung solcher die Stelle des Gesetzes vertretender Privilegien erloschen. Daher besteht zur Zeit in Dänemark ein Patentschutz für Erfindungen nicht mehr. Im October 1874 wurde dem Landsthing der Entwurf eines Patentgesetzes nach dem Muster des Französischen Gesetzes vorgelegt. Derselbe ist bisher nicht zum Gesetze erhoben, doch liegen in den mir zugänglichen Zeitschriften keine Nachrichten darüber vor, ob der Gesetzentwurf abgelehnt, zurückgezogen oder nur vertagt ist.

---

1) Vergl. Loosey's Sammlung S. 97—102.

Musterschutz und Markenschutz.

XII. Muster- und Formenschutz.

§. 47. Einleitung.

Begriff. — Muster und Formen. — Muster zur Verzierung und zum Gebrauche. — Geschichte. — Für und Wider. — Annahme in Deutschland. — Verfahren. — Dauer. — Uebertretung.

Der Musterschutz begreift das ausschliessliche Recht des Urhebers eines neuen Waarenmusters, dasselbe während einer bestimmten Schutzfrist zu reproduziren. Dieses ausschliessliche Recht erstreckt sich wie bei jeder andern Art des geistigen Eigenthumes nur auf die mechanische Reproduction, d. h. auf eine solche Wiederholung, bei welcher das ganze Muster vermittelst einer äussern Vorrichtung, wie z. B. das Weben, Drucken, Pressen etc. auf einmal dargestellt und beliebig oft wiederholt werden kann. Der Musterschutz kann sich daher nicht auf solche Gewerbe erstrecken, bei welchen in der Wiederholung des Musters dieselbe Thätigkeit angewendet werden muss, wie bei der Hervorbringung des Originals. Neuere Gesetze, insbesondere das Deutsche Musterschutzgesetz, dehnen das ausschliessliche Recht des Urhebers auch auf solche Erzeugnisse aus, welche nicht mechanisch vervielfältigt werden, jedoch mit der Massgabe, dass eine gewerbmässige Vervielfältigung verboten wird, wogegen die ohne die Absicht der gewerbmässigen Verbreitung angefertigte Einzelcopie eines Musters oder Modells gestattet wird. Diese Ausdehnung entspricht nicht der grundsätzlichen Bedeutung des Urheberrechtes. Der Musterschutz sollte vielmehr nur da Anwendung finden, wo das industrielle Princip der Beschleunigung der Arbeit durch mechanische Vorkehrungen eintritt und sich deshalb nur auf die in solcher

Weise mechanisch zu reproducirenden Muster und Formen erstrecken.

Die Gegenstände des Musterschutzes unterscheiden sich von den Erfindungen dadurch, dass neue Waaren, um als Erfindungen patentirt zu werden, einem neuen materiellen Gebrauche dienen müssen, während neue Waarenmuster nur zur Befriedigung des Geschmackes oder des Modebedürfnisses dienen.

Von den Kunstwerken unterscheiden sich die Muster und Formen dadurch, dass sie nicht bestimmt sind, ästhetische Vorstellungen mitzutheilen, sondern durch Zusammenstellungen von Linien, Farben und Formen den materiellen Farben- und Formensinn zu befriedigen.

Allerdings ist die Grenze zwischen den Werken der Kunst und der Industrie keine ganz scharf bestimmte. Man kann auch Kunstwerke zu Gebrauchsgegenständen umwandeln, und der Geschmack eines Volkes oder eines Zeitalters kann so rein gebildet sein, dass nur künstlerische Formen auch für die Gebrauchsgegenstände verwendet werden und dass die Mode selbst den Regeln der Aesthetik sich unterordnet. So werden bekanntlich die Geräthe der Griechischen und Römischen Blüthezeit als Kunstwerke im weiteren Sinne anerkannt und die davon erhaltenen Stücke als werthvolles Material der Kunstgeschichte geschätzt.

Allein die Berührung beider Gebiete ist gleichwohl nur zufällig und vorübergehend. Es bleibt immer im Begriffe sowohl als in der Mehrzahl der Fälle ein durchgreifender Gegensatz bestehen zwischen den Kunstwerken, welche zur Mittheilung ästhetischer Vorstellungen dienen, und den Waarenmustern und Modellen, welche nur den materiellen Formen- und Farbensinn zu befriedigen bestimmt sind.

Der Muster- und Formenschutz umfasst also in seiner weitesten möglichen Ausdehnung das ganze Gebiet der formgebenden Thätigkeit, welches zwischen den Kunstwerken und den Erfindungen, zwischen dem ästhetisch Schönen und dem materiell Nützlichen mitten inne liegt.

Das Waarenmuster im engeren Sinne ist eine Zeichnung, welche durch ein mechanisches Verfahren auf einem Fabrikate ausgeführt werden soll. Es besteht in einer Zusammenstellung von Formen und Farben, welche entweder für sich allein oder in bestimmten Wiederholungen die äussere Zeichnung der Waare bildet. Im weiteren Sinne werden unter Waarenmustern auch solche Formen begriffen, welche nicht auf der Waare als Zeichnung, sondern in der Gestalt der Waare selbst reproducirt werden sollen, wie z. B. die Muster von Gläsern, Bechern, Tellern u. dgl. (Modelle).

Man unterscheidet daher zwischen den Zeichenmustern für Gewebe, Tapeten und andere Textilien und den Modellen für die tektonischen Gewerbe.

Diese Unterscheidung ist rechtlich wichtig, insbesondere auf dem Gebiete des Französischen Rechtes, welches seine Bestimmungen ausschliesslich auf den Schutz der Zeichenmuster für Gewebe richtet, so dass der Formenschutz nur durch eine ausdehnende Interpretation entweder des Musterschutzgesetzes oder der Gesetze über das artistische Eigenthum begründet werden kann (vergl. unten §. 50).

Eine andere Erweiterung des Begriffes der Waarenmuster betrifft die Bestimmung des Musters. Die letztere besteht an und für sich in einer Verzierung der Waare, welche die Befriedigung des Geschmackes durch neu erfundene Formen und Farbenzusammenstellungen bezweckt. Die Form der Waare kann aber zugleich dem materiellen Gebrauche dienen und die Originalität des Musters kann deshalb statt in einer neuen Befriedigung des Farben- und Formensinnes, vielmehr in einer neuen practischen Anwendung des Geräthes oder Werkzeuges gefunden werden. Solche neue Formen von Gebrauchsgegenständen gehören streng genommen in das Gebiet der Erfindungen, und weder die ältere Englische Musterschutzgesetzgebung, noch auch das heute in Frankreich geltende Recht nimmt auf diese Klasse von Formen Rücksicht. Die neuere Englische Gesetzgebung (vergl. §. 51) hat dagegen auch für diese Gebrauchsmuster einen nach besondern Bestimmungen geregelten Musterschutz eingeführt. Doch kann dieser Zweig des Formenschutzes im Grunde wohl als eine Art des Patentschutzes bezeichnet werden, welcher unter erleichterten Bedingungen einer gewissen Klasse von Erfindungen zu Theil wird. Die neuesten Musterschutzgesetze in Deutschland und Nordamerika unterscheiden nicht zwischen Geschmacks- und Gebrauchsmustern und behandeln beide Arten von Mustern und Modellen nach denselben Regeln.

Der Schutz der Waarenmuster gegen unbefugte Nachahmung verdankt seine Entstehung der Zertrümmerung der Französischen Zunftverfassung durch die Revolution und ihre Vorläufer.

Die französischen Zünfte unterschieden sich von ihren noch nicht ganz ausgestorbenen deutschen Schwestern durch die allumfassende und bis ins Kleinste ausgebildete Bevormundung des Staates. Sie repräsentirten nicht blos den Zwang des Herkommens und des erblichen Monopols, sondern zugleich alle Plackereien der polizeilichen Ueberwachung und alle Drangsale eines aussaugenden Finanzsystems. Die Zunftämter wurden seit 1691 nicht mehr durch Wahl besetzt, sondern als erbliche Ehrenstellen von dem Staate verkauft. Man schuf von 1691 bis 1709 mehr als 40000 solcher Aemter unter zum Theil lächerlichen Namen. Die Einrichtung der Königlichen Weinmäklerräthe im Jahre 1707 brachte allein 180,000 Livres[1]). Alle Zunftgrade wurden gegen hohe Gebühren vom Staate vergeben. Ausser diesen bedeutenden regelmässigen Einnahmen erhob der Staat von Zeit zu Zeit besondere Beisteuern von den Zünften für die Bestätigung ihrer Beamten, für die Verlängerung ihrer Privilegien beim Regierungswechsel u. dgl. m. Selbst als die von Turgot im Jahre 1776 beantragte Aufhebung der Zünfte auf Verlangen des Pariser Parlamentes wegen Verletzung wohlerworbener Rechte in demselben Jahre rückgängig gemacht worden war, zwang die Regierung die Meister, welche ihr Meisterrecht schon früher gekauft hatten, dasselbe noch einmal zu bezahlen. Ebenso drückend war die Einmischung der Staatsverwaltung in alle Zweige des Gewerbes. Durch zahllose und verwickelte Reglements war jeder Zunft vorgeschrieben, welche Waaren sie fabriziren durfte, war ferner für jede Waare bestimmt, in welchen Grössen und Mustern, in welcher Farbe und Beschaffenheit sie dargestellt wurde. Der Prozess zwischen den Trödlern und den Schneidern von Paris

[1]) Voltaire, Siècle de Louis XIV ch. 30. Später noch kamen die Königlichen Klafterräthe (conseillers du roi contrôleurs aux empilement de bois), die Butterkoster für frische und gesalzene Butter (contrôleurs visiteurs de beurre frais, essayeurs de beurre salé) auf. Damals konnte Pontchartrain in einem Berichte an Ludwig XIV. sagen: „So oft Eure Majestät ein neues Amt erschafft, schafft Gott einen Narren, der es kauft.“

über das Recht, ganze Anzüge zu verkaufen und über die Grenze zwischen neuen und getragenen Kleidungsstücken dauerte von 1530 bis 1776 und die Pariser Zünfte allein gaben gegen 800,000 Franken jährlich für die über Zunftrechte geführten Prozesse aus[1]). Jede Fabrik erhielt bei ihrer Concessionirung ein Reglement, durch welches die Gattung der anzufertigenden Waaren, die Stoffe, die verwendet wurden, die Art der Zubereitung, die Farben, Formen und Muster bis in's Kleinste bestimmt wurden. Jede Abweichung von diesen Vorschriften war mit schweren Geldbussen bedroht.

Heutzutage lacht man über diese Sonderbarkeiten, deren Möglichkeit man bald vielleicht auch in Mecklenburg nicht mehr begreift. Damals weinte man darüber. Der schwere Druck, welchen jene Reglementirung auf die Industrie ausübte, wird von Roland, dem späteren Minister des Innern, nach seinen Erfahrungen als Generalinspector der Fabriken in der Picardie wie folgt geschildert[2]):

„Man wollte die Industrie meistern und man hat das Vermögen, ja die Ehre der Bürger in einer so gehässigen Weise, so leichtfertig zugleich und so grausam angetastet, dass die Nachwelt ebensowohl aus unsern Reglements die Barbarei der Zeiten beweisen, als aus den Verhandlungen unserer Akademien auf einen hohen Bildungsgrad schliessen könnte."

„Kein Handgriff ist so geringfügig, dass er nicht von der Verwaltung vorgeschrieben wäre. Sie zeichnet dem Arbeiter den Weg vor, den er zu gehen hat, immer bei schweren Strafen für jede Abweichung. Und doch verhüte Gott, dass sie es besser verstände, die Stoffe zu wählen, die Fäden zu spinnen und zu zwirnen, als der Arbeiter, der davon lebt, und dessen Existenz von seiner Geschicklichkeit abhängt!"

„Die Ausführung der Reglements verletzt das Hausrecht, sie gibt den Vorwand zum Durchwühlen der Fabrikräume, zum Verrath von Fabrikgeheimnissen, in denen oft das Vermögen des Fabrikanten besteht, zum Eindringen in die Geschäftslage, deren Blossstellung den Credit desselben erschüttert. Ich sah

---

1) Renouard, Traité des brevets d'inventions. Paris 1865. S. 52.

2) Encyclopédie méthodique: Manufactures, arts et metiers s. v. Règlement.

an einem einzigen Morgen 80, 90, 100 Stücke Tuch zerschneiden und sah diese Scene von Woche zu Woche viele Jahre hindurch sich wiederholen. Ich sah, wie an den Markttagen Waaren öffentlich verbrannt oder mit dem Namen des Fabrikanten an den Schandpfahl geschlagen wurden mit der Drohung, dass im Rückfalle der Fabrikant selbst dort ausgestellt werde — und das Alles warum? Allein wegen eines gemischten Stoffes, wegen eines ungleichen Gewebes, wegen eines Fadens, der in der Kette zu wenig war, wegen eines nur aus Unachtsamkeit gebrauchten Namens oder gar wegen einer nicht ganz echten, doch für echt ausgegebenen Farbe!"

Es ist bekannt, dass Turgot einen vergeblichen Versuch zur Aufhebung der Zünfte durch das Edict vom 12. März 1776 machte, welches schon am 28. August desselben Jahres wieder aufgehoben wurde. Erfolgreicher war das Unternehmen Neckers, welcher im Jahre 1778 die Aufhebung der Fabrikenreglements in Vorschlag brachte. Zwar scheiterte die vollständige Aufhebung an dem egoistischen und verblendeten Widerstande vieler Fabrikanten, welche nicht auf das durch die Reglements begründete Monopol verzichten wollten. Allein es geschah ein bedeutender Schritt in der Richtung der freien Bewegung durch das Patent vom 5. Mai 1779, welches neben der reglementirten Fabrikation die nicht reglementirte Fabrikation für alle neuen Waaren und Stoffe gestattete.

Es war natürlich, dass durch diese Neuerung die alten Fabrikationsmonopole in kurzer Zeit zu Grabe getragen wurden. Die französische Industrie war aber durch ihre Erziehung unter dem Zwange der Reglements an einen Schutz gegen Nachahmung gewöhnt; und dieser Schutz hatte für die wichtigsten, dem Dienste der Mode und des Luxus gewidmeten Zweige der Französischen Industrie eine vorwiegende Bedeutung. Daher folgte dem Edicte von 1779 schon nach acht Jahren der Staatsrathsbeschluss vom 14. Juli 1787, welcher den Fabrikanten das Recht gab, sich die von ihnen oder für ihre Rechnung erfundenen Muster durch Hinterlegung derselben zum ausschliesslichen Gebrauche für 15 Jahre zu sichern. An die Stelle des Beschlusses von 1787 trat dann das Decret vom 18. März 1806, welches zunächst die Hinterlegung der Lyoner Seidenmuster betrifft. Dieses Decret wurde jedoch von der Praxis auch ausserhalb Lyon zur Anwendung gebracht und später durch die Ordonnanz vom 17—29. August 1825 ausdrücklich auch für die übrigen Bezirke für anwendbar erklärt und regelt noch gegenwärtig den Schutz der Waarenmuster in Frankreich.

In England wurde der Musterschutz ebenfalls im Jahre 1787 durch das Statut 27 George III c. 38 eingeführt. Er war jedoch auf bedruckte Leinen- und Baumwollenzeuge beschränkt und seine Dauer betrug ursprünglich nur zwei Monate. Durch die Acte 34 George III c. 23, 2 Victoria c. 13 und 2 Victoria c. 17 wurde der Musterschutz auf gewirkte Waaren und bemalte Geschirre ausgedehnt. Eine wesentliche Erweiterung des Musterschutzes fand endlich durch die Gesetze von 1842 (5 & 6 Victoria c. 100), 1843 (6 & 7 Victoria c. 65) und 1850 (13 & 14 Victoria c. 104) statt, auf welchen das heutige Englische Recht, betreffend den Schutz der Waarenmuster, beruht.

In Deutschland fand der Musterschutz nur in den Rheinlanden Eingang, in welche während der Fremdherrschaft die bezügliche Französische Gesetzgebung eingeführt wurde[1]). Auch in Elsass-Lothringen blieben nach der Wiedervereinigung mit Deutschland die Französischen Gesetze über den Musterschutz in Kraft[2]).

Die Einführung des Musterschutzes in die übrigen Deutschen Lande wurde zuerst im Interesse der Iserlohner Bronzefabrikation durch eine Petition des Westphälischen Provinziallandtages vom 4. April 1845 beantragt, jedoch durch den Landtagsabschied abgelehnt. Ebensowenig fanden wiederholte Anträge in den beiden Häusern des Landtages die Zustimmung der Regierung[3]).

Auf der zehnten Zollvereinsconferenz wurde von der Badischen Regierung der Antrag gestellt, einen gemeinsamen Muster-

---

[1]) Das Französische Decret vom 18. März 1806 und in den rechtsrheinischen Theilen der Rheinprovinz das jenem nachgebildete Grossherzoglich Bergische Decret vom 17. Dezember 1811.

[2]) Das Decret vom 18. März 1806 und die Ordonnanz vom 17. August 1825.

[3]) Vergl. Drucksachen der ersten Kammer 1853 Nr. 318. Drucksachen des Herrenhauses 1859 Nr. 14, des Hauses der Abgeordneten 1859 Nr. 121.

schutz für das Gebiet des Zollvereins herzustellen. Ungefähr gleichzeitig war auch beim Abschlusse des Handelsvertrages mit Oesterreich vom 19. Februar 1853 durch den Separatartikel 9 die Verabredung getroffen, im Jahre 1854 wegen übereinstimmender Massregeln in Betreff ausschliessender Benutzungsrechte auf Muster in Unterhandlung zu treten.

Diese Verhandlungen gaben der Preussischen Regierung Veranlassung, durch die Circularverfügung vom 24. Januar 1854 das Gutachten der Regierungen und Handelskammern über die Zweckmässigkeit des Musterschutzes zu erfordern. Bei dieser Begutachtung sprachen sich von 62 Votanten 46 gegen und 16 für den Musterschutz aus. Die Regierung nahm dann Veranlassung, durch das Rundschreiben vom 24. Juli 1858 auch die übrigen Zollvereinsregierungen zur Aeusserung über diese Frage einzuladen, von denen sich Bayern, Sachsen und Baden für, die übrigen gegen die Einführung des Musterschutzes aussprachen.

Auch in der Literatur fand eine lebhafte Erörterung des Für und Wider statt[1]).

Gegen die Gewährung des Musterschutzes wurde geltend gemacht, dass seine Objecte sowohl vom Gesichtspunkte des öffentlichen Interesses, als auch nach der Schätzung des Werthes der geistigen Production auf der niedrigsten Stufe stehen und dass deshalb das Recht zu ihrer ausschliesslichen Benutzung keinesweges in der Gesetzgebung allgemein anerkannt und

[1]) Deutsche Gewerbezeitung von 1849 Nr. 65, von 1851 S. 41 ff., von 1859 S. 130 ff. — Stuve, Das industrielle Eigenthum und die Nachbildung. Elberfeld 1843. — L. Reichenheim, Entwurf zu einem Gesetze über Muster-, Modell- und Formschutz, nebst Motiven. (Als Manuscript gedruckt.) Berlin 1854. — Dr. Meissner, Vier Gesetze für das Deutsche Gewerbewesen. Leipzig 1858. — Ferd. Noll, Suum cuique oder Musterschutz. Brandenburg 1857. — Denkschrift (der Preussischen Regierung), betreffend den Erlass eines Gesetzes zum Schutze des Eigenthums an Fabrikmustern und Formen (Deutsche Gewerbezeitung 1859 S. 1 ff.). — Denkschrift des Aeltestencollegiums der Berliner Kaufmannschaft von Dr. W. Siemens, Staatshandbuch für den Norddeutschen Bund von Dr. G. Hirth. 1869. S. 42. — Weigert, Der Musterschutz, seine theoretische Berechtigung, seine practische Nothwendigkeit etc. Leipzig 1875. — Jannasch, Der Musterschutz und die Gewerbepolitik des Deutschen Reiches. Berlin 1873. — Landgraf, Musterrecht und Musterschutz. Stuttgart 1875.

noch weniger vom Standpunkte der Gesetzgebungspolitik allgemein als berechtigt anzusehen sei. Der Rechtsschutz der geistigen Arbeit sei nur innerhalb beschränkter Grenzen möglich, da derselbe nur durch eine entsprechende Einschränkung der Freiheit des Verkehrs realisirt werden könne und diese dürfe nur insoweit stattfinden, als nicht die Beschränkung den Werth der geschützten geistigen Production überwiege. Auf dem Gebiete der Schrift- und Kunstwerke sei die Beschränkung des freien Verkehrs eine geringe, da nur ein bestimmter Gebrauch der fremden geistigen Arbeit: die Vervielfältigung zum Zwecke des Verkaufs verboten sei. Bei den Erfindungen gehe diese Beschränkung viel weiter, aber dieselbe werde gerechtfertigt durch den hohen Werth der geistigen Arbeit des Erfinders, gemildert durch die kurze Dauer und aufgewogen durch die Vortheile, welche der Verkehr aus der Realisirung wichtiger Erfindungen ziehe, die erfahrungsmässig nur unter diesem Schutze zu erwarten sei. Der Muster- und Formenschutz stehe in jeder dieser drei Beziehungen offenbar gegen die Erfindungspatente zurück. Der Werth der Erfindung von Waarenmustern sei an sich ein untergeordneter. Es handle sich dabei nicht um bleibende geistige Schöpfungen, sondern wesentlich um eine Virtuosität, welche verstehe, den wechselnden Geschmack der Mode durch immer neue Formen zu befriedigen, zu reizen und zu beherrschen. Dem relativ geringen Werthe der geistigen Arbeit des Musterzeichners stehe eine sehr ausgedehnte Beschränkung der Gewerbefreiheit durch den Musterschutz gegenüber. Des Nachdruckes fremder Bücher oder Kupferstiche könne sich Jeder enthalten, ohne eine Beschränkung in seiner gewohnten Gewerbthätigkeit zu erleiden. Dasselbe gelte in gewissem Grade von der Anwendung und Nachahmung neuer Erfindungen, obgleich die alte Waare und die alte Fabrikation häufig durch die Concurrenz der neuen Erfindung entwerthet werde. Bei den Waarenmustern sei dagegen schon die zufällige und unwillkürliche Nachahmung eines geschützten fremden Musters schwer zu vermeiden. Der Musterschutz beschränke aber die andern Fabrikanten nicht bloss in der Anwendung des geschützten Musters, sondern indirect auch in der Fabrikation und in dem Absatze des Stoffes, welcher das Muster trägt. Der geschützte Fabrikant beherrsche, wenn seine Erfindung glücklich war, den

Markt und die Mode. Jeder werde vorzugsweise den Stoff zu kaufen suchen, dessen Muster den Beifall der Mode erlangt. Da nun die übrigen Fabrikanten durch den Musterschutz behindert seien, diese Nachfrage zu befriedigen, so übertrage sich das für das Muster verliehene Monopol mittelbar auf den Stoff, in welchem das Muster gearbeitet ist.

Die ausschliessliche Benutzung eines Waarenmusters könne allerdings für den Berechtigten einen nicht geringen Vermögenswerth besitzen. Das Aequivalent, welches dem öffentlichen Interesse für dieses Monopol geboten wird, sei aber verschwindend klein, da das Waarenmuster in der Regel den Ablauf der Schutzfrist nicht überdauere und meist von der wechselnden Mode beseitigt werde, ehe es in den allgemeinen Gebrauch übergeht.

Diesen Ausführungen gegenüber wird behauptet, dass die Gewährung eines solchen ausschliesslichen Rechtes dazu beitrage, die Fabrikanten zu grösseren Aufwendungen für die Beschaffung neuer Muster und Formen geneigt zu machen, und dass sich in Folge desselben Leute von Talent eher dazu verstehen würden, ihre Kräfte der Erfindung solcher neuen Formen für die Industrie zu widmen.

Die Erfahrung habe gezeigt, dass die Errichtung von Musterzeichenschulen in Deutschland nur der fremden, namentlich der Französischen Industrie zu Gute gekommen sei, da alle in Berlin, Dresden und Hanau ausgebildeten Zöglinge sehr bald in Französische Ateliers übergegangen seien, um dort einen ihren Leistungen angemessenen Lohn zu finden, welchen ihnen die Deutsche, vorzugsweise auf Entlehnung fremder Muster eingerichtete Kunstindustrie nicht geboten habe.

Es wird ferner behauptet, dass die Einführung des Musterschutzes in Grossbritannien und Frankreich wesentlich dazu beigetragen habe, die Fabrikation jener Länder auf die hohe Stufe der Vollendung in Betracht der äusseren Ausstattung gewerblicher Erzeugnisse zu heben, welche sie heutigen Tages einnimmt. Der Vorgang zeige auch, dass die Ausführung des Musterschutzes ohne nachtheilige Beschränkung der freien Bewegung in der Industrie möglich sei. Werde der Massregel in Deutschland Eingang verschafft, so werde es gelingen, die heimische Gewerbthätigkeit, welche in Bezug auf die Technik der Darstellung und die Solidität der Erzeugnisse in den letzten Decennien einen so erfreulichen Aufschwung genommen, hinsichtlich des Geschmacks und der Schönheit der Formen aber in manchen Zweigen augenscheinlich zurückgeblieben und vom Auslande abhängig sei, auch nach dieser Richtung hin einer weiteren Entwickelung und der Selbstständigkeit entgegen zu führen.

In den practischen Vordergrund trat die Frage des Musterschutzes von Neuem, als bei der Berathung des Gesetzes über das Urheberrecht im Reichstage (1870) die Forderung gestellt wurde, den Künstlern Schutz gegen die Nachbildung ihrer Werke als Muster für Industrie-Erzeugnisse zu geben. Die gesetzliche Regelung des künstlerischen Urheberrechtes wurde mit Rücksicht auf diese Frage vertagt. Die Lösung derselben musste mit Nothwendigkeit zu der Erörterung der Frage des Musterschutzes führen. Gleichzeitig wurde die seit längerer Zeit ruhende Agitation der betheiligten Industriellen für Einführung des Musterrechtes wieder lebendig[1]), besonders seit durch die Einverleibung von Elsass-Lothringen die vorzugsweise bei dieser Frage interessirte Mülhauser Industrie in den Kreis der Deutschen Gesetzgebung getreten war. Der Bundesrath beschloss am 7. Februar 1874 die Veranstaltung einer Enquête über die Zweckmässigkeit der Einführung eines allgemeinen Musterschutzes. Diese Erörterungen fanden im Mai 1874 unter Theilnahme hervorragender Sachverständiger aus den Kreisen der Bildhauer (Sussmann-Hellborn), der Metallwaaren-Industrie (Ravené, Ebbinghaus, Weishaupt, Jungé u. A.), der Gewebe-Industrie (Websky, Schwarz, Merkel, Schmidt, Hirschberg u. A.), der tektonischen und sonstiger Gewerbe (Möller, Boch, Pohl, Engelhardt, Pallenberg, Söhlke u. A.), sowie der Directoren der Zeichen- und Modellirschulen zu Dresden und Hanau (Hausmann und Graf) statt und erstreckten sich auf folgende Fragen:

1. Empfiehlt sich die Einführung eines Schutzes der Muster für und Modelle von Erzeugnissen der Industrie, Fabriken, Handwerke und Manufacturen gegen unbefugte Nachbildung?

---

[1]) Landgraf a. a. O. S. 42 ff.

2. Auf welche Objecte und wie weit hätte sich der Schutz zu erstrecken?
3. Soll der Anspruch auf Schutz von bestimmten formellen Vorbedingungen abhängig gemacht werden und von welchen?
4. Auf welche Zeitdauer wäre der Schutz zu gewähren?
5. Soll ein formell anerkanntes Musterrecht unter bestimmten Voraussetzungen vor Ablauf der Schutzfrist für erloschen erklärt werden können?
6. In welcher Weise wäre der Schutz gegen Verletzungen sicher zu stellen?
7. Welche Behörden wären
   a) zur Constatirung des Vorhandenseins und der Erfüllung der Vorbedingungen,
   b) zur Aufhebung eines formell anerkannten Musterrechts,
   c) zur Einschreitung und Entscheidung bei Verletzungen des Musterrechts

   zu berufen?
8. Welches Verfahren empfiehlt sich gegenüber dem Auslande?

Die Sachverständigen sprachen sich mit vereinzelten Ausnahmen übereinstimmend dahin aus, dass die schleunige Einführung eines Musterschutzgesetzes ein dringendes Bedürfniss für die Deutsche Industrie sei.

Der Bundesrath legte demnächst am 1. November 1875 dem Reichstage den Entwurf eines Musterschutzgesetzes vor, welcher mit verschiedenen Abänderungen angenommen und am 11. Januar 1876 (Reichsgesetzblatt S. 11) als Gesetz verkündet wurde.

Oesterreich war bereits durch das Gesetz vom 7. Dezember 1858 (Reichsgesetzblatt S. 708) mit der selbstständigen Regelung des Musterschutzes vorgegangen. Auch in Russland wurde am 1. Juli 1864 ein Gesetz über den Schutz von Fabrikmustern und Zeichen erlassen.

In Frankreich und Belgien wurde der Versuch gemacht, die bisherige sehr unvollständige und controverse Gesetzgebung über den Musterschutz zu erneuern. Allein der von der Französischen Regierung im Jahre 1847 vorgelegte Gesetzentwurf wurde durch die Februarrevolution beseitigt und der Belgische

Entwurf gelangte in der Kammersession von 1864 nicht zur Annahme und ist seitdem nicht wieder erneuert worden.

In den Vereinigten Staaten erfolgte die Einführung des Musterschutzes durch ein Gesetz vom 29. August 1842, an dessen Stelle jetzt der betreffende Abschnitt des Patentgesetzes vom 8. Juli 1870 getreten ist. Der Musterschutz ist daher in den wichtigsten Industriestaaten geltendes Recht. Doch besteht weder in Bezug auf die Gegenstände, noch auch in Bezug auf das Verfahren bei der Erwerbung des ausschliesslichen Rechtes, noch endlich in Bezug auf die strafrechtliche Verfolgung der Eingriffe in dasselbe hinreichende Uebereinstimmung, um die verschiedenen Musterschutzgesetzgebungen aus einem gemeinsamen Gesichtspunkte aufzufassen.

Während in Frankreich die Gegenstände des Musterschutzes in eigentliche Muster (für Gewebe und andere Textilien) und in Formen (der Tektonik) unterschieden werden, besteht in England eine verschiedenartige Gesetzgebung für die zur Verzierung bestimmten Muster und Formen einerseits und für die zum materiellen Gebrauche bestimmten Formen andrerseits, und in den übrigen Staaten wird weder zwischen Geschmacks- und Nützlichkeitsmustern, noch zwischen Mustern und Formen unterschieden, so dass die Gesetzgebung für alle Gegenstände des Muster- und Formenschutzes dieselbe ist.

In Bezug auf die Bedingungen der Erwerbung des ausschliesslichen Rechtes ist zu bemerken, dass zwar alle Gesetzgebungen die Hinterlegung des Waarenmusters vorschreiben, dass jedoch in Frankreich die Hinterlegung nicht als Bedingung der Erwerbung, sondern nur der gerichtlichen Verfolgung des Rechtes aufgefasst wird (vergl. §.50). Ferner besteht eine wesentliche Verschiedenheit in Bezug auf die Art der Hinterlegung, welche in Frankreich in versiegelten Packeten erfolgt, während in Oesterreich und in Russland die Geheimhaltung nur für ein Jahr, in Deutschland für höchstens drei Jahre gewährt wird und in England die volle Oeffentlichkeit für die Nützlichkeitsmuster, die Geheimhaltung dagegen für die Geschmacksmuster vorgeschrieben ist.

Die Dauer des Musterschutzes ist in Frankreich unbegrenzt, in den übrigen Staaten verschieden, entweder nach der Wahl des Erfinders (Deutschland, Nordamerika, Russland, Oesterreich), oder nach verschiedenen Klassen von Waaren (England) bemessen.

In Bezug auf die Eingriffe in die ausschliessliche Benutzung des Waarenmusters stellen die neueren Gesetzgebungen in England und Oesterreich den Grundsatz auf, dass nur die wissentliche und betrügliche Nachahmung des fremden Musters Strafe nach sich zieht (unten §§. 51. 52). In Deutschland und in Frankreich dagegen findet die Strafe der Nachahmung auch bei blosser Fahrlässigkeit statt, und die Einziehung ist sogar bei einer rein zufälligen Wiederholung des geschützten Musters nicht ausgeschlossen (§§. 49—50).

§ 48. Deutschland.

Gegenstand. — Originalität. — Urheber. — Ausländische Fabrikation. — Eintragung. — Musterregister. — Versiegelung. — Schutzfrist. — Kosten.

Das Reichsgesetz vom 11. Januar 1876 betreffend das Urheberrecht an Schriften und Kunstwerken (Reichsgesetzblatt S. 11) erlangt am 1. April 1876 Gesetzeskraft und tritt in Rheinpreussen und in Elsass-Lothringen an die Stelle der dort bisher geltenden Französischen Musterschutzgesetzgebung (vergl. § 50), während es für das übrige Deutschland ein neues dem bisherigen Rechte unbekanntes Urheberrecht an den Mustern gewerblicher Erzeugnisse einführt.

Gegenstand dieses Urheberrechtes sind nach §. 1 gewerbliche Muster und Modelle. Eine weitere Definition ist absichtlich nicht gegeben, weil dieselbe, wie die Motive zu §. 1 bemerken, der Wissenschaft und der Rechtsprechung überlassen bleiben müsse. Der Begriff der Waarenmuster und Modelle ist deshalb im Deutschen Rechte im weitesten Sinne zu fassen. Seine Begrenzung ist theils durch die Entwickelung des Begriffs gegeben (oben S. 377), theils durch die besonderen Gesetze, welche das Urheberrecht an Werken der bildenden Künste und an gewerblichen Erfindungen regeln. Das ganze Feld der gewerblichen Erzeugung, welches zwischen diesen beiden Gebieten mitten inne liegt, fällt dem Musterschutze anheim. Ja! es könnte auch ein Kunstwerk Gegenstand des Musterschutzes werden, wenn dasselbe als Gebrauchsgegenstand dienen und fabrikmässig hergestellt werden soll. Ebenso könnte man für eine gewerbliche Erfindung den Musterschutz erlangen, wenn dieselbe sich in dem Modell eines erfundenen Geräthes verkörpert.

Das Deutsche Gesetz unterscheidet auch nicht zwischen Geschmacks- und Gebrauchsmustern (oben S. 379). Die Unterscheidung zwischen Zeichenmustern und Formmustern oder Modellen findet sich in der auf den Thatbestand der Uebertretung bezüglichen Vorschrift im §. 6 Nr. 2, nach welcher Muster für Flächenerzeugnisse in plastischen Erzeugnissen und umgekehrt frei nachgebildet werden dürfen. Auch in der Bezeichnung der Gegenstände des Musterschutzes als Muster und Modelle werden dieselben beider Arten unterschieden, ohne dass jedoch dieser Unterscheidung andere als die im § 6 Nr. 2 bezeichneten rechtlichen Wirkungen zukommen.

Eine objective Bedingung des Rechtsschutzes ist nach §. 1 Abs. 2 die Neuheit und Eigenthümlichkeit des Musters oder Modells[1]).

Das ausschliessliche Recht steht dem Urheber zu (§. 1).

Bei solchen Mustern und Modellen, welche von den in einer inländischen gewerblichen Anstalt beschäftigten Zeichnern, Malern, Bildhauern etc. im Auftrage oder für Rechnung des Eigenthümers der gewerblichen Anstalt angefertigt werden, gilt der letztere, wenn durch Vertrag nichts Anderes bestimmt ist, als der Urheber der Muster und Modelle (§. 2).

Diese Bestimmung ist dem Russischen Musterschutzgesetze entlehnt (unten §. 52) und hat den wohlbegründeten Zweck, die Nothwendigkeit einer jedesmaligen Cession zu beseitigen, da die Absicht der Betheiligten bei Vertragsverhältnissen der oben bezeichneten Art regelmässig dahin geht, dass der Arbeitgeber das Vervielfältigungsrecht erhalten soll, wogegen der wirkliche Urheber des Musters von jenem für seine geistige Arbeit honorirt wird. Eine Vermuthung für die Erwerbung des Urheberrechtes steht nach §. 13 demjenigen zur Seite, welcher das Muster oder Modell zur Eintragung in das Musterregister angemeldet und niedergelegt hat. Diese Vermuthung entspricht der Vorschrift im §. 28 des Gesetzes vom 11. Juni 1870, wonach bei gedruckten Schriftwerken der auf dem Titelblatte genannte Verfasser bis zum Gegenbeweise als Urheber gilt. Sie hat den Zweck, den schwierigen in vielen Fällen unmöglichen

---

[1]) Diese Bestimmung ist durch die Commission des Reichstages eingeschaltet.

Beweis zu ersparen, dass der Anmelder oder sein Autor das Muster selbst hervorgebracht hat.

Das Recht des Urhebers geht auf dessen Erben über. Dieses Recht kann beschränkt oder unbeschränkt durch Vertrag oder durch Verfügung von Todeswegen auf Andere übertragen werden (§. 3).

Der Musterschutz erstreckt sich ausschliesslich auf die im Inlande verfertigten Erzeugnisse, gleichviel ob dieselben im Inlande oder im Auslande verbreitet werden. Ausländische Urheber, welche im Gebiete des Deutschen Reiches ihre gewerbliche Niederlassung haben, geniessen für ihre im Inlande verfertigten Erzeugnisse den Schutz des Gesetzes. Im Uebrigen richtet sich der Schutz der ausländischen Urheber nach den bestehenden Staatsverträgen (§. 16).

Diese Bestimmung entspricht der Vorschrift der Gesetze über das Urheberrecht an Schriftwerken (§. 61) und an Kunstwerken (§. 20). Während aber nach diesen Gesetzen alle Werke inländischer Urheber, gleichviel, ob sie im Inlande oder im Auslande erscheinen, geschützt sind, beschränkt sich der Musterschutz auf die inländische Fabrikation und zwar hier ohne Unterscheidung der Inländer und Ausländer. Die ausländische Fabrikation kann im Inlande auch dann keinen Musterschutz erlangen, wenn das verwendete Muster von einem Deutschen Urheber herrührt. Sie kann nur in Folge besonderer Staatsverträge Schutz gegen inländische Nachahmung erlangen.

Diese Bestimmungen sind aus den Berathungen der Reichstags-Commission hervorgegangen, welche mit Recht geltend machte, dass der Musterschutz wesentlich zum Schutze der inländischen Fabrikation bestimmt sei und dass der inländische Urheber, wenn er für den Aufschwung fremder Industrien arbeite, auf den Rechtsschutz im Vaterlande keinen Anspruch habe.

Zur Erwerbung des Musterrechtes ist ausser der Hervorbringung noch die förmliche Erklärung des Urhebers erforderlich. Letzterer geniesst nach §. 7 den Schutz gegen Nachbildung nur dann, wenn er dasselbe zur Eintragung in das Musterregister angemeldet und ein Exemplar oder eine Abbildung des Musters etc. bei der mit Führung des Musterregisters beauftragten Behörde niedergelegt hat.

Die Anmeldung und Niederlegung muss erfolgen, bevor

ein nach dem Muster oder Modelle gefertigtes Erzeugniss verbreitet wird.

Die letztere Bestimmung entscheidet die im Französischen Rechte bestehende Controverse (unten §. 50). Sie entspricht zugleich dem practischen Bedürfnisse, da die Zulassung der nachträglichen Deposition eines bereits in den Verkehr gebrachten Musters geeignet wäre, die grössten Verwirrungen zu erzeugen. Der Antrag, dass jedes unter dem Schutze des Musterrechtes in den Verkehr gebrachte Stück mit der Bezeichnung „eingetragen" versehen sein müsse, fand nicht die Zustimmung des Reichstages. Eine solche Bezeichnung ist in der Englischen und Russischen Gesetzgebung vorgeschrieben (unten §§ 51. 52) und offenbar ebenfalls sehr geeignet, Rechtsverletzungen zu verhüten und Rechtsstreitigkeiten vorzubeugen; doch wird dieselbe aus diesem Grunde auch ohne gesetzliche Vorschrift ohne Zweifel in den meisten Fällen angewendet werden.

Das Musterregister ist nicht wie in England und Russland ein einheitliches, sondern es wird nach dem Vorgange der Französischen und Oesterreichischen Gesetzgebung in den einzelnen Bezirken und zwar bei den mit der Führung der Handelsregister beauftragten Gerichtsbehörden geführt.

Der Urheber hat die Anmeldung und Niederlegung des Musters oder Modells bei der Gerichtsbehörde seiner Hauptniederlassung, und falls er eine eingetragene Firma nicht besitzt, bei der betreffenden Gerichtsbehörde seines Wohnortes zu bewirken.

Urheber, welche im Inlande weder eine Niederlassung, noch einen Wohnsitz haben, müssen die Anmeldung und Niederlegung bei dem Handelsgericht in Leipzig bewirken (§. 9).

Die Muster oder Modelle können offen oder versiegelt, einzeln oder in Packeten niedergelegt werden. Die Packete dürfen jedoch nicht mehr als 50 Muster oder Modelle enthalten und nicht mehr als 10 Kilogramm wiegen (§. 9).

Diese Bestimmung stimmt mit den Vorschriften des Oesterreichischen und des Russischen Musterschutzgesetzes überein. Sie erscheint als die zweckmässigste Lösung der schwierigen Frage, ob das Musterregister öffentlich oder geheim geführt werden soll. Wenn die Oeffentlichkeit den Vortheil bietet, dem Musterberechtigten den Beweis der Widerrechtlichkeit gegenüber dem Nachahmer zu erleichtern, so führt sie andrerseits die Gefahr mit sich, dass der Fabrikant sein Geschäftsgeheimniss preisgibt und sich dadurch eine zwar nicht rechtswidrige aber gefährliche Concurrenz herbeizieht, indem andere Fabrikanten zur Herstellung ähnlicher Geschmacksmuster angeregt werden. Es ist daher zweckentsprechend, dass dem Musterberechtigten die Wahl zwischen der offenen und der versiegelten Hinterlegung gelassen wird. Andrerseits muss die Geheimhaltung auf die Dauer der dreijährigen Schutzfrist beschränkt werden, und es ist angemessen erschienen, bei der nach §. 8 Abs. 2 zulässigen Verlängerung dieser Frist doch die weitere Geheimhaltung auszuschliessen.

Die Eröffnung der versiegelt niedergelegten Muster erfolgt daher nach §. 9 in jedem Falle drei Jahre nach der Anmeldung, beziehentlich, wenn die Schutzfrist eine kürzere ist, nach dem Ablaufe derselben.

Die Eintragungen in das Musterregister werden ohne vorherige Prüfung der Originalität des hinterlegten Musters oder der Berechtigung des Antragstellers bewirkt (§. 10).

Die Eintragung wird monatlich im Deutschen Reichsanzeiger bekannt gemacht. Die Kosten der Bekanntmachung hat der Anmeldende zu tragen (§. 9).

Die näheren Vorschriften über die Führung des Musterregisters erlässt das Reichskanzler-Amt (§. 9).

Es ist Jedermann gestattet, von dem Musterregister und den nicht versiegelten Mustern und Modellen Einsicht zu nehmen und sich beglaubigte Auszüge aus dem Musterregister ertheilen zu lassen. In Streitfällen darüber, ob ein Muster oder Modell gegen Nachbildung geschützt ist, können zur Herbeiführung der Entscheidung auch die versiegelten Packete von der mit der Führung des Musterregisters beauftragten Behörde geöffnet werden (§. 11).

Die Schutzfrist wird nach Wahl des Urhebers auf ein bis drei Jahre vom Tage der Anmeldung gewährt. Der Urheber ist berechtigt, entweder gleich bei der Anmeldung oder vor Ablauf der gewählten Schutzfrist die Verlängerung der Schutzfrist bis auf höchstens 15 Jahre zu verlangen. Diese Verlängerung wird im Musterregister eingetragen und gemäss §. 9 im Reichsanzeiger bekannt gemacht. Der Musterberechtigte kann die Verlängerung zunächst auf zehn Jahre nachsuchen und vor Ablauf derselben eine zweite Verlängerung bis auf 15 Jahre beantragen (§. 8).

Für jede Eintragung und Niederlegung eines einzelnen Musters oder eines Packets mit Mustern etc. wird, insofern die Schutzfrist auf nicht länger als drei Jahre beansprucht wird, eine Gebühr von 1 Mark für jedes Jahr erhoben.

Nimmt der Urheber in Gemässheit des § 8 Absatz 2 eine längere Schutzfrist in Anspruch, so hat er für jedes weitere Jahr bis zum zehnten Jahre einschliesslich eine Gebühr von zwei Mark, von 11 bis 15 Jahren eine Gebühr von drei Mark für jedes einzelne Muster oder Modell zu entrichten. Für jeden Eintragungsschein, sowie für jeden sonstigen Auszug aus dem Musterregister wird eine Gebühr von je 1 Mark erhoben.

Alle Eingaben, Verhandlungen, Atteste, Beglaubigungen, Zeugnisse, Auszüge u. s. w., welche die Eintragung in das Musterregister betreffen, sind stempelfrei (§. 12).

§. 49. Deutschland (Fortsetzung).

Inhalt des Musterrechtes. — Muster und Modelle. — Thatbestand der Nachbildung. — Zurechnung. — Strafen. — Privatbusse. — Einziehung. — Verfahren. — Verjährung.

Der Inhalt des Musterrechtes besteht in der ausschliesslichen Befugniss, das niedergelegte Muster auf alle Arten von Industrie-Erzeugnissen anzuwenden (§. 5), jedoch mit der Maasgabe, dass ein für Flächenerzeugnisse bestimmtes Muster durch plastische Erzeugnisse und ein für plastische Erzeugnisse bestimmtes Modell durch Flächenerzeugnisse ohne Genehmigung des Musterberechtigten nachgeahmt werden kann (§. 6 Nr. 2). Das Recht an einem Muster ist daher auf Flächenerzeugnisse (Gewebe, Tapeten, Stickmuster u. dgl.), das Recht an einem Modell auf plastische Erzeugnisse beschränkt[1]). Innerhalb dieser

[1]) Erzeugnisse, welche sowohl in plastischer Form, als auch als Flächenerzeugnisse verbreitet werden können, wie z. B. Erzeugnisse der Schriftgiesserei, können in beiden Gestalten hinterlegt werden, um sowohl die unbefugte Nachbildung der Typen, als auch die unbefugte Verwendung solcher Typen zum Druck auszuschliessen.

beiden Hauptgattungen umfasst das Musterrecht jedoch alle möglichen Arten der Ausführung und die Nachbildung ist verboten, auch wenn bei Hervorbringung derselben ein anderes Verfahren angewendet worden ist, als bei dem Originalwerke, oder wenn die Nachbildung für einen anderen Gewerbszweig bestimmt ist, als das Original (§. 5 Nr. 1).

Der objective Thatbestand der Nachbildung besteht nach §§. 5 und 6 in der unbefugten Anwendung des niedergelegten Musters auf ein gewerbliches Flächenerzeugniss oder des Modells auf ein plastisches Erzeugniss in der Absicht, diese Erzeugnisse zu verbreiten. Eine verbotene Nachbildung liegt auch dann vor, wenn die Nachbildung in anderen räumlichen Abmessungen oder Farben hergestellt wird, als das Original, oder wenn sie sich vom Original nur durch solche Abänderungen unterscheidet, welche nur bei Anwendung besonderer Aufmerksamkeit wahrgenommen werden können; ferner wenn die Nachbildung nicht unmittelbar nach dem Originalwerke, sondern mittelbar nach einer Nachbildung desselben geschaffen ist (§. 5 Nr. 2 und 3).

Dagegen ist die freie Benutzung einzelner Motive eines Musters oder Modells zur Herstellung eines neuen Musters oder Modells als Nachbildung nicht anzusehen. Die Frage, welche Bestandtheile eines Musters in Bezug auf den Thatbestand der verbotenen Nachbildung als charakteristisch und wesentlich zu bezeichnen sind, muss im einzelnen Falle theils nach den Regeln der betreffenden Fabrikation, theils nach den Regeln des Geschmacks beurtheilt werden, welche unterscheiden lassen, was in einer neuen Zusammenstellung als originelle Erfindung und was als gleichgültige Variation anzusehen ist. Für die Entscheidung derartiger Fragen können die Ergebnisse der gerichtlichen Praxis in Frankreich, wo der Musterschutz seit 70 Jahren in practischer Anwendung steht, mit Nutzen herbeigezogen werden. (Vergl. unten §. 50).

Die Aufnahme von Nachbildungen einzelner Muster oder Modelle in ein Schriftwerk ist nach §. 6 Nr. 3 nicht als verbotene Nachbildung anzusehen. Diese Bestimmung muss zum mindesten bezüglich der Modelle als überflüssig bezeichnet werden, da es nicht abzusehen ist, wie ein Modell in plastischer Form — und eine solche plastische Nachbildung steht nach

§. 6 Nr. 2 allein in Frage — einem Schriftwerke einverleibt werden könnte.

Die Anmeldung eines bereits hinterlegten Musters zur Eintragung seitens eines Unberechtigten enthält nicht den Thatbestand der Nachbildung, auch wenn der Anmeldende sich wissentlich falsch als den Urheber des Musters bezeichnet hatte. Der Antrag auf eine besondere Strafbestimmung gegen diesen Eingriff in das Musterrecht wurde bei den Commissionsberathungen des Reichstags abgelehnt. Indessen kann kein Zweifel darüber bestehen, dass der eingetragene wirkliche Urheber des Musters gegen denjenigen, welcher sich sein Musterrecht in dieser Form anmasst, auf Löschung der Eintragung klagen kann.

Für den subjectiven Thatbestand der verbotenen Nachbildung, ebenso wie für die Strafen und das Verfahren sind nach §. 14 die Bestimmungen des Gesetzes vom 11. Juni 1870, betreffend das Urheberrecht an Schriftwerken, §§. 18—36 und 38 massgebend, aus welchen sich folgende Regeln ergeben[1]).

Das Vergehen der Nachbildung ist nach §. 22 des Gesetzes vom 11. Juni 1870 vollendet, sobald ein nachgebildetes Exemplar in der Absicht der Verbreitung angefertigt ist. Der Versuch ist strafbar. Dagegen ist nicht strafbar die Einzelcopie eines Musters oder Modells, sofern sie ohne die Absicht der gewerbsmässigen Verbreitung oder Verwerthung angefertigt wird (Musterschutzgesetz §. 6 Nr. 1).

Die Strafbarkeit des Nachbilders ist nach §. 18 Abs. 2 des Gesetzes vom 11. Juni 1870 durch das Verschulden desselben bedingt. Dabei gilt blosse Fahrlässigkeit der bösen Absicht gleich. Bei unverschuldeter Nachbildung haftet der Nachbilder nach §. 18 Abs. 6 für den entstandenen Schaden auf Höhe seiner Bereicherung und die noch vorhandenen Exemplare der Nachbildung unterliegen nach §. 21 der Einziehung.

Der rechtliche Irrthum schliesst nach § 18 Absatz 2 a. a. O. 1 ebenfalls die Bestrafung der Nachbildung aus. Diese Bestimmung, welche eine Ausnahme von der sonst im Strafrechte angenommenen Regel bildet, ist bei der Berathung des

---

[1]) In Bezug auf die ausführlichere Interpretation der angeführten Stellen des Urhebergesetzes vergleiche man: Klostermann, Das Urheberrecht und das Verlagsrecht. Berlin 1871; Wächter, Das Autorrecht nach dem gemeinen Deutschen Recht. Stuttgart 1875.

Reichstages im Plenum eingeschaltet. Man wird übrigens annehmen müssen, dass der Rechtsirrthum nur von der Strafe, nicht von der Entschädigungsverbindlichkeit befreit. Dies ist nach Seite 62 der stenographischen Berichte nämlich von den Urhebern des im Reichstage angenommenen Abänderungsvorschlages beabsichtigt worden, und es ist nur unterblieben, im Absatz 6, welcher den Entschädigungsanspruch beim unverschuldeten Nachdruck ausschliesst, den im Absatz 2 zugesetzten Fall des Rechtsirrthums ausdrücklich auszunehmen.

In Bezug auf die Beihülfe zu dem Vergehen der Nachbildung kommen die allgemeinen strafrechtlichen Vorschriften in Anwendung, nach welchen nur die wissentliche Beihülfe strafbar ist[1]). Auch die Verbreitung der Nachbildung wird nach §. 25 nur dann bestraft, wenn sie wissentlich erfolgt. Dagegen wird im §. 20 ein anderes selbstständiges Vergehen unter Strafe gestellt, nämlich die Veranlassung der Nachbildung, welche sowohl vorsätzlich als auch aus Fahrlässigkeit begangen werden kann. Es ist hierbei, wie in den Motiven zu §. 21 der Regierungsvorlage erläutert wird, der Fall vorausgesetzt, dass der Herausgeber einer Schrift den Verleger über die Originalität des Werkes täuscht. Hier konnte nach dem früheren Rechte eine Bestrafung wegen Theilnahme am Nachdruck nicht eintreten, sofern der Verleger als unmittelbarer Urheber des Nachdrucks sich im guten Glauben befand und straflos blieb; ebensowenig wenn sowohl der Verleger als der Herausgeber fahrlässig gehandelt hatten. In dem ersten Falle fehlte das strafbare Hauptvergehen, in dem zweiten der zum Begriffe der Theilnahme erforderliche Vorsatz[2]). Dieselben Regeln gelten, wenn der Musterzeichner oder Modelleur den Fabrikanten, für dessen Rechnung er arbeitet, über die Originalität des Musters oder Modells täuscht und eine verbotene Nachbildung als originales Erzeugniss ausgibt.

Die Strafen der Nachbildung sind für die in den §§. 18, 20 und 25 vorgesehenen Fälle gleichmässig bestimmt. Sie zerfallen in eine öffentliche Strafe, eine Privatbusse, welche statt

---

[1]) Strafgesetzbuch §. 49.

[2]) Vergl. Dambach, Die Strafbarkeit des Vorsatzes und der Fahrlässigkeit beim Vergehen des Nachdrucks. Berlin 1864.

der Entschädigung gefordert werden kann, und die Einziehung (Confiscation) der Exemplare der Nachbildung.

Die öffentliche Strafe beträgt nach §. 18 im Maximum Dreitausend Mark, ein Minimum ist nicht vorgeschrieben; es kann daher nach §. 27 des Strafgesetzbuches auf den Mindestbetrag von drei Mark erkannt werden. Kann die Geldstrafe nicht beigetrieben werden, so wird dieselbe nach den allgemeinen Regeln in eine entsprechende Freiheitsstrafe umgewandelt. Diese darf jedoch 6 Monate nicht übersteigen, während nach der Regel des §. 29 des Strafgesetzbuches der höchste Betrag ein Jahr sein würde.

Die Privatbusse kann auf Verlangen des Beschädigten neben der Strafe bis zu einem Betrage von sechstausend Mark verhängt werden. Sie vertritt die Stelle der Entschädigung und schliesst, wenn sie erkannt wird, die Geltendmachung jedes weiteren Entschädigungsanspruches aus.

Die Einziehung erstreckt sich auf die vorräthigen Exemplare der Nachbildung, sowie auf alle ausschliesslich zur widerrechtlichen Vervielfältigung bestimmten Vorrichtungen. Sie richtet sich nicht blos gegen den Urheber der Nachbildung, sondern auch gegen dessen Erben, gegen den Fabrikanten und gegen jeden gewerbsmässigen Verbreiter. Die Einziehung ist eine Präventivmassregel, welche die weitere Verletzung des Musterrechtes verhüten soll, sie richtet sich deshalb gegen Jeden, welcher Exemplare der Nachbildung in einer der vorgedachten Eigenschaften im Besitz hat, ohne Rücksicht auf dessen etwaige Verschuldung. Dagegen unterliegen die nicht zur gewerbsmässigen Verbreitung bestimmten, im Privatbesitz befindlichen Exemplare der Einziehung nicht. Die der Einziehung unterliegenden Nachbildungen und die zur widerrechtlichen Vervielfältigung bestimmten Vorrichtungen werden nicht vernichtet, sondern entweder ihrer gefährdenden Form entkleidet, oder bis zum Ablaufe der Schutzfrist auf Kosten des Eigenthümers amtlich aufbewahrt (Musterschutzgesetz §. 14).

Neben der Strafe der Nachbildung steht dem Beschädigten, falls nicht zu seinem Vortheil auf eine Privatbusse erkannt ist, der Anspruch auf Entschädigung zu. Ueber die Entschädigungsforderung urtheilt der Richter nach freier Ueberzeugung, ohne an gesetzliche Beweisregeln gebunden zu sein (§. 19, §. 29).

Das Verfahren in Nachdrucksachen ist ein doppeltes, da die Entschädigungsklage im Civilprozesse angestellt wird, während die Bestrafung des Nachdrucks sowohl in Bezug auf die öffentliche Strafe als auf die Privatbusse im Strafverfahren erfolgt. Für das Verfahren im Civilprozesse sind nach §. 15 des Musterschutzgesetzes die Handelsgerichte zuständig.

Die letzte Instanz, sowohl für das Strafverfahren als für den Civilprozess bildet nach §. 32 das Bundesoberhandelsgericht.

Das Strafverfahren wird nur auf Antrag des Verletzten eingeleitet; der Antrag auf Bestrafung kann bis zur Verkündung des ersten Straferkenntnisses zurückgenommen werden (§. 27). Der Beschädigte ist nicht Partei im Strafprozesse, und es steht ihm ein Rechtsmittel gegen die Entscheidung des Strafrichters auch dann nicht zu, wenn über den Antrag auf Erlegung einer Privatbusse erkannt ist.

Als Gehülfen des Richters fungiren nach §. 31 Sachverständigenvereine, welche in den einzelnen Staaten nach §. 14 des Musterschutzgesetzes aus Künstlern, aus Gewerbetreibenden verschiedener Gewerbszweige und aus sonstigen Personen, welche mit dem Muster- und Modellwesen vertraut sind, gebildet werden.

Die Verjährung sowohl der Strafverfolgung als auch der Entschädigungsklage tritt in Bezug auf das Vergehen der Nachbildung nach drei Jahren, von dem Tage der ersten Verbreitung von Exemplaren der Nachbildung gerechnet, ein. In Bezug auf das Vergehen der Verbreitung läuft die Verjährung von dem Tage, an welchem die Verbreitung zuletzt stattgefunden hat (§. 33 §. 34). Der Nachbildner wird durch die Verjährung der Nachbildung (§. 33) nicht gegen die Verfolgung wegen der späteren Fälle der Verbreitung geschützt, welche nach §. 25 auch gegen den Veranstalter der Nachbildung stattfindet.

Der Antrag auf Einziehung verjährt nach §. 36 nicht, so lange noch Exemplare und Vorrichtungen zur Nachbildung vorhanden sind.

Die Verjährung der Strafverfolgung und die Verjährung der Entschädigungsklage verlaufen selbstständig nebeneinander. Die Unterbrechung der einen hindert den Ablauf der andern nicht.

Muster und Modelle, welche schon bisher landesgesetzlich gegen Nachbildung geschützt waren, behalten nach §. 17 des Musterschutzgesetzes diesen Schutz jedoch nur für den Bereich der Geltung der bisherigen Musterschutzgesetze. Sie können auch nicht mehr durch nachträgliche Hinterlegung für das Gebiet des Deutschen Reiches geschützt werden, sofern dieselben schon vor dem 1. April 1876 verbreitet waren.

§. 50. Frankreich.

Aelteres Recht. — Staatsrathsbeschluss von 1787. — Decret vom 18. März 1806. — Ordonnanz vom 17. August 1825. — Fabrikformen. — Neuheit und Originalität. — Hinterlegung. — Nachbildung. — Schadenersatz. — Verfahren.

Die Anfänge des Französischen Musterschutzes sind in den Fabrikreglements enthalten, welche für die Lyoner Seidenfabrikation in den Jahren 1737 und 1744 erlassen wurden, welche zuerst die Nachahmung fremder Seidenmuster, und zwar ohne jede Einschränkung, verboten[1]).

Ein Beschluss des Staatsrathes vom 14. Juli 1787 verallgemeinerte dieses Verbot, indem er dasselbe auf alle Arten von Geweben ausdehnte. Zugleich wurde indess das ausschliessliche Recht auf die Benutzung neu erfundener Muster beschränkt und an die Bedingung der Hinterlegung der Originalzeichnung oder einer Probe des Musters auf dem Bureau der Innung, welcher der Fabrikant angehörte, geknüpft. Die Dauer des Schutzes wurde für die zum Kirchenschmuck bestimmten Stoffe auf 15 Jahre, für die zur Kleidung oder zu anderm Gebrauche bestimmten Stoffe auf 6 Jahre vom Tage der Hinterlegung festgesetzt. Nach Art. 6 ging der Fabrikant seiner Ansprüche verlustig, wenn die nach dem neuen Muster verfertigten Stoffe in den Handel kamen, ehe die Förmlichkeit der Hinterlegung erfüllt war. Die Nachahmung des geschützten Musters in andern Gewerbszweigen, z. B. in der Tapetenfabrikation, war nicht untersagt, dagegen durfte eine solche Reproduction nicht wieder in einem Gewebe nachgeahmt werden,

[1]) Reglement vom 19. Juni 1744 Tit. 9 Art. 13: „Fait défense à tous dessinateurs et autres personnes, qu'elles soient de lever et copier, faire lever et copier directement et en quelque façon que ce puisse être, aucun dessin sur les étoffes tant vieilles que neuves, ni sur les cartes des dessins desdites étoffes.“ — Calmels, De la propriété et de la contrefaçon. Paris 1856.

vielmehr waren nach Art. 8 die Fabrikanten angewiesen, sich bei etwaiger Nachahmung von Tapetenmustern zu überzeugen, ob dieselben etwa bereits früher in Geweben ausgeführt waren[1]).

Der Staatsrathsbeschluss von 1787 ist durch die Gesetzgebung der Revolution nicht aufgehoben worden; allein die Zünfte und Innungen, an deren Bestehen sich die Vorschriften über die Hinterlegung der Waarenmuster anlehnten, waren durch das Gesetz vom 17. März 1791 aufgehoben worden. Es fehlte daher an den Organen zur Erfüllung der Förmlich-

---

[1]) Der Staatsrathsbeschluss von 1787 war eine mittelbare Folge des Edictes von 1779, welches die Fabrikreglements thatsächlich ausser Kraft setzte und den Fabrikanten gestattete, bei der Fabrikation von Geweben nach ihrer Wahl beliebige Zusammenstellungen und Dimensionen zur Anwendung zu bringen, anstatt der bisher durch die Reglements vorgeschriebenen Muster. Er sollte der unter dem Zwange der Reglements gross gewordenen Industrie in einer andern Form den Schutz gegen Nachahmung gewähren, welchen man nicht entbehren zu können glaubte (vergl. oben S. 321 S. 382). Die Wiederherstellung eines solchen Schutzes gegen die Nachbildung der Muster war in zahlreichen Bittschriften der Fabrikanten nachgesucht worden. Es heisst hierüber im Eingange des Beschlusses:

„Nachdem der König in seinem Staatsrathe sich die Bittschriften und Denkschriften der Corporationen und Innungen der Fabrikanten von Tours und Lyon in Betreff der ihrem Eigenthumsrechte und dem allgemeinen Interesse der Manufacturen durch das Copiren und die Nachbildung der Muster zugefügten Beeinträchtigungen hat vorlegen lassen, hat Seine Majestät anerkannt, dass die Ueberlegenheit, welche die Seidenmanufacturen seines Reiches erlangt haben, vorzugsweise der Erfindung, der Genauigkeit und dem guten Geschmacke der Muster zu verdanken ist; dass der Wetteifer, welcher die Fabrikanten und Zeichner beseelt, erlöschen würde, wenn sie nicht gewiss wären, die Früchte ihrer Arbeit zu ernten; dass diese Gewissheit, welche in Uebereinstimmung mit den Eigenthumsrechten steht, bis jetzt diese Art von Fabrikation erhalten und ihr in den fremden Ländern den Vorzug erworben hat. Seine Majestät hat demzufolge nothwendig erachtet, um derselben alle ihre Vorzüge zu erhalten, die in den Jahren 1739 und 1744 für die Seidenmanufacturen von Lyon in Betreff des Copirens und der Nachbildung der Muster erlassenen Verordnungen auf die anderen Seidenmanufacturen seines Reiches auszudehnen und, indem Sie den wahren Erfindern Gelegenheit gibt, ihr Eigenthumsrecht für die Zukunft auf eine sichere und unveränderliche Art zu constatiren, mehr und mehr das Talent durch ein in seiner Dauer den Kosten und dem Verdienste der Erfindung angemessenes Nutzungsrecht anzuspornen.“

keiten, welche durch das Gesetz zur Wahrung des ausschliesslichen Rechtes zur Benutzung neu erfundener Waarenmuster vorgesehen waren.

Diesem Mangel wurde zunächst für die Seidenweberei von Lyon abgeholfen durch die Einrichtung eines Gewerberathes (*conseil des prud'hommes*), welcher bestimmt war, einen Theil der Obliegenheiten des ehemaligen Innungsvorstandes zu erfüllen[1]). Die Organisation dieses Gewerberathes wurde durch Kaiserliches Decret vom 18. März 1806 bestimmt, und im dritten Abschnitte dieses Decretes fanden zugleich die Bestimmungen über die Hinterlegung von Waarenmustern Aufnahme[2]).

[1]) Reynaud de St. Jean d'Angely, welcher den Entwurf des Decrets von 1806 dem Gesetzgebenden Körper Namens der Regierung vorlegte, motivirte die Einrichtung des Gewerberathes und die Wiedereinführung des Musterschutzes wie folgt:

„Messieurs, plusieurs institutions utiles se rattachaient au régime des corporations. Les privilèges dont elles se prévalaient, les entraves qu'elles mettaient à l'exercice de l'industrie, les tributs qu'elles avaient sur ceux qu'elles recevaient à l'agrégation ont disparu sans retour. La liberté dans l'exercice des professions est un bienfait qui sera consacré aux Français. — — Cette loi laisse aux conceptions des hommes de l'art, à l'activité de leur imagination, qui doit être mobile comme la mode, variée comme le caprice, et pourtant sage comme le calcul, toute la liberté qui leur est nécessaire dans la fabrication de tant d'étoffes dont le bon goût et le perfectionnement rendent les nations voisines tributaires de nos fabriques. Elle n'enchaîne pas l'esprit inventif dans les liens étroits de règlements inflexibles, limitant sans utilité les dimensions, le poids, le nombre de fils de la laine ou la nature de la trame des objets fabriqués. — — Cette loi donnera des règles au commerce, des chaînes à la mauvaise foi, de l'activité à la police, des lumières à l'économie politique, une garantie au consommateur" (Moniteur v. 9. März 1806).

[2]) Art. 14. Le conseil des prud'hommes est chargé des mesures conservatrices de la propriété des dessins.

Art. 15. Tout fabricant, qui voudra pouvoir revendiquer par la suite, devant le tribunal de commerce, la propriété d'un dessin de son invention, sera tenu d'en déposer aux archives du conseil des prud'hommes, un échantillon plié sous enveloppe, revêtu de ses cachet et signature, sur laquelle sera également apposé le cachet du conseil des prud'hommes.

Art. 16. Les dépôts de dessins seront inscrits sur un registre tenu *ad hoc*, par le conseil des prud'hommes, lequel délivrera aux fabricants un certificat rappelant le numéro d'ordre du paquet déposé et constatant la date du dépôt.

Diese Vorschriften, obgleich ausschliesslich für die Stadt Lyon erlassen, sind von der Französischen Jurisprudenz von jeher auf den ganzen Staat angewendet worden. Man konnte sich für diese ausdehnende Interpretation darauf berufen, dass der Staatsrathsbeschluss von 1787 nicht ausdrücklich aufgehoben war und dass es nur der Errichtung neuer Organe für die Hinterlegung der Muster an Stelle der aufgehobenen Innungsvorstände bedurfte, um jene Vorschriften wieder in Wirksamkeit zu setzen. Von dieser Auffassung scheint auch die Königliche Verordnung vom 17. August 1825 ausgegangen zu sein, welche, um die Zweifel gegen die allgemeine Geltung des Decrets von 1806 zu heben, sich darauf beschränkte, zu bestimmen, dass die Hinterlegung der Waarenmuster in solchen Bezirken, für welche nicht ein Gewerberath nach der Vorschrift des Decretes vom 18. März 1806 errichtet ist, bei dem Gerichtsschreiber des Handelsgerichtes erfolgen soll.

Allein die Französische Jurisprudenz, sei es Abneigung gegen ein Zurückgehen auf die vor der Revolution ergangene Verordnung, sei es Vorliebe für die Anwendung der allgemeinen Kategorien vom Schutze der geistigen Arbeit und vom Eigenthume an der hervorgebrachten Form, pflegt diese erweiterte Herrschaft des Decrets von 1806 weder aus dem früheren

---

Art. 17. En cas de contestation entre deux ou plusieurs fabricants sur la propriété d'un dessin, le conseil des prud'hommes, procédera à l'ouverture des paquets qui lui auront été déposés par les parties; il fournira un certificat indiquant le nom du fabricant qui aura la priorité de date.

Art. 18. En déposant son échantillon, le fabricant déclarera s'il entend se réserver la propriété exclusive pendant une, trois ou cinq années, ou à perpétuité; il sera tenu note de cette déclaration. A l'expiration du délai fixé par ladite déclaration, si la réserve est temporaire, tout paquet d'échantillon déposé sous cachet dans les archives du Conseil devra être transmis au Conservatoire des arts de la ville de Lyon, et les échantillons y contenus être joints à la collection du Conservatoire.

Art. 19. En déposant son échantillon, le fabricant acquittera entre les mains du receveur de la commune une indemnité, qui sera réglée par le conseil des prud'hommes, et ne pourra excéder 1 franc pour chacune des années pendant lesquelles il voudra conserver la propriété exclusive de son dessin, et sera de dix francs pour la propriété perpétuelle.

Rechtszustande noch aus der octroyirten Verordnung von 1825 herzuleiten, deren Rechtsgültigkeit wegen der mangelnden Mitwirkung der Kammern in Frage steht. Sie sieht vielmehr die Bestimmungen des Decrets von 1806 als blosse Consequenzen des in dem Gesetze vom 19. Juli 1793 und in dem Strafgesetzbuche Art. 425 f. ausgesprochenen Grundsatzes an, wonach dem Urheber jeder Art von geistiger Production das ausschliessliche Recht zur Nachbildung zustehe. Sie ist deshalb geneigt, den Schutz gegen Nachbildung von Mustern und Formen auch unabhängig von den Voraussetzungen des Decretes von 1806 zu gewähren[1]).

Gegenstand des Musterschutzes ist nach den Bestimmungen des Decretes von 1806 jedes neu erfundene Waarenmuster *(dessin)*, und darunter ist nach dem Obigen (§. 47) jede Combination von Linien und Farben zu verstehen, welche bestimmt

---

[1]) Calmels l. c. p. 93 bemerkt: „La jurisprudence a appliqué le décret de 1806 à toute la France et malgré la critique élevée sur cette extension les tribunaux n'en ont pas moins, avec raison, persisté dans leurs décisions, et complété ainsi l'œuvre du législateur.

Ces critiques d'ailleurs n'avaient, au fond, rien de sérieux: elles demandaient l'application de la maxime latine: *inclusio unius est exclusio alterius*. Ce n'était pas au nom du droit sacré du travail qu'elles étaient faites; ce n'était pas dans le but de conserver à l'auteur le fruit de ses études et de sa pensée, mais uniquement pour donner à celui qui n'avait rien pu ou rien voulu produire, l'exploitation et le bénéfice des œuvres d'autrui.

Ces critiques ajoutaient que le droit réservé à un auteur sur sa production devait, comme tout droit de propriété, avoir été créé par le droit civil, et qu'en conséquence, là où le droit civil n'avait rien dit, la propriété n'existait pas; que toutes les conceptions de l'esprit n'avaient pas de maître, qu'elles étaient *res nullius*, et que chacun pouvait s'en emparer, sans même qu'il y eut de droit pour le premier occupant.

Cette théorie ne pouvait pas faire fortune, les sots et les inertes y auraient trop gagné; c'eût été, en vérité, se laisser entraîner trop loin par les séductions de la théorie du droit au travail.

Quant à l'ordonnance du 17 août 1825, on lui adressa des reproches d'inconstitutionnalité, en prétendant que le sujet de cette réglementation appartenait au pouvoir législatif, et non au gouvernement; qu'il devait être l'objet d'une loi, et non d'une ordonnance. Assurément, en principe, ce reproche était fondé; cependant cette ordonnance a triomphé, et les tribunaux en ont maintenu l'application.

ist, in oder auf einem Gewebe mechanisch reproduzirt zu werden.

Was die Fabrikformen angeht, d. h. die zu einer mechanischen Wiederholung bestimmten Modelle von Waaren (oben S. 379), so lassen sich weder die Bestimmungen des Französischen Decrets von 1806 noch auch diejenigen der Verordnung vom 27. August 1825 ihrem Wortlaute nach auf dieselben anwenden. Gleichwohl ist der Musterschutz von den Französischen Gerichten sowohl als auch von den Rheinpreussischen auf die Fabrikformen angewendet worden.

Es besteht indess trotz dieser im Allgemeinen gleichförmigen Praxis eine verschiedene Auffassung in Bezug auf die rechtliche Begründung dieser Anwendung.

Nach der einen Meinung ist der Schutz der Fabrikformen vermöge einer ausdehnenden Interpretation unter das Decret vom 18. März 1806 zu subsummiren. Nach der andern Ansicht finden vielmehr die Bestimmungen des Gesetzes vom 19. Juli 1793 über die Rechte der Urheber von Schriften und Kunstwerken auf den Schutz der Fabrikformen Anwendung. Nach einer dritten Meinung endlich kann derselbe weder unter das eine noch unter das andere Gesetz gebracht werden, sondern folgt aus dem durch beide Gesetze in einzelnen Anwendungen anerkannten Principe, dass jeder Urheber einer geistigen Production irgend welcher Art befugt ist, deren Benutzung zu untersagen.

Die Zahl der gerichtlichen Entscheidungen, welche in der Französischen Jurisprudenz für jede dieser Auffassungen angeführt werden, ist beträchtlich [1]).

Sie kommen indess alle darin überein, dass den Fabrikformen entweder aus dem einen oder dem andern Grunde Schutz gewährt wird und sie unterscheiden sich practisch nur dadurch, dass nach der ersten Auffassung die Hinterlegung des Musters bei dem Fabrikengerichte oder der Handelskammer als Bedingung des Schutzes verlangt wird, während die beiden andern Meinungen darin übereinkommen, dass eine solche Hinterlegung nicht erforderlich ist (vergl. unten).

Die Bedingungen der Erwerbung des Musterschutzes sind

---

[1]) Vergl. Calmels, De la propriété et de la contrefaçon p. 75—82.

theils materielle: Die Neuheit und Originalität der Erfindung; theils formelle: die Hinterlegung der Probe.

Damit ein Waarenmuster Gegenstand des Rechtschutzes werde, ist es erforderlich, dass es die Eigenschaft eines neuen und originalen Musters besitze. Diese Eigenschaft ist juristisch nur negativ zu definiren. Da nämlich jedes Muster aus einer Zusammenstellung von Linien und Farben besteht, die jede für sich schon bekannt waren, so kann das Erforderniss nur dahin verstanden werden, dass das Muster in seiner Gesammtheit früher noch nicht vorhanden war. Die Beantwortung dieser Frage hängt nun im einzelnen Falle theils von den technischen Regeln der betreffenden Fabrikation, theils von den Regeln des Geschmackes ab, welche unterscheiden lassen, was in einer neuen Zusammenstellung von Formen als originale Erfindung und was als gleichgültige Variation anzusehen ist.

Ein neues Muster kann durch eine einfache Combination von Figuren dargestellt werden, deren Zusammenstellung in der Zeichnung nichts Eigenthümliches bieten würde, vorausgesetzt, dass die Verschiedenheit des Gewebes dem Ganzen einen eigenthümlichen Character gibt. So erkannte der Appelhof von Lyon, dass die einfache Zusammenstellung von an sich bekannten Formen des Gewebes, wie z. B. von Atlas und Sammt auf Bändern ein geschütztes Waarenmuster darstellen könne. Hier liegt also die Originalität des Musters nicht in der Zeichnung, sondern in der Eigenthümlichkeit der Technik, welche der an sich einfachen Zusammenstellung einen besondern Character gibt. Abgesehen von diesem Falle gilt indess die Regel, dass ein bereits bekanntes Waarenmuster nicht dadurch in seiner Natur verändert wird, dass dasselbe auf eine andre Art der Fabrikation übertragen wird.

Das Gegentheil ist angenommen in einem Urtheil des Pariser Appelhofes vom 26. Juni 1837 in Sachen Marguerie gegen Brun, durch welches ein neues Tapetenmuster für geschützt erklärt wurde unter Verwerfung des Einwandes, dass dasselbe bereits seit 50 Jahren in Posamentierarbeiten angewendet gewesen sei, in Erwägung „dass Marguerie jedenfalls der Erste gewesen sei, welcher die fraglichen Verzierungen in der Tapetenfabrikation angewendet habe“ [1]).

---

[1]) Stuve, Das industrielle Eigenthum. Elberfeld 1843. S. 28.

Dieser Entscheidung steht jedoch eine grosse Anzahl von Urtheilen französischer Gerichtshöfe und insbesondere des Pariser Cassationshofes gegenüber, welche den Grundsatz feststellen, dass nur das originale Muster selbst, nicht dessen Anwendung in neuen Fabrikationszweigen, den Schutz gegen Nachbildung geniesst [1]).

Nach der übereinstimmenden Vorschrift der Decrete von 1806 und von 1825 muss eine Probe des Musters in einem verschlossenen Umschlage auf dem Secretariate des Gewerberaths oder des Handelsgerichtes hinterlegt und dort einregistrirt werden. Die Erfüllung dieser Form ist nicht Bedingung für die Erwerbung oder für die Erhaltung des Rechtes, sondern nur für die gerichtliche Verfolgung desselben. Sie kann zu jeder Zeit nachgeholt werden und auch die Vorschrift des Staatsrathsbeschlusses von 1787, dass die Hinterlegung erfolgen müsse, ehe die Stoffe mit dem neu erfundenen Muster in den Handel kommen, ist in das Decret von 1806 nicht übergegangen. So lange daher das Muster nicht thatsächlich dem allgemeinen Gebrauche überlassen ist, kann die Hinterlegung des Musters zu jeder belie-

---

[1]) Vergl. Calmels, De la propriété et de la contrefaçon p. 103:

„Un dessin peut être représenté de plusieurs manières, et le moyen pour le faire apparaître est sans influence sur la propriété du tracé même. On peut le représenter, ou sous l'impression de couleurs, comme pour les indiennes, ou par l'emploi dans le tissage de fils de couleurs variées, comme pour les châles, ou par le mode même du tissage, comme pour les serviettes damassées ou par des reliefs produits sur le tissu, comme pour certains tricots et quelques étoffes d'ameublement, ou par des jours ménagés dans le tissu même, à l'aide des permutations opérées au passage des aiguilles du métier, comme pour notre éspèce ou pour les tulles. Dans toutes ces opérations il y a un plan conçu et arrêté d'avance par le dessinateur, et qu'on reproduit suivant la nature de l'étoffe, son genre de fabrication et l'objet auquel elle est destinée. L'idée-mère du dessin est partout la même.“

Unter den zur Unterstützung dieser Ansicht von Calmels a. a. O. S. 101—106 mitgetheilten Erkenntnissen ist besonders das Urtheil des Pariser Cassationshofes vom 16. November 1846 (Deville et Carette 1847 p. 33) zu erwähnen, in welchem der Gegensatz zwischen dem Rechte der Erfindungen, bei dem die neue Anwendung bereits bekannter Mittel ein neues Object des Rechtsschutzes schafft und dem Rechte des Musterschutzes, nach welchem das neu erfundene Muster in allen möglichen Arten der Anwendung nur ein einziges Object des Rechtsschutzes bietet, mit grosser Schärfe hervorgehoben wird.

bigen Zeit mit voller Wirkung erfolgen und das Erforderniss der Neuheit des Musters geht nicht wie bei den Erfindungspatenten dadurch verloren, dass der Erfinder selbst das Muster vor der Anmeldung in Gebrauch genommen und veröffentlicht hat.

Die hier vorgetragene Ansicht ist diejenige der älteren Französischen Jurisprudenz und von dem Pariser Cassationshofe in verschiedenen Entscheidungen bis zum Jahre 1843 festgehalten [1]).

Nach neueren Entscheidungen desselben Cassationshofes wird dagegen die Deposition des Waarenmusters als eine Bedingung zur Erwerbung des ausschliesslichen Rechtes der Benutzung aufgefasst, welche erfüllt sein muss, bevor das Muster der Oeffentlichkeit übergeben wird. Hiernach würde die Hinterlegung des Musters nicht mehr mit Erfolg bewirkt werden können, wenn der nach demselben fabrizirte Stoff von dem Erfinder in den Handel gebracht ist.

Die Gründe dieser Entscheidungen beruhen auf der Erwägung, dass das Waarenmuster nicht wie die literarischen und künstlerischen Erzeugnisse kraft des Gesetzes der ausschliesslichen Benutzung des Urhebers vorbehalten sei, sondern dass es hierfür wie bei den Erfindungen einer besonderen Erklärung des Urhebers bedürfe, zumal da ohne diese Bedingung es unmöglich wäre, diejenigen Muster, deren Benutzung ihrem Erfinder vorbehalten ist, von andern zu unterscheiden. Die Deposition der Muster habe daher nicht wie die im Gesetze von 1793 vorgeschriebene Hinterlegung der Schriften und Kunstwerke bloss prozessualische Wirkungen, sondern sie sei eine

---

[1]) Vergl. die Entscheidungen vom 22. Mai 1822 und vom 14. Januar 1828 (Devilleneuve et Carette, Recueil général vol. 8 p. 610, vol. 9 p. 10). In dem zuletzt angeführten Rechtsfalle (Guiraudet contra Boullet), welcher von Stuve, Das industrielle Eigenthum S. 31 f. ausführlich mitgetheilt wird, war festgestellt, dass das Muster vor der Deposition nicht bloss von dem Erfinder selbst, sondern auch in dessen Auftrage von einem andern Fabrikanten angefertigt worden war. Der Appellhof von Lyon, dessen Entscheidung durch das angeführte Cassationsurtheil aufrecht erhalten wurde, verwarf jedoch sowohl die hierauf gestützte Einrede, als auch den angetretenen Zeugenbeweis darüber, dass das Muster vor der Deposition in den Fabriken von Lyon bekannt gewesen und öffentlich verkauft worden sei, als unzulässig.

Bedingung der Erwerbung des Rechtes, durch deren Versäumniss das ausschliessliche Nutzungsrecht ganz verloren gehe [1]).

Diese Gründe werden jedoch durch den Wortlaut des oben S. 403 mitgetheilten Art. 15 des Decrets von 1806 widerlegt, welches die Hinterlegung nur als Bedingung für die Anstellung der Klage vorschreibt. Sie treffen auch in sofern nicht zu, als die Hinterlegung des Musters unter Siegel geschieht und keineswegs geeignet ist, dem Publikum Kenntniss von dem Vorbehalte des Erfinders zu geben. Man muss daher nach Lage der

---

1) Der Cassationshof führt den Gegensatz zwischen der Deposition der Waarenmuster und der Kunstwerke wie folgt aus:

„Le créateur d'un dessin de fabrique est propriétaire du dessin par cela seul qu'il l'a créé. Mais s'il le livre au public sans l'avoir préalablement déposé, il perd cette propriété, parce qu'il ne se l'est pas réservée par un dépôt et une déclaration préalable déterminant la durée de son droit, et parce que la loi ne l'a pas réservée pour lui. La loi du 1793, au contraire, fait cette réserve pour les littérateurs et les artistes dont les droits sont dès lors indépendants de tout dépôt et de toute déclaration.

Un objet d'art porte avec lui-même un cachet d'individualité qui le distingue et le rattache facilement à une époque de création et à un auteur précis; il n'y a pas à craindre pour lui comme pour le dessin de fabrique, comme pour les inventions industrielles en général, cette simultanéité de création qui rend l'invention douteuse et qui en l'absence d'un fait extérieur émané de l'inventeur, laisse l'industrie dans l'incertitude de son droit.

L'auteur d'une œuvre artistique, n'est donc appelé à l'expression d'aucune réserve. Cette réserve d'un droit privatif contre le droit que la publication engendre au profit du domaine public, c'est le législateur qui s'est chargé de la faire d'une manière générale et pour tous. Les inventions proprement dites, les dessins de fabrique, les créations industrielles, au contraire, ont besoin pour se protéger contre le droit du domaine public, de ne publier l'œuvre qui en est l'objet qu'après l'avoir placée sous la garantie d'un brevet, ou qu'après une déclaration qui accompagne le dépôt, déclaration qui fixe la limite de notre privilège. La conséquence de cette différence établie par le législateur, c'est que la propriété de l'auteur n'est pas affaiblie par la publicité qu'il a donnée à son œuvre avant le dépôt, puisque cette propriété était défendue contre l'appropriation du domaine public par la réserve de la loi. Aussi, à quelque époque qu'il plaise à l'auteur de faire le dépôt prescrit par la loi, que ce soit après la première émission de son dessin ou après la centième, que ce soit après quelques mois de son invention ou après de longues années, il n'en aura pas moins droit à l'exercice de son droit" (Calmels l. c. p. 311).

Gesetzgebung an der Ansicht festhalten, dass das Französische Recht die Nachahmung neu erfundener Waarenmuster verbietet und die Hinterlegung nur als Bedingung der Prozessführung fordert [1]).

Die Hinterlegung soll auf dem Secretariate des Fabrikengerichtes geschehen. Es fragt sich, ob die Hinterlegung bei demjenigen Gewerberathe erfolgen müsse, in dessen Bezirk der deponirende Fabrikant sein Gewerbe betreibt, oder ob dieselbe bei jedem inländischen Gewerberathe mit gleicher Wirkung erfolgen könne.

Diese Frage ist für das Französische Recht im Sinne der erstern Alternative beantwortet durch die Verordnung vom 17. August 1825, welche im Art. 1 für diejenigen Fabriken, die nicht in dem Bezirke eines Gewerberathes belegen sind, das Handelsgericht, oder in den Bezirken, für welche keine Handelsgerichte bestehen, das Civilgericht erster Instanz zur Hinterlegung der Waarenmuster bezeichnet [2]).

Die Dauer der ausschliesslichen Benutzung des Waarenmusters ist der Wahl des Fabrikanten überlassen. Er kann dieselbe auf ein, drei oder fünf Jahre beschränken, oder sich für immer vorbehalten [3]). Die Kosten der Anmeldung betragen im ersteren Falle einen Franc für jedes Jahr der vorbehaltenen Benutzung, im letzteren Falle zehn Francs.

Der Thatbestand der unbefugten Nachbildung des Waarenmusters ist ebenso schwierig zu definiren, als der Begriff der Originalität des Musters (oben S. 407). Der Schutz, welchen das Gesetz gegen die Nachbildung gewährt, erstreckt sich nur

---

[1]) Für die ältere Ansicht spricht sich ausser Calmels und Stuve a. a. O. auch Renouard, Traité des droits d'auteur no. 124 aus, für die neuere Meinung dagegen Gambastide, Traité des contrefaçons p. 150 und Etienne Blanc, Traité de la contrefaçon p. 349 f. p. 583.

[2]) Art. 1. Le dépôt des échantillons de dessins, qui doit être fait conformément à l'article 15 de la loi du 18 mars 1806, aux archives des conseils des prud'hommes, pour les fabriques situées dans le ressort de ces conseils, sera reçu, pour toutes les fabriques situées hors du ressort d'un conseil des prud'hommes au greffe du tribunal de commerce, ou au greffe du tribunal de première instance, dans les arrondissements où les tribunaux civils exerceront la jurisdiction des tribunaux de commerce.

[3]) Art. 18 des Decrets vom 18. März 1806.

auf die bestimmte Zusammenstellung von Formen und Farben, welche den unterscheidenden Charakter des deponirten Musters ausmacht, nicht auf solche Nachahmungen, welche nur den Stil des Musters nachbilden, jedoch durch eine von der Ausführung desselben verschiedene Zusammenstellung [1]).

Dagegen liegt eine unbefugte Nachahmung auch dann vor, wenn das Muster mit solchen Veränderungen nachgeahmt ist, welche nur dazu bestimmt sind, die stattgefundene Nachbildung zu verdecken, mögen dieselben in der Hinzufügung oder Weglassung unwesentlicher Theile, in der Vergrösserung oder Verkleinerung der Dimensionen, oder in einer verschiedenen Nuancirung der Farben bestehen.

Endlich liegt der Thatbestand der Nachbildung ebensowohl vor, wenn das Muster in einem andern Gewerbszweige unbefugt verwendet wird, als wenn dasselbe in einem gleichartigen Fabrikate nachgeahmt wird. Daher ist die Nachahmung von gewirkten Mustern durch den Zeugdruck und die Nachahmung von Zeugmustern durch den Tapetendruck und umgekehrt unter dem gesetzlichen Verbote begriffen. Nur in Bezug auf die Entschädigung ist es dem Richter erlaubt, Gewicht darauf zu legen, ob die Nachbildung in gleichartigen oder verschiedenen Gewerben stattgefunden hat, da jene ihrer Natur nach dem Berechtigten einen grösseren Nachtheil zufügen muss, als diese [2]).

Die unbefugte Nachbildung geschützter Waarenmuster begründet nur einen Anspruch auf Schadensersatz. Eine Strafe ist in dem Decrete von 1806 nicht angedroht.

Die Französische Jurisprudenz wendet allerdings vielfach die Bestimmungen der Art. 425 bis 429 des Code pénal auf die Nachahmung von Waarenmustern an und behandelt dieselbe als ein mit dem Nachdrucke von Schriften oder der Nachbildung von Kunstwerken gleichartiges Vergehen. Diese Auslegung wird jedoch durch den Wortlaut des Art. 425 cit. ausgeschlossen, welcher bestimmt:

> Jede Ausgabe von Schriften, musikalischen Compositionen, Zeichnungen, Malereien oder andern Erzeugnissen, welche den

---

[1]) Urtheil des Handelsgerichts von Paris in Sachen Dolfuss gegen Javal. — Stuve, Das industrielle Eigenthum S. 39.

[2]) Stuve a. a. O. S. 41.

auf das Eigenthum der Verfasser bezüglichen Gesetzen und Verordnungen zuwider ganz oder zum Theil gedruckt oder gestochen wird, ist eine Nachbildung, und jede Nachbildung ist ein Vergehen.

Unter dem Ausdruck Zeichnungen *(dessins)* sind in der vorstehenden Bestimmung offenbar nicht Waarenmuster, sondern Werke der zeichnenden Kunst verstanden, welche zur Vervielfältigung durch den Druck nicht zur Anwendung in den Gewerben bestimmt sind[1]).

Das Verfahren bei der Verfolgung des Entschädigungsanspruchs wegen unbefugter Nachbildung von Waarenmustern ist durch das Decret von 1806 speziell geregelt.

Dasselbe erklärt die Handelsgerichte oder die ihre Stelle vertretenden Civilgerichte erster Instanz für zuständig, schreibt jedoch ein vorbereitendes Verfahren vor dem Gewerberath vor.

Wenn der Berechtigte eine Nachbildung seines Waarenmusters behauptet, so muss er, falls die nachgebildeten Fabrikate sich in dem Bezirke eines Gewerberathes befinden, sich mit seiner Klage an den letzteren wenden[2]).

Der Gewerberath bestellt durch einen förmlichen Beschluss aus seiner Mitte eine Untersuchungscommission, welche aus einem Fabrikanten und einem Werkmeister bestehen muss. Diese Commission begibt sich in Begleitung eines Beamten der gerichtlichen Polizei in die vom Kläger angezeigten Wohnungen, Werkstätten oder Magazine, und stellt dort eine Nachsuchung nach den nachgebildeten Fabrikaten an[3]).

Finden sich bei der Nachsuchung solche Fabrikate vor, so nimmt die Commission dieselben nebst den zu ihrer Anfertigung bestimmten Geräthen in Beschlag oder legt sie unter Siegel, nachdem sie in beiden Fällen ein genaues Inventarium dieser Gegenstände angefertigt hat. Ueber die Nachsuchung wird, wo möglich an dem Orte, wo sie stattgefunden hat, ein ausführliches Protokoll aufgenommen und von der Commission, dem Polizeibeamten und demjenigen, bei welchem die Nachsuchung vorgenommen ist, unterzeichnet. Will oder kann Letz-

---

[1]) A. M. sind Stuve, Das industrielle Eigenthum S. 42 f. und Calmels, De la propriété et de la contrefacon p. 631 f.

[2]) Decret v. 18. März 1806 Art. 10.

[3]) Decret v. 1806 Art. 13.

terer nicht schreiben, so muss dieser Umstand in dem Protokolle ausdrücklich erwähnt werden. Demjenigen, bei welchem eine Beschlagnahme oder Siegelanlage erfolgt ist, muss eine Abschrift des Inventars zurückgelassen werden, wodurch derselbe für das Unverletztbleiben der Siegel verantwortlich wird. Das Protokoll und die in Beschlag genommenen Gegenstände werden nebst dem Inventarium durch die Commission dem Gewerberathe überreicht, welcher hierauf einen förmlichen Beschluss fasst, in welchem es ein motivirtes Gutachten über das Vorhandensein oder Nichtvorhandensein des Vergehens der Nachbildung und über die gegen den Urheber desselben aus der Untersuchung hervorgehenden Beweise und über die Folgen des Vergehens abgibt. Dieses Gutachten wird nebst dem Untersuchungsprotokoll und den in Beschlag genommenen Gegenständen von dem Gewerberathe an dasjenige unter den zuständigen Gerichten, auf welches die Wahl des Klägers gefallen ist, gesandt [1]).

Dieses vorbereitende Verfahren kann nur innerhalb der Bezirke der Gewerberäthe stattfinden. In den übrigen Landestheilen muss — da nach dem Obigen weder das Verfahren zur Confiscation von Nachdrucken nach dem Gesetze vom 19. Juli 1793, noch die Vorschriften der Criminalprozessordnung über die vorläufige Constatirung von Vergehen auf den vorliegenden Fall Anwendung finden — sofort die Hauptklage bei dem zuständigen Handelsgerichte angebracht und der Thatbestand der Verletzung, sowie der Betrag der verlangten Entschädigung durch die gewöhnlichen Beweismittel dargethan werden.

§. 51. Grossbritannien.

Aelteres Recht. — Gesetze von 1842, 1843 und 1850. — Muster zur Verzierung. — Eintheilung der Waaren. — Registrirung. — Bezeichnung der Waaren. — Strafen und Verfahren. — Muster zum Gebrauche. — Vorläufiger Musterschutz.

Die Einführung des Musterschutzes in Grossbritannien erfolgte in demselben Jahre wie in Frankreich durch die Acte 27 George III, c. 38, welche bestimmte, dass vom 1. Juni 1787

---

[1]) Decret v. 1806 Art. 11.

ab die Erfinder neuer Muster zum Zeugdruck oder deren Auftraggeber das ausschliessliche Recht zur Benutzung derselben während zweier Monate vom Tage der ersten Veröffentlichung des Musters haben sollen. Der Tag der ersten Ausgabe des geschützten Zeugmusters sollte mit dem Namen des Berechtigten an jedem Ende eines jeden Stückes Zeug aufgedruckt werden, welches mit dem geschützten Muster ausgegeben wurde[1]).

Diese Acte wurde zunächst für die Dauer eines Jahres und bis zum Ende der dann stattfindenden Parlamentssession erlassen; durch die Acte 29 George III, c. 19 dann bis zum 1. Juli 1794 verlängert und endlich durch die Acte 34 George III, c. 23 zu einem fortdauernden Gesetze erhoben, indem zugleich die Dauer des Schutzes von zwei auf drei Monate ausgedehnt wurde. Erst im Jahre 1838 wurde durch die Acte 2 Victoria c. 13 der Musterschutz nach den angeführten Gesetzen auch auf Irland ausgedehnt und zugleich auf den Druck von Geweben aus Wolle, Seide und Haar, sowie von gemischten Geweben erstreckt.

In derselben Parlamentssession (1839) erging die Acte 2 Victoria c. 17, welche einen umfassenderen Musterschutz für alle Arten von Geweben ausser den bereits durch die vorhin genannten Gesetze geschützten bedruckten Geweben, ferner für gegossene, getriebene, eingravirte und andere Verzierungen an Waaren, und endlich für Muster aller Arten von Waaren selbst eingeführt wurde. Als Bedingung des Schutzes war die Registrirung vor der Veröffentlichung vorgeschrieben und die Schutzfrist auf zwölf Monate bestimmt.

Die besondern Gesetze für die Muster zum Zeugdruck blieben neben dieser Acte in Kraft, so dass dieselben keiner Registrirung bedurften, jedoch nur drei Monate lang geschützt blieben.

---

[1]) „That from and after the first day of June 1787 every person who shall invent, design and print, or cause to be invented, designed, and printed and become the proprietor of any new and original pattern or patterns for printing linens, cottons, calicoes or muslins shall have the sole right and liberty of printing and reprinting the same for the term of two months, to commence from the day of the first publishing thereof, which shall be truly printed with the name of the printer or proprietors at each end of every such piece of linen, cotton, calico or muslin."

In Folge einer Petition der Baumwollendrucker aus Lancashire, welche die Ausdehnung des zwölfmonatlichen Schutzes auf ihre Industrie nachsuchten, wurde im Jahre 1840 ein Parlamentscomité niedergesetzt, welches eine grosse Zahl von Sachverständigen über die Zweckmässigkeit der beantragten Ausdehnung und über den Nutzen des Musterschutzes selbst vernahm.

Obgleich die Ansichten sehr getheilt waren[1]), so überwog doch die bejahende Meinung und im Jahre 1842 wurde durch die Acte 5 & 6 Victoria c. 100 (vom 10. August 1842) unter Aufhebung aller früheren Gesetze über den Musterschutz ein neues Gesetz erlassen, welches den zur Verzierung bestimmten Waarenmustern aller Arten unter der Bedingung der öffentlichen Registrirung einen Schutz gewährte, dessen Dauer nach Verschiedenheit der Mustergattungen von neun Monaten bis zu drei Jahren abgestuft ist. Im folgenden Jahre wurde dann durch die Acte 6 & 7 Victoria c. 75 (vom 22. August 1843) der Musterschutz nach denselben Regeln auf die nicht zur Verzierung sondern zu Nützlichkeitszwecken dienenden Waarenmuster ausgedehnt (mit einer Schutzfrist von 3 Jahren), und dabei die Acte von 1842 durch einige Bestimmungen ergänzt.

Endlich wurde aus Anlass der allgemeinen Weltausstellung von 1851 durch die Acte 13 & 14 Victoria c. 104 (vom 14. August 1850) eine provisorische Registrirung für Muster von solchen Waaren eingeführt, welche zunächst nicht zum Verkaufe, sondern nur zur öffentlichen Ausstellung bestimmt sind. Dieser vorläufige Schutz wird auf die Dauer von einem Jahre (ausnahmsweise von anderthalb Jahren) gewährt und erlischt, sobald die Waare in den Handel gebracht wird. Die vorläufige Registrirung ist von den Abgaben der ordentlichen Registrirung befreit und erfolgt gegen eine unbedeutende Gebühr.

Die gegenwärtige Musterschutzgesetzgebung in Grossbritannien zerfällt also in drei Abschnitte, von denen die ersten beiden den vollständigen Musterschutz für Muster zur Verzierung und für Muster zu materiellem Gebrauche umfassen,

---

[1]) Vergl. Denkschrift, betreffend die Gesetzgebung Grossbritanniens und Frankreichs über das Eigenthum an Mustern und Formen. Berlin 1854.

während der dritte Abschnitt den vorläufigen Schutz für beide Arten von Waarenmustern umfasst. Die drei bezüglichen Gesetze pflegen unter der abgekürzten Bezeichnung der Musterschutzgesetze *(Designs' Act)* von 1842, 1843 und 1850 citirt zu werden. Doch ist nicht ausser Acht zu lassen, dass die Musterschutzgesetze von 1843 und von 1850 ausser den auf ihren speziellen Gegenstand bezüglichen Vorschriften auch Abänderungen des Gesetzes von 1842 enthalten.

Ein vollständiger Musterschutz wird nach dem Gesetze von 1842 für alle neuen und originalen Muster zur Verzierung gewährt, mögen dieselben als Zeichenmuster, als Modell oder als Verzierungen der Waaren dienen und mögen dieselben durch Drucken, Malen, Sticken, Weben, Nähen, Modelliren, Pressen, Formen, Graviren oder durch andere mechanische oder chemische Mittel reproduzirt werden (sect. 3).

Der vollständige Musterschutz gewährt das ausschliessliche Recht, das neu erfundene Muster auf jede Art von Waaren anzuwenden.

Die Dauer desselben beträgt nach Verschiedenheit der in zwölf Klassen eingetheilten Waaren:

1. Drei Jahre für die folgenden acht Klassen:

I. Fabrikate ganz oder hauptsächlich von Metall oder Metall-Compositionen.

II. - - - - von Holz.

III. - - - - von Glas.

IV. - - - - von gebrannter Erde, ferner nach 13 & 14 Victoria cap. 104 sect. 8 Elfenbein, Knochen und Papiermaché.

V. Papier-Tapeten.

VI. Teppiche, ferner nach 6 & 7 Victoria cap. 65 sect. 5 Fussdecken und Wachstuch.

VIII. Shawls, sofern sie nicht in der Klasse VII begriffen sind.

XI. Gewebe aus Leinen, Baumwolle, Wolle, Seide oder Haar, oder zweien oder mehreren solcher Stoffe, wenn das Muster durch Druck oder durch ein anderes Verfahren, durch welches Farben auf Waaren oder Gewebe angebracht werden können, hervorgebracht ist, sofern solche Gewebe technisch als Möbelstoffe *(furnitures)* bezeichnet werden können, und sofern die Wiederholung des Musters in weiteren Entfernungen als 12 und 8 Zoll vorkommt.

2. Neun Kalendermonate für die folgenden drei Klassen:

VII. Shawls, wenn das Muster allein durch Druck oder ein anderes Verfahren, durch welches die Farbe auf die Waare oder das Gewebe gebracht werden kann, dargestellt wird.

IX. Garn; Zwirn oder Kette, wenn das Muster allein durch Druck oder durch irgend ein anderes Verfahren, durch welches Farben nachher aufgebracht sind, oder aufgebracht werden können, erzeugt ist.

X. Gewebe aus Leinen, Baumwolle, Wolle, Seide oder Haar, oder aus zweien oder mehreren solcher Stoffe, wenn das Muster durch Druck oder durch ein anderes Verfahren, durch welches Farben auf Waaren oder Gewebe nachher angebracht sind oder angebracht werden können, erzeugt ist, mit Ausnahme der Artikel der Klasse XI.

3. Zwölf Kalendermonate für die beiden letzten Klassen.

XII. Gewebe, welche nicht zu den vorstehenden Klassen gehören.

XIII. Stickereien, Fabrikate oder Stoffe, welche in keiner der vorhergehenden Klassen enthalten sind.

Nach dem Gesetze von 1850 (13 & 14 Victoria cap. 104) sect. 9 kann das Handelsamt die Dauer des Musterschutzes für jede der obigen Klassen von verzierenden Mustern um höchstens drei Jahre verlängern[1]).

Wer auf den Musterschutz Anspruch machen will, muss:

1. das Muster in Gemässheit der Vorschriften des Gesetzes vor der Veröffentlichung einregistriren lassen und bei der Registrirung ein oder mehrere der in den vorstehend aufgeführten Klassen bezeichneten Fabrikate oder Stoffe angeben, auf welche das Muster angewendet werden soll, unter

---

[1]) Eine solche Verlängerung der Schutzfrist ist z. B. für Damaste durch Erlass des Handelsamtes vom 5. November 1850 verfügt. Für die Muster zum materiellen Gebrauche findet eine Verlängerung der Schutzfrist nicht statt.

Bezeichnung der Nummer der Klasse, für welche die Registrirung erfolgt;

2. nach der Veröffentlichung des Musters jedes von ihm ausgegebene Fabrikat, resp. jede Waare, auf welcher das Muster angebracht ist, mit seinem Namen und wenn das Fabrikat ein Gewebe ist, durch Aufdruck an einem Ende desselben, wenn es ein anderer Stoff ist, an einer Ecke oder anderen geeigneten Stelle, mit den Buchstaben *Rd.*, nebst den Ziffern und den Buchstaben, unter welchen die Registrirung erfolgt ist (vergl. unten), versehen.

Wer die im vierten Abschnitt erwähnte Marke an Fabrikaten, deren Muster nicht registrirt oder die nicht in Grossbritannien angefertigt sind, oder nach dem Erlöschen des Musterrechts anbringt, oder wer Fabrikate mit wissentlich unerlaubter Weise angebrachter Marke verkauft, verfällt für jede Uebertretung in eine Strafe von 5 Lvr. (sect. 11).

Als Eigenthümrr *(proprietor)* eines neuen und eigenthümlichen Musters soll der Urheber desselben betrachtet werden, es sei denn, dass er das Werk im Auftrage einer andern Person für Geld oder Geldeswerth ausgeführt habe, in welchem Falle diese Person als Eigenthümer angesehen und zur Einregistrirung berechtigt sein soll (sect. 5).

Das Mustereigenthum kann Andern übertragen, der Titel der Uebertragung muss aber einregistrirt werden (sect. 6).

Die Registrirung erfolgt durch einen Beamten, welcher von der Abtheilung des Geheimenrathes für Handel und Kolonien angestellt und mit Geschäftsanweisung versehen wird (sect. 14—6 & 7 Victoria cap. 65 sect. 7).

Behufs der Registrirung sind 2 Exemplare des Musters (gezeichnet oder gedruckt), begleitet von dem Namen des Eigenthümers und der Nummer der Klasse, für welche die Registrirung verlangt wird, einzureichen. Jedes von diesen Exemplaren wird mit einer fortlaufenden Nummer bezeichnet, und eins davon dem Extrahenten zurückgegeben, das andere aufbewahrt (sect. 15)[1]).

---

[1]) Nach sect. 11 der Acte von 1850 (13 & 14 Victoria c. 104) kann der Registrator von der Einreichung der Zeichnungen dispensiren, wenn eine schriftliche Beschreibung des Musters genügt.

Auf jedem Exemplare soll der Registrator die erfolgte Eintragung des Musters, den Tag der Eintragung und den Namen oder die Firma des Eigenthümers, nebst dem Wohnorte, so wie Nummer und Buchstaben der Registrirung vermerken, auch diesen Vermerk unterschreiben und untersiegeln. Derselbe bildet dann einen hinlänglichen Beweis für die vorschriftsmässige Eintragung des Musters und des darin genannten Eigenthümers, für den Anfang der Schutzfrist, für das wirkliche Eigenthum der darin als Eigenthümer genannten Person, für die Originalität des Musters und für die Beobachtung der Vorschriften des Gesetzes, so lange, bis der Beweis des Gegentheils geführt ist (sect. 16).

Muster, hinsichtlich deren das Eigenthumsrecht erloschen ist, werden gegen Entrichtung einer Gebühr jedermann gezeigt. Ist das Eigenthumsrecht noch nicht erloschen, so erfolgt die Vorlegung nur an den Eigenthümer oder an die schriftlich von ihm oder vom Richter besonders zur Einsicht ermächtigten Personen und nur in Gegenwart des Registrators. Doch ist jeder berechtigt, von dem Registrator Auskunft darüber zu verlangen, ob das für ihn registrirte Muster bereits anderweit registrirt ist und zwar unter welchem Datum und für welche der zwölf im dritten Abschnitt bezeichneten Klassen (sect. 17).

Eine Prüfung der zu registrirenden Muster in Bezug auf ihre Neuheit und Originalität findet nicht statt, letztere bleibt der richterlichen Beurtheilung überlassen. Bei collidirenden Ansprüchen auf die Benutzung desselben Musters entscheidet die frühere Registrirung desselben für die betreffende Klasse.

Wenn Jemand während der Dauer des Rechtes, ohne schriftliche Erlaubniss des registrirten Eigenthümers, ein solches Muster oder eine betrügliche Nachahmung desselben für die Verzierung irgend eines Fabrikats etc. zum Zweck des Verkaufs anwendet, oder einen solchergestalt verzierten Gegenstand veröffentlicht, verkauft oder zum Verkaufe ausstellt, nachdem er benachrichtigt worden, dass des Eigenthümers Zustimmung zu einer solchen Anwendung nicht gegeben ist, so soll er für jede Zuwiderhandlung eine Strafe von 5 bis 30 Lvr. an den Eigenthümer entrichten (sect. 7. 8).

Der Eigenthümer kann auf die Strafe verzichten und seinen Schaden einklagen, jedoch auch nur dann, wenn der Nachahmer oder Verkäufer etc. wusste, dass der Eigenthümer eine Anwendung des Musters nicht erlaubt hatte (sect. 9).

Der Anspruch auf Strafe oder Entschädigung muss binnen zwölf Kalendermonaten nach dem verübten Eingriffe durch gerichtliche Klage verfolgt werden. Diese Klage kann sowohl im ordentlichen als im summarischen Verfahren angestellt werden. Letzteres findet in England vor zwei Gerichtspersonen statt, welche am Wohnort des Verklagten Gerichtsbarkeit haben, in Schottland vor dem Sheriff der Grafschaft, in welcher die Nachbildung verübt ist oder der Verklagte wohnt, in Irland vor dem Civilgerichtshofe der Grafschaft oder des Ortes, wo die Nachbildung verübt ist (sect. 8 & 12).

Wenn der Richter in einem Billigkeits-Prozesse (*suit in equity*) die Ueberzeugung gewinnt, dass das Muster auf den Namen einer Person, welche nicht Eigenthümer oder gesetzlich dazu berechtigt ist, einregistirt worden, so soll er die Registrirung durch ein Decret kassiren (sect. 10).

Für die zum materiellen Gebrauche oder zu Nützlichkeitszwecken dienenden Muster ist durch sect. 2 der Acte von 1843 (6 & 7 Victoria cap. 65) eine Schutzfrist von drei Jahren gewährt. Zur Erwerbung des ausschliesslichen Rechtes ist erforderlich, dass das Muster vor der Veröffentlichung nach den Vorschriften der Acte von 1842 (5 & 6 Victoria cap. 100) registrirt wird und dass jedes Exemplar, welches nach dem geschützten Muster ausgeführt wird, mit der Bezeichnung „*registered*“ und mit dem Datum der Registrirung versehen ist (sect. 3). Die Strafe des unbefugten Gebrauches dieser Bezeichnung für nicht registrirte Waaren ist ebenso wie bei den Verzierungsmustern (oben S. 419) 5 Lvr. (sect. 4).

Der Registrator hat darüber zu entscheiden, nach welchem von beiden Gesetzen ein ihm vorgelegtes Muster zu registriren ist, und solchen Mustern, die nicht zu einem Artikel der Gewerbthätigkeit, sondern zu Etiketten, zum Umschlag oder zu einer andern Verpackung verwendet werden sollen, oder der öffentlichen Sittlichkeit oder Ordnung zuwiderlaufen, die Eintragung zu verweigern. Gegen diese Verweigerung findet eine Berufung an das Handelsamt statt (sect. 9).

Jedermann ist berechtigt, das Verzeichniss der nicht zur Verzierung dienenden Muster einzusehen und die Muster in

Augenschein zu nehmen. Die Muster, deren Schutzfrist noch nicht abgelaufen ist, dürfen nur in Gegenwart des Registrators besichtigt und nicht abgezeichnet werden (sect. 10).

Der vorläufige Schutz wird für die Dauer eines Jahres für Muster aller Art, sowohl zur Verzierung als zum materiellen Gebrauche gewährt, sofern dieselben zur Ausstellung an einem Orte bestimmt sind, in welchem keine Waaren verkauft oder zum Verkaufe ausgestellt werden und zu welchem das Publikum nicht unentgeltlich Zutritt hat.

Der Zweck des vorläufigen Musterschutzes besteht darin, den zur Ausstellung bestimmten Waarenmustern beider Klassen während der Dauer der Ausstellung das ausschliessliche Recht der Reproduction ohne die mit der Erwerbung des vollständigen Musterschutzes verbundenen Kosten zu sichern.

Der vorläufige Schutz wird durch die Registrirung erworben, welche von dem für die definitive Eintragung der Waarenmuster nach den Gesetzen von 1842 und 1843 bestellten Beamten, jedoch in einem abgesonderten Verzeichnisse, bewirkt wird. Mit der Anmeldung muss eine Zeichnung oder eine Beschreibung des Musters eingereicht werden, welche nach dem Ermessen des Registrators genügt, um die Identität des Musters festzustellen.

Der Inhaber des vorläufig geschützten Musters ist verpflichtet, bei der Ausstellung die Bezeichnung *provisionally registered* mit dem Datum der Eintragung an dem Muster zu befestigen

Das ausschliessliche Recht des Inhabers hat denselben Inhalt wie bei der definitiven Eintragung, so dass jede wissentliche Anwendung oder betrügliche Nachahmung des vorläufig geschützten Musters mit denselben Strafen belegt wird, welche durch die Musterschutzgesetze von 1842 und 1843 gegen die Nachbildung vollständig geschützter Muster verhängt sind.

Das Recht geht jedoch verloren, sobald der Inhaber die vorläufig geschützte Waare verkauft oder zum Verkaufe ausstellt. Der Verkauf des Rechtes an dem Muster selbst dagegen kann unbeschadet des vorläufigen Schutzes erfolgen, auch kann der Inhaber zu jeder Zeit während der vorläufigen Schutzfrist die definitive Eintragung nach den Gesetzen von 1842 und 1843 bewirken.

§. 52. Die übrigen Staaten.

Vereinigte Staaten: Gesetze v. 1841, 1861 und 1870. — Oesterreichisches Gesetz v. 7. Dez. 1858. — Russisches Gesetz v. 11. Juli 1864. — Belgien.

In den Vereinigten Staaten von Nordamerika erfolgte die Einführung des Musterschutzes durch die Acte vom 29. August 1842 sect. 6 (S. 307). Die Bestimmungen dieses Gesetzes wurden durch das Patentgesetz vom 2. März 1861 aufgehoben, an dessen Stelle jetzt das Patentgesetz vom 8. Juli 1870 (oben S. 307) getreten ist. Dasselbe handelt von den Waarenmustern *(designs)* in den Abschnitten 71—76 und bestimmt:

Wer durch eigenen Kunstfleiss ein neues und eigenthümliches Muster für Fabrikate, plastische Kunstgegenstände, Gewebe oder bedruckte Stoffe, ferner ein neues und eigenthümliches Modell für irgend ein Geräth erfunden hat, welches noch nicht im Gebrauch, nicht bereits patentirt oder in einer gedruckten Beschreibung veröffentlicht ist, kann dafür ein Patent erhalten, für dessen Ertheilung im Allgemeinen die oben im §. 36 erläuterten Regeln über die Erfindungspatente massgebend sind (sect. 71). Der Patentcommissar kann von der Einreichung eines Modells dispensiren, wenn die Beschreibung und Zeichnung ausreichend erscheint (sect. 72).

Die Bedingungen und die Formen des gewährten Schutzes sind dieselben wie bei den Erfindungspatenten mit der Massgabe, dass die Dauer des Schutzes nach der Wahl des Urhebers auf drei und ein halb, sieben oder vierzehn Jahre bestimmt wird, und dass die Gebühren der Patentdauer entsprechend auf zehn, fünfzehn und dreissig Dollars bemessen sind.

In Oesterreich ist der Musterschutz durch das Gesetz zum Schutze der Muster und Modelle für Industrie-Erzeugnisse vom 7. Dezember 1858, dessen §§ 4 und 6 durch ein späteres Gesetz vom 23. März 1868 abgeändert sind, geregelt.

Unter Muster und Modell wird in diesem Gesetze jedes auf die Form eines Industrie-Erzeugnisses bezügliche, zur Uebertragung auf ein solches geeignete Vorbild verstanden (§. 1).

Auf Muster, welche bloss in Nachbildungen von selbständigen Werken der Kunst bestehen, wird ein ausschliessliches Recht nicht anerkannt (§. 3).

Das ausschliessliche Benutzungsrecht dauert nach Wahl des Hinterlegers ein bis drei Jahre vom Zeitpunkte der Registrirung des Musters. Eine nachträgliche Verlängerung findet nicht statt (§. 4).

Wer sich das ausschliessliche Recht auf die Benutzung eines Musters sichern will, muss, bevor er ein nach demselben verfertigtes Erzeugniss in den Verkehr bringt, das Muster in der Kanzlei der Handels- und Gewerbekammer, in deren Bezirk er wohnt, oder sein zur Anwendung des Musters bestimmtes Etablissement gelegen ist, hinterlegen. Es steht ihm frei, das Muster offen oder unter einem versiegelten Umschlage zu überreichen. Ueber die Hinterlegung wird ein Protokoll aufgenommen, welches den Namen oder die Firma und den Wohnsitz des Hinterlegers, den Tag und die Stunde der Hinterlegung und die Nummer des Registers enthält, unter welcher die Eintragung erfolgt ist (§. 5).

Die Registrirung unterliegt für jedes Muster einer Taxe von 50 Kreuzer für jedes Jahr der gewählten Schutzfrist, welche in die Kasse der Handelskammer fliesst (§. 6).

Es ist gestattet, unter Einem Umschlage mehrere Muster zu überreichen, doch muss in diesem Falle die Anzahl der Muster auf dem Umschlage angemerkt sein, und die Taxe für jedes einzelne Muster entrichtet werden. Jede, diese Taxe beeinträchtigende, unrichtige Angabe auf dem Umschlage wird an dem Hinterleger mit dem dreifachen Betrage der umgangenen Gebühr geahndet (§. 7).

Derjenige, auf dessen Namen ein Muster registrirt wurde (der Hinterleger), wird so lange als der wirkliche Eigenthümer des Musters angesehen, bis das Gegentheil erwiesen ist (§. 8).

Innerhalb eines Jahres nach der Hinterlegung muss der Schutzberechtigte das Muster im Inlande auf Industrie-Erzeugnisse anwenden, und die Letzteren in Verkehr bringen. Während dieser Zeit werden die unter versiegeltem Umschlage hinterlegten Muster in diesem Zustande aufbewahrt. Nach einem Jahre werden die Siegel in Gegenwart von zwei Zeugen und unter Aufnahme eines Protokolles abgenommen und es ist die Einsicht der Muster, wie bei den offen hinterlegten schon ursprünglich, Jedermann gestattet (§. 9).

Die erfolgte Registrirung eines Musters ist nichtig und

ohne Wirkung, wenn einer der nachstehenden Umstände bewiesen wird:

a) dass schon vor dem Zeitpunkte der Hinterlegung nach dem hinterlegten Muster verfertigte Industrie-Erzeugnisse im In- oder Auslande im Verkehre waren;

b) dass schon früher das Muster in einem veröffentlichten Druckwerke erschienen ist;

c) dass dasselbe schon früher auf den Namen eines Anderen im Inlande registrirt worden ist;

d) dass der Hinterleger das Muster widerrechtlich an sich gebracht hat (§. 2).

Das Recht des ausschliesslichen Gebrauches eines Musters erlischt:

a) wenn der Hinterleger das geschützte Muster binnen einem Jahre nach der Hinterlegung im Umfange des Oesterreichischen Reichsgebietes nicht benützt;

b) wenn der Hinterleger nach dem Muster im Auslande verfertigte Waaren in das Oesterreichische Reichsgebiet einführt (§. 11).

Jeder Eingriff in das Musterrecht, sei es durch unbefugte Nachbildung eines geschützten Musters, sei es durch den Verschleiss der hiernach verfertigten Waaren, begründet für den Verletzten das Recht, auf die Einstellung der ferneren Anwendung des Musters und des ferneren Verschleisses der betreffenden Waare zu dringen. Auch kann er verlangen, dass die zur Nachbildung ausschliesslich oder vorzugsweise dienlichen Werkzeuge und Hilfsmittel für diesen Zweck unbrauchbar gemacht werden. — Ansprüche des Verletzten auf Ersatz des durch den Eingriff in sein Musterrecht erlittenen Schadens sind nach dem bürgerlichen Gesetze zu beurtheilen. Eine Nachbildung hört desshalb nicht auf, eine verbotene zu sein, weil bloss die Dimensionen oder die Farben des Musters verändert wurden (§§. 1. 13).

Ist der Eingriff wissentlich begangen worden, so ist gegen den Schuldigen nebst der dagegen etwa auch nach dem allgemeinen Strafgesetze eintretenden Bestrafung eine Geldbusse von 25—500 fl. zu verhängen. Bei einem Rückfalle kann die Strafe verdoppelt werden. Bei einem wiederholten Rückfalle ist wider den Schuldigen nebst der Geldstrafe auch eine Arreststrafe von einer Woche bis zu drei Monaten zu verhängen. Wurde der Eingriff in das Musterrecht durch einen Arbeiter oder Angestellten des Verletzten oder sonst mit Missbrauch seines Vertrauens begangen, so ist dies bei Bemessung der Strafe als ein besonders erschwerender Umstand in Anschlag zu bringen (§§. 14. 15).

Die Strafbeträge fliessen in den Armenfonds des Ortes der begangenen Uebertretung (§. 18).

Die Verhandlung und Entscheidung über Eingriffe in das Musterrecht, sowie die Untersuchung und Bestrafung derselben, welche nach §. 21 nur auf Antrag des Verletzten erfolgen darf, steht den politischen Verwaltungsbehörden erster Instanz nach den für das Verfahren und den Instanzenzug bei Gewerbsstörungen und Gewerbsübertretungen bestehenden Vorschriften zu. Die politische Behörde entscheidet auch über die Ungültigkeit der Hinterlegung oder den Verlust des Musterrechtes. Ueber die im §. 12 erwähnten Entschädigungsansprüche und über Streitigkeiten in Ansehung des Eigenthumes eines Musters, steht die Entscheidung dem Civilrichter zu (§. 19).

Ergibt sich während der Verhandlung oder Untersuchung, dass die Entscheidung von einer Vorfrage abhängt, über welche das Civilgericht zu sprechen hat, so verweist die politische Behörde die Parteien an das zuständige Civilgericht, und kann in einem solchen Falle nur nach hierüber vorgelegtem rechtskräftigen civilgerichtlichen Spruche ihre eigene Entscheidung schöpfen. Uebrigens dient dem Verletzten die rechtskräftige Entscheidung der politischen Behörde, womit Jemand des Eingriffes in das Musterrecht schuldig erkannt wurde, zur Geltendmachung der Entschädigungsansprüche vor dem Civilrichter (§. 20).

Der Verletzte ist berechtigt, noch vor der Entscheidung über seine Beschwerde die Beschlagnahme oder sonstige Verwahrung der von ihm als mit Verletzung seines Musterrechtes verfertigt bezeichneten Erzeugnisse und der dazu verwendeten Werkzeuge und Hülfsmittel zu verlangen (§. 24).

Wird erkannt, dass ein Eingriff in das Musterrecht stattgefunden habe, so haben die betreffenden Gegenstände bis zum Ablauf der Schutzfrist unter Siegel zu verbleiben, und es ist für deren Verwahrung auf Kosten und Gefahr des Verurtheilten

Vorkehrung zu treffen, insofern nicht zwischen den Betheiligten durch Uebereinkommen etwas anderes verfügt wird (§. 25).

Wird die Beschwerde als unbegründet und zugleich als muthwillig erkannt, so kann die Behörde den Beschwerdeführer in eine Geldstrafe von 300 fl. zum Besten der Ortsarmenkasse verfällen, unbeschadet des Anspruches des Verklagten auf Genugthuung. Das Oesterreichische Musterschutzgesetz ist ebenso wie das Patentgesetz vom 15. August 1852 (oben S. 262) in Ungarn nach der Wiederherstellung der ungarischen Autonomie in Kraft geblieben und gilt also für beide Reichshälften.

Das Russische Gesetz vom 11. Juli 1864[1]) bezeichnet im §. 1 als Gegenstände des Musterschutzes die zur Herstellung von Fabrik- oder Gewerbserzeugnissen bestimmten Muster oder Modelle, und erklärt sowohl den Erfinder als auch denjenigen, welcher Fabrikmuster oder Modelle von dem Erfinder erworben hat, für berechtigt, sich deren ausschliessliche Benutzung für bestimmte Zeit zu sichern. Muster und Modelle, welche in der Werkstatt einer Fabrik von deren Zeichnern ausgeführt sind, werden als Eigenthum des Fabrikbesitzers angesehen.

Die Anmeldung des Musters muss erfolgen, ehe dasselbe durch den Verkauf des Fabrikates oder auf anderm Wege veröffentlicht ist (§. 2).

Die Anmeldung erfolgt schriftlich auf Stempelpapier, entweder bei dem Departement für Gewerbe und inneren Handel oder bei der in Moskau befindlichen Abtheilung des Gewerberathes. Sie muss von einem Muster oder Modell oder nach Umständen von einer Zeichnung oder Probe dieser Gegenstände in doppelten Exemplaren begleitet sein. Der Bewerber muss angeben, ob er der Erfinder selbst ist, oder die Erfindung von einem Andern erworben hat (§. 3). Ferner muss die Dauer der begehrten Schutzfrist angegeben werden, welche nach der Wahl des Bewerbers auf ein bis zehn Jahre bewilligt wird (§. 9). Bei der Einlegung des Gesuches muss eine Gebühr entrichtet werden, welche für jedes Jahr der begehrten Schutzfrist 50 Kopeken beträgt (§. 10).

---

[1]) Journal de St. Petersbourg Nr. 194. — Preussisches Handelsarchiv 1864. Bd. II. S. 291.

Das Gesuch wird nach der Reihenfolge des Eingangs registrirt und das Datum der Registrirung wird mit dem Namen des Berechtigten und der nachgesuchten Schutzfrist auf den eingereichten Exemplaren des Musters vermerkt, von denen das eine dem Bewerber mit einer besondern Bescheinigung über die erfolgte Registrirung zurückgegeben wird.

Eine Vorprüfung in Bezug auf die Neuheit des Musters findet nicht statt. Die Anmeldung wird als ungültig angesehen, wenn das Muster nicht neu ist.

Alle Nachbildungen ausländischer im Handel befindlicher Erzeugnisse werden als nicht neu angesehen. Die Nachahmung eines declarirten Musters, oder eines als neu anzusehenden Theiles davon in einem andern Stoffe oder Verfahren gilt ebenfalls als blosse Nachbildung, mit Ausnahme der Reproduction von plastischen Werken durch Weberei, Druck oder Malerei und umgekehrt (§. 5).

Die hinterlegten Muster werden in Moskau bei der dortigen Abtheilung des Gewerberathes aufbewahrt und nach einem Jahre den Personen, welche davon Kenntniss zu nehmen wünschen, mitgetheilt. Die Zeit der Geheimhaltung kann auf Wunsch des Bewerbers bis auf höchstens drei Jahre nach der Hinterlegung verlängert werden (§. 6).

Alle Fabrikate nach dem hinterlegten Muster müssen an der am meisten zusagenden Stelle oder auf einem angehängten Blei eine Marke in der von dem Finanzminister genehmigten Form tragen, welche mittelst eines Siegels oder Stempels aufgedruckt wird und die Dauer der Schutzfrist angibt (§. 7). Die unbefugte Verwendung dieser Marke für nicht geschützte Fabrikate wird mit einer Geldbusse bis zu 50 Rubel bestraft (§. 12).

Die Cession des geschützten Musters muss zur Registrirung der Besitzveränderung bei der Moskauer Abtheilung des Gewerberathes angemeldet werden.

Die Vervielfältigung geschützter Muster oder Modelle ohne Genehmigung des Berechtigten zieht eine Geldbusse von 50 bis 200 Rubel nach sich. Ausserdem hat der Beschädigte Anspruch auf Schadensersatz (§§. 13. 14).

Die Entscheidung über Strafe und Entschädigung steht den ordentlichen Gerichten zu; doch haben die Behörden, bei welchen das Muster angemeldet ist, also das Petersburger Departement für Gewerbe und Handel, oder die Moskauer Abtheilung des Gewerberathes, sich der vorläufigen Instruction der Streitfälle und der Begutachtung technischer Fragen auf Requisition der Partheien oder des Gerichts zu unterziehen (§§. 15. 16).

In Belgien gilt die Französische Musterschutzgesetzgebung und zwar ebenso, wie früher in der Preussischen Rheinprovinz, ohne die Verordnung vom 17. August 1825. Es bestehen deshalb in der Belgischen Jurisprudenz dieselben Zweifel über die Anwendbarkeit und Tragweite des Französischen Decrets vom 18. März 1806. Während ein Theil der Juristen die Vorschriften dieses Decretes auf die gewerblichen Erzeugnisse aller Art, sowohl auf die plastischen Fabrikate, als auf die Gewebe anwendet, beschränken andere die Geltung desselben auf die eigentlichen Stoffmuster und ziehen für die plastischen Fabrikformen mit ebenso zweifelhafter Berechtigung die Vorschriften des Nachdruckgesetzes vom 19. Juli 1793 heran (vergl. oben S. 404).

Die Belgische Regierung legte in der Absicht, diesen zweifelhaften Rechtszustand zu verbessern, am 30. October 1864 der zweiten Kammer den Entwurf eines neuen Gesetzes über den Musterschutz vor.

Nach diesem Entwurfe sollten die Muster aller Art beim Handelsgerichte hinterlegt werden. Die Strafbarkeit der Nachbildung war an die Voraussetzung der wissentlichen oder der betrügerischen Nachahmung des geschützten Musters geknüpft.

Dieser Entwurf ist indess nicht zum Gesetze erhoben und der Rechtszustand ist in Belgien unverändert geblieben.

XIII. Markenschutz.

§. 53. Allgemeine Grundsätze.

Begriff. — Rechtliche Grundlage. — Namentliche und figürliche Bezeichnung. — Registrirung. — Person des Berechtigten. — Zulässige Zeichen. — Vorprüfung und Aufgebot. — Thatbestand und Strafen der Contravention. — Internationale Beziehungen.

Unter den Waarenbezeichnungen oder Marken werden diejenigen Zeichen verstanden, welche dazu bestimmt sind, die in den Handel gebrachten Erzeugnisse als von einem bestimmten Urheber oder Zwischenhändler herrührend zu bezeichnen.

Diese Bezeichnung ist entweder eine vollständige, wenn sie den Namen und den Wohnort des Urhebers oder Zwischenhändlers enthält, oder eine figürliche, wenn statt dieses Namens eine blosse Abkürzung desselben oder ein willkürliches Zeichen gebraucht wird.

Das Recht zum ausschliesslichen Gebrauche solcher Waarenbezeichnungen ist ein Vermögensrecht, welches seine Grundlage in dem Rechte der Persönlichkeit hat und am nächsten dem Rechte der kaufmännischen Firma verwandt ist. Mit dem Patente und dem Musterschutze trifft dasselbe in seinem Zwecke nahe zusammen. Während nämlich die Erfindungspatente und der Schutz der Waarenmuster den Gewerbtreibenden gegen die Nachahmung seiner geschützten Fabrikate sichern, gibt der Firmen- und Markenschutz ihm die Mittel, die Unterschiebung fremder Fabrikate unter seine Urheberschaft abzuwehren. Beide Arten von Rechten haben also den gemeinschaftlichen Zweck, von verschiedenen Seiten unberechtigte Eingriffe in die Urheberschaft des Fabrikanten abzuwehren. Sie verhalten sich ähnlich wie die negative und die positive Paternitätsklage auf dem Gebiete des Familienrechtes. Dagegen beruht das Recht der Firmen- und der Fabrikzeichen auf einem wesentlich andern Grunde als das Urheberrecht an Erfindungen und Waarenmustern. Es ist nicht ein Product der geistigen Arbeit, sondern ein Ausfluss der Persönlichkeit, welche sich in der Firma oder in dem Waarenzeichen ausgedrückt findet. Es gibt auch auf dem Gebiete des literarischen und artistischen Eigenthumes eine Anmassung von gleichem Inhalte, wenn Büchertitel oder fingirte Autornamen nachgeahmt werden oder wenn geradezu Schriften oder Kunstwerke fälschlich unter dem Namen eines fremden Autors veröffentlicht werden. Allein gegen einen solchen Eingriff in die Rechtssphäre des Autors wird nur durch die Injurienklage Schutz gewährt, vermittelst deren das verletzte Recht der Persönlichkeit des Autors geltend gemacht. Ein besonderes Vermögensrecht ist den Autoren an den Bezeichnungen der Bücher und Kunstwerke in den Gesetzen nicht beigelegt [1]).

Auch in Bezug auf die Waarenbezeichnungen besteht ein solches Vermögensrecht nur kraft besonderer gesetzlicher Bestimmung. Nach den Grundsätzen des Gemeinen Rechtes und bis zum Erlass des Deutschen Handelsgesetzbuches galt der Gebrauch einer bestimmten Firma nicht als ein ausschliessliches Recht desjenigen, welcher solche zuerst gewählt hat [2]). Auch die missbräuchliche Anwendung einer fremden Firma bei Waarenbezeichnungen wurde vom gemeinrechtlichen Gesichtspunkte aus nicht als ein Eingriff in das Recht der Persönlichkeit und nicht als ein strafbarer Betrug behandelt. Es wurde insbesondere geltend gemacht, dass zwar der rechtmässige Inhaber der Firma durch deren unbefugten Gebrauch in seinem Gewerbe bedeutenden Schaden leiden könne, allein es liege keine Entziehung wohlerworbener Rechte, mithin kein rechtlicher Schaden vor. Ferner werde durch den unbefugten Gebrauch einer Firma nicht

[1]) Dadurch wird nicht ausgeschlossen, dass im Falle einer dolosen Beschädigung ein Entschädigungsanspruch mit der actio doli geltend gemacht werden kann.

[2]) Krug, Ueber den Schutz der Fabrik- und Waarenzeichen. Darmstadt und Leipzig 1866 S. 8 f. — Thöl, Das Handelsrecht. 4. Aufl. Göttingen 1862 S. 112.

der Firmeninhaber getäuscht, sondern der Abnehmer der Waare, dieser aber werde nicht beschädigt. Da also der Getäuschte nicht zugleich der Beschädigte sei und umgekehrt, so fehlen die Merkmale eines strafrechtlichen Betruges [1]). Durch Art. 27 des Deutschen Handelsgesetzbuches wurde zunächst das ausschliessliche Recht des Gewerbtreibenden auf den Gebrauch der vorschriftsmässig eingetragenen Firma anerkannt und demselben eine civilrechtliche Klage auf Schadensersatz wegen unbefugten Gebrauchs der Firma eingeräumt.

Der strafrechtliche Schutz gegen den unbefugten Gebrauch einer Firma war in Preussen bereits durch ein Gesetz vom 4. Juli 1840 gewährt, welches unverändert in das Strafgesetzbuch vom 14. April 1851 (§. 269) und in das Deutsche Strafgesetzbuch vom 15. Mai 1871 (§. 287) aufgenommen ist.

Die figürlichen Waarenbezeichnungen wurden zum Gegenstande eines ausschliesslichen Rechtes ursprünglich durch die Zunfteinrichtungen erhoben, indem bei den zünftigen Gewerben jedem Zunftgenossen die Wahl eines zu seinem ausschliesslichen Gebrauche bestimmten Waarenzeichens gestattet wurde, dessen Nachahmung theils durch die Zunftordnungen, theils durch das Verbot des nicht zünftigen Gewerbebetriebes ausgeschlossen und unter Strafe gestellt war. Diese Einrichtungen bestanden im weitesten Umfange in Frankreich, wo vor der Revolution jede Fabrikation der peinlichsten Reglementirung unterworfen war (oben S. 320). In Frankreich machte sich nach der Beseitigung des Zunftzwanges sofort das Bedürfniss geltend, durch ein allgemeines Gesetz die Registrirung ausschliesslicher Waarenzeichen einzuführen und den unbefugten Gebrauch solcher Zeichen unter Strafe zu stellen. Dies geschah durch das Gesetz vom 22 Germinal des Jahres XI, welches nebst den ergänzenden Verordnungen der Kaiserzeit auch in Belgien und in einem Theile von Deutschland während der Fremdherrschaft Eingang fand. In den übrigen Staaten fand der Schutz der Fabrikzeichen bis über die Mitte des gegenwärtigen Jahrhunderts hinaus keinen Eingang; er wurde jedoch von den Vertretern der Industrie seit langem als ein dringendes Bedürfniss gefordert.

Es wurde geltend gemacht, dass die Bezeichnung mit dem

---

[1]) Hefter in Hitzigs Zeitschrift für Criminalrechtspflege Heft 31.

vollen Namen und dem Wohnorte des Fabrikanten bei vielen Arten von Waaren nicht möglich sei, dass der traditionelle Ruf vieler Fabrikate gerade an gewisse Marken geknüpft sei, deren Missbrauch dem Gewerbe des Berechtigten Eintrag thue und das Vertrauen in seine Leistung zu erschüttern im Stande sei.

„Es gelte die Thätigkeit und Production des Einzelnen in seinem berechtigten Erfolge zu schützen, ihm die Früchte seiner geistigen und körperlichen Arbeit zu sichern, diejenigen Mittel möglichst zu garantiren, welche er sich zur Verwerthung seiner eigenen Thätigkeit wählt. Die Controle des Erfolgs seiner Arbeit und seines Vertriebs werde aber wesentlich auch durch Vermittelung der fraglichen Handels- und Fabrikzeichen bedingt. Im Vertrauen auf die Güte seines Fabrikats füge der Fabrikant dem in den weiten Handelsverkehr zu sendenden Fabrikate sein Zeichen bei, das sein Product, das Resultat seines Fleisses und seiner Thätigkeit, gleichsam als Vertreter seiner Person begleiten solle. Der Markt sei zu gross, als dass er persönlich — (wie in dem untersten Stadium des Kleinverkehrs) — den Vertrieb seines Productes besorgen und dadurch den Erfolg selbst controliren könne. Der fern von seinem Aufenthalt bewerkstelligte Absatz seiner Waaren werde aber dadurch sein Verdienst belohnen, dass das ihn repräsentirende Zeichen seinen Ruf begründe oder erweitere, seinen Absatz vermehre, die berechtigten Erfolge seiner Arbeit sichere. An das seiner Waare mitgegebene Zeichen knüpfe sich oft das Schicksal seines ferneren Geschäftsbetriebes, der Ruf und die Zukunft seines Gewerbes, es können die wichtigsten Handels- und Industrieinteressen davon abhängig sein. Darum müsse man ihm dieses Mittel eines entsprechenden Resultates und Verdienstes, diese Controle des Erfolges und der Resultate seiner Arbeit zu schützen und zu garantiren suchen, ihm gegen denjenigen wirksame Hülfe verleihen, der hinterlistig und mit der grössten Leichtigkeit (bei der Schwierigkeit der Entdeckung im grossen Weltverkehr) ihm jene berechtigten Erfolge raube, ihm seine Controle unmöglich mache, das Mittel derselben verfälsche und missbrauche.

Die Billigkeit und die Moral sprechen daher für einen Schutz der Handelszeichen und es liege im Interesse der Gerechtigkeit, der Aufrichtigkeit und Wahrheit im gesammten Handelsverkehr, die Uebereinstimmung äusserer Abzeichen mit dem wahren Ursprung der Waare, die Aechtheit und Zuverlässigkeit äusserer Anhaltspunkte möglichst zu sichern und also auch das Vertrauen des Publikums, das Vertrauen der Consumenten auf stillschweigende und ausdrückliche Zusagen und Garantien überhaupt, das Vertrauen auf Wahrheit im Handelsverkehr möglichst zu fördern und wo es bereits zu Grunde gegangen, zu erwecken."

Diese Erwägungen haben im Laufe der letzten beiden Jahrzehnte zunächst in Sachsen, Oesterreich, Bayern und Baden, sodann in Grossbritannien, Italien, den Vereinigten Staaten und in Russland Veranlassung gegeben, auch die figürlichen Waarenbezeichnungen durch besondere Gesetze gegen Nachahmung zu schützen und dieser Markenschutz ist durch das Reichsgesetz vom 30. November 1874 auch für das ganze Deutsche Reich zum Gesetz erhoben und nach einheitlichen Vorschriften geregelt.

Theils durch die angeführten Gesetze, theils durch die internationalen Handelsverträge und durch besondere Conventionen ist gegenwärtig der Schutz der Waarenbezeichnungen in der weitesten Ausdehnung zum allgemeinen und internationalen Rechte aller gewerbfleissigen Staaten erhoben worden, und es ist zu erwarten, dass die noch bestehenden vereinzelten Ausnahmen im Laufe der Zeit werden beseitigt werden.

In Deutschland hat der Markenschutz erst spät und nicht ohne Widerspruch allgemeine Annahme gefunden, und dieser Widerspruch fand zum Theil darin seine Begründung, dass die Deutsche Industrie sich zu ihrem eigenen Nachtheil daran gewöhnt hatte, vielfach ausländische, namentlich Englische Fabrikzeichen zu benutzen und dass sie zum Theil zu dieser Benutzung durch das Vorurtheil des Publikums für ausländische Erzeugnisse gezwungen wurde. Es ist jedoch nicht zu bezweifeln, dass die gesetzliche Verhinderung dieses Missbrauches im Endresultate der Entwickelung unsres einheimischen Gewerbfleisses nur förderlich sein würde.

Die Gesetze über den Markenschutz zerfallen in zwei Gruppen, von denen die eine die Anmeldung und Registrirung der gewählten Waarenbezeichnung verlangt, während die andre den thatsächlichen Gebrauch eines bestimmten Zeichens gegen betrügerische Nachahmung schützt, ohne dass eine förmliche Registrirung verlangt wird. Das letztere System war bis vor Kurzem in einigen Deutschen Staaten und in England, abgesehen von localen Gewohnheitsrechten, angenommen. Durch die neu ergangenen Markenschutzgesetze ist jedoch auch im Deutschen Reiche und in Grossbritannien die Eintragung der Fabrikzeichen allgemein zur Bedingung des Rechtsschutzes gemacht.

Die Registrirung der Marken ist ferner vorgeschrieben in Oesterreich, Frankreich, Belgien, Italien, den Vereinigten Staaten und Russland.

Was die Person des Berechtigten anbetrifft, so kann jeder Gewerbtreibende, sowohl der Produzent als der Zwischenhändler, seinen Waaren eine Bezeichnung geben. Die Französische und Italienische Gesetzgebung verbietet indess dem Zwischenhändler, das Zeichen des Produzenten zu entfernen und gestattet ihm nur, seine Bezeichnung neben demselben anzubringen [1]).

Als Gegenstand figürlicher Waarenbezeichnungen werden von den Gesetzen alle Arten von Zeichen zugelassen, welche sich hinreichend von andern, insbesondere von den bereits im Gebrauche befindlichen unterscheiden. Die neueren Gesetze verbieten meistens die Anwendung von blossen Buchstaben, Zahlen und Worten von Länderwappen, allgemein üblichen Handelsbezeichnungen oder Aergerniss erregenden Darstellungen [2]).

In Bezug auf das Verfahren bei der Registrirung ist zu bemerken, dass das Englische Statut vom 13. August 1875 und das Nordamerikanische Statut vom 8. Juli 1870 eine Vorprüfung der angemeldeten Zeichen in Bezug auf ihre Originalität und Unterscheidbarkeit vorschreibt. In diesen Staaten wird deshalb ein einheitliches Markenregister bei dem Patentamte geführt, während in Deutschland, Frankreich, Oesterreich und Belgien die Registrirung bei den Handelsgerichten oder Handelskammern der einzelnen Bezirke erfolgt. Alle Gesetzgebungen überlassen

[1]) Französ. Gesetz v. 28. Juli 1824. — Italien. Gesetz v. 30. August 1868 Art. 3.

[2]) Deutsches Reichsgesetz v. 30. November 1874 §. 3. — Nordamerikanisches Statut v. 8. Juli 1870 sect. 79. — Oesterreich. Gesetz v. 7. Dezember 1858.

die Entscheidung über die Rechtsgültigkeit der erfolgten Registrirung dem Rechtswege. Nur in Belgien findet nach dem Decret vom 11. Juni 1809 ein schiedsrichterliches Verfahren vor dem Gewerberathe statt (vergl. §. 57).

Der Thatbestand der Verletzung des ausschliesslichen Rechtes besteht nach der übereinstimmenden Vorschrift der Gesetze nicht bloss in der einfachen Nachbildung der Namen oder der Zeichen, sondern auch in der versteckten Nachbildung mit solchen Veränderungen, welche leicht der Aufmerksamkeit entgehen können.

Die strafrechtliche Zurechnung des Vergehens setzt den wissentlichen Gebrauch eines fremden Zeichens voraus. Dagegen steht dem Berechtigten ein Entschädigungsanspruch auch bei bloss fahrlässiger Verletzung zu.

Die Strafen bestehen in Geldbussen von verschiedener Höhe, neben welchen im Rückfalle, nach einigen Gesetzgebungen auch beim ersten Falle der Uebertretung, Gefängnissstrafen verhängt werden können. Der Rechtsschutz für die im Auslande gebrauchten Waarenbezeichnungen ist in denjenigen Ländern, welche die Registrirung der Marken erfordern, von der Erfüllung dieser Bedingung sowohl im Inlande als auch in dem Heimathstaate abhängig gemacht. In Bezug auf die vollständige namentliche Bezeichnung ist der Rechtsschutz unter der Bedingung der Gegenseitigkeit verbürgt. Diese Gegenseitigkeit ist zwischen den meisten Europäischen Staaten durch die Handelsverträge oder durch besondere Verabredungen gewährleistet.

Der nähere Inhalt der einzelnen Gesetzgebungen über den Schutz der Waarenbezeichnungen wird in den folgenden Paragraphen erläutert werden.

§. 54. Deutschland[1]).

Frühere Landesgesetze. — Das Strafgesetzbuch. — Das Markenschutzgesetz. — Figürliche Waarenzeichen. — Namen und Firma. — Strafe der Verletzung.

In Deutschland bestand bis zum Erlasse des Reichsgesetzes vom 30. November 1874 kein übereinstimmendes Recht in Bezug

[1]) Unter den Schriften über das Deutsche Markenschutzgesetz sind zu erwähnen:

auf den Schutz der Waarenbezeichnungen, da im Gemeinen Rechte ein ausschliessliches Recht der Firma oder des Waarenzeichens nicht anerkannt war und die Gesetzgebungen der einzelnen Staaten erheblich von einander abwichen.

Der älteren Preussischen Gesetzgebung ist das Verbot des unbefugten Gebrauches fremder Waarenbezeichnungen eben so fremd, wie dem Gemeinen Rechte. Das Allgemeine Landrecht stellt zwar im Th. II, Tit. 20, §§. 1440. 1441, den unerlaubten Gebrauch eines fremden Familiennamens oder Wappens unter Strafe und bedroht ferner im §. 1445 denjenigen mit den Strafen des qualificirten Betruges, welcher mit Zeichen oder Proben, die nur für Waaren von gewisser Art oder Güte bestimmt sind, Waaren von schlechterer Art oder Güte betrüglicher Weise bezeichnet.

Allein das erstere Vergehen wird, abgesehen von dem damit vielleicht verbundenen Betruge, nur als eine persönliche Beleidigung aufgefasst, deren „Bestrafung zur Genugthuung für die beleidigte Familie" öffentlich bekannt gemacht werden soll. Das zweite Vergehen aber steht unter der Rubrik „Betrug des Publici" und es wird zum Thatbestand desselben ausdrücklich erfordert, dass Waaren von schlechterer Art und Güte betrüglich für bessere ausgegeben sind. Das Vergehen der blossen Anmassung einer fremden gewerblichen Firma oder Waarenbezeichnung wird von diesen Strafbestimmungen nicht getroffen, und der Nachtheil, welcher dem Gewerbtreibenden durch einen solchen unbefugten Gebrauch zugefügt wird, konnte nach den Bestimmungen des Allgemeinen Landrechts weder im strafrechtlichen noch auch im civilrechtlichen Wege verfolgt werden.

Endemann, Der Markenschutz nach dem Reichsgesetze vom 30. November 1874 aus Busch's Archiv für Handels- und Wechselrecht besonders abgedruckt. Berlin 1875.

Landgraf, Das Deutsche Reichsgesetz betreffend den Markenschutz. Stuttgart 1875.

Mewes, Das Reichsgesetz über den Markenschutz mit Erläuterungen. Erlangen 1875.

Aus der älteren Literatur sind hervorzuheben:

Jannasch, Der Markenschutz und die Gewerbepolitik des Deutschen Reichs. Berlin 1873.

Krug, Ueber den Schutz der Fabrik- und Waarenzeichen. Darmstadt und Leipzig 1866.

Anders war die Lage der Gesetzgebung in denjenigen Theilen der Monarchie, welche in den Zeiten der Fremdherrschaft zum Französischen Kaiserreiche oder zum Grossherzogthum Berg gehört hatten. In den erstern zur Rheinprovinz gehörigen Landestheilen hatte die ältere Französische Gesetzgebung über die Waarenbezeichnungen Geltung behalten und es fanden die unten S. 449 angeführten Gesetze vom 22. Germinal des Jahres XI, vom 11. Juni 1809, vom 8. September 1810, vom 1. April und 18. September 1811 und vom 22. Dezember 1812 daselbst Anwendung, welche die Registrirung der Waarenzeichen bei den Handelsgerichten gestatten und den unbefugten Gebrauch derselben unter Strafe stellen.

Im Grossherzogthum Berg, dessen Bestandtheile theils der Rheinprovinz, theils der Provinz Westfalen angehören, war durch das Decret über die Fabrikengerichte vom 17. Dezember 1811 ein mit jenen Französischen Gesetzen im Wesentlichen übereinstimmendes Recht eingeführt worden.

Auch in den älteren Provinzen war durch das Gesetz vom 3. Juli 1818 der ausschliessliche Gebrauch eines Fabrikzeichens für das daselbst verfertigte Stabeisen gestattet und der unbefugte Gebrauch desselben unter Strafe gestellt worden.

Durch das Gesetz vom 4. Juli 1840 wurden jedoch alle diese Bestimmungen des Rheinischen und des Altländischen Rechtes aufgehoben und an deren Stelle ein Verbot gegen die fälschliche Bezeichnung von Waaren mit dem Namen oder der Firma und dem Wohn- oder Fabrikorte eines inländischen Gewerbtreibenden erlassen, welches unverändert in das Strafgesetzbuch vom 14. April 1851 im §. 269 übernommen ist und auch in das Deutsche Strafgesetzbuch §. 287 jedoch mit Weglassung der Worte „und dem Wohn- oder Fabrikorte“ übergegangen ist.

Die Aufhebung der Linksrheinischen und der Bergischen Gesetzgebung über den Schutz der Fabrikzeichen, welche im §. 3 des Gesetzes vom 4. Juli 1840 ausgesprochen war, griff tief in die auf Grund jener Gesetze begründeten Verkehrsverhältnisse ein, da insbesondere die Fabrikanten von Eisen- und Stahlwaaren den Schutz für ihre bis dahin ausschliesslich gebrauchten Fabrikzeichen verloren.

Das Verbot der fälschlichen Bezeichnung der Waaren mit

dem Namen und dem Fabrikorte eines Gewerbtreibenden hatte für ihre Industrie keine Bedeutung, da eine solche Bezeichnung bei ihren Waaren nicht ausführbar war und die bisher gebrauchten Marken, auf die allein der letzte Abnehmer solcher durch den Kleinhandel weithin verführten Fabrikate zu achten pflegt, nicht einmal ersetzen konnte.

Es wurden daher auf die dringenden Anträge der Bergischen und Märkischen Fabrikanten durch die Cabinetsordre vom 28. Mai 1842 die in dem Gesetze vom 4. Juli 1840 aufgehobenen Bestimmungen der älteren Französischen und Bergischen Gesetze für die vor dem Erlasse dieses Gesetzes gebrauchten und gehörigen Orts hinterlegten Fabrikzeichen bis auf Weiteres wieder in Kraft gesetzt und die Revision dieser Gesetze angeordnet. Aus diesen Revisionsverhandlungen ging dann die Verordnung zum Schutze der Fabrikzeichen an Eisen- und Stahlwaaren in der Provinz Westfalen und der Rheinprovinz vom 18. August 1847 (Gesetzsamml. S. 335) hervor, welche an die Stelle der vorhin angeführten jetzt definitiv aufgehobenen Französischen und Bergischen Gesetze trat und durch das spätere Gesetz vom 24. April 1854 (Gesetzsamml. S. 213) einige Züsätze erhielt.

In den übrigen Preussischen Provinzen galt allein die oben erwähnte Bestimmung des Strafgesetzbuches, welche allein den unbefugten Gebrauch der fremden Firma und des Wohnortes unter Strafe stellte. Der Gebrauch von figürlichen Waarenbezeichnungen war nicht geschützt. Selbst die in Rheinland und Westfalen geschützten Zeichen der Eisen- und Stahlwaaren konnten in den übrigen Preussischen Provinzen ungestraft nachgeahmt werden.

In den andern Deutschen Ländern war neben dem unbefugten Gebrauch der Firma meistens auch die betrügliche Nachahmung von figürlichen Waarenzeichnungen theils durch die Vorschriften der Strafgesetzbücher, theils durch besondere Verordnungen unter Strafe gestellt. Eine Registrirung der Marken war jedoch nur in Bayern durch das Gesetz über den Schutz der Waarenbezeichnungen vom 21. December 1862 vorgeschrieben. Die Registrirung erfolgte bei der Districts-Polizeibehörde.

In Würtemberg war nach dem Gesetze vom 12. Februar 1862 nur die betrügliche Bezeichnung der Waare mit dem vollen Namen oder der Firma und dem Wohnorte eines andern Gewerbtreibenden unter Strafe gestellt.

Im Königreich Sachsen war durch das Strafgesetzbuch vom 11. August 1853 Art. 312 verboten, Stempel und andere besondere Kennzeichen, womit Waaren oder Fabrikate eines bestimmten Handlungshauses oder einer bestimmten Fabrik bezeichnet zu werden pflegen, nachzumachen und solche oder auch die Etikette eines Handlungshauses oder einer Fabrik zu Täuschungen im Handel zu missbrauchen.

In den Thüringischen Staaten: Sachsen-Weimar, Sachsen-Coburg-Gotha, Sachsen-Meiningen, Anhalt-Dessau und Cöthen, Schwarzburg-Sondershausen, Schwarzburg-Rudolstadt und Reuss jüngere Linie galt das sogenannte Thüringer Strafgesetzbuch, nach dessen Art. 258 die Nachahmung von Stempeln oder besonderen Kennzeichen, womit Waaren eines bestimmten Handlungshauses oder einer bestimmten Fabrik bezeichnet werden, und der Missbrauch einer solchen Nachahmung, oder auch der Etikette eines Handlungshauses oder einer Fabrik zu Täuschungen im Handel, auf Antrag des Verletzten bestraft wurde.

Gleiche Vorschriften galten in Baden nach dem Strafgesetzbuche vom 6. März 1845 (§. 349), in Hannover nach dem Polizeistrafgesetze vom 25. Mai 1847 (§§. 223 ff.) und in Nassau nach der Verordnung vom 22. April 1839.

In den Hansestädten Hamburg und Bremen, in beiden Grossherzogthümern Mecklenburg, im Herzogthum Braunschweig und im Fürstenthum Lippe-Detmold fehlte es an einer Strafbestimmung gegen den fälschlichen Gebrauch fremder Waarenbezeichnungen. Nur den Französischen Gewerbtreibenden war in Hamburg und Bremen die Registrirung ihrer Fabrikzeichen bei dem Handelsgerichte und der civilrechtliche Schutz gegen den unbefugten Gebrauch der so registrirten Marken durch den Handelsvertrag vom 4. März 1865 eingeräumt.

In Lübeck, Oldenburg, Anhalt-Bernburg und Waldeck galten nach den dortigen früheren Strafgesetzbüchern wörtlich mit dem §. 269 des Preussischen Strafgesetzbuches übereinstimmende Vorschriften.

In Braunschweig fanden die §§. 228—230 des Strafgesetzbuches vom 10. Juli 1840 Anwendung, nach welchen die Nachbildung oder Verfälschung der besonderen Kennzeichen, Stempel oder Etiketten einer Fabrik nur unter der Voraussetzung bestraft wird, dass damit das Verbrechen der Fälschung verübt wird, d. h. dass von solchen verfälschten Sachen in gewinnsüchtiger Absicht ein rechtswidriger Gebrauch zum Vermögensschaden eines andern gemacht wird.

Durch die Einführung des Deutschen Strafgesetzbuches traten die vorhin angeführten Vorschriften der Landesstrafgesetzbücher, welche den unbefugten Gebrauch figürlicher Waarenzeichen unter Strafe stellten, ausser Kraft, und wurden durch §. 287 des Reichsstrafgesetzbuches ersetzt, welches nur den unbefugten Gebrauch der fremden Firma mit Strafe bedroht. Der Markenschutz blieb nur in Rheinland und Wesfalen auf Grund der besondern Bestimmungen des Gesetzes vom 18. August 1847 in Kraft. Auch in Elsass-Lothringen blieb das Französische Gesetz über den Zeichenschutz vom 23. Juni 1857 in Kraft. In Bayern blieb zwar das Gesetz über den Schutz der Waarenbezeichnungen vom 21. December 1862 in seinen Bestimmungen über die Registrirung der Marken bestehen, und es unterliegt keinem Zweifel, dass das ausschliessliche Recht der Gewerbtreibenden an den so registrirten Marken in seinen civilrechtlichen Wirkungen fortbestand; die Strafbestimmung im §. 4 des angeführten Gesetzes dagegen wurde durch §. 287 des Reichsstrafgesetzbuches ersetzt, welche auf figürliche Waarenbezeichnungen nicht Anwendung findet. In allen übrigen Bundesstaaten dagegen trat vollständige Schutzlosigkeit der figürlichen Waarenzeichen ein, bis durch das Reichsgesetz vom 30. November 1874 auf das dringende Verlangen der betheiligten Industriellen der Markenschutz für das ganze Reichsgebiet eingeführt und nach einheitlichen Normen geregelt wurde.

Das Gesetz vom 30. November 1874 wurde von dem Bundesrath in der Reichstagssession von 1874 eingebracht, nachdem der Entwurf vorher von den Handelskammern der wichtigeren Industriebezirke begutachtet worden war. Die Vorlage wurde im Reichstage mit wenigen Abänderungen angenommen und das Gesetz im Reichsgesetzblatt von 1874 S. 143 f. publizirt[1])

---

[1]) Die Regierungsvorlage mit den Motiven findet sich in den Druck-

Das Gesetz enthält ausser den Bestimmungen über die figürlichen Waarenbezeichnungen im §. 14 auch eine Strafbestimmung gegen die widerrechtliche Bezeichnung von Waaren mit dem Namen oder der Firma eines Producenten oder Handeltreibenden, welche an die Stelle des §. 287 des Reichsstrafgesetzbuches getreten ist[1]).

I. Die figürlichen Waarenzeichen können durch Anmeldung zur Eintragung im Handelsregister der ausschliesslichen Benutzung vorbehalten werden. Diese Befugniss steht den Gewerbtreibenden zu, deren Firma im Handelsregister eingetragen ist (§. 7), also nicht blos den einzelnen Gewerbtreibenden, sondern auch den verschiedenen Arten der Handelsgesellschaften und den eingetragenen Genossenschaften[2]). Das ausschliessliche Waarenzeichen ist mit der Firma, für welche dasselbe eingetragen ist, unlöslich verknüpft. Es erlischt mit der Löschung der Firma im Handelsregister, ja! mit jeder Aenderung der Firma, wenn nicht die Beibehaltung des Zeichens angemeldet wird (§. 5 Nr. 1. 2). Producenten, welche nicht Handelsleute sind, also keine in das Handelsregister eingetragene Firma besitzen (Landwirthe, Bergwerksbesitzer etc.) können für figürliche Waarenzeichen kein ausschliessliches Recht erwerben.

Das gewählte Zeichen darf nicht ausschliesslich in Zahlen, Buchstaben oder Worten bestehen (§. 3. Abs. 1). Enthält dasselbe Buchstaben oder Worte, so wird Niemand dadurch gehindert, seinen Namen oder seine Firma, sei es auch in abgekürzter Gestalt, zur Bezeichnung seiner Waaren zu gebrauchen. Ausgeschlossen sind ferner öffentliche Wappen und Aergerniss erregende Darstellungen (§. 3 Abs. 1). Auf die bereits früher landesgesetzlich geschützten Zeichen finden die Beschränkungen des §. 3 nicht Anwendung.

---

sachen des Reichstags 1874 II. Sess. S. 634 f. Die Verhandlungen bei den drei Lesungen des Entwurfes in den stenographischen Berichten S. 32—35. S. 80—92. S. 128—135.

[1]) Zur Ausführung des Gesetzes ist vom Bundesrath durch das Reichskanzleramt eine Bekanntmachung vom 8. Februar 1875 erlassen (Centralblatt des Deutschen Reichs 1875 Nr. 7), welche Bestimmungen über die Einrichtung des Zeichenregisters und die Form der Eintragung und der Löschung enthält.

[2]) Vergl. Endemann a. a. O. S. 13 f.

Auf Waarenzeichen, welche bisher im freien Gebrauche aller oder gewisser Klassen von Gewerbtreibenden sich befanden, kann durch Anmeldung Niemand ein Recht erwerben (§. 10).

Die Anmeldung des Waarenzeichens erfolgt bei dem Handelsregister des für die Hauptniederlassung des Gewerbtreibenden zuständigen Gerichtes (§. 1). Der Anmeldung muss eine deutliche Darstellung des Waarenzeichens[1]) und ein Verzeichniss der Waarengattungen, für welche dasselbe bestimmt ist, beigefügt sein (§. 2). Die Anmeldung muss nach der Bekanntmachung des Bundesrathes vom 8. Februar 1875 No. 1 in den für Anmeldungen zum Handelsregister überhaupt vorgeschriebenen Formen erfolgen. Der Anmeldende muss also nach Art. 19 des Handelsgesetzbuches das Zeichen entweder persönlich, oder in beglaubigter Form dem Handelsgerichte einreichen.

Das Gericht prüft lediglich die Legitimation des Antragstellers als Inhaber oder Vertreter einer in seinem Handelsregister eingetragenen Firma und die Zulässigkeit des gewählten Zeichens nach der Vorschrift des §. 3. Dagegen wird eine etwaige Collision mit dem von einer andern Firma gewählten gleichen Waarenzeichen von Amtswegen nicht berücksichtigt. Mag daher das gewählte Zeichen für die gleichen Waarengattungen bereits von einer andern Firma bei demselben Gerichte angemeldet sein, oder mag sich die Collision aus den Veröffentlichungen eines andern Gerichtes im Reichsanzeiger ergeben, in beiden Fällen erfolgt die Eintragung ohne Anstand und es bleibt der früher eingetragenen Firma überlassen, gegen den zweiten Anmelder auf Löschung des Zeichens zu klagen (§. 11). Dieselbe Klage steht bezüglich der bisher im freien Gebrauche befindlichen Waarenzeichen (§. 10 Abs. 2) jedem Betheiligten zu.

Den Inhabern der bisher landesgesetzlich geschützten sowie derjenigen Waarenzeichen, welche bis zum Beginn des Jahres 1875 im Verkehr allgemein als Kennzeichen der Waaren

---

[1]) Die Darstellung der Zeichen hat in einer Abbildung von höchstens 3 Centimeter Höhe und Breite und soweit dies die Deutlichkeit erfordert, in einer Angabe über die Art der Verwendung der Zeichen zu bestehen. Die Abbildung ist in vier Exemplaren einzureichen. Den Stock für den Abdruck der Zeichen beizufügen steht dem Anmelder frei (Bekanntmachung v. 5. Februar 1875 §. 2).

eines bestimmten Gewerbtreibenden gegolten haben, steht ein Vorzugsrecht zur Fortbenutzung desselben zu, sofern sie das Zeichen vor dem 1. October 1875 zur Eintragung im Handelsregister anmelden (§. 9). Unter den landesgesetzlich geschützten Zeichen sind nur diejenigen zu verstehen, welche in Rheinland-Westfalen, in Bayern und in Elsass-Lothringen auf Grund der früheren Markenschutzgesetze registrirt sind. Dagegen haben die Inhaber solcher Zeichen, welche früher ohne Registrirung durch die Landesgesetzgebung in Sachsen, Thüringen, Baden etc. geschützt waren, ein gleiches Vorzugsrecht nicht, weil die erwähnten Landesgesetze beim Erlass des Markenschutzgesetzes bereits durch das Deutsche Strafgesetzbuch ausser Kraft gesetzt waren (oben S. 441).

Die Eintragung im Handelsregister erfolgt in einer besondern Abtheilung des letztern: dem Zeichenregister unter Angabe von Tag und Stunde der Anmeldung (§. 4), sie wird ebenso wie die Löschung des Zeichens durch den Reichsanzeiger bekannt gemacht (§. 6). Die Einrichtung des Zeichenregisters und die Form der Eintragungen der Löschungen und der Bekanntmachungen ist durch die Bekanntmachung vom 5. Februar 1875 geregelt[1]).

Die Kosten der ersten Eintragung eines Waarenzeichens, welches nicht früher landesgesetzlich geschützt war, betragen 50 Mark. Für die Eintragung solcher Zeichen, welche bis 1875 allgemein als Kennzeichen eines bestimmten Gewerbtreibenden gegolten haben, kann von den Landesregierungen Gebührenfreiheit bewilligt werden.[2]). Alle übrigen Eintragungen und Löschungen geschehen unentgeltlich (§. 7). Die Kosten für die Bekanntmachung einer Eintragung im Reichsanzeiger betragen 6 Mark ausschliesslich der Kosten für das Schneiden des Zeichenstocks. Die Kosten für die Bekanntmachung einer Löschung betragen 2 Mark.

---

[1]) Die einzelnen Zeichen werden der Reihe nach unter unter fortlaufender Nummer eingetragen und neben der Eintragung wird ein Exemplar der eingereichten Abbildungen befestigt. Nach einer Verfügung des Preussischen Justizministers vom 22. März 1875 (Mewes a. a. O. S. 17) soll im Handelsregister bei der laufenden Nummer, unter welcher die Firma eingetragen ist, auf die Nummer des Zeichenregisters, unter welcher sich das Zeichen eingetragen findet, kurz verwiesen werden.

[2]) Dies ist in Preussen nicht geschehen.

Die Anmeldung des Waarenzeichens muss binnen zehn Jahren erneuert werden, widrigenfalls dasselbe von Amtswegen gelöscht wird (§. 5 No. 3). Die Erneuerung der Anmeldung wird in einer Spalte des Zeichenregisters vermerkt; eine erneuerte Bekanntmachung findet nicht statt.

Die Löschung erfolgt (§. 12):

1. auf Antrag des Inhabers der berechtigten Firma,
2. auf Grund eines rechtskräftigen Erkenntnisses, welches denselben verurtheilt, das Waarenzeichen löschen zu lassen (§. 11),
3. von Amtswegen,
   a) wenn die Firma im Handelsregister gelöscht wird,
   b) wenn die Firma verändert und nicht zugleich die Beibehaltung des Zeichens angemeldet wird,
   c) wenn die Anmeldung nicht binnen 10 Jahren erneuert wird,
4. wenn das Zeichen nach §. 3 nicht hätte eingetragen werden dürfen (§. 5).

Das ausschliessliche Recht, Waaren oder deren Verpackung mit dem angemeldeten Zeichen zu versehen, steht dem Inhaber derjenigen Firma zu, für welche zuerst die Anmeldung bewirkt ist (§. 8). Ist also dasselbe Zeichen doppelt angemeldet, so ist die spätere Anmeldung und Eintragung ohne alle Rechtswirkung und der älter Berechtigte kann den Gebrauch des Zeichens seitens des später Anmeldenden sofort als widerrechtlich behandeln und auf Entschädigung klagen, ohne dass zunächst auf Löschung des später eingetragenen Zeichens geklagt werden müsste.

II. Die Bezeichnung der Waaren mit dem Namen oder der Firma des Producenten oder Handeltreibenden steht dem Letzteren ausschiesslich zu, ohne dass es einer vorherigen Anmeldung oder Eintragung bedarf (§. 13). Der widerrechtliche Gebrauch einer solchen Bezeichnung ist verboten, ohne dass es auf die Hinzufügung des Wohn- oder Fabrikortes — wie nach der früheren Preussischen Gesetzgebung ankommt (§. 13). Dagegen findet unter den Inhabern gleichlautender Personennamen oder Firmen eine durch Anmeldung begründete Priorität, folglich ein Ausschliessungsrecht nicht statt. Auch die Bezeichnung der Waaren mit dem Namen oder der Firma in abgekürzter

Gestalt kann selbst dadurch nicht ausgeschlossen werden, dass ein anderer Firmeninhaber dieselben Buchstaben oder Worte seinem figürlichen Waarenzeichen einverleibt hat (§. 10). Dagegen wird der dem Waarenzeichen, dem Namen oder der Firma gewährte Schutz dadurch nicht ausgeschlossen, dass diese Bezeichnungen mit einer solchen Abänderung wiedergegeben sind, welche nur mit Anwendung besonderer Aufmerksamkeit wahrgenommen werden kann (§. 18). Beide Vorschriften sind so zu vereinigen, dass im Falle des §. 18 die Absicht zu täuschen erhellen muss, da ohne den Nachweis einer solchen dolosen Absicht das Merkmal der Widerrechtlichkeit (§. 13) fehlen würde. Wer sich zur Waarenbezeichnung lediglich seines eigenen Namens oder seiner Firma, wenn auch in abgekürzter Gestalt, bedient, hat die Vermuthung der Redlichkeit für sich; doch kann auch diese Vermuthung durch die Umstände ausgeschlossen werden[1]).

III. Das ausschliessliche Recht des Inhabers eines angemeldeten figürlichen Waarenzeichens kann verletzt werden:

1. Durch die Eintragung des gleichen Waarenzeichens für eine andere Firma.
2. Durch widerrechtliche Bezeichnung von Waaren oder deren Verpackung mit dem angemeldeten Waarenzeichen sowie dadurch, dass widerrechtlich so bezeichnete Waaren in Verkehr gebracht oder feilgehalten werden (§. 13).

---

[1]) Nach Art. 20 des Handelsgesetzbuches muss sich jede neue Firma von den an demselben Orte bereits bestehenden eingetragenen Firmen deutlich unterscheiden. Der Pariser Cassationshof verurtheilte im vergangenen Jahre in Anwendung des gleichen Grundsatzes eine in Rheims unter der Firma Moët & Comp. neugegründete Champagnerfabrik auf die Klage der älteren Firma Moët & Chandon zur Löschung ihrer Firma und zum Schadensersatz. Er erwog, dass der Theilhaber der ersteren Firma Moët aus seiner Heimath in Limburg lediglich zu dem Zwecke als Gesellschafter engagirt worden sei, um eine mit der älteren Fabrik möglichst gleich klingende Firma zu gewinnen, dass die Unterscheidung beider Firmen nicht deutlich genug sei, um Verwechselungen auszuschliessen, welche auch in grosser Zahl zum Nachtheil der älteren Firma nachgewiesen seien. — Aehnliche Erwägungen würden unter Umständen auch die abgekürzte Anwendung des eigenen Namens in abgekürzter Gestalt als Waarenzeichen widerrechtlich erscheinen lassen.

Das Recht der ausschliesslichen Bezeichnung von Waaren mit dem eigenen Namen oder der Firma wird verletzt.

3. Durch die widerrechtliche Bezeichnung von Waaren oder deren Verpackung mit diesem Namen oder dieser Firma, sowie durch in Verkehr bringen und Feilhalten solcher Waaren (§. 13).

Im ersten Falle steht dem älter berechtigten Zeicheninhaber die Klage auf Löschung des später angemeldeten Waarenzeichens zu (§. 11). In den Fällen zu 2 und 3 kann der Gewerbtreibende im Wege der Klage beantragen, dass der Beklagte für nicht berechtigt erklärt werde, die widerrechtlich angewandte Bezeichnung zu gebrauchen oder die widerrechtlich so bezeichneten Waaren in Verkehr zu bringen oder feil zu halten (§. 13). Der Berechtigte hat ferner einen Anspruch auf Entschädigung, sofern dem Urheber der Verletzung ein Versehen zur Last fällt. Letzteres muss in beiden oben angeführten Fällen (2. 3.) vermuthet werden, da auch die gewählten Waarenzeichen durch den Reichsanzeiger zur allgemeinen Kenntniss gebracht werden. Die Entschädigungsklage sowie die Klagen auf Untersagung des widerrechtlichen Gebrauches (§. 13) beziehungsweise auf Löschung des Zeichens (§. 11) sind Handelssachen und gehören zur Competenz der Handelsgerichte (§. 19). Das Gericht entscheidet über die Existenz und die Höhe des Schadens unter Würdigung aller Umstände nach freier Ueberzeugung (§. 16).

Die strafrechtliche Verfolgung tritt ein, wenn die widerrechtliche Bezeichnung der Waaren oder das in Verkehr bringen und Feilhalten wissentlich geschehen ist. Das Vergehen ist mit Geldstrafe von 150 bis 3000 Mark oder mit Gefängniss bis zu 6 Monaten bedroht. Die Strafe tritt nur auf Antrag ein (§. 14). Der Antrag steht nur dem verletzten Inhaber der Firma oder des Waarenzeichens zu, nicht wie Landgraf a. a. O. S. 58 f.) annimmt, auch dem durch die fälschliche Anwendung der Marke getäuschten Consumenten. Das Markenschutzgesetz legt dem Gewerbtreibenden das ausschliessliche Recht zur Führung des eigenen Waarenzeichens bei, verpflichtet ihn aber nicht dem Consumenten gegenüber, sich desselben zu bedienen. Wie also der Gewerbtreibende sich mit Zulassung des Berechtigten dem Consumenten gegenüber einer fremden Waarenbezeichnung ungestraft bedienen kann, so verletzt er auch durch den widerrechtlichen Gebrauch nur den Inhaber des fremden Waarenzeichens nicht den Abnehmer, soweit nicht diesem gegenüber die Voraussetzungen einer strafbaren Täuschung vorliegen.

Falls die strafrechtliche Verfolgung eintritt, kann auf Verlangen des Beschädigten neben der Strafe auf eine an ihn zu erlegende Busse bis zum Betrage von 5000 Mark erkannt werden, für welche die Verurtheilten als Gesammtschuldner haften. Die zuerkannte Busse schliesst jeden weiteren Entschädigungsanspruch aus (§. 15). Durch das Strafurtheil ist endlich dem Verletzten die Befugniss zuzusprechen, die Verurtheilung öffentlich bekannt zu machen (§. 17 Abs. 2).

Die Vernichtung der widerrechtlich angebrachten Zeichen oder wenn die Beseitigung der Zeichen auf andere Weise nicht möglich ist, die Vernichtung der Waaren oder der Verpackung selbst soll nach §. 17 Abs. 1 auf Antrag des Verletzten nicht blos im Strafverfahren, sondern wie der Gegensatz zu Abs. 2 ergibt auch im Falle der Verurtheilung des Besitzers zu einer blossen Entschädigung im Civilverfahren ausgesprochen werden, sobald der Thatbestand einer wissentlichen Rechtsverletzung (§. 14) vorliegt.

IV. Ausländische Gewerbtreibende geniessen den Rechtsschutz für ihre Waarenbezeichnungen, wenn in dem Staate, wo ihre Niederlassung sich befindet, nach einer im Reichsgesetzblatt enthaltenen Bekanntmachung Deutsche Waarenzeichen, Namen und Firmen einen Schutz geniessen (§. 20)[1]. Dieser

---

[1]) Solche Bekanntmachungen sind seit dem Erlass des Gesetzes vom 30. November 1874 ergangen in Bezug auf Grossbritannien am 14. April 1875 (R. G. Bl. S. 199); Italien am 20. April 1875 (R. G. Bl. S. 200); Oesterreich-Ungarn am 20. August 1875 (R. G. Bl. S. 259). Ausserdem enthalten die Handelsverträge mit den Vereinigten Staaten vom 11. December 1871 (R. G. Bl. 1872 S. 95) in Art. 17 und mit Portugal vom 2. März 1872 (R. G. Bl. S. 254) im Art. 10 eine Vereinbarung über den gegenseitigen Schutz der Waarenbezeichnungen nnd eine gleiche Uebereinkunft ist nach den älteren Bekanntmachungen vom 11. Juli 1872 (R. G. Bl. S. 293) mit Schweden-Norwegen; vom 18. August 1873 (R. G. Bl. S. 337) mit Russland und nach der Declaration vom 8. October 1873 (R. G. Bl. S. 365) mit Frankreich geschlossen. Dem Wortlaut des §. 20 cit. entsprechen diese Bekanntmachungen nicht, da sie theils nur vom Schutz der Waarenbezeichnungen, theils von Fabrik- und Handelszeichen

Rechtsschutz ist in Bezug auf die namentliche Waarenbezeichnung an keine weitere Bedingung geknüpft. Die figürlichen Waarenzeichen derjenigen Gewerbtreibenden, welche im Inlande keine Handelsniederlassung besitzen, müssen bei dem Handelsgerichte in Leipzig zur Eintragung angemeldet werden. Der Anmeldende muss zugleich erklären, dass er sich für Klagen auf Grund des Markenschutzgesetzes der Gerichtsbarkeit des Leipziger Handelsgerichtes unterwirft. Mit der Anmeldung ist der Nachweis zu verbinden, dass in dem fremden Staate die Voraussetzungen erfüllt sind, unter welchen der Anmeldende dort einen Schutz für das Zeichen beanspruchen kann. Das Recht auf das angemeldete Zeichen dauert nur so lange, als dasselbe auch in dem fremden Staate geschützt ist.

§. 55. Frankreich.

Geschichte der Gesetzgebung. — Zulässige Zeichen. — Hinterlegung. — Ausländer. — Strafen der Nachahmung. — Verfahren. — Beschlagnahme.

In den Zeiten vor der Revolution fehlte es an einer allgemeinen gesetzlichen Anordnung zum Schutze der Waarenbezeichnungen. Doch bestanden zu Gunsten einzelner Corporationen von Gewerbtreibenden strenge Strafandrohungen gegen die Nachahmung ihrer Fabrikzeichen. Ein Bedürfniss zu allgemeinen Vorschriften dieser Art war nicht vorhanden, so lange durch das polizeiliche Präventivsystem der Fabrikenreglements der unbefugte Gebrauch fremder Waarenbezeichnungen verhindert wurde.

Als dies System zertrümmert und die amtliche Plombe, welche früher den Waaren von Polizei wegen angehängt wurde, in Wegfall gekommen war, trat das Bedürfniss zu einer gesetzlichen Regelung hervor, und nachdem der Convent zunächst einige Ausnahmebestimmungen zu Gunsten einzelner Gewerbszweige (der Messerschmiede und Kurzwaarenfabrikanten) erlassen hatte, erging am 22. Germinal des Jahres XI das erste

sprechen. Auch besteht in Russland, und soviel bekannt, in Schweden-Norwegen und Portugal ein Schutz für figürliche Waarenbezeichnungen nicht.

allgemeine Gesetz, welches die Nachbildung der besonderen Zeichen, die ein Fabrikant oder Handwerker berechtigt ist, seinen Waaren zu geben, mit den Strafen der Fälschung von Privatschriften bedrohte, auch wenn diese Nachahmung unter Zusätzen verdeckt wäre. Dieses Gesetz schrieb im Art. 18 die Hinterlegung der Fabrikzeichen bei dem Handelsgerichte des Bezirks als Bedingung der gerichtlichen Verfolgung der Nachahmung vor.

Durch das Decret über die Errichtung von Gewerberäthen vom 11. Juni 1809 wurden dann weitere Bestimmungen über die Wahl und die Hinterlegung der Fabrikzeichen getroffen und die Gewerberäthe mit der Ueberwachung der Eintragungen sowie mit der schiedsrichterlichen Entscheidung der Streitigkeiten über das Recht zur Benutzung bestimmter Zeichen beauftragt. Als Strafen der Nachbildung oder der unbefugten Benutzung fremder Waarenzeichen wurden durch Art. 142. 143 des Code pénal das Zuchthaus und der Pranger verhängt.

Besondere Verordnungen ergingen in der Kaiserzeit zum Schutze der Zeichen von Kurz- und Messerschmiedewaaren vom 5. September 1810, und über die Bezeichnung der aus Olivenöl, Rüböl oder Talg fabrizirten Seifen vom 1. April und 18. September 1811, endlich zum Schutze der auf den Salbändern der Tuche angebrachten Fabrikzeichen vom 22. December 1812. Ein Gesetz vom 28. Juli 1824 ergänzte alle diese früheren Gesetze durch die Bestimmung, dass auch der Zwischenhändler die Waarenzeichen der von ihm debitirten Waaren nicht verändern und nicht durch die Bezeichnung eines andern Fabrikanten oder Fabrikortes ersetzen darf.

Ein Versuch zur Reform der Gesetzgebung über die Waarenbezeichnungen, welcher im Jahre 1847 gemacht wurde, führte nicht zum Ziele, da der der Pairskammer vorgelegte Entwurf nicht zur Berathung gelangte und dann durch die Februarrevolution mit der Pairskammer beseitigt wurde.

Erst zehn Jahre später gelangte die beabsichtigte Reform zur Ausführung durch das Gesetz vom 23. Juni 1857, welches den Grundsatz der Hinterlegung der Marken beibehält, und zwar nicht wie die frühere Gesetzgebung als blosse Bedingung der gerichtlichen Verfolgung etwaiger Nachbildungen, sondern als Bedingung des ausschliesslichen Rechtes der Benutzung und folglich als Norm für die Priorität der Erwerbung eines bestimmten Waarenzeichens. Eine Verpflichtung zur Führung eines hinterlegten Waarenzeichens besteht nicht, doch kann dieselbe durch besondere Verordnungen für einzelne Waarengattungen ausnahmsweise vorgeschrieben werden.

Zu geschützten Waarenzeichen können gewählt werden: die Namenszüge in lesbarer Form, Sinnbilder, Wappen, Stempel, Siegel, Vignetten, Reliefs, Buchstaben, sowie alle andern Zeichen, welche an der Waare selbst oder deren Verpackung zur Unterscheidung angebracht werden (Art. 1). Die gewählte Marke muss in zwei Exemplaren bei dem Secretariate des Handelsgerichtes, in dessen Bezirk der Gewerbtreibende wohnt, hinterlegt werden. Die Hinterlegung hat nur 15 Jahre Wirkung, kann aber bei Ablauf dieser Zeit jedesmal erneuert werden (Art. 2. 3).

Es wird eine Abgabe von 1 Frc. für die Abfassung des Hinterlegungsprotokolls einer jeden Marke und für die Kosten der Expedition (die des Stempels nicht inbegriffen) erhoben (Art. 4).

Fremde, die in Frankreich Fabriken besitzen oder Geschäfte machen, haben dieselben Rechte und Verpflichtungen, wie die Inländer. Fremde oder Franzosen, deren Fabriken ausserhalb Frankreich liegen, geniessen für ihre Artikel ebenfalls den Schutz des Gesetzes, wenn in den Ländern, wo sie sich befinden, durch Vertrag die Gegenseitigkeit zu Gunsten der französischen Marken anerkannt wird[1]).

In diesem Falle findet die Hinterlegung der fremden Marken bei dem Handelsgerichte jedes Departements statt (Art. 5. 6).

Die Strafandrohung des Gesetzes richtet sich gegen:

1. die, welche eine Marke nachmachen oder eine nachgemachte Marke verwendeten;

2. die, welche betrügerischer Weise die einem Andern gehörende Marke auf ihre Erzeugnisse oder die Gegenstände ihres Handels setzten;

3. die, welche wissentlich ein oder mehrere Erzeugnisse verkauften oder in den Handel brachten, die mit einer nachgemachten Marke versehen sind;

---

[1]) Dies ist in Deutschland der Fall nach der Declaration zum französischen Friedensvertrage vom 8. October 1873 (R. G. Bl. S. 365). Vergl. oben S. 448 Anm.

4. die, welche, ohne die Marke genau nachzubilden, eine betrügerische Nachahmung vornahmen, so zwar, dass der Käufer getäuscht wird, oder die, welche Gebrauch von einer solchen in betrügerischer Absicht nachgeahmten Marke machten;

5. die, welche sich einer Marke bedienten, die Angaben enthält, wodurch der Käufer über die Natur des Erzeugnisses getäuscht wird;

6. die, welche wissentlich eine oder mehrere Waaren verkauften oder in den Handel brachten, die mit betrügerisch nachgeahmten oder solchen Marken versehen sind, durch deren Angaben der Käufer über die Beschaffenheit der Waare getäuscht wird.

Die Strafen bestehen in Geldbussen von 50 bis zu 3000 Frcs. und in Gefängnissstrafen von 3 Monaten bis 3 Jahre für die ersten drei Vergehen, von 1 Monat bis zu 1 Jahr für die drei letzten Fälle. Die Geldstrafe und die Gefängnissstrafe können sowohl vereinigt als jede derselben einzeln verhängt werden (Art. 7. 8). Die Strafen werden im Rückfalle verdoppelt; bei mildernden Umständen können dieselben nach Art. 463 des Code pénal ermässigt werden (Art. 11. 12).

Das Gericht kann die Publication des Urtheils durch die Zeitungen und die Confiscation der fälschlich bezeichneten Waaren zum Vortheile des Beschädigten verordnen. Der Uebertreter kann überdies des Wahlrechtes zu den Handelsgerichten, Handelskammern und Gewerberäthen auf höchstens 10 Jahre verlustig erklärt werden (Art. 13. 14).

Die Prozesse über das Eigenthum von Marken gehören vor die Civilgerichte und werden summarisch behandelt.

Wenn eine Anklage wegen Uebertretung der Art. 7 f. auf zuchtpolizeilichem Wege erhoben wird, so entscheidet das Zuchtpolizeigericht über die Einwendungen, im Falle der Angeklagte zu seiner Rechtfertigung das Eigenthumsrecht der Marke in Frage stellt (Art. 16).

Der Inhaber einer jeden Marke kann durch jeden Huissier zur genauen Bezeichnung (mit oder ohne Wegnahme) der Waare schreiten lassen, von der er behauptet, dass sie unbefugt mit seiner Marke, oder mit einer Nachahmung derselben bezeichnet ist, und bedarf dazu des Befehls des Präsidenten des Civilgerichts erster Instanz, oder des Friedensrichters des Bezirks.

Dieser Befehl wird auf einfaches Gesuch und gegen Vorzeigung der die Hinterlegung der Marke nachweisenden Bescheinigung ausgefertigt. Wenn die Wegnahme gefordert wird, kann der Richter von dem Ansuchenden eine Bürgschaft verlangen.

Wenn der Kläger versäumt, die Sache auf civilem oder zuchtpolizeilichem Wege, im Verlaufe von 14 Tagen (ungerechnet 1 Tag für jede 5 Miriameter Entfernung zwischen dem Orte, wo sich die verzeichneten oder weggenommenen Gegenstände befinden und dem Wohnorte der Partei, gegen welche geklagt werden soll), anhängig zu machen, so wird die Beschlagnahme von Rechts wegen unwirksam (Art. 17. 18).

§. 56. Grossbritannien.

Aelteres Recht. — Statut v. 13. August 1875. — Arten der Bezeichnung. — Anmeldung und Prüfung. — Zeichenregister. — Geschäftsanweisung. — Sheffielder Messerschmiedezunft. — Rechtsschutz. — Einfuhrverbot. — Zeichenschutzgesellschaft.

In Grossbritannien bestand nach dem älteren Rechte ein Markenschutz nur für einzelne incorporirte Gewerbe, wie z. B. für die Zünfte der Messerschmiede in Sheffield und in London. Die in der Zeichenrolle dieser Zünfte eingetragenen Marken wurden gegen unbefugte Nachbildung geschützt. Es war indess keineswegs ausgeschlossen, dass ein und dasselbe Zeichen von verschiedenen Personen bei der einen und bei der andern Gilde angemeldet und dann mit gleicher Berechtigung neben einander geführt wurde. Die Störung des Verkehrs, welche aus diesen Einrichtungen entsprang, die Schwierigkeit, ja die Unmöglichkeit, sich aus den verschiedenen immer mehr anwachsenden Zeichenrollen über die Freiheit oder den bereits vorhandenen Gebrauch einer Marke zu unterrichten, endlich die Unvollständigkeit des durch kein allgemeines Gesetz für alle Arten von Waaren gewährleisteten Schutzes rief das Bedürfniss nach einer Reform hervor, welche zunächst durch das Gesetz vom 7. August 1862 (25 & 26 Victoria cap. 88) zur Ausführung gebracht wurde.

Dieses Gesetz sah von einer Anmeldung und Eintragung der Waarenbezeichnungen gänzlich ab, weil ein allgemeines

Markenverzeichniss durch seinen grossen Umfang gänzlich unbrauchbar werden würde. Es stellte den allgemeinen Grundsatz auf, dass Waarenbezeichnungen *(trades marks)* aller Art nicht in der Absicht der Täuschung nachgeahmt werden dürfen.

Durch ein neueres Gesetz vom 13. August 1875 (38 & 39 Vict. cap. 91) ist jedoch ein allgemeines Register der Waarenzeichen eingerichtet, und es soll vom 1. Juli 1876 keine Klage wegen Verletzung des Rechtes an einem Waarenzeichen stattfinden, sofern das Letztere nicht nach Vorschrift dieses Gesetzes registrirt ist (sect. 1).

Das Englische Gesetz unterscheidet nicht zwischen figürlichen und namentlichen Waarenbezeichnungen, sondern schreibt auch für die Bezeichnung mit dem Namen oder der Firma des Erzeugers die Registrirung als Bedingung des Rechtsschutzes vor. Das Waarenzeichen kann aus einem oder mehrern der folgenden Bestandtheile bestehen:

1. ein Personen- oder Firmenname in bestimmten Charakteren gedruckt oder eingewebt,
2. ein Namenszug oder das Facsimile eines solchen,
3. ein figürliches Zeichen.

Dazu können noch Buchstaben, Worte und Ziffern hinzugefügt werden (sect. 10).

Das Waarenzeichen muss für bestimmte Waarengattungen angemeldet werden (sect. 2). Die Anmeldung erfolgt bei dem unter der Leitung der Patent-Commission (oben S. 285) errichteten Registriramte, für welches der Lord Kanzler die erforderlichen Geschäftsanweisungen ertheilt. Letztere müssen beiden Häusern des Parlaments vorgelegt werden und können von jedem der beiden Häuser durch eine Resolution ausser Kraft gesetzt werden (sect. 7). Der Registrator prüft bei jeder Anmeldung, ob das angemeldete Zeichen mit einem für dieselben Waarengattungen bereits eingetragenen Zeichen identisch oder zum Verwechseln ähnlich ist, und er verweigert in beiden Fällen die Eintragung bis zur Beibringung eines gerichtlichen Urtheils (sect. 6). Wenn mehrere Personen gleichzeitig die Registrirung desselben Zeichens für dieselben Waarengattungen verlangen, so kann er beide Theile auf den Rechtsweg verweisen. Sowohl der mit dem Gesuche um Registrirung abgewiesene, als derjenige, welcher behauptet, dass ein Zeichen zu Unrecht für einen Andern eingetragen sei, kann auf Eintragung beziehungsweise auf Löschung des Zeichens klagen (sect. 5). Die Klagen können bei jedem der oberen Rechts- oder Billigkeitshöfe zu Westminster (oben S. 158. 226) angestellt werden (sect. 10). Die Eintragung liefert vollen Beweis für das ausschliessliche Recht zur Führung des Waarenzeichens auf die Dauer von fünf Jahren, vor deren Ablauf die Anmeldung erneuert werden muss (sect. 3). Das Waarenzeichen kann nur in Verbindung mit dem Waarengeschäfte, für welches dasselbe eingetragen ist, cedirt werden (sect. 2).

Die erste Geschäftsanweisung des Lord Kanzlers ist im Dezember 1875 erlassen. Die Anmeldung muss schriftlich unter Benutzung eines Formulars erfolgen, welches von der Firma J. M. Johnson Limited 3 Castle Street Holborn London unentgeltlich verabfolgt wird. Die Gebühr für die erste Registrirung beträgt 1 lvr. sterl. Der Anmeldung eines figürlichen Zeichens muss eine Zeichnung in der Grösse von drei Quadratzoll beigefügt werden. Der Registrator gibt dem Anmeldenden auf, seine Anmeldung zu veröffentlichen. Es kann sodann gegen die Registrirung Einsprache erhoben werden, welche dem Anmeldenden zur Gegenerklärung binnen drei Wochen mitgetheilt wird. Wird diese Frist versäumt, so gilt die Anmeldung als zurückgenommen. Geht die Gegenerklärung ein, so muss der Opponent binnen 14 Tagen Bürgschaft für die Kosten des Verfahrens stellen.

Die Registrirung bleibt 14 Jahre in Kraft und kann bis dahin sowie noch innerhalb 3 Monaten nach Ablauf der Frist erneuert werden. Im letzteren Falle muss eine erhöhte Erneuerungsgebühr gezahlt werden. Während eines Zeitraums von 5 Jahren nach der Löschung kann die gelöschte Marke nicht wieder registrirt werden.

Nach Ablauf von fünf Jahren vom Tage der Registrirung kann die Marke gelöscht werden, wenn der registrirte Eigenthümer in den Waaren, für welche die Anmeldung erfolgt ist, keine Geschäfte treibt. Die Zahl der Waarenklassen beträgt 58. Alle im Auslande abgegebenen Erklärungen müssen vor einem britischen Consularbeamten erfolgen.

Für die Zunft der Messerschmiede in Sheffield ist eine besondere Parlamentsacte (the Cutlers Companys act of 1860) ergangen, welche die Einrichtung eines besondern Zeichenregisters für diese Zunft betrifft. Dieses Gesetz bleibt in Kraft, doch hat jeder in dem Sheffielder Verzeichniss Eingetragene das Recht, sein Zeichen auch in das allgemeine Register der Waarenzeichen eintragen zu lassen. Ein Verzeichniss der in Sheffield noch in ausschliesslicher Benutzung stehenden Waarenzeichen wird dem Registrator des allgemeinen Verzeichnisses mitgetheilt, welcher gehalten ist, kein gleiches oder zum Verwechseln ähnliches Zeichen für gleiche Waarengattungen zuzulassen. Die Sheffielder Corporation ist ebenso gehalten, alle bei ihr eingehenden neuen Anmeldungen von Waarenzeichen für Erzeugnisse der Sheffielder Industrie dem Registrator des allgemeinen Verzeichnisses mitzutheilen, welcher seinerseits alle bei ihm für die gleichen Waarengattungen angemeldeten Zeichen der Zunft behufs der Zurückweisung gleicher oder bis zur Täuschung ähnlicher Zeichen mittheilt (sect. 9).

Der Rechtsschutz gegen die Verletzung des ausschliesslichen Rechtes an Waarenzeichen ist durch die Vorschriften des ältern Gesetzes vom 7. August 1862 geregelt.

Die betrügerische Fälschung von Waarenbezeichnungen, sowie der betrügerische Gebrauch ächter Waarenbezeichnungen wird als ein öffentliches Vergehen *(misdemeanour)* unter Strafe gestellt. Auch die Verfertigung oder der Gebrauch solcher Marken, welche denjenigen eines andern Gewerbtreibenden täuschend ähnlich sehen und nur durch geringfügige und versteckte Abweichungen davon unterschieden sind, fällt unter die Strafandrohung des Gesetzes, sofern dabei eine Täuschung des Publicums beabsichtigt wird. Es ist gleichgültig, wie und wo die Bezeichnung an der Waare oder an deren Verpackung angebracht ist. Die Strafandrohung ist gegen jeden Urheber oder Theilnehmer einer Fälschung von Waarenbezeichnungen gerichtet, mögen dieselben Inländer oder Ausländer sein und mag die Fälschung im Bereiche der Englischen Gesetzgebung oder ausserhalb derselben verübt sein. Die Strafe besteht in einer dem Werthe der Waare gleichkommenden Geldbusse, sowie in einer weiteren Geldstrafe von 10 Shilling bis zu 5 Lvr. Sie wird gegen jeden verhängt, der die mit einer gefälschten Bezeichnung versehene Waare wissentlich verkauft oder feilhält.

Durch den Handelsvertrag zwischen dem früheren Deutschen

Zollverein und Grossbritannien vom 30. Mai 1865 Art. 6 sind die Angehörigen des Deutschen Reiches in Grossbritannien in Bezug auf den Schutz der Waarenbezeichnungen den Inländern gleichgestellt. Sie können daher durch Anmeldung ihrer Waarenzeichen gemäss dem Gesetze vom 13. August 1875 das ausschliessliche Recht zur Benutzung derselben auch für England erlangen, vorausgesetzt, dass nicht dieses Zeichen mit einem bereits eingetragenen Englischen Waarenzeichen identisch oder zum Verwechseln ähnlich ist.

Eine weitere Beschränkung wird den ausländischen Gewerbtreibenden durch das Zoll- und inländische Taxgesetz vom 27. Juni 1872 (35 & 36 Victoria cap. 20) auferlegt, welches bestimmt:

> sect. 4. „Zu den Waaren, deren Einfuhr zum Verkauf im Lande sowohl als zur Durchfuhr ganz und gar verboten ist, sollen gerechnet werden alle im Auslande fabricirte Waaren und alle Packete solcher Waaren, welche irgend einen Namen, Stempel oder eine Marke tragen, welche besagen oder aus welchen sich folgern lässt, dass solche Waaren an irgend einem Orte in dem Vereinigten Königreiche fabricirt worden seien."

Durch dieses Gesetz wird die Einfuhr aller mit Devisen in Englischer Sprache oder mit gebräuchlichen Englischen Handelsbeziehungen wie Paper Bath etc. bezeichneten Waaren verboten, während umgekehrt das Englische Gesetz vom 7. August 1862 (25 & 26 Victoria cap. 88) entsprechende Deutsche Handelsbezeichnungen wie z. B. Kölnisches Wasser, für keiner Beschränkung unterworfen erklärt. Das erwähnte Gesetz erschwert ferner die Einfuhr solcher Waaren, welche für Englische Rechnung im Auslande angefertigt und dort nicht mit der Firma des Producenten, sondern wie dies vielfach üblich ist, mit der Firma des Bestellers versehen werden. Die wirklich betrügerische Anwendung von Englischen Waarenzeichen ist durch das Verbot des consolidirten Zollgesetzes von 1853 (16 & 17 Victoria cap. 107)[1]) und durch das oben erwähnte Gesetz vom

---

[1]) sect. 44 Goods prohibited to be imported:
Articles of foreign manufacture and any packages of such articles bearing any names, brands or marks being, or purporting to be the names, brands or marks of manufacturers resident in the United Kingdom.

7. August 1862 hinreichend ausgeschlossen. Die weitergehende Vorschrift des Gesetzes vom 27. Juni 1872 gibt dagegen, wie dies bereits von der Elberfelder Handelskammer gerügt ist, die Handhabe zu vielen Vexationen und zur Behinderung des Deutschen Einfuhrhandels.

Es ist deshalb zu wünschen, dass es der Deutschen Regierung gelingen möge, die Beseitigung dieser Bestimmung und dadurch die wirkliche Gleichstellung des Deutschen Gewerbtreibenden mit den einheimischen von der Englischen Regierung zu erlangen.

Schliesslich ist zu erwähnen, dass sich in London eine Gesellschaft zum Schutze der Fabrikzeichen (Trade Mark Protection Society, 18 King Street Cheapside, London E. C.) gebildet hat, welche für ihre Mitglieder die Anmeldung der Fabrikzeichen besorgt und durch ihre Agenten in allen Haupthandelsplätzen Europas, der Vereinigten Staaten und der Colonien die Fälle von betrügerischer Anwendung von Fabrikmarken zu vermitteln und ihren Abonnenten zu berichten verspricht. Sie ertheilt zugleich den Mitgliedern bei der Verfolgung ihrer Rechte durch ihre Beamten Rath. Die Mitgliedschaft einer solchen Gesellschaft steht auch Ausländern offen und kann auch Deutschen Gewerbtreibenden, welche ihre Waaren nach England einführen, von Vortheil sein, weil es einem nicht in England domicilirten Deutschen durch die Englischen Prozessgesetze sehr erschwert ist, einen nicht ganz einfachen Prozess vor Gericht durchzuführen.

Ausser der bekannten Langsamkeit, Unsicherheit und Kostspieligkeit des Englischen Verfahrens erwächst in England dem Ausländer noch manche andere Schwierigkeit. Er kann zunächst gezwungen werden, mehrere einheimische Bürgen zu stellen zu weit höheren Beträgen, als der Prozessgegenstand, nur wegen der möglicherweise auflaufenden ungeheuren Kosten. Er ist ferner genöthigt, seine Beweisstücke in Englischer Sprache und in der Form des Affidavit beizubringen, die ausserhalb England kaum beigebracht werden kann. Wegen des im Englischen Prozesse bestehenden Fragerechtes ist die ausländische Partei ferner gehalten, sich zu gewissen Terminen selbst in England vor dem Gerichte zu stellen. Thut sie dies nicht, so kann der Prozess durch die nichtigsten Querfragen, welche dann jedesmal durch eine vor einem Englischen Consul beschworene Erklärung beantwortet werden müssen, endlos verlängert werden.

Noch dringender ist aber den Deutschen Gewerbtreibenden anzuempfehlen, dass sie dem Englischen Beispiele folgend, eine Gesellschaft zum Schutze der Fabrikzeichen in Deutschland bilden, durch deren Wirksamkeit unsre Industrie erst die Früchte des Gesetzes vom 30. November 1874 in vollem Umfange geniessen würde.

§. 57. Die übrigen Staaten.

Oesterreich. — Italien. — Vereinigte Staaten. — Belgien.

In Oesterreich findet das Gesetz zum Schutze der gewerblichen Marken und anderer Bezeichnungen vom 7. December 1858 Anwendung, welches auf dem Systeme der Anmeldung und der Eintragung der Waarenbezeichnungen beruht.

Unter Marken werden nach diesem Gesetze die besonderen Zeichen verstanden, welche dazu dienen, die zum Handelsverkehr bestimmten Erzeugnisse und Waaren eines Gewerbtreibenden von jenen anderer Gewerbtreibenden zu unterscheiden (Sinnbilder, Chiffern, Vignetten u. dgl.). Darunter sind auch die an den Verpackungen, Gefässen und Umhüllungen angebrachten Bezeichnungen dieser Art begriffen.

Die Marken dürfen nicht in solchen Zeichen, die bei einzelnen Waaren-Gattungen im Verkehr allgemein gebräuchlich sind, ferner nicht in blossen Buchstaben, Worten oder Zahlen oder in Staats- und Länder-Wappen bestehen (§§. 1. 3. 7).

Das Alleinrecht auf eine Marke schliesst den Gebrauch derselben von Seite anderer Gewerbtreibenden nur bezüglich jener Gattung von Waaren aus, zu welcher die Erzeugnisse oder Verkehrs-Gegenstände des Gewerbes, für welches die geschützte Marke bestimmt ist, gehören.

Das Markenrecht klebt an dem Gewerbs-Unternehmen, für welches die Marke bestimmt ist, erlischt mit demselben und wechselt mit ihm den Besitzer.

Der neue Besitzer muss binnen drei Monaten die Marke auf seinen Namen umschreiben lassen, widrigenfalls das Markenrecht erlischt (§§. 5. 14).

Die Marke, für welche ein Gewerbtreibender sich das ausschliessliche Gewerbsrecht sichern will, muss in zwei Exemplaren der Handels- und Gewerbekammer des Bezirks übergeben werden; das eine Exemplar wird dem von der Handels- und Gewerbekammer zu führenden Marken-Register beigelegt, das andere wird der Partei mit einer Bescheinigung, welche die fortlaufende Nummer des Registers, Tag und Stunde der Einreichung, den Namen, auf den die Marke registrirt wurde, und die Bezeichnung der Gewerbs-Unternehmung, für welche sie bestimmt ist, enthält, zurückgegeben (§§. 9. 10).

Die Registrirung unterliegt einer Taxe von fünf Gulden, welche in die Kasse der Handelskammer fliesst (§. 11).

Mit dem Tage und der Stunde der Einreichung der Marke bei der Handels- und Gewerbekammer beginnt das Alleinrecht zum Gebrauche der Marke, und es wird darnach die Priorität des Anspruchs beurtheilt, wenn die gleiche Marke von mehreren Gewerbtreibenden bei der nämlichen oder bei verschiedenen Handels- und Gewerbekammern hinterlegt worden sein sollte (§. 12).

Die Marken-Register liegen bei den Handels- und Gewerbekammern zu Jedermanns Einsicht auf (§. 14).

Jeder Eingriff in das Markenrecht, sei es durch die widerrechtliche Aneignung oder Nachmachung einer Marke, sei es durch Feilhalten der auf solche Art widerrechtlich bezeichneten Waaren, begründet für den Verletzten ausser dem Anspruch auf Schadensersatz das Recht, auf die Einstellung des ferneren Gebrauches der widerrechtlichen Marke und auf die Beseitigung derselben von den damit bezeichneten Waaren, soweit sie für den Verkauf bestimmt sind, zu dringen. Auch kann er verlangen, dass die zur Nachahmung der Marke ausschliesslich oder vorzugsweise dienlichen Werkzeuge und Vorrichtungen für diesen Zweck unbrauchbar gemacht werden (§. 15).

Eine Nachmachung ist dann vorhanden, wenn die bezüglichen Marken ohne mehr als gewöhnliche Aufmerksamkeit nicht zu unterscheiden sind (§. 16).

Ist der Eingriff wissentlich begangen worden, so tritt eine Geldbusse von 25 bis 500 fl. ein, welche im Rückfalle verdoppelt werden kann.

Im zweiten Rückfalle wird neben der Geldstrafe auch eine

Arreststrafe von einer Woche bis zu drei Monaten verhängt (§§. 18. 19).

Die Strafbehörde kann auch verfügen, dass das Straferkenntniss veröffentlicht werde. Die Strafbeträge fliessen in den Armenfond des Ortes der begangenen Uebertretung (§§. 21. 22).

Die Verhandlung und Entscheidung über Eingriffe, sowie die Untersuchung und Bestrafung der bezeichneten Uebertretungen steht den Verwaltungsbehörden erster Instanz zu, welche auch die vorkommenden Streitigkeiten über das Markenrecht, dessen Priorität und Uebertragung, und über die Frage hinsichtlich der Identität mehrerer Marken entscheiden.

Ueber die Entschädigungsansprüche aber steht die Entscheidung dem Civilrichter zu. Die Bestrafung tritt nur auf Antrag des Verletzten ein (§§. 23. 24).

Der Verletzte ist berechtigt, noch vor der Entscheidung über seine Beschwerde die Beschlagnahme oder sonstige Verwahrung der gegen die Bestimmungen des Gesetzes bezeichneten Waaren und der dazu verwendeten Werkzeuge unter Vorzeigung des über die Hinterlegung der Marke ertheilten Attestes bei der Verwaltungsbehörde in Antrag zu bringen. Letztere kann jedoch ein vorläufige Sicherstellung für Schimpf und Schaden des Verklagten verlangen (§. 26).

Nach dem Gesetze vom 15. Juni 1865 finden die vorstehenden Bestimmungen des Gesetzes vom 7. Dezember 1858 auf die Gewerbtreibenden derjenigen Staaten Anwendung, welche die Bedingung der Gegenseitigkeit erfüllen. Dies ist in Deutschland nach Art. 19 des Handelsvertrages vom 9. März 1868 der Fall. (Vergl. oben S. 448 Anm.) Ausländische Gewerbtreibende müssen ihre Waarenzeichen bei irgend einer österreichischen Handelskammer registriren lassen.

Für das Königreich Italien ist ein Gesetz über den Schutz von Waarenbezeichnungen am 30. August 1868 ergangen, welches ebenfalls die Registrirung als Bedingung des Schutzes vorschreibt.

Die Bezeichnung muss nach Art. 1 von jeder bereits von einem Andern gesetzmässig gebrauchten Waarenbezeichnung verschieden sein und muss den Ursprungsort oder den Verkaufsort, ferner den Namen oder die Firma des Fabrikanten und den Namen des Etablissements anzeigen, aus welchem die Waaren herrühren. Bei kleinen Gegenständen und bei Thieren kann der Gebrauch einer Marke nachgesucht und genehmigt werden. Die Unterschrift des Producenten oder Händlers, mittelst eines Stempels oder sonst dauerhaft aufgetragen, genügt zu einer unterscheidenden Waarenbezeichnung.

Der Händler darf ohne ausdrückliche Bewilligung des Producenten dessen Waarenbezeichnung nicht beseitigen, doch darf er sein eigenes Zeichen hinzufügen (Art. 3).

Waarenzeichen ausländischer Producenten oder Händler, welche ihre Producte nach Italien einführen, werden unter denselben Bedingungen geschützt, wie die einheimischen (Art. 4).

Bedingung des Schutzes ist die Registrirung, doch besteht unabhängig von derselben das Verbot zum Gebrauche fremder Namen und Firmen (Art. 5).

Die Registrirung wird bei einer der Präfecturen des Königreiches nachgesucht.

Dem Gesuche müssen zwei Exemplare der Waarenbezeichnung, ferner eine doppelte Declaration mit Angabe der Waaren, für welche dieselbe gebraucht wird, endlich eine doppelte Beschreibung der gewählten Bezeichnung beigefügt werden (Art. 7).

Das Gesuch wird von dem Präfecten präsentirt und dem Ministerium für Handel und Ackerbau eingereicht, wo die Waarenbezeichnung registrirt und ein Attest über die Registrirung unter Anschluss der eingereichten Duplicate ausgefertigt wird (Art. 8).

Eine Vorprüfung in Bezug auf die Originalität des gewählten Zeichens findet nicht statt (Art. 9).

Die Priorität der Berechtigung wird, falls dasselbe Zeichen von mehreren Personen gewählt ist, nach dem Zeitpunkte der Anmeldung bei der Präfectur beurtheilt. Die Bestrafung des unbefugten Gebrauches kann jedoch nicht früher eintreten, bis die erfolgte Registrirung in der Amtlichen Zeitung bekannt gemacht ist (Art. 10).

Jede Uebertragung des gewerblichen Unternehmens, mit welchem die Führung der registrirenden Marke verbunden ist, muss zur Registrirung angemeldet werden (Art. 2).

Für die Eintragung der Waarenbezeichnung werden 40 Lire, für die Ueberschreibung auf den Rechtsnachfolger 2 Lire als Gebühr bei der Anmeldung des Gesuches entrichtet (Art. 7).

Das Vergehen der falschen Waarenbezeichnung wird begangen:

1. durch unbefugten wissentlichen Gebrauch einer fremden Marke;
2. durch betrügliche Nachahmung einer fremden Marke, oder durch betrüglichen Gebrauch einer solchen Nachahmung;
3. durch wissentlichen Verkauf, Einführung oder Feilhalten einer solchen fälschlich mit fremden Marken oder deren Nachahmung bezeichneten Waare.

Die Strafe kann bis auf 2000 Lire oder im Rückfalle bis auf 4000 Lire bemessen werden. Dieselbe Strafe trifft auch den Händler, welcher der Vorschrift des Art. 3 zuwider die Waarenbezeichnung des Producenten ohne dessen Einwilligung entfernt. Die fälschlich bezeichneten Waaren werden confiscirt (Art. 12).

In den Vereinigten Staaten von Nordamerika ist der Schutz der Waarenbezeichnungen durch das Patentgesetz vom 8. Juli 1870 eingeführt, welches in den Abschnitten 77—84 von den Waarenzeichen handelt. Das Register über dieselben wird bei dem Patentamte geführt. Ueber die Erwerbung des ausschliesslichen Rechtes bestimmt sect. 77, dass jede Person, Firma, oder incorporirte Gesellschaft in den Vereinigten Staaten, oder eines fremden Landes, welches gleiche Privilegien den Bürgern der Vereinigten Staaten gewährt, die ein gewisses Handelszeichen zum ausschliesslichen Gebrauche in den Vereinigten Staaten adoptiren wollen, Schutz für solches Handelszeichen bekommen können, wenn sie im Patentamte Namen, Wohnsitz und Geschäftsort verzeichnen lassen und die Klasse von Waaren, für welche das Handelszeichen verwendet werden soll, sowie eine Beschreibung und Zeichnung des Handelszeichens die Art und Weise dessen Gebrauches und die Länge der Zeit, während welcher das Handelszeichen schon gebraucht wurde, angeben. Dabei ist eine Gebühr von 25 Dollars zu entrichten.

Ausserdem muss eine eidliche Erklärung der Person oder eines Mitgliedes oder Beamten der Gesellschaft eingereicht werden, dass dieselbe berechtigt ist, das Handelszeichen zu gebrauchen, und dass keine andere Person, Firma oder Gesellschaft das Recht hat, es in derselben oder in täuschend ähnlicher Form zu gebrauchen, und dass die eingehändigte Beschreibung und Zeichnung eine treue Wiedergabe des Handelszeichens sind.

Die Registrirung des Handelszeichens bleibt dreissig Jahre in Kraft und kann sechs Monate vor Ablauf des Termins von dreissig Jahren erneuert werden. Die Gebühren für die Erneuerung sind dieselben wie für ursprüngliche Registrirung (sect. 78).

Jeder der ein solches eingetragenes Handelszeichen nachmacht und es an Gütern von derselben Gattung heftet, kann auf Schadensersatz für den widerrechtlichen Gebrauch desselben verklagt werden, und zwar bei einem Gerichte der Vereinigten Staaten. Von der Eintragung sind ausgeschlossen solche Zeichen, welche bloss den Namen ohne andere Bezeichnung enthalten, so dass sie nicht von anderen ähnlichen unterschieden werden können. Ferner solche Zeichen, welche mit bereits früher registrirten identisch oder denselben täuschend ähnlich sind. Doch soll diese Bestimmung nicht die Eintragung eines Handelszeichens verhindern, welches zur Zeit des Erlasses des Gesetzes schon in rechtmässigem Gebrauch war (sect. 79).

Die Zeit der Anmeldung des Handelszeichens wird im Patentamte registrirt und die hierüber unter dem Amtssiegel ausgestellte Bescheinigung dient als Beweisurkunde vor Gericht (sect. 80).

Der Patentcommissar ist autorisirt, für etwaige Uebertragung solcher Handelszeichen Regeln und Formen vorzuschreiben (sect. 81)[1]).

Jede Person, welche ein Handelszeichen durch falsche oder betrügerische Vorstellungen oder Aussagen eintragen lässt, ist der beschädigten Partei zum Schadensersatz verpflichtet (sect. 82).

Ausländer, welche den Schutz der Waarenbezeichnung für solche Waaren verlangen, welche nicht in den Vereinigten Staaten fabrizirt werden, sondern im Auslande unter der Herr-

---

[1]) Solche Regeln und Formulare sind in den Geschäftsregeln des Patentamtes der Vereinigten Staaten vom 1. Juli 1873 Nr. 84—88 und Nr. 98—105 erlassen. Die Cession des Zeichens muss registrirt werden.

schaft eines Gesetzes, welches das Fabrikzeichen nur für einen kürzeren Zeitraum schützt, erlangen auch in den Vereinigten Staaten den Schutz nur für diese kürzere Periode (sect. 78).

In Belgien gilt in Bezug auf den Schutz der Waarenbezeichnungen die ältere Französische Gesetzgebung über die Fabrikzeichen, nämlich die allgemeinen Gesetze vom 22. Germinal XI und vom 11. Juni 1809, das Decret vom 5. September 1810 über die Bezeichnung der Kurzwaaren und der Messerschmiedewaaren, die Decrete vom 1. April und 18. September 1811 über die Bezeichnung der Seifen, sowie die Bestimmungen des Code pénal Art. 142, 143 und 423 [1]).

Für die Tuchfabriken ist an Stelle des Französischen Decrets vom 22. December 1812 unter der Niederländischen Regierung eine neue Verordnung vom 1. Juni 1820 ergangen, welche jedoch ebenso wie die Decrete vom 1. April und 18. September 1811 über die Bezeichnung der Seifen fast vollständig ausser Anwendung gekommen ist.

Diese Gesetze schreiben die Registrirung der Fabrikzeichen auf dem Secretariate des Handelsgerichtes und des Gewerberathes *(conseil des prud'hommes)*, in deren Bezirk das Waarenzeichen angewendet werden soll, vor, jedoch nicht als Bedingung der Erwerbung des ausschliesslichen Rechtes, sondern nur der Klagbarkeit desselben. Daher kann die Registrirung zu jeder Zeit mit voller Wirkung erfolgen und auch zum Zwecke der Klage gegen einen früher stattgefundenen unbefugten Gebrauch nachgeholt werden [2]).

Das Gesetz vom 11. Juni 1809, Art. 5, gewährt das ausschliessliche Eigenthumsrecht an einem Fabrikzeichen nur unter der Bedingung, dass dasselbe sich von den anderen, in demselben Fabrikzweige schon im Gebrauche befindlichen Fabrikzeichen mit Anwendung geringer Aufmerksamkeit gut unterscheiden lasse.

Um die Erfüllung dieser Bedingung zu erleichtern, hat das Gesetz im Art. 6 den Gewerberäthen Befugniss verliehen, als Schiedsrichter über die Zulänglichkeit oder Unzulänglichkeit der

---

[1]) Vergl. oben S. 405 f.

[2]) Urtheil des Pariser Cassationshofes vom 28. Mai 1822 in Sachen Forest gegen Guérér.

Verschiedenheit zwischen den bereits im Gebrauche befindlichen und den neu gewählten Fabrikzeichen ein Gutachten zu ertheilen. Die Einholung dieses Gutachtens ist indessen dem Fabrikanten, welcher das Eigenthumsrecht an einem Fabrikzeichen erwerben will, nicht als unerlässliche Bedingung anbefohlen, sondern es ist seiner Willkür anheimgestellt, ob er sich dieses Mittels, durch welches er sich über das Vorhandensein der gesetzlichen Bedingung Gewissheit verschaffen und sich vor einer gerichtlichen Verfolgung wegen Nachbildung sicher stellen kann, bedienen wolle. Auch hat dieses Gutachten weder für den Eigenthümer des andern Fabrikzeichens, noch für den Eigenthümer eines älteren Zeichens, welcher das neue Zeichen nicht für hinreichend von dem seinigen unterschieden hält, verbindliche Kraft, sondern die streitenden Theile können, wenn sie mit diesem Gutachten nicht einverstanden sind, die Sache vor das Handelsgericht bringen, welches dann nach Einsicht des Gutachtens des Gewerberathes über dieselbe zu entscheiden hat. Von diesem Urtheile steht der durch dasselbe sich beschwert findenden Partei der Weg zur Berufung an den Appellationshof offen.

Die Strafe der Nachbildung eines Fabrikzeichens ist im Allgemeinen die durch Art. 142 und 143 des Code pénal [1]) angedrohte Zuchthausstrafe, welche nach Art. 22 von fünf bis zu zehn Jahren bemessen werden kann. Für die Nachbildung der Zeichen von Kurzwaaren und Messerschmiedewaaren sind durch das Gesetz vom 5. September 1810 Geldbussen von 300 Frcs., im Wiederholungsfalle von 600 Frcs. unter Hinzutritt einer Gefängnissstrafe von sechs Monaten angedroht. Ebenso sind für

---

[1]) Art. 142. Ceux qui auront contrefait les marques destinées à être apposées au nom du gouvernement, sur les diverses espèces de denrées ou de marchandises, ou qui auraient fait usage de ces fausses marques; ceux qui auront contrefait le sceau, timbre ou marque d'une autorité quelconque ou d'un établissement particulier de banque ou de commerce, ou qui auront fait usage de sceaux, timbres ou marques contrefaits, seront punis de la réclusion.

Art. 143. Sera puni de la degradation civique, quiconque, s'étant induement procuré les vrais sceaux, timbres ou marques ayant lieu a des destinations exprimées en l'art. 142, en aura fait une application ou usage préjudicable aux droits ou intérêts de l'Etat, d'une autorité quelconque, ou même d'un établissement particulier.

die falsche Bezeichnung der Seife durch das Decret vom 1. April Geldbussen bis zu 3000 Frcs. und im Wiederholungsfalle bis zu 6000 Frcs. angedroht [1]).

Neben diesen öffentlichen Strafen steht dem Beschädigten der Anspruch auf Schadensersatz nach den Civilgesetzen zu.

Das Verfahren wegen des Entschädigungsanspruchs gehört dem gewöhnlichen Civilprozesse, das Strafverfahren dem Criminalprozesse an.

Für die Nachbildung von Fabrikzeichen an Kurzwaaren und Messerschmiedewaaren tritt nach dem Decrete vom 5. September 1810 ausnahmsweise die Competenz des Gewerberathes *(conseil des prud'hommes)* ein [2]).

Ausserdem erfolgt die vorläufige Beschlagnahme der mit dem falschen Fabrikzeichen versehenen Waaren durch die Organe der gerichtlichen Polizei.

Die Belgische Regierung hat neuerdings eine Erörterung der auf den Schutz der Waarenbezeichnungen und auf die Reform der bestehenden Gesetzgebung bezüglichen Fragen veranlasst, doch ist aus diesen Berathungen bisher kein formulirter Gesetzvorschlag hervorgegangen.

---

[1]) Die allzugrosse Strenge der im Code pénal angedrohten Strafen ist die Veranlassung zu dem Erlass dieser milderen Strafandrohungen für einzelne Gewerbe gewesen, welche gerade darum als die wirksameren sich erweisen, weil eine Anklage wegen der Fälschung von Fabrikzeichen auf Grund jener allgemeinen die Zuchthausstrafe verhängenden Vorschriften selten oder niemals erhoben werden wird.

[2]) Decret v. 5. September 1810.

Art. 8. La saisie des ouvrages, dont la marque aurait été contrefaite, aura lieu sur la simple réquisition du propriétaire de cette marque. Les officiers de police seront tenus de l'effectuer sur la présentation du procès-verbal de dépôt; ils renverront ensuite les parties devant de conseil des prud'hommes, s'il y en a un dans la commune, s'il n'y en a point, le juge de paix prendra connaissance de l'affaire.

Art. 9. Le conseil des prud'hommes, ou le juge de paix, entendra d'abord les parties et leurs témoins; il prononcera ensuite son jugement, qui sera mis à exécution sans appel ou à la charge de l'appel avec ou sans caution, conformément aux dispositions du décret du 5 août, présente année.

Anhang.

1. Gesetz, betreffend das Urheberrecht an Mustern und Modellen vom 11. Januar 1876.

(Reichsgesetzblatt S. 11).

Wir **Wilhelm,** von Gottes Gnaden Deutscher Kaiser, König von Preussen etc.

verordnen im Namen des Deutschen Reichs, nach erfolgter Zustimmung des Bundesraths und des Reichstags, was folgt:

§. 1.

Das Recht, ein gewerbliches Muster oder Modell ganz oder theilweise nachzubilden, steht dem Urheber desselben ausschliesslich zu.

Als Muster oder Modelle im Sinne dieses Gesetzes werden nur neue und eigenthümliche Erzeugnisse angesehen.

§. 2.

Bei solchen Mustern und Modellen, welche von den in einer inländischen gewerblichen Anstalt beschäftigten Zeichnern, Malern, Bildhauern etc. im Auftrage oder für Rechnung des Eigenthümers der gewerblichen Anstalt angefertigt werden, gilt der letztere, wenn durch Vertrag nichts anderes bestimmt ist, als der Urheber der Muster und Modelle.

§. 3.

Das Recht des Urhebers geht auf dessen Erben über. Dieses Recht kann beschränkt oder unbeschränkt durch Vertrag oder durch Verfügung von Todeswegen auf Andere übertragen werden.

§. 4.

Die freie Benutzung einzelner Motive eines Musters oder Modells zur Herstellung eines neuen Musters oder Modells ist als Nachbildung nicht anzusehen.

§. 5.

Jede Nachbildung eines Musters oder Modells, welche in der Absicht, dieselbe zu verbreiten, ohne Genehmigung des Berechtigten (§§. 1—3) hergestellt wird, ist verboten. Als verbotene Nachbildung ist es auch anzusehen:

1. wenn bei Hervorbringung derselben ein anderes Verfahren angewendet worden ist, als bei dem Originalwerke, oder wenn die Nachbildung für einen anderen Gewerbszweig bestimmt ist, als das Original;
2. wenn die Nachbildung in anderen räumlichen Abmessungen oder Farben hergestellt wird, als das Original, oder wenn sie sich vom Original nur durch solche Abänderungen unterscheidet, welche nur bei Anwendung besonderer Aufmerksamkeit wahrgenommen werden können;
3. wenn die Nachbildung nicht unmittelbar nach dem Originalwerke, sondern mittelbar nach einer Nachbildung desselben geschaffen ist.

§. 6.

Als verbotene Nachbildung ist nicht anzusehen:

1. die Einzelkopie eines Musters oder Modells, sofern dieselbe ohne die Absicht der gewerbsmässigen Verbreitung und Verwerthung angefertigt wird;
2. die Nachbildung von Mustern, welche für Flächenerzeugnisse bestimmt sind, durch plastische Erzeugnisse, und umgekehrt;
3. die Aufnahme von Nachbildungen einzelner Muster oder Modelle in ein Schriftwerk.

§. 7.

Der Urheber eines Musters oder Modells geniesst den Schutz gegen Nachbildung nur dann, wenn er dasselbe zur Eintragung in das Musterregister angemeldet und ein Exemplar oder eine Abbildung des Musters etc. bei der mit Führung des Musterregisters beauftragten Behörde niedergelegt hat.

Die Anmeldung und Niederlegung muss erfolgen, bevor ein nach dem Muster oder Modelle gefertigtes Erzeugniss verbreitet wird.

§. 8.

Der Schutz des gegenwärtigen Gesetzes gegen Nachbildung wird dem Urheber des Musters oder Modells nach seiner Wahl ein bis drei Jahre lang, vom Tage der Anmeldung (§. 7) ab, gewährt.

Der Urheber ist berechtigt, gegen Zahlung der im §. 12 Absatz 3 bestimmten Gebühr, eine Ausdehnung der Schutzfrist bis auf höchstens fünfzehn Jahre zu verlangen. Die Verlängerung der Schutzfrist wird in dem Musterregister eingetragen.

Der Urheber kann das ihm nach Absatz 2 zustehende Recht ausser bei der Anmeldung auch bei Ablauf der dreijährigen und der zehnjährigen Schutzfrist ausüben.

§. 9.

Das Musterregister wird von den mit der Führung der Handelsregister beauftragten Gerichtsbehörden geführt.

Der Urheber hat die Anmeldung und Niederlegung des Musters oder Modells bei der Gerichtsbehörde seiner Hauptniederlassung, und falls er eine eingetragene Firma nicht besitzt, bei der betreffenden Gerichtsbehörde seines Wohnortes zu bewirken.

Urheber, welche im Inlande weder eine Niederlassung, noch einen Wohnsitz haben, müssen die Anmeldung und Niederlegung bei dem Handelsgericht in Leipzig bewirken.

Die Muster oder Modelle können offen oder versiegelt, einzeln oder in Packeten niedergelegt werden. Die Packete dürfen jedoch nicht mehr als 50 Muster oder Modelle enthalten und nicht mehr als 10 Kilogramm wiegen. Die näheren Vorschriften über die Führung des Musterregisters erlässt das Reichskanzleramt.

Die Eröffnung der versiegelt niedergelegten Muster erfolgt drei Jahre nach der Anmeldung (§. 7) beziehentlich, wenn die Schutzfrist eine kürzere ist, nach dem Ablaufe derselben.

Die Eintragung und die Verlängerung der Schutzfrist (§. 8 Alinea 2) wird monatlich im Deutschen Reichsanzeiger bekannt gemacht. Die Kosten der Bekanntmachung hat der Anmeldende zu tragen.

§. 10.

Die Eintragungen in das Musterregister werden bewirkt, ohne dass eine zuvorige Prüfung über die Berechtigung des Antragstellers oder über die Richtigkeit der zur Eintragung angemeldeten Thatsachen stattfindet.

§. 11.

Es ist Jedermann gestattet, von dem Musterregister und den nicht versiegelten Mustern und Modellen Einsicht zu nehmen und sich beglaubigte Auszüge aus dem Musterregister ertheilen zu lassen. In Streitfällen darüber, ob ein Muster oder Modell gegen Nachbildung geschützt ist, können zur Herbeiführung der Entscheidung auch die versiegelten Packete von der mit der Führung des Musterregisters beauftragten Behörde geöffnet werden.

§. 12.

Alle Eingaben, Verhandlungen, Atteste, Beglaubigungen, Zeugnisse, Auszüge etc., welche die Eintragung in das Musterregister betreffen, sind stempelfrei.

Für jede Eintragung und Niederlegung eines einzelnen Musters oder eines Packets mit Mustern etc. (§. 9) wird, insofern die Schutzfrist auf nicht länger als drei Jahre beansprucht wird (§. 8 Absatz 1), eine Gebühr von 1 Mark für jedes Jahr erhoben.

Nimmt der Urheber in Gemässheit des §. 8 Absatz 2 eine längere Schutzfrist in Anspruch, so hat er für jedes weitere Jahr bis zum zehnten Jahre einschliesslich eine Gebühr von 2 Mark, von elf bis fünfzehn Jahren eine Gebühr von 3 Mark für jedes einzelne Muster oder Modell zu entrichten. Für jeden Eintragungsschein, sowie für jeden sonstigen Auszug aus dem Musterregister wird eine Gebühr von je 1 Mark erhoben.

§. 13.

Derjenige, welcher nach Massgabe des §. 7 das Muster oder Modell zur Eintragung in das Musterregister angemeldet und niedergelegt hat, gilt bis zum Gegenbeweise als Urheber.

§. 14.

Die Bestimmungen in den §§. 18—36, 38 des Gesetzes vom 11. Juni 1870, betreffend das Urheberrecht an Schriftwerken etc., (Bundes-Gesetzblatt 1870 S. 339) finden auch auf das Urheberrecht an Mustern und Modellen mit der Massgabe entsprechende Anwendung, dass die vorräthigen Nachbildungen und die zur widerrechtlichen Vervielfältigung bestimmten Vorrichtungen nicht vernichtet, sondern auf Kosten des Eigenthümers und nach Wahl desselben entweder ihrer gefährdenden Form entkleidet, oder bis zum Ablauf der Schutzfrist amtlich aufbewahrt werden.

Die Sachverständigen-Vereine, welche nach §. 31 des genannten Gesetzes Gutachten über die Nachbildung von Mustern oder Modellen abzugeben haben, sollen aus Künstlern, aus Gewerbtreibenden verschiedener Gewerbzweige und aus sonstigen Personen, welche mit dem Muster- und Modellwesen vertraut sind, zusammengesetzt werden.

§. 15.

Bürgerliche Rechtsstreitigkeiten, in welchen auf Grund der Bestimmungen dieses Gesetzes eine Klage wegen Entschädigung, Bereicherung oder Einziehung angestellt wird, gelten im Sinne der Reichs- und Landesgesetze als Handelssachen.

§. 16.

Das gegenwärtige Gesetz findet Anwendung auf alle Muster und Modelle inländischer Urheber, sofern die nach den Mustern oder Modellen hergestellten Erzeugnisse im Inlande verfertigt sind, gleichviel ob dieselben im Inlande oder Auslande verbreitet werden.

Wenn ausländische Urheber im Gebiete des Deutschen Reichs ihre gewerbliche Niederlassung haben, so geniessen sie für die im Inlande gefertigten Erzeugnisse den Schutz des gegenwärtigen Gesetzes.

Im Uebrigen richtet sich der Schutz der ausländischen Urheber nach den bestehenden Staatsverträgen.

§. 17.

Das gegenwärtige Gesetz tritt mit dem 1. April 1876 in Kraft. Es findet Anwendung auf alle Muster und Modelle, welche nach dem Inkrafttreten desselben angefertigt worden sind.

Muster und Modelle, welche vor diesem Tage angefertigt worden sind, geniessen den Schutz des Gesetzes nur dann, wenn das erste nach dem Muster etc. gefertigte Erzeugniss erst nach dem Inkrafttreten des Gesetzes verbreitet worden ist.

Muster und Modelle, welche schon bisher landesgesetzlich gegen Nachbildung geschützt waren, behalten diesen Schutz; jedoch kann derselbe nur für denjenigen räumlichen Umfang geltend gemacht werden, für welchen er durch die Landesgesetzgebung ertheilt war.

Urkundlich unter Unserer Höchsteigenhändigen Unterschrift und beigedrucktem Kaiserlichen Insiegel.

Gegeben Berlin, den 11. Januar 1876.

(L. S.) **Wilhelm.**

Fürst v. Bismarck.

---

2. Gesetz über Markenschutz vom 30. November 1874.

(Reichsgesetzblatt S. 143).

Wir **Wilhelm**, von Gottes Gnaden Deutscher Kaiser, König von Preussen etc.

verordnen im Namen des Deutschen Reichs, nach erfolgter Zustimmung des Bundesrathes und des Reichstages, was folgt:

§. 1.

Gewerbetreibende, deren Firma im Handelsregister eingetragen ist, können Zeichen, welche zur Unterscheidung ihrer Waaren von den Waaren anderer Gewerbetreibenden auf den Waaren selbst oder auf deren Verpackung angebracht werden sollen, zur Eintragung in das Handelsregister des Ortes ihrer Hauptniederlassung bei dem zuständigen Gerichte anmelden.

§. 2.

Der Anmeldung muss eine deutliche Darstellung des Waarenzeichens (§. 1) nebst einem Verzeichniss der Waarengattungen, für welche das Zeichen bestimmt ist, mit der Unterschrift der Firma versehen, beigefügt sein.

§. 3.

Die Eintragung von Waarenzeichen, deren Benutzung für den Anmeldenden landesgesetzlich geschützt ist, ferner von solchen Zeichen, welche bis zum Beginn des Jahres 1875 im Verkehr allgemein als Kennzeichen der Waaren eines bestimmten Gewerbetreibenden gegolten haben, darf nicht versagt werden.

Im Uebrigen ist die Eintragung zu versagen, wenn die Zeichen ausschliesslich in Zahlen, Buchstaben oder Worten bestehen, oder wenn sie öffentliche Wappen oder Aergerniss erregende Darstellungen enthalten.

§. 4.

Die Eintragung erfolgt unter der Firma des Anmeldenden. Die Zeit der Anmeldung ist dabei zu vermerken. Gelangt ein bereits eingetragenes Waarenzeichen aus Anlass der Verlegung der Hauptniederlassung wiederholt zur Eintragung, so ist dabei die Zeit der ersten Anmeldung zu vermerken.

§. 5.

Auf Antrag des Inhabers der Firma wird das eingetragene Waarenzeichen gelöscht.

Von Amtswegen erfolgt die Löschung:

1. wenn die Firma im Handelsregister gelöscht wird;
2. wenn eine Aenderung der Firma und nicht zugleich die Beibehaltung des Zeichens angemeldet wird;
3. wenn seit der Eintragung des Zeichens, ohne dass dessen weitere Beibehaltung angemeldet worden, oder seit einer solchen Anmeldung, ohne dass dieselbe wiederholt worden, zehn Jahre verflossen sind;
4. wenn das Zeichen nach §. 3 nicht hätte eingetragen werden dürfen.

§. 6.

Die erste Eintragung und die Löschung eines Zeichens wird im „Deutschen Reichs-Anzeiger“ bekannt gemacht.

Die Kosten der Bekanntmachung der Eintragung hat der Inhaber der Firma zu tragen.

§. 7.

Für die erste Eintragung eines Zeichens, welches landesgesetzlich nicht geschützt ist, wird eine Gebühr von 50 Mark entrichtet.

Von der Entrichtung einer Gebühr für die Eintragung solcher Zeichen, welche bis zum Beginn des Jahres 1875 im Verkehr allgemein als Kennzeichen der Waaren eines bestimmten Gewerbetreibenden gegolten haben, können die Landesregierungen entbinden.

Andere Eintragungen und Löschungen geschehen unentgeltlich.

§. 8.

Das Recht, Waaren oder deren Verpackung mit einem für diese Waaren zum Handelsregister angemeldeten Zeichen zu versehen oder auf solche Art bezeichnete Waaren in Verkehr zu bringen, steht dem Inhaber derjenigen Firmen, für welche zuerst die Anmeldung bewirkt ist, ausschliesslich zu.

§. 9.

Auf Waarenzeichen, welche landesgesetzlich geschützt sind, ferner auf solche Zeichen, welche bis zum Beginn des Jahres 1875 im Verkehr allgemein als Kennzeichen der Waaren eines bestimmten Gewerbetreibenden gegolten haben, kann durch die Anmeldung ausser den gesetzlich geschützten oder im Verkehr allgemein anerkannten Inhabern Niemand ein Recht erwerben, sofern diese vor dem 1. October 1875 die Anmeldung bewirken.

§. 10.

Durch die Anmeldung eines Waarenzeichens, welches Buchstaben oder Worte enthält, wird Niemand gehindert, seinen Namen oder seine Firma, sei es auch in abgekürzter Gestalt, zur Kennzeichnung seiner Waaren zu gebrauchen.

Auf Waarenzeichen, welche bisher im freien Gebrauche aller oder gewisser Klassen von Gewerbetreibenden sich befunden haben, oder deren Eintragung nicht zulässig ist, kann durch Anmeldung Niemand ein Recht erwerben.

§. 11.

Der Inhaber einer Firma, für welche ein Waarenzeichen eingetragen ist, hat dasselbe auf Verlangen Desjenigen, welcher ihn von der Benutzung des Zeichens auszuschliessen berechtigt ist, oder sofern das Waarenzeichen zu den im §. 10 Absatz 2 erwähnten gehört, auf Verlangen eines Betheiligten löschen zu lassen.

§. 12.

Das durch die Anmeldung eines Waarenzeichens erlangte Recht erlischt:

1. mit der Zurücknahme der Anmeldung, oder mit dem Antrage auf Löschung Seitens des Inhabers der berechtigten Firma;
2. mit dem Eintritte eines der im §. 5, Nr. 1 bis 3 bezeichneten Fälle.

§. 13.

Jeder inländische Produzent oder Handeltreibende kann gegen Denjenigen, welcher Waaren oder deren Verpackung mit einem für den Ersteren nach Massgabe dieses Gesetzes zu schützenden Waarenzeichen oder mit dem Namen oder der Firma des Ersteren widerrechtlich bezeichnet, im Wege der Klage beantragen, dass derselbe für nicht berechtigt erklärt werde, diese Bezeichnung zu gebrauchen.

Desgleichen kann der Produzent oder Handeltreibende gegen denjenigen, welcher dergleichen widerrechtlich bezeichnete Waaren in Verkehr bringt oder feilhält, im Wege der Klage beantragen, dass derselbe für nicht berechtigt erklärt werde, so bezeichnete Waaren in Verkehr zu bringen oder feil zu halten.

§. 14.

Wer Waaren oder deren Verpackung wissentlich mit einem nach Massgabe dieses Gesetzes zu schützenden Waarenzeichen oder mit dem Namen oder der Firma eines inländischen Produzenten oder Handeltreibenden widerrechtlich bezeichnet oder wissentlich dergleichen widerrechtlich bezeichnete Waaren in Verkehr bringt oder feilhält, wird mit Geldstrafe von einhundertfünfzig bis dreitausend Mark oder mit Gefängniss bis zu sechs Monaten bestraft und ist dem Verletzten zur Entschädigung verpflichtet.

Die Strafe tritt nur auf Antrag ein.

§. 15.

Statt jeder aus diesem Gesetze entspringenden Entschädigung kann auf Verlangen des Beschädigten neben der Strafe auf eine an ihn zu erlegende Busse bis zum Betrage von 5000 Mark erkannt werden. Für die Busse haften die zu derselben Verurtheilten als Gesammtschuldner.

Eine erkannte Busse schliesst die Geltendmachung eines weiteren Entschädigungsanspruchs aus.

§. 16.

Darüber, ob ein Schaden entstanden ist und wie hoch sich derselbe beläuft, entscheidet das Gericht unter Würdigung aller Umstände nach freier Ueberzeugung.

§. 17.

Erfolgt eine Verurtheilung auf Grund des §. 14, so ist auf Antrag des Verletzten bezüglich der im Besitze des Verurtheilten befindlichen Waaren auf Vernichtung der Zeichen auf der Verpackung oder den Waaren, oder, wenn die Beseitigung der Zeichen in anderer Weise nicht möglich ist, auf Vernichtung der Verpackuug oder der Waaren selbst zu erkennen.

Erfolgt die Verurtheilung im Strafverfahren, so ist dem Verletzten die Befugniss zuzusprechen, die Verurtheilung auf Kosten des Verurtheilten öffentlich bekannt zu machen. Die Art der Bekanntmachung, sowie die Frist zu derselben ist in dem Urtheil zu bestimmen.

§. 18.

Der dem Inhaber eines Waarenzeichens, eines Namens oder einer Firma nach Inhalt dieses Gesetzes gewährte Schutz wird dadurch nicht ausgeschlossen, dass das Waarenzeichen, der Name oder die Firma mit Abänderung wiedergegeben sind, welche nur durch Anwendung besonderer Aufmerksamkeit wahrgenommen werden können.

§. 19.

Bürgerliche Rechtsstreitigkeiten, in welchen durch die Klage ein Anspruch auf Grund dieses Gesetzes erhoben wird, gelten im Sinne der Reichs- und Landesgesetze als Handelssachen.

§. 20.

Auf Waarenzeichen von Gewerbetreibenden, welche im Inlande eine Handelsniederlassung nicht besitzen, sowie auf die Namen oder die Firmen ausländischer Produzenten oder Handeltreibenden finden, wenn in dem Staate, wo ihre Niederlassung sich befindet, nach einer in dem Reichs-Gesetzblatt enthaltenen Bekanntmachung deutsche Waarenzeichen, Namen und Firmen einen Schutz geniessen, die Bestimmungen dieses Gesetzes Anwendung, jedoch in Ansehung der Waarenzeichen (§. 1) mit folgenden Massgaben:

1. die Anmeldung eines Waarenzeichens hat bei dem Handelsgerichte in Leipzig mit der Erklärung zu erfolgen, dass sich der Anmeldende für Klagen auf Grund dieses Gesetzes der Gerichtsbarkeit des genannten Gerichts unterwirft;
2. mit der Anmeldung ist der Nachweis zu verbinden, dass in dem fremden Staate die Voraussetzungen erfüllt sind, unter welchen der Anmeldende dort einen Schutz für das Zeichen beanspruchen kann;
3. die Anmeldung begründet ein Recht auf das Zeichen nur insofern und auf so lange, als in dem fremden Staate der Anmeldende in der Benutzung des Zeichens geschützt ist.

§. 21.

Dieses Gesetz tritt mit dem 1. Mai 1875 in Kraft.

Auf Waarenzeichen, welche bis zu diesem Tage landesgesetzlich geschützt waren, finden jedoch die landesgesetzlichen Bestimmungen noch bis dahin, dass die Anmeldung nach Massgabe gegenwärtigen Gesetzes erfolgt ist, längstens bis zum 1. October 1875 Anwendung.

Urkundlich unter Unserer Höchsteigenhändigen Unterschrift und beigedrucktem Kaiserlichen Insiegel.

Gegeben Berlin, den 30. November 1874.

(L. S.) **Wilhelm.**

Fürst von Bismarck.

Sachregister.

Nachtrag.

Zu S. 284. Nach dem Englischen Statut vom 14. Juli 1870 (33 & 34 Victoria Cap. 27) soll die Ausstellung oder Veröffentlichung einer Erfindung auf einer internationalen Ausstellung nicht ausschliessen, dass der Erfinder binnen 6 Monaten nach der Eröffnung der Ausstellung ein Patent nach Vorschrift des Statuts von 1852 nachsucht und erhält.

Buchdruckerei von Gustav Schade (Otto Francke) in Berlin.

Von demselben Verfasser (Geh. Bergrath Prof. Dr. R. Klostermann) erschienen:

Allgemeines Berggesetz

für die

Preussischen Staaten

von 24. Juni 1865,

nebst Einleitung und Kommentar,

sowie

mit vergleichender Berücksichtigung der übrigen Deutschen Bergrechte.

Dritte vermehrte u. verbesserte Auflage.

1874. gr. 8. XIV und 400 Seiten. 9 Mark.

Die 3. Auflage enthält alle diejenigen Aenderungen und Ergänzungen, welche das Preuss. Bergrecht durch die neuen Hypotheken- und Gewerbegesetze und durch die Novellen zum Berggesetze vom 22. Februar 1869 und vom 9. April 1873 erfahren hat. — Durch eine beigegebene Tabelle, in welcher die einzelnen Paragraphen des Preuss. Berggesetzes den entsprechenden Paragraphen der Berggesetze von Bayern, Braunschweig, Gotha, Meiningen, Elsass-Lothringen und Württemberg gegenüber gestellt sind, ist die unmittelbare Benutzung des Werkes für die genannten Staaten ermöglicht worden. Die materiellen Abweichungen sind unter dem Texte des Preuss. Gesetzes angegeben.

Uebersicht

der

bergrechtlichen Entscheidungen des Königl. Ober-Tribunals.

(1861.) gr. 8. M. 4,50. 1860—1863. (1864.) gr. 8. M. 1,50.

LEHRBUCH

des

Preussischen Bergrechtes

mit Berücksichtigung der übrigen

Deutschen Bergrechte.

1871. gr. 8. XII u. 460 S. 8 Mark.

Das Preussische Bergrecht, welches durch das Gesetz vom 24. Juni 1865 eine vollständige Erneuerung erfahren hat, erscheint in dem vorliegenden Werke zum ersten Male in einer systematischen Darstellung. Der Verfasser, welcher dem juristischen und bergmännischen Publikum durch seinen ausgezeichneten Kommentar zum Allgemeinen Berggesetze (dritte Auflage 1874) genügend bekannt ist, hat in dem vorliegenden Lehrbuche eine zusammenhängende Darstellung des Bergrechtes unternommen, welche sowohl ein Hülfsmittel für das Studium als auch ein Handbuch für den praktischen Gebrauch darbieten soll. Er erörtert zu diesem Zwecke die Vorschriften des Berggesetzes in ihrem Zusammenhange mit dem früher geltenden preussischen und deutschen Bergrechte und erläutert dieselben durch die zum Verständnisse nothwendigen technischen Vorbegriffe.

Das Werk zerfällt in neun Bücher, welche: 1) die Rechtsgeschichte, 2) das Bergwerkseigenthum, 3) dingliche Rechtsgeschäfte, 4) die Gewerkschaft, 5) die Rechte des Grundeigenthümers, 5) die Bergleute und die Knappschaftsvereine, 7) das Provinzialrecht, 8) die Besteuerung und 9) die Bergpolizei behandeln.

Die Modificationen, mit welchen das Preussische Berggesetz in **Bayern**, **Braunschweig** etc. angenommen ist, und die abweichenden Bestimmungen des **österreichischen** und **sächsischen** Bergrechtes haben eingehende Berücksichtigung gefunden.

Kolibri 360 GmbH
Ferdinand-Jühlke-Straße 7
99095 Erfurt, Deutschland
produktsicherheit@kolibri360.de